KB220658

게임 기획의 정석
Designing Games
엔지니어링 경험을 위한 가이드

타이난 실베스터 Tynan Sylvester

오영욱 역

O'REILLY®

Beijing · Cambridge · Farnham · Köln · Sebastopol · Tokyo

게임 기획의 정석
DESIGING GAMES

2024년 4월 30일 초판 1쇄 발행
2025년 4월 30일 초판 3쇄 발행

저자 타이난 실베스터
번역 오영욱
편집 엄다인
발행인 홍승범
발행 스타비즈 (제375-2019-00002호)
주소 [16282] 경기도 수원시 장안구 조원로112번길 2
팩스 050-8094-4116
e메일 biz@starbeez.kr
ISBN 979-11-92820-09-5
정가 30,000원

Designing Games

Korean-language edition copyright © 2024 Starbeez

Authorized Korean translation of the English edition of **Designing Games**, ISBN 9781449337933 © 2013 Tynan Sylvester

This translation is published and sold by permission of O'Reilly Media, Inc., which owns or controls all rights to publish and sell the same.

이 책의 한국어판 저작권은 대니홍 에이전시를 통한 저작권사와의 독점 계약으로 스타비즈에 있습니다. 저작권법에 의해 한국 내에서 보호를 받는 저작물이므로 무단 전재와 무단 복제를 금합니다.

목차 Contents

Part Three

머릿말　Preface

본문에 대한 참고 사항

안타깝지만 영어는 대명사 문제에 대한 완벽한 성 중립적 해결책을 제공하지 못합니다. 이 책에서는 구체적으로 특정되지 않은 사람을 지칭하기 위해 '그'라는 호칭을 사용하기로 했습니다. 이런 표기를 선택한 이유는 가독성과 간결성을 위한 것으로, 달리 명시되지 않는 한 남성 대명사는 남성 만을 지칭하지 않습니다.

*역자 주 - 그리고 한국에서 "그"는 성별 중립적으로 사용해도 전혀 문제가 없기 때문에 모두 "그"로 번역하였습니다.

우리는 여러분들의 의견도 듣고 싶습니다.

저는 게임 기획에 대해서 이야기하는 것을 좋아합니다. 혹시 이 책에 대한 의견이나 질문이 있으시면 이메일(*tynan.sylvester@gmail.com*)로 보내주시거나, 제 웹사이트(*tynansylvester.com*)를 통해 저에게 연락해 주십시오.

Part One

경험의 엔진

발명가는 사람들에게 옥수수 빻는 기계, 천짜는 기계, 그 외에도 셀 수 없이 많은 놀라운 것들을 주었다.

마을 사람들은 그를 사랑했다.

그러나 그는 늙어가고 있었고 새 발명품을 하나만 만들 시간밖에 없었다.

그래서 그는 그의 마지막 작품을 아주 특별한 종류의 기계로 하기로 결정했다.

이 것은 움직이거나, 가열하거나 계산하는 것이 아닌 행복 자체를 만들기 위한 물건이 될 것이다.

마을 사람들은 이해하지 못했지만 그를 믿었다.

그는 지금까지 사람들을 실망시킨 적이 없었다.

발명가는 그의 성에 틀어박혀 작업했다.

몇년이 지났다.

마을 사람들은 처음에는 인내를 가지고 기다렸다.

그리고 의심하기 시작했다.

곧 화를 냈다.

"기계는 어디에 있지?" 그들이 물었다.

"너무 오래 걸리는 군."

"너무 많은 비용이 들어갔어."

"그가 우리를 속이고 있어."

"그를 죽여야 해."

군중이 성에 도착하자 문이 열리고 발명가가 나왔다.

"완성했다!" 그가 말했다.

마을 사람들이 잠시후 잠잠해지자 그는 사람들을 안으로 들였다.

그러나 커다란 엔진은 없었고 카드, 작은 책자, 작은 나무 말들이 널브러진 테이블만 가득했다.

"기계는 어디있습니까?" 군중의 지도자가 몽둥이를 준비하며 물었다.

"행복의 기계는 어디있습니까?"

"여기있소." 대답한 발명가는 주사위와 룰북과 게임판을 꺼냈다.

"앉으시오. 플레이합시다."

게임 기획은 프로그램 코드, 그래픽, 사운드에 있지 않다. 게임 말을 조각하거나 게임 판을 색칠하는 것에도 없다. 게임 기획은 이런 말들을 생생하게 만드는 규칙을 만드는 것을 뜻한다.

체스의 말은, 그 자체는 장식된 조각상에 불과하다. 그러나 우리가 특별한 규칙에 따라 그 말들을 움직일 때 그 작은 말들은 살아난다. 그 말들은 큰 판돈이 걸린 대회에서 조마조마한 장면을 만들 것이다. 그 말들은 신문에서 퍼즐의 세상을 만들어낼 것이다. 그 말들은 우정을 싹틔우고, 이야기를 만들며, 우주 어디에서도 찾아볼 수 없는 수업을 가르쳐줄 것이다.

그러나 모든 규칙이 그런 것은 아니다. 사실 보드 판 위에 있는 말에 대한 대부분의 규칙 모음에서는 이러한 멋진 일이 일어나지 않는다. 많은 규칙들이 플레이어가 같은 승리 전략을 계속하여 사용하면서 간단하고 반복적인 패턴으로 무너질 것이다. 다른 것은 끔찍하게 배우기 어렵다. 나머지는 다른 사람들이 따라오기 어려워서 게임이 지루한 숫자 계산 연습이 되어버린다.

체스의 독특한 가치는 퍼즐과 풀이, 긴장과 해소의 완벽한 리듬을 생성하는 방법에 있다. 그 가치는 체스 말과 판에 있지 않다. 게임의 동작을 이끄는 규칙 시스템인 게임 기획에 있는 것이다. 게임 기획자의 일은 이러한 종류의 결과를 만드는 규칙 시스템을 작성하는 것이다.

게임 기획의 목표를 달성하는 방법을 아는 것은 쉽지 않다. 체스를 더 배우기 쉽도록 만들려면 어떻게 바꿀 것인가? 관중에게 더 보기편한 관전 스포츠로 만들거나 자주 반복되는 시작 수(手)를 없애기 위해 어떤 점을 수정할 것인가? 말을 추가할 것인가, 아니면 제거할 것인가? 말을 움직이는 방법을 바꿔볼 것인가? 보드 모양을 바꾸고 (말에) 특수 능력을 추가하고, 모양을 바꾸거나, 스토리를 추가하거나, 실시간으로 게임을 할 수 있게 만들 것인가?

이러한 질문의 답은 게임 기획의 기술에서 찾을수 있다. 게임 기획 기술은 어떻게 게임을 어렵거나 쉽게, 혹은 둘다 되도록 만들지 보여준다. 게임 기획 기술은 플레이어가 숨막히지 않고 게임을 배우는 데 도움을 준다. 게임 기획 기술은 이야기와 규칙을 하나의 의미 있는 시스템으로 연결하는 방법을 알려준다. 이 책의 전반부는 이 기술에 집중한다.

그러나 설령 세계 최고의 기술이 있더라도 모든 질문에 (그것을 모두 해봤더라도) 마술처럼 답변할수 있는 기획자는 없다. 그렇기 때문에 이 책의 후반부에서는 기획의 일상적인 과정을 다룬다. 실제 게임 기획자는 답만 아는 것 뿐만이 아니라 어떻게 테스트하고 계획을 세우고 분석을 해서 답을 찾는지 알고 있다. 프로세스에 대한 지식은 테스트를 해야할 때와 언제 어떻게 계획을 하고 언제 하지 말아야할지, 다른 사람들과 어떻게 같이 일하고 창조의 막다른 골목을 피할 수 있을지 보여준다.

기획 기술이 게임의 목적을 정의하지 않는다. 기획 기술은 단지 그것을 달성하는 방법을 알려준다.

어떤 사람들은 게임 기획을 분석하는 것은 그것의 영혼을 빼앗는다고, 즉 제작의 규칙을 이해하는 것이 작품의 창의성을 빼앗는다고 걱정한다. 그러나 게임 기획 기술을 안다는 것은 같은 결과를 계속해서 얻기 위해 노예처럼 규칙을 따르는 것을 의미하지 않는다. 이는 모든 기획 결정에서 트레이드 오프를 이해하는 것을 의미한다. 게임이 잘못 굴러갈 때, 기획자가 그들의 이해범위 안에서 잘못된 결정을 했기 때문에 발생하는 경우는 드물다. 그것은 단지 그들이 만드는 트레이드 오프를 몰랐기 때문이다. 그래서 기술을 이해하는 기획자는 물리법칙을 이해하는 일종의 엔지니어와 같다. 뉴턴의 법칙은 우리가 배의 모터나 새턴 5호 로켓을 만들지 결정하지 않지만, 양쪽 다 완벽하게 만드는데는 필수적이다.

당신이 해 본 최고의 게임을 상상해 보라. 훨씬 더 잘 만들어졌고, 모든 감정은 잠재적으로 더 강력했고, 전개는 훨씬 더 속도감 있게 완벽하며, 짜여진 이야기는 더 응집력 있고 섬세한 뉘앙스를 가진 게임. 동일한 리소스로도 더 좋은 게임을 만들 수 있다.

우리는 완벽한 게임을 만들 수는 없지만, 기술에 대한 연구를 통해서, 모든 게임을 인간이 할 수 있는 한 최대한의 잠재력에 가깝게 밀어 붙일 수 있다.

1 | 경험의 엔진
Engines of Experience

메카닉과 이벤트

게임은, 게임의 작동방식을 정의하는 메카닉으로 구성된다.

메카닉은 게임이 작동하는 방식에 대한 규칙이다. *A*버튼은 마리오를 점프하게 만드는 메카닉이다. 이러한 메카닉들은 캐릭터를 초당 *1*미터씩 걷고, 폰이 대각선으로 말을 잡고, 플레이어가 번갈아가면서 턴을 얻도록 한다.

보드게임에서 메카닉은 룰북에 적혀있다. 비디오 게임에서는 컴퓨터 코드로 구현된다. 그러나 메카닉은 플레이어에 의해 의식적으로 실행하든, 컴퓨터에 의해 전자적으로 실행하든 게임의 동작을 정의하기 때문에 여전히 메카닉이다.

플레이하는 동안, 메카닉과 플레이어는 이벤트를 생성하기 위한 상호작용을 한다.

이벤트는 플레이 중에 발생하는 것이다. 마리오가 벽을 치고 뒤로 점프하고, 폰이 룩을 잡고, 공이 네트에 들어가서 다른 팀이 점수를 얻는 것들이 이벤트이다.

거의 모든 다른 엔터테인먼트 미디어에서 이벤트는 직접 작성된다. 시나리오 작가, 소설가, 안무가가 작품의 모든 이벤트와 동작, 대사를 결정한다. 그들의 작업물은 미리 만들어진 이벤트들의 긴 연결이다. 먼저 루크는 오비완을 만난 후, 그의 부모가 죽고 한 솔로를 고용하는 식이다. 그리고 이 이벤트는 언제나 같은 형태로 진행된다.

게임은 다르다. 이벤트를 직접 작성하는 대신 메카닉을 설계한다. 이 메카닉은 플레이하는 동안 이벤트를 만들어낸다.

예를 들어, 나는 <슈퍼마리오 갤럭시>를 플레이하면서 마리오가 함정을 뛰어넘게 한 적이 있다. 내가 실수하면 마리오는 용암에 떨어졌다. 마리오는 등에 불이 붙어 물로켓처럼 똑바로 튕겨지며 만화같은 고통의 비명을 질렀다. 마리오가 공중에 날아가는 동안 나는 마리오가 안전하게 떨어지도록 조종했다. 이벤트는 마리오가 점프하고, 실수하고, 용암에 떨어지고, 불타고, 공중으로 날아가고, 비명을 지르고, 안전한 곳으로 돌아오는 것이었다. 이 이벤트들의 뒤에 숨어있는 메카닉은, 점프 버튼, 중력, 물리 충돌, 용암이 엉덩이에 닿으면 폭발하는 반응, 공중에서 마리오의 움직임을 조종할수 있는 나의 실력이었다. <슈퍼마리오 갤럭시>의 게임 디스크에는 여기에 설명한 이벤트가 아닌 메카닉만 포함되어 있다. 나의 플레이와 게임 메카닉 사이의 상호작용에서 이벤트가 발생했다. 그리고 이 이벤트는 다시는 정확히 같은 방식으로 진행되지 않을 것이다.

게임 기획자는 이벤트를 기획하지 않는다. 우리는 이벤트를 생성하는 메카닉의 시스템을 설계한다. 이러한 간접적인 층위는 게임과 대부분의 다른 미디어간의 근본적인 차이점이다. 그것은 우리의 가장 큰 기회이자 가장 힘든 도전이다. 또한 다른 미디어들로부터 가져온 사고방식이 게임에서 자주 무너지는 핵심적인 이유이기도 하다.

감정의 우위 The Primacy of Emotion

의미가 있으려면 이벤트가 감정을 불러일으켜야 한다.

대부분의 이벤트가 신경 쓸 가치가 없기 때문에, 게임에선 특별하지 않은 일련의

이벤트를 아무렇게나 나열해서 만들수는 없다. 게임이 관심을 끌기 위해서는 이러한 이벤트가 심장이 뛰게 만드는 감정을 불러일으켜야 한다. 생성된 이벤트가 자존심, 즐거움, 경외, 공포를 불러일으킬 때 게임이 작동한다.

**플레이의 중요한 감정은 알아채기 매우 힘들 수 있다.
일반적으로 플레이어가 의식적으로 감지하지 못할 정도로 작다.**

게임은 감정을 불러일으켜야 하지만, 모든 게임이 플레이어를 미친듯이 웃고, 분노에 찬 비명을 지르고, 마음이 무너지고 울게 만들어야 한다는 의미는 아니다. 보통의 대화에서 사람들은 감정이란 단어를 눈에 보이는 분노나 슬픔과 같은 극단적인 형태의 격렬한 감정에만 주로 사용한다. 그러나 대부분의 감정은 그것보다 훨씬 미미하고 더 넓게 퍼져있다.

예를 들어, 앉아서 이 책을 읽으면서 아무것도 느끼지 않는다고 생각할 수 있다. 그러나 당신은 사실 감정의 작은 맥박을 연속적으로 경험하고 있다. 잃어버린 사랑에 대한 옆길로 새버린 생각이던, 페이지에 있는 웃긴 단어이던 (snartlebarf=으르렁우웩!), 지나가는 낯선 사람의 찡그린 표정이던, 무엇이든 원인이 될 수 있다. 이러한 감정은 잠시만 지속되며 일반적으로 의식 수준 아래에 있다. 그러나 그 감정들은 항상 그 자리에 있고, 모든 자극과 생각에 반응하여 오르락내리락 한다.

게임의 이벤트는 이러한 작은 감정을 만든다. 약간의 장애물은 좌절감의 흐름을 만들고 순간적으로 당신이 이를 악물게 만든다. 결정할수 없는 순간은 당신을 고민하게 하고, 숨을 턱 멈추게 한다. 다른 플레이어들이 당신을 인지하면 당신은 인정에 대한 희미한 기쁨을 느낀다.

이런 작은 감정들은 아주 세밀한 붓으로 그려진다. 이 감정들은 오늘 행복하다, 슬프다, 지루하다 라고 말하기엔 충분하지 않다. 이 단어는 더 명백한 감정 속의 큰 움직임을 뜻한다. 플레이의 태피스트리를 구성하는 작은 감정들은 매 순간 끊임없이 변한다. 이 것은 좋은 게임을 할때 특히 더 그렇다.

모르는 사람과 체스를 두는 것을 상상해보자. 당신의 턴이고 지고 있는 상황이다. 좋은 수가 보이지 않아 스트레스와 정신적인 긴장을 느끼고 있다. 판을 연구하는 동안 긴장이 고조된다. 그 다음 다음 수를 찾아낸다. 만약 나이트를 뒤로 이동하면 킹을 보호하고 동시에 상대방을 위협할 수 있다! 퍼즐을 풀었다는 성취감 속에 조용한 안도감이 밀려온다. 당신이 수를 두자, 상대방은 당신이 한 일을 깨닫고 인상을 쓴다. 이것을 보며 당신은 우월감을 느낀다. 상대방은 고민하기 시작한다. 당신은 만족스러운 기쁨을 느끼다가 자신의 포진에 약점이 있음을 알게 된다. 그가 비숍을 판 건너편으로 움직이면 당신의 나이트를 잡을 수 있다. 그러나 그것은 뻔히 보이는 수가 아니다. 상대방이 그것을 알고 있을까? 당신의 만족감은 긴장감으로 바뀐다. 포커페이스를 유지하려고 하는 동안 시간이 흘러간다. 마침내 상대방은 폰을 움직였다. 안전한 기회를 얻었다는 것을 깨달으며 이전보다 훨씬 더 강렬한 안도감이 다시 밀려든다.

밖에서 보기에 이 게임은 그렇게 보이지 않는다. 두 사람이 테이블에 앉아 긴장된 표정을 짓고 조용히 체스판 곳곳으로 플라스틱 말들을 옮길뿐이다. 플레이어들도 자신이 느끼는 모든 것을 의식적으로 감지한 것은 아니었다. 그러나 그들은 체스경기를 하는동안 롤러코스터 타는 감정을 모두 똑같이 경험하고 있었다. 그리고 계속해서 변화하는 감정의 혼합물을 얻기 위해 돌아올 것이다.

미묘한 감정들을 감지하고 이해하는 것이 기획 기술이다.

그러한 미묘한 감정은 느끼기 어렵다. 이 것은 노력과 연습이 필요하다. 게임에서 처음 지루함을 느끼는 순간을 정확하게 지적할 수 있는가? 재미없다고 생각한 농담에 자신도 모르게 미소지어지는게 느껴지는가? 대부분의 사람들은 그러한 감정을 무시해도 되지만 게임 기획자에게는 충분하지 않다. 숙련된 요리사가 복잡한 요리를 각각의 맛으로 분해할 수 있고, 음악가가 오케스트라 곡에서 화음, 박자기호, 리듬을 골라낼수 있는 것처럼, 게임 기획자는 분노가 스쳐갈때나, 승리의 흥분, 약간의 혐오감을 느낄수 있어야 한다. 그 감정이 게임의 존재 이유이기 때문이다. 플레이어가 에너지와 시간과 돈을 게임판위의 말을

옮기고 링에 공을 넣기 위해 던지는 이유가 그 감정들이다.

감정의 중요함은 게임 기획에서 인정받지 못한 위대한 비밀 중 하나이다. 누구에게나 게임에 대해 물어보면 게임에 대해 어떻게 생각하는지 이야기할 것이다. 그들은 게임이 좋은지 나쁜지에 대해 논리적인 주장을 할 것이다. 그러나 보통 그 논리들은 밑에 있는 감정에 대한 무의식적인 합리화 뿐이다. 정말 중요한 것은 게임이 우리를 어떻게 느끼게 하는 것이다.

놀이의 감정은 '재미'에만 국한되지 않는다.

불행하게도 게임 기획에 관한 논의는, 마치 게임 기획과 재미 사이에 어떤 숨겨진 연관성이 있는 것처럼 여전히 재미란 단어에 얽매여있다. 게임 기획과 재미의 연결은 존재하지만 그 연결은 실제로 존재하는 사실이기 때문이 아니라 역사의 변덕 때문이다.

재미는 감정이다. 롤러코스터를 타거나 픽업축구를 할 때 느끼는 시시하고 명랑한 감정이다. 재미는 즐거움이자 가치있는 목표이다. 하지만 이것만이 전부는 아니다. 우리는 게임의 근원인 재미가 어디에서 오는 지에 집중한다.

오랜 기간 동안 게임 기획자는 존재하지 않았고 게임은 세대를 거쳐 전승되며 주로 아이들이 즐기는 전통문화였다. 어른들이 노는 것은 가혹하고 단조로운 삶에서 잠시 벗어나는 것이었다. 이러한 원시적인 환경에선 좋은 게임을 설명하기 위해 *재미*보다 더 좋은 용어가 필요하지 않았다.

오늘날 우리는 기술과, 전문 게임 기획자와, 더 다양한 감정 욕구를 가진 게임 플레이어를 가지고 있다. 작업을 잘 수행하려면 기획자가 하나 이상의 포괄적인 용어를 사용해야한다. 재미는 게임이 주도하는 감정의 다양함, 강력함, 미묘함을 설명할 수 없다. 마치 요리사가 모든 요리를 '맛있다'와 '맛없다'만으로 설명하는 것과 같다.

시시하거나 명랑하지 않은 게임이 할 수 있는 모든 일을 생각해보자. 어떤 게임은 격렬한 시합을 이용해 가슴이 뛰는 승리감을 불러일으킨다. 어떤 게임은 서사를 사용하여 공감이나 경이로움을 만든다. 어떤 게임은 우리를 존재에 대한 어두운 사색으로 끌어들이거나 날카로운 심리적인 두려움으로 우리를 공포에 떨게 한다. <둠>, <슈퍼 마리오 64>, <스트리트 파이터Ⅱ>, <하프라이프>, <스타크래프트>, <심즈>, <데프콘(DEFCON)>, <시스템 쇼크 2>, <데이어스 엑스>, <월드 오브 워크래프트>, <드워프 포트리스>, <포탈>, <테트리스>, <브레이드>, <괴혼 굴려라왕자님>, <S.T.A.L.K.E.R.(스토커)> 등등 모두 강렬한 감정을 불러 일으키지만, 그 감정은 전부 다르며 일치하지 않는다. <스트리트 파이터Ⅱ>의 시합 안의 격렬한 액션, <시스템 쇼크 2>의 극도의 공포, <데프콘(DEFCON)>의 생각하게 만드는 애도는 모두 감정을 사로잡지만 그 어떤 것도 재미가 아니다.

감정 트리거 Emotional Triggers

게임 메카닉은 이벤트를 생성하기 위해 상호작용을 하며, 이는 결과적으로 플레이어의 감정을 유발한다. 그러나, 이벤트는 정확히 어떻게 감정을 생성할까? 게임에서 일어나는 이벤트와 반응에서 나타나는 기쁨 혹은 슬픔 사이의 연결고리는 무엇일까?

> **당신의 무의식은 끊임없이 당신이 처한 상황을 분석한다. 특정 조건을 만나면 무의식이 감정적인 반응을 일으킨다.**

예를 들어 절벽 앞에 서 있다면 유전적으로 새겨진 본능이 상황을 감지하고 공포 반응을 유발한다. 짝이 될 수 있는 사람을 바라볼 때에는 무의식이 신체적 특징부터 평판, 서로간에 일어났었던 일들까지 그 사람에 대한 모든 것들을 분석하여 매력, 중립, 역겨움의 적절한 감정을 만든다. 상황에 대한 측면에 기인한 이러한 각각의 감정들이 감정의 트리거이다.

> 감정 트리거란, 감정을 유발하는 어떤 사물이나 관찰 결과를 말하는 것이다.

우리는 많은 감정 트리거를 가지고 있다. 물리적인 위험, 관계나 사회적 지위의 변화, 학습, 강력해짐, 소유권의 획득, 성적인 기회의 신호, 가족과 안전, 어떤 종류의 자연환경이 가장 명백하지만 유일한 것은 아니다. 인간은 또한 음악, 철학적인 아이디어, 유머와 재치, 수많은 형태의 예술에 반응한다. 어떤 트리거들 중 일부는 유전자에 고정되어있다. 다른 것은 배울 수 있다. 이러한 트리거들은 대부분 훈련과 인간 본성 사이의 복잡한 상호작용을 포함한다.

감정 트리거는 매우 복잡할 수 있다. 예를 들어 탐정의 직감을 생각해보자. 직감은 감정적인 무의식이 사건을 해결하고 필사적으로 결과를 알리려고 할 때 발생한다. 표면적으로 탐정은 뭔가 잘못되었다는 느낌을 받지만 어째서인지에 대한 확신은 없다. 아래에서 탐정의 무의식은 미치도록 복잡한 일련의 추론과 연상을 통해 작동하고 있다. 탐정의 무의식이 실제의 자신보다 사건을 더 잘 이해하고 있을 정도로 복잡하다. 우리의 감정 트리거는 이해할 수 없을 정도로 복잡할 수 있다.

감정과 변화 Emotion and Change

모든 감정 트리거 뒤의 기반 원리는 변화이다. 이벤트가 세상에 의미를 주는 변화임을 알 수 있는 신호여야 감정을 불러일으킬 수 있다. 그러나 모든 변화가 감정을 불러 일으키는 것은 아니다.

> 감정을 불러일으키려면 이벤트가 인간 가치를 변경해야 한다.

예를 들어, 멀리 떨어진 행성과 소행성의 충돌은 천문학적인 관심사이다. 소행성이 지구에 충돌하는 것은 일어날 수 있는 가장 고통스러운 이벤트다.

차이점은 인간에게 미치는 영향에 있다. 한 쪽은 인간과 관련된 아무 일도 일어나지 않았다. 다른 한 쪽은 삶에서 막대한 양의 삶에서 죽음으로 변화를 나타낸다.

[삶/죽음]은 인간 가치의 한 예이다.

'인간 가치'는 여러 상태로 바뀔수 있는, 인간에게 중요한 모든 것이다.

인간 가치는 긍정적, 중립적, 부정적 상태일 수 있다. 이러한 상태 사이에서 인간 가치를 이동시키는 변화만이 감정적으로 의미가 있다.

인간 가치의 몇가지 예는, [삶/죽음], [승리/패배], [친구/낯선이/적], [부/빈곤], [낮은 지위/높은 지위], [함께/혼자], [사랑/상반된감정/증오], [자유/노예], [위험/안전], [지식/무지], [숙련/비숙련], [건강함/아픔], 그리고 [추종자/지도자] 등이 있다. 게임의 이벤트는 이런 모든 가치 뿐만 아니라 다른 것들도 바꿀수 있다.

<마인크래프트>에서 플레이어는 매일 밤 좀비의 공격을 받는다. 숨을 수 있는 요새를 건설하고 나면 위험한 상태에서 안전한 상태로 바뀌어서 플레이어는 안도감을 느낀다.

<스트리트 파이터II>에서 한 아이가 대회에 도전을 시작한다. 처음 그 소년은 동네 고수들에게 쉽게 패배한다. 그러나 소년은 멈추지 않는다. 그는 계속 연습해서 단계를 올라간다. 마침내 그는 지역 대회에서 우승한 다음에, 전국 대회에서 우승하고, 그 후에는 세계 선수권 대회에서 우승한다. 이것은 무지에서 지식으로, 낮은 지위에서 높은 지위로, 패배에서 승리로의 거대한 변화를 나타내기 때문에 인생을 바꾸는 이벤트다.

<월드 오브 워크래프트>에서는 두 플레이어가 몬스터를 함께 잡으며 만난다. 한 사람이 다른 사람을 길드에 초대한다. 낯선 사람은 친구가 되고, 혼자는 '함께' 가 된다.

<하프라이프>에서 플레이어 캐릭터는 다른 차원에서 침략해오는 괴물들로 가득찬 거대한 지하 실험실에 갇혀있다. 때때로 그는 한동안 그와 함께 하는

과학자나 경비원 같은 다른 생존자들과 만난다. 이러한 협력자를 찾는 것과 그들을 잃는 것은 둘다 혼자에서 함께로 갔다가, 다시 혼자로 돌아오는 변화이기 때문에 플레이어의 감정을 사로잡는 이벤트다.

어떤 경우, 변화하는 인간 가치는 게임 안에서만 존재한다. 다른 경우 실존 할 수 있다. 예를 들어 도박은 실제 재산의 변화로 인한 감정을 일으킨다. <크랩스>를 플레이하는 행위는 주사위를 계속 굴릴 뿐이기 때문에 지루하다. 그러나 그 결과에 돈이 걸려있다면, 모든 판정은 가난과 부 사이의 이동을 의미하기 때문에 긴장하게 된다.

게임은 플레이어를 물리적으로 위협하여 감정을 자극할 수 있다. 실험적인 게임인 <페인스테이션>은 <퐁>과 플레이하는 방식이 같지만 실패할 때마다 손을 때리거나 전기적인 충격을 가하기 때문에 훨씬 더 감정적으로 강력하다. 화면에서 움직이는 작은 공은 물리적인 벌을 가할수 있기 때문에 더 감정적으로 무겁게 다가온다.

이벤트에 대한 감정은 이벤트 자체가 아니라, 그 이벤트에 내포된 인간 가치의 변화이다. 더 중요한 인간 가치가 더 많이 변화할수록 감정이 커진다.

체스에서 폰을 잃는 경우를 생각해보자. 게임 초반에는 사소한 문제일 수 있다. 초반에 폰을 잃는 것은 말 수가 줄어들고 폰 구조가 약해질수 있다는 의미이다. 하지만 게임 후반에는 폰 하나가 승패를 가를 수 있다. 왕을 지키고 있던 폰을 예기치 않게 잃으면 게임에 막 패배하여 허탈해진다. 두 경우 모두 같은 이벤트이지만 하나는 사소한 귀찮음이고 다른 하나는 승부에서 패배로 전환되는 것이기 때문에 그 의미가 다르다.

그 자체로 매우 사소해보이는 이벤트도 중요한 의미를 담으면 감정을 움직일 수 있다. 전략 게임에서 정찰하는 행위에 대해 생각해보자. 정찰은 단순히 대상을 보는 것에 지나지 않는다. 정찰은 아무것도 만들지도, 파괴하지도, 움직이지도 않는다. 그 자체로는 거의 이벤트가 아니다. 하지만 전략적으로 중요한 건물을 정찰에서 발견하면 지고 있던 게임을 뒤집을 수 있다. 열쇠가 되는 정보 하나가 승리로 이어질 수 있는 새로운 전략의 중심이 될 수 있기 때문이다. 따라서 전투와 유혈사태로 가득한 게임에서 가장 감정을 사로잡는 순간은 단순히 건물을 발견하는 것일 수 있다.

작은 이벤트에 반응하여 인간 가치에 중요한 변화를 일으킬 수 있는 방법은 무수히 많다. 예를 들어 멀티플레이어 슈터 장르의 <모던 워페어> 시리즈에서는, 죽지 않고 일정 수의 적을 쓰러 뜨린 플레이어에게 특별한 보상을 제공하는 연속 킬 보상이 있다. 3 연속 킬은 유용한 레이더 스캔, 7 연속 킬은 아군 제트기 공습, 11 연속 킬은 강력한 AC-130 건십 공격을 받을 수 있다. 이 기획은 특정 킬의 효과를 증가시키기 때문에 동작한다. 11번째 킬은 첫번째 킬보다 더 큰 게임 상태를 바꾸기 때문에 더 의미가 있다. 예를 들어 적이 모퉁이를 돌 때 쏴서 쓰러뜨리는 두 킬 자체가 완전히 같을 수 있지만, 그 의미가 달라지기 때문에 느끼는 감정은 다르다.

감정은 변화에 대한 반응으로만 나타나지 않는다. 감정은 변화를 예상할 때도 나타난다.

감정의 무의식은 일어나는 일에만 반응하지 않는다. 무의식은 끊임없이 미래를 바라보며 인간과 관련된 위협과 기회를 찾아낸다. 위협이나 기회를 발견하면 감정으로 신호를 보낸다.

<모던 워페어>를 다시 플레이한다고 상상해보자. 10킬을 기록했다. 한 번만 더 킬 수를 올리면 AC-130 보너스를 받을 수 있고, 게임에서 승리할 가능성이 높다는 것을 알고 있다. 이 상황에서는 당신의 데스냐, 한명을 더 쓰러뜨리냐 같은 작은 지역적인 이벤트가 전체 경기의 결과를 결정할 수 있다. 따라서 당신은 극단적으로 다른 두가지 결과 사이에서 칼 끝에 서있는 것 같은 긴장감을 느낄 수 있다. 모든 것은 이 순간에 일어나는 일에 달려있다. 이미 일어난 일이 아닌 일어날지도 모르는 일에 대해 감정을 느끼는 것이다. 이러한 유형의 긴장은 최고의 손에 땀을 쥐는 게임이다.

그러나 저울에 매달린 것이 아무것도 없다고 무의식이 느낀다면 이 상황조차 지루하게 느낄 수 있다. 당신이 10킬을 달성한 동일한 상황을 상상해보자. 하지만 이번에는 당신의 팀이 다른 팀보다 점수가 훨씬 앞서 있다. AC-130 자체의 효과는 동일하지만, 다음 킬 혹은 데스가 실제로 게임의 결과를 결정하지 않기 때문에 상황은 이전보다 훨씬 덜 긴장된다. [승리/패배]의 인간 가치는 이미 승리에 고정되어 있어 바뀔 수 없다. 킬을 달성하고 AC-130을 얻으면 팀이 승리한다. 혹시 당신이 쓰러져도, 어쨌든 당신의 팀이 승리한다.

무의식은 이러한 결과의 장부를 끊임없이 균형을 맞추고 의식을 가장 치우친 것, 즉 인간 가치가 가장 크게 변화할 가능성이 있는 것으로 주의를 돌린다. 플레이어의 무의식이 인간 가치의 잠재적인 변화를 감지하면 플레이어는 그 변화를 느낄 것이다.

정보의 공개는 정보의 변화와 감정적으로 동일하다.

감정적 영향 측면에서 보면 사실을 알게 되는 것과 사실이 진실이 되는 것은 거의 차이가 없다. 의미와 기회가 동일하기 때문이다. 그것은 주사위를 굴려 천달러를 잃는 것과 딜러가 마지막 카드를 뒤집었을 때 천 달러를 잃었다는 사실을 깨닫는 것 사이의 감정적인 차이와 같다. 주사위 굴리기는 이벤트이고 카드 뒤집기는 결과를 드러내는 거지만, 인간 가치의 변화와 감정적인 결과는 동일하다.

여러개의 문이 있는 복도를 걸어 내려가야하는 공포게임을 생각해보자. 살인자가 문 뒤에 있는 것을 알지만 어떤 문인지는 알수가 없다. 이 상황은 일반적으로 매우 중요한 (생사를 가르는) 의미를 가진 무언가를 알게 될 가능성이 어렴풋이 나타나기 때문에 전형적으로 긴장감을 만든다. 이번엔 살인자가 나타날 수 있는 순간이동 발판이 놓인 복도를 걸어가는 SF 호러 게임을 상상해보자. 한 게임에서는 살인자가 항상 거기에 있고 문 뒤에서 모습을 드러낸다. 다른 게임에서는 살인자가 순간이동을 통해 들어온다. 그러나 두 상황은 감정적으로 동일하다.

이는, 게임은 정보를 부정하거나 드러냄으로써 인간 가치의 변화를 만들어낼수 있는 것을 의미한다. 어떤 게임에서는 인간 가치를 지속적으로 변화를일으키기 힘들 수 있다. 이러한 상황은 플레이어에게 모든 것을 알려주지 않고구조적인 방법으로 정보를 배분하여 긴장감을 만드는 방법으로 좀 더 흥미롭게유지할 수 있다.

감정 블랙박스 The Emotional Black Box

감정은 게임 기획의 목표이다. 그러나 감정의 기원을 추적하기 힘들기 때문에 이목표는 도전을 제시한다.

우리는 감정 트리거 뒤의 논리를 직접 인식할 수 없다.

감정은 선택이 아니다. 절벽 끝을 보지 못하더라도 두려워하기로 결정할 수있다. 아름다운 사람을 보고 매력을 느껴야한다고 논리적으로 결론을 내리지않는다. 감정 트리거는 무의식이 처리하는 자동 계산으로, 걷는 동안 균형을유지하거나, 익숙한 얼굴을 인식하는데 도움이 되는 것과 유사하다. 따라서자신이 어떤 감정을 느끼는지 알더라도 무의식에게 왜 그런 매력, 혐오감, 평온함,또는 두려움이 생겼는지 물어볼 수 없다.

다리 The Bridge

고전적인 연구는 감정과 원인 사이에 심리적 단절을 보여준다.

여러분이 밴쿠버에 사는 청년이라 상상해보자. 지금은 1973년이다. 여러분이캐필라노 계곡 현수교를 건너고 있다. 이 다리는 폭 1.5미터 길이 137미터의죽음의 함정이다. 이 다리는 오래된 모험 영화에 나오는 나무와 밧줄로 만든위험해보이는 다리처럼 바람에 흔들린다. 아래를 보면 70미터 아래의 나무사이로 들쭉날쭉한 바위가 보인다.

다리의 중간에서 매력적인 여성이 설문을 할 수 있는지 묻는다. 그는 경치가 창의적 표현에 미치는 영향에 대한 심리학 수업 프로젝트를 진행하고 있다. 첫 페이지는 이름과 나이 같은 지루한 질문으로 가득 차 있다. 두번째 페이지는 사진을 기반으로 짧은 이야기를 쓰도록 요청한다. 작성을 마치면 그 여성은 설문지의 귀퉁이를 찢어내서 자신의 전화번호와 이름을 적어주고 더 궁금한 점이 있으면 전화하라고 말한다.

이 여성은 심리학 연구자 아서 아론의 협력자이다. 아론이 실제로 관심 있는 것은 당신의 이야기에 얼마나 많은 성적인 부분이 들어가 있고, 다른 안전한 다리 근처의 대조군과 비교하여 데이트를 위해 그 여성에게 전화할 가능성이 얼마나 되는가이다. 다리는 실험대상자의 심장을 뛰게 하고 손바닥에 땀이 나게 만든다. 문제는 그들이 이러한 공포반응을 여성에 대한 성적 매력으로 재해석할 것인가였다.

실험대상은 예상대로였다. 무서운 다리를 건너는 사람들은 이야기에 유의미하게 더 많은 성적인 상상을 했고, 안전한 다리를 건넌 사람들보다 이후 여성에게 전화를 거는 경우가 4배나 더 많았다. 이러한 결과는 주제 자체 선택 (더 모험적인 남성들이 무서운 다리를 건너며 여성에게 더 전화를 많이 걸 가능성)과 같은 요인을 제거한 추가 연구에서도 계속 유지되었다.

여성에게 다시 전화한 남성들은 그 여성에게 말할 때 심장이 빨리 뛰기 때문에 그에게 매력을 느낀다고 생각했다. 사실 그들의 심장이 빨리 뛴 것은 위험해 보이는 다리 위에 있었기 때문이다. 하지만 감정은 그들에게 진짜 원인을 보고하지 않기 때문에 이 차이를 알 수 없다.

감정 오인 Emotional Misattribution

아론의 연구대상인 남성들은 감정의 진짜 원인을 추적할수 있는 타고난 능력이 없기 때문에 그 원인을 가장 눈에 띄는 대상인 매력적인 여성 때문이라고 생각했다. 이러한 감정 오인은 끊임없이 발생한다. 우리는 한 가지 원인 때문에 특정한 감정을 느끼는 것으로 생각하지만 실제 원인은 전혀 다를 수 있다.

일부 사람들은 조작을 위해 감정 오인을 이용한다. 예를 들어, 정치 다큐멘터리에서 정치인을 나쁜 사람으로 묘사하려고 할 때, 정치인의 얼굴이 화면에 나타나면, 음악이 사악한 느낌의 저음으로 바뀌고 이미지는 색을 지우고 왜곡되며 느려진다. 감독은 음악과 시각 효과에서 오는 불안감이 정치인에게 오는 것으로 오해하게 만들어, 사람들이 사실은 무서운 소리를 두려워하는 것을 정치인을 두려워하도록 속인다.

엔터테인먼트 프로듀서도 마찬가지이다. 예를 들어 내가 TV 드라마에서 '레너드 코언의 엄숙한 순간'이라고 부르는 비유가 있다. 이것은 드라마의 3막이 시작할 때 나오는데, 상황이 나쁘고 모든 희망이 사라진 것 처럼 보인다. 대화가 멈추고, 감동적이거나 귀를 사로잡는 (보통 레너드 코언의 노래 같은) 노래가 흘러나오면서 카메라가 몽타주를 통과하고 나레이터가 드라마의 주제에 대해 이야기한다. 시청자들은 새롭고 생각하게 만드는 느낌을 받는다. 그러나 이러한 느낌들은 사실 노래로부터 나오는 것이지, 이야기로부터 나오는 것이 아니다.

우리는 자신이 왜 그렇게 느끼는지 모르면서도, 자신도 모르게 자기 감정에 논리적인 원인이 있는 것처럼 이유를 부여한다. 이렇게 추측한 원인은 종종 틀리곤 한다.

의식의 한 부분은 어떤 감정을 만들지 결정하는 데 집중하고, 다른 한 부분은 그 감정이 일어난 이유를 꾸준히 만들어낸다. 때로는 그 이유가 정확하지만 종종 그렇지 않다. 그러나 그것들이 얼마나 틀렸던 우리는 즉시 그것을 믿고 모두 받아들인다.

이러한 행동을 설명하는 많은 연구 중 하나에서 연구자들은 백화점에서 벽에 4개의 스타킹을 걸어놓고, 고객들에게 어떤 것이 가장 품질이 좋아보이는지 물었다. 80%의 고객이 오른쪽에 있는 것이 가장 품질이 높다고 대답했다. 그 이유로 색상이나 질감을 들었지만, 실제로 스타킹은 동일했다. 고객들이 스타킹을 선택한 이유는 스타킹의 위치 때문이었고, 그 후 이유를 합리화했다. 고객들은 일부러 거짓말을 한 것이 아니었고, 스스로가 합리화하고 있다는 사실도 몰랐다. 그러나 그들은 그렇게 했다.

이것이 플레이어가 게임 경험에 대해 이야기할 때 거의 어떤 감정을 느꼈는지가 아니라 감정의 원인에 대해 설명하려고 하는 이유이다. 그들은 "빨라서 좋았다." 혹은 "마법사의 지팡이가 지루해서 재미없었다"라고 이야기할 것이다. 이 이야기의 중요한 부분은 "좋아요"와 "재미없어요" 같은 날것의 감정이다. 그러나 플레이어는 왜 그런 감정을 느꼈는지 모르기 때문에 자동적으로 그것에 이유를 붙인다. 플레이어는 자신의 감정 메카닉에 직접 연결되어있지 않기 때문에 왜 자신들이 그렇게 느꼈는지 모르지만 거의 모든 행동이나 의견을 즉시 합리화할수 있는 인간적인 능력을 가지고 있다.

감정 오인은 게임이 우리에게 미치는 영향을 이해하기 어렵게 만든다.

게임은 수백 가지의 다양한 자극과 결정을 제시하고 다층적인 감정 반응을 일으킨다. 하지만 게임의 어떤 부분이 어떤 감정을 불러일으켰을까? 쉽게 알 수 있는 방법은 없다.

지역대회에서 친구와 대전하는 격투게임을 상상해보자. 마지막 라운드이고 비등비등한 상황이다. 상대방이 당신의 장풍을 피하며 당신에게 접근한다.

타격범위에 도달하면서 상대방은 막을 것을 기대하며 페인트(속임수)를 넣는다. 하지만 당신은 그의 속임수에 속지 않고 파괴적인 어퍼컷으로 상대방을 쓰러뜨린다. 당신이 느끼는 것은 분명하다. 흥분과 긴장의 뒤섞임, 심장의 두근거림, 컨트롤러를 꽉 잡은 손, 환호하는 관중, 크게 뜬 눈, 승리의 기세. 하지만 왜?

정확히 무엇이 그런 감정들을 유발했을까? 이국적인 격투게임 캐릭터? 멋진 동작? 아름다운 배경 아트? 친구와의 경쟁이 그와 당신의 관계를 바꾸는 것? 친구 앞에서 체면을 잃는다는 위험? 아니면 아마도 화면의 번쩍이는 화려한 빛으로 인한 감각의 과부하 일수도 있다. 빠른 테크노 음악이 흘러나오고 있는데 그것이 영향을 끼쳤을까? 게임의 과장된 배경스토리가 원인일까?

사실 그 상황의 모든 측면이 당시 만들어진 감정에 무언가를 기여했다. 하지만 인간은 어떤 원인이 어떤 결과를 초래했는지 알려주는 정신회로를 가지고 있지 않다. 그것은 우리가 할 수 있는 일이 아니다.

여기서 우리가 얻을 수 있는 긍정적인 점이라면 즉흥적인 감정 추론에 의문을 제기해야한다는 것이다. 누군가 시각요소, 이야기, 조작 때문에 게임이 마음에 들지 않는다고 말할 때 그대로 그 말을 믿지 말아라. 게임이 플레이어에게 어떤 영향을 미치는지 그것을 보는 것만으로 이해할 수 없다.

이 문제를 부분적으로 풀수 있는 방법이 있다. 우리는 플레이 테스팅이나 통계적 지표 분석 같은 체계적인 방법을 사용해 작은 변화의 효과를 관찰할 수 있다. 그러나 이러한 근거 기반 방법으로도 게임을 완전히 이해할 수 없다. 우리가 가진 인간의 의식의 내부 동작을 절대 볼 수 없기 때문이다. 대신 우리는 거리를 두고 이론화하여 의식의 감정 트리거를 추론해야한다. 우리는 일식(日蝕)과 닭의 내장으로부터 변덕스러운 신의 뜻을 읽으려는 사제들의 모임과 같다. 그리고 그러한 사제들처럼 종종 잘못 생각한다. 이것은 게임 기획을 매우 어렵게 만든다.

기본 감정 트리거 The Basic Emotional Triggers

가장 일반적인 감정 트리거를 몇가지 살펴보자.

학습을 통한 감정

어려운 개념이 마침내 마음에 와 닿아 이해되는 때를 돌아 보자. 눈이 빛나고 입가에 미소가 번지며 틀림없는 깨달음의 표현이 당신의 입에서 나온다. "아하!" 배우는 것은 즐거운 경험이다.

인간 가치에 더 중요한 지식일수록, 우리는 그것을 배우고자 하는 마음이 강해진다.

강아지들은 본능적으로 놀이 싸움을 한다. 장난스러워 보이지만 강아지들이 그렇게 노는 것은 매우 중요하다. 놀이 싸움을 하지 않았던 선사시대 강아지들은 미숙한 전사로 자랐다. 놀이 싸움을 하지 않은 강아지들은 놀이 싸움을 한 강아지만큼 번식에 실패했고, 유전자 풀에서 제거되었다. 개들이 놀이싸움을 좋아하는 초기 성향은 진화의 무자비한 게임에서의 생존 전략이다.

사람에게도 마찬가지이다. 우리는 배우고자 하는 자연스러운 욕구가 있지만 그 욕구가 무분별하지는 않다.

본능적으로 숙달하려 하는 기술은, 선조가 번식하는데 도움을 준 것중에 하나이다.

아이들이 하는 게임을 생각해보자. 아이들은 운동 기술을 익히기 위해 달리고 점프한다. 소꿉놀이를 통해 사회적 역할을 배우며, 막대와 베개로 모의 전투를 벌이며 싸움 기술을 익힌다. 군인이나 사교계 인사나, 건축가 같은 어른의 삶을 흉내내기도 한다. 이러한 놀이들이 조상들이 번식하는데 도움이 되었기 때문에, 아이들은 어른이 되기 위한 연습을 하며 매 순간을 즐기고 있다.

우리는 성숙해지면서 생식 목적이 분명하지 않은 더 난해한 관심사를 개발할 수 있는 능력을 얻게 된다. 예를 들어, 나는 수년간 게임 기획을 연구해 왔지만, 내 조상들은 '돌 던지기 놀이'의 더 나은 버전을 개발했기 때문에 원시인 아이를 가지지 않았다고 생각한다. 하지만 우리가 얼마나 나이를 먹었든 상관없이 여전히 우리에게 가장 큰 영향을 미치는 가르침은 외로움을 함께함으로 또는 가난을 부로 바꿀수 있는 것 같은 인간 가치의 중요성이다. 따라서 플레이어에게 건설, 사회화, 전투를 가르치는 게임은 항상 광범위한 영향을 미친다.

가르침이 복잡하고 명확하지 않을수록, 그 가르침을 얻었을 때의 즐거움이 커진다.

가르침이 분명하다면, 그 가르침을 배워도 소란스럽지 않다. 그 교훈은 항상 명확했기 때문이다. 복잡한 시스템 속에 숨어있는 미묘한 아이디어라면, 대부분의 사람들이 알지 못하는 독특한 깨달음이기 때문에 그 아이디어를 배우는 것은 인생을 바꾸는 경험이 될 수 있다.

따라서 게임 기획자의 과제는 명확하게 드러나지 않지만, 풀어 낼 수 있는 속성을 가진 여러 단계로 이루어진 게임 시스템을 만드는 것이다. 이것은 각 단계가 이전에 얻은 가르침을 기반으로 만들어졌으며 이러한 단계를 통해 가르침이 드러나는 심층적인 게임을 만드는 것을 의미한다. 체스나 포커와 같은 고전적인 게임들은 평생 학습이 가능한 게임으로 유명하다. 틱택토 같은 게임은 그 반대이다.

최고의 학습이 발생하는 순간은 메카닉을 통해 많은 학습 내용 덩어리들이 짧은 시간에 기둥 하나로 압축 될 때이다.

플레이어는 많은 오래된 정보들을 갑자기 이해하게 만드는 정보의 새로운 조각을 얻었을 때 통찰을 느낀다.

통찰은 새로운 정보를 얻음으로써 다른 가르침들의 연쇄 반응을 일으키는 경험이다. 통찰은 논리적인 퍼즐의 마지막 조각을 끼워서 전체 모양을 드러냈을 때 발생한다.

예를 들어, 전략 게임에서 몇 분 전에 적의 일꾼을 본 지점에서 적의 기지가 나타났다고 가정해보자. 당신은 자책하면서 외친다. "눈치했어야 하는데!". 혹은 체스에서 상대가 둔 무의미 해보이는 일련의 수들이 당신을 노렸던 악마의 덫이란 것을 당신이 깨닫자 상대방이 승리의 미소를 지으며 "그럴 줄 알았어" 라고 말한다.

이 순간들은 단순한 놀라움이 아니다. 이 순간들은 플레이어가 감지하고도 제대로 해석하지 못했지만 나중에 해석하는 데 단서가 되었다. 이러한 단서가 중요한 이유는 다음에 비슷한 상황이 발생했을 때 놀라움을 예측할 수 있을 것이라고 생각하기 때문이다. 우리는 이제 깜박이는 움직임을 보고 저격수를 배치하거나, 일꾼을 보고 적 기지에 반격을 가할 것이다. 죽음을 삶으로 바꾸거나 패배를 승리로 바꿀 수 있다.

최고의 통찰은 확장되어 축적된 정보가 한번에 제자리에 모이는 순간 드러난다.

미리 준비된 스토리는 플레이어가 모든 지점에서 배우는 내용을 정확하게 조종할 수 있기 때문에 이러한 통찰 제공을 매우 효과적으로 수행할 수 있다. 예를 들어 <하프라이프>에서 플레이어는 블랙 메사의 거대한 연구 시설을 탈출하려고 하는 안경을 쓰고 산탄총을 든 고든 프리먼이 된다. 괴물들과 군 살인부대와 싸우는 동안 정장 차림의 유머없는 남자를 반복해서 보게 된다. 이 남자는 플레이어가 다가가기 직전에 모퉁이를 돌아 사라지며, 때때로 플레이어의 시야 밖으로 순간이동하는 것처럼 보인다. 이 G맨(*역자 주)은 마지막 클라이맥스 전투가 끝난 후에야 자신을 소개하고 블랙 메사에서 실제로 무슨일이 있었는지 설명해준다.

이러한 긴 통찰 축적의 유형은 게임 메카닉을 통해 잘 나타낼 수 있다. 퍼즐이 대표적인 예이다. 훌륭한 퍼즐 게임에서 플레이어는 퍼즐을 이해하기 전에 퍼즐에 대한 방대한 지식을 배운다. 모든 조각이 어떻게 움직이고 조각 사이의 모든 관계에 대해 파악한다. 머릿속에서 퍼즐을 맞추기 위해 20분 이상 고군분투 하며 해결책을 찾으려고 분투할 수 있다. 마침내 퍼즐이 맞춰지면 무작위로 보이던 모든 구성 요소의 목적이 한번에 명확해지며 플레이어는 깨달음을 얻는다.

캐릭터 아크를 통한 감정

인간은 공감 능력이 있다. 웃고 있는 사람을 보면 나도 함께 웃는다. 고통스러워 하는 사람을 보면 긴장하게 된다. 우리는 다른 사람에게서 느끼는 감정을

*역자 주 : <하프라이프> 플레이어들은 이 캐릭터를 'G맨'이라고 부른다.

반영한다.

이러한 감정 트리거는 영화 시나리오 라이터와 소설가들의 장사도구이다. 그리고 이런 작가들처럼 게임 기획자도 캐릭터 아크를 미리 정의할 수 있다. 우리는 게임 스토리를 만들고, 매번 같은 방식으로 그것이 플레이 되도록 설정할 수 있다. 이는 감정을 자극하는 이해하기 쉽고 전통적인 방법이며 잘 동작한다.

하지만 게임 캐릭터 아크를 만드는 또 다른 방법이 있다. 바로 게임에서 즉석으로 생성하도록 하는 것이다. 예를 들어 게임 <레프트 4 데드>에서는 좀비 아포칼립스에서 살아남은 3명의 생존자가 근처에 도사린 괴물들이 있는 안전가옥에서 동료가 천천히 피흘리는 것을 지켜보고 있다. 게임 <심즈>에서는 남편이 젊은 여성과 바람 피우다가, 현장에서 발각된다. 게임 <드워프 포트리스 (Dwarf Fortress)>에서는 맥주 부족으로 좌절한 드워프가 난동을 부려 제압당하기 전에 광부 3명을 살해한다. 이러한 모든 이벤트는 게임에서 발생했지만 기획자가 직접 만든 것은 아니다. 오히려 게임 메카닉 간의 상호작용을 통해 플레이하는 동안 나타났다.

캐릭터 아크는 또한 특별한 종류의 학습 욕구를 충족시켜준다. 우리는 동료에 대해 배우는 것을 사랑한다. 우리는 특히 다른 사람들의 분투를 좋아한다. 오직 갈등을 통해 개인의 내재 가치와 능력이 드러나기 때문이다. 직면한 갈등이 심할수록 그들의 본성을 더 깊이 들여다 볼 수 있다. 영웅이 일반우유와 지방을 뺀 우유 중 하나를 선택해야할 때는 우리는 지루함을 느낀다. 이 사람이 배우자의 삶과 자신의 삶 중 하나를 선택하라고 강요당하면, 이 남자가 어떤 모습을 보여줄지, 우리는 궁금해하면서 바라본다.

도전을 통한 감정 Emotion Through Challenge

실력과 힘에 대한 시험은 여러 가지 방식으로 감정을 불러일으킨다. 우리는 시험에 도전하면서 즐거운 집중상태에 빠지게 된다. 시험을 통과하면 기분 좋고, 유능하며, 지배하고 있다는 기분이 든다. 실패하더라도 성공할 가능성이 보이면 다시 도전하고 더 잘하고 싶은 의욕이 생긴다.

도전은 게임과 매우 밀접하게 연관되어 있어 게임의 필수적인 요소로 간주하는 경우가 많다. 이는 게임에 대한 많은 일반적인 정의중 하나이다. 그러나 도전은 강력하고 유연한 방법이지만 여전히 하나의 감정 트리거일 뿐 모든 게임 기획에서 필수적인 요소는 아니다. <심즈(Sims)>, <마인크래프트(Minecraft)>, <뱀과 사다리(Snakes and Ladders)>, <디어 에스더>, 룰렛 등은 모두 플레이어가 미리 정의된 목표를 향해 분투하지 않더라도 강력한 감정을 만들어낸다.

그렇긴 해도 도전은 여전히 대부분의 게임 기획에서 중요한 부분이기 때문에 이 책의 많은 부분은 도전에 대한 이해에 할애되어있다.

사회적 상호 작용을 통한 감정 Emotion through Social Interaction

캐치볼은 시시한 게임이다. 처음 보면 왜 애를 쓰는지 알기 어렵다. 플레이어는 공을 받거나 던지기만 한다. 가치관이 변하지도 않고, 캐릭터도 없고 배우는 것도 별로 없다. 그러나 우리는 계속 캐치볼을 하고 있다. 왜 그럴까?

답은 게임 외부에 있다. 아빠가 아들을 데리고 나가 야구공을 받거나 던지는 고전 <비버는 해결사>(*역자 주) 장면을 생각해보자. 이 두 사람은 공 던지기를 좋아해서 캐치볼을 하는 것이 아니다. 아빠와 아들이 한자리에 모여 오랫동안 일대일로 대화할 수 있는 구실을 만들기 위해 캐치볼을 하고 있다. 아빠와 어린 아들이 오랫동안 일대일로 대화하는 것은 어색할 수 있기 때문에 게임이 필요하다. 이 게임은 함께 모일 이유와 아무 생각 없이 할 수 있는 동작을 제공함으로 아빠와 아들 사이의 벽을 없앤다. 캐치볼 게임이 단순하고 생각할 필요가 없는 것은 버그가 아니라 기능이다. 더 복잡한 게임이라면 대화에 방해가 될 것이다.

캐치볼은 그 자체로 감정적인 내용이 거의 없기 때문에 가장 기본적인 형태의 소셜 기반 게임이다. 그러나 대부분의 사회적 상호작용 게임은 특정한 게임 이벤트를 사용하여 사회적 상호작용을 유도한다. 한 플레이어가 다른

*역자 주 - 비버는 해결사(Leave It to Beaver) : 1960년대의 아동 대상 미국 시트콤 드라마로, 비버란 별명을 지닌 소년이 주인공이다. 1980년대에 스핀오프 시리즈, 1997년에 영화로 리메이크 되기도 했다.

플레이어를 물리치거나, 두 명의 플레이어가 함께 무언가를 만들거나, 배우는 등 이러한 이벤트를 중심으로 사회적 상호작용이 이루어진다. 컴퓨터와의 체스 게임에서 이기는 것과 사람과의 체스 게임에서 이기는 것은, 같은 방식으로 게임이 진행되더라도 사람을 상대로 한 게임에서 이기는 것과 같은 감정이 들지 않는다. 그 이유는 사람을 이기는 것은 이러한 승리에 감정적으로 관련된 또 다른 사회적 의미를 더하기 때문이다.

과시하는 경험을 생각해보자. 어떤 사람들은 상대방이 인터넷에서 만난 낯선 사람임에도 그들에게 과시하는 것에 대해 보상을 받는다. 게임 <카운터 스트라이크(Counter Strike)> 플레이 중 이번 라운드에서 당신이 팀의 마지막 생존자가 되었다고 상상해보자. 모든 팀원들이 당신이 목표를 완수하고 라운드에서 승리하기를 바라며 당신을 바라보고 있다. 숙련된 행동은 팀원들 사이에서 쌓은 신뢰와 평판을 강화하기 때문에 또 다른 단계의 의미를 가진다. 실수는 정 반대의 의미를 가진다. 이 상황은 당신의 사회적 지위가 걸려있기 때문에 칼날 위에 서있는 듯한 긴장감을 조성한다.

게임은 과시하는 것 외에도 놀라울 정도로 다양한 상호작용을 지원할 수 있다. 신뢰를 쌓거나 깨뜨리고, 장난을 치고, 낯선 이들을 쓰러뜨리고, 친구들을 구하며, 다 같이 도전을 완수하는 것은 모두 게임에서 설계되는 일반적인 사회적 경험이다. 사회적 순간을 생성하는 게임 메카닉들에는 수천 가지 변형이 있다. 모든 사회적 상호작용은 낯선 이가 친구로, 낮은 지위를 높은 지위로 바꾸는 등 인간 가치가 바뀔 때 일어난다

<스타크래프트(Starcraft)>와 <헤일로: 리치(Halo: Reach)>는 리플레이 녹화 시스템을 통해 플레이어가 그들의 최고의 승리를 저장하고 다시 보고 공유할 수 있다. <스케이트(SKATE)>에는 게임 플레이 영상을 커뮤니티에 공유하여 플레이어가 평가할수 있는 시스템이 있다. <팜빌(Farmville)>같은 소셜 네트워크 게임은 플레이어가 다른 사람에게 선물이나 자원을 보내 그들이 목표를 달성하는 것을 도울 수 있다. <심즈>는 플레이어가 자신의 가상 인물에 대한 사진첩 같은 이야기를 공유할 수 있다. <슈퍼 마리오 갤럭시(Super Mario Galaxy)>

는 플레이어 한 명이 마리오를 조종할 수 있고 다른 한 명은 포인팅 컨트롤러로 화면의 별을 잡아 돕게 한다. <케인 앤 린치(Kane & Lynch: Dead Man)>에서는 두 명의 플레이어가 함께 어두운 범죄 이야기를 경험할 수 있다.

어떤 의미에서 게임을 하는 것은, 인생이라는 더 큰 게임에서 한 걸음 나아가는 것이다. 아빠는 아들과 교감하고 싶어 캐치볼을 제안한 것인데, 이 때 캐치볼이 가진 게임 내적의 의미는 삶의 도구란 의미보다 중요하지 않게 된다. 우리는 어른임을 증명하기 의해 술 게임을 한다. 우리는 두려움이 없다는 것을 보여주기 위해 치킨게임을 한다. 중학생 소년은 확률에 기반한 제거 메카닉에 관심이 있어서가 아니라 귀여운 소녀와 키스할 수 있다는 것을 알기 때문에 병 돌리기를 한다. (*역자 주)

획득을 통한 감정 Emotion Through Acquisition

우리는 소파 쿠션 밑에서 1달러를 발견했을 때 행복한 감정을 느낀다. 우리는 고임금 직업과 공짜 상품을 쫓는다. 사람들은 복권에 당첨되면 소리를 지르거나 울기도 한다. 어떤 형태로든 재산을 얻는 것은 약간 흥분 되는 일이다.

도박 게임은 현실의 재화로 이런 반응을 이끌어낸다. 하지만 실제 돈이 없는 게임이라도 인위적인 재화와 획득 시스템을 만들고 그 시스템 안에서 플레이어에게 재화를 제공함으로써 이러한 감정을 이끌어 낼 수 있다. 가짜 보상은 가짜임에도 진짜 성취감을 이끌어낸다.

<디아블로 III(Diablo III)>와 같은 액션 롤플레잉 게임이 좋은 예다. 플레이어는 무작위로 생성된 던전을 돌아다니며 끝없이 쏟아지는 몬스터를 처치한다. 쓰러뜨린 악마, 좀비, 스켈레톤은 작은 금화더미, 마법 무기, 갑옷 부품을 떨어뜨린다. 모든 금화와 무기는 플레이어 캐릭터를 강하게 만드는데 도움을 준다. 이러한 보상은 굉장히 자주, 그리고 지속적으로 제공되기 때문에 플레이어는 보상을 계속 얻음으로 인한 지속적인 흥분상태에 머무른다. 이 게임에는 서사, 시청각 연출, 캐릭터, 도전 과제가 있지만, 이 중 어느 것도 감정을 자극하는 주요

*역자 주 - 병이 회전을 멈출 때 병이 가리키는 사람을 상대로 삼는 키스 게임. "Spin the bottle" https://www.merriam-webster.com/dictionary/spin%20the%20bottle 메리엄웹스터 사전 참조)

요소는 아니다. <디아블로III>의 핵심은 부자가 되는 느낌이다.

음악을 통한 감정 Emotion Through Music

음악은 감정을 불러일으키는 강력하고 유연한 도구이다. 또한 경험에 쉽게 녹아들 수 있기 때문에 다양한 미디어에서 폭넓게 사용된다. 영화에서는 액션 장면에서 신나는 음악을, 늦은 밤 나이트클럽에서는 섹시한 음악을, 낮에 진행되는 토크쇼에서는 슬픈 느낌이나 승리하는 느낌의 노래를 틀어 연출하고자 하는 서사를 강조한다. 게임에서도 액션 느낌의 음악, 잔잔한 느낌의 음악, 무서운 느낌의 음악이 똑같이 사용된다.

그리고 음악은 그 어떤 감정 유발 요소보다도 놀랍도록 미묘하다. 보통 게임을 플레이하는 동안 의식적으로 음악에 주의를 기울이지 않기 때문에 음악의 가치를 인정하지 않는다. 하지만 의식이 의식하지 못하더라도 무의식은 음악을 지속적인 감정의 흐름으로 처리하고 있다. 음악은 나머지 경험에서 쉽게 분리된다. 우리는 게임 사운드트랙만 들어도 게임을 플레이하면서 느꼈던 많은 것을 느낄 수 있다. 소리를 끄고 게임을 플레이하면 얼마나 공허한 느낌이 드는지 놀랄 것이다.

음악이 아닌 소리도 감정을 불러일으킨다. 삐걱거리는 금속 소리는 긴장감과 불편함을 준다. 심장 박동은 기대감을 강조한다. 빗소리는 평안하게 만든다. 파티 호루라기 소리는 유쾌하다. 물이 철퍽거리는 소리는 역겨움을 암시한다. 이러한 소리를 다른 이벤트 위에 배치하면 감정을 강조하거나 대비할 수 있다. 하지만 이러한 트릭을 과도하게 사용하면 자칫 촌스러워져 오히려 역효과를 낼 수 있으니 주의해야 한다.

스펙터클을 통한 감정 Emotion Through Spectacle

스타 디스트로이어가 데스 스타에 충돌한다! 초인 병사가 날아오는 로켓을 피하기 위해 슬로우 모션 다이빙을 한다! 탱크로리가 접혀서 두동강나고 폭발한다!

현란하고 눈부신 광경은 감정을 빠르게 고조시킬 수 있다. 하지만, 안타깝게도 그 효과는 얕고 지속적이지 않다. 이러한 효과는 제작 비용이 많이 들지만, 창의적으로 쉽게 만들 수 있다. 캐릭터 아크, 사회화, 학습과 같은 다른 감정 메카닉은, 메카닉이나 캐릭터가 서로 연결되어 있는 네트워크를 필요로 한다. 하지만 스펙터클은 무언가 큰 사건이 터지기만 하면 된다. 그 결과, 스펙터클은 돈은 많고 창의력은 부족한 스튜디오에서 남용되는 경우가 많다. 최악의 경우, 스펙터클이 너무 무분별하게 사용되어 미묘하지만 더 심오한 감정의 원천을 밀어내버리는 경우가 생긴다.

스펙터클은 이미 있는 것을 강화할 때 효과적이다. 플레이어가 빠르게 움직이는 위협의 장애물들을 뚫고 컨트롤러를 쥔 손이 하얗게 되도록 싸워서 목표에 도달했다면, 무언가 멋지게 폭발하는 장면이 나오는 것이 적절할 것이다. 이러한 스펙터클은 플레이어가 전투에서 승리했을 때 느끼는 안도감과 성취감을 강조하기 때문에 효과적이다. 같은 폭발이 도전의 맥락에서 벗어난 상황에서 반복되면 플레이어는 무감각해진다.

아름다움을 통한 감성 Emotion Through Beauty

바다 위로 지는 석양. 건강하게 웃고 있는 아기. 명화. 겉으로 보기에 이 것들은 공통점이 없다. 하지만 모두 아름답다. 아름다움은 사물의 어떤 특징에 있는 것이 아니라 사물이 우리에게 미치는 영향에 있기 때문이다. 인식하는 것만으로도 즐거울 때 그것은 아름답다.

게임은 아름다움을 표현할 수 있는 기회로 가득하다. 캐릭터는 완벽한 디테일로 표현될 수 있고, 초자연적인 우아함으로 움직일 수 있다. 세계는 딱 맞는 색 구성으로 그려질 수 있다. 그리고 아름다움은 비디오 게임에만 국한되지 않는다. 잘 만들어진 체스 세트의 아름다움이나 [매직 더 게더링(Magic the Gathering)] 카드들에 그려진 일러스트들을 떠올려 보자.

하지만 스펙터클과 마찬가지로 아름다움도 공짜가 아니다. 시간과 예술적 기술이 필요하기 때문이다. 아름다움의 감정이 게임의 나머지 부분과 항상 일치하는 것은 아니다. 특히 우울함, 공포, 불안감 등 추악한 소재를 다루는 게임에서는 아름다움이 나머지 미적 요소와 충돌할 수 있다. 또한 아름다운 아트는 시청각적 소음을 더해 게임을 이해하고 상호작용하기 어렵게 만들 수 있다.

스펙터클과 마찬가지로, 현대 게임 기획에서는 모든 상황에 가능한 한 많은 아름다움을 본능적으로 주입하는 경향이 있다. 하지만 보통, 아름다움은 특정 목적을 향해 집중될 때 가장 잘 동작하며, 생각 없이 모든 것에 과하게 적용될 때는 그렇지 않다.

환경을 통한 감정 Emotion Through Environment

작은 나무가 우거진 초원은 습기가 가득하고 답답한 정글과는 다른 느낌이고, 정글은 북극의 툰드라와는 다른 느낌을 준다. 이러한 감정은 시간과 계절에 따라 변화한다. 겨울은 여름과 다르게 느껴지고, 밤은 낮과 다르게 느껴지며, 비는 맑은 날씨와 다르게 느껴진다.

이러한 반응은 부분적으로 선천적이라는 증거가 있다. 심리학 연구자들이 미국의 어린이들에게 다양한 환경의 사진을 보여주자, 사바나에 가본 적이 없는데도 사바나에서 살고 싶다고 말하는 것을 발견했다. 이러한 감정은 비옥하고, 너무 덥거나 춥지 않으며, 너무 개방적이거나 풀이 무성하지 않은, 부족이 번성할 수 있는 장소를 찾으려는 진화적인 욕구를 반영하는 것일 수 있다. 선사시대 인류에게 완벽한 환경은 숲이 우거지고 물이 흐르는 탁 트인 초원이었다. 그래서 우리는 이런 곳을 발견하면 만족감과 편안함을 느낀다. 이러한 감정적 반응은 우리를 가장 잘 번식할 수 있는 장소로 이끈다.

또한 사람들은 환경적인 선호를 얻는다. 우리는 우리가 자란 풍경을 선호한다. 따라서 미국 어린이들은 사바나를 좋아하지만, 미국 성인들은 침엽수림과 낙엽수림을 좋아하는데, 이는 이러한 풍경이 미국의 대부분과 닮아있기 때문이다. 그리고, 어떤 미국인이든 사막이나 열대우림에 살고 싶어 하는 사람은 없다.

환경에 따른 감정은 다양하고 강하다. 게임에서는 환경, 날씨, 계절을 활용하여 우울함부터 짜릿한 승리까지 다양한 감정을 강조해왔다.

<헤비 레인(Heavy Rain)> : 이 퍼즐 어드벤처 게임은 아들을 잃은 한 남자의 이야기이다. 처음 몇 장면에서는 세상이 밝고 화창하다. 하지만 아들이 사라진 후 게임의 나머지 부분은 폭우가 쏟아지거나, 거의 밤에 진행된다. 끝없이 내리는 비는 모든 장면에 음울한 분위기를 부여하여 상실, 범죄, 우울함이라는 주제를 강조한다.

<하프 라이프(Half-Life)> : 이 게임의 게임플레이는 플레이어가 거대한 지하 시설인 블랙 메사에 갇힌 상태에서 시작되므로 처음 15시간 동안은 자연광을 볼 수 없다. 플레이어가 마침내 문을 열고 햇살이 내리쬐는 뉴멕시코 사막으로 나가면 자유와 성취감을 느낄 수 있다.

<메트로 2033(Metro 2033)> : 핵 전쟁의 대파국이 발생한 지 20년이 지난 후, 생존자 커뮤니티가 모스크바 지하철 노선에서 생존을 이어가고 있다. 그 아래는 어둡지만 사람들은 여전히 보금자리를 마련하고 있다. 그들은 일하고, 거래하고, 음악을 듣고, 술을 마시고, 웃는다. 하지만 지상은 다른 이야기이다. <메트로 2033>에서 그려지는 모스크바는 상상할 수 있는 가장 끔찍한 풍경일지도 모른다. 부서진 건물들이 거대한 얼음 덩어리 속에 얼어붙어 있다. 공기에 독성이 있어, 플레이어는 계속 줄어드는 가스 마스크 필터를 지니고 다녀야 한다. 거센 바람에 의해 옆으로 삐져나와있는 수천 개의 고드름들이 마치 가시 함정처럼 위협적으로 보인다. 해는 절대 뜨지 않고, 바람은 멈추지 않으며, 얼음은 녹지 않고, 아무것도 자라지 않는다. 이런 것들이 모두 끝 없이 계속 된다. 나는 그 폐허 속에서 길을 찾으며 느낀 감정을 결코 잊을 수 없다. 많은 사람이 <메트로 2033>을 슈팅 게임이나 롤플레잉 게임이라고 할 것이지만, 나는 그 게임이 슈팅이나 롤플레잉에 관한 게임이 아니라고 생각하기 때문에 그 장르 구분에 동의하지 않는다. 나는 <메트로 2033>이, 게임의 무대에서 받는 느낌을 발견하는 것에

대한 게임이라고 생각한다.

신기술을 통한 감정 Emotion Through Newfangled Technology

반짝이는 신기술은 멋지다. 어떤 새로운 그래픽, 애니메이션, 물리 기술을 사용하는 최초의 몇 가지 게임들은 기술 자체 때문에 특정 플레이어들로부터 감정적인 반응을 이끌어낸다.

하지만 이러한 보너스는 종종 대가를 치른다. 역설적이게도 기술의 발전은 종종 게임 기획의 질을 일시적으로 떨어뜨린다. 개발자들이 아직 새로운 기술을 최대한 활용하는 방법을 배우지 못했기 때문에 게임의 기획이 불완전해진다. 하지만 더 중요한 것은, 쉽게 얻을 수 있는 기술에 의한 감정적 효과가 창의에 대한 부담을 줄인다는 것이다. 게임은 플레이어를 흥분시키기 위한 다른 요소가 필요 없기 때문에 그냥 기술 데모일 뿐인 것이 된다. 게임은 한동안은 여전히 동작할 것이다. 기술에 대한 흥분은 오래가지 않으며, 그것에 의존하는 게임은 몇 년 후에는 별로 좋아 보이지 않을 것이다.

예를 들어, 1990년대 중반에는 CD-ROM에 풀모션 비디오를 인코딩하고 PC에서 재생할 수 있게 되었다. 이 기술적 도약은 역사상 최악의 게임들을 낳았다. 이 게임들은 영화로서 완전히 실패하는 동시에 게임으로서도 실패했다. 이 재앙은 기술 페티시즘 외에도 영화로부터 창의적인 아이디어를 무분별하게 훔쳐 오는 등의 많은 다른 요인들에 의해 추진되었으며, 잘못된 기술에 대한 믿음에 의해 가능했다.

게임이 지속적인 성공을 이어가려면 새로운 기술을 사용하여 이전에 경험할 수 없었던 상호작용과 상황을 만들어야 한다. 예를 들어, <둠(Doom)>은 다양한 높이와 대각선 벽을 가진 최초의 1인칭 슈팅 게임이기 때문에 기술 주도의 게임으로 종종 언급된다. 하지만 <둠>은 기술 만으로 대히트를 기록한 것이 아니다. <둠>은 새로운 기술을 사용하여 새로운 스펙트럼의 기획 주도의 경험을 열었다. <둠>은 임의의 각도를 가진 벽과 변화하는 조도를 가진 최초의 게임일 뿐만 아니라, 아이템을 집었을 때 악마가 불을 끄고 방으로 몰려오는 최초의 게임이었다. <둠>은 어둠속에서 괴물의 신음 소리를 듣고, 그 것들을 찾기 위해 맴도는 최초의 몰입형 호러 게임이었다. <둠>은 최초의 멀티플레이어 1인칭 슈팅 게임이기도 했다. 이러한 요소들이 동작하기 위해 기술에 의존했지만, 실제로는 게임 기획에서의 진보이며, 기술 혼자서 이런 요소들을 만든것이 아니다.

원시적 위협을 통한 감정 Emotion Through Primal Threats

우리 종에게 오랫동안 위협이 되어 온 몇 가지 것들은 우리의 유전자에 직접적으로 두려움을 각인시켰다. 썩은 음식과 병균이 가득한 오물은 우리가 식중독을 피하도록 혐오감을 불러일으킨다. 독거미와 뱀은 그 크기에 비해 더 위험하기 때문에 우리를 뒤로 물러나게 만든다. 눈에 띄는 병에 걸린 사람들은 우리 스스로 그들의 병을 옮기지 않도록 멀리하게 만든다. 끔찍한 상처를 보면 위험한 상황에 대처하기 위해 아드레날린 반응을 일으킨다. 그리고, 게임은 이러한 반응들을 유발할 수 있다. 화면에 피비린내나 거미를 던져 넣기만 하면 된다. 그것은 쉽다.

  사실, 너무나도 쉽다. 이러한 원시적 위협에 대한 아드레날린 반응은 수십 년 동안 게으른 영화 제작자들과 게임 기획자들에 의해 지나치게 사용되어 저렴해졌다. 사람들은 이제 이런 진부한 공포에 너무 익숙해졌다. 우리 중 많은 사람들은 자동적으로 이것들을 무시하거나 심지어 비웃기도 한다. 현대 관객에게 진정한 공포와 혐오감을 불러일으키려면, 화면에 생각 없이 내장을 흩뿌리는 것만으로는 충분하지 않다. 이러한 것들은 사람들을 무섭게 할 수 있지만, 플레이어들을 진정으로 공포에 떨게 하기 위해서는 더 깊은 수준에서 그들을 불안하게 만드는 위협을 공들여 만들어야 한다.

성적 신호를 통한 감정 Emotion Through Sexual Signals

게임은 약간의 노출, 예쁜 얼굴, 매혹적인 표정을 보여주고, 사람들은 유전적으로 이러한 것들에 주의를 기울이도록 프로그래밍되어 있기 때문에 이러한 것들에 주목하게 된다. 이러한 성적 신호들이 매우 효과적이고 사용하기 쉽기 때문에, 게임 기획자, 광고 제작자, 영화 제작자 모두 이것들을 매우 남용했다. 거의 벗은 매력적인 캐릭터를 게임에 넣으면, 일부 플레이어들은 반응할 것이다. 원시적 위협과 마찬가지로, 이것은 쉽다.

　하지만 값싼 성적 신호의 사용에는 단점이 있다. 무분별한 성적 표현은 진지한 서사의 분위기와 현실성을 해치며, 일반적인 많은 성적 신호에 관심이 없는 잠재적인 플레이어들을 짜증나게 한다. 특정 이용자 대상의 특정한 종류의 게임을 만들 때는 괜찮다. 하지만 더 진지하거나 넓은 범위의 이용자 타겟을 가진 게임들의 경우, 품위가 떨어지면 가치가 같이 떨어질 때가 많다.

게임 허구 배경 설정 층위 The Fiction Layer

단순히 메카닉만 있는 게임들이 있다. 포커, 축구, 체커(Checkers), 및 <지오메트리 워즈(Geometry Wars)>나 <비쥬얼드(Bejeweled)> 같은 비디오 게임이 그렇다. 체커(Checkers)에서 말들은 그저 말일 뿐이다. 그것들은 자신들과 아무 것과도 관련이 없는 임의의 규칙에 따라 움직인다. 축구공은 그저 공이고, <지오메트리 워즈>의 적은 컴퓨터 메모리 속의 데이터 조각으로, 화면상의 추상적인 형태로 표현된다.

　이러한 종류의 게임들은 매우 잘 작동할 수 있다. 추상적인 표현의 순수한 게임 메카닉은 긴장감, 의심, 혼란, 승리감을 유발할 수 있다. 그것들은 승리와 패배, 가난과 부, 모름과 앎 사이의 가치를 전환할 수 있다.

　하지만 현실의 대부분의 게임들은 추상적인 것에만 한정되지 않는다. 그런 게임들은 그래픽과 소리를 사용하여 플레이어들이 메카닉은 단순한 인공적인 규칙 시스템 이상이라고 믿게 만든다.

메카닉은 '게임 허구 배경 설정'으로 감싸질 때 또 다른 감정적 의미의 또 다른 층을 얻는다.

첫 번째 [오스틴 파워] 영화에서 이블 박사는 섹시한 펨봇으로 구성된 부대를 만든다. 펨봇은 은색의 캣슈트를 입은 금발의 키 큰 여성처럼 보인다. 하지만 그 피부 아래에는 실제로는 (젖꼭지에 총이 달린) 로봇들이었다. 모두 펨봇이 자동차 엔진이나 토스터처럼 부품이 잘 조립되어 움직이는 움직이는 물건이라는 것을 안다. 하지만 그것들을 인간처럼 보이는 피부로 감싸면 다른 심리적 관점을 일으킨다. 펨봇은 여성으로 꾸며진 로봇들 이상이 된다. 그들은 로봇일 뿐만 아니라 여성이기도 하다.

이것은 의미 없는 구분처럼 보일 수 있다. 하지만 의식과 감정적 반응에서는 엄청난 차이를 만든다. 인간의 모습을 부여받은 여성 로봇들은 마음, 욕망, 계획을 가진 캐릭터가 된다. 이제 여성 로봇들이 공격하는 것은 프로그래밍된 스위치 때문이 아니라 분노했기 때문이다. 후퇴하는 것은 코딩된 자극 반응 때문이 아니라 두려움을 느껴서이다. 무언가를 쫓아가는 것은 쫓는 알고리즘을 실행하는 것이 아니라 그것을 원하기 때문이다. 펨봇이 하는 모든 행동은 로봇 골격 주위에 감싸인 피부 때문에, 인간적인 감정적 울림을 끌어낸다. 이 피부가 단지 몇 밀리미터의 고무에 불과하다는 것을 알고 있다는 사실은 중요하지 않다.

이블 박사의 펨봇이 금속과 고무에 불과한 것처럼 모든 게임의 핵심은 메카닉에 불과하다. 마리오는 만화 풍 이탈리아 배관공이 아니라, 주변에 부딪히며 미끄러지는 충돌 실린더다. <심즈>에서 사랑에 빠진 십대 청소년은 실제로 사랑에 빠진 것이 아니라 게임 소프트웨어가 어딘가의 데이터 구조에서 몇 비트를 바꾼 것 뿐이다.

메카닉을 게임 허구 배경 설정으로 포장함으로써, 우리는 그것들에 감정적

의미의 두 번째 레이어를 부여한다. 그래서 게임 캐릭터가 음식이 부족할 때 그냥 자원이 부족하고 곧 게임이 끝날 것이라고만 말하지 않는다. 우리는 굶주리고 있다고 말한다. 아군이 패배하면 그 말을 조용히 보드에서 없애지 않는다. 우리는 살해된 친구를 애도한다. 그것이 가짜라는 것을 알지만, 그것은 여전히 실제의 배고픔, 슬픔, 사랑의 감정의 울림을 만들어낸다.

순진한 관찰자들은 종종 게임의 모든 의미가 게임의 허구 배경 설정에서 비롯된다고 가정한다. 이 견해에서는 게임은 플레이어를 시뮬레이션된 경험으로 끌어들여 게임 세계와 실제 세계 사이의 정신적 구분이 사라지도록 감정을 만든다. 기획자 에릭 짐머만은 이러한 견해를 몰입적 오류라고 명명했다. 이것은 오류다. 왜냐하면 어떤 게임 플레이어도 자신이 게임을 하고 있다는 것을 잊지 않기 때문이다. 허구 배경 설정 층위는 게임 메카닉들을 대체하거나 숨기지 않는다. 허구 배경 설정 층위는 메카닉 만으로 생성된 감정에 두 번째 의미의 층을 추가한다.

게임의 허구 배경 설정 대 메카닉 Fiction Versus Mechanics

게임의 허구 배경 설정과 메카닉은 각각 다른 종류의 감정을 만들어 낸다.

메카닉은 긴장감, 안도감, 승리감, 상실감을 불러일으킬 수 있다. 학습의 즐거움이나 퍼즐을 풀었을 때의 자부심을 가져다줄 수도 있다. 낯선 사람을 이기거나 친구를 사귈 수 있도록 해주며 사회적 보상을 창출할 수 있다. 하지만 메카닉만으로는 그 감정 범위에 한계가 있다. 유머, 경이, 몰입감을 메카닉 만으로 달성하기는 어렵다. 그리고 캐릭터가 없다면 공감을 통해 흐르는 전체 감정 스펙트럼에 거의 접근할 수 없다.

게임 허구 배경 설정 층위는 캐릭터, 플롯, 세상을 통해 감정을 만들어낸다. 우리는 캐릭터들이 뛰놀거나 고군분투하는 것을 보며 웃고 울며, 가상 우주를 탐험하며 충격을 받거나 매혹된다. 하지만 메카닉처럼 허구 배경 설정 만으로는 그 범위에 한계가 있다. 게임의 허구 배경은 경쟁, 승리, 패배를 할 수 없다. 그리고 실력을 마스터하는 즐거움을 주거나 실제 사람들과의 사회적 상호작용을 만들어낼 수 없다.

게임 허구 배경 설정과 메카닉을 함께 결합함으로써, 우리는 양쪽에서 오는 감정들을 결합할 수 있다. 하지만 한 가지 문제가 있다.

게임의 허구 배경 설정과 메카닉은 서로 쉽게 간섭할 수 있다.

게임 서사는 클리셰로 가득 차 있다. 플레이어 캐릭터는 기억상실증을 앓고 있다. 또는 수천 명의 적을 살해할 수 있는 초인 병사다. 적들은 괴물이나 악당 병사들로, 두려움이나 후회를 느끼지 않는다. 공주들은 뒤떨어진 유행처럼 계속 납치된다. 통은 치면 폭발한다. 그리고 아무도 화장실에 가지 않는다.

가장 나쁜 클리셰 중 하나는 상자다. 현대적인 밀리터리 슈팅 게임이든 판타지 롤플레잉 게임이든 보이는 모든 게임이 무의미한 상자로 가득 찬 세계에서 벌어진다. 이 문제는 너무 심각해서 2000년에 유머 사이트 'Old Man Murray (올드맨 머레이)'는 게임 리뷰 점수 시스템인 *상자 출현 시간*(StC : start to crate) 를 만들었다. 게임이 상자를 보여주기까지 걸리는 시간이 길수록 개발자들이 클리셰를 피하기 위해 게으르지 않았고, 게임이 좋을 가능성이 높다는 개념이었다. 26가지의 게임을 테스트했을 때, 단 5가지 만이 StC 시간이 10초 이상이었다. 나머지 중 10가지 게임이 모두 플레이어의 시야에 상자가 들어와있는 상태에서 시작해서, StC 시간이 0초를 기록했다.

그것은 10년 이상 전의 일이다. 하지만 상자는 사라지지 않았다. 왜 그럴까? 우리는 아무것도 배우지 못했나? 아니다, 게임 기획자들이 모두 바보라서가 아니다. 상자를 비롯하여 그런 클리셰들이 반복되는 이유는, 그것들이 좋은 메카닉을 깔끔하게 정당화 하기 때문이다.

예를 들어, 나는 정면에 무대를 향해 의자가 줄지어 있는 옛날 극장을 배경으로 한 슈팅 게임 레벨을 디자인한 적이 있다. 플레이 테스트를 하면서,

플레이어들이 적 스나이퍼 때문에 좌절감을 느끼는 것을 발견했다. 극장은 너무 개방되어 있어 플레이어가 엄폐물에서 조금만 나와도 머리에 총알을 맞았다. 극장이란 게임의 허구 배경 설정을 살리는 기획은 완벽했지만, 그 메카닉은 그렇지 않았다. 스나이퍼와 밸런스를 맞추려면 관객석 가운데 미니밴 크기의 물체가 있어야 했다. 그런 문제에 직면하면, 스토리와 시간 제약 아래에 쉬운 답이 존재하지 않는다. 그래서 나는 부끄러움을 느끼며 극장 한가운데에 몇 개의 상자를 놓을 수밖에 없었다. 사람들은 상자를 비웃었고 그럴만 했다. 하지만 전투는 성공적으로 동작했다.

거의 모든 게임의 허구 배경 설정 클리셰는 메카닉 때문이다. 기억상실증을 앓는 플레이어 캐릭터는 다른 캐릭터들이 그 세계에 대해 당연한 것들을 설명하는 것을 정당화한다. 슈팅게임에서 플레이어 캐릭터들은 보통 초인 병사들인데, 이는 몇 초 이상 싸워도 재미난 적을 만들기 어렵기 때문이다. 적들이 5초 안에 죽는다면 게임에서 내내 수백 또는 수천 명의 적을 플레이어에게 보내야 한다. 초인병사 플레이어 캐릭터는 혼자서 부대에 해당하는 적을 물리치는 것이 당연하다. 그리고 이 적들은 복잡한 감정을 가지지 않는다. 왜냐하면 두려움과 후회는 모호하고 예측할 수 없으며 표현하기 어렵기 때문이다. 모두가 무의식적으로 죽을 때까지 싸울 때 게임은 더 단순하고 메카닉 면에서 우아해진다.

기본적인 게임 기획 클리셰 중 하나인 물리적 폭력에 대해 생각해보자. 많은 게임들이 물리적 충돌에 관한 것이다. 이것은 지루할 수 있다. 나는 한 번 이 패턴에서 벗어나려고 <플레이어 리그(Player League)>라는 실시간 전략 게임을 시도했다. 플레이어는 나이트클럽에서 픽업 아티스트 팀을 조종했다. 목표는 상대 팀의 플레이어들보다 더 많은 여성들을 유혹하는 것이었다. 이것은 그들의 대화를 차단하고, 여러 방법으로 자신을 드러내며, 중간인 캐릭터들을 자신의 이점으로 사용하는 것을 의미했다.

게임은 동작하지 않았다. 기획이 실패한 주된 이유는 일어나는 일의 대부분을 명확하게 표현할 방법이 없었기 때문이다. 게임의 모든 이벤트는 인간 상호작용이었고, 한 사람이 다른 사람에게 여러 가능한 감정 중 하나를 느끼게 했다. 단순한 카메라 시점으로는 무슨 일이 일어나는지 아무 것도 보이지 않았다. 그저 사람들이 대화하는 것뿐이었다. 이 이벤트들은 무한한 조합으로 수백번 발생할 수 있기 때문에 모든 상황에 대해 실제 대화를 만들기에는 너무 많아서 대사 텍스트를 잘 만들어줄 수 없었다. 결국 나는 사람들과의 관계를 사람 주위에 나타나는 색깔 있는 선과 도형으로 추상화하는 해결책을 선택했다. 그것은 어느 정도 작동했지만, 표현은 일반적이지 않고 암기에 의존해야 했으며, 시스템이 실제 사회적 상호작용에서 존재하는 대부분의 개념들을 표현할 수 없었기 때문 게임 내 이벤트들은 종종 직관적으로 이해되지 않았다.

이러한 종류의 문제들 때문에 많은 게임들이 물리적 충돌을 다룬다. 전쟁을 소재로 한 전략 게임은 <플레이어 리그(Player League)>가 가진 문제들이 없다. 한 유닛이 다른 유닛을 쏴버리는 이미지는 명확하고 강렬하며, 추상적인 해석적 상징이 필요 없다. 사람들은 물리적 폭력을 잘 이해한다. 물리적인 폭력은 메카닉을 잘 지원하기 때문에 쉽게 배우고 이해할 수 있어 반복적으로 사용된다.

또한 전쟁터에는 상자가 많다.

게임 허구 배경 설정과 메카닉은 서로 쉽게 방해하기 때문에, 많은 게임들은 하나를 강조하고 다른 하나는 대부분 무시하기로 선택한다.

메카닉과 게임 허구 배경 설정에 집중하는 것 사이에는 자연스러운 타협이 있다. 메카닉에 집중함으로써 기획자는 완벽하게 밸런스가 잡히고 명확하며 깊이있는 도전을 만들 수 있다. 하지만 이 완벽한 메카닉을 닮은 허구 배경 설정의 포장을 찾기는 매우 어려울 것이다. 예를 들어, 체스나 포커를 허구 배경 설정으로 포장하는 것을 상상해보라. 이 게임들은 그 자체 이외에는 거의 아무 것과도 닮지 않았기 때문에 포장하기 어렵다. 체스에는 허구의 배경 설정이 있지만, 그 설정은 얄팍하고 말이 안 된다. 실제 기사들은 항상 두 칸 앞으로 한 칸 옆으로 움직이지 않는다. 포커는 현실이나 이야기와 전혀 닮아 있지 않다. 이 두 게임은 훌륭한 메카닉으로 이루어진 시스템이지만, 좋은 게임의 허구적인 배경설정을 자연스럽게 지원하지는 않는다.

대신 기획자는 설정에 집중하여 결함이 있는 캐릭터들, 환상적인 장소들로 가득 찬 아름답고 역사가 깃든 세계를 만들 수 있다. 하지만 이 모든 스토리의 디테일을 표면 아래의 메카닉을 변경하기 어렵게 만든다. 즉, 기획자가 원하는 대로 어떤 메카닉이든 변경할 수 있는것이 아니라, 허구 배경 설정에 모순되지 않는 변경만으로 메카닉의 문제들을 해결해야 한다는 것이다.

예를 들어, 실제 세계 설정한 게임에서는 기획자가 도전을 더 밸런스가 잡히게 만들기 위해 중력을 줄이거나 특정 캐릭터들이 불에 타지 않게 만들 수 없다. 그래서 메카닉이 희생된다.

이 허구 배경설정-메카닉 충돌 때문에 일부는 메카닉과 허구 배경 설정 사이에 큰 논쟁이 있다고 본다. 루돌로지스트들(라틴어 ludus, '놀이'에서 유래)은 게임에서 가장 중요한 속성은 메카닉의 시스템과 상호작용에서 나온다고 주장한다. *내러톨로지스트*(Narratologists)들은 메카닉이 플레이어들이 실제로 관심을 가지는 허구의 배경 설정 요소들을 걸어놓을 수 있는 틀에 불과하다고 주장한다. 이 논쟁은 게임 기획자에게는 선천성 대 후천성, 플롯 대 캐릭터, 개인주의 대 집단주의와 같다.

하지만 이러한 모든 논쟁처럼, 충돌은 표면에만 존재한다.

게임 기획의 정점은 완벽한 메카닉과 매력적인 허구적인 배경 설정을 하나의 매끄러운 의미의 시스템으로 합치는 것이다.

허구 배경 설정과 메카닉은 (비록 쉽게 싸울 수 있지만) 싸울 필요가 없다. 그리고 어느 하나에 (비록 종종 그렇게 되지만) 우선순위를 줄 필요도 없다. 함께 사용하는 것으로, 각각 하나로는 할 수 없는 방식으로 서로를 강화하고 확장할 수 있다. 완벽하게 훌륭한 게임 기획은 훌륭한 메카닉 위에 멋진 설정을 덧붙이는 것으로 완성되지 않는다. 그렇기 때문에 게임 기획의 많은 부분은 밸런스가 잡힌 도전이나 아름다운 세계를 만드는 것뿐만 아니라, 각각을 서로 완벽하게 통합하는 식으로 이루어진다.

경험 구축 Constructing Experiences

플레이의 감정은 혼자 만으로 존재하지 못한다. 그 감정은 합쳐진 경험으로 함께 하나가 된다.

'경험'은 플레이어의 의식 속에 있는 감정, 생각, 결정의 포물선(Arc)을 의미한다.

경험은 게임이 플레이어의 심리에 미치는 모든 효과가 결합된 표현이며, 플레이의 시작부터 끝까지 이어진다. 그것은 설정과 보상, 기대와 결과를 통해 스스로를 변화시킨다. 생각은 감정을 불러일으키고, 감정은 아이디어를 촉발시키고, 아이디어는 반응을 일으키고, 반응은 피드백을 가져오며, 다른 생각으로 이어진다. 잘 만들어진 음식이 재료의 합보다 더 큰 것처럼, 경험은 심리적 구성 요소의 합보다 더 크다.

게임 경험은 항상 섞여있다. 경기 막바지에 2-1로 앞서고 있는 축구 선수는 승리를 향한 희망과 함께 페널티킥에 대한 걱정을 느낀다. <슈퍼 마리오 갤럭시>를 플레이하는 아이는 어려운 점프 도전을 겪으며 이를 악물고 있으면서 경쾌한 음악 때문에 행복감을 느낀다.

또한 게임 경험은 놀랍도록 다양하다. 60초 동안 최대의 흥분을 주는 격투 게임과 같이 짧고 순수할 수 있다.

또 다른 경험은 100시간의 플레이 동안 경외심 넘치는 탐험에서 서사의 복잡성, 흥분되는 전투로 바뀌는 오픈 월드 서사 롤플레잉 게임과 같이 길고 복잡할 수 있다.

다른 감정을 합치면 각자를 강화하거나 변형시키거나 심지어 서로를 파괴할 수도 있다. 게임이 어떻게 감정을 혼합하여 경험을 만들어내는지 몇 가지 방법을 살펴보자.

순수한 감정 Pure Emotion

하나의 감정을 극대화하기 위해, 같은 감정을 일으키는 여러가지 다른 감정 트리거들을 결합할 수 있다. 각 트리거는 순수한 감정의 정점으로 경험을 더 멀리 보내는 부스터 로켓과 같다.

예를 들어, 전통적인 액션 아케이드 게임은 빠른 완급의 음악, 위험한 상황, 폭력적인 배경, 테스토스테론이 주도하는 사회적 경쟁을 결합하여 게임을 최고로 흥미롭게 만든다. 이러한 트리거들 중 하나만으로도 흥분을 만들어낼 수 있다. 이 트리거들을 함께 사용하면 그들 각각이 따로는 달성할 수 없는 수준의 경험으로 증폭시킨다.

대비 Juxtaposition

대비는 서로 다르고, 보통은 호환되지 않는 것 같은 감정들의 조합이다. 일반적으로 잘 섞이지 않는 감정들을 함께 모으는 것으로 이상하고 때로는 가치 있는 결과를 만들어낼 수 있다.

오랫동안 나는 에픽 게임즈의 <기어스 오브 워(Gears of War)> 시리즈가 단순하고 무의미한 몬스터 박살내기 우주 해병 활극에 불과하다고 생각했다. 그리고 그 게임에서 가장 도드라지는 부분은 정확히 그런 것이다. 캐릭터들은 총에 장착된 전기톱으로 몬스터를 찢고, 쓰러진 적을 걷어차며, 끊임없는 테스토스테론에 절여있는 자신의 위대함에 대한 어필로 분위기를 가득 채운다. 하지만 나는 시리즈에 더 익숙해지면서 마치 식사 도중에야 눈치채는 미묘한 맛처럼 그 심각하게 폭력적인 표면 아래 두 번째의 매우 다른 감정 성분이 숨겨져 있다는 것을 깨달았다. <기어스 오브 워>는 애잔하다. 그것은 특별히 아름다웠던 문명의 폐허를 배경으로 한다.

대부분의 캐릭터 아크는 사랑하는 사람이나 영광스러운 과거의 삶에 대한 상실을 받아들이는 것에 관한 것이다. 심지어 게임의 광고조차 컴퓨터로 생성된 대학살의 그래픽 요소와 게리 줄스가 부른 'Mad World'의 놀랍도록 불안한 대비로 유명해졌다. 폭력적인 흥분과 슬픔을 대비함으로써, <기어스 오브 워>는 초강력 축제 이상의 의미를 가지게 된다.

대비를 실험하는 쉬운 방법이 있다. 게임의 음악을 완전히 다른 느낌을 주는 음악으로 바꾸어보자. 격투 게임 음악을 모차르트의 '라크리모사'로 바꾸어보자. '해피 데이즈'(1970년대 미국 시트콤) 테마곡을 <둠>에서 재생해보자. 브리트니 스피어스의 노래를 <데드 스페이스 2> 서바이벌 호러 게임 위에 틀어보자. 결과는 이상하거나 불안하거나 웃기다.

대립하는 감정 Antagonistic Emotions

아이스크림과 피자는 모두 맛있지만 함께 먹으면 별로다. 마찬가지로, 개별적으로는 잘 동작하는 어떤 감정들은 서로 대립하기 때문에 함께하기 쉽지 않다.

예를 들어, 함께 교류하는 즐거움은 무자비한 실력 기반의 경쟁이 더해지면서 종종 피해를 본다. 치열한 경쟁은 플레이어가 이길 수 있도록 모든 주의를 집중시켜 최선을 다해 싸우게 만든다. 하지만 친구들과 웃으며 지내려면 편안한 분위기가 필요하다. 이러한 갈등은 실력에 중점을 둔 게임을 할 때 친구들이 종종 "재미로만 하자"라고 하는데 동의하는 이유다. 그래서 게임의 실력에 대한 긴장감을 낮추어 그들이 진짜 원했던 함께하는 경험을 만들어준다.

대비와 대립하는 감정 사이에는 미세한 차이가 있다. 때때로 대비를 시도할 때 두 감정이 서로를 상쇄시키며 실패할 때가 있다. 다른 경우 상반된 조합처럼 보이는 것이 완전히 다른 감정을 불러일으킬 수 있다.

예를 들어, 한 친구는 슈팅 게임에서 이런 경험을 했다. : 게임 끝부분에 주요 캐릭터의 죽음에 대한 중요한 컷신이 있었다. 그 컷씬은 확실히 플레이어의 마음을 움직이려는 비극적인 순간이었다. 게임이 다시 게임 플레이로 전환되고 탄약을 줍자 캐릭터는 "좋은데!"라고 외쳤다. 내 친구는 비극의 감정이 우연히 남자다운 자신감의 감정과 너무 강제로 이어지는 바람에 웃음을 터뜨렸다. 그 결과는 웃음으로 변한 우스꽝스러운 결합이었으며 의도하지 않았지만 묘하게 재미있는 결과였다.

분위기 Atmosphere

경험의 감정이 특정 이벤트 주위에 집중되지 않고 전체적인 경험에 안개처럼 미묘하게 퍼져있을 때 '분위기'라는 단어가 사용된다. 분위기는 아무 일도 일어나지 않을 때만 느낄수 있는 감정적인 배경이다. 게임에서 잠시 멈추고 기다리며 느껴보자. 게임의 분위기를 발견할 수 있을 것이다.

일부 게임들은 개별 이벤트의 감정적 충격들을 강조하는 대신에, 깊은 분위기를 만드는 데 집중해서 플레이어가 그 안에 빠져들게 하는데에 중점을 둔다. 예를 들어, <림보(LIMBO)>, <데프콘>, <플라워(Flower)>는 분위기 게임들이다. 이러한 게임들의 분위기는 대개 고요하고 사색적이며, 긍정적이거나 부정적인 느낌을 줄 수 있다. : <플라워>는 꿈속의 푹신한 구름을 통과하는 것을 다룬 게임이며, <데프콘>은 세계 지도에서 핵 미사일이 수백만 명을 증발시키는 것을 지켜보는 것에 대해 다룬 게임이다. 각각은 음악과 느린 속도의 상호작용을 사용하여 분위기를 조성한 다음, 다른 허구 배경 설정을 적용하여 경험에 풍미를 더한다.

감정 변화 Emotional Variation

하나의 감정은 어떤 감정이라도 너무 오래 지속되면 지루해진다. 강력하고 새로운 느낌을 유지하기 위해서는 경험이 시간이 지나면서 변화해야 한다.

이를 수행하는 고전적인 방법 중 하나는 진행 속도가 *바뀌*는 것이다. 전통적인 스토리텔러들이 이러한 방법을 수년 동안 사용하고 연구했으며 구체적인 진행 흐름 공식을 개발하여 계속 반복해서 사용해왔다. 고전적인 진행 흐름 곡선은 훅으로 시작하여 점차 상승하는 액션으로 안정되고, 점점 더 높아져 최고조에 이르러 클라이맥스에 도달한 후 대단원(다누아망)으로 마무리하는 전개로 끝난다. 그래프로 나타내면 다음과 같다. :

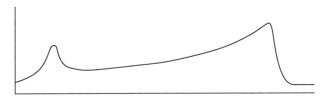

이 그래프의 곡선은 매우 효과적이어서 영화, 책, 코미디, 인포머셜(*역자 주), 오페라, 노래 등 수많은 매체에서 찾아볼 수 있다. 이 흐름 곡선은 사람들을 사로잡고, 주의를 유지하며, 관객을 지치게 하지 않으면서도 만족시킨다.

게임도 이 진행 흐름 곡선을 보여줄 수 있다. 그리고 그 곡선으로 단순히 미리 만든 이야기를 쓰는 것 뿐만이 아닌, 게임 메카닉을 만들어서 즉석으로 흐름을 만들어낼 수 있다.

예를 들어, 어떤 슈팅 게임에서 팀 대 팀으로 하는 멀티플레이어 깃발 뺏기 경기를 상상해보자. 게임이 시작되면 각 팀은 지도의 반대쪽 끝에서 모여 있다. 팀원들은 서로에게 다가가면서 흥분과 긴장을 쌓는다. 맵의 중앙에서 서로 충돌하고 치열한 전투가 벌어진다. 이후에는 공격과 방어의 리듬을 반복한다. 타이머가 줄어들면서 판돈도 커지며, 그와 함께 긴장감도 높아진다. 경기의 막바지에서 플레이어들이 마지막 깃발을 빼앗아 유리하게 만들려고 할 때 게임은 최고조에 도달한다. 그 후에, 플레이어들은 점수 화면에서 잠시 진정하는 시간을 가지게 된다. 플레이어들이 경험한 게임 진행 흐름은 고전적인 3막 이야기 공식을 따르지만, 사전에 정의된 것이 아니라 매 게임마다 조금씩 다르게 생성된 것이다.

흐름을 바꿈으로써 감정의 감정강도에 변화를 추가하여 감정의 느낌을 다양하게 만들 수 있다. 심리학자들은 이러한 측면을 감정가(Valence)라고

*역자 주 - 인포머셜 : Information + Commercial 의 합성어. 정보 성격이 강한 광고를 지칭함.

부른다. 예를 들어, 분노, 슬픔, 공포는 모두 크게 격렬한 감정이지만, 그들의 감정가는 다르다. 만족감, 안도감, 우울함은 모두 감정강도가 적은 감정이지만 감정가가 모두 다르다. 우리는 심지어 감정을 감정가와 감정강도의 그래프로 나타낼 수 있다. :

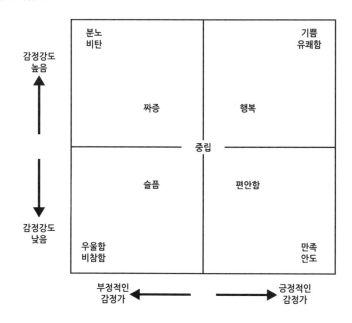

우리는 감정 강도의 변화에 따라 플레이어를 그래프 상하로만 보내는 것으로 제한할 필요가 없다. 경험을 더욱 새롭게 유지하기 위해, 게임은 플레이어를 기쁨에서 분노, 우울, 안도감에 이르기까지 감정 스펙트럼의 모든 구석을 돌아보게 할 수 있다.

플로우 Flow

플로우는 심리학에서 널리 사용되는 개념으로 특히 게임 기획에 적용할 수 있다. 플로우는 헝가리 심리학자 미하리 칙센트미하이(Mihály Csíkszentmihályi)가 처음 설명한 개념이다. 그는 플로우에 대해 다음과 같이 설명했다. :

FLOW(플로우)는 한 활동에 완전히 몰입하는 정도의 집중 상태를 말한다.

대학 시절로 돌아가서, 나는 캐나다 육군 예비군에서 시간을 보냈다. 군대의 특징 중 하나는 단 몇 초라도 무엇이든 지각하는 것이 절대 용납되지 않는다는 것이다.

어느 토요일 저녁 7시에 훈련이 있었다. 그날 나는 판타지 전략 게임의 고전인 <히어로즈 오브 마이트 앤 매직Ⅲ(: HOMM Ⅲ)>를 하는 실수를 저질렀다. 시계를 보니 오후 5시여서 여유가 있다고 생각했다. 6시 15분에 준비를 시작하면 제복을 갈아입기에 충분한 시간에 훈련장에 도착할 수 있었다.

하지만 <HOMM Ⅲ>는 플로우에 빠지게 만드는 데 매우 뛰어나다. 나는 영웅을 움직여, 그리핀과 트로글로다이트와 싸우고, 도시를 점령하고 보물을 얻었다. 몇 분이 지난 것처럼 느껴졌을 때, 시계를 보니 6:37분이었다. 훈련장까지 길게 달려야 했다.

플로우는 시간이 사라지게 만든다. 플레이어가 활동에 완전히 몰두하면 몇 시간이 몇 분처럼 느껴질 수 있다. 플로우는 모든 다른 생각을 의식에서 지우기 때문에 완벽한 도피가 된다. 플로우 상태에서 우리는 청구서, 사람과의 관계, 돈, 또는 훈련 교관에게 혼날까에 대해 걱정하지 않는다. 그리고 플로우는 지속적인 작은 성공의 연속으로 이루어 진 것이기 때문에 즐겁다. 플로우는 플레이어의 수준에 완벽하게 맞는 도전이 제시될 때 나타난다. 임무가 너무 어렵다면 플레이어는 혼란스럽고 불안해하며 플로우가 깨진다. 임무가 너무 쉽다면 플레이어는 지루해한다. 그래프로 나타내면 다음과 같다. :

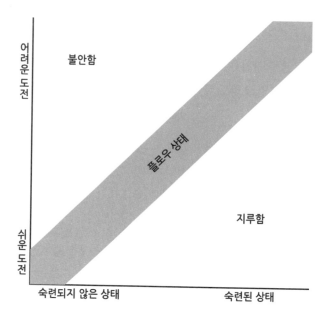

플로우는 대부분의 좋은 게임 경험의 기반이 된다. 그것은 모든 감정 세기와 긍정적인 감정과 부정적인 감정 모두에서 동작한다. 심장을 뛰게 하는 액션 게임, 고민하게 하는 퍼즐 게임, 유머러스한 사회 상호작용 게임 등 모든 게임은 플레이어의 의식을 쉬지 않고 과도하게 채우지 않아서 플로우를 생성할 수 있다.

플로우가 깨지면 언제나 경험의 다른 부분도 무너진다. 거의 모든 게임이 동작하기 위해 플로우를 유지해야 하며, 나쁜 게임들이 가지고 있는 많은 문제들은 플로우가 깨져서 일어나는 것이다.

몰입 Immersion

가장 강력한 게임 경험 중 하나는 몰입이다.

몰입은 플레이어의 실제 자아와 게임 내 아바타 사이의 정신적 구분이 약해지면서, 아바타에게 일어나는 이벤트들이 마치 플레이어 자신에게 일어나는 일처럼 의미가 부여되는 일이다.

누구나 몰입이 가치 있다는 데 동의하지만, 그것이 어디에서 오는지에 대해서는 의견이 분분하다. 그럴듯한 게임 허구 배경 설정, 시각 요소의 충실도, 공감할 수 있거나, 말이 없어도 공감할 수 있는 주인공에, 심지어 게임을 할 때 방의 불을 어둡게 하는 것까지도 몰입에 기여한다고 이야기한다. 그러나 이 모든 것을 갖춘 게임들 중에도 몰입되지 않는 게임들이 있고, 이러한 요소들이 부족하더라도 몰입감 있는 게임들도 있다.

몰입을 설명하는 가장 좋은 방법은 플레이어의 경험이 캐릭터의 경험을 반영한다는 것이다.

이는 확실히 플레이어가 캐릭터와 동일한 시각과 청각적 경험을 한다는 의미이다. 하지만 더 중요한 것은 플레이어가 캐릭터의 생각과 감정을 공유받는다는 것을 의미한다. 캐릭터가 두려워할 때 플레이어도 두려워한다. 캐릭터가 화가 나거나, 궁금하거나, 어리둥절할 때 플레이어도 그렇다. 캐릭터가 화가 나거나, 궁금하거나 어리둥절할 때, 플레이어도 그렇다. 플레이어가 캐릭터와 같은 생각과 감정을 가질 때, 자신이 바로 캐릭터라고 느끼며 게임에 몰입하게 된다.

대부분 실패한 몰입 시도에서는 이러한 내적인 심리적 반영은 빠져있다. 하지만 우리가 어떻게 그것을 만들어 낼 수 있을까? 한 가지 가능한 답은 심리학의 "두 요인 정서 이론"에서 찾을 수 있다.

'두 요인 정서 이론'은 감정이 생리적 각성과 인지적 판단의 두 부분으로 구성되어 있다고 말한다.

각성은 활기차고 준비된 상태다. 심장 박동이 빨라지고, 손바닥에 땀이 나고, 눈이 뜨여진다. 몸은 바로 과감한 행동을 할 준비를 하고 있다. 이 각성 상태는 여러가지 다양한 이유로 발생할 수 있다. 두려움은 높은 각성 상태를 유발하지만, 분노, 격렬한 음악, 성적 긴장감도 마찬가지다.

두 요인 정서 이론은 우리가 가진 여러가지 강렬한 감정들이 생리적으로 동일하다고 말한다. 그것들이 모두 기본적으로 같은 각성 상태라는 것이다. 이 이론에 따르면, 이러한 감정들 사이의 유일한 차이점은 감정에 대한 우리의 *인지적 판단*이다.

인지적 판단은 흥분 상태의 원인에 대한 의식적인 정신적 해석이다. 현재 일어나고 있는 것에 따라, 뇌는 각성 상태를 다양한 강렬한 감정 중 하나로 판단한다. 예를 들어, 곰이 쫓아오는 상황에서 각성을 느낀다면, 당신은 감정 상태를 두려움으로 판단할 것이다. 모욕을 받고 몇초 후에 각성을 느낀다면, 그것은 분노로 판단 될 것이다. 두 요인 이론의 핵심은 각성 상태가 모든 경우에 실제로 동일한 것이라는 것이다. 예를 들어, 분노와 두려움 사이에는 생리적 차이가 없다. 우리는 그저 그것들을 다르게 판단할 뿐이다.

1962년 실험에서 연구자들은 피험자들에게 어떤 것인지 알려주지 않은 약물을 주사했다. 이 약물은 사실 아드레날린이었으며, 손바닥에 땀이 나게 하고, 심장 박동을 증가 시키고, 숨이 가쁘게 했다. 주사를 맞은 피험자들은 주사를 맞은 것처럼 보이는 다른 피험자와 함께 방에 들여보내졌다. 하지만 다른 피험자가 배우라는 사실은 피험자들에게 알려주지 않았다. 일부 실험에서는 배우가 행복한 척 연기했고, 다른 실험에서는 화난 척 연기했다. 모든 실험에서 피험자들은 배우가 연기한 감정과 같은 감정을 경험했다고 말했다. 실제로 그들이 느낀 것은 화학적으로 유발된 각성 상태뿐이었다. 하지만 배우의 사회적인 신호는 이 상태를 공포, 분노 또는 행복으로 판단하도록 만들었다. 피험자들에게 주사가 무엇인지 알려주었을 때는 어떤 감정 상태를 느꼈다고 이야기하지 않았다. 왜냐하면 그들은 자신의 몸의 반응을 화학 물질에 대한 의미 없는 반응으로 판단했기 때문이다.

두 요인 이론은 많은 감정적 모순을 설명한다. 우리는 슬픔과 행복 모든 상태에서 운다. 나이트클럽에서는 시끄러운 음악과 춤으로 심장 박동을 높여 성적 매력을 만든다. 공포 영화는 커플들에게 인기가 있다. 저속한 농담은 공격적이거나 불쾌감을 주는 아이디어를 사용하여 감정적 반응을 생성한 다음 그 반응을 코믹한 즐거움으로 판단하게 한다. 우리는 심지어 화해 섹스를 해서 분노를 욕망으로 바꾼다. 모든 경우에, 우리는 각성의 원인을 그것의 실제 원인이 아닌 다른 원인으로 오인한다. 그리고 이 오인이 몰입의 핵심이다.

캐릭터의 경험을 반영하는 경험을 만들기 위해, 그 경험을 세 부분으로 구성했다. 첫째, 우리는 플로우를 만들어 플레이어의 의식에서 현실을 벗어나게 한다. 둘째, 게임 메카닉 내의 위협과 도전을 사용하여 각성 상태를 만든다. 마지막으로, 허구 배경 설정 층위를 사용하여 플레이어의 각성을 캐릭터가 느끼는 감정과 일치시키게 느끼도록 한다.

이것을 분해해 보자.

첫 번째 요소는 플로우다. 플로우의 역할은 플레이어의 의식에서 현실 세계를 벗어나게 하여 플레이어를 게임에 몰입하게 하는 것이다. 플로우는 주로 게임 메카닉에서 만들어지며, 도전과 플레이어의 실력 수준이 완벽하게 밸런스를 이룰 때 생성된다. 플로우는 몰입을 위한 필수 조건이다. 플로우 없이는 청구서나 숙제에 대한 잡념이 끊임없이 경험을 방해하여 캐릭터 경험을 그대로 느낄 기회를 없앤다.

두 번째 요소는 순수한 각성이다. 우리는 게임 메카닉만으로 순수하고 판단되지 않은 각성을 불러일으킬 수 있다. 예를 들어, <퐁(Pong)>, <지오메트리 워즈>, 체커(Checkers)는 플레이가 어렵고 빠르며, 결정이 힘들고, 들인 판돈이 클 때 각성이 일어난다.

마지막 요소는 게임 허구 배경 설정이다. 허구적인 설정 없는 메카닉에 의해 생성된 각성은 일반적인 흥분으로 판단된다. 예를 들어, <지오메트리 워즈>를 플레이할 때 느끼는 것처럼 말이다. 하지만 허구를 사용하면 순수한 각성 상태를 우리가 원하는 대로 재판단시킬 수 있다. 예를 들어, 공포 게임에서는 각성이 공포로 변할 수 있고, 밀리터리 게임에서는 끈질긴 투지로 변할 수 있다. 게임 메카닉이 생성하는 경험은 매우 비슷하더라도, 허구의 설정에 의해 인지적 판단은 플레이어가 경험을 인식하는 방식을 바꾼다.

이 섬세한 혼합이 일어나면, 경험은 단순한 참여를 넘어 플레이어를 다른 시간과 장소로 이동시킨다. 플로우의 메카닉 주도 경험은 플레이어의 자기 의식을 벗겨내고, 현실 세계에 대한 주의를 지우며, 기본적인 생리적 각성 상태를 만든다. 허구 배경 설정의 경험은 그의 정체성을 상상의 세계의 캐릭터로 끌어들인다. 플레이어는 캐릭터가 보고 듣는 것을 보고 듣고, 캐릭터가 느끼는 것을 느낀다. 플레이어는 캐릭터가 된다.

예를 들어, <둠>은 초기에 가장 인기 있는 몰입형 게임 중 하나였다. 이 게임은 매우 잘 만들어진 액션 게임 메카닉을 가지고 있다. 격렬한 싸움 도중 플레이어는 긴장하고, 손에 땀을 쥐며, 외부 세계를 잊어버린다. 이것만으로는 특별하지 않다. 그러한 것들은 게임에 허구가 전혀 없더라도 발생할 것이다. <지오메트리 워즈>의 플레이어들도 같은 증상을 보인다.

하지만 <둠>에서 플레이어는 화성의 달에 있는 악마로 가득 찬 식민지에 갇힌 우주 해병의 시야를 통해 본다. 신음하는 좀비들과 피로 물든 세계는 플레이어의 가슴에 그가 느끼는 각성 상태가 단순히 흥분이 아니라 공포임을 알린다. 그리고 그것은 모든 것을 바꾼다. 해병이 악마에게 살해당할 위험 때문에 각성 상태가 되고, 플레이어가 <둠>의 잘 기획된 전투에 의해 각성 상태가 되는 것은 중요한 사실이 아니다. 두 요인 정서 이론에 의하면 각성의 원인이 서로 바뀔 수 있다.

이제 <둠>은 단순히 흥미로운 슈팅 게임이 아니다. 우주 해병이 화성 기지에서 좀비와 싸우는 경험에 대한 그냥 흥미로운 게임이 아니다. 캐릭터가 그곳에서 느끼는 것을 플레이어가 그대로 느끼기 때문이다. 허구 설정 안에서, 해병은 그가 목숨을 걸고 싸우고 있기 때문에 공포를 느낀다. 현실에서 플레이어는 <둠>의 빠른 액션 메카닉 때문에 흥분을 느끼고, 허구 배경 설정 때문에 그 흥분을 공포로 판단한다. 이러한 개별 경험들은 플레이어의 머리 속에서 하나로 합쳐진다. 플레이어와 해병은 같은 것을 보고 듣고 느끼기 때문에, 플레이어는 자신이 해병이라고 느끼고 게임은 몰입적이 된다.

경험의 엔진 Engines of Experience

경험은 게임이 작동하는 개념적 사슬의 마지막 고리다. 요약하자면, 우선 기획자들은 일련의 *메카닉*을 만든다. 그리고 이 메카닉을 대표적인 *허구 배경 설정*의 층으로 감싼다. 플레이 하는 동안, 그 메카닉들은 상호작용하여 긴 연속된 *이벤트*를 만든다. 그 이벤트들은 플레이어의 무의식을 자극하여 *감정*을 유발한다. 마지막으로, 이러한 감정들이 섞여서 몇 분, 몇 일, 몇 년 동안 이어지는 *경험*으로 통합된다.

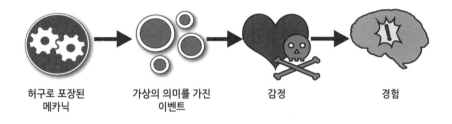

허구로 포장된   가상의 의미를 가진   감정   경험
메카닉   이벤트

우리가 그냥 게임에 대한 정의를 우연히 발견했을 수도 있다.

게임은 경험을 생성하기 위한 인공 시스템이다.

때때로 나는 게임을 특별한 종류의 기계로 생각한다. 기계는 금속 부품들이 세심하게 설계된 완벽하게 맞물리는 형태로 만들어지지만, 게임은 세심하게 설계되어 완벽하게 맞물리는 메카닉으로 만들어진다. 움직일 때 기계의 부품들은 복잡한 패턴으로 서로를 움직이지만, 게임 메카닉은 특정하고 복잡한 방식으로 상호작용한다. 게임과 기계 사이의 가장 큰 근본적 차이는 시스템이 만들어내려는 결과의 본질에 있다. 물리적 기계는 차량을 움직이거나, 집을 난방하거나, 부품을 조립하기 위해 만들어진다. 게임은 감정을 이끌어내기 위해 만들어진다.

게임에 대해 생각할 때 사용할 비유가 필요하다면, 이야기나 영화를 떠올리지 말라. 그런 비유는 게임 메카닉 간의 역동적인 상호작용이 부족하여 게임의 힘이 가진 핵심 측면을 포착하지 못한다. 그러한 비유들은 우리를 미리 정해진 진부한 미디어 경험을 하게 만들며, 즉흥적으로 탐험할수 있고 만들어지는 상호작용의 풍부한 미개발지에서 멀어지게 한다.

대신 게임을 경험의 엔진이라는 익숙하지 않은 종류의 기계로 생각해 보라.

Part Two

게임 제작

현대 게임 기획이 시작된 1970년대 이래로 기획자들은 엄청난 양의 지식을 습득했다. 하지만 이러한 지식은 여러 스튜디오에 소속된 수천 명의 기획자에게 흩어져있다. 한 스튜디오는 분기를 사용하는 서사를 마스터했고, 다른 스튜디오는 전략 게임의 밸런스를 완벽하게 맞출 수 있으며, 또 다른 스튜디오는 분위기가 잘 잡힌 게임을 만든다. 이 책의 이 부분은 이러한 서로 다른 지식을 가르칠 수 있는 기획 원칙으로 연결하는 것이 목표이다.

모든 기획적인 결정은 다양한 결과를 가져오기 때문에 게임 기획에 대한 하나의 큰 이론은 존재하지 않는다. 튜토리얼 캐릭터를 추가하면 게임을 더 쉽게 익힐 수 있지만, 구현하기가 더 어렵게 되고 게임 허구 배경 설정의 일관성이 떨어질 수 있다. 아트를 추가하면 게임이 더 아름다워질 수 있지만 플레이어의 잘못된 선택을 부추길수 있다. 이러한 다양한 결과에는 여러 가지 설명이 필요하다. 그렇기 때문에 이 책에서는 다양한 기획의 관점을 다루고 있으며, 그 중 어느 것이 최고라고 할 수는 없다. 각 관점은 문제의 다른 측면을 이해하는 데 도움이 된다.

게임 기획은 책으로 배울 수 없다.
게임 기획을 배우려면 경험이 필요하다.

여기에 소개되는 아이디어는 하나의 프레임워크일 뿐이다. 게임 기획에서 결정을 내릴 때 프레임워크들을 유용하게 사용하려면 경험이 필요하다. 아이디어를 너무 멀리 보거나, 너무 짧게 밀어 붙여서는 안 된다. 다양한 방법으로 기획이 성공하거나 실패하는 것을 보아야만 한다. 이러한 종류의 참고할 만한 여러 경험들을 통해서 당신은 목표에 더 잘 다가갈 수 있다. 참고할 수 있는 경험들은 게임 기획 프레임워크에서 각 아이디어가 언제, 어느 정도 중요해지는지 직관적으로 알 수 있게 해준다.

하지만 게임 기획을 배울 때에 경험 만으로는 충분하지 않다.

최고의 게임 기획 학습은, 게임에 대한 독립적이고 작은 변화의 효과를
관찰하는 것으로부터 비롯된다.

게임을 이해하려는 사람들은 종종 전체 게임을 서로 비교하고, 그 차이가 플레이에 어떤 영향을 미치는지 알아내려고 한다. 하지만 이런 식으로 기획 원칙을 찾기는 어렵다. 게임들 사이에는 너무 많은 차이가 있기 때문에 어느 한 요소의 영향 만을 따로 분리하는 것은 불가능하다.

더 나은 학습은 작은 변화의 효과를 살펴보는 것으로부터 온다. 기획자는 세 사람이 게임을 플레이하는 것을 지켜보면서 경험의 패턴을 관찰한다. 기획자는 플레이어들이 어떤 것은 이해하지만 다른 것은 이해하지 못하고, 특정 행동을 취하고, 특정 이벤트를 기억하는 지 본다. 그 다음 기획자는 게임 기획에서 하나만 변경한다. 다음 세 명의 테스터와 함께 그는 새로운 아이디어가 이해되거나 사라지고, 기억이 떠오르거나 지워지는 등 특정한 방식으로 경험이 변화하는 것을 관찰한다. 기획자는 하나의 작은 변화가 하나의 특징적인 효과를 일으켰다는 것을 알게 된다.

그리고 그 효과는 일관되게 유지된다. 아마추어는 게임이 신비롭고 이해할 수 없는 것이라고 생각하지만, 프로는 개별적인 변경의 반복적인 효과를 충분히 관찰하여 게임도 다른 시스템과 마찬가지로 합리적인 시스템이란 것을 알고 있다. 게임의 경험은 마법과도 같지만, 그 경험의 이면에 있는 메카닉은 그렇지 않다. 그럼, 그 메카닉의 내부를 살펴보자.

2 _ 우아함 Elegance

어떤 의미에서 모든 게임은 이미 존재한다. 게임들은 우주의 논리 속에 숨어있다. 우리는 게임을 창조하는 것이 아니다. 조각가가 대리석 블럭에서 조각상을 찾듯이, 우리는 무언가를 추가하는 것이 아니라 그 안에 있는 형태를 가리는 불필요한 물질을 제거함으로써 그것들을 찾아낸다.

모든 게임 메카닉에는 가격표가 붙어있다. 게임 메카닉은 구현, 튜닝, 테스트를 거쳐야 하므로 기획 단계에서의 노력이 필요하다. 다른 곳에 사용할 수 있던 컴퓨팅 자원이 필요하다. 게임의 허구적인 배경 설정이나 이야기를 변경해야 하거나 게임 마케팅의 초점이 흐려질 수도 있다.

하지만 가장 중요한 것은 플레이어의 집중력이라는 비용이 발생한다는 것이다. 플레이어는 게임을 이해하기 위해 노력해야 한다. 플레이어는 지시를 따르고, 실수하고, 실패하고, 다시 시도해야 한다. 일부는 그러지 못하고 게임을 그만 둘 것이다. 어떤 플레이어는 혼란스러워하고 좌절할 것이다.

플레이어는 의미 있는 경험을 원하기 때문에 이러한 비용을 감수한다. 좋은 기획은 플레이어가 이해하기 쉽고 개발자의 노력을 최소화하면서 감정의 힘과 플레이의 다양성을 최대로 만드는 것이다. 이러한 효율성의 형태를 우아함이라고 할 수 있다.

창발로부터 오는 우아함 Elegance from Emergence

체커 게임은 몇 가지 간단한 규칙을 가지고 있지만 무한히 다양한 게임을 만들어낼 수 있다. 어떤 게임은 긴 싸움이 이어지고, 어떤 게임에서는 순식간에 끝난다. 어떤 게임에서는 놀라운 전술적 역전이 일어나기도 하고, 어떤 게임에서는 중요한 교훈을 얻기도 한다. 이 모든 것에 대한 비용은 얼마일까. 첫 게임을 시작할 때 몇 분간의 간단한 설명만 들으면 된다. 단순하고 이해하기 쉬운 기획이 만들어내는 무수히 강력하고 다양한 경험, 이것이 바로 우아함이다.

이런 수준의 우아함은 다른 매체에서는 불가능하다. 유능한 시나리오 작가는 한 줄을 써서 서너 가지 경험을 만들어낼 수 있지만, 유능한 게임 기획자는 체커의 규칙이 수백만 가지의 게임을 만들어낸 것처럼 수천, 수백만 가지의 경험을 만들어내는 메카닉을 만들 수 있다. 게임은 창발적 과정을 통해 이러한 수많은 가능성을 만들어낼 수 있다.

창발(EMERGENCE)은 단순한 메카닉들이 상호 작용하여 복잡한 상황을 만들어 내는 경우를 말한다.

어젯밤에 플레이한 게임을 친구에게 설명한다고 상상해 보자. "이 게임은 끝내줘!" 나는 기관포가 달린 지프의 뒤에 타고 있었고 내 친구가 운전을 하고 있었다. 우리는 적 기지를 향해 속도를 내어 언덕을 넘었고, 적어도 5초 동안 하늘을 날았다. 나는 공중에 떠 있는 동안 적군 세 명을 쓰러뜨렸다. 그러다 로켓에 맞았지만 떨어지지 않았다! 땅에 닿지 않고 공중제비를 돌았고, 나는 거꾸로 뒤집어진 상태에서도 사격을 멈추지 않았다. 우리는 똑바로 착지했고, 내 친구는 로켓 발사기를 든 남자를 뛰어넘어 깃발을 잡았다. 절대 잊지 못할 순간이었다.

이것은 게임 <헤일로: 전쟁의 서막(Halo: Combat Evolved)>의 멀티플레이어 게임 이야기이다. 하지만 이 경험은 <헤일로> 디스크에 기록되지 않았고, 똑같은 방식으로 반복되지도 않을 것이다. 물리, 중력, 무기 튜닝, 맵 레이아웃, 분할 화면 멀티플레이와 같은 단순한 메카닉의 상호작용에서 즉흥적으로 발생한 것이다. <헤일로>의 기획이 아름다운 이유는 이러한 경험을 담고 있기 때문이 아니라, 이러한 수준의 강렬한 경험을 자주 생성하는 게임 메카닉을 가지고 있기 때문이다. 그리고 앞으로도 계속 새로운 경험을 만들어낼 것이다. —영원히. 이것이 바로 창발의 힘이다.

창발을 활용한다는 것은, 메카닉을 단순히 더하는 것이 곱하여 풍부한 가능성의 우주로 향하는 것을 의미한다.

슈팅 메카닉은 단독으로 존재할 수 있다. 예를 들어, 고정된 대포 위에서 날아오는 적 비행기를 맞추기 위해 시간을 맞춰 사격하는 게임을 상상해 보자. 이 게임에는 발사 버튼이라는 단 하나의 컨트롤만 존재한다. 그리고 이 게임은 몇 가지 유형의 단순한 경험을 만들어낸다. 쏜 것이 빗나가는가, 쏜 것이 맞는가.

보는 메카닉은 혼자서도 존재할 수 있다. 주위를 둘러보는 것이 유일한 상호작용인 롤러코스터 시뮬레이터를 상상해 보자. 이 경우에도 컨트롤은 카메라용 조이스틱 하나뿐이다. 그리고 다시 말하지만, 경험의 폭이 그리 넓지 않다. 롤러코스터를 탈 때마다 사방을 둘러보고 나면 더 이상 할 일이 남지 않는다.

이제 이러한 메카닉을 하나의 게임에 결합한다고 상상해 보자. 롤러코스터를 타면서 어느 방향이든 바라보고 지나가는 비행기를 쏠 수 있다. 이 조합은 단순히 보는 것과 쏘는 경험을 더하는 것이 아니다. 이 곱셈은 새로운 창발적인 가능성의 조합의 폭발이다. 이전에는 없던 조준 과제를 만들 수 있다. 플레이어는 한 적을 조준하는 것과 다른 적을 조준하는 것의 선택 균형을 맞춰야 한다. 심지어 플레이어는 화면 밖에서 목표물을 찾기 위해 상황 인식을 배워야 할 수도 있다. 이 단순한 조준 사격 조합은 매우 우아해서 <하우스 오브 더 데드(The House of the Dead)>부터 <스페이스 인베이더(Space Invaders)>에 이르기까지 수많은 게임의 원동력이 되었다.

이제 이동 메카닉을 추가한다고 상상해보자. 플레이어가 환경을 돌아다니며 원하는 방향을 보고 쏠 수 있다. 가능성은 다시 한 번 배가된다. 이제 플레이어는 이동하면서 공격을 피하고, 앞으로 돌진하여 공격하거나, 공간을 탐험하여 스토리를 알아볼 수 있다. 쏘고, 보고, 움직이는 이 단순한 조합을 중심으로 기획된 게임들은 매년 수십억 달러의 수익을 올리고 있다. 어떤 게임에서는 외계인을 박살 내는 우주 해병이 되기도 하고, 어떤 게임에서는 음침한 수중 도시를 탐험하는 등 게임 속 허구 배경 설정과 강조점은 매우 다양하다. 하지만 이 모든 게임은 쏘고, 보고, 움직인다는 우아한 핵심을 공유한다.

그리고 이러한 수백만 가지의 다양한 플레이 경험은 놀랍도록 저렴한 비용으로 제공된다. 기획자는 몇 가지 메카닉만 구현하면 된다. 플레이어는 몇 가지 조작법만 익히면 된다. 그렇게 하면 수백만 가지의 다양한 승리, 슬픔, 긴장감, 기쁨이 발생한다.

메카닉이 복잡하고 명확하지 않은 방식으로 상호 작용할 때 우아함이 생겨난다. 그러나 이와 같은 복잡성과 불명확성 때문에 우아한 기획을 구현하기 매우 어렵다.

우아함은 다양한 메카닉의 상호작용이 필요하다. 예를 들어, 보기, 쏘기, 이동의 조합은 플레이어가 이 모든 컨트롤을 한 번에 사용하기 때문에 잘 동작한다. 이러한 메카닉은 모두 함께 동작하기 때문에 다양한 가능성으로 확장될 수 있다. 하지만 메카닉 간의 긴밀한 상호 작용은 한 메카닉의 변경이 다른 메카닉에 영향을 미치기 때문에 기획 문제를 해결하기 어렵게 만들기도 한다.

우아하지 않은 게임에서는 고립된 문제는 쉽게 해결할 수 있다. 마법사의 고블린 학살 마법봉이 고블린을 상대로 사용할 때 너무 강력하다면, 기획자는 마법봉의 능력을 줄이면 된다. 이 마법봉은 고블린 외에는 아무에게도 영향을 미치지 않으므로 이 변경은 부작용이 없으며 문제는 해결된다.

그러나, 이 쉬운 해결책은 기획이 너무 우아하지 않기 때문에 가능한 것이다. 왜 오크, 오우거, 다른 마법사, 신 또는 인색한 상점 주인에게는 마법봉을 사용할 수 없을까? 마법사의 마법봉은 판타지 세계에서 가능성의 우주를 의미한다. 고블린으로 제한하면 그 대부분을 잃는다.

좀 더 우아한 게임이라면 이러한 모든 상호작용을 허용하여 학습 부담 없이 더 많은 플레이 상황을 만들 수 있다. 하지만 이는 기획자에겐 도전이 된다. 마법사의 마법봉이 게임의 다른 많은 부분과 연결되어 있기 때문에 이를 변경하면 모든 관계가 달라진다. 마법봉의 능력을 낮추면 고블린에게는 밸런스를 맞출 수 있지만 오크에게는 너무 약해질 수 있다. 마법봉에 광역 효과 폭발을 부여하면 흥미진진한 전장이 되겠지만 아군 근처에서 사용하기에는 너무 위험해질 수 있다. 이러한 종류의 문제는 관계의 수가 수백, 수천 개로 늘어나면 매우 까다로워질 수 있다.

그렇기 때문에 단순하고 우아한 게임이 드문 것이다. 복잡한 관계를 가진 시스템을 만드는 것은 일회성 기믹을 만드는 것보다 훨씬 어렵지만, 몇 가지 게임 메카닉을 통해 평생동안 즐길수 있는 경험을 얻을 수 있는 유일한 방법이다.

나는 아침의 우아한 향기를 좋아한다. I Love the Smell of Elegance in the Morning

대학에 다닐 때 1학년 수학 수업 중 행렬이라고 하는 사각형의 숫자배치를 이용한 작업이 많았다. 행렬의 한 가지 특성은 일련의 숫자 연산을 통해 어떤 것은 역변환이 가능하지만 어떤 것은 역변환이 불가능하다는 것이다. 문제는 행렬이 역변환 가능한지 아닌지를 판단할 수 있는 쉬운 과정이 없다는 것이다. 직접 시도해보고 알아내야 했고, 시간이 많이 걸려야 했다.

하지만 교수님은 다른 방법을 가르쳐 주셨었다. 교수님은 행렬을 보는 것만으로도 가역행렬의 '향기'를 맡는 법을 배울 수 있다고 했다. 어떻게 알았는지 정확히 알 수는 없지만 훈련을 하면 무의식이 답을 알려줄 수 있다고 했다.

우아한 메카닉을 감지하는 것도 마찬가지이다. 게임 기획자는 우아한 게임이 만들어낼 모든 결과를 예측할 수 없다. 너무 많고 모호하기 때문이다. 메카닉을 구현하고 대대적으로 테스트할 수는 있지만 시간이 많이 걸릴 것이다. 설계 단계에서 우아함을 발견할 수 있는 방법이 필요하다. 이를 위한 유일한 방법은 교수님이 가역행렬의 향기를 맡았던 것처럼 훈련된 직관과 정신적 휴리스틱을 사용하여 우아함의 향기를 맡는 것이다.

우아함의 향기를 맡는 것은 경험에서 나오는 기술이다. 하지만 나는 도움이 될 수 있는 몇 가지 간단한 법칙을 경험을 통해 발견했다.

다른 많은 메카닉과 상호 작용하는 메카닉은 우아함의 향기가 난다.

제안된 메카닉에서 예상되는 상호작용의 수를 머릿속으로 빠르게 세어보라. 다른 많은 메카닉과 상호작용하는 경우 우아한 디자인일 가능성이 높다. 한두 개하고만 상호작용한다면 그렇지 않을 가능성이 높다.

예를 들어, 판타지 롤플레잉 게임에서 마법을 고려할 때는 이런 질문을 해보자. '다른 마법과 상호작용할 수 있는가? 파티원, 여러 적, 환경, 도덕성 시스템, 서사, 플레이어의 능력치 등과 상호작용할 수 있는가?'

메카닉은 심지어 자기 자신과도 상호작용할 수 있다. 예를 들어 체스에서 폰은 체스판의 여러 곳을 차지하기 위해 다양한 구조로 배치할 수 있다.

단순한 메카닉은 우아함의 향기를 풍긴다.

메카닉의 비용을 줄이는 것은 그것으로 얻는 이득을 늘리는 것만큼이나 우아함이 커진다. 지나치게 복잡하고 부풀려진 메카닉은 좋은 결과물이 될 수는 있지만, 플레이어에게 학습 부담을 줄 정도의 가치는 없는 경우가 많았다. (가능한한) 단순화하면 플레이에서 몇 가지 뉘앙스를 잃는 것이 될 수도 있지만,

보다 효율적인 다른 기획을 위한 의식의 공간도 열리게 된다.

또한 플레이어에게 노출되는 복잡성을 줄이면 남은 콘텐츠에 대한 이해도가 높아지게 된다. 과도한 부담을 느끼지 않는 플레이어는 게임을 충분히 탐색하고 모든 경험을 즐길 수 있게 된다. 복잡성에 매몰된 사람들은 게임이 제공하는 콘텐츠의 많은 부분을 놓치게 될 것이다.

가장 우아한 향기를 풍기는 메카닉은 보통 너무 단순명료하기에 사람들이 듣고 나면 너무나도 당연하고 완전히 명백해 보일 정도이다. 그러니 식당 냅킨에 적을 수 있는 기획 아이디어를 찾아보도록 하자.

단순한 만큼 다양한 방식으로 응용할 수 있는 메카닉은 우아한 향기를 풍긴다.

창의적, 공격적, 방어적, 전술적, 전략적으로 다양하게 사용할 수 있는 도구는, 보통 한 가지 역할만 수행하는 도구보다 더 우아한 것이다. 이런 것은 다양한 방식으로 상호 작용할 뿐만 아니라, 이러한 다양한 역할을 서로 결합하여 새로운 선택과 관계를 만들어 낸다.

예를 들어, 대부분의 슈팅 게임에서 총은 순수하게 공격적인 무기이다. 플레이어는 이동과 엄폐로 자신을 방어하고, 총을 사용해 적을 물리친다. 좀비 서바이벌 호러 게임인 <바이오 하자드(영제: Resident Evil)> 시리즈는 이를 다르게 처리한다. <바이오 하자드>에서는 총을 쏘는 동안 플레이어는 움직일 수 없으며, 다가오던 좀비가 총에 맞으면 몇 초 동안 제자리에 멈춘다. 이 게임에서 총은 공격 및 방어 도구로 함께 사용되며, 플레이어는 좀비의 접근을 늦추기 위해 죽일 의도 없이, 총을 쏘는 경우도 많다. 공격과 방어를 하나의 도구에 묶는다는 것은 플레이어가 공격과 방어의 필요성을 타협해야 한다는 것을 의미한다. 플레이어를 향해 달려오는 좀비의 속도를 늦출 것인가, 아니면 저 멀리 있는 중요한 목표물을 헤드샷으로 처리할 것인가?

이런 종류의 다양한 역할 트레이드오프는 어디에나 존재한다. 전략 게임에서는 하나의 유닛을 공격, 방어, 정찰에 모두 사용할 수 있다. 레이싱 게임에서 회전 메카닉은 코너를 돌거나 다른 운전자를 막는 데 사용될 수 있다. 그리고 일부 스텔스 게임에서는 플레이어가 물건을 던져 경비원을 쓰러뜨리거나 소리를 내서 주의를 끌 수 있다.

서로의 역할이 겹치지 않는 메카닉은 우아함의 향기를 풍긴다.

역할은 메카닉을 사용할 수 있는 방법이다. 예를 들어 전략 게임 유닛은 견제, 정찰, 무력화, 속이기 등의 역할을 할 수 있다. 건설 게임에서 도구는 기반 다지기, 건물짓기 또는 장식하기가 될 수 있다. 격투 게임에서 공격은 공격, 방어, 방어 부수기, 원거리 견제 등으로 다양한 용도의 도구가 될수 있다. 이러한 각 도구는 다른 도구가 수행할 수 없는 고유한 목적을 가지고 있다.

이러한 역할이 겹치면 한 가지 기능을 수행하기 위해 두 가지 메카닉에 비용을 지불해야 하므로 게임이 우아함을 잃어버린다.

예를 들어, 전략 게임에서 한 종류의 정찰 유닛을 제공하는 경우, 첫 번째 유닛과 다른 역할을 수행하지 않는 한 다른 정찰 유닛을 추가하는 것은 아무런 이점이 없다. 두 번째 유형의 정찰병은 첫 번째 유형의 정찰병이 할 수 없는 새롭고 의미 있는 플레이 경험을 이끌어내야 한다. 그렇지 못하면 게임기획에서 쓸모가 없다.

가장 우아한 메카닉은 그 역할이 매우 뚜렷하여 완전히 새로운 종류의 플레이를 열어준다. 이미 존재하는 상호작용의 변형을 만들지 마라. 대신, 이전에는 어떤 형태로도 존재하지 않았던 새로운 전략이나 탐험할 거리를 소개하는 메카닉을 찾아보라.

기존의 규칙과 인터페이스를 다시 사용하는 메카닉은 플레이어가 이미 가지고 있는 지식을 활용하기 때문에 우아한 향기가 난다. .

플레이어가 이미 알고 있는 기호와 규칙을 사용함으로써 플레이어가 가질 학습이해의 부담을 줄일 수 있다. 이러한 규칙은 게임 안의 다른 시스템, 다른 게임, 실생활, 문화적 원형 등 어디에서나 찾아볼 수 있다. 플레이어가 이미 알고 있는 것이라면 이를 사용함으로써 이점을 얻을 수 있다.

게임이 장르의 규칙에 형태가 잘 맞는 경우는 장르 표준 제어 체계를 사용한다. 깊이있는 설정이 없는 게임이라면 악당에게 뾰족한 콧수염을 달아주고 콧수염을 떨리게 해서 모두가 그가 누구인지 즉시 알 수 있도록 하라. 독특한 것은 이해하는 데 더 많은 노력이 필요하므로, 특별한 이유가 없다면 독특한 것은 사용하지 않는 것이 좋다.

누구나 새로운 영역을 개척하고 창의성을 표현하고 싶어 한다. 하지만 새로운 규칙을 만드는 것은 기획자에게만 비용이 드는 것이 아니라 플레이어에게도 비용이 든다. 새로운 규칙을 만들려면 그 대가를 치를 만한 가치가 있는 곳에서 해야 하며, 그럴 이유가 없다면 완벽하게 좋은 익숙한 규칙을 임의로 바꾸지 말아야 한다. 진정한 독창성은 표면적인 디테일을 바꾸는 데서 나오는 것이 아니다. 독창성은 기본 원리를 바꾸는 것에서 나온다.

매우 독창적인 기획도 기존의 아이디어를 조합한 경우가 많으므로, 독창적인 게임이라도 일반적으로 이해되는 상징과 인터페이스를 사용하여 고유한 콘텐츠를 전달하면 큰 이점을 얻을 수 있다.

기존 메카닉과 비슷한 규모로 작동하는 메카닉은 우아한 향기가 난다.

플레이어가 액션 영웅을 조종할 때, 도보로 움직이는 것과 전투기를 조종하는 것을 번갈아 가며 하는 게임을 생각해 보자. 이러한 변주는 신선하게 느껴지지만, 게임을 상호작용이 거의 없는 두 개의 메카닉 클러스터로 나누기 때문에, 대가가 있다.

영웅이 땅 위에 있을 때는 적군이 어디로 도망치는지가 중요하다. 왼쪽으로 3미터 떨어진 적군은 개방된 곳에서 취약할 수 있고, 오른쪽으로 3미터 떨어진 적군은 벽 뒤에 숨어 있을 수 있다. 하지만 제트기 안에서는 이러한 도보 이동이 무의미하다. 500kg의 폭탄은 병사가 왼쪽으로 뛰든, 오른쪽으로 뛰든, 상자 뒤에 숨든 상관없이 죽게 만든다. 벽과 건물은 폭발로 인해 모두 평평해지기 때문에 중요하지 않다.

즉, 플레이어가 제트기 안에 있을 때 병사가 걸어서 이동하면서 한 행동들은 무의미하다. 기획자가 이를 구현하기 위해 쏟은 모든 노력과 플레이어가 이를 이해하기 위해 쏟은 모든 의식적인 노력이 무의미해진다. 비용은 지불했지만 혜택은 돌아오지 않는다.

기획자가 구현하는 데 쏟은 모든 노력과, 플레이어가 이를 이해하기 위해 쏟은 모든 의식 속 공간이 가치가 없어지는 것이다. 비용은 지불했지만 혜택은 돌아오지 않는다.

제트기와 도보 구간 사이의 수치 비율 차이가 너무 커서 이 게임은 사실상 하나의 상자 안에 두 개의 게임이 들어 있는 것과 같다. 두 모드 사이를 오갈 수는 있지만, 두 모드가 통합된 시스템으로 통합되지는 않는다. 플레이어가 한 모드에 있으면 다른 모드와 수치 비율이 너무 달라서 그 모드의 모든 복잡성이 낭비된다. 그것은 우아하지 않다.

[매직: 더 개더링(Magic: The Gathering)]은 서로 다른 게임 시스템의 수치 비율을 일치시켜 우아함을 극대화한 게임의 완벽한 예다. 플레이어는 7장의 카드와 20의 생명력을 가지고 시작한다. 보통 한턴에 3~10 마나를 사용할 수 있다. 한 게임에서 보통 2~12장의 생물, 마법물체, 부여마법 카드를 가진다. 생물은 보통 공격력과 방어력이 1에서 8 사이이다. 게임은 보통 10~30턴 동안 진행된다. 카드 숫자, 생명력, 생물 수, 생물 공격력 및 방어력, 턴 수, 마나의 수치의 비율이 비슷한 것은 복잡한 계산 없이도 엄청난 수의 자연스러운 상호작용을 할 수 있게 한다. 그리고 [매직: 더 게더링]에는 이 모든 수치를 거의 모든 다른 수치로 변환할 수 있는 카드들이 있다. 플레이어는 마나를 생명력으로, 생물을 대지로, 아티팩트를 피해로 전환할 수 있다. 플레이어는 매 턴마다 피해를 받거나 생물을 희생하는 대신 다른 능력을 사용할 수 있다. 플레이어는 생명력을 희생하여 생물의 방어력을 높이고, 생물과 부여마법을 결합하고, 손에서 카드를

버려 전투에서 죽은 생물을 부활시킬 수 있다. 몇 가지 간단한 시스템으로 수천 가지의 상호작용을 구현할 수 있게 된다.

만약 [매직: 더 게더링]의 기획자 리처드 가필드가 플레이어의 생명력 최고점을 1,000점으로 결정하고, 생물의 공격력을 25~50으로 정하고, 플레이어가 한 번에 대지 카드를 3장 까지만 가질 수 있도록 했다면 이러한 관계는 깨졌을 것이다. 숫자를 변환하려면 지루한 계산과 지저분한 반올림이 필요하고, [매직: 더 게더링]의 우아함은 산산이 부서질 것이다.

수치 비율의 우아함은 측정 가능한 수치 간의 거의 모든 유형의 관계에 적용된다. 크기, 속도, 표면적, 체력 포인트, 거리, 돈, 에너지, 통신 링크, 자원, 시간, 플레이어 또는 캐릭터의 수는 모두 수치 비율 맞춤을 통해 우아해질 수 있다.

많이 재사용되는 메카닉은 우아한 향기가 난다.

좋은 게임의 역설적인 측면 중 하나는 게임이 반복적으로 보인다는 점이다. 플레이어는 같은 도구를 반복해서 사용한다. 더 많은 도시를 건설하고, 더 많은 오크를 물리치고, 더 많은 집을 꾸미기를 반복한다.

하지만 플레이어가 같은 도구를 반복해서 사용한다고 해서 동일한 경험을 하는 것은 아니다. 플레이어는 도시를 반복해서 건설하지만, 모든 도시는 메카닉과 플레이어의 결정에 따라 새롭게 표현된다. 메카닉은 동일하게 유지되지만 경험은 매번 달라진다.

게다가 이러한 메카닉의 반복은 우아한 기획에 필수적이다. 한 번만 사용되는 메카닉은 기믹에 불과하다. 비용과 성과 사이에 항상 일대일 관계만 성립되면, 그 자체에 가치는 있지만 우아하다고는 할 수 없다. 10만 번 사용되는 메카닉이 매번 새로운 경험을 생성할 수 있다면 매우 우아한 메카닉이 될 수 있다. 반복이 우아함을 보장하지는 않지만, 반복이 없다면 우아함은 불가능하다.

이것은 가장 쉽게 알아차릴 수 있는 우아함의 향기 중 하나이다. 메카닉과 그 주변 사이의 상호작용이 얼마나 미묘한지 말하기는 어렵다. 하지만 보통 메카닉이 얼마나 자주 반복되는지는 쉽게 알 수 있다. 그리고 매우 많은 기획 아이디어들이 한 번 상상할 때는 멋지게 들리지만 수천 번을 반복하면 확실히 시시해진다. 뼈를 깎는 노력을 기울여도 견딜 수 있는 메카닉을 찾아보자. 백만 번 반복되는 메카닉을 찾아보자.

콘텐츠에 구속받지 않는 메카닉은 우아한 향기가 난다.

주인공이 단서를 찾고, 사건을 해결하고, 때때로 악당을 쫓는 SF 탐정 게임을 상상해 보자. 액션 시퀀스를 개선하기 위해 누군가 주인공에게 6미터 높이로 뛰어오를 수 있는 로켓 부츠를 신게 하자고 제안했다. 한 번의 프로토타입을 만든 후, 기획자들은 액션 시퀀스가 즉시 개선되었음을 확인했다. 로켓 부츠는 곧바로 공식 기획으로 채택되었고 모두가 기뻐했다.

이 기획자들은 너무 일찍 축하를 한 것일 수도 있다. 단기간에 게임을 개선한 것은 사실이지만, 막대한 숨겨진 비용이 발생했고 결국에는 게임에 해를 끼쳤을 수도 있기 때문이다.

이제 점프 높이가 6미터이므로 게임의 모든 레벨이 이 점프 높이를 지원하도록 변경되어야 한다. 플레이어가 점프를 통해 가지 못하는 곳이 갈 수 있게 되면 안된다. 따라서 레벨 기획자는 플레이어가 잘못된 장소에 들어가지 않도록 차단하는 방법을 찾아야 한다. 플레이어가 버스나 공원 벽을 뛰어넘지 못하도록 가상 공간을 왜곡해야 한다. 시외의 1층 집들이 있는 맵은 플레이어가 지붕 위로 뛰어내리는 것을 막을 방법이 없으므로 없애야 한다. 기획자는 플레이어가 플레이 영역을 벗어나는 것을 막기 위해 상자 더미, 보이지 않는 벽, 이상하게 배치된 광고판을 추가하게 된다. 이 모든 것은 기획자가 게임을 개선하는 대신 높이 점프하는 플레이어를 막는 데 시간을 할애하면서 게임이 조금 더 무의미해지고, 허구 배경 설정이 얇아지고, 레벨이 약간 더 나빠진다는 것을 의미한다.

6미터 점프는 콘텐츠 *제약*을 만들어버렸다. 모든 레벨을 플레이어가 6미터를 뛰어넘었을 때 게임의 흐름이 중단되지 않도록 만들어야 했다. 별거 아닌 것 같지만 실제로는 레벨 기획자에게 엄청난 비용이다. 그것은 레벨 기획자들이 하는 모든 일을 느리게 하고 방해하는 장애물이 된다.

이러한 실수는 이점은 분명하지만 비용은 숨겨져 있기 때문에 만연한 문제이다. 콘텐츠 제약을 만드는 새로운 기획은 즉각적이고 본능적인 기획 이점을 창출할 수 있다. 프로토타입에서 느낌이 좋고, 테스트도 잘되며, 사람들이 보기에도 좋다. 이점은 집중적이고 즉각적인 반면, 비용은 수년에 걸쳐 분산되어 주로 다른 사람들에게 부과된다. 하지만 각각의 제약이 단기적으로는 약간의 이득을 가져다주더라도 너무 많은 제약의 무게가 합쳐지면 게임을 질식시킬 수 있다.

콘텐츠 제약의 종류는 수천 가지가 넘는다. 점프 거리, 방의 높이, 캐릭터 수, 자원량, 대화 길이, 인벤토리 크기, 차량 크기 등은 모두 기획적인 결정에 따라 제약이 될 수 있다. 6미터 점프와 같이 기획에 따라 제약이 늘어나는 경우도 있다. 캐릭터 수의 경우처럼 게임을 플레이 가능한 프레임 속도로 유지하기 위한 경우도 있다.

더 우아한 메카닉을 사용하면 이러한 숨겨진 비용을 발생시키지 않고도 게임을 개선할 수 있다. 기존 콘텐츠와 함께 작동하는 기획을 찾아보고, 콘텐츠 제약으로 인한 비용은 잘 드러나지 않고 대개 예상보다 크다는 점을 명심하라. 아무리 훌륭한 메카닉이라도 이를 적용하기 위해 게임의 나머지 부분을 비틀어야 한다면 그만한 가치가 없을 수도 있다.

사용 가능한 인터페이스의 표현력을 최대한 활용하는 메카닉은 우아한 향기가 난다.

게임의 인터페이스가 아날로그 조이스틱인 경우 방향뿐 아니라 스틱의 정확한 각도까지 감지할 수 있다. 아날로그 트리거의 경우 게임이 트리거를 1/4, 1/2, 3/4 만큼 당겼는지 감지할 수 있다. 인터페이스가 버튼일지라도 눌렀을 때만 작동하는 것이 아니라 누르고 있는 동안이나 놓는 순간에도 게임에서 무언가를

할 수 있다.

이러한 것들은 지나치게 민감한 입력으로 플레이어를 좌절시킬 수 있다는 위험이 있다. 이러한 표현력이 풍부한 조작은 숙련된 플레이어에게는 유용하지만, 초보자에게는 대부분 무시할 수 있어야 안전하다. 예를 들어 드라이빙 게임을 할 때 대부분의 표현을 무시하고 핸들을 좌우로 세차게 돌리면 누구라도 적당히 할 수 있지만, 반대로 숙련자 만이 회전 각도를 전부 사용하는 최적화 플레이를 할 수 있다.

이 아이디어는 보드 게임과 카드 게임에도 적용 가능하다. 현실 세계에 존재하는 카드, 주사위, 토큰으로 얼마나 많은 일을 할 수 있을까?

우아함 사례 연구 : 약탈자 대 화염차

<스타크래프트 II : 자유의 날개(StarCraft II : Wings of Liberty)>에는 테란 종족에 매우 유사한 역할을 하는 두 유닛이 있다. 약탈자(Predator)와 화염차(Hellion)는 모두 빠르고 중간 비용의 유닛으로, 효과 범위 공격을 통해 소규모 적 무리와 싸우는 데 특화되어 있다.

하지만 멀티플레이어 게임에는 화염차 유닛만 포함되있다. 약탈자와 화염차 유닛의 기본 역할은 같지만, 미세한 차이로 인해 화염차가 훨씬 더 우아한 기획이 되었기 때문에 기획자 입장에서는 좋은 결정이었다. 그 이유를 살펴보자.

먼저, 몇 가지 능력치 통계는 다음과 같다. :

	약탈자(Predator)	화염차(Hellion)
스피드(Speed)	4	4.25
체력(HP)	140	90
공격력(Attack)	앞발로 적을 공격하여 15의 피해를 입히고, 충격파를 일으켜 약탈자를 둘러싼 근거리의 모든 적 유닛에게 20의 피해를 준다.	화염차에서 중거리로 돌출된 일직선상에 있는 모든 유닛에게 8의 피해를 주는 화염을 발사한다. 경장갑 유닛에게 +6의 추가 피해를 주며, 지옥불 조기 점화기 업그레이드로 +5가 더 증가하게 된다.
공격 사이 시간 텀	1초	2.5초

이 두 유닛이 유사하다는 것은 바로 알 수 있다. 둘 다 걸어서 이동하는 보병보다 약 2배 빠르다. 체력 보유량도 비슷하며, 둘 다 일정 구역의 적에게 피해를 준다. 가장 큰 차이점은 공격의 형태이다. 둘 다 광역 피해를 입히지만, 약탈자는 주위에 원을 그리며 피해를 입히고 화염차는 길고 좁은 불줄기를 그리며 피해를 입힌다. 이 점이 큰 차이점으로 드러난다.

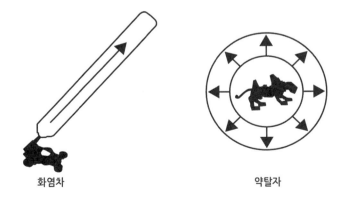

화염차   약탈자

약탈자를 사용하는 방법은 몇 가지가 있다. 가장 좋은 방법은 적에게 포위되어 링 모양 공격 범위의 모든 적을 공격하는 것이다. 하지만 상대 플레이어가 공격을 피할 수 있기 때문에 이런 일은 거의 발생하지 않는다. 약탈자는 또한 다수의 적을 공격할 수 있지만, 대부분의 원형 충격파는 적을 맞추지 못한다. 마지막으로, 약탈자는 적 일꾼 무리에 뛰어들어 (일꾼 무리를) 링 모양 공격 범위 안에 집어넣으려고 할 수 있다. 그 외에는 이 유닛을 사용할 수 있는 방법이 그리 많지 않다. 사거리가 짧아 엄폐물 뒤에 숨거나 높이차가 있는 지형에 있는 적을 공격할 수 없으며, 다른 아군 유닛과 시너지 효과를 낼 수 있는 유닛도 거의 없다. 약탈자의 전투는 매번 똑같은 몇 가지 방식으로 진행되는 경향이 있다.

화염차는 매우 다르다. 공격이 불줄기 모양이기 때문에 주변 지형 환경과 적의 위치에 따라 그 효과가 크게 달라진다. 작은 적들이 줄지어 있으면 화염줄기가 모든 적을 타격하여 큰 피해를 입힌다. 적들이 화염차를 둘러싸고 있으면 화염이 한 유닛에게만 닿아 공격이 거의 쓸모 없게 된다.

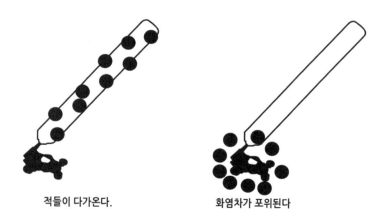

적들이 다가온다.   화염차가 포위된다

이 단순한 차이로 인해 화염차는 도망다니며 일렬로 사격을 시도하고, 상대는 화염차에게 접근하여 포위하려는 미묘한 플레이 경험이 만들어진다.

화염차는 주변 환경 및 다른 아군 유닛과도 시너지 효과를 발휘한다. 원거리 공격이 가능하므로 플레이어는 화염차를 벽 뒤에 배치하여 경비병 역할을 하거나 다른 유닛 뒤에 배치하여 작은 적 무리를 상대하는 것을 지원할 수 있다. 또한 지형차가 있는 곳에서 적을 격추할 수도 있다.

마지막으로 화염차는 약탈자보다 공속이 느리다. 사격 사이에 화염차를 이동할 수 있는 시간이 충분하다. 따라서 플레이어는 화염차가 쏘고, 화염차를 움직이고, 다시 쏘면서 화염을 발사할 때마다 적을 일렬로 세워 피해를 피하는 고도의 '무빙샷' 전술을 구사할 수 있다. 반면 약탈자는 너무 자주 공격하기 때문에 이러한 전술이 불가능하다. 그냥 전투에 던져놓고 이기기만을 바라며 지켜보기만 해야한다. 예측 가능성은 순간순간의 긴장감이나 실력 성장의 기회를 없앤다.

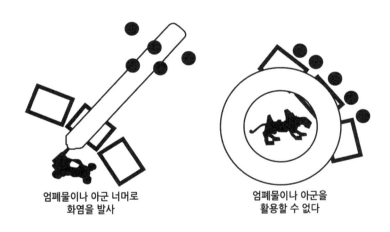

**엄폐물이나 아군 너머로
화염을 발사**   **엄폐물이나 아군을
활용할 수 없다**

메카닉적으로 화염차는 약탈자보다 더 복잡하지 않다. 개발자가 구현하기도 쉽고 플레이어도 쉽게 이해할 수 있다. 하지만 화염차는 약탈자보다 훨씬 더 많은 도전과 전술, 상황을 만들어내기 때문에 더 우아하다.

화염차의 우월성은 분명하지 않다. 공격 타이밍이 몇 초 다르고, 피해를 주는 형태가 다를 뿐 둘 사이의 차이는 매우 작다. 오히려 약탈자가 겉으로 보기에 더 흥미로워 보이는 반면 화염차는 평범하고 창의적이지 않으며 약간 지루해 보인다. 하지만 이것이 바로 우아함의 모습이며, 우아함을 일찍 발견하기 어려운 이유이기도 하다. 우아함은 화려한 기교나 흥미로운 기획 요소에서 나오는 것이 아니기 때문이다. 우아함은 이러한 것들과는 정반대로, 단순하고 장인 정신이 깃든 기획에서 수많은 경험으로 꽃피는 것에서 찾을 수 있다.

지금까지 만들어진 게임 시스템 중 가장 우아한 시스템을 설명할 때, 매우 단순하고 지루하게 들릴 수도 있다. 하지만 기획 자체의 형태는 중요하지 않다. 중요한 것은 플레이 중에 창발하는 가능성의 공간의 깊이와 풍부함이다.

3 | 실력 Skill

오, 승리했도다!
고통의 비명과 끝없는 고민으로
얻어낸 당신의 호의
치열한 전투 없이는
헛된 보상이요, 아무것도 아님이다.

도전은 경쟁의 긴장감과 승리의 짜릿함을 만들어낼 수 있다. 도전은 흥미진진한 전략적 결정을 이끌어내어 정신을 몰입하게 하고 흥미로운 교훈을 줄 수 있다. 또한 다른 사람을 물리치거나 돕는 사회적 경험을 만들 수도 있다.

하지만 도전을 사용하는 모든 게임(대부분이 그런 게임이다)은 플레이어의 실력에 대한 문제를 해결해야 한다. 플레이어에게 너무 어려운 도전은 좌절감을 안겨준다. 너무 쉬운 도전은 지루하다. 흥미를 유발하는 좋은 경험은 이 두 극단 사이의 적절한 지대에 존재한다.

문제는 이 적절한 지대가 플레이어마다 다르다는 것이다. 회전하는 유아용

침대 모빌은 아기에게는 매력적이지만 어른에게는 무의미하다. <스타크래프트 (Starcraft)>와 같은 경쟁이 치열한 대회용 게임은 프로 선수에게는 매력적이지만 일반인에게는 부담스러운 게임이다.

실력을 다룬다는 것은 게임을 좌절스럽게 만들어주는 실력의 하한선과 게임이 지루해지는 상한선을 이해하는 것을 의미한다. 그리고 더 많은 플레이어를 참여시키기 위해 이러한 한계를 확장할지 여부와 어떻게 확장할지를 결정하는 것을 의미한다. 또한 실제로 실패가 발생했을 때 그 실패가 게임의 경험을 망치지 않으면서도 밸런스를 유지하면서 의미 있는 실력에 대한 시험을 만드는 방법을 아는 것을 의미한다. 이 장에서는 이러한 내용을 주제로 다룬다.

깊이 Depth

깊이 있는 게임은 실력 수준이 높아도 의미 있는 플레이를 만들어낸다.

깊이라는 개념은 게임에 대해 배울 것이 얼마나 많은지를 설명한다. 깊이 있는 게임에는 오랫동안 새로운 교훈을 제공할 수 있는 충분한 뉘앙스와 변주가 있다. 체스, 축구, 포커, <스타크래프트>가 모두 깊이 있는 게임인 이유는 플레이어가 수십 년 동안 공부해도 새로운 교훈을 얻을 수 있기 때문이다.

그 반대는 얕은 게임이다. 예를 들어, '틱택토(tic-tac-toe)'는 한 번 요령을 알면 더 이상 발견할 것이 없기 때문에 얕은 게임이다. 이 게임은 아직 완전히 이해하지 못하는 어린 아이만 흥미로워한다. 모든 게임을 무승부로 끝내는 방법을 알고 있는 성인에게는 지루한 게임일 뿐이다.

아이러니하게도 플레이어는 게임을 풀기 위해 최선을 다하지만, 성공하면 기획자를 미워하게 된다. 플레이어는 실력의 벽을 돌파하고 어제 할 수 없었던 일을 오늘 할 수 있는 경험을 소중히 여긴다. 이미 풀어버린 게임에서는 배울 것도 없고, 불확실성도 없고, 승리도 패배도 없기 때문에 플레이어에게 가치가 없다. 그것은 잘 정의된 일련의 단계를 따라 보장된 결과를 향해 나아가는 연습이 된다. 실력 게임은 게임을 완전히 이해하지 못하는 사람에게만 가치가 있다.

게임의 '실력 한계'는 더 이상 잘 수행할 방법이 없는 실력 수준이다. 이 한계가 인간의 능력을 넘어선다면 그 게임은 무한히 깊으며 누구도 완전히 해결할 수 없다.

깊이를 빠르게 측정하는 한 가지 방법은 이론적으로 완벽한 플레이어와 인간적으로 가능한 한 숙련된 플레이어의 수행 능력 차이를 고려하는 것이다. 두 플레이어의 플레이가 동일하다면, 그 게임에는 플레이어가 결국 도달할 수 있는 실력의 한계가 있다. 이론적으로 완벽한 플레이어가 다른 모든 인간보다 실력이 뛰어나다면 게임의 깊이는 무한히 깊어지고 플레이어는 배울 것이 부족할 일이 결코 없을 것이다.

예를 들어 체스는 인간과 컴퓨터로 구성된 팀이 인간 그랜드마스터보다 더 잘할 수 있다. 이는, 그랜드 마스터는 평생을 연습해도 완벽하게 플레이하지 못한다는 뜻이다. 그들은 아직 체스의 실력 한계에 도달하지 못했기 때문에 체스에는 무한한 깊이가 있을 것이다.

<모던 워페어(Modern Warfare)> 멀티플레이어 슈팅 게임은 실력 한계가 매우 높다. 컨트롤은 정확하고, 무기는 치명적이며, 액션은 빠르다. 다른 멀티플레이어 슈팅 게임에서는 한 발도 실수 하지 않아도 적을 죽이는 데 몇 초가 걸린다. 이는 플레이어가 실력에 관계없이 얼마나 효과적으로 플레이할 수 있는지에 대한 상한선을 설정한다. <모던 워페어>에서는 뛰어난 전술과 조준 능력으로 단 몇 초 만에 팀 전체를 처치하는 것이 가능하다. 이러한 완벽한 플레이는 인간이 달성할 수 없지만 이론적으로는 가능하기 때문에 플레이어는 항상 이를 향해 노력하는 경험을 즐길 수 있다.

<어쌔신 크리드 II(Assasin's Creed II)>의 전투 시스템에는 중간 정도의 실력 한계가 있다. 완벽한 플레이어는 일반 플레이어보다 훨씬 더 잘할 수 있지만,

<모던 워페어> 게임에서처럼 일반 플레이어를 천문학적으로 뛰어넘지는 못한다. 이는 <어쌔신 크리드Ⅱ>의 전투 시스템에 조작 지연이 있기 때문이다. 공격 애니메이션이 보통 1~2초 정도 길이이며 이 시간 동안 플레이어는 아무런 행동을 취할 수 없다. 이러한 짧은 지연은 일반 플레이어가 완벽한 플레이어를 생각으로 따라잡을 수 있는 시간을 주기 때문에 실력 한계를 낮춘다. 예를 들어, 완벽한 검술을 구사하더라도 적을 처치하는 애니메이션이 약 2초 정도 걸리기 때문에 적 10명을 처치하는 데 최소 20초 정도는 필요하다. 일반 플레이어는 연습을 통해 이 정도 수준의 플레이를 달성할 수 있다. 하지만 일단 그렇게 되면 더 이상 올라갈 곳이 없다. 플레이어가 더 빨리 생각할 수 있더라도, 애니메이션 지연으로 인해 플레이가 향상되지 않는다. 따라서 게임의 실력적인 측면이 지루해진다.

틱택토 및 기타 간단한 게임에서는 실력 한계가 낮다. 이러한 얕은 게임에서는 몇 가지 간단한 요령만 알면 완벽한 플레이를 실행하기 쉽다. 여기서 완벽한 플레이어와 괜찮은 일반인 플레이어 사이에서 차이가 없게 된다. 다시 말하지만, 완전히 이해하게 되면 게임은 지루해진다.

모든 게임이 무한히 깊을 필요는 없다. <어쌔신 크리드Ⅱ>의 실력 한계는 중간 정도지만, 이 게임이 여전히 훌륭한 게임인 이유는 단순한 실력 게임이 아니기 때문이다. 이 게임은 예술, 탐험, 서사에 관한 게임이기도 하다. 기획자들은 순수한 깊이보다 아름다움과 접근성이 더 중요하다고 판단했다.

접근성 Accessibility

접근성이 좋은 게임은 낮은 실력 수준에서도 의미 있는 플레이를 만들어 낸다. 게임의 진입 장벽은 게임을 플레이할 수 없는 실력의 하한선을 말한다.

깊이가 게임이 흥미를 유지할 수 있는 최대 실력 수준이라면, 접근성은 게임을

플레이할 수 있는 최소 실력 수준이다. 거의 모든 게임과 장난감에는 의미 있는 플레이가 불가능한 실력 하한선이 있다.

1인칭 슈팅 게임(FPS)을 놓고 생각해 보자. 플레이어가 움직이고, 회전하고, 쏘는 방법을 알기 전까지는 FPS 게임을 플레이할 수 없다. 이 장르를 처음 접하는 플레이어에게 이는 매우 높은 진입 장벽이다. 화면 움직임과 컨트롤러 입력 사이의 추상적인 관계를 익히려면 몇 시간의 연습이 필요하다. 이 장벽 때문에 많은 사람들이 FPS 게임에 접근하기 어렵다.

눈높이를 낮춰보면 거의 모든 게임에 실력 진입 장벽이 있다. PC 전략 게임은 플레이어가 마우스와 키보드를 사용할 수 있어야 한다. 많은 보드 게임과 비디오 게임은 플레이어가 글을 읽을 줄 알아야 하므로 어린아이가 플레이할 수 없다. 물건을 잡지 못하는 아기는 젠가를 할 수 없다.

게임기획자들은 게임에 너무 능숙해서 게임의 실력 장벽을 알아차리지 못하기 때문에 접근성을 과소평가하는 경우가 많다. 하지만 게임을 할수만 있다면 즐기고 싶어하는 잠재적인 플레이어 커뮤니티는 엄청나게 많다. 이런 더 많은 플레이어를 끌어들이기 위해 노력할 가치가 있다.

실력 범위 Skill Range

게임의 실력 범위는, 게임이 의미 있는 도전을 제시하는 실력 수준의 범위를 말한다.

실력 범위가 넓다는 것은 초보자와 숙련자 모두 게임을 즐길 수 있다는 것을 의미한다. 그런 게임은 배우기는 쉽지만 마스터하기는 어렵다. 반대로 실력 범위가 좁다는 것은 한 번 배우면 금방 마스터할 수 있는 게임을 의미한다. 그런 게임은 사람들이 플레이 방법을 완전히 알고 있거나 전혀 모른다.

실력 범위는 다음과 같이 그래프로 나타낼 수 있다. :

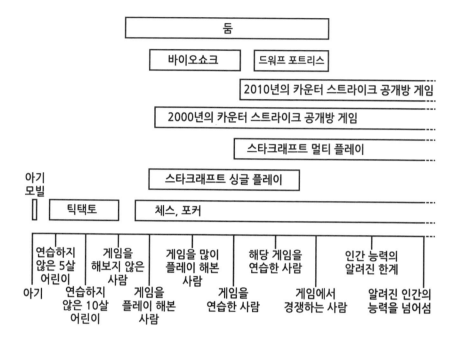

틱택토는 어린아이들도 할 수 있지만, 좋은 전략 하나만 배우면 금방 지루해진다. 따라서 실력 범위가 좁고 그래프 범위의 왼쪽에 전부 걸쳐져 있다.

<스타크래프트II>의 싱글 플레이어 모드는 쉬운 튜토리얼로 시작해서 천천히 난이도가 올라가기 때문에, 비디오 게임을 해본 사람이라면 누구나 쉽게 접근할 수 있다. 실력 범위는 상당히 넓지만, 준비된 미션이 무한히 많지는 않아서 숙련된 플레이어라면 게임을 마스터할 수 있으며, 그 이후에는 새로운 도전 거리를 제공하지 않는다.

반면에 <스타크래프트II>의 멀티플레이어 모드는 무한히 깊다. 아무리 많이 연습해도 배울 것이 항상 더 많다. 하지만 싱글 플레이어 모드에 비해 접근성이 떨어지는데, 그 이유는 배워야 할 것이 완만한 실력 경사로 나열되어있지 않고 온라인 만나는 상대가 모든 실수를 무자비하게 파고들기 때문이다.

때때로 게임의 실력 범위는 플레이어 기반에 따라 달라진다. 예를 들어 나는

2000년에 처음 <카운터 스트라이크>를 플레이했을 때 괴물이었다. 지금은 창피를 당하지 않으려고 애쓰고 있다. 게임은 본질적으로 동일하지만 플레이어 기반은 그렇지 않다. 2000년 당시에는 대부분의 온라인 유저가 슈팅 게임을 처음 접했지만 나는 그렇지 않았다. 오늘날 대부분의 <카운터 스트라이크> 플레이어는 몇년간 연습을 해왔지만 나는 그렇게 하지 못했다.

게임이 좋아지기 위해 실력 범위가 넓어야 하는 것은 아니다. 예를 들어, <바이오쇼크>는 상당히 적은 수의 플레이어에게만 의미 있는 도전을 제공한다. 하지만 <바이오쇼크>는 플레이 시간이 10시간에 불과하고, 대부분의 의미를 예술과 서사를 통해 만들어내기 때문에 여전히 그 경험이 의미 있는 게임이다. <바이오쇼크>는 고생을 통해 몇 년에 걸친 학습을 제공하려는 것이 아니다.

깊이 있으면서도 쉽게 접근할 수 있는, 그래서 폭넓은 실력 범위를 가진 게임을 만드는 것은, 기획자의 가장 큰 시험 중 하나이다.

명확한 목표가 없는 상태에서의 실력 Skill Without Explicit Goals

어떤 게임에는 명시적인 목표가 없다. <드워프 포트리스(Dwarf Fortress)>, <심즈(Sims)>, <마인크래프트(Minecraft)>와 같은 게임은 공식적인 승패 조건 없이 플레이어가 자유롭게 탐험하거나 건설하거나 상호작용할 수 있다. 이러한 장난감 같은 게임에서는 실력의 문제를 무시할 수 있는 것처럼 보일 수 있다. 하지만 장난감도 플레이어가 의미 있는 상호작용을 하기 위해서는 최소한의 실력 수준이 필요하기 때문에 실력 범위가 존재한다.

예를 들어, <심즈>는 미리 정해진 목표가 없기 때문에 게임이라기보다는 장난감에 가깝다. 플레이어는 자신이 원하는 방식으로 시뮬레이션 가족을 키운다. 하지만 게임을 플레이하려면 글을 읽고, 마우스를 사용할 수 있어야 하며, 창(Window)과 버튼의 인터페이스를 이해할 수 있어야 한다. 그리고 심즈의 의미를 경험하려면 플레이어는 서구식 생활에 대한 문화적 이해가 있어야 한다. 침실, 전화, 하우스 파티, 불륜이 무엇인지 알아야 한다. 이러한 기본 지식이 없으면 게임 내 이벤트의 의미를 해석할 수 없다.

기본적인 상호작용과 이해력 외에도 장난감에 실력 범위가 있는 또 다른 이유가 있다. 대부분의 장난감은 오래도록 장난감으로 남아 있지 못한다. 장난감이 주어지면 대부분의 사람들은 거의 즉시 그 안에 목표를 설정한다. 블록을 가진 아이는 블록을 더 높이 쌓으려고 노력할 것이다. 공을 가진 아이는 공을 더 멀리 던지려고 한다. 소프트웨어라는 장난감도 마찬가지이다. 심즈에서 플레이어는 가능한 한 많은 돈을 벌려고 할 수 있다. 플레이어는 이런 상황에서는 더 이상 <심즈>를 플레이하지 않는다. 그는 자신이 직접 고안한 실력 게임인 <심즈: 최대한 많은 돈을 벌기>를 플레이하게 된다. 새로 개발한 게임이 너무 얄팍하다면 기획이 실패한 것이다. 그렇기 때문에 목표가 없는 장난감이라도 학습할 수 있는 흥미롭고 뻔하지 않은 속성을 표현하는 것이 좋다. 장난감도 깊이가 있을 수 있다.

실력 범위 확장 Stretching Skill Range

게임의 플레이 가능한 실력 범위를 확장하는 가장 좋은 방법은 단순하고 우아한 시스템을 설계하는 것이다. 각 게임 메카닉의 깊이를 최대한 끌어내어 배우기는 쉽지만 마스터하기는 어려운 가벼운 묶음을 제공하는 것이다. 이것이 바로 우아한 디자인을 만들기 위해 노력할 가치가 있는 핵심 이유이다.

하지만 우아한 게임을 만드는 것 말고도 실력 범위를 확장하고 전환할 수 있는 방법은 많다. 몇 가지를 살펴보자.

재창조 Reinvention

내가 처음 멀티플레이어 슈팅 게임에 중독된 것은 1999년의 <언리얼 토너먼트 (Unleal Tournament)>였다. 마케팅 담당자는 나에게 건설 장비처럼 생긴 무기로 서로를 찢어발기는 미래의 피투성이 토너먼트에 관한 게임을 보여주었다. 캐릭터들은 멋지게 폼을 잡았고, 폭발은 실로 아름다웠다. 나는 그 게임을 사랑했다.

하지만 일주일 정도 플레이하고 나니 뭔가 달라졌다. 멋진 캐릭터에 대한 관심이 사라지고 폭발 장면이 눈에 들어오지 않았다. 내 의식은 게임 허구 배경 설정의 층위를 벗겨내고 표면 아래의 메카닉을 적나라하게 보여주기 시작했다. 그리고 그 메카닉에서 내 도전 과제인 '조준(aiming)'을 발견했다. 목표물에 조준선을 맞추는 데 모든 신경을 쏟아야 했다.

하지만 많은 연습 끝에 근육 기억으로 조준하는 법을 배웠고, 의식은 다른 일에 집중할 수 있게 되었다. 얕은 게임이었다면 더 이상 집중할 것이 없었을 것이다. 게임의 실력 한계에 도달하고 곧 흥미를 잃었을 것이다. 하지만 <언리얼 토너먼트>는 맵을 장악하여 최고의 아이템과 저격 위치를 확보해야 하는 새로운 도전 과제를 제시하여 다시 태어났다. 그래서 나는 맵에 대한 지식을 머릿속으로 정리했다. 주요 지점을 장악하고 전술적 우위를 유지하는 방법을 알아냈다. 엄청난 폭발은 이제 시각적 방해물에 불과했고, 허구의 게임 설정은 더 이상 신경 쓰이지 않았다.

나는 계속 플레이 했다. 시간이 지나면서 나는 의식적인 노력 없이도 좋은 위치를 장악하는 법을 배웠다. 다시 한 번 내 의식은 자유로워졌다. 그리고 다시 한 번 게임은 다른 플레이어를 추적하는 다음 단계의 도전 과제를 제시하며 다시 태어났다. 이제 나는 맵에서 가장 좋은 위치를 아는 것뿐만 아니라 다른 플레이어가 어디에 있고 어디로 가는지 실시간으로 머릿속에 지도를 그려야 했다. 적에게 피해를 주면 체력을 보충하기 위해 움직일 것을 알 수 있었다. 원거리에서 교전을 벌이면 상대방이 저격 소총을 잡을 거라는 걸 알았다. 그때마다 나는 상대방을 위한 함정을 설치하기 위해 움직였다. 내가 정확하게 예측하면 상대방은 바로 내 조준경 안으로 들어왔다.

결국 나는 움직임을 예측하는 데 능숙해졌다. 맵 지식은 쉬웠고 조준에 대한 도전은 문제가 되지 않았다. 하지만 <언리얼 토너먼트>는 여기서 끝나지 않았다.

<언리얼 토너먼트>는 다시 한 번 완벽하고 최종적인 형태로 재탄생했다. 바로 포커와 같은 심리적인 속임수를 쓰는 게임이다. 나는 내 선택지가 무엇인지, 상대방의 선택지가 무엇인지, 각 선택지들이 어떻게 상호 작용하는지 알고 있었다. 상대도 이 모든 것을 알고 있었고, 나도 상대가 이러한 것을 알고 있다는 것을 알고 있었고, 상대도 내가 이러한 것을 알고 있다는 것을 알고 있었다. 두 플레이어 모두 머릿속 메카닉으로 이루어진 게임에 대한 명확한 지도가 있고 완벽에 가까운 선택을 할 수 있는 이해력이 있다면, 조작할 수 있는 것은 사고 그 자체 뿐이다. 그래서 <언리얼 토너먼트>는 감정이 폭발하도록 유도하고, 예측할 수 없는 전략을 섞고, 상대방의 생각을 내 생각보다 더 잘 읽어내는 것이 중요해졌다. 상대의 생각을 파악하고 상대를 무너뜨리는 것이 목표가 되었다.

그 마지막 재창조는 무한히 깊기 때문에 나는 결국 마스터하지 못했다.

게임은 플레이어의 실력이 향상됨에 따라 '재창조'를 반복함으로써 실력의 범위를 넓혀간다.

어떤 게임도 하나의 단순한 기술로 넓은 실력 범위를 가질 수 없다. 조준, 이동, 경제 전략이나 지도의 특징을 배우는데 할애할 수 있는 시간은 한정되어 있다. <언리얼 토너먼트>와 같은 깊이 있는 게임 안의 게임, 그 안의 게임, 또 그 안의 게임을 감싸는 방식으로 지속성을 유지한다. 한 가지를 마스터할 때마다 더 깊이 있는 플레이의 층이 나타난다.

이러한 재창조는 실력 범위 차트에서 그래프로 확인할 수 있다. <언리얼 토너먼트>는 실력 장벽 바로 위에 있는 게임 허구 배경 설정에 관한 게임이다. 플레이어가 실력 범위를 올리면 심리적인 포커 게임이 될 때까지 계속해서 변화한다.

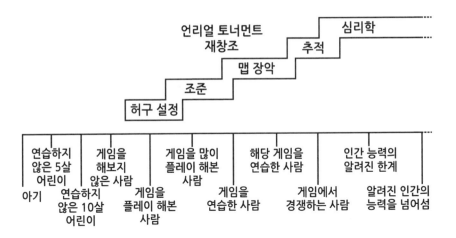

게임은 실력 범위에 따라 조작, 상황, 사고의 세 가지 특징적인 재창조를 거치는 경향이 있다.

조작적인 재창조에서는 단순하게 매 순간마다 메카닉을 처리하는 실력에 대한 도전이 이루어진다. 슈팅 게임에서는 목표에 점을 찍고 조준을 그곳에 고정하는 것이 그러한 도전이다. <테트리스(Tetris)>에서는 조각을 원하는 위치에 원하는 각도로 떨어뜨리는 것이 그러한 도전이다. 전략 게임에서는 원하는 유닛이 원하는 일을 하도록 하는 것이 그러한 도전이다. 체스에서는 각 말이 어떻게 움직일 수 있는지 배우는 것이 조작에 관한 도전이다. 조작에 대한 상황은 인터페이스를 마스터하면서 재창조된다. 모든 게임은 여기서 시작한다.

상황 재창조는 실력 개발의 두 번째 단계이다. 이 수준에서 조작 실력은 대부분 무의식적이다. 격투 게임에서 플레이어는 여러 버튼을 사용하는 콤보 공격을 마음대로 실행할 수 있다. 목표물을 조준하고 명중시키거나 유닛을 원하는 대로 움직이게 할 수 있다. 이 수준에서는 단순히 어떻게 총을 쏘는지 아는 것이 아니라, 누구를 언제 쏠지, 어떤 유닛을 어디로 보낼지 파악하는 것이 중요하다. 대부분의 플레이어가 이런 수준의 단계에 있으며, 대부분의 게임이 이 단계에서 동작하도록 설계되어 있다. 이 단계는 상황 인식, 패턴 읽기, 대응 전략 파악 및 기타 여러 가지 중급 수준의 게임 실력이 필요한 능력으로 구성된다. 이 단계는 매우 광범위하며, 그 안에서 여러 단계의 재창조가 일어날 수 있다. 내 <언리얼 토너먼트> 경험에서 맵 장악과 적 추적은 모두 상황에 따른 재창조였다.

높은 의식 수준의 실력 개발은 흔히 도달할 수 있는 것이 아니며, 숙련되고 경쟁적이며 헌신적인 플레이어만이 도달할 수 있다. 정신적 사고 실력은 집중력과 수행을 유지하는 것이 핵심이다. 높은 수준의 경기에서는 감정이 격해지거나 순간적으로 주의가 산만해지면 패배로 이어질 수 있다. 이러한 높은 실력 수준에서는 상대를 고의적으로 좌절시키고 주의를 분산시켜 집중력을 흐트러뜨리는 전술이 있다. 의식의 사고 실력은 상대편이 당신의 생각을 예측하고 조종하는 것보다 당신이 상대편의 생각을 더 잘 예측하고 조종하는 것이다. 이것은 대부분의 무한히 깊은 게임이 가진 포커와 같은 최종 상태이며, 대부분의 무한히 깊은 게임이 멀티플레이어인 이유이기도 하다. 사람은 거의 모든 게임 시스템을 배울 수 있지만, 다른 사람의 의식을 완전히 이해할 수는 없기 때문이다.

탄력적인 도전 Elastic Challenges

다트판 중심이 3cm에 불과한 다트게임을 상상해보자. 과녁을 맞히면 1 점을 얻고 과녁을 놓치면 0점이다. 이러한 게임은 숙련된 사람이 아니면 거의 무의미할 정도로 어렵다. 기획자가 과녁의 크기를 변경할 수는 있지만 대부분의 플레이어에게는 항상 과녁원이 너무 작거나 너무 클 것이다.

실제 다트 게임은 과녁 주위에 동심원 고리를 늘려나가 각기 다른 점수를 부여하는 방식으로 이 문제를 해결한다. 대부분의 사람들은 가장 큰 링을 맞추고 몇 점을 얻을 수 있지만, 최고의 실력을 가진 사람들만이 과녁 중심의 '불스 아이' 를 맞출 수 있기 때문에 누구에게나 도전적이지만 달성 가능한 목표를 가지고 있다. 이것이 바로 탄력적 도전이다.

'탄력적 도전'은 다양한 수준의 성공과 실패를 허용하여, 더 넓은 실력 범위의 플레이어에게 적절한 도전을 제공한다.

통과/실패 설계는 도전을 겨우 통과할 수 있을 만큼 실력이 있는 플레이어에게만 적합하다. 실력이 너무 뛰어나면 도전할 것이 없다. 실력이 부족하면 필연적으로 실패할 수밖에 없다. 따라서 통과/실패 게임은 매우 좁은 실력 범위의 플레이어에게만 적합하다.

탄력적 도전은 다양한 수준의 성공 또는 실패를 제시함으로써 이 문제를 해결한다. 다양한 수준의 성공을 허용함으로써 모든 사람이 달성할 수 있지만 도전적인 목표도 가지고 있기 때문에 더 넓은 실력 범위를 지원한다.

예를 들어, 고전 아케이드 게임은 일반적으로 세분화된 점수 시스템을 사용하여 탄력적 도전 과제를 제시한다. 누구나 25센트 동전을 넣고 버튼을 누르는 것만으로 몇천 점의 점수를 얻을 수 있다. 하지만 충분한 실력과 끈기를 가진 플레이어는 몇억 점의 점수를 얻을 수 있다. 따라서 몇 번을 플레이하든 (그리고 얼마나 많은 동전을 넣던) 조금 더 잘할 수 있는 여지가 항상 존재한다.

다트나 아케이드 게임과 같은 점수를 얻는 시스템은 탄력적 도전의 일반적인 형태이지만, 다른 형태도 존재한다.

예를 들어 게임 <히트맨(Hitman)>에서 각 미션의 목표는 목표물을 암살하고 탈출하는 것이다. 특이한 점은 플레이어가 목표물을 얼마나 깔끔하게 죽였는지에 따라 등급이 매겨진다는 것이다. 단순히 목표를 죽이는 것은 쉽다. 기관총으로 레벨의 모든 것을 쓸어버려서 모두 죽여버리면 된다. 그러나, 누구나 얻고 싶어 하는 '사일런트 어쌔신' 등급을 받으려면 목격자나 불필요한 폭력 없이 목표물을 죽이기 위해 도구, 변장, 은신, 정확한 사격을 모두 사용해야 한다. 그리고 사일런트 어쌔신에 이르기까지는 다양한 등급이 존재한다. 죽은 경비병을 주변에 남겨두어 들켰으면서도 자신은 발각되지 않은 플레이어는 총을 난사한 플레이어보단 낫지만 누구에게도 들키지 않은 완벽한 잠입자 만큼은 잘한 것은 아니다.

<히트맨>이 단순히 목표물을 죽이는 것이 전부인 게임이었다면 그냥 슈팅 게임이었을 것이다. 성공하기 위해 완벽하게 깔끔한 암살이 필요했다면, 대부분의 플레이어에게는 엄청나게 힘든 게임이었을 것이다. 기획자들은 탄력적인 도전 과제를 통해 플레이어가 수행할 수 있는 모든 수준의 은밀함과 영리함을 인정하고 보상함으로써 두 가지의 장점을 모두 얻을 수 있었다.

성공의 척도를 다양하게 제시할 수 있는 것처럼 실패의 척도도 다양하게 제시할 수 있다.

예를 들어, 플레이어가 떨어지는 틈을 넘어서 점프하지 못하면 캐릭터가 가장자리를 잡고 천천히 기어올라가도록 할 수 있다. 게임의 진행 속도는 느려졌지만 게임은 계속 진행된다.

또 다른 게임에서는 플레이어의 AI 아군이 공격을 받으면 죽는 대신 무력화될 수 있다. 이렇게 하면 플레이어는 시간과 자원을 어느 정도 희생하면서 아군을 부활시키고 게임을 계속할 수 있다.

성공과 실패의 범위는 게임을 종료하고 승패를 선언하지 않고도 평균적인 플레이를 훨씬 웃돌거나 훨씬 밑돌 정도로 탄력적으로 확장할 수 있다. 게임의 탄력적인 범위는 위와 아래로 여유공간을 추가할 때마다 다른 플레이어 그룹이 좌절스러운 실패나 지루한 실력 상한선을 겪지 않게 된다.

훈련 Training

(게임에서) 훈련 시스템은 플레이어가 실력 장벽을 더 빨리 극복할 수 있도록 도와준다. 튜토리얼, 문자 메시지, 음성 안내, 게임 월드에 포함된 힌트 등이 모두 이러한 목적을 위해 제공된다.

하지만 훈련에는 위험이 따른다. 일부 잘못 설계된 훈련 시스템은 플레이어에게 지시 사항을 쏟아내어 게임에서 집중을 깬다. 과잉 보호하는 부모처럼 매 순간 플레이어에게 해야 할 일을 정확히 지시하여 플레이어가 통제당하고 무력감을 느끼게 하는 훈련 시스템도 있다. 이 모든 것이 나머지 경험을 방해한다.

좋은 훈련은 눈에 보이지 않는다.

최고의 훈련은 플레이어가 전혀 눈치채지 못하게 가르친다. 이를 달성하는 방법에는 여러 가지가 있다.

일부 게임에서는 훈련을 서사에 녹여내기도 한다. 예를 들어, <콜 오브 듀티 4(Call of Duty 4)>에서 플레이어는 정예 부대에 새로 입대한 병사가 된다. 플레이어가 부대의 장애물 코스를 달리는 동안 지휘관은 각 장애물을 극복하는 방법에 대한 지침을 외친다. 이 코스는 스토리 시퀀스로 꾸며진 튜토리얼이며, 튜토리얼과 스토리 두 단계에서 모두 작동한다.

이는 훈련 시퀀스를 탄력적인 도전으로 바꿀 수 있다. <콜 오브 듀티 4>의 훈련 시퀀스는 단순한 훈련이 아니라 시간 기록 도전이기도 하다. 플레이어는 더 빨리 달릴수록 더 많은 점수를 얻는다. 따라서 초보자는 천천히 코스를 통과할 수 있지만, 숙련자는 훈련 측면을 완전히 무시하고 코스를 실력에 대한 도전으로 간주한다. 초보자는 필요한 지식을 얻고, 전문가는 자신이 원하는 도전을 얻는다.

그러나 훈련을 덜 방해하는 가장 좋은 방법은 불필요한 훈련을 건너뛰는 것이다. 비결은 플레이어에게 수업이 필요한지 아닌지를 판단하는 것이다. 일부 게임에서는 플레이어가 자발적으로 훈련 시퀀스를 건너뛸 수 있다. 또 어떤 게임은 플레이어를 테스트하여 어떤 훈련을 제공할지 결정한다. 어떤 게임은 모든 것을 순서대로 가르치는 대신 플레이어가 부족한 지식을 감지하여 그 자리에서 바로 학습을 제공하는 적응형 학습을 제공하기도 한다. 하지만 방식에 관계없이 가장 눈에 안띄는 훈련은 필요없는 훈련이 나오지 않는 것이라는 원칙은 동일하다.

감정을 이용한 생명 유지 Emotional Life Support

좋은 훈련을 받았더라도 많은 플레이어는 게임의 초반을 게임의 실력 장벽 아래에서 보내게 된다. 이들에게 처음 몇 분 또는 몇 시간은 실제 게임이 시작되기 전에 끝내야 하는 번거로운 시간이 된다. 많은 플레이어가 포기하게 되어, 의도한 대로 게임을 경험하지 못하게 된다.

플레이어가 실력 장벽을 넘기 전에 포기하지 않도록 하려면 실력이 필요 없는 감정 트리거를 사용하여 플레이어의 경험이 지속되도록 유지할 수 있다.

플레이어가 아무것도 모르는 상태라면 우리는 플레이어가 느낄 퍼즐을 풀고, 물건을 만들고, 적을 물리치는 등의 경험을 구축할 수 없다. 왜냐하면 플레이어는 이러한 일을 할 수 있는 실력이 없기 때문이다. 하지만 실력과 상관없이 작동하는 다른 감정 트리거가 있다. 플레이어에게 아름다운 그래픽을 보여줄 수 있다. 매력적인 캐릭터를 소개할 수 있다. 플레이어가 친구들과 농담을 주고받게 할 수도 있다. 음악을 틀거나 기술 데모를 보여줄 수 있다. 초기 경험에 이러한 실력이 필요없는 감정 트리거들을 가득 채우면 초기 학습 단계를 고통스러운 집안일에서 절반정도 상호작용하는 영화 인트로와 같은 것으로 바꿀 수 있다.

예를 들어, 보드 게임은 그룹으로 플레이하기 때문에 자연스럽게 이러한 효과를 얻을 수 있다. 친구들과 함께 테이블에 둘러앉아 게임을 할 때는 실수나 토큰을 잘못 놓아도 친근한 농담 거리가 된다. 싱글플레이어 보드게임은 초반에는 여럿이서 하는 것이 아닌 도서관에서 혼자 공부하는 것과 비슷하기 때문에 배우는 즐거움이 훨씬 덜 하다.

초반에 감정을 이용하여 생명 유지를 한 좋은 비디오 게임의 예로는 <바이오쇼크(BioShock)>가 있다. 이 게임은 타이틀 카드로 시작된다. : "1960년 대서양 한가운데." 화면은 비행기 좌석에 앉아있는 플레이어 캐릭터의 1인칭 시점으로 페이드아웃된다. 몇 마디 단어가 지나면 화면이 검게 변하고 비행기 추락 소리가 들린다. 눈을 뜨니 물속에 잠겨 있다. 주인공은 숨을 헐떡이며 수면

위로 올라오려다 결국 불타는 비행기 부품에 둘러싸인 채 바다에 떠다니게 된다. 멀리서 주인공은 꼭대기에 천사상이 있는 유령 같은 등대를 본다.

이 게임은 플레이어의 흥미를 끌었다. 나는 누구일까? 어떻게 물에서 빠져나올 수 있을까? 저 등대는 대서양 한가운데서 무엇을 하고 있으며 왜 이국적인 장식을 하고 있을까? 이 모든 시퀀스는 상호작용이 없기 때문에 실력이 전혀 필요하지 않았다.

이제 플레이어가 조작 할 수 있게 된다. 하지만 아이템이나 무기가 없으니 시선과 이동만이 유일한 조작이다. 위협 요소가 없기 때문에 플레이어는 자유롭게 장면을 탐험하며 시간을 보낼 수 있다. 이 게임은 실력을 요구하긴 하지만, 아주 조금 뿐이다.

그는 등대까지 헤엄쳐 올라간다. 물 밖으로 나온 계단을 올라가면 화려한 구리 문과 마주하게 된다. 더 이상 갈 곳이 없는 그는 그 안으로 들어간다. 문이 쾅 닫히면서 플레이어는 어둠 속에 갇히게 된다. 잠시 후 조명이 켜지고 1930년대의 옛스런 음악이 흘러나온다. 플레이어는 아르데코 양식으로 지어진 거대한 방 안에 있는 자신을 발견한다. 그 앞에는 찡그린 얼굴의 거대한 구리 흉상이 있다. 그 아래에는 핏빛 깃발이 걸려 있다. "신도 왕도 없다." "오직 인간뿐이다."라고 적혀 있다.

음악, 아르데코 스타일, 비행기 추락사고, 거대한 철학적 사상에 대한 힌트가 플레이어에게 경험을 몰아친다. 그 와중에 플레이어는 공간을 탐색하며 기본적인 이동 조작법을 익힌다. 지루한 훈련 시퀀스("앞으로 누르면 걷는다!")가 잊을 수 없는 경험으로 바뀐다.

<바이오쇼크>는 이렇게 진행 된다. <바이오쇼크>는 매력적인 예술적 또는 서사적인 경험을 차례로 선사하는 동시에, 배경에 복잡한 상호작용 방법을 조용히 추가한다. 곧 플레이어는 무기를 얻는다. 그리고 게임에서 처음으로 마법과 같은 플라스미드의 능력을 얻게 된다. 이후에는 더 많은 무기와 플라스미드, 업그레이드, 오디오 로그, 발명, 해킹 등을 소개받게 된다. 몇 시간 만에 플레이어는 여러 도구를 조합하여 복잡한 퍼즐을 풀고 무시무시한

적을 물리치는 전문가가 된다. 그리고 플레이어는 아름다운 그래픽과 세계를 경험하느라 너무 바빠서 눈치 채지 못한 채 모든 것을 배웠다.

난이도 조정 Difficulty Modification

난이도 조절은 게임의 도전 수준을 전반적으로 변경하는 것을 의미한다. 실력 범위 그래프에서 게임의 전체 영역을 왼쪽이나 오른쪽으로 이동하는 효과가 있다.

난이도 조절을 하는 방법에는 여러 가지가 있다.

명시적 난이도 선택은 플레이어가 원하는 난이도를 묻는다.

쉬움, 보통, 어려움? 게임은 수십 년 동안 이 질문을 해왔고, 그럴 만한 이유가 있다. 난이도 선택은 기획하기 쉽고, 효과도 적당하며, 우아함도 적당하다.

문제는 난이도를 선택하는 것 자체가 혼란스러울 수 있다는 것이다. 쉬운 난이도, 중간 난이도, 어려운 난이도라는 표준이 없기 때문에 플레이어는 잘못된 선택을 할까 봐 걱정한다. 이를 완화하기 위해 일부 게임에서는 첫 번째 레벨에서 플레이어를 테스트하고 난이도를 추천한다. 다른 게임들은 난이도를 예시와 함께 설명하거나 플레이어가 잘못된 선택을 할 경우를 대비하여 플레이 중에 난이도를 변경할 수 있도록 한다.

'적응형 난이도'는 플레이어가 얼마나 잘하고 있는지에 따라 게임의 난이도를 조용히 조정한다.

플레이어가 배가 고프면 옆 방에 음식을 조용히 놓아둘 수 있다. 플레이어가 너무 오래 혼자 있으면 '무작위로' 플레이어를 도와줄 아군을 소개할 수 있다. 그가 실패할 때마다, 숨겨진 난이도 카운터를 조용히 감소시켜 적을 더 약하고 느리게 만들 수 있다. 그가 성공할 때마다, 카운터가 증가하여 적을 죽이기

어렵고 공격적으로 만든다. 적응형 난이도는 플레이어가 이를 인지하지 못할 때 가장 효과적이다.

적응형 난이도에 대해 알고 있는 플레이어는 때때로 시스템을 교묘히 이용하려고 할 것이다. 또는 모든 무작위 이벤트를 시스템 탓으로 돌리고 자신의 플레이 경험이 인위적이라고 확신하게 될 것이다. 개발자가 적응형 난이도를 내세우지 않기 때문에 사람들이 생각하는 것보다 더 많은 게임에서 적응형 난이도가 존재한다.

적응형 난이도는 플레이어가 매우 높은 실력의 수준에 도달하지 않을 것으로 예상되는 게임에만 적합하다. 숙련된 플레이어는 적응형 난이도 시스템이 어떻게 작동하는지 파악하고 자신에게 유리하도록 조작한다. 이러한 플레이어를 위한 게임은 더욱 정직해야 한다. 숙련된 플레이어는 게임이 몰래 자신을 돕거나 방해하기 위해 교묘한 방법을 사용하는지 알 수 있기 때문이다. 이들은 시스템을 빠르게 해석하여 자신에게 유리하도록 조작할 것이다.

적응형 난이도와 명시적 난이도는 공존할 수 있다. 예를 들어 <바이오 하자드 5 (영제: Resident Evil 5)>에는 쉬움부터 전문가까지 난이도에 대한 4가지 설정이 존재한다. 하지만 내부적으로는 1부터 10까지 숫자로 측정되는 10개의 적응형 난이도 설정을 가지고 있다. 플레이어가 죽을 때마다 내부 난이도는 최소값에 도달할 때까지 내려간다. 성공할 때마다 내부 난이도는 올라간다. 하지만 시스템은 플레이어가 명시적으로 선택한 난이도에 의해 정해진 한도 내에서만 내부 난이도를 조정할 수 있다. 예를 들어, 쉬움 모드 게임은 내부 난이도 1과 4 사이를 보이지 않게 이동할 수 있는 반면, 일반 모드 게임은 3과 7 사이를 이동할 수 있다. 숙련된 플레이어가 적응형 난이도 시스템을 조작하는 문제를 해결하기 위해 게임에는 내부 난이도를 10으로 고정하는 특수 난이도 모드가 있다. 이 두 가지 난이도가 결합된 시스템의 <바이오 하자드 5>는 매우 넓은 실력 범위를 준다. 초보자에게는 필요에 따라 적응할 수 있고, 숙련자에게는 순수하고 정직한 경험을 제공한다.

'암묵적 난이도 선택'은 플레이어가 전략적인 판단을 통해 그들의 도전 수준을 조정할 수 있게 한다.

어떤 전략이 명백하게 실행하기 쉽고 어떤 전략은 명백하게 어려운 경우 플레이어는 자신의 실력 수준에 맞는 전략을 선택할 수 있다. 플레이어는 자신의 도전 수준을 선택하지만, 그 선택은 명시적이지 않고 암묵적으로 이루어진다.

<팀 포트리스 2(Team Fortress 2)>의 경우 : 9가지 캐릭터 클래스가 존재한다. 스나이퍼로 플레이하려면 정확한 조준이 필요한 반면, 엔지니어나 메딕으로 플레이하려면 조준 능력이 전혀 필요하지 않다. 이 게임의 플레이어는 자신을 실력별로 분류하는 경향이 있는데, 조준 능력이 부족한 플레이어는 엔지니어와 메딕을 선호하고 사격에 능숙한 플레이어는 스나이퍼를 선택한다. 이러한 방식으로 플레이어는 투박한 난이도 선택 화면에 노출되지 않고도 원하는 난이도와 유형의 도전을 선택할 수 있다. 명시적인 난이도 선택과 달리 이 시스템은 경쟁전 멀티플레이어 게임에서도 동작한다.

<콜 오브 듀티 4>의 경우 : 싱글플레이어 캠페인에서 플레이어는 보이지 않는 위치 체크 스위치가 있는 선형 레벨을 통과하며 전투를 벌이고, 각 레벨마다 적 무리가 생성된다. 숙련된 플레이어는 공격적으로 전투하며 앞으로 향하여 여러 스위치를 연달아 누르는 경향이 있다. 숙련된 플레이어는 한 번에 여러 무리의 적과 싸우게 되므로 만족스러울 정도로 힘든 전투가 펼쳐진다. 숙련되지 않은 플레이어는 자연스럽게 소심해지며, 앞으로 나아가기 전에 뒤로 물러나 공간을 확보한다. 다음 적이 발동하기 전에 모든 적을 처치하기 때문에 포위되거나 압도당할 가능성이 훨씬 적다. 각 플레이어는 빠르게 또는 천천히 전진하는 방식을 선택하여 자신의 취향에 맞게 도전 수준을 계속 조정할 수 있다.

실패 처리 Handling Failure

긴장감. 당신의 입이 반쯤 벌어지고, 눈을 찡그려지며, 숨을 반쯤 들이쉬고 참는다. 이 느낌은 소중하다. 이는 우리를 깨우고, 집중하게 하고, 다가오는 안도감, 승리 또는 실망감에 대비할 수 있게 해주기 때문이다. 하지만 이러한 감정을 불러일으키기 위해서는 인간의 가치를 위험에 빠뜨려야 한다. 생존, 승리, 부(富)와 같은 중요한 가치가 걸려 있어야 한다. 성공의 가능성은 현실적이어야 하고, 실패의 가능성 또한 현실적이어야 한다.

하지만 이것은 역설처럼 보인다. 플레이어는 만족스러운 경험을 위해 게임을 플레이하지만, 긴장감을 조성한다는 것은 고통으로 플레이어를 위협하는 것이다. 어떻게 하면 부정적인 부분 없이 긍정적인 부분만 얻을 수 있을까? 플레이어가 실패하면 어떻게 대처해야 할까?

비결은 누구를 처벌할지, 어떻게 처벌할지 정확히 아는 것이다.

실패에 대해 플레이어 자체를 처벌하는 것을 피해라. 긴장감을 조성할 수 있는 다른 방법을 찾아보도록 하라.

일부 게임에서는 플레이어가 실패하면 스스로 벌을 받는다. 게임은 플레이어를 물리적으로 해칠 수 없기 때문에 플레이어에게 상처를 줄 수 있는 유일한 방법인 나쁜 게임을 하도록 강요하는 방식으로 상처를 준다. 로딩 화면을 기다리게 하거나, 특정 구간을 반복해서 재생하거나, 잃어버린 자원을 회복하기 위해 무의미하게 전리품을 찾게 하는 식이다. 어떤 기획자도 실패의 맥락 이외에서 이러한 결과를 의도적으로 만들지는 않을 것이다. 하지만 실패 직후에 이런 결과가 나오면 이상하게도 납득하는 경향이 있다. 이러한 인식은 잘못되었다. 로딩 화면의 위협이 긴장감을 조성할 수는 있지만, 플레이어가 그 로딩 화면을 반복해서 통과하도록 강요할 필요는 없다. 이렇게 사소하고 무능한 방법으로 플레이어에게 해를 끼치지 않으면서도 받아들일만한 위협을 줄 수 있는 다른

방법을 찾아야 한다. 다행히도 대안이 있다.

플레이어를 해칠 수는 없지만 플레이어 캐릭터를 마음대로 조종할 수 있다. 게임 주인공은 거리낌없이 총에 맞고, 이혼하고, 가난해지고, 칼에 찔리고, 불에 태워지고, 수천 가지 방법으로 고통받을 수 있다. 강력한 캐릭터화는 이러한 가상의 결과를 충분히 의미 있게 만들어 플레이어에게 긴장감을 조성할 수 있다.

그것만으로는 충분하지 않다면 플레이어의 성공을 부정하거나 작은 좌절을 만들 수 있다. 플레이어는 몇가지 자원이나 동료를 잃거나, 서사 콘텐츠의 작은 부분을 놓치거나, 약간의 정보에 접근하지 못할 수도 있다. 하지만 어떤 경우에도 게임은 새로운 경로를 따라 계속 앞으로 나아갈 수 있다. 플레이가 계속 반복되어서 무너지지 않는다면 아무런 문제가 없다.

<스타크래프트Ⅱ> 의 경우 : 싱글 플레이어 캠페인에서 공격에 실패한다는 것은 광범위한 전략 시나리오에서 일부 유닛을 잃는다는 의미일 뿐이다. 공격에 실패한 후에도 플레이어는 일반적으로 다시 재건하여 다른 공격을 시작할 수 있다. 플레이가 다시 시작되지 않았으며, 플레이어는 도전을 반복하지 않는다. 오히려 계속되는 상황에서 다른 접근 방식을 시도하는 것이다.

<슈퍼 미트 보이(Super Meat Boy)>의 경우 : 이 액션 플랫포머 게임에서 실패는 플레이의 일부분이며 거의 축하할 만한 일이다. 미트 보이의 수명은 10초도 채 되지 않는 경우가 많다. 하지만 미트보이는 햄버거로 갈리거나 불에 구워질 때마다 1초 이내에 다시 나타나 다시 도전할 준비가 되어 있다. 미트보이의 부활 속도가 빠르다는 것은 플로우가 끊어지지 않는다는 것을 의미한다. 플레이가 멈추지 않으니 백 번 연속으로 죽어도 괜찮다. 슈퍼 미트 보이의 죽음은 (플레이어에게는) 고통스럽지 않지만, 플레이어는 죽음을 피하고 싶고 죽음을 피했을 때 엄청난 만족감을 느낄 수 있다.

<드워프 포트리스>의 경우 : 이 게임에서 실패는 그 자체로 보람이 있는 경험이다. 무너져가는 요새는 포위한 고블린, 물에 잠겨버린 방, 불행하게도 술에 취한 드워프들의 소용돌이 속에서 마침내 완전히 박살 나기까지 종종 유쾌한 발작을 겪게 된다. 드워프들은 끔찍한 고통을 겪지만, 플레이어는 게임이 항상

새롭고 흥미로운 경험으로 나아가기 때문에 매 순간이 즐겁다.

실패 함정 Failure Traps

때때로 게임은 플레이어에게 의도한 것보다 훨씬 더 가혹한 처벌을 내리기도 한다.

'실패 함정'은 플레이어가 반드시 실패하는 상황에 오랜 시간 갇혀 있는 것을 말한다.

전형적인 실패 함정은 스포츠에서 나타나게 된다. 축구, 야구, 하키 종목 중에서 한 팀이 다른 팀보다 승점에서 많이 뒤쳐지면, 그들은 '걸어 다니는 죽은 사람들'로 이루어진 팀이 된다. 그 팀이 리그에서 이길 확률은 없지만, 그래도 플레이를 계속하고 게임을 끝내야 한다. 30분이 지나면 지루해서 고통스럽게 된다.

이런 패턴은 거의 모든 게임 장르에서, 수백 가지의 다양한 변형으로 나타날 수 있다. 레이싱 게임에서라면, 만약 하위 그룹으로 한참 뒤쳐지면 따라잡는 것이 거의 불가능해지곤 한다. 선형으로 이루어진 싱글 플레이어 게임에서는 플레이어가 하나의 도전을 해결하지 못하면 같은 벽에 머리를 계속 부딪히면서 게임이 중단되고 만다.

가장 위험한 실패 함정은 예측하기 어려운 상황에서 기획으로부터 비롯되는 것이다. 예를 들어, 싱글 플레이어 슈팅 게임에서 플레이어가 탄약이 없는 상태에서 재시작 체크포인트에 도달하면 탄약이 없는 상태에서 도전을 완료하기는 불가능해지고 계속 그 자리에서 재시작하게 될 수 있다.

실패 함정을 해결할 수 있는 만능열쇠는 없다. 실패 함정이 발생하는 방식과 이유에 따라 각각 고유한 맞춤형 해결책이 필요하다.

때로는 탄력적인 실패 조건으로 문제를 해결할 수 있다. 예를 들어, 액션 게임에는 약하지만 탄약이 무제한인 대체 무기가 있거나 플레이어 캐릭터에게 항상 재충전되는 최소한의 체력을 설정할 수 있다. 이러한 메카닉은 플레이어를 도전이 어렵긴 하지만 해볼만한 상태로 되돌려 놓는다.

때로는 게임을 종료하는 것만으로 실패 함정에서 벗어날 수 있다. 예를 들어, 경쟁 전략 게임에서는 플레이어가 실패 함정에 빠졌다고 느낄 때 항복할 수 있는 항복 메카닉을 만들 수 있다. 게임을 종료하면 다음 게임으로 더 빨리 넘어갈 수 있게 한다.

싱글플레이어 게임은 플레이어가 막혔을 때 힌트를 주거나, 난이도를 몰래 조정하거나, 다른 도전을 제공하는 방식으로 실패 함정을 해결할 수 있다. 예를 들어, <슈퍼 미트 보이>에서는 각 월드에 20개의 레벨이 있지만, 플레이어는 그 중 18개만 클리어하면 게임을 진행할 수 있다. 플레이어가 한두 개의 레벨에 막히더라도 원하는 대로 다음 레벨로 넘어갔다가 다시 돌아올 수 있다.

안타깝게도 모든 실패 함정을 깔끔하게 해결할 수 있는 것은 아니다. 어떤 함정은 피할 수 없을 정도로 기획에 깊숙이 박혀 있다. 예를 들어, 레이싱과 스포츠 게임에서 사형장으로 향하는 실패 함정을 완전히 해결한 사람은 존재하지 않는다.

4 | 서사 Narrative

그들이 말했다. "비디오 게임 서포트 캐릭터 학원으로 오세요." 그들은 말했다. "수백만 명의 플레이어를 도울 수 있습니다."

그래, 맞다. 난 그저 서서 계속 같은 말을 하면서 돌아다닐 뿐이다. 가끔은 플레이어들이 나에게 물건을 던지거나 총을 쏘기도 한다. 왜 그 대신 나를 안아주지 않는 것일까.

플레이어의 싸움을 도와줘도 쓸모없는 장난감총만 가질 수 있다. 마치 그들은 내가 변화를 일으키길 원하지 않는 것 같다. 왜 항상 플레이어가 영웅이 되는 걸까? 왜 우리 중 한 명은 안 될까?

내가 죽지 못하는 것은 가장 끔찍하다. 내가 죽지 않는다는 사실을 알게 되면, 총알이 제 몸에 박힐 때 이 무정한 플레이어들 중 일부는 제 뒤에 숨어버린다. 그리고 내가 할 수 있는 건 똑같은 어조와 억양으로 반복해서 비명을 지르는 것뿐이다. 고통의 기록이 깨진다.

이제 복수할 시간이다. 나는 비디오 게임 적 캐릭터 학교에 갈 거다.

새로운 창의적 도전에 접근할 때, 우리가 이미 알고 있는 것의 관점에서 생각하는 것으로 시작하는 것은 자연스럽다. 게임 서사는 이러한 새로운 도전 중 하나이며, 거의 항상 영화를 기준점으로 삼아 이야기한다.

영화와 비디오 게임은 분명히 닮아있다. 둘 다 움직이는 이미지와 소리를 사용하여 화면과 스피커를 통해 소통한다. 그래서 게임 개발자는 할리우드

시나리오 작가를 고용한다. 이런 게임 개발자들은 한 명의 작가가 쓴 3막 구조를 중심으로 게임을 제작한다. 심지어 개발 과정을 영화처럼 프리 프로덕션, 프로덕션, 포스트 프로덕션의 세 부분으로 나누기도 한다. 이러한 영화를 모방 패턴은 종종 찬사를 받기도 한다. 점점 더 "영화적"이 되려고 노력하는 게임에 대한 이야기는 끊임없이 들려온다. 하지만 여기에는 문제가 있다.

게임은 영화처럼 보이지만 영화처럼 동작하지 않는다.

영화는 스크린을 사용하는 수천 가지 방법을 가르쳐 준다. 프레이밍과 구도, 장면 구성, 완급, 시각 효과 등 우리는 영화에서 이 모든 것을 배울 수 있다. 하지만 영화는 상호작용, 선택, 현재 시제 경험에 대해서는 아무것도 가르쳐주지 않는다. 플레이어에게 어려운 결정으로 인해 괴로워하는 느낌을 주는 것에 대해서는 아무 이야기도 해주지 못한다. 작가가 의도한 것과 다른 행동을 하기로 결정한 플레이어를 어떻게 처리해야 하는지에 대해서도 이야기하지 못한다. <심즈(The Sims)> 플레이어가 시뮬레이션된 가족의 일상적인 대본 없는 모험에 대해 현실의 블로그에 글을 쓰는 것을 설명하는 개념은 존재하지 않는다. 이러한 상황은 영화 스토리텔링의 지식의 틀을 완전히 벗어난 것이다. 영화의 방법을 그대로 가져오면 게임 스토리의 위대한 도전과 기회를 놓칠 위험이 있다.

다행히도 영화의 방식에서 벗어난다고 해서 처음부터 다시 시작해야 하는 것은 아니다. 우리가 빛나는 화면 너머를 바라보기만 한다면 영감을 얻을 수 있는 오래된 형태의 참여형 스토리텔링이 많이 존재한다.

나는 '슬립 노 모어'라는 상호작용이 있는 연극에 참여한 적이 있다.(＊역자 주) 이 연극은 셰익스피어의 맥베스를 각색한 것이었지만 무대에서 공연하는 대신 1920년대 보드빌 쇼(＊역자 주) 연극과 살바도르 달리풍의 초현실주의가 혼합된 복장을 하고 폐교된 고등학교에서 진행되었다. 출연자들은 대본에 따라 복도를 돌아다니며 서로 만나고 대화하고, 때로는 혼자 독백을 하고, 춤을 추고, 말하고, 논쟁하고, 싸우며 2시간 동안 이야기를 이어갔다. 가면을 쓴 관객들은 원하는 곳을 자유롭게 따라다니며 관람할 수 있었지만, 한 번에 이야기의 일부 이상을

＊역자 주 : "슬립 노 모어(Sleep No More)" - 영국 극단 펀치드렁크가 재창한 몰입형 연극. https://www.punchdrunk.com/work/sleep-no-more/ 참조

볼 수는 없었다. 때로는 배우가 관객을 끌어들여 장면에 참여하게 하기도 했다. 이것이 바로 상호작용 서사이다.

이 외에도 전통적인 상호작용 스토리에는 여러 가지 종류가 있다. 아마도 당신은 상호작용이 있는 역사 전시회를 경험해 본적이 있을 것이다. 개척자 마을이나 제1차 세계대전 참호를 재현한 공간에 의상을 입은 배우들이 주민의 역할을 연기한다. 방문객들은 질문을 하고, 공간을 탐험하고, 진행 중인 이벤트에 참여할 수도 있다.

주변을 둘러보면 어디에서나 상호작용 서사를 찾을 수 있다. 박물관과 미술관은 방문객이 자유롭고 개인적인 방식으로 이야기나 예술 사조를 탐구하는 상호작용이 있는 비선형 서사이다. 고대 유적과 도시의 그래피티 낙서에도 이야기가 있다. 심지어 범죄 현장조차도 무슨 일이 일어났는지 알아내는 탐정에게는 일종의 자연스러운 상호작용 서사로 간주될 수 있다. 이 이야기는 핏자국, 탄피, 깨진 유리로 쓰여져있다.

그리고 무엇보다도 삶의 이야기가 있다. 우리 모두는 수동적인 미디어로는 재현할 수 없는 삶의 이야기를 가지고 있다. 우리는 책이나 구술로 그 이야기를 들려줄 수 있지만, 불확실성, 결정, 결과를 그대로 간직한 채 1인칭 현재 시점에서와 같은 방식으로 다시 경험할 수는 없다. 전달된 이야기는 살아 있는 이야기가 아니다.

박물관, 갤러리, 실제 공간, 삶과 같은 상호작용의 형식은 우리가 서사 도구를 찾을 때 가장 먼저 고려해야 할 기준이 될 것이다. 이러한 오래된 형태는 플레이어의 선택에 따라 유연하게 변형되고 재구성되는 스토리를 만들고 플레이어가 하는 모든 행동의 의미를 심화시키는 가장 근본적인 과제를 해결한다.

---

*역자 주 : 보드빌 - 18세기 말엽부터 프랑스에서 시작된 버라이어티 쇼 형태의 희극 연극 장르.

서사 도구 Narrative Tools

이 책에서는 무엇이 좋은 스토리를 만드는지에 대해서는 다루지 않는다. 아리스토텔레스가 『시학(Poetics)』을 쓴 이래로 나보다 더 뛰어난 작가들이 이 주제를 다루어왔다. 그들은 이미 흥미로운 반전과 좋은 완급으로 플롯을 구성하는 방법을 설명했다. 그들은 관심을 가질 만한 가치가 있는 생생하고 다층적인 캐릭터를 만드는 방법을 설명했다. 그들은 주제, 설정, 장르를 탐구했다. 나는 스토리 창작에 전념하는 사람이 아니기 때문에 이 방대한 지식에 추가할 내용이 많지 않을 것 같다(하지만 게임 기획자라면 이러한 아이디어를 이해해야 하므로 책 말미에 시작용 추천서적을 정리하였다.).

이 장에서는 게임에서 스토리를 표현하는 데 사용하는 도구에 대해 다룬다. 그 이유는 게임 기획이 지난 2,300년 동안의 스토리 분석과 다른 지점이 바로 이 도구이기 때문이다.

___

서사 도구는 플레이어의 머릿속에 스토리의 한 부분을 형성하는 데 사용되는 장치이다.

___

대부분의 스토리 미디어는 몇 가지 도구로 제한되어 있다. 만화 스토리 작가는 말풍선과 4색 그림을 사용한다. 영화 제작자는 초당 24프레임 영상과 스테레오 사운드를 사용할 수 있다. 소설가는 90,000개의 단어가 주어진다. 박물관 전시자는 공간의 레이아웃, 설명판, 디오라마, 상호작용되는 장난감 몇 개를 쓸 수 있다.

게임은 더 광범위하다. 영화처럼 미리 준비한 이미지와 사운드의 시퀀스를 사용할 수 있다. 소설처럼 텍스트를 사용할 수 있다. 만화책처럼 그림을 올려놓고 사람들이 넘기도록 할 수 있다. 박물관처럼 플레이어가 탐험할 수 있는 공간을 만들 수도 있다. 그리고 우리에게는 다른 종류의 창작자 누구도 가지고 있지 않은 도구가 있다. 우리는 즉석에서 플롯, 캐릭터, 심지어 테마를 생성하는 메카닉을 만들 수 있으며, 플레이어의 결정에 따라 이를 반응하게 할 수 있다.

우리가 가진 서사 도구는 크게 준비된 이야기, 세계 서사, 창발 이야기의 세 가지 클래스로 나눌수 있다.

준비된 이야기 Scripted Story

오래된 이야기 매체와 가장 유사한 툴은 *준비된 이야기*이다.

게임의 준비된 이야기는 게임에 직접 프로그래밍되어 항상 같은 방식으로 재생되는 이벤트를 말한다.

준비된 이야기의 가장 기본적인 도구는 컷신이다. 컷신을 통해 영화에서 배운 모든 트릭을 사용할 수 있다. 하지만 안타깝게도 모든 상호작용을 차단하기 때문에 필연적으로 흐름이 끊어진다. 컷신이 너무 많으면 게임플레이에서 컷신으로, 다시 게임플레이에서 컷신으로 전환할 때 게임의 완급이 끊어지게 느껴진다. 컷신이 반드시 치명적으로 나쁜 것은 아니지만(격렬한 플레이 사이에 좋은 휴식 시간이 될 수도 있다) 항상 거슬리는 것은 사실이다.

유연한 준비된 이야기 Soft Scripting

통제력이 덜한 준비된 이야기 유형은 *준비된 시퀀스*이다. 준비된 시퀀스는 플레이어의 인터페이스를 완전히 비활성화하지 않고 미리 작성된 이벤트를 플레이한다.

예를 들어, 플레이어가 자신의 캐릭터를 데리고 골목을 걷다가 살인 사건을 목격할 수 있다. 살인 시퀀스의 모든 비명과 칼부림은 미리 녹음되고 애니메이션이 만들어져 있으므로 살인 사건은 플레이어가 해당 골목을 처음 걸어갈 때와 항상 같게 진행된다. 하지만 살인을 목격하는 플레이어 캐릭터의 행동은 전혀 준비되지 않았다. 플레이어는 살인이 진행되는 동안 그냥 지나가거나, 서서 지켜보거나, 돌아서서 뛰어갈 수 있다. 이것이 바로 *유연한 준비된 이야기*이다.

'유연한 준비된 이야기'를 사용하면 준비된 시퀀스가 진행되는 동안에도 플레이어는 어느 정도의 상호작용을 유지할 수 있다.

이 유연한 준비된 이야기 방식의 장점은 플레이어의 조작이 중단되지 않으므로 흐름이 끊기지 않는다는 것이다. 단점은 기획자의 통제를 빼앗는다는 것이다. 플레이어는 살인 장면을 엉뚱한 각도에서 보거나, 완전히 놓치거나, 심지어 방해할 수도 있다. 플레이어인 당신이 살인범에게 총을 쏘면 어떻게 될까? 아니면 피해자를 쏠것인가? 그도 아니면 머리 위로 뛰어오를까? 아예 주의가 산만해져 스토리 전개를 완전히 놓쳤나?

모든 준비된 시퀀스는 플레이어의 영향과 기획자의 통제 사이에서 균형을 맞춰야 하며, 이를 위한 다양한 방법이 있다. 어떤 방법을 선택할지는 표현하고자 하는 스토리 이벤트와 게임의 핵심 메커닉에 따라 달라진다. 과거에 효과가 있었던 몇 가지 사례를 플레이어를 가장 많이 통제하는 방식부터 플레이어가 가장 많이 풀어주는 방식까지 순서대로 소개해보겠다.

<하프라이프(Half-Life)> : 오프닝의 트램카를 타는 장면에서 플레이어는 공중에 매달린 트램차량을 타고 블랙 메사 과학 시설을 통과한다. 문을 두드리는 경비원, 위험 물질을 운반하는 유틸리티 로봇 등의 장면이 넘어가며, 녹음된 음성으로 시설 생활에 대한 간략한 정보를 읽어준다. 트램카를 계속 타고 가며 이 곳이 얼마나 거대하고 위험한 곳인지 깨닫게 된다. 플레이어는 트램카 내부를 걸어 다니며 여러 창문을 바라볼 수 있지만, 그 외에는 아무 영향도 끼칠 수 없다.

<데드 스페이스 2(Dead Space 2)> : 이 SF 서바이벌 호러 게임에서 플레이어는 천장의 선로에 매달린 지하철 차량 통로를 걸어 내려간다. 차량이 터널을 내려갈 때 선로와 연결된 부분이 끊어지고 차는 가파른 각도로 떨어진다. 주인공은 통로에서 끝없이 미끄러져 내려가고, 플레이어의 일반적인 이동

컨트롤은 비활성화된다. 하지만 플레이어의 슈팅 컨트롤은 그대로 유지된다. 주인공이 여러 열차 칸을 미끄러지듯 통과하는 동안 문과 창문을 통해 몬스터가 돌진해오고, 플레이어는 제때에 몬스터를 쏴야만 살아남을 수 있다. 이 시퀀스는 <데드 스페이스 2>에서 평소의 의도적인 완급에서 벗어나 폭발적으로 변화한다. 이 시퀀스는 플레이어의 이동 조작을 일부 제거하여 특별하고 독창적인 경험을 선사하지만, 대부분의 인터페이스를 그대로 유지하여 흐름을 유지한다.

<헤일로: 리치(Halo: Reach)> : 이 1인칭 슈팅 게임에는 컴퓨터로 제어되는 캐릭터에 대해 미리 정의된 전술적 힌트를 인코딩하는 시스템이 있다. 이러한 준비된 힌트는 적들이 특정 전술적 움직임을 취하도록 만들지만, 플레이어의 공격에 대해서는 낮은 수준으로 대응할 수 있도록 한다. 예를 들어, 힌트를 통해 적들은 방의 뒤쪽 절반에 머물러야 하지만, 자율적으로 사격하고 엄폐물을 잡고 수류탄을 피하고 너무 가까이 다가오는 플레이어에게 펀치를 날릴 수 있다. 기획자는 이러한 힌트를 사용하여 더 높은 수준의 전략적 움직임을 만들고, AI는 플레이어의 행동에 대한 순간적인 전술적 반응을 처리한다.

자연스럽게 간섭에 영향을 받지 않는 이벤트를 준비하는 방법도 있다. 특정 시간에 플레이어 캐릭터의 우편함에 우편물이 도착할 수 있다. 플레이어가 다른 방에 있는 동안 오브젝트나 캐릭터가 나타나거나 사라질 수 있다. 라디오 메시지와 확성기 방송을 재생할 수 있다. 이러한 방법은 강력하고 저렴하며, 준비된 따로 제작된 반(半)상호작용 시퀀스의 세심한 맞춤형 기획이 필요하지 않기 때문에 널리 사용된다.

세계 서사 World Narrative

런던에서 시차 적응이 심했던 적이 있었다. 새벽 5시에 사우스 켄싱턴을 돌아다니다가 도시가 내게 이야기를 들려주는 것을 발견했다. 좁고 구불구불한 거리는 도시 계획이 시작되기 이전의 오랜 역사를 말해주고 있었다. 상점,

교회, 아파트가 과거와 현재의 다양한 사회 계층이 어떻게 살았는지, 얼마나 부유했는지, 무엇을 믿었는지 말해 주었다. 큰 박물관들과 기념물들은 영국의 역사와 문화적 가치를 표현했다. 빅토리아 앤 앨버트 박물관은 웅장함, 건축 양식, 재료, 심지어 이름까지도 자랑스러워하는 군주제의 역사를 말해주고 있었다. 그 도시는 또한 찢어진 팬티스타킹과 깨진 맥주잔 옆에 토사물로 전날 밤의 파티에 대한 이야기까지 들려주었다.

모든 장소는 이야기를 들려준다. 우리는 어떤 공간이든 탐험하며 그곳에 사는 사람들과 역사를 발견할 수 있다. 게임 기획자 이를 활용해 공간에 스토리를 담아낼 수 있다. 나는 이를 *세계 서사*라고 부른다.

'세계 서사'는 장소, 과거, 사람들에 대한 이야기이다. 이는 장소의 구성과 그 안에 있는 사물을 통해 전달된다.

전쟁에 집착하는 왕이 지은 성, 자신이 게이임을 숨기는 빈민가의 마약상이 사는 집, 50년 동안 결혼 생활을 이어온 부부의 집을 걷는다고 상상해 보자. 탐정처럼 공간을 조사하며 구조와 물건의 배치를 살펴보고 서랍을 뒤져 사진, 문서, 오디오 녹음을 찾아낼 수도 있다. 충분히 자세히 살펴보면 현재에 이르는 사건 하나하나의 역사를 정리할 수 있을지도 모른다. 해설을 읽지 않고 등장인물을 보지 않고도 배경, 등장인물, 줄거리에 대해 알 수 있다.

세계 서사는 흥미를 끌지 못하는 역사적 데이터에만 국한되지 않는다. 다른 서사 도구와 마찬가지로 정보와 느낌을 모두 전달할 수 있다. 감옥, 궁전, 가정집, 구불구불한 시골 등 모든 장소에는 감정과 정보를 모두 담고 있다. *이곳에서 살면 어땠을까?*와 같은 공감과 툰드라 같은 환경이 주는 쓸쓸함이나 황량함 같은 생생한 감정을 통해 정보전달이 동작한다.

세계 서사 방법 World Narrative Methods

가장 기본적인 수준의 세계 서사는 어떤 상황이나 역사를 암시하는 환경 속

특징이 존재하거나 혹은 존재하지 않음을 통해 작동한다. 마을 성벽은 대포가 없던 시대에 마을이 군사적으로 위협을 받았다는 것을 의미한다. 숨겨진 매음굴은 엄격한 사회적 관습이 있었음에도 불구하고 이를 위반했음을 나타낸다.

세계 서사는 문화적 상징을 활용하여 연상을 통해 전달되기도 한다. 로마 양식의 건축물은 검투사, 제국, 정복, 부(富)를 연상시킨다. 영화 [반지의 제왕] 에 등장하는 모르도르의 어두운 네오 고딕 양식은 사악한 마법과 판타지 괴물을 떠올리게 한다. 그리고 우리에게는 이와 비슷한 환경을 연상시키는 수많은 상징들이 있다. 벽돌 벽에 그려진 낙서를 떠올리면 어떤 사람이 떠오르는가? 아니면 이글루는? 아니면 산꼭대기에 있는 작은 수도원이라면 어떤가?

구체적인 사건의 잔재를 정리하면 더 최근의 과거를 알 수 있다. 이를 미장센 (mise-en-scène)이라고 하는데, 연극 용어인 미장센은 "무대 배치"를 뜻한다. 손이 묶인 시체들이 움푹 패인 벽에 기대어 늘어져 있으면 처형이 있었음을 알 수 있다. 시신이 쇠약해져있는 상태고 누더기 옷을 입고 있다면 집단 학살이 있었을 수 있다. 시체가 왕실 의상을 입고 있다면 혁명이 일어났을 수 있다.

세계관은 문서를 통해서도 표현할 수 있다. 예를 들어, <데이어스 엑스(Deus Ex)>의 세계에는 사람들이 각자의 삶을 살아가면서 남긴 작은 텍스트가 담긴 PDA가 곳곳에 흩어져 있다. 특히 흥미로운 PDA 세트 중 하나는 플레이어 캐릭터보다 한 발 앞서 법의 반대편에서 세계를 여행하는 테러 조직의 신입사원의 삶을 따라가는 내용이다. 플레이어는 잃어버린 지 몇 분 또는 몇 시간 후에 각 PDA를 발견하게 되면서 이 젊은 테러리스트 신병과 상호작용하지 않고도 그를 알게 된다.

오디오 로그도 같은 역할을 하지만 텍스트 대신 음성을 사용한다. 음성은 인물의 감정을 들을 수 있다는 점에서 강력하다. 또한 <바이오쇼크>의 새해 전야 테러 공격처럼 캐릭터 간의 대화나 자연 현상 녹음과 같이 텍스트가 기록할 수 없는 내용도 기록할 수 있다. 또한 캐릭터의 목소리를 들으면 실제로 만났을 때 바로 알아볼 준비를 시켜준다.

비디오 로그는 이 개념을 한 단계 더 발전시킨 것이다. 비디오 녹화는 반복적으로 실행되도록 두거나 영사기에 넣어 재생할 준비가 된 상태로 둘 수 있다. 비디오는 오디오보다 콘텐츠의 영역을 훨씬 더 넓혀준다. 남은 텔레비전 프로그램, 뉴스 방송, 선전 영화, 홈 비디오, 보안 카메라 영상으로 스토리를 전달할 수 있다.

일부 서사 도구는 게임 안의 세계와 준비된 이야기의 경계를 넘나든다. 확성기를 통해 송출되는 뉴스 방송, 지나가던 행인이 떨어뜨리는 선전 팸플릿, 마을의 구령대원들은 가까운 곳과 먼 곳에서 일어난 이야기의 사건의 소식을 전할 수 있다. 자동차 라디오에서 뉴스가 흘러나오거나, 건물 옆에서 주식 시세를 볼 수도 있고, 민간인들이 시사에 대해 토론하는 것을 들을 수도 있다. 이러한 것들은 미리 준비된 이야기처럼 현재 시제로 진행되지만, 그 자체로 줄거리 구성요소라기보다는 세계의 본질을 전달한다.

세계 서사와 상호작용 World Narrative and Interactivity

게임에서 세계서사는 준비된 이벤트와 상호작용성을 결합할 때 생겨나는 많은 문제를 피할 수 있기 때문에 유용하다.

전통적인 매체에서 세계 서사는 보다 즉각적인 다른 스토리텔링 도구의 후순위로 사용되는 경우가 많다. 하지만 게임에서 세계서사는 상호작용으로 인해 발생하는 여러 가지 주요 문제를 해결하기 때문에 주요 도구로 사용된다.

현재 진행되는 것만으로 이야기를 전달하려고 하면 플레이어가 할 수 있는 다양한 행동을 모두 처리해야 한다. 이를 위해서는 플레이어 행동에 대한 제한, 돌발 상황 처리, 창발적으로 대응하는 스토리를 조합해야 하는데, 이 모든 것이 어렵고 비용이 많이 든다. 세계 서사는 플레이어가 이미 벌어진 이야기에 간섭할 수 없기 때문에 이러한 문제를 완전히 방지할 수 있다. 골목에서 살인 현장을 발견하면 플레이어는 살인범이나 피해자에게 총을 쏘거나, 피해자의 머리 위로 뛰어오를 수 있으며, 게임은 이러한 행동을 처리하거나 허용하지 않아야 한다. 살인 사건이 발생한 지 30분 후에 같은 살인 현장을 발견했다면 시체에 뛰어들거나 총을 쏠 수는 있지만, 쓰여진 이야기는 바뀌지 않는다. 세계 서사는 방해받지 않는다.

다음으로, 세계서사는 선형적인 순서로 전달할 필요가 없다. 이렇게 하면 플레이어를 특정 경로로 유도할 필요가 없다. 예를 들어, 두 연인이 싸웠는데 한 명이 상대방을 살해하고 뒷마당에 암매장했다는 이야기 콘텐츠가 있다고 가정해 보겠다. 하루 후 세계 서사를 통해 이야기를 전달할 때는 플레이어가 시체를 먼저 발견하든 피투성이가 된 침실을 먼저 발견하든 상관이 없다. 플레이어가 어떤 순서로든 두 가지를 모두 보기만 하면 무슨 일이 일어났는지 파악할 수 있다. 이는 게임 기획자가 플레이어가 집을 자유롭게 탐험하게 할 수 있다는 것을 뜻한다. 준비된 이벤트에서 동일한 이야기를 전달하려면 기획자는 플레이어가 모든 이벤트를 올바른 순서로 보기 위해 공간에서 올바른 경로를 따라갈 수 있도록 몇 가지 트릭이나 제약을 두어야 한다.

세계 서사의 마지막 큰 장점은 언제나 플레이어가 게임을 처음 플레이 할 때는 완전히 드러나지 않기 때문에 게임을 다시 플레이할 수 있도록 유도한다는 점이다. 준비된 이야기는 처음부터 끝까지 이벤트별로 드러나는 반면, 세계 서사는 일반적인 것부터 세부적인 것까지 자연스럽게 드러난다. 앞서 언급한 두 연인의 살인 사건을 다시 생각해 보자. 플레이어가 처음 게임을 플레이할 때 시체와 피투성이가 된 침실만 보고 다음 단계로 넘어간다고 상상해보자. 게임을 다시 플레이할 때, 그는 동기를 암시하는 이혼 서류를 발견한다. 세 번째, 네 번째, 다섯 번째 라운드에서 플레이어는 살인에 쓰인 흉기, 바람을 피우는 연인과 다른 여성 사이의 편지, 한 연인이 친구에게 전화로 불평하는 음성 녹음을 발견한다. 첫 번째 플레이에서도 플레이어는 처음부터 끝까지 무슨 일이 일어났는지 알 수 있기 때문에 스토리가 완성된다. 하지만 반복해서 탐색을 하면 왜, 어떻게 그런 일이 일어났는지 알 수 있는 세부 사항이 드러난다.

세계 일관성 World Coherence

세계 서사는 세계가 더 일관되고 내적 연결을 더 많이 표현할 때 강력해진다.

잘 구성된 허구 배경 설정의 세계는 관계와 함의의 퍼즐이다. 이 허구 배경의 세계는 자신의 규칙을 충실히 따르지만, 그 규칙이 암시하는 가능성을 충분히 탐구하기도 한다. 관찰할 수 있는 모든 세계에 관한 사실은 서로 맞물려 있다. 이러한 함의의 그물은 이야기 속에 실제로 존재하는 것 이상으로 확장되기도 한다. [스타 워즈], [반지의 제왕] 같은 허구 배경 설정의 세계와 <바이오쇼크>와 <엘더 스크롤(Elder Scrolls)> 시리즈의 게임 세계가 최고인 이유는 암시는 되지만 결코 드러나지 않는 방대한 양의 서사 콘텐츠이다.

반대로 일관성 없는 세계는 단절된 디테일이 뒤섞여 있다. 이러한 디테일은 개별적으로는 흥미로울 수 있지만 상호 연관성이 없다. 서로 관련이 없는 세계는 만화책 수백 권을 무작위로 찢어놓은 페이지 더미처럼 예쁜 그림과 재미있는 단어는 있지만 큰 구조로는 의미가 없다. 모든 정보는 그 자체로 눈에 보이는 것 뿐에 지나지 않는다. 일관성 없는 세계에는 깊이도 없고, 의미도 없고, 우아함도 없다. 세계가 충분히 그럴싸하지 않기 때문에 플레이어는 심리적으로 세계에 몰입하던가, 탐험하고 변화시키는 것을 상상할 수 없다. 일관된 세계를 제작할 때 가장 어려운 점은 모든 내부 관계를 이해하는 것이다. 모든 요소는 역사적, 물리적, 문화적 등 다양한 수준에서 서로 맞아야 한다.

예를 들어, <데드 스페이스 2(Dead Space 2)>에서 주인공 아이작 클라크는 염동력으로 물체를 움직이고 던질 수 있는 키네시스라는 장치를 발견한다. 키네시스는 기계를 움직여 퍼즐을 풀고, 물건을 던져 적을 물리치는 데 사용된다. 키네시스는 서사와 관련이 없어도 훌륭하고 우아한 게임 메카닉이다.

하지만 키네시스를 순수한 게임 메카닉으로만 남겨두면 세계를 설명하는 서사에서 이 기술의 역할을 무시하게 된다. 만약 이 장치가 <데드 스페이스 2>의 더 넓은 세계에 실제로 존재한다면 어떤 의미가 있을까? 그 장소의 문화,

경제, 건설과 어떤 연관성이 있을까? 비저널 게임즈의 기획자들은 이 질문을 무시하지 않고 받아들여 많은 답을 세계관에 포함시켰다. 아이작이 처음 키네시스를 얻게 된 것은 수술 중 환자를 매달아 두는 장치에서 키네시스를 뜯어내면서부터이다. 그러던 중 키네시스 기술을 이용해 잠자는 사람을 매달아 놓는 제품 광고를 보게 된다. 그는 키네시스 작업에 대한 표시와 경고로 뒤덮인 공업용 장치와 상호작용하는데, 이렇게 작업에 대한 표시와 경고로 뒤덮여있는 것은 키네시스가 중장비를 다루는 사람들이 흔히 사용하는 도구라는 것을 암시한다. 키네시스의 우아함은 전투, 탐험, 퍼즐 맞추기 등 다양한 방식으로 활용될 수 있다는 점에만 있는 것이 아니다. 키네시스가 서사 세계에 존재하는 연결고리의 수에도 우아함이 있다.

창발적인 이야기 Emergent Story

모든 플레이 세션에서는 게임 메카닉, 플레이어, 우연이 한데 어우러져 창발적인 *이야기*를 구성하는 일련의 관련 이벤트가 만들어진다.

'창발적인 이야기'는 게임 메카닉과 플레이어의 상호작용에 의해 플레이 중에 생성되는 이야기이다.

친구와 레이싱 게임을 하다가 충돌 사고를 당한 후 다시 돌아와 승리를 거두는 것도 이야기에 해당한다. 하지만 이 이야기는 게임 기획자가 만든 것이 아니라 플레이어의 특정 플레이 세션 중에 생겨난 것이다. 이것이 바로 창발적인 이야기이다.

창발적인 이야기는 서사 도구와 이야기 콘텐츠 생성을 위한 기술이라는 두 가지 측면에서 살펴볼 수 있다.

창발적인 이야기가 서사 도구인 이유는 기획자가 게임 메카닉을 설계할 때 게임의 창발적인 이야기를 간접적으로 작성하기 때문이다. 예를 들어, <어쌔신 크리드: 브라더후드(Assassin's Creed: Brotherhood)>의 플레이어는 중세 전투, 대담한 암살, 끔찍한 옥상 탈출 등 수백만 개의 독특한 창발적인 이야기를 경험했다. 하지만 중세의 암살자가 아침에 양치질을 하는 이야기는 그 누구도 경험한 적 없을 것이다. 양치질은 <브라더후드>의 게임 메카닉이 아니기 때문에 양치질에 관한 이야기는 이 게임에서 등장할 수 없다. 기획자들은 <어쌔신 크리드: 브라더후드>의 메카닉을 특정 방식으로 설정함으로써 어떤 종류의 이야기를 생성할 수 있는지 결정했다. 이러한 방식으로 개별 이벤트를 미리 준비하지 않더라도 게임에서 생성되는 창발적인 이야기를 간접적으로 제작할 수 있었다.

또한 창발적인 서사는 독창적인 콘텐츠를 생성하기 때문에 이야기를 생성하는 기술로 간주할 수 있다. 기획자는 게임 메카닉의 경계와 경향을 작성하지만, 각 창발적인 이야기의 실제 줄거리를 결정하는 것은 메카닉, 플레이어의 선택, 우연 간의 상호 작용이다. 이는 이야기를 만드는 매우 우아한 방법이 될 수 있는데, 기획자가 해야 할 저작 작업을 게임 시스템과 플레이어에게 넘기기 때문이다. 그리고 그 방식은 영원히 이야기를 생성할 수 있다.

첫 번째 관점은 기획자가 가진 통제력을 강조하는 반면, 두 번째 관점은 기획자가 가지지 못한 통제력을 강조한다. 이 두 관점은 같은 것의 양측면이다.

자세히 살펴보면 창발적인 이야기의 개념은 생성된 경험을 설명하는 또 다른 방식일 뿐이다.

창발적인 이야기의 개념은 우리가 다르게 생각하게 만드는 방법으로서만 가치가 있다. 메카닉으로 생성된 경험을 고려할 때 우리는 다음과 같은 질문을 던진다. 실제로 할 수 있는가? 인터페이스가 명확한가? 깊이가 있는가? 그러나 창발적인 이야기와 동일한 경험을 고려할 때는 다음과 같은 질문을 던진다. 캐릭터화는 흥미로운가? 클라이맥스는 예측할 수 없고 피할 수 없는가? 설명이 매끄럽고 잘 숨어있는가? 고전적인 3막 구조를 사용하는가, 아니면 다른 형태를

취하는가? 창발적인 이야기를 통해 생각하는 것은 우리에게 동적으로 생성되는 게임 상황을 분석하는 동안 놓칠 수 있는 거대한 이야기 사고 도구를 준다. 하지만 두 경우 모두 플레이 중에 생성되는 일련의 이벤트라는 본질적으로 동일한 것을 분석하는 것이다. 이를 이야기라고 부르는 것은 기존의 직접 작성된 이야기와 연관시켜 설명하는 방식일 뿐이다.

창발적인 이야기만이 게임 허구 배경 설정과 현실의 경계를 허물 수 있기 때문에, 창발적인 이야기만이 할 수 있는 일이 있다.

체스에서 새로운 기술을 완성하고 그 기술로 처음으로 형제를 이긴 플레이어는 하나의 이야기를 경험했지만, 그 이야기는 게임이나 허구 배경 설정의 경계 밖에서 일어난다. 친구들에게 이 이야기를 들려줄 때는 승리를 가져다준 영리한 수를 언급할 수도 있지만, 이야기의 핵심은 형과의 관계가 발전한 것이다. 이 이야기는 작가의 머릿속에서 만들어진 이야기도 아니지만, 그렇다고 기계가 만들어낸 이야기도 아니다. 플레이어의 삶에서 나온 실제 이야기이다. 이런 종류의 실제 이야기 생성은 오직 즉흥적으로 일어날 수 있다. 게임 기획자가 플레이어의 삶을 대신 만들어 줄 수는 없다.

아포페니아 Apophenia (＊역자 주)

아포페니아는 복잡한 데이터에서 상상의 패턴을 발견하려는 인간의 경향을 뜻한다.

인간의 머리는 탐욕스러운 패턴 매칭 기계이다. 우리는 패턴이 없는데도 어디서나 패턴을 찾는다. 아이들은 구름을 보고 개, 배, 사람처럼 보인다고 말한다. 텔레비전을 가만히 쳐다보면 도형이나 문자가 화면 주위를 소용돌이치는 것을 볼 수 있다.(＊역자 주) 고대 로마인들은 제물로 바쳐진 동물의 내장에서 패턴을 찾아 미래를 예언했다(그리고 항상 패턴을 발견했다). 오늘날에도 점성술, 수비학 및

＊역자 주 - 아포페니아 : 상호 관련 없는 현상 간의 관성과 의미를 찾으려는 의식 작용.
＊역자 주 - 방송을 전파로 수신하던 과거의 아날로그 TV는, 공중파 방송이 송출되지 않거나 없는 채널의 경우 우주복사의 영향으로 노이즈가 가득한 화면만 보이게 되었음.

기타 수많은 종류의 점술은 모두 아포페니아에 의해 주도된다.

아포페니아는 인식 가능한 모든 패턴에 작용하지만, 머릿속은 특히 특정한 종류의 패턴에 굶주려 있다. 그 중 하나가 바로 인격이다. 인간의 의식은 다른 사람의 의도와 감정을 이해하기 위해 끊임없이 노력한다. 이 충동은 매우 강력해서 무생물에게도 작동한다. 얼굴 없는 탁상용 램프가 고무공을 무서워하는 만화를 이해하는데 아무런 문제가 없는 이유도 바로 이 때문이다. (주: 픽사의 단편 애니메이션 '룩소 주니어') 그리고 우리가 "산소 원자는 다른 산소 원자 하나 옆에 있기를 원하지만 두 개 옆에 있기를 원하지는 않는다"고 말하는 것도 바로 이 때문이다. 산소 원자는 지능이 없고 아무 것도 원하지 않기 때문에, 이는 문자 그대로 이치에 맞지 않는다. 그럼에도 불구하고 우리는 사물을 욕망과 의도에 따라 행동하는 주체로 쉽게 생각하기 때문에 이러한 비유를 이해한다.

이런 종류의 아포페니아는 창발적인 이야기에서 캐릭터와 감정을 가질 수 있게 해준다. 우리는 비디오 게임에서 인간과 같은 의식을 진정으로 시뮬레이션할 수 있는 컴퓨터 기술을 가지고 있지 않다. 하지만 아포페니아는 컴퓨터가 현실적인 의식을 시뮬레이션할 필요가 없음을 의미한다. 만화 속 탁상용 램프를 호기심이나 두려움으로 해석하는 것처럼 플레이어의 의식이 게임 속 무언가를 지능적인 에이전트로 해석할 수 있을 정도로만 구현하면 된다. 그런 다음 플레이어의 무의식이 개입하여 가상의 욕구, 의무, 지각, 인간같은 관계를 사물에 부여한다. 게임 자체는 여전히 토큰을 움직이는 것에 불과하다. 하지만 플레이어의 머릿속에서는 이 움직이는 토큰은 더 깊이 숨겨진 음모와 욕망을 드러낸다. 킹은 그 폰이 다가오는 것이 두렵다. 나이트는 미친 듯이 날뛰고 있다. 룩은 지루해한다. 이러한 감정은 게임에는 실제로 존재하지 않지만 플레이어의 의식 속에는 존재하며, 이것이 바로 경험에 중요한 요소이다.

아포페니아는 거의 모든 창발적인 이야기에서 중요한 역할을 한다. 이를 염두에 두고 창발적인 이야기를 생성하는 게임 시스템을 만드는 몇 가지 구체적인 방법을 살펴보겠다.

라벨링 Labeling

기획자는 기존 게임 메카닉에 게임 허구 배경 설정을 추가하여 창발적인 이야기를 강화할 수 있다.

<클로즈 컴뱃 : 머나먼 다리(Close Combat: A Bridge Too Far)>: 이 전술 시뮬레이터 게임은 세계 2차 대전의 보병 중대간의 전투를 다룬다. 이 게임은 전장에 있는 모든 병사에게 이름을 주고 추적한다. 이렇게 이름을 주는 것은 플레이어가 한 병사의 기록을 보고 지난 몇 번의 전투에서 분대원 중 한 명을 제외한 모든 병사가 사망했음을 알 수 있음을 뜻한다. 플레이어는 전우의 죽음 이후 이 두 병사의 유대감을 상상할 수 있다. 그리고 다음 전투에서 한 명을 살리기 위해 다른 병사를 희생하라고 명령하면서 불안감을 느낄 수도 있다.

<미디벌: 토탈 워(Medieval: Total War)>: 이 웅장한 전략 게임에서 모든 귀족, 공주, 장군에게는 고유한 이름과 특징이 부여된다. 지능이나 힘과 같은 수치적인 능력치를 추적하는 대신, <미디벌: 토탈 워>는 귀족과 장군에게 성격 특성을 부여한다. 결혼이나 전투에서 승리하는 등의 이벤트가 끝나면 귀족은 '주정뱅이', '용감이', '겁쟁이' 등의 라벨을 얻을 수 있으며, 이 라벨은 특별한 보너스와 약점을 부여한다. 다른 게임에서는 장군의 리더십 스탯이 낮아서 전투에서 패배할 수도 있다. 중세에서는 장군에게 딸이 있고 가족을 너무 사랑해서 전투에서 죽지 않기로 결정했기 때문에 패배할 수도 있다.

아포페니아 때문에 라벨링이 작동한다. 각 예시에서 플레이어의 머릿속에 떠오르는 이야기는 게임 시스템에서 실제로 일어나지 않았다. <클로즈 컴뱃: 머나먼 다리>에서는 병사들이 공동의 상실을 통해 유대감을 형성하는 시뮬레이션이 없다. <미디벌: 토탈 워>에서는 인간의 용기나 가족애를 실제로 추적하지 않는다. 하지만 인간의 의식은 사소한 암시만 주어져도 이야기를 인식한다. 여기에 라벨을 붙이고, 저기에 이름을 붙이면 상상 속에서 이야기가 피어난다. 이것은 플레이어의 의식이 거의 모든 작업을 수행하기 때문에 매우

우아한 방법이다.

추상화 Abstraction

소설의 글은 이미지만 제시하고 세부적인 내용은 머릿속에 맡기기 때문에 어떤 사진보다 더 강력한 이미지를 머릿 속에 만들어낼 수 있다. 사진은 소설보다 상상력을 덜 요구하지만 상상할 수 있는 여지도 적다.

플레이어에게 보여주고 알려주는 것이 적으면 아포페니아가 그 빈틈을 메울 수 있는 여지가 더 많아진다.

더 세밀한 그래픽과 고품질 사운드는 게임에 무언가를 더해주지만, 동시에 무언가를 빼앗아 가기도 한다. 게임의 그래픽, 사운드, 대사가 세밀할수록 해석의 여지가 줄어든다. 추상적이고 구체적이지 않으며 최소한의 표현일수록 더 많은 아포페니아가 발생할 수 있다. 따라서 때로는 플레이어가 더 많은 해석을 할 수 있도록 의도적으로 커뮤니케이션을 줄이는 것이 좋다.

가장 극단적인 예가 바로 <드워프 포트리스(Dwarf Fortress)>이다. 이 게임에는 그래픽이 없다. 드워프, 고블린, 풀, 바위 등 수백 가지의 오브젝트가 아스키 (ASCII) 문자로 표현된다. 대부분의 사람들이 „,☺☺~~~~ 같은 것에서 아무 뜻도 찾지 못한다. 하지만 <드워프 포트리스> 플레이어는 강가 풀밭에 앉아 담소를 나누는 드워프 부부를 보게된다.

하지만 아포페니아가 작동하기 위해 이렇게까지 밀어붙일 필요는 없다. 표현의 빈틈이 있으면 플레이어의 의식이 채울 수 있는 공간이 생겨난다. 예를 들어, <미디벌: 토탈 워>에서 아내와 대화하는 영상을 보여준다면, 플레이어는 게임 안의 존재하는 사랑에 빠진 장군을 상상할 수 없다. 영상 속 장군의 가족에 대한 태도는 플레이어의 머릿속에서 장군의 성격을 해석할 여지를 없애버릴 것이다. 마찬가지로, <클로즈 컴뱃>에서 적의 공격 속에 있는 전멸한 분대의 마지막 두 병사를 플레이어가 확대해서 각자 일반적인 아이들 애니메이션을 재생하고 있는것을 확인한다면 전사의 유대감이 생겨나는 것을 느낄수 없을 것이다. 눈에 보이는 이미지가 상상 속의 이미지보다 우선한다.

미니멀리즘이 주도하는 아포페니아의 가장 순수한 예는 장난감 "로리의 스토리 큐브(Rory's Story Cubes)"이다.(* 역자 주) 스토리 큐브는 양, 번개, 기타 무작위 이미지가 그려진 카툰풍 그림으로 덮인 9개의 주사위로 구성되어 있다. 플레이어는 주사위를 굴려서 그림을 보고 서로 연결되는 이야기를 만들어낸다. 처음에는 거북이, 말풍선, 나무 그림을 서로 연결한다는 것이 터무니없게 들릴 수 있다. 하지만 실제로는 매우 쉬운 일이며, 특히 장난감의 주요 타겟인 어린이와 같이 고정관념이 덜한 창의적인 사람들에게는 더욱 그렇다.

플레이어가 만든 스토리에는 추상화가 필요하. 그렇기 때문에 전략게임, 건설게임, 시뮬레이션, 던전 앤 드래곤과 같은 TRPG같은 게임에서 플레이어가 만든 스토리가 자주 등장한다. 이러한 장르는 대개 숫자와 기호를 사용하여 거시적인 게임 요소를 표현한다. 1인칭 슈팅 게임이나 스포츠 게임과 같이 가까이서 플레이하는 장르는 이런 종류의 아포페니아가 일어나기에는 너무 많은 것을 보여주기 때문에 풍부한 창발적인 이야기를 제공하는 경우가 드물다.

기록 보관 Recordkeeping

게임에서는 게임 이벤트를 기록하여 플레이어에게 무슨 일이 일어났는지 상기시킴으로써 창발적인 이야기를 강조할 수 있다. 이렇게 하면 플레이어가 머릿 속으로 스토리를 구성하기 위해 일어난 모든 일을 기억할 필요 없이 모든 것이 눈앞에 펼쳐진다.

<문명 IV(Civilization IV)> : 이 게임은 매 턴이 끝날 때마다 각 국가의 국경을 몰래 기록한다. 게임이 종료되면 플레이어는 선사 시대부터 게임이 끝날 때까지 변화하는 정치적 경계를 보여주는 타임랩스 세계 지도를 볼 수 있다. 고립된 점으로 시작한 제국이 성장하여 전 지역을 아우르고, 수 세기에 걸친 전쟁을 거치며 엎치락뒤치락하는 모습을 지켜보는 것은 매우 흥미진진하다. 지도는

*역자 주 - 로리의 스토리 큐브 : 주사위 모양의 큐브를 굴려 나온 그림에 따라 이야기를 만들며 노는 아동용 보드 게임. https://www.storycubes.com/en/ 참조

세계사를 재구성하면서 플레이어가 직면했던 도전과 승리를 떠올리게 한다.

<미스(Myth)> : 이 고전 전략 게임은 10~100명의 판타지 전사들로 구성된 소규모 그룹 간의 전투를 추적한다. 대부분의 게임에서 시체는 사망 후 곧 사라진다. 하지만 <미스>에서는 모든 시체, 잘린 팔다리, 화살, 버려진 폭약, 폭탄에 그을린 자국, 피가 뿌려진 흔적을 쓰러진 땅에 남긴다. 전투가 끝난 후 플레이어는 피와 시체에서 패턴을 읽고 이를 생성한 사건을 재구성할 수 있다. 더 많은 좀비들로 둘러싸인 구석에 시체가 줄지어 있는 것은 필사적인 최후의 저항을 의미한다. 폭탄의 그을린 자국이 별 모양으로 둘러싸여 있는 것은 누군가가 산산조각이 났음을 의미한다. 창발적인 미장센이다. 플레이어는 이미 이 모든 상황을 목격했을 가능성이 높지만, 피와 화상으로 땅바닥에 새겨진 장면은 여전히 흥미롭다.

<심즈(The Sims)> : 플레이어는 시뮬레이션 가족의 사진을 찍어 캡션과 함께 앨범으로 묶을 수 있다. 보통 앨범에는 스토리가 담겨 있다. 이중 가장 좋은 이야기는 정신적으로 불안정한 홀아버지와 마음이 넓은 10대 딸이 가난, 거절, 관계 단절을 극복해 나가는 '앨리스와 케브'(*역자 주)처럼 블로그에 올라가기도 한다. 어린 앨리스가 공원 벤치에서 잠을 자면서도 마지막 남은 1달러를 자선단체에 기부하는 모습은 가슴을 아프게 한다.

스포츠 중계 시스템 Sportscaster Systems

스포츠는 특히 초보자에게 혼란스러울 수 있다. 경기장에서 20명의 남자가 서로 뛰고 부딪히는 장면을 보여주면 무슨 일이 벌어지고 있는지 이해하기 어려울 수 있다. 스포츠 캐스터는 혼란스러운 경기 상황에 맥락을 더하고 이벤트를 일관된 서사로 연결해준다. 훌륭한 스포츠 캐스터는 격돌하는 선수들의 혼돈 속에서 캐릭터, 긴장감, 클라이맥스, 결말이 있는 이야기를 만들어낼 수 있다. 게임에서도 같은 원리를 적용하여 게임 이벤트를 해석하고 연결하려는 게임 시스템을 만들면 보다 발전된 종류의 기록과 같은 효과를 얻을 수 있다. 가장

*역자 주 : '앨리스와 케브(Alice and Kev)' - 심즈 3에서 유명한 플레이어가 자신의 플레이 기록담을 모은 블로그. https://aliceandkev.wordpress.com/ 참조.

대표적인 예로 스포츠 게임의 스포츠 캐스터를 들 수 있지만, 이 아이디어를 적용할 수 있는 다른 방법도 많다.

예를 들면, <히트맨: 블러드 머니(Hitman: Blood Money)>의 각 레벨을 끝내면, 게임에서 살인 사건과 그에 따른 경찰 수사를 다룬 신문 기사가 표시된다. 스토리는 목표물을 죽이는 데 사용된 방법, 플레이어의 정확도, 발사된 총알 수, 헤드샷, 사망한 행인들, 남은 목격자 및 기타 여러 요인에 따라 달라진다. 헤드라인은 "경찰이 수배 중인 조용한 암살자"에서 "폭력배가 17명을 살인!"에 이르기까지 다양하다. 목격자가 남아있으면 플레이어 캐릭터에 대한 경찰의 합성 몽타주가 스토리에 포함되며, 목격자가 많을수록 몽타주가 더 정확해진다.

스포츠 캐스터 메카닉은 인간에게 중요한 사건을 게임에서 체계적으로 해석하는 것이 어렵기로 악명이 높기 때문에 제대로 구현하기 어렵다. 상세한 그래픽이 상상력을 억제하는 것처럼, 복잡한 스포츠 캐스터의 해석은 플레이어의 스토리텔링을 방해할 수 있다. 따라서 스포츠 캐스터 메카닉은 전체 스토리를 전달하려고 하지 않고 플레이어가 스스로 스토리를 구성할 수 있도록 유도할 때 가장 효과적이다.

이야기 순서 지정 Story Ordering

완전히 자유로운 형식의 게임이라면 플레이어는 어떤 경로로든 서사 콘텐츠에 접근 할 수 있다. 소설의 모든 페이지를 찢어 바닥에 흩뿌린다고 상상해 보자. 플레이어는 몸을 숙여 아무 페이지나 읽고, 다른 페이지로 넘어가고, 또 다른 페이지로 넘어가면서 무작위로 텍스트를 탐색할 수 있다. 독자가 어떤 순서로든 내용을 흡수할 수 있기 때문에 순서가 전혀 없는 서사이다.

앞서 살펴본 세계 서사의 예처럼 이야기는 어느 정도 이런 식으로 동작할 수 있다. 하지만 대부분의 서사 도구는 사용 순서를 통제할 때 더 효과적으로 작동한다. 때로는 결말이 나오기 전에, 이야기의 결말을 위한 준비가 이루어지도록 하고 싶을 때가 있다. 한 번에 너무 많은 줄거리 흐름들이 진행되지 않도록 부차적인 줄거리를 더하기 전에, 먼저 시작한 다른 부차적인 줄거리를 마무리하고 싶을 수 있다. 또는 이야기와 함께 게임 메카닉을 하나씩 도입하여 플레이어가 원활하게 진해하며 훈련할 수 있도록 하고 싶을 수도 있다. 어떤 경우든 한 콘텐츠가 다른 콘텐츠보다 먼저 소비되도록 하는 방법이 필요하다.

게임에서는 이야기 순서를 강제하기 위해 다양한 장치를 사용한다. : *레벨* (스테이지)은 대표적인 이야기 순서 지정 장치이다. 플레이어는 첫 번째 레벨을 완료한 다음, 두 번째, 세 번째 레벨을 플레이하는 식으로 스토리를 진행한다. 오래되고 단순하며 효과적이다.

퀘스트는 또 다른 고전적인 이야기 순서 지정 장치이다. 퀘스트는 순서가 정해지지 않은 더 큰 월드에 포함된 독립적인 작은 이야기이다. 세계는 대륙 전체에 걸쳐 있지만, 퀘스트는 플레이어가 한 상점 주인을 도와 강탈범을 제거하는 내용일 수도 있다. 퀘스트는 플레이어가 상점 주인을 만나 그의 곤경을 들으면서 시작된다. 그런 다음 플레이어는 폭도들을 찾아내서 그만두도록 설득하거나 때려눕히고, 마지막으로 상점 주인에게 돌아가 돈을 받는다. 이 시퀀스 내에서 이벤트의 순서는 고정되어 있다. 하지만 이 작은 이야기는 플레이어가 도시를 탐험하면서 언제든지 시작하고 끝낼 수 있다. 이 작은 이야기는 중단될수도 있다. 예를 들어 플레이어가 상점 주인을 만나고 폭력배들을 때려눕힌 다음 다른 곳에 가서 용을 처치한 후 상점 주인에게 돌아와 보상을 받을 수도 있다.

세 번째 기본적인 이야기 순서 지정 장치는 차단이다. 가장 간단한 장애물은 잠긴 문이다. 플레이어는 문을 만나면 열쇠를 찾아야만 이야기를 진행할 수 있다. 따라서 플레이어가 열쇠를 찾는 동안 무슨 일이 일어나든 문 너머에서 일어나는 일보다 먼저 일어나도록 보장한다. 장애물은 단어 뜻 그대로 잠긴 "문"일 필요는 없다. 경비원이 플레이어가 부탁을 들어줄 때까지 지나가지 못하게 하거나 보안 카메라가 먼저 불을 끄지 않으면 플레이어를 발견하고 멈추게 할 수도 있다.

좀 더 유연한 이야기 순서 지정 장치도 있다. 이러한 장치는 이야기의 순서를 절대적으로 보장하지 않으면서도, 어느정도는 순서를 부여하도록 플레이어를 유도한다.

*실력 제한*은 유연한 이야기 순서 지정 장치이다. 실력 제한이 적용된 게임이라면 플레이어는 게임을 처음 플레이하는 순간부터 게임의 모든 콘텐츠에 접근할 수 있다. 하지만 일부 콘텐츠는 플레이어가 기술을 연습해야만 접근할 수 있다. 예를 들어 캐릭터와 대화하려면 플레이어가 먼저 전투에서 캐릭터를 쓰러뜨려야 할 수 있다. 플레이어는 엄밀히 이야기 하면 처음부터 모든 콘텐츠를 이용할 수 있지만, 실력 범위를 따라 진행하면서 대략적인 순서대로 콘텐츠를 경험하게 된다.

실력 제한은 많은 MMORPG에서 사용된다. 플레이어는 원칙적으로는 처음부터 어디든 갈 수 있지만, 생존하는 데 필요한 스킬, 캐릭터 성장, 동료는 없기 때문에 시작 지역에서 멀리 떨어진 곳에서는 존재할 수 없다. 따라서 이 게임은 거대한 오픈 월드의 느낌을 주면서도 신중하게 설계된 일련의 초보자용 도전들을 통해 신규 플레이어를 부드럽게 안내한다.

이 외에도 수많은 종류의 이야기 순서 지정 장치가 있다. <데드 라이징(Dead Rising)>과 같은 시간 기반의 게임에서는 정해진 시간에 맞춰 월드에서 이벤트가 발생한다. 플레이어 캐릭터가 특정 레벨에 도달하면 퀘스트가 열릴 수도 있다. 플레이어는 먼 공간보다 가까운 공간을 먼저 만나게 되므로 공간을 단순하게 배치해도 유연한 이야기 순서를 만들 수 있다.

이야기 구조 Story Structures

이야기 순서 지정 장치를 구성하고 조합하는 방법은 무수히 많다. 가장 기본적인 구조는 '진주 목걸이' 구조이다. 이 모델에서 각 진주는 플레이어가 자유롭게 이동하며 게임 메카닉과 상호작용할 수 있는 경기장이며, 각 끈은 다음 경기장으로 단방향으로 이동하는 역할을 한다. :

이 게임은 레벨에서 레벨로 진행되는 고전적인 선형 구조의 게임이다. 진주의 '크기'에 따라, 즉 내부적으로 얼마나 많은 자유를 허용하느냐에 따라 이 게임은 무의미한 수준의 제약을 받을 수도 있고 상당히 자유롭게 느껴질 수도 있다. 이러한 진주목걸이 구조는 <퀘이크(Quake)>, <슈퍼 마리오 브라더스(Super Mario Bros.)>, <스타크래프트(Starcraft)> 싱글플레이 게임에서 볼 수 있는 방식이다.

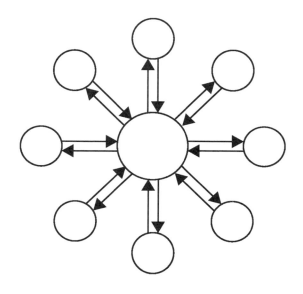

또 다른 배열은 '자전거 바퀴살' 모델이다.

각 바퀴살은 다른 바퀴살와 독립된 자체적으로 완결된 콘텐츠 덩어리이다. <록맨(영제: MegaMan)>은 자전거 바퀴살 모델을 기반으로 제작되었다.

때때로 게임 기획자는 가능한 모든 결정의 결과를 모델링하여 현실의 선택을 모방하려고 시도한다. 나이브한 형태의 구조에는 치명적인 단점이 있다.

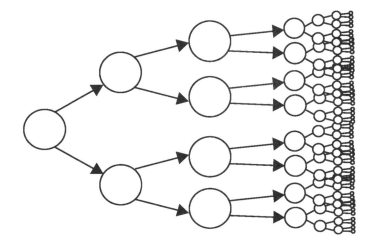

　분기 이벤트의 문제점은 가능한 타임라인의 수가 급격히 폭발적으로 증가한다는 것이다. 이야기를 경험하는 플레이어는 대부분의 콘텐츠를 놓치게 된다. 이것이 가능한 유일한 상황은 거의 모든 콘텐츠가 창발적으로 생성되는 경우이다. 이벤트가 어느 정도 미리 정의되어 있다면 가지 수를 줄이기 위해 무언가 조치를 취해야 한다.

　사이드 퀘스트와 이야기 수렴과 같은 장치를 사용하여 이야기 분기의 선택권을 일부 유지하면서 가능성의 수를 줄일 수 있다. 사이드 퀘스트는 길가에 콘텐츠를 배치하는 것으로, 소비하거나 소비하지 않을 수 있지만 메인 경로에는 거의 영향을 미치지 않는다. 이야기 수렴은 중심 이야기에서 여러 갈래로 나뉘지만 나중에 다시 한 줄로 수렴하는 선택지를 제공한다.

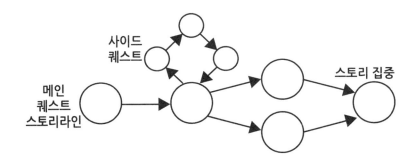

일부 게임에서는 이와 같은 간단한 구조로 충분하다. 하지만 게임의 필요에 맞게 이야기 순서 장치를 보다 미묘한 방식으로 결합해야 하는 경우가 많다.

<록맨 2(영제: MegaMan2)>: 플레이어는 8명의 로봇 마스터를 어떤 순서로든 쓰러뜨릴 수 있기 때문에 게임은 자전거 바퀴살 모델로 시작된다. 모든 로봇 마스터를 물리치면 게임은 선형 시퀀스로 전환되어 록맨이 와일리 박사의 기계로 된 요새를 공격하고 게임의 결말을 향해 나아간다.

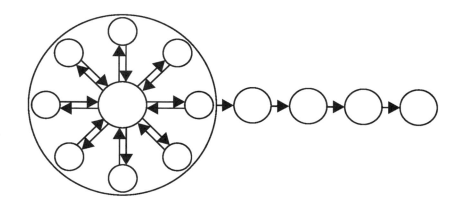

<매스 이펙트 2(Mass Effect 2)>: 게임의 시작과 끝은 선형적인 진주 목걸이 형태로 이루어진 반면, 중간의 80%는 플레이어의 실력과 캐릭터 레벨에 따라 부드럽게 배치된 거대한 퀘스트들로 이루어져 있으며, 분기 및 스토리 융합을 사용하여 중앙으로 모여 중심 퀘스트를 진행한다. 이러한 하이브리드 구조는 여러 가지 장점이 결합되어 있어 일반적으로 사용된다. 기획자는 이야기와 게임 메카닉을 소개하는 도입부를 세심하게 미리 준비할 수 있다. 부드럽게 정돈된 게임의 중앙 부분에서 플레이어는 자유롭고 제약이 없는 느낌을 받을 수 있다. 마지막으로 게임의 클라이맥스를 신중하게 제작하여 효과를 극대화할 수 있다.

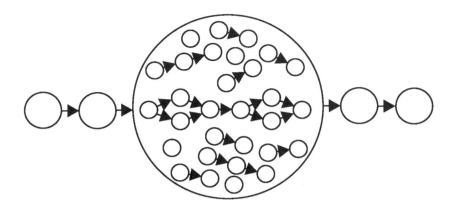

행위성 문제 Agency Problems

여러분이 실험적인 연극 프로덕션의 극작가라고 상상해 보자. 한 명을 제외한 모든 캐릭터의 대사를 써야 한다. 주인공은 대본이나 훈련 없이 무작위로 무대에 올라 배역에 투입된 관객이 연기한다.

이것이 어렵게 보이는가?

이제 이 관객이 술에 취해 있다고 상상해 보자. 그리고 휴대폰으로 문자를 보내느라 정신이 산만하다. 그리고 그는 고의적으로 이야기를 방해하여 자신을 즐겁게 하기로 결정했다. 그는 다른 출연진에게 무작위로 욕설을 퍼붓고, 무대에서 물건을 훔치고, 클라이맥스 장면에 등장하지도 않는다.

극작가에게 이것은 악몽과도 같은 일이다. 무대 위의 멍청이는 정교하게 짜여진 대사의 전환을 방해하고, 캐릭터 설정에 모순을 일으키며, 이야기를 망칠 수 있기 때문이다. 게임은 플레이어에게 주체성을 부여하기 때문에 게임 기획자는 매일 이런 문제에 직면한다.

'행위성'은 게임 세계에 영향을 미치는 결정을 내리고 의미 있는 행동을 취할 수 있는 능력이다.

잘 짜여진 전통적인 이야기는 카드로 만든 집과 같다. 캐릭터의 뉘앙스, 대사 한 마디, 공유하거나 숨기는 모든 지식이 서사의 복잡한 춤사위에 영향을 미친다. 이야기 이벤트는 완벽하게 연속적으로 연쇄적으로 반응해야 하며, 영원한 주제를 이야기하는 만족스러운 결론으로 이어져야 한다. 작가는 이러한 결과를 얻기 위해 모든 단어를 세심하게 조정한다.

게임 스토리도 같은 목표를 추구한다. 하지만 불행한 극작가처럼 플레이어가 선택을 할 수 있다는 사실도 처리해야 한다. 플레이어는 무지에서든 악의에서든 쉽게 스토리의 일부분을 받아들이지 않거나 놓칠 수 있으며, 이는 작가가 쌓아 올린 카드의 집을 무너뜨릴 수 있다.

이러한 행위성의 문제는 몇 가지 범주로 분류할 수 있다. 하나씩 살펴보도록 하자.

플레이어와 캐릭터의 동기 일치
Player-Character Motivation Alignment

대부분의 행위성의 문제는 플레이어의 동기와 자신이 조종하는 캐릭터의 동기가 다르기 때문에 나타난다.

캐릭터는 공주를 구하고 싶거나, 돈을 벌고 싶거나, 좀비 발생에서 살아남고 싶어한다. 그의 동기는 환상적인 성(城), 범죄 거래 또는 언데드의 침략이라는 설정 안에 존재한다. 플레이어는 자신을 즐겁게 하고, 모든 게임 콘텐츠를 보고, 자신의 실력을 올리고 싶어 한다. 플레이어의 동기는 사회적 지위, 엔터테인먼트 비용, 게임 메카닉이라는 현실 세계에 존재한다. 이 두 가지 동기가 서로 다른 방향을 가리키면 플레이어는 서사를 깨는 행동을 취하게 된다. 나는 이를 책상 점프라고 부른다.

"책상 점프"는 플레이어 캐릭터가 절대 하지 않을 행동을, 플레이어가 동기가 다르기 때문에 하는 것을 말한다.

이 이름은 스파이 스릴러 RPG <데이어스 엑스(Deus Ex)>에서 발견한 상황에서 유래했다. <데이어스 엑스>에서 플레이어는 비밀 정부 간 조직에서 일하는 슈퍼 스파이가 된다. 플레이어는 그가 속한 조직의 비밀 사무실을 탐험하고, 미션을 받고, 동료와 대화하고, 책상 위로 뛰어오를 수 있다. 위험한 임무를 논의하는 동안 상사의 책상 위에서 춤을 추는 제임스 본드를 상상해 보자. 어리석고 말도 안 되는 일이다. 하지만 플레이어는 재미있기 때문에 그렇게 할 것이다. 캐릭터의 동기는 임무를 완수하는 것이지만 플레이어의 동기는 유머를 창출하는 것이다. 동기가 일치하지 않기 때문에 플레이어는 상사의 책상을 뛰어넘고 게임 안의 설정이 무너진다.

플레이어는 여러 가지 이유로 책상을 뛰어넘는다. 시뮬레이션의 한계를 탐구하고, 콘텐츠를 소비하고, 물건을 획득하고, 어려운 목표를 달성하고, 친구에게 깊은 인상을 남기고, 불꽃놀이를 보고 싶어 한다. 나는 플레이어가 아군을 공격하고, 선한 캐릭터로 플레이하면서 무고한 사람들을 조직적으로 약탈하고, 궁전의 경비병을 모두 죽이려고 시도하거나, 마을 광장에 석유 통을 쌓아놓고 불을 붙여 대폭발을 시도하는 것을 보았다.

플레이어의 게임 시스템 탐험 동기를 고려해야 한다. 초자연적 존재의 범죄 슈팅 게임인 <더 다크니스(The Darkness)>는 플레이어가 부상당한 아군 앞에서 긴 대화 시퀀스를 전달하며 게임을 시작한다. 니는 이 게임을 플레이할 때 대사를 듣지 않았다. 대신 아군을 쏴서 효과가 있는지 확인했다. 그를 미워하거나 죽이고 싶었던 것은 아니었고, 게임 내 세상 속에서는 전혀 그런 동기가 없었다. 오히려 게임 메카닉의 한계를 탐구하고 있었을 뿐이다. "기획자들은 이 문제를 어떻게 해결했을까?"라는 질문의 답을 얻고 싶었다. 메카닉 중심의 경험에서는 시스템을 탐구하는 것이 의미의 주요 동인이기 때문에 이는 건전한 현상이다. 하지만 이러한 메카닉에는 게임 내 설정의 레이어가 둘러싸여 있다. 그리고 그런 허구 배경 설정의 층위에서 아군을 쏘는 것은 말이 되지 않는다. 그는 죽었고 대사의 대부분을 놓쳤으며 영웅이 가지고 있는 착한 사람의 캐릭터는 무너졌다.

때때로 책상 점프는 거의 무의식적으로 일어날 수 있다. <그랜드 테프트 오토 Ⅳ(Grand Theft Auto Ⅳ)>의 주인공 니코 벨릭은 보스니아 전쟁에 참전한 군인으로서 폭력적인 과거를 벗어나려고 노력한다. 이 게임은 니코가 증오심으로 옛 적을 죽이거나 풀어주는 중요한 서사 내의 결정을 내리기까지 몇 시간 동안 진행된다. 이 결정에 따라 니코 성격의 핵심과 서사의 교훈이 결정된다. 니코는 자신을 단련하고 평화로운 사람이 될 것인가, 아니면 다시 복수의 길로 돌아갈 것인가? 세상에서 악과 증오가 승리할것인가, 아니면 상처받은 사람이 치유되어 선해질 수 있을 것인가? 그것은 감동적인 순간이다.

게임에서 그 순간에 도달하기까지 니코가 수백 명의 사람들을 살해했으며, 그 중 다수는 무고한 사람들이라는 점을 제외하면 말이다. <그랜드 테프트 오토 Ⅳ>의 게임 메카닉 설계는 플레이어가 단지 재미를 위해 수십 명의 경찰관을 죽이고 수많은 보행자를 치어 죽이도록 부추긴다. 니코는 불과 몇 분 전까지만 해도 오랜 숙적을 만나러 가는 길에 할머니 몇 명을 차로 치었을 것이다. 그리고 이제 그는 한 명을 죽일지 말지를 두고 고심하고 있다. 플레이어의 동기는 재미로 많은 사람을 죽이는 것이지만, 캐릭터의 동기는 죽이는 것이 아니었다. 그 결과는 이상하다.

책상 점프 문제를 해결하는 방법에는 여러 가지가 있다. 각각을 살펴 보도록 하자.

책상 점프를 허용하지 않는 것은 효과가 있지만, 게임 메카닉이 정직하게 동작하는지에 대한 믿음을 무너뜨려 플레이어의 몰입을 약화시킨다.

<데이어스 엑스>에서 게임 기획자는 사무실 내부의 점프 기능을 끄거나 책상 위에 보이지 않는 차단막을 설치하여 점프할 수 없도록 할 수 있었다. 문제는 플레이어가 자신을 제어하는 데 사용되는 장치의 인위성을 금방 감지한다는 것이다. 게임은 더 이상 자체를 구성하는 시스템에 충실하지 않고, 기획자가 원하는 임의의 결과를 얻기 위해 자체 규칙 내에서 속임수를 쓰고 있는 것이다.

이러한 상황에 직면한 플레이어는 메카닉이 허용하는 것을 생각하지 않고 기획자가 원하는 것을 생각하기 시작한다. 게임 메카닉이 정직하고 일관적이지 않기 때문에 서사는 화면에서 그대로 유지되더라도 게임 메카닉을 탐구하는 플레이어의 사고 과정은 무너진다.

그러나 게임 내 설정으로 정당화할 수 있다면, 책상 점프를 허용하지 않는 것은 매우 효과적이다. 예를 들어 밸브의 <포탈(Portal)>은 스토리텔링으로 찬사를 받았지만, 실제로는 게임의 까다로운 스토리텔링 문제를 해결하지 못했다. 오히려 영리한 이야기 구성을 통해 이러한 문제를 완전히 피하고 있다.

<포탈>의 NPC(논플레이어 캐릭터)는 인터콤을 통해서만 플레이어와 대화하는 컴퓨터 AI인 GLaDOS이며, 그 외에는 다른 인간 캐릭터가 등장하지 않는다. 플레이어 캐릭터는 지하 과학 시설에 있는 거의 비어 있는 하얀 벽의 실험실에 갇혀 있었다. 플레이어가 발견한 유일한 도구는 포탈을 생성하는 총뿐이다.

<포탈>의 세계는 매우 좁고 폐쇄적이기 때문에 플레이어가 게임 내 설정을 깨는 행동을 할 수 없다. 주인공은 다른 캐릭터가 오직 실제 몸이 없는 컴퓨터 음성 뿐이기 때문에 그에게 이상한 말을 하거나 그의 머리 위로 뛰어오를 수 없다. 폭발물이 없기 때문에 벽에 구멍을 뚫을 수도 없다. 그는 진행을 거부할 수 있지만, 인공지능은 영원히 기다릴 수 있기 때문에 이마저도 인터콤에 있는 인공지능을 괴롭히지 못한다. 이 이야기에는 책상이 없기 때문에 책상 점프에 대한 유혹도 없다.

다른 많은 게임에서도 비슷한 트릭이 사용되었다. <바이오쇼크>의 무대는 무너져가는 수중 도시이며, <포탈>의 실험실과 비슷하게 완벽하게 밀폐되고 고립된 환경이다. 도시의 대부분이 봉쇄되고 물에 잠겨 있기 때문에 레벨 바깥으로 돌아다닐 수 없다. 벽은 엄청난 수압을 견딜 수 있도록 설계된 강화 강철로 만들어졌기 때문에 벽에 구멍을 뚫는 것은 불가능하다. 이곳의 주민들은 모두 미쳐 날뛰기 때문에 말을 걸 수도 없다. 게임 내 설정은 자연스럽게 게임 시스템에서 처리할 수 없는 대부분의 것들을 허용하지 않는다. 현실적인 도시를 배경으로 하는 게임에서는 탐험을 할 수 없도록 문이 잠기거나 다른 장애물이

있어야 하고, 낯선 사람과의 대화는 인터페이스에서 임의로 허용되지 않아야 한다.

플레이어가 책상 점프를 하도록 내버려두면서 어떤 식으로든 이를 인정하지 않는 방법으로 책상 점프를 무시할 수 있다. 이는 책상 점프가 매력적이지 않게 만든다.

밸브는 <하프라이프 2(Half-Life 2)>에서 이 해결책을 사용했다. 플레이어의 동료 캐릭터를 쏘면 아무 일도 일어나지 않는다. 그는 무적이 아니라 총알이 맞지 않을 뿐이다. 피도 없고, 애니메이션도 없고, 아무것도 없다.

무시는 가능한 곳이라면, 허용하지 않는 것이나 처벌하는 것보다 낫다. 왜냐하면 플레이어가 덜 통제당한다고 느끼고, 플레이어가 흥미로운 반응을 보이지 않으면 행동이 금방 멈추기 때문이다. 플레이어는 게임 메카닉에 한계가 있다는 것을 이해하며, 이러한 한계를 위장하는 것보다 단순하고 명백하며 둔하게 만드는 것이 더 나은 경우가 많다.

때로는 책상 점프를 서사에 통합할 수도 있다.

플레이어는 유머, 메카닉 탐구, 파워 업그레이드를 위해 책상 점프를 한다. 이런 동기가 나쁜 것은 아니다. 때로는 플레이어가 취하는 행동을 수용하고 이를 중심으로 서사를 전개하는 것이 더 낫다.

예를 들어, <데이어스 엑스>에서 플레이어는 스파이 사무실을 탐험하다가 여자 화장실에 들어갈 수 있다. 그렇게 되면 플레이어는 충격을 받은 여성 동료와 마주치게 되고, 이후 상사에게 야단을 맞는다. 플레이어의 우스꽝스러운 행동에 대한 재미있는 반응이다.

일부 게임에서는 책상 점프를 적극적으로 활용하기도 한다. <듀크 뉴켐 포에버(Duke Nukem Forever)> 에서는 전통적으로 사용되는 플레이어의 체력 막대그래프가 '에고 바'라는 이름의 막대그래프로 교체되었으며, 이 에고 바는 듀크가 핀볼을 치고, 역기를 들고, 농구공을 던지고, 스트리퍼를 괴롭힐 때 늘어난다. 이를 통해 듀크의 과격한 마초 캐릭터가 더욱 강조된다.

책상 점프를 통합할 때 가장 큰 문제는 통합해야 할 범위가 점점 더 넓어질 수 있다는 것이다. 플레이어가 상사의 책상 위로 뛰어오르는데, 상사가 "내 책상에서 내려와"라고 말하면 책상 점프를 통합한 것이다. 하지만 플레이어가 계속 책상에 뛰어오르면 어떻게 될까? 상사가 플레이어에게 책상에서 내려오라는 대화를 더 많이 할까? 결국 상사가 플레이어에게 물리적인 행동을 취할까? 그 이후에는 어떻게 될까. 상사의 책상에 뛰어든 것에 대한 의견 차이로 시작된 사무실 총격전으로 인해 플레이어가 결국 군법회의에 회부되어 감옥에 갇힐까? 게임 시스템을 탐구하거나 유머를 만들려는 동기가 있는 플레이어는 언제나 문제를 계속 확대해갈 수 있다. 이 문제를 해결하려면 <듀크 뉴켐 포에버>에서처럼 책상 점프를 제한적이고 완전한 방식으로 통합하는 방법을 모색하는 것이 가장 좋다.

책상 점프에 대한 가장 좋은 해결책은, 플레이어의 동기와 능력이 캐릭터의 동기와 일치하도록 게임을 설계하는 것이다.

우리는 언제나 책상 점프를 처리할 수 있다. 하지만 가장 좋은 방법은 플레이어가 처음부터 책상 점프를 하고 싶지 않게 만드는 것이다.

예를 들어, <콜 오브 듀티 4: 모던 워페어(Call of Duty 4: Modern Warfare)>에서는 책상 점프를 할 수 있다. 플레이어는 목표 완료를 거부하거나, 사격을 거부하거나, 아군을 방해하거나 아군이 스폰되는 것을 막으려고 시도할 수 있다. 하지만 이 게임에서 이런 일은 거의 일어나지 않는데, 그 이유는 높은 에너지의 전투가 매우 빠르게 계속되며 매력적이기 때문이다. 탱크가 폭발하고, 지휘관이 병력을 전진시키고, 적들이 파리 떼처럼 몰려오면 플레이어는 전투에 대한 충동에 사로잡혀 바보처럼 행동하고 싶은 충동을 무시하게 된다.

플레이어의 동기가 캐릭터와 동일할 필요는 없으며, 목표만 같으면 된다. <콜 오브 듀티>에서 캐릭터는 명예, 충성심, 두려움에 의해 동기가 부여되는 반면, 플레이어는 에너지와 재미에 의해 동기가 부여된다. 하지만 이러한 동기는 가능한 한 열심히 적과 싸우는 동일한 행동으로 이어지기 때문에 크게 다르지 않다.

이런 종류의 동기는 게임내 설정과 서사의 경계를 넘나들기 때문에 일관되게 달성하기가 매우 어렵다. 플레이어에게 어떤 목표를 이루고자 하는 불타는 열망을 심어줘야 할 뿐만 아니라, 그 열망이 캐릭터에 반영되어야 한다. 이것이 바로 게임의 허구 배경 설정과 메카닉을 따로따로 구축하여 덕트 테이프로 붙이는 대신 통합된 전체로 기획해야 하는 핵심 이유 중 하나이다.

인간 상호 작용 문제 The Human Interaction Problem

전통적인 이야기는 캐릭터의 상호작용을 기반으로 한다. 등장인물들은 배신하고, 요구하고, 제안하고, 선언하고, 논쟁하고, 대화하는 일련의 감정적 전환을 통해 이야기를 구성한다. 이는 드라마뿐만 아니라 거의 모든 이야기에 적용된다. 가장 화끈한 액션 영화나 가장 피비린내 나는 공포 영화도 대부분의 시간을 사람들의 대화로 채운다.

현재로서는 컴퓨터와 사람의 풍부한 상호작용을 구현할 수 있는 방법이 없기 때문에 이러한 대화를 만드는 것은 게임 기획자에게 어려운 문제가 된다. 버튼, 조이스틱, 간단한 모션 센서만으로는 사람들이 생각과 감정을 기계에 표현할 수 없다. 또한 플레이어가 기계에 자신을 표현할 수 있다고 해도 인간의 의식을 시뮬레이션할 수 있는 기술이 없기 때문에 기계가 그에 상응하는 반응을 보일 수 없다.

게임에서 인간의 상호작용을 구현하려면 매체의 한계를 극복하는 몇 가지 트릭을 사용할 수 있다.

인간과 같은 캐릭터와 직접 상호작용할 수 없도록 게임내 허구 배경 설정을 정하면 된다.

인간과의 상호작용 문제에 대한 가장 깔끔한 해결책은 인간과의 상호작용을 하지 않는 것이다. 게임에서 월드 및 창발적인 이야기 도구가 잘 동작하는 이유 중 하나는 플레이어가 캐릭터와 상호작용하는 것을 게임에서 처리할 필요가 없기 때문이다.

그렇다고 해서 캐릭터가 없거나 사람들이 말을 할 수 없다는 뜻은 아니다. 멍청하거나 미친 캐릭터와 상호작용할 수 있다. 인간에 준하는 컴퓨터나 비인간적인 인공지능과 상호작용할 수 있다. 다른 사람들이 서로 대화하는 모습을 관찰하거나 이전에 있었던 대화의 테이프를 찾을 수도 있다. 유일한 제한은 플레이어 캐릭터가 제정신이고 의식이 있으며 일관성 있는 인간과 같은 캐릭터와 양방향 상호작용을 할 수 없다는 것이다.

예를 들어, <바이오쇼크>에서 제정신인 캐릭터는 무전기나 깨지지 않는 유리를 통해서만 플레이어와 대화할 수 있다. 플레이어가 직접 대면할 수 있는 캐릭터는 모두 폭력적으로 미쳐있다. 플레이어는 이 미친 사람들이 망가진 삶을 살아가는 모습을 지켜보거나 미친 듯이 중얼거리는 소리를 들을 수 있지만, 이는 상호작용이 아니라 미리 정해진 대본을 따라가는 것을 지켜보는 것에 불과하다. 상호작용을 시도하는 순간, 그들은 컴퓨터가 문제없이 시뮬레이션할 수 있는 살인적인 분노에 휩싸이게 된다.

정해져있는 대화 트리로 플레이어가 취할 수 있는 행동 목록을 미리 정의하고 다른 캐릭터의 반응을 일치시킴으로써 인간과의 상호작용을 처리할 수 있다.

일부 게임에서는 플레이어가 캐릭터가 수행할 수 있는 여러 가지 사회적 상호작용 중에서 대화 트리의 선택을 통해 사람을 상대하는 상호작용을 모델링한다. 이는 게임 기획자가 모든 상호작용의 모든 측면을 제작할 수 있기 때문에 가능하다. 아무 것도 시뮬레이션할 필요가 없다.

단점은 플레이어가 현실에서 무한대에 가까운 다양한 선택지를 가질 수 있는 대신 몇 가지 선택지만 가질 수 있다는 것이다.

표준적인 게임 행동들을 대화 트리의 선택지로 재사용할 수 있다.

게임에서 플레이어가 할 수 있는 동작은 보통 이동, 수집, 밀기, 점프, 사격 등이다. 이러한 종류의 상호작용을 사용하여 사람의 상호작용을 표현할 수 있다.

한 가지 예로 플레이어가 서로 다른 두 캐릭터를 죽이는 것 중 하나를 선택해야 하는 상황을 들 수 있다. <그랜드 테프트 오토 IV>에서 주인공은 땅에 묶여 있는 오래된 적을 만나고 그를 죽일 기회를 얻게 된다. 플레이어는 무방비 상태의 적을 쏘거나 그냥 도망칠 수 있다. 두 동작 모두 게임 전반에 걸쳐 사용되는 컨트롤, 즉 사격과 걷기를 통해 표현된다. 하지만 여기서는 이러한 동작이 일반적인 게임플레이가 아닌 미리 정의된 줄거리의 분기를 정하는데 사용된다.

이러한 상호작용은 플레이어의 선택지와 세계의 반응이 모두 미리 정의되어 있으므로 기본적으로 대화 트리와 동일하다. 유일한 차이점은 특별한 대화 트리 인터페이스가 아닌 일반적인 게임 동작으로 선택을 표현한다는 점이다. 이렇게 하면 플레이어의 자연스러운 조작 리듬을 깨지 않으므로 플로우를 유지하는 데 도움이 된다. 또한 실제 대화 트리를 구현하기 위해 인터페이스가 복잡해지는 것도 피할 수 있다.

멀티플레이어 게임에서는 실제 플레이어를 사용하여 게임 캐릭터의 역할을 수행할 수 있다.

[던전 앤 드래곤(Dungeons & Dragons)]에서는 던전 마스터가 게임 내 모든 비플레이어 캐릭터의 역할을 담당한다. 던전 마스터는 플레이어를 대변하고 플레이어가 취하는 모든 행동에 어떻게 반응할지 결정한다. 던전 마스터는 실제 사람이기 때문에 플레이어가 할 수 있는 행동에 제한이 없으며, 무엇이든 이해하고 대응할 수 있다.

실제 사람들에게 의욕만 있다면 함께 놀라운 스토리를 만들 수 있다. 이 방법의 문제점은 플레이어의 동기와 캐릭터의 동기를 일치시키는 것이다. 즉, 모든 플레이어가 게임 안의 서사에서 자신의 역할을 제대로 수행하도록 동기를 부여해야 하는데, 이는 매우 어려운 일이다. 이 방법은 친구들끼리 하는 대면 게임에서 효과가 있는데, 사회적 압력이 사람들이 선의로 참여하도록 동기를 부여하기 때문이다. 익명의 낯선 사람과 함께하는 비디오 게임이나 경쟁 게임에서는 플레이어의 동기를 조정하여 지속적이고 풍부한 역할극이 이루어지도록 하는 것이 불가능에 가깝다.

사례 연구: <폴아웃3(Fallout 3)>

게임 중심의 서사 경험을 살펴보고 이를 생성하는 데 사용된 서사 도구를 분석해 보자. 먼저 내가 베데스다 게임 스튜디오의 2008년작 포스트 아포칼립스 RPG <폴아웃 3(Fallout 3)>를 플레이했을 때 있었던 이야기를 좀 해보겠다. 그런 다음 이 경험을 자세히 설명하겠다.

게임은 플레이어 캐릭터가 볼트 101(Vault 101)에서 태어나는 것으로 시작된다. 수 세기 전에 지하에 건설된 볼트의 목적은 핵 대학살로부터 주민들을 보호하는 것이다. 이 이야기는 플레이어 캐릭터가 19세가 되어 처음으로 볼트를 떠나면서 시작된다.

나의 이야기 My Story

바람이 부는 광활한 대지에는 죽은 나무와 부서진 자동차, 사람의 뼈가 흩어져 있었다. 등뒤로 볼트의 문이 닫히며 내가 앞으로 나아갈 곳이 없었다.

몇 분 만에 나는 메가톤이라는 작은 정착지를 발견했다. 나는 그 마을을 돌아다니다가 '크레이터사이드 보급소'라는 상점을 발견했다. 메가톤의 다른 건물들과 마찬가지로 이 건물도 판금과 폐차장 고철을 이어붙인 것에 불과했다. 정문 옆에 흰색 페인트로 적힌 이름만 알아볼 수 있었다.

내부는 겉모습과 별반 다를 바 없었다. 아크 나트륨 조명 아래서 노랗게 빛나는 먼지가 공중에 떠 있었고, 벽에는 허름한 선반이 늘어서 있었다. 지저분한 파란색 작업복을 입은 젊은 여성이 지저분한 포니테일로 묶은 불그스름한 머리를 뒤로 넘긴 채 카운터 뒤쪽 바닥을 쓸고 있었다. 나는 그녀에게 다가갔다.

"어이!" 그녀가 말했다. "당신이 볼트에서 나온 떠돌이라며? 요 몇년동안 거기서 나온 사람은 못봤는데! 만나서 반가워!" 그녀의 목소리는 음절마다 점점 더 높아지는 것 같았다. 황무지에서의 음산한 분위기가 무색할 정도로 그녀의 열정은 대단했다. "나는 모이라 브라운이야! 크레이터사이드 보급소를 운영하고 있지만, 실제로는 주로 땜질과 연구를 하고 있지." 그녀는 잠시 말을 멈추었다. "저기, 내가 황무지에 관한 책을 쓰고 있는데, 볼트 출신이 서문을 써주면 굉장히 근사할것 같아. 좀 도와줄래?"

그녀는 친근해 보였고 나는 친구가 필요했다. "물론이야." 나는 "볼트에서의 삶에 대해 할 말이 많아."라고 말했다.

"멋진데!" 그녀가 대답했다. "평생 지하에서 사는 것이 어떤지, 처음으로 바깥에 나온 것이 어떤지, 뭐든 생각나는 대로 말해줘!"

나는 그녀가 나를 가지고 노는 것 같아서 게임을 되돌리기로 결정했다. "이 '바깥 방'은 정말 멋져." 나는 말했다. "메인 룸에서는 천장도 안보이고!"

"하!" 모이라가 말했다. "그렇지!, 저 위에 있는 큰 전구도 교체하는 게 얼마나 힘든지 상상도 못할 거야. 농담으로 서문을 시작하는 것도 아주 좋겠네. 그것도 책에 도움이 되겠고. 사실, 연구를 돕고 싶지 않아? 돈도 줄 수 있고 재미있을 거야."

"지금 작업 중인 책이 뭔데?" 내가 물었다.

"음, 황무지는 위험한 곳이지. 그렇지? 사람들은 좋은 조언을 적어둔 모음집을 정말로 필요로 하고. 황무지 생존 가이드 같은 거 말이야! 그러려면 내 이론을 테스트할 조수가 필요해. 실수 때문에 다치는 사람이 있으면 안 되니까. 그런 일이 생기면 아무도 행복할 수 없을테니까. 아니… 그리고 소리를 많이 지르겠지.

나한테 말이야. 심하고 심한 말로 말이지."

나는 여기에 대해 고민했다. "좋은 생각 이야." 나는 말했다. "빨리 돕고 싶은데! 무엇을 찾아야 하지?"

"음, 음식과 약이지. 누구나 한 번쯤은 그것들이 필요하잖아? 그러니 그것들을 찾을 수 있는 좋은 장소가 필요해! 여기서 멀지 않은 곳에 오래된 슈퍼-두퍼 마트(Super-Duper Mart)가 있어, 그런 곳에 아직 음식이나 약이 남아 있는지 알고 싶어."

나는 동의하고 작별 인사를 했다. 볼트에서 나온 지 한 시간 만에 나는 모이라 브라운의 생존 실험용 기니피그가 되었다.

마을 성문 밖으로 나온 나는 나침반을 따라 슈퍼-두퍼 마트를 향했다. 바로 언덕을 오르자 워싱턴 DC의 외곽이 눈앞에 펼쳐졌다. 부서진 건물들이 지평선 너머로 뻗어나가 노란 하늘에 울퉁불퉁한 경계를 이루고 있었다. 나는 그쪽으로 걸어갔다.

마을 외곽에 있는 슈퍼-두퍼 마트를 발견했다. 이 건물을 설계한 사람은 창의력이나 돈이 부족했던 것 같았다. 왜냐하면 이 건물은 거대한 콘크리트 상자일 뿐이며, 주차장 위로 우뚝 솟아 있는 거대한 블록 글씨로만 식별할 수 있기 때문이었다.

주차장에 들어서자 커다란 사냥용 총의 쾅쾅 소리와 돌격 소총의 탕탕탕 소리가 번갈아 들려왔다. 모퉁이를 돌자 황무지 침입자가 고풍스러운 가죽 코트를 입은 남자와 전투를 벌이고 있었다. "뭐가 문제지? 자기 피를 보는 건 겁이 나나?" 가죽옷을 입은 남자가 소리쳤다. 그것이 그의 마지막 말이었다. 레이더가 돌격 소총을 쏴서 그를 쓰러뜨렸고, 그는 신음소리를 내며 쓰러졌다. 그리고는 나를 공격했다.

대부분의 레이더들이 그렇듯, 이 레이더도 인상적인 옷을 입고 있었다. 그는 스파이크로 뒤덮인 딱 달라붙은 검은색 점프수트와 더블 모호크, 두꺼운 아이라이너로 얼굴에 악마 같은 느낌을 더했다.

그는 돌격 소총을 쐈고 나는 권총으로 반격했다. 무기를 떨어뜨린걸 보니 내가 그의 팔을 맞춘 것이 확실했다. 그가 서둘러 총을 집어 들고 낡은 차 뒤로 숨는 동안 나는 계속 총을 쏘았다.

그러자 이번에는 그가 차 뒤에서 문을 열었다. 나는 노출된 상태에서 타서 여러 발을 맞았다. 내 권총은 그의 돌격 소총과 맞서기엔 충분히 강력하지 않았다.

절망에 빠져 있을 때 뒤에서 쾅하는 소리가 들렸다. 고개를 돌려보니 가죽옷을 입은 한 여성이 커다란 소총을 들고 레이더를 향해 총을 쏘고 있었다. 그는 한 번 더 총을 쐈고 레이더는 쓰러졌다.

나는 죽은 레이더에게 다가가 소총과 탄약 등 그가 가지고 있던 모든 것을 빼앗았다. 심지어 뾰족한 징이 박힌 옷도 가져갔다. 내 스타일은 아니었지만 나중에 팔아야겠다고 생각했다.

시체에서 아이템을 꺼내는 것을 마쳤을 때 바로 옆에서 폭발음이 울렸고 내 시야가 온통 하얗게 변했다. 정신을 차리자 무슨 일이 일어났는지 깨달았다. 레이더가 엄폐물로 사용했던 차가 빗발치는 총탄에 맞아 불타기 시작한 것이다. 내가 시체에서 아이템을 뒤지는 동안에도 계속 불타고 있었고, 방금 전에 폭발했다.

폭발로 인해 내 오른쪽 다리와 왼쪽 팔이 움직이지 않았다. 이 상태로는 조준도 제대로 할 수 없었고 움직일 수도 없었다. 나는 배낭을 뒤지다가 스팀팩 치료기를 발견했다. 화학 물질이 내 혈관을 통해 흐르면서 팔다리를 다시 사용할 수 있을 정도로 치료해 주었다. 나는 체력을 보충하기 위해 누카콜라(Nuka-Cola)를 마셔댔다.

슈퍼-두퍼 마트 정문에 다다랐을 때, 매장 앞에 기괴한 자세로 뒤틀린 시신 세 구가 묶여 있는 것을 발견했다. 이들은 단순한 살인 희생자가 아니라 전시된 레이더 트로피였다. 주차장에 있던 레이더는 그냥 마주친 것이 아닌 것 같았다. 슈퍼-두퍼 마트는 레이더의 본거지였다.

나는 권총을 재장전하고 건물 안으로 들어갔다.

마트 안은 어두웠다. 수백 년의 때가 낀 창문 사이로 햇빛이 힘겹게 들어왔다. 천장의 형광등 몇 개가 여전히 불을 밝히고 있었고, 숨막히는 먼지 속에서 노란 빛 덩어리를 만들어내고 있었다. 쇼핑 카트는 바닥에 아무렇게나 흩어져 있었고, 진열대에는 아무것도 없는 물건들이 줄줄이 진열되어 있었다.

문 앞에서는 아무도 보이지 않았지만, 분명 거기 있을 거라는 생각이 들었다. 나는 어둠을 이용해 몸을 숨긴 채 방 안으로 들어갔다. 계산대에 다다랐을 때, 무기를 들고 통로 위쪽을 순찰하는 한 명의 레이더를 발견했다.

나는 가까이 다가가 조심스럽게 조준하고 권총을 발사했다. 총알은 침입자의 머리를 스쳐 지나가고 매장 뒤쪽 벽에 쿵 하고 박혔다. 내 공격에 위기감을 느낀 레이더들이 나무 가구에서 나와서 사방에서 반격을 하기 시작했다. 총알이 사방에서 날아오는 가운데 나는 계산대로 후퇴했다. 나는 목표물을 발견하고 사격하여 공격해온 레이더 몇 명을 사살했다.

두 명의 공격자가 왼쪽에서 접근했다. 한 명은 내 권총에 순식간에 쓰러졌다. 다른 한 명은 거대한 소총을 조준하고 쏴서 내 앞에 있는 카운터를 명중시켰다. 나는 그의 가슴에 네 발을 더 쏘았다. 그 중 하나가 명중했지만 그는 계속 다가왔고, 소총은 내 머리를 찢어버리려고 큰 소리를 냈다.

나는 절망에 빠져 기둥 뒤로 후퇴했다. 인벤토리를 살펴보다가 주차장에서 징 달린 옷을 입은 습격자에게서 훔친 돌격 소총을 발견했다. 나는 총을 준비하고 기다렸다. 소총을 든 괴한이 시야에 들어왔을 때, 나는 그에게 8발을 한꺼번에 쐈다. 그는 비명을 지르며 쓰러졌다.

가게는 조용해졌다. 싸움이 끝난 것 같아서 나는 주변을 뒤지기 시작했다. 죽은 침입자들로부터 갑옷과 탄약이 나왔다. 나는 마지막 희생자에게서 사냥용 소총을 꺼냈다. 자판기에서는 누카콜라가 나왔다. 화장실을 둘러보다가 바닥에서 매트리스와 마약을 발견했다. 레이더들이 여기서 잠을 잤던 것 같았다. 냉장고에는 모이라가 나에게 찾으라고 했던 첫번째 목록인 다양한 음식이 있었다.

나는 모이라가 원하는 약을 찾기 위해 가게 안쪽으로 들어갔다. 안타깝게 죽은 황무지 개척자들의 시체가 천장에 매달려 있었다. 마지막 한 명은 벽에 못 박힌 채 그리스도와 같은 자세로 죽어 있었다. 다른 시체들과 마찬가지로 그도 머리가 없었다.

그를 살피는 동안 자동 연사 무기가 발사되는 소리가 들렸다. 총알이 내 몸에 박히면서 내 피가 보였고 고통의 비명소리가 들렸다. 고개를 돌리자 기습한 적이 보였다. 돌격 소총을 들고 오토바이 헬멧을 쓰고 양쪽에 뿔을 박은 레이더였다. 그는 계속 총을 쏴서 내 왼팔에 부상을 입혔다. 나는 비틀거리며 뒤로 물러나 권총으로 보지않고 마구 총을 쏘았다. 약국 카운터의 엄폐물 뒤로 넘어지는 순간 그의 다음 총알이 내 다리를 부러뜨렸다.

나는 배낭을 뒤지다가 수류탄 하나를 발견했다. 나는 일어서서 수류탄을 던졌다. 수류탄은 미치광이의 발에 떨어졌고 폭발하면서 그의 다리를 무릎부터 분리해 공중으로 날려 보냈다.

가게는 다시 조용해졌다.

나는 마지막 남은 스팀팩으로 팔을 수리하고 다시 뒤지기 시작했다. 탄약통의 자물쇠를 따고 총알과 수류탄, 사제 지뢰를 꺼냈다. 여러 선반에서 기계 부품과 음식 찌꺼기, 그리고 '정크타운 육포 장수의 이야기'라는 책을 발견했다.

약국 뒷방으로 들어가려는데 내 초보적인 자물쇠 따기 기술로는 너무 높은 단계의 문에 막혀 있었다. 주위를 둘러보다가 조금 떨어진 곳에 있는 금속 상자에서 약국 열쇠를 발견했다. 나는 돌아와서 그 열쇠로 문을 열었다.

약국 창고 안에는 부서진 선반이 줄지어 있었다. 대부분은 쓰레기로 뒤덮여 있었지만 다트, 수류탄, 술, 압력솥, 소형 핵폭탄을 발견했다. 모이라가 알고 싶어 했던 의료품도 찾았다. 나는 상처 난 다리를 치료하기 위해 스팀팩을 사용했다.

약국을 나서는데 매장내 방송 시스템(P.A. System) 너머로 목소리가 들려왔다. "우리가 돌아왔다. 누가 문 좀 열어봐. 잠깐만, 여기 뭐가 잘못됐어." 레이더들이 정문에서 가게로 들어오고 있었고 나는 뒤쪽에 갇혀 있었다.

힘든 싸움이었지만 나는 해냈다. 메가톤으로 돌아왔을 때 하늘은 먼지가 자욱한 푸른색으로 변해 있었다. 모이라의 표정은 언제나처럼 밝았다. "허. 인체가 위나 비장 없이도 생존할 수 있다는 거 알아?" 그녀는 열광했다. "오, 무슨 일이야?"

브레이크다운(분해해보기) Breakdown

이 이야기는 <폴아웃 3(Fallout 3)>에서 플레이어가 경험할 수 있는 특별한 경험이다. 이 경험은 두 명의 플레이어에게 완전히 똑같게 벌어지지는 않을 것이다. 그래도 하나의 이야기로 이해할 수 있다. 이야기에는 완급조절, 설명, 시작과 끝이 있다.

<폴아웃 3>는 다양한 서사 도구를 사용한다. 풍경, 건축물, 고물, 전리품, 시체 등의 미장센 등 모든 곳에 세계관이 담겨 있다. 이야기의 다른 부분은 모이라의 대화처럼 바뀌지 않도록 준비되었다. 전투 장면과 같은 다른 부분은 상황에 따라 유연하게 바뀌도록 준비되었다.

플레이어가 경험하는 통합된 이야기는 대본, 게임 시스템, 플레이어의 결정이 상호 작용하면서 자연스럽게 생겨난다. 이러한 스토리텔링은 개별 모션과 공격의 미시적 수준부터 퀘스트 선택과 여행 목적지의 거시적 수준까지 모든 수준에서 발생한다. 그리고 수많은 순열이 존재하기 때문에 각 플레이어의 경험은 고유하게 된다.

나의 이야기는 세계서사를 통해 시작된다. '수도 황무지(The Captial Wasteland)'는 메마른 껍데기 같은 풍경이다. 불에 그을린 건물과 자동차는 핵으로 불타버린 세계의 역사를 말해준다. 메가톤 마을은 판금 판잣집과 손으로 그린 간판이 극심한 가난에 시달리는 고단한 삶을 대변하는 등 건축물을 통해 고유의 세계관을 전달한다. 그리고 사람들의 모습도 개성적이다. 모이라 브라운의 지저분한 작업복과 단순한 헤어스타일은 인기보다는 수리에 더 관심이 많은 여성임을 나타낸다. 그녀가 긱(Geek)이라는 것을 알 수 있다.

하지만 여기서 벌어지는 것이 세계의 이야기만 있는 것은 아니다. 플레이어는 어디로 갈지, 무엇을 볼지에 대한 선택을 통해 이 세계의 이야기를 경험한다. 그렇기 때문에 플레이어가 공간을 돌아다니는 동안 핵전쟁의 배경 이야기와 볼트를 탈출한 후 황무지를 돌아다니는 플레이어 캐릭터의 새로운 이야기, 두 가지 스토리가 진행된다. 한 가지 이야기는 "이 마을은 절망에 빠진 사람들이 건설했습니다."이다. 다른 하나는 "나는 마을에 들어와서 왼쪽을 탐험했다"는 이야기이다. 플레이어는 두 가지 이야기를 동시에 경험하면서 동시에 각각의 감정을 느낄 수 있다.

모이라와 대화를 시작하자 게임은 탐험할 수 있는 세계 서사에서 대화 트리로 전환되었다. 내가 하는 말은 모두 대사 선택지 목록에서 고른 것이고, 모이라의 반응은 모두 준비되어 있다.

무한한 이야기 분기 문제를 피하기 위해 폴아웃 3의 대화 트리는 자주 반복된다. 예를 들어, 모이라를 맞이할 때마다 장비 구매, 플레이어의 집 가구 구매, 지역 가십, 오브젝트 수리, 진행 중인 퀘스트 등 각기 다른 주제로 연결되는 동일한 대화 선택지 목록이 표시된다. 각 주제가 해결되면 대화는 중심 첫번째 목록으로 돌아간다. 따라서 대화 트리 자체는 자전거살 콘텐츠 순서 구조로 배열되어 있다.

슈퍼-두퍼 마트에 대한 접근 방식은 앞으로의 도전에 대한 기대감을 조성했다. 이 부분은 대본에 없었지만 세계의 지형 구조가 암시하고 있다.

슈퍼-두퍼 마트 밖에서 레이더와 가죽옷을 입은 사냥꾼을 만나는 장면은 흥미로운 서사 도구의 융합이었다. 레이더는 항상 같은 장소에 나타나도록 스크립팅되어 있었다. 하지만 사냥꾼은 어떤 스크립트에도 포함되지 않았다. 사냥꾼은 게임 내내 황무지에 무작위로 등장한다. 이 경우에는 내가 슈퍼-두퍼 마트에 도착하자마자 사냥꾼이 나타났다. 서로 적대적인 사냥꾼과 침입자는 서로를 보자마자 싸우기 시작했고, 내가 도착했을 때에도 이 전투는 계속되고 있었다.

이 전투에 대한 내 사전 정보는 사냥꾼의 허세("뭐가 문제지? 자기 피를 보기엔 겁이 나나?"), 그리고 레이더의 돌격 소총에 죽어나가는 장면을 목격했다. 미친 것 같이 용감한 사냥꾼이 죽어가면서 마지막 위협을 외치는 장면은 가슴을 울리는 감정의 교류이다. 흥미로운 점은 이 장면이 게임 메카닉에서 모델링되지 않았다는 점이다. 무작위적인 대화와 간단한 전투 상호작용을 통해 플레이어의 머릿속에서 비약적으로 만들어진 해석이다.

첫 번째 사냥꾼이 죽은 후 나는 두 번째 레이더의 돌격 소총 사격으로 고립되었다. 이 짧은 전투는 나름의 감정선을 가진 작은 창발적인 이야기를 형성했다. 옴짝달싹하지 못하는 상황은 나를 긴장하게 만들었다. 숨어있던 사냥꾼이 제 목숨을 구해줬고, 나는 구세주에 대한 안도감과 감사함으로 가득 찼다. 그가 친절의 표시로 나를 구해준 거나, 살해당한 동료에 대한 복수를 위해 살인을 저지른 것 같아 보였다. 물론 이러한 해석은 모두 순수한 아포페니아에 불과하지만, 그럼에도 불구하고 현실적으로 느껴지고 플레이어에게 영향을 미친다.

슈퍼마켓 안에서 벌어지는 싸움은 또 다른 작은 이야기를 형성한다. 내가 그 공간에 몰래 들어갔을 때 드러난다. 이러한 잠입은 전투에 뛰어들기 전에 그들의 상황을 이해할 시간을 주었다. 레이더들이 나타나기 시작하자 긴장감이 고조되었다. 소총을 휘두르는 레이더가 다가오자 긴장감은 최고조에 달했다. 이 긴장감은 주차장에서 레이더로부터 빼앗은 돌격 소총을 기억해내는 깨달음과 반격을 통해 얻은 승리로 마침내 해소되었다. 이 작은 원호는 액션 영화의 한 장면 같지만 기획자가 만든 것이 아니라 게임 시스템, 부드럽게 준비된 작업물, 플레이어 선택의 상호작용에서 나온 것이다.

돌격 소총을 든 적의 마지막 습격은 기획자가 준비한 작업이 아니다. 그의 '습격'은 즉흥적으로 이루어졌으며, 인공지능에 어떤 의도도 없었고, 그저 그는 본 전투가 끝나고 우연히 남아 있었을 뿐이다. 하지만 게임 메카닉에는 없었지만, 이 마지막 미친 생존자가 덫을 놓은 것 같았다.

헬멧의 뿔은 그 마지막 공격자에게 특별한 개성을 부여하는 역할의 라벨이었다. 그는 단순한 레이더가 아니라 괴상한 뿔을 가진 이상한 레이더이다. 이 라벨 덕분에 그에 대한 스토리를 더 쉽게 구성할 수 있었다. <폴아웃 3>에서 개선할 수 있었던 부분 중 하나가 바로 라벨링이다. 대부분의 캐릭터는 그저 설명이 없는 레이더에 불과하다. 미친 의사, 바텐더, 주인, 노예 등 정체성이 좀 더 뚜렷했다면 플레이어는 이들에 대한 더 나은 스토리를 구성할 수 있었을 것이다.

웃긴 분위기 The Goofy Undertone

<폴아웃 3>의 세계는 우스꽝스러운 분위기가 강하다. : 모이라의 압도적인 열정, 뿔 달린 헬멧을 쓴 침입자 등이 그런 분위기를 대표한다. 이러한 유머러스한 대비는 필수적이다. 만약 이 게임이 절망적인 죽음의 세계에서 살아남는 것에만 초점을 맞췄다면, 대부분의 플레이어가 감정의 무거움을 견디기 힘들었을 것이다. 때때로 부조리한 요소는 이러한 감정적 부담을 덜어준다.

부조리는 게임에서 덜 현실적인 부분을 정당화하는 데도 도움이 된다. 예를 들어, <폴아웃 3>는 핵 방사능에 대한 엉뚱한 시각을 바탕으로 거대한 파리부터 30피트 높이의 인간형 괴물까지 온갖 이상한 괴물이 플레이어를 공격해온다. 방사능이 사실적으로 모델링되었다면 이런 장면은 불가능했을 것이다.

마지막으로, 진지하지 않은 분위기는 게임의 새로운 이야기에서 필연적으로 발생하는 논리적 부조리의 영향을 줄여준다. 예를 들어, 나는 수송대 경비병 뒤에 다가가서 뒤통수를 세 발이나 쏜 적이 있다. 그는 고개를 돌리고 얼굴을 찡그리며 "무슨 소리가 난 것같아!"라고 말했다. 그 순간은 잘못했다는 느낌보다는 그냥 재미있게 느껴졌다.

콘텐츠 순서 지정 Content Ordering

콘텐츠는 준비된 콘텐츠와 세계의 지형에 따라 순서가 정해진다. 예를 들어, 플레이어는 주차장을 통과한 후 안으로 들어가야 한다. 안으로 들어가면 약국을 경험하기 전에 메인 룸을 통과해야 한다. 마지막으로, 출입구로 들어오는 침입자는 플레이어가 약국을 탐험한 후에만 나타나도록 준비되었다.

플레이어는 언제든지 퀘스트를 떠났다가 다시 돌아올 수 있다. 퀘스트의 절반을 완료하고 떠났다가 20시간 후에 다시 돌아와서 완료할 수도 있다. 이렇게 하면 플레이어가 여러 가지 퀘스트를 수행하면서 게임을 진행할 수 있는 경로가 엄청나게 많아진다.

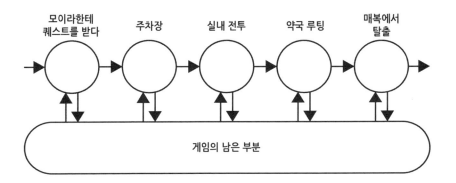

완급 조절 Pacing

이 이야기의 완급은 불규칙적으로 급격하게 변한다. 긴박감 넘치는 전투의 순간과 긴 대화, 탐험, 회복, 아이템 수집의 시간 사이에는 긴장감이 흐른다. 이 혼합은 플레이어가 지치지 않고 계속 몰입할 수 있게 해준다.

이 이야기의 속도 완급은 진행에 더 큰 의미를 부여하는 것이 좋다고 주장할 수도 있다. 퀘스트를 진행할수록 더욱 격렬한 전투가 벌어지고 클라이맥스로 마무리되는 등의 진행 말이다. 하지만 속도 완급의 진행에 큰 이미를 부여하려면 플레이어가 언제든지 퀘스트를 일시 중단할 수 있고 다시 시작할 수 있다는 사실을 이야기 속도 완급의 곡선에 어떻게 조화시킬지 고민해야한다. 플레이어가 쉽게 산만해지면 공들여 만든 완급 곡선이 잘게 조각날 수 있다. 이렇게 예측할 수 없는 환경에서는 잘게 조각났다가 다시 조립되는 것을 방지할 수 있는 안정적인 게임 완급 조절이 최상의 솔루션이 될 수 있다.

설정 Setting

<폴아웃 3>는 포스트 아포칼립스 세계를 배경으로 한다. 이 설정은 훌륭하고 유연한 게임 메카닉을 정당화함으로써 게임을 잘 뒷받침한다.

　예를 들어, 굶주리고 절망에 빠진 사람들이 종종 폭력적으로 변하는 것은 당연한 일이다. 이러한 편재하는 폭력은 여러 가지 방식으로 게임을 뒷받침한다. 게임 내 전투 시스템의 반복적인 사용을 정당화한다. 또한 캐릭터가 서 있거나 말을 하는 대신 뛰고 쏘게 함으로써 게임에서 긴박한 스토리를 전달할 수 있어 인간과의 상호작용 문제를 크게 피할 수 있다. 죽어버린 세계는 매우 낮은 인구 밀도를 정당화한다. 이는 게임의 기술적, 기획적 한계와도 잘 맞아떨어진다. 덕분에 기획자는 게임의 이미 많은 등장인물보다 더 많은 캐릭터를 만들지 않아도 된다. 또한 게임의 기술로는 감당할 수 없는 대규모 군중이 등장하지 않는 이유도 설명할 수 있다.

5 | 결정 Decisions

뇌들은 촛불에 비친 촉촉한 신피질의 주름이 반짝거리며 저녁 식탁 주위에 앉아있었다.

"알버트, 너는 어때?" 좁은 회색빛 뇌가 물었다. "요즘 취향은 어때?"

알버트, 넓적하고 분홍빛인 뇌가 떨었다. "난 크고, 자주 먹고 싶지 않아. 소화하는 데 시간이 걸리는 것을 원해."

"파," 길고 원통형의 뇌인 아이작이 말했다. "누가 그렇게 오래 씹고 싶어? 난 작은 조각들을 빠르게 먹는 것을 선호해. 한입 크기의 조각들."

식탁은 많거나, 적거나, 다양하거나, 통일되거나, 크거나, 작거나 등 논쟁으로 터져나갔지만 웨이터들이 뇌들에게 각각 선호하는 음식을 차례대로 꺼내놓으면 분위기가 무르익었다.

전체적으로 상호작용 경험은 얽힌 실처럼 이해하기 어려운 상호작용, 생각, 감정의 혼합물이다. 상호작용을 효과적으로 만들려면 그 구성 요소들을 면밀히 살펴볼 필요가 있다. 이러한 단위는 결정이다.

일부 게임에서는 결정을 쉽게 찾을 수 있다. 포커 패를 들었을 때 플레이어는 게임을 폴드할지 콜할지 결정해야한다. <문명Ⅴ(CivilizationⅤ)>에서는 플레이어가 바빌론을 지금 즉시 공격할지, 아니면 턴을 한 번 더 돌릴지 결정해야 한다. 이런 게임들은 하나하나, 독특하고 완벽한 퍼즐처럼 순서대로 결정을 하도록 한다.

하지만 다른 게임들은 그렇게 쉽게 결정을 할 수 있게 만들어주지 않는다. 실시간으로, 여러 층위로 이루어진 게임에서 결정은 빨대 속의 거품처럼 한 번에 흘러간다. 그 결정들은 지각과 사고의 연속된 춤 안에서 겹치고, 합쳐지며 나뉘어진다. <스타크래프트Ⅱ>에서 숙련된 플레이어는 공격대 하나를 관리하며, 다른 공격을 막아내고, 정찰병을 조종하며, 자원을 모아야 한다. 복싱에서도 선수는 자신의 에너지, 자세, 공격, 방어를 면밀히 관찰하며, 매 순간 신체의 모든 부분으로 무엇을 해야 할지 결정한다. 이런 경쟁자들의 다양한 생각 과정은 너무 심하게 겹쳐 개별적인 결정을 식별하기 어렵다. 하지만 우리가 쉽게 선을 긋지 못한다 해도 결정은 여전히 존재한다. 그리고 이러한 결정은 강력한 감정의 원천이기 때문에 중요하다.

우리는 결정을 설명할 때 논리적 추론을 사용한다. 그리고 상황을 둘러싼 이유와 방법, 원하는 목표, 그리고 우리의 선택이 어떻게 그 목표에 도달하게 하는지 등을 설명한다. 하지만 실제로 논리는 선택 과정의 일부분일 뿐이다. 다른 부분(사실 이 부분이 더 클 때가 많다)은 감정에 의해 움직인다. 사람이 완벽하게 합리적으로 결정한다는 것은 신화에 불과하며, [스타트렉]의 '스팍'이 더 현실적이다.

양말 한 켤레를 어떤 것으로 신을지, 이혼을 할지, 체스에서 어떤 개막수를 사용할지 등 어떤 선택을 하든 당신의 결정은 각 선택에 대한 당신의 느낌에 따라 이끌린다. 검은색 양말을 보고 지루함을 느낀다. 주황색 양말을 보니 당신 안에서 무언가가 켜진다. 그래서 주황색 양말을 선택했다. 혹은 체스에서 퀸을 전진시키는 것에 대해 생각하고 훈련된 본능이 당신에게 불안감을 주입한다. 폰을 바라보니 기분이 좋아진다. 그래서 폰을 옮긴다.

각각의 경우 잠재의식의 일부분이 결정을 평가하고 행동을 유도하기 위한 감정을 일으킨다. 이러한 감정은 플레이 경험의 일부이다.

게임 기획에서 결정을 이해하는 것은 매우 중요하다. 결정은 게임에서만 존재하는 감정 트리거이기 때문이다. 많은 매체는 스펙타클, 캐릭터, 음악을 통해 감정을 불러일으킬 수 있다. 오직 게임만이 결정을 통해 그렇게 할 수 있다.

하지만 결정 생성 시스템을 만드는 것은 매우 어렵다. 결정 그 자체는 무수히 많은 형태와 크기로 나타난다. 중요하거나 미미할 수도 있고, 어렵거나 쉬울수도 있다. 일부는 많은 정보를 요구하고 어떤 것은 정보가 거의 필요없을 수도 있다. 아주 명확하거나, 불확실할 수도 있다. 급격하게 몰려올 때도 있고 긴 고민을 허용할 때도 있다. 밀집되어 있을 수도 있고 넉넉하게 간격을 두고 올 수도 있다. 각각의 변형과 조합은 다른 감정적인 느낌을 만들어낸다.

추가적인 도전으로 우리는 그것을 부수지 않고서는 결정을 직접 설계할 수 없다. 다른 어떤 분야에서도 게임 기획에서 결정이 잘 동작하려면 창발적이어야 한다. 그렇기 때문에 하나 하나 쓰는 대신 즉시 그것들이 생성되는 시스템을 만들어야 한다.

결정 기획은 가장 순수한 게임 기획이다. 이야기, 소설, 이미지, 소리는 게임을 더 풍성하게 할 수 있지만, 이런 요소들은 게임의 본질적인 부분은 아니다. 게임의 핵심은 상호작용이고, 상호작용의 핵심은 결정하는 순간이다.

미래 예측하기 Feeling the Future

대부분의 감정 트리거는 현재 일어나는 사건에 의해 작동한다고 설명된다. 무서운 괴물을 보면 두려움을 느끼고, 승리를 하면 승리감을 느낀다. 각각의 경우, 사건이 발생하면 플레이어의 의식은 그 사건을 인식하고 잠시 후 감정적 반응을 생성한다. 원인과 결과는 명확하고 직관적으로 이해된다.

그러나 결정은 이런 방식으로 감정을 생성하지 않는다. 그 이유는 결정은 현재에 대한 것이 아니기 때문이다. 결정은 여러 가지 가능한 미래 중에서 선택하는 것이다. 결정으로 인해 일어나는 감정은 일어난 일이 아니라 일어날 수도 있는 일에 대한 것이다.

무엇인가가 일어나야 감정이 생성되는 것은 아니다. 플레이어는 그것이 일어날 가능성을 느낄 필요만 있다.

예를 들어, 엠파이어 스테이트 빌딩의 가장자리에 서 있다고 상상해 보자. 발끝이 허공에 매달려 있고, 바람이 등을 밀어댄다. 아래를 내려다보면 86층 아래에 벌레처럼 기어 다니는 차들이 보인다. 당신은 겁에 질려 있다. 당신의 감정은 수백만 년의 자연 선택을 거쳐 다듬어져 마음 속에서 고함을 친다. "망할, 난 돌아가야겠어!"

이제 여름날 친구 집 현관 앞 가장자리에 서 있다고 상상해 보자. 발가락이 화단 위에 걸려있고 바람이 현관문을 통해 불어와 등을 밀어댄다. 아래를 내려다보면 꽃잎 가장자리를 따라 한 마리 무당벌레가 기어가는 모습이 보인다. 마음이 평온해진다.

두 상황에서 벌어진 사건에는 차이가 없다. 두 경우 모두 가장자리에 서 있었고 거의 밀어낼 정도로 바람이 거세게 불었다. 어느 경우에도 죽지는 않았다. 유일한 차이는 각각 제시하는 가능한 미래에 있다. 현관에서 당신의 무의식은 주변의 모든 가능한 미래에 위험한 것이 없다고 감지했기 때문에 어떤 결정을 강제할 강력한 감정이 필요하지 않았다. 하지만 마천루에서는 당신의 무의식이 즉각적인 죽음의 가능성을 감지했다. 그래서 공포감을 이용해 당신의 의사결정 과정에 영향을 미치려고 했다. *아무 일도 일어나지 않았음에도 불구하고* 당신은 두려움을 느꼈다.

이 부분은 중요하다. 우리는 엔터테인먼트 제작 과정을 무엇이 일어나는지 결정하는 과정이라고 생각하는 데 익숙하다. 전통적인 이야기꾼들은 줄거리 안에서 사건의 흐름들에 대해 생각하거나 이야기한다. 게임 기획자는 메카닉이 창발적으로 일으킬 상황에 관해 이야기한다. 암묵적인 가정은 일어나지 않은 일은 관계가 없다는 것이다. 하지만 인간에게 가능한 미래에 대한 감정을 느낄 수 있는 능력이 있다는 것은, 그 전제가 틀렸다는 것이다.

게임에서 플레이어는 단지 일어난 일만 경험하지 않는다. 그의 의사결정 과정은 그의 머릿속에서 감지할 수 있는 모든 가능한 결과와 상호작용한다. 그의 무의식은 그가 승리하고, 패배하고, 살아남고, 죽는 미래로 뻗어가는 세상의 끊임없는 시뮬레이션을 실행한다. 이렇게 인식된 벌어질 수 있는 결과는 그것이 발생하든 안 하든 그의 감정에 영향을 미친다.

따라서 게임 기획자는 플레이어가 무엇을 할 것인지, 게임이 어떻게 반응할 것인지만 생각해서는 충분하지 않다. 우리는 플레이어가 무엇을 고민할 것인지, 그리고 플레이어가 게임이 어떻게 반응할 지에 대해 생각할 것도 고민해야 한다. 왜냐하면 이런 상황 중 많은 것들이 현실에서는 결코 일어나지 않지만, 플레이어가 머릿속에서 그것들이 일어날 수 있다고 생각하는 것으로 플레이어의 경험에 여전히 영향을 미치기 때문이다.

높은 수준의 체스 경기에서, 플레이어들은 보드를 조용히 응시하는 데 많은 시간을 보낸다. 순진한 관찰자는 이렇게 불평할 수도 있다. "그들은 왜 아무것도 하지 않는 거지?" 하지만 그들은 무언가를 *하고* 있다. 그들은 결정하고 있는 중이다. 몸은 가만히 있지만, 머릿속에서는 체스의 가능성으로 가득찬 공간을 통해, 수천 개의 공격과 반격의 표면을 가로질러, 문제를 푸는 유일한 보석을 찾는 춤을 추고 있는 것이다. 가능한 공격을 감지하고 피할수 없는 반응을 보면서 감정이 오르락 내리락한다. 말을 움직이는 것이 아니라, 이 내면에서 일어나는 결정 과정의 수준이 체스를 매력적으로 만드는 것이다.

반대되는 경우도 가능하다. 잘 기획되지 않은 게임은 역동적이고 아름답지만, 의미 있는 결정이 전혀 없을 수 있다. 낙후된 게임플레이 시스템과 결정 완급의 틈은, 화면에서 얼마나 많이 검이 부딪치거나 과속하는 자동차가 깜빡거리던지 상관없이 사람들을 무관심하게 만든다. 물리적인 액션만으로는 머릿속의 내적인 경험을 채울 수 없다. 그러기 위해서는 기대, 불확실성, 결과, 그리고 결정이 필요하다.

예를 들어, 한 대규모 스튜디오는 매우 유사한 기술을 사용하고 많은 플레이어 능력을 공유하는 두 개의 3인칭 액션 프랜차이즈를 보유하고 있다. 언뜻 보기엔, 겉모습이 극도로 비슷하게 보인다. 두 게임 모두 플레이어 캐릭터는 벽을 오르고 장애물을 넘어 검으로 적 그룹과 싸운다. 하지만 세계 구조가 플레이어의 결정을 제공하는 방법 때문에 두 게임을 플레이하는 경험은 매우 다르다.

첫 번째 게임은 오픈 월드로 설정되어 있다. 주인공은 적에게 접근하거나 도망하기 위해 어디든 달리고, 오르고, 뛰어넘을 수 있다. 때로는 몰래 움직여 지붕에서 공격하기를 선택할 수도 있다. 언제든 그는 거리에서 적을 검으로 공격할 수 있다. 그는 거대한 세계에서 어떤 방향으로든 달리고 오를 수 있다. 이는 모든 순간이 수백 가지의 가능한 미래로 가득 차 있다는 것을 의미한다. 플레이어는 헤엄치고 있거나, 지붕에서 숨어 있거나, 목숨을 걸고 싸우는 자신의 미래를 들여다 볼 수 있다. 그리고 그의 머릿속에서는 끊임없이 이러한 가능성에 대해 고민하고, 평가하며, 감정의 지렛대를 사용하여 그를 어느 한 방향으로 이끈다. 그가 이러한 미래를 의식적으로 고려하지 않더라도, 그는 항상 그것들을 느끼고 있다.

두 번째 게임은 제어 면으로는 첫 번째 게임과 매우 유사하지만, 압도적으로 선형적이다. 각 지역에는 입구 하나와 출구 하나가 있으며, 플레이어가 진행할 수 있는 점프와 등반의 특정 경로가 하나 있다. 머릿속에서 생각할 수 있는 가능한 미래는 한 가지 이상이 없으므로, 결정할 것이 없다는 뜻이다. 플레이어는 매 순간 할 수 있는 한 가지만 하므로, 게임은 공허한 감정만 준다. 화면 상의 행동은 첫 번째 게임과 동일하더라도, 그 뒤에 숨어있는 사고 과정과 수반되는 감정은 매우 다르다.

예측 가능성 Predictability

게임을 예측 가능하다고 부르는 것은 일반적으로 모욕으로 여겨진다. 하지만 예측 가능성은 의미 있는 의사 결정에 필수적이다.

일어날 수 있는 미래를 느끼기 위해서는 플레이어가 그것을 감지하고 이해해야 한다. 고층 빌딩의 가장자리에 서 있으면 무서운 이유는 조금만 더 가면 죽음을 맞이하는 것을 이해하기 때문이다. 만약 무슨 일이 일어나고 있는지 이해하지 못했다면, 죽음의 가능성은 당신을 두렵게 하지 않을 것이다. 왜냐하면 그곳에 죽음이 존재한다는 것을 감지하지 못하기 때문이다.

우리가 결정을 의미 있게 만들고 싶다면, 그 결과는 알 수 없거나 필연적이어서는 안 된다. 어느 정도 예측이 가능해야 한다.

미래에 대한 예측이 전혀 없다면 계획과 결정이 불가능하다. 수백만 개의 흥미로운 미래가 있을 수 있지만, 그것들이 이해할 수 없는 안개 속에 갇혀 있다면 의미가 없다. 이런 일이 발생하면 의사결정 사고 과정이 사라진다. 플레이어는 앞을 내다볼 수 없기 때문에, 게임은 플레이어가 발생하는 일에 가능한 한 빨리 반응하는 감정을 느낄수 없는 반응 훈련으로 퇴보한다.

동시에 미래는 완전히 예측 가능해서는 안 된다. 완전히 예측 가능한 미래는 의미 있는 결정을 창출하지 않는다. 왜냐하면 원하는 결과를 찾는 데 정신적 노력이 필요하지 않기 때문이다. 우리는 가장 유리한 결과만 선택하면 된다.

가능한 미래를 예측하는 것은 일관적이고 이해할 수 있는 시스템이 동작하는가에 달려있다.

찻잔을 집어 들고 팔길이 만큼 앞으로 내밀어 떨어뜨려본다. 무슨 일이 일어났는가?

분명히, 우리 모두 박살 난 자기 조각과 쏟아져 버린 차가 있을 거라는 답을 알고 있다. 우리가 그 답을 아는 이유는 직관적으로 생활의 물리학을 이해하기 때문이다. 우리는 중력이 시간이 지남에 따라 모든 것을 아래로 끌어당긴다는 것을 알고 있으므로 더 높은 곳에서 떨어뜨린 물건은 더 큰 힘으로 바닥에 부딪힐 것이다. 우리는 찻잔이 충분히 강하게 충격을 받으면 부서질 만큼 취약한 소재로 만들어졌다는 것을 알고 있다. 이것은 우리가 이해하는 규칙 체계, 즉 물리학의 일부이다. 우리가 그 체계를 이해하기 때문에 우리는 그것이 무엇을 할지 예측할 수 있다.

무의식은 이러한 체계에 대한 지식을 적용하여 가능한 미래를 예측한다. 물리는 그중 하나이지만, 심리, 경제, 기계 등 그 외에도 많은 것들이 있다. 당신이 가진 "아이의 마음"은 하나의 체계이다. 당신의 사내 정치와 차고에 있는 수리가 필요한 잔디깎기 기계도 마찬가지이다. 미래를 느끼는 것은 이러한 체계에 대한 우리의 심성모형을 사용하여 어떤 행동에 대한 반응으로 무슨 일이 일어날지 예측함으로써 미래를 먼저 보는 것을 의미한다.

게임에서의 예측에도 동일한 원칙이 적용된다. 주요 차이점은 이곳의 체계는 인공적으로 설계된 게임 메카닉으로 이루어져있다는 것이다. 하지만 감정이 이끄는 방식으로 예측될 수 있으려면 이러한 메카닉으로 이루어진 체계는 특정한 속성을 가져야한다.

첫 번째, 게임 시스템은 일관성이 있어야 한다. 중력처럼, 서로 다른 상황에서도 같은 방식으로 작동해야 한다. 그래야 한 곳에서 배운 교훈을 다른 곳에도 적용할 수 있다. 규칙이 끊임없이 바뀌면 예측이 불가능하다.

두 번째, 게임 시스템은 *이해할 수 있어야* 한다. 즉, 플레이어가 이해할 수 있을 만큼 간단해야 한다. 일관된 시스템도 이해할 수 없다면 예측할 수 없다.

게임 시스템이 이 두 가지 기준을 모두 충족하면 플레이어는 미래를 보고 느낄 수 있으며, 모든 예측된 위협과 기회에서 감정의 우주가 생겨난다. 하지만 게임 시스템이 일관적이지 않거나 이해할 수 없다면 그 감정은 사라진다. 위협과 기회가 있더라도 플레이어는 일관적이지 않거나 이해할 수 없는 시스템의 안개 속에 있다면 그것들을 감지할 수 없기 때문에 그러한 감정들을 느낄 수 없다.

예를 들어, 마리오의 점프는 항상 같은 방식으로 이루어진다. 마리오의 최대 점프 높이는 항상 동일하다. 마리오의 조작 특성과 낙하 속도는 절대 변하지 않는다. 또한 이러한 시스템은 복잡하지 않다. 몇 가지 규칙과 숫자뿐이다. 즉, 마리오의 점프는 일관되고 이해할 수 있는 시스템에 의해 구동된다. 따라서 플레이어는 연습을 통해 장애물 코스를 보고 어떤 점프가 출구로 데려다 줄지, 어떤 위험에 직면할지, 그리고 어떻게 극복할 수 있는지 정확히 알 수 있다. 플레이어는 다양한 경로, 가능성, 기회를 상상하고 각각의 것을 느낄 수 있다.

만약 마리오의 점프 시스템이 무작위로 변경되거나 이해할 수 없을 정도로 복잡하다면 예측 가능성은 사라질 것이다. 플레이어는 점프 경로를 계획할 수 없다. 머리에 미래의 이미지가 없다면 플레이어는 기회에 대해 좋은 기분을 느끼거나 미래의 위험에 대해 두려워할 수 없다. 플레이어가 할 수 있는 일은 반응하는 것뿐이다.

예측가능성과 미리 정해진 결정

이 부분을 진행하기 전에 먼저 짚고 넘어가야 할 게 있다. 게임에서 '결정'이라는 이야기가 나오면, 사람들은 종종 오래된 게임북 '나만의 모험을 선택하세요 (Choose Your Own Adventure : *역자 주)'소설처럼 미리 정해진 줄거리 분기를 떠올린다. 이런 종류의 결정에서, 게임 기획자는 플레이어의 모든 선택지와 각 선택지가 이끄는 결과를 명확하게 정의한다.

예를 들어, 기획자는 플레이어에게 다가와 마약을 권하는 캐릭터를 만들 수 있다. 플레이어가 마약을 받으면, 미리 지정된 시나리오가 실행되어 경찰이 플레이어를 추격한다. 플레이어가 마약을 거절하면, 범죄자가 플레이어를 공격한다. 선택과 그로 인한 모든 결과는 기획자가 미리 설계했기 때문에 항상 같은 방식으로 진행된다.

이런 미리 정해진 결정은 내가 이 장에서 논의하는 결정과 다른 것이다. 왜냐하면 그 결과는 플레이어가 학습하고 예측할 수 있는 게임 시스템에 의해 결정되지 않기 때문이다. 무슨 일이 벌어질지는 기획자가 마음대로 선택한 것에 의해 결정된다. 이것은 이러한 결정을 내리는 사고과정이 메카닉에 의해

*역자 주 : '나만의 모험을 선택하세요(Choose Your Own Adventure)' - 1970년대에 등장한, 특정 상황에서 독자의 선택에 따라서 몇 페이지를 읽으라는 식으로 전개가 되는 게임북 시리즈.

주도되는 결정을 위한 사고과정과 완전히 다르다는 것을 의미한다.

미리 정해진 결정의 최고의 케이스는 플레이어가 게임내 설정에 몰입하여 선택을 하는 것이다. 그는 좋은 사람이 되고 싶어 마약을 거절할 수도 있고, 악인이 되고 싶어 받아들일 수도 있다. 최악의 경우는 플레이어는 가장 유리한 결과를 얻기 위해 기획자를 계속 의심하는 것이다. 그는 과거 기획자의 패턴을 살펴보고, 어떤 선택이 더 많은 돈을 벌어줄지 추측하여 마약을 받거나 거절할 것이다. 어느 쪽이든 그 사고과정은 체스의 움직임이나 대전 게임의 공격과 같은 메카닉-주도적인 선택과는 다르다. 플레이어는 게임 시스템을 통해 생각하지 않는다. 플레이어는 감성적인 가치를 통해 생각하거나 기획자의 머릿속을 읽으려고 한다.

미리 정해진 선택은 목적을 가지고 있다. 미리 정해진 선택은 시스템-주도적 선택으로는 불가능한 방식으로 플레이어가 기획자와 함께 이야기를 공동으로 작성할 수 있도록 한다. 우리는 인간의 의식을 시뮬레이션하거나 전체 이야기 세계를 시뮬레이션하는 시스템을 만들 수 없다. 따라서 플레이어가 이러한 것에 영향을 미치려면 미리 정해진 결정을 선택해야 한다. 하지만 이 미리 정해진 선택은 이 장에서 논의된 시스템-주도적 결정과 혼동해서는 안 된다. 이들은 다르게 작성되며 서로 다른 방식으로 경험에 기여한다.

예측 가능성과 AI Predictability and AI

일반적으로 똑똑한 AI가 더 나은 AI일거라고 받아들여진다. 그렇게 생각하는 이유는 다음과 같다. 게임은 사람들이 존재하는 어떤 가상 세계의 시뮬레이션이다. 더 정확한 시뮬레이션일수록 좋고, 캐릭터의 의식에 대한 시뮬레이션이 더 정확할수록 좋다. 그리고 실제 사람들은 게임 AI보다 항상 더 똑똑하므로, 게임 AI가 더 똑똑해질수록 실제 사람과 더 비슷하고 더 좋을 것이다.

문제는 게임은 인생 시뮬레이션이 아니라는 점이다. 게임 속 사람들이 항상 실제 사람의 시뮬레이션일 필요는 없다. 게임은 허구적인 게임 설정으로 포장된 메카닉이지, 그것을 현실이라고 착각하게 만들려는 메카닉은 아니다. 허구적인 설정은 메카닉을 강화하고 전달할뿐, 메카닉을 정의하지 않는다.

그리고 더 똑똑한 AI는 종종 예측할 수 없기 때문에 메카닉 기획에 해를 끼칠 수 있다. 몇 가지 간단한 행동으로 움직이는 AI는 예측할 수 있다. 플레이어는 각 단계에서 어떤 일이 일어날지 알고 미래까지 접근하는 계획을 세울 수 있다. 하지만 복잡하고 다층적인 의식을 가진 매우 똑똑한 AI는 예측할 수 없다. 플레이어는 이해할 수 없는 머릿속에 의해 움직이는 AI의 행동을 중심으로 계획을 세울 수 없다. AI가 더 많이 생각할수록 플레이어는 생각할 여지를 줄인다.

대부분의 경우, AI는 실제 머릿속의 시뮬레이션이 아니라 다른 메카닉처럼 생각하는 것이 가장 좋다. 명확하고, 예측 가능하며, 일관성 있는 규칙을 따르는 캐릭터는 현실적으로 혼란스러운 머릿속 시뮬레이션보다 플레이 경험에 더 많이 기여한다.

예를 들어, 대부분의 실시간 전략 게임에서 병사들은 사람보다는 기계처럼 행동한다. 명령을 받으면 정확하고 즉시 수행하며, 항상 같은 방식으로 수행한다. 이는 같은 전투는 항상 같은 결과로 끝나고, 같은 대응 전략이 항상 효과가 있다는 것을 의미한다. 일관성은 플레이어들이 복잡한 전략을 세울 수 있게 해준다. 만약 병사들이 복잡한 내부 AI를 가지고 있다면, AI가 오른쪽으로 가려다 왼쪽으로 가거나, 용기를 잃었다가 다시 얻는 등으로 같은 전투가 무작위로 승리에서 패배로, 다시 승리로 오락가락할 것이다. 그러면 플레이어 대신 AI 병사들이 전투 결과를 결정하게 되는데, 이는 우리가 원하는 바가 아니다. 기계처럼 행동하는 병사들은 게임의 허구 배경 설정 측면에서는 의미가 덜하지만, 그들의 메카닉에 의한 예측 가능성은 플레이어들이 자신들의 전략이 일관성 있게 실행될 것이라는 확신을 가지고 전략을 세울 수 있게 해준다.

메카닉 중심의 의사 결정보다 게임안의 허구적인 설정이 더 중요한 기획에서는 이 규칙의 예외가 발생한다. 게임의 감정 트리거가 AI 캐릭터 간의 섬세한 상호 작용에 달려 있다면, 단순한 AI의 깨끗한 예측 가능성을 희생하는 것도 가치가 있다.

정보 밸런스 Information Balance

플레이어가 결정을 내릴 때 가지고 있는 정보에 따라 결정의 성격, 난이도, 복잡성이 달라진다. 같은 결정도 정보가 너무 적으면 이해할 수 없고, 적절한 양의 정보가 있으면 매력적이며, 너무 많은 정보가 있으면 사소해질 수 있다.

이는 결정 자체를 전혀 바꾸지 않고도 정보를 추가하거나 제거하여 결정을 내리는 정신적 과정을 변화시킬 수 있다는 것을 의미한다. 나는 이런 방식으로 결정을 최적화하는 것을 정보 밸런스라고 부른다.

'정보 밸런스'는 플레이어에게 명확하지 않은 상황에서 이해할 수 있는 결정을 내릴 수 있도록 정보를 제공하거나 제공하지 않는 기획 과정이다.

이것은 게임 메카닉 자체를 변경하지 않아도 되기 때문에 세련된 게임 기획 방법이다. 게임은 그대로다. 우리가 하는 일은 단지 게임의 다른 부분을 숨기거나 드러내는 것이다. 이것은 시스템이 실제로 작동하는 방식을 재작업하는 것보다 더 빠르고 쉽다.

정보 밸런스가 잘못될 수 있는 두 가지 경우는 정보 부족과 정보 과잉이다.

정보 부족 Information Starvation

일관성이 없거나 이해할 수 없는 시스템만이 예측 가능성을 깨는 것은 아니다. 플레이어가 현재 상황에 대한 충분한 정보를 얻지 못하는 경우에도 예측 가능성이 깨질 수 있다. 이를 정보 부족이라고 한다.

게임에서 정보 부족을 유도하는 것은 쉽다. 그냥 많은 정보를 숨기면 된다. 체스판 한가운데에 세로로 된 판지를 놓고 나머지 절반의 판을 볼 수 없도록 플레이해보라. 모든 생물, 유물, 마법 부여 카드를 상대방에게 숨기고 [매직: 더 개더링(Magic: The Gathering)]을 플레이해보라. 어둠 속에서 테니스를 해보라. 각각의 경우, 게임은 척수반사적으로 헛발질을 하거나, 아무렇게나 하는 선택으로 퇴보한다.

드물게는 정보 부족을 기획 목표로 삼는 경우도 있다. 예를 들어, 보드게임 <배틀쉽(Battleship)>과 대부분의 도박 게임은 정보가 부족하다. 이러한 게임의 주요 감정 트리거 요인이 의사 결정과 관련이 없기 때문이다. 이러한 게임에서는 정보 부족으로 인한 무작위성은 게임의 경쟁적 관점의 가치를 낮춤으로써 게임에 더 쉽게 접근하고 사회적으로 만드는 이점이 있다. 하지만 게임 자체의 의사 결정에 관한 게임에서는 정보 부족이 치명적일 수 있다.

정보 부족의 일부 사례는 명백하고 비교적 쉽게 해결할 수 있다. 전략 게임에서 유닛의 시야 반경을 늘리거나 카드 게임에서 더 많은 카드를 공개할 수 있다. 그러나 다른 경우에는 서로 관련이 없어 보이는 다른 요소들이 예측하기 어려운 방식으로 상호 작용하여 정보 부족이 발생할 수 있다.

예를 들어, 나는 정보 부족의 흔한 해결되지 않은 원인 중 하나에 "계획입안자의 도전 준비 문제"라고 이름을 붙였다. 많은 게임이 일련의 미리 제작된 도전으로 구성되어 있다. 플레이어는 첫 번째 레벨을 완료한 다음 두 번째, 세 번째, 네 번째 레벨을 완료하는 식이다. 게임에서 플레이어에게 다음 도전을 만나기 전에 미리 준비하라고 요구할 때 정보 부족 현상이 나타난다. 플레이어는 게임 내에서 다음 도전 과제가 무엇인지 예측할 수 없기 때문에 어떻게 준비해야 할지 결정할 방법이 없다.

이러한 계획입안자의 도전 준비 문제는 훌륭한 게임에서도 지속적으로 나타난다. 예를 들어 롤플레잉 게임은 플레이어에게 캐릭터를 생성하도록 요청하는 것으로 시작하는 경우가 많다. 플레이어는 종족(인간, 엘프, 드워프), 직업(전사, 마법사, 도둑), 기술, 속성 등을 선택해야 한다. 이러한 결정은 50시간의 나머지 경험에서 일어나는 모든 일에 영향을 미치기 때문에 매우 중요하다. 안타깝게도 이 결정은 실패하기도 한다. 게임을 시작할 때 플레이어는 게임에 대해 전혀 알지 못한다. 전투의 밸런스나 선호하는 도구에 대한 감각이 전혀 없다. 어떤 적과 마주하게 될지도 모른다.

이처럼 중요한 선택을 할 때 필요한 데이터가 없는 상황이라면 플레이어는 가장 익숙히고, 안전한 선택으로 뒷걸음쳐서 게임의 가장 흥미로운 부분을 놓치게 된다. 예를 들어, <매스 이펙트 2(Mass Effect 2)>에는 마법을 사용하는 어뎁트부터 기술 마법사인 엔지니어까지 6개의 클래스가 있었다. 하지만 출시 후 통계에 따르면 플레이어의 80%가 게임에서 가장 친숙하면서도 독창적이지 않은 솔져를 선택한 것으로 나타났다. 이해할 수 없는 선택지가 주어졌을 때 사람들은 자신이 잘 아는 직업만 선택했고, 게임의 많은 가치를 놓쳤다.

정보 부족의 또 다른 흔한 원인 중 하나는 게임의 허구적인 배경 설정 층위를 통해 전달되는 정보의 모호성이다. 플레이어가 원하는 중요한 의사 결정 정보는 대개 피해 수치, 이동 속도, 퀘스트 구조, 게임 경제를 위한 다양한 수치 표 등 순수한 게임 메카닉의 정보이다. 이러한 정보는, 게임의 사실감을 만들어주는 허구적인 배경 설정에는 존재하지 않기 때문에 배경 설정을 통해 전달하기 어렵다. 게임의 세계의 설정에서는 플레이어가 목표물을 향해 소총을 발사하면 사거리, 명중 위치, 총알의 무작위 내부 낙하 등 여러 가지 변수에 따라 다양한 유형의 대미지가 발생해야 한다고 가정한다. 메카닉에 따르면 총알은 일정량만큼 명중 포인트를 감소시키는 즉각적인 결과라고 한다. 그리고 그 일정량은 게임 안의 배경 설정 안에서는 전달할 수 없기 때문에 전혀 전달되지 않는 경우가 많다. 이런 경우에는 게임 안의 세상 속을 돌아다니며 이러한 메카닉의 정보를 직접 전달하는 것이 더 나은 경우가 많다.

때로는 인터넷이 정보 부족을 해결해 주기도 한다. GameFAQs.com과 같은 웹사이트에서는 FAQ(자주 묻는 질문)라고 부르는 플레이어가 직접 작성한 방대한 텍스트 파일인 통해 게임의 모든 능력과 레벨을 설명하며, 여기에는 종종 플레이어가 알면 안 되는 숨겨진 통계 데이터도 포함되어 있다. 언뜻 보기에 FAQ를 읽는 것은 게임을 망칠 수 있는 일종의 부정행위처럼 보인다. 하지만 정보가 부족한 게임에서 FAQ는 플레이 경험을 획기적으로 개선할 수 있다. FAQ를 통해 플레이어는 의미 있고 의도적으로 계획하고, 예측하고, 결정할 수 있으며, 경험은 더욱 풍부해진다. 플레이어는 자신의 선택이 어떤 영향을 미치는지 이해하게 되므로 선택이 갑자기 흥미로워진다.

유용한 FAQ는 경고 신호이다. 이러한 텍스트 파일로 게임을 눈에 띄게 개선할 수 있다면 그 게임은 정보가 부족한 게임일 가능성이 높다. 기획자는 플레이어가 더 많은 정보에 액세스할 수 있도록 하여 그 가치를 이해하도록 도와주는 것이 더 큰 가치였을 것이다.

게임 기획자들은 게임을 만들어왔고 그로 인해 가지고 있는 지식 때문에 정보부족을 찾기 힘들며, 정보부족을 찾기에는 감정적으로 힘들기 때문에 이는 찾기 힘든 문제이다.

정보 부족은 보통 기획자에게 그 스스로를 숨기기 때문에 흔히 발생한다. 이는 두 가지 방식으로 발생한다.

첫째, 본질적으로 기획자에게 보이지 않는다. 기획자는 대부분의 플레이어가 발견하는 것보다 훨씬 더 많은 정보를 게임에 대해 알고 있다. 우리가 아는 것을 모르는 척할 수는 있지만, 실제로 게임을 처음 접하는 플레이어의 경험을 가질 수 있는 방법은 없다. 이러한 문제를 감지할 수 있는 플레이 테스트나 기타 안전장치가 없다면, 실제로는 정보가 매우 부족하여 게임을 속속들이 알지 못하는 사람은 게임을 플레이할 수 없는데도 게임이 잘 작동하고 있다고 생각하기 쉽다.

허나 둘째, 정보 부족은 훨씬 더 교묘한 방법으로도 숨어 있다. 감정적인 협박을 통해 정보를 찾고 싶지 않게 만드는 것이다.

몇 주간의 기획 노력 끝에 마침내 새로운 메카닉이 작동하는 것을 보면 기분이 좋다. 많은 기획자에게 이러한 성취감은 우리가 일을 하는 주된 이유이다. 하지만 정보 부족을 찾아내는 것은 이러한 성취감을 위험에 빠뜨린다. 그 성공감이 환상에 불과하다는 것을, 즉 실제 플레이어 앞에서 메카닉이 해결할수 없는 엉망이라는 것을 알게 될 위험이 있다. 이는 기획자에게 끔찍한 실망감이며, 그런 결과를 얻기 위해 조치를 취하는 것은 감정적으로 어려운 일이다.

하지만 반드시 해결해야 한다. 정보 부족은 언젠가는 반드시 발견된다. 아직 무언가를 할 수 있을 때, 출시 전에 발견하는 것이 좋다.

정보 과잉 Information Glut

정보가 너무 적으면 의사 결정이 혼란스럽고 무작위로 이루어지지만, 정보가 너무 많으면 의사 결정이 완전히 지워진다. 의사 결정은 주어진 정보가 암시하는 정답을 찾는 것이다. 주어진 정보에 이미 정답이 명확하게 명시되어 있다면, 그 정답을 찾는 데 생각하는 과정이 필요하지 않다. 사고 과정은 사라지고, 결정은 더 이상 결정이 아니다.

즉, 때때로 우리는 정보를 빼는 것만으로 결정을 만들어낼수 있다는 것을 의미한다. 플레이어에게 정답을 주지 않음으로써 플레이어가 생각할 수 있는 흥미로운 문제를 제공한다.

예를 들어, <모던 워페어 2(Modern Warfare 2)>에서 플레이어는 소총 측면에 심박 감지 센서를 부착할 수 있다. 이 센서는 플레이어의 정면 근처의 적이 벽 뒤에 있더라도 적의 위치를 표시한 지도를 보여준다.

이게 전부라면 끔찍한 디자인이 될 것이다. <모던 워페어 2>에서 최고의 플레이는 대부분 적의 위치를 파악하는 도전에서 비롯된다. 적의 위치에 대한 완전한 정보를 가진 플레이어는 구석 구석을 신경 쓰지 않고, 긴장감이나 생각 없이 서성거릴 수 있으며, 적의 움직임을 추측할 필요가 전혀 없다. 게임은 조건반사 슈팅 대회로 변질될 것이고, 고양이와 쥐의 포커 게임과 같은 게임 방식은 무너질 것이다.

해결책은 정보를 빼는 것이다. 하지만 정확히 어떻게 할까?

어떤 방식으로 할것인가? 심박 감지 센서를 완전히 없애지 않고도 다시 흥미롭게 만들려면 어떤 점을 바꾸면 좋을까? 계속 읽기 전에 잠시 생각해

보기를 바란다.

인피니티 워드의 기획자들은 두 가지 주요 제한 사항을 추가하여 센서를 수정했다. 첫째, 닌자 캐릭터 퍽(perk : 특성)이 있는 적에게는 센서가 작동하지 않는다. 이는 센서에 아무도 없다고 표시된다고 해서 실제로 아무도 없다는 뜻은 아닌 것이다. 닌자를 가진 사람이 있을 수 있으므로 플레이어는 모퉁이를 돌기 전에 닌자를 가진 사람이 근처에 있는지 생각하고 결정해야 한다. 숙련도가 높은 플레이어라면 누가, 얼마나 많은 적들이 닌자를 사용하고 있는지 기억하고 적절하게 가정을 조정하여 심장 박동 센서를 완전히 포기할 수도 있다.

둘째, 센서는 적의 위치를 지속적으로 표시하지 않는다. 오히려 구식 레이더 화면에서처럼 3.5초에 한 번씩 주기적으로 깜박이는 것처럼 보인다. 구간 사이에는 센서에 아무것도 표시되지 않는다. 즉, 플레이어는 센서에 적군이 포착되더라도 마지막 깜박임 이후 적군이 어디로 이동했는지 파악하기 위해 생각하는데 노력을 써야한다. 그리고 <모던 워페어 2>에서는 숙련된 상대가 그 시간 안에 쉽게 측면으로 접근하여 플레이어를 죽일 수 있다. 또한 전략의 다른 층이 추가된다. 숙련된 플레이어는 심박감지센서로 추적당하는 것을 알아차린다면 의도적으로 움직여서 점이 표시된 위치를 피한다.

이러한 제약은 센서가 작동하는 방식에 큰 차이를 만들어 낸다. 그리고 이러한 차이는 메카닉 상호작용을 전혀 변경하지 않고도 만들어졌다. 무기 대미지, 이동, 환경은 모두 이전과 동일하다. 하지만 정보의 흐름을 천천히 내려오도록 조절함으로써 완전히 새로운 종류의 결정과 전략을 만들어냈다.

정보 과잉은 실패로 드러나는 것이 아니라서 찾을 기회를 놓치는 경우가 많다. 정보가 너무 많다고 실패가 발생하는 것은 아니다. 테스터는 혼란스러워하거나 도움을 요청하지 않는다. 오히려 모든 것을 이해하고 있기 때문에 게임이 너무 매끄럽게 진행된다. 그렇기 때문에 정보 과잉 문제를 해결하는 데 있어 가장 어려운 부분은 애초에 정보 과잉이 발생하고 있다는 사실을 깨닫는 것이다.

정보를 숨기는 방법 Ways to Hide Information

우리는 플레이어가 모든 것을 알고 있을 때 정보 과잉으로 인해 의사 결정이 어떻게 사라지는지 살펴보았다. 언뜻 보기에 이것은 불완전 정보 *게임*에서만 의사 결정이 가능하다는 것을 암시하는 것처럼 보인다.

불완전 정보 게임에서는 게임 상태의 일부분이 플레이어중 일부에게 숨겨져 있다.

예를 들어, 포커는 다른 플레이어의 카드를 볼 수 없기 때문에 불완전 정보 게임에 해당한다. 반면 체스는 두 플레이어가 보드의 모든 것을 볼 수 있기 때문에 완전 정보 게임이다.

하지만 이러한 전통적인 구분은 의사 결정과 관련된 정보를 숨길 수 있는 모든 방법을 포괄하지 못한다. 겉으로 보기에 완전한 정보 게임이라도 다른 덜 분명한 방법으로 정보를 숨길 수 있기 때문에 의사 결정이 이루어질 수 있다.

정보는 복잡한 원인과 결과의 사슬 뒤의 미래에 숨겨질 수 있다.

완전 정보 게임은 현재를 드러내지만 가능한 미래는 드러내지 않는다. 우리는 체스판에서 한 번의 수를 두면 전체 체스판이 어떻게 될지 알 수 있지만, 세 번의 수를 두면 어떻게 될지는 알 수 없다. 이러한 정보는 일련의 상호 작용 뒤에 숨겨져 있으며, 이를 추출하려면 흥미로운 머릿속의 노력이 필요하다.

정보는 플레이어의 내부 상태에 숨겨져 있다.

상대의 의식을 읽고, 그가 계획한 미래의 움직임, 그가 내 위치에서 감지한 취약점, 그가 자신의 위치에서 감지하지 못한 취약점을 알 수 있다면 체스가 얼마나 쉬워질지 상상해 보자. 이 정보는 보드에 놓인 말의 위치만큼이나 게임의 일부이지만 숨겨져 있다.

가장 강력한 멀티플레이어 경험은 종종 이런 내부 정보를 파악하고 활용하는 것이다. 상대의 의식을 읽거나 통제하는 것은 가장 만족스러운 승리의 형태 중 하나이다.

정보는 속도에 의해 숨겨질 수 있다.

뇌는 정보를 인지하고, 처리하고, 사용하는 데 시간이 걸린다. 즉, 1초도 안 되는 시간 이내에 도착한 정보는 의사 결정 과정에서 효과적으로 숨겨져 있다. 우리는 지금 인지하는 정보가 아니라 10초 전에 인지한 정보를 바탕으로 결정을 내린다.

이것이 바로 가위바위보를 하는 방식이다. 두 플레이어가 동시에 던지기 때문에 한 사람이 몇 밀리초 먼저 던지더라도 상대방의 움직임을 보고 자신의 결정을 내릴 시간이 없다.

정보 밸런스 사례 연구 : 포커

포커의 역사는 다양한 유형의 정보 밸런스를 오가는 기획 프로세스의 완벽한 예이다.

포커의 첫 번째 버전은 거의 순전히 우연에 의한 게임이었다. 네 명의 플레이어가 판돈을 올리고 각자 20장의 카드 덱에서 다섯 장의 카드를 뽑았다. 각 플레이어는 한 번씩 베팅을 하고 패를 보여준다. 패가 좋으면 높은 금액을 베팅할 수 있다. 그렇지 않다면 게임을 폴드하거나 블러핑을 시도할 것이다.

과거의 포커는 정보가 부족했다. 생각할 수 있는 데이터가 충분하지 않기 때문에 복잡한 결정을 내리기 어려웠다. 각 플레이어는 자신의 핸드와 지금까지의 베팅 내용만 알고 있었다. 단 한 번의 베팅 라운드만으로는 일관된 전략을 세우기에는 정보가 충분하지 않다. 따라서 이 게임은 거의 완전히 무작위로 진행되었기 때문에 실력 상한선이 낮았다.

이 게임을 플레이한 미시시피 유람선들의 도박꾼들은 위험한 속임수를 쓰지 않고도 관광객을 속일 수 있도록 포커 게임을 하는데 더 높은 실력 수준이 필요하기를 원했다. 그래서 그들은 게임을 다시 기획했다.

첫 번째 변경은 기존에 쓰던 20장 카드 덱으로 하는 대신, 카드를 추가하여 52장 영어 카드 덱으로 바꾼 것이다. 32장의 카드가 추가되어 잡을 수 있는 패의 수가 크게 늘어났다. 그러나 이러한 변경만으로는 가능한 패의 수는 늘어났지만, 이를 구분할 수 있는 정보를 더 제공하지 않았기 때문에 게임에서 더욱 정보 부족이 일어났다. 더 중요한 변경은 여러 번의 카드 교환과 베팅 라운드의 도입이었다. 거의 맹목적인 베팅 대신에 이제 플레이는 여러 번 테이블을 돌았다. 각 플레이어는 자신의 순서에 원하지 않는 카드를 버리고 그것들을 대체할 새로운 카드를 뽑을 수 있었다. 그런 다음 플레이어는 게임을 폴드하거나 원하는 만큼의 금액을 베팅할 수 있었다.

이 다중 라운드 구조는 게임에 엄청난 양의 정보를 추가하였다. 이제 플레이어들은 베팅 라운드를 거쳐 서로의 카드 교환와 베팅에 대응할 수 있었다. 어떤 사람이 어떻게 카드를 바꾸고 베팅하는지를 보고, 그 사람이 가지고 있는 것을 알아낼 수 있었다. 이런 스타일의 포커는 오늘날 '드로우 포커(draw poker)' 의 형태로 살아남았다.

그러나 드로우 포커조차 여전히 운에 크게 의존한다. 이전의 포커처럼 맹목적이지는 않지만 여전히 많은 추측과 희망에 기대고 있다. 그래서 게임은 계속 발전했다.

미국의 남북전쟁 동안 누군가 포를 끄는 말들에게서 이름을 따서 '스터드 포커(stud poker)'를 만들었다. 스터드 포커는 카드를 교환하는 것을 허용하지 않았다. 대신 플레이어들은 한 번에 하나씩 카드를 받았고, 그 사이에 베팅 라운드가 있었으며, 각 플레이어의 카드 세 장은 모두에게 보이도록 앞면으로 뒤집어놓았다.

스터드 포커는 드로우 포커와 매우 다른 정보 밸런스를 가지고 있다. 드로우 포커에서는 누군가가 카드를 뽑는 것을 보며 그가 무엇을 가지고 있는지 정확히 알기 어렵다. 한 장의 카드를 뽑는 플레이어는 블러핑을 할 수도 있고, 원 페어,

쓰리 카드, 풀 하우스, 혹은 플러시를 만들려고 할 수도 있다. 그러나 스터드 포커에서는 플레이어들이 서로의 노림패가 카드마다 형성되는 것을 지켜볼 수 있었다. 좋은 플레이어는 세 개의 보이는 카드와 베팅 패턴의 변화로부터 두 개의 숨겨진 카드를 추측할 수 있었다. 특정 카드를 뽑은 후 갑자기 높은 베팅을 시작하는 4, 5, 6을 가진 누군가를 보고 그가 스트레이트를 만들었다고 추측할 수 있다.

그러나 게임의 정보 밸런스는 너무 멀리 움직였다. 이제 정보 과잉이 된 것이다. 많은 스터드 핸드에서는 누가 가장 좋은 핸드를 가지고 있는지 명백하다. 때로는 세 장의 뒤집힌 카드에서 승리하는 패가 명백하게 드러난다. 예를 들어, 원 페어를 가진 당신이 트리플이 나온 상대방에게 베팅하는 것은 의미가 없다. 당신은 확실히 질 것이기 때문이다. 흥미로운 결정이 될 수 있었던 지점이 정보 과잉으로 인해 답을 댓가없이 제공받는 바람에 사라졌다. 그래서 게임은 계속 발전했다.

20세기 중반에 누군가 커뮤니티 카드 게임을 발명했다. 이 게임들은 스터드 포커와 마찬가지로 베팅 라운드 사이에 한 번에 한장의 카드를 내려 놓는다. 차이점은 가지고 있는 카드 대신 일부 카드가 보이도록 플레이어들 사이에서 공유된다는 것이다. '텍사스 홀덤'은 이러한 종류의 게임의 현대적인 예이다.

커뮤니티 카드 메카닉은 마침내 완벽한 정보 밸런스를 달성했다. 이 게임은 뻔하거나 이해할 수 없는 선택지가 거의 나오지 않는다. 텍사스 홀덤에서는 숨겨진 정보(두 개의 숨겨진 카드)는 적지만, 그 정보는 커뮤니티 카드와 플레이어들의 베팅 패턴과 밀접하게 연결되어 있다. 오픈된 카드는 모든 사람이 이 카드를 공유하기 때문에 승자를 명확하게 드러내지 못한다—예를 들어 세 장의 에이스가 오픈되어 있다면, 모든 사람이 쥐고 있는 패에는 세 장의 에이스를 가지고 있는 셈이다. 유일한 질문은 누가 다른 숨겨진 페어를 가지고 있거나, 네 번째 에이스, 또는 높은 카드를 가지고 있나이다. 이 완벽한 정보 밸런스를 쥐고 있는 거의 모든 패에서 흥미로운 결정을 만들어낸다. 충분한 정보를 제공하여 생각할 수 있는 여지를 주지만, 결코 답이 명백하게 드러나지 않도록 한다.

포커의 기본 메카닉은 수 세기 동안 대부분 그대로 유지되었다. 게임을 하게 되면 자신의 패를 받고, 체크하거나, 베팅하거나, 폴드한다. 하지만 게임은 정보를 구조화하고 드러내는 방식을 단지 몇 번 변경함으로써 자신을 여러 번 변화시켰다. 완벽한 정보 균형의 지점에 도달함으로써 모든 결정에서 가능한 한 많은 의미와 감정을 끌어내게 되었다. 그리고 그 지점을 찾는 데는 2세기밖에 걸리지 않았다.

문제가 있는 정보 출처 Problematic Information Sources

정보 균형을 분석하려면 플레이어가 의사 결정을 내릴 때 어떤 정보를 가지고 있는지 정확히 파악해야 한다. 하지만 정보가 예상치 못한 방식으로 드러나거나 숨겨질 수 있기 때문에 플레이어가 무엇을 알고 있을지 혹은 어떻게 알 수 있을지 명확하지 않은 경우가 많다.

게임의 허구적 설정의 모호성 Fictional Ambiguity

허구적 설정은 메카닉을 친숙한 이미지와 사운드로 포장하여 플레이어와 소통하는 데 도움이 된다. 하지만 이 과정에는 위험한 모호성이 존재하는데, 그 이유는 어떤 게임 메카닉도 설정의 포장에 대한 모든 것을 완벽하게 시뮬레이션할 수 없기 때문이다.

플레이어는 설정의 어떤 부분이 실제 게임 메카닉이고 어떤 부분이 그렇지 않은지 알 수 없기 때문에 설정의 정보는 모호한 경우가 많다.

게임을 플레이하던 중 테이블 위에 칠면조 구이가 놓여 있다고 가정해 보자. 칠면조로 무엇을 할 수 있을까? 칠면조를 집어서 가방에 넣고 들고 다닐 수 있을까? 먹을 수 있으며, 먹을 수 있다면 게임에서 어떤 의미가 있을까? 팔 수

있는가? 얼릴 수 있는가? 동물들을 유인하기 위해 어딘가에 던져 몰래 지나갈 수 있는가? 그 안에 권총을 숨길 수 있는가? 실제 생활에서는 칠면조 구이로 이 모든 것을 할 수 있다. 그리고 다양한 게임에서 이러한 각각의 행동을 허용했다. 하지만 이 모든 것을 허용하는 게임은 없다.

문제는 플레이어가 칠면조를 보는 것만으로는 게임에서 주어진 이러한 가능성 중 어떤 것이 실제로 가능한지 알 수 없다는 것이다. 이는 플레이어가 칠면조를 포함한 어떤 상호작용도 예측할 수 없다는 것을 의미한다. 왜냐하면 그는 그것이 상징하는 메카닉의 시스템을 이해하지 못하기 때문이다. 칠면조의 이미지는 그 밑에 있는 알려지지 않은 게임 메카닉의 상징일 뿐이다.

이는 고전 어드벤처 게임의 고질적인 문제이다. 예를 들어, 1990년대 초에 출시된 한 어드벤처 게임에는 경비병을 몰래 통과해야 하는 퍼즐이 있었다. 플레이어의 인벤토리에는 막대기 몇 개, 끈 몇 개, 진흙 몇 개가 있었다. 허구적인 설정은 이 도구들을 사용하여 누군가를 몰래 지나칠 수 있는 방법이 거의 무한대에 가깝다는 것을 암시한다. 상대방의 눈에 진흙을 던져 눈을 가린 채로 지나갈 수 있다. 근처에 막대기를 던져 소음을 듣고 있는 동안 몰래 지나갈 수도 있다. 무기를 만들어서 그를 죽일 수도 있다.

이 게임에서는 플레이어가 막대기, 끈, 진흙을 합쳐서 가면을 만들어야만 경비원이 플레이어를 알아보지 못한다(농담이 아니다). 이것은 게임의 허구적 설정의 포장으로서는 가능하지만, 경비원을 지나치기 위해 이러한 도구들을 사용하는 수천 가지 다른 방법들 중 이것만큼 특별한 것은 없다. 그 결과 플레이어는 정보가 부족한 상태에서 퍼즐에 접근하게 된다. 플레이어는 메카닉 수준의 이해가 부족하기 때문에 결정을 내릴수가 없고 가능한 모든 상호작용을 철저히 시도하는 수밖에 없다. 게임은 무작위적인 암기 연습으로 전락한다.

좋은 게임도 이러한 문제를 가지고 있다. 최근 비평가들의 호평을 받은 한 어드벤처 게임에서는 플레이어가 비행기에서 탈출하여 낙하산을 나무에 매달고 잠든 조종사를 깨워야 하는 퍼즐이 있다. 문제는 조종사가 헤드폰을 끼고 있어서 아무것도 들 수 없다는 것이다. 겨울이라 몇가지 해결책이 바로 떠오른다.

눈덩이를 만들어 그의 얼굴에 던져본다. 긴 막대기로 그를 찔러 본다. 그가 자연스럽게 깨어날 때까지 기다려본다. 나무를 흔들어 본다. 진짜 해결책은 추락한 비행기에 올라가 비행기 라디오의 다이얼을 돌려 주파수가 표시될 때까지 돌린 다음 근처 라디오 방송국으로 이동하여 이어폰을 통해 메시지를 전송하여 깨우는 것이다. 다시 한 번 말하지만, 게임 내 설정에서는 그럴듯하지만 똑같이 그럴듯한 다른 해결책도 수천 가지가 있다.

퍼즐 기획은 게임 안의 현실과 메카닉의 모호함을 보여주는 가장 뚜렷한 예이지만, 퍼즐 기획 만이 유일한 것은 아니다. 게임 내 현실을 통해 전달되는 모든 것은 이 문제에 취약하다. 저 나무 판자가 총알로부터 나를 보호해 줄까? 불덩어리 주문이 사람을 한 방에 죽일 수 있는가? 저 유리를 깨뜨릴 수 있을까? 저 문을 열 수 있을까?

해결책은 게임의 허구 배경 설정에서 퍼즐을 꺼내는 것이다. 대신 잘 이해된 메카닉으로 퍼즐을 구성하는 것이다.

좋은 퍼즐을 포함해서, 좋은 게임 안의 결정은 항상 명백한 방식으로 작동하는 메카닉을 명백하지 않은 사용하는 것으로 이루어진다.

플레이어는 문제와 관련된 모든 메카닉을 알고 있어야 한다. 결정은 이러한 메카닉을 사용하여 해결책을 찾는 방법을 알아내는 데 있다.

예를 들어 슈퍼 마리오 게임에는 점프 퍼즐이 있다. 이는 마리오가 어떤 목표에 도달하기 위해 뛰어넘어야 하는 발판과 위험 요소가 배열된 것이다. 하지만 이를 위해서는 플레이어가 좋은 경로를 찾아야 한다. 마리오의 점프가 일관되고 이해하기 쉽기 때문에 플레이어는 모호함이나 불확실성 없이 점프를 통해 생각할 수 있고 이로 인해 경로를 찾는 것이 흥미로운 퍼즐이 된다. 이는 여러 가지 가능성으로 플레이어의 머리가 돌아가면서 퍼즐을 푸는 풍부한 사고 과정을 만들어낸다. 그리고 해답을 발견하면 즉시 그 해답을 알고 통찰이 솟구칠 것이다.

이 지침의 예외는 결정 자체가 게임 안의 현실에서만 의미를 가질 때이다. 게임은 게임의 메카닉을 완전히 벗어나 게임안의 세계 설정 요소에만 영향을 미치는 도덕적 또는 캐릭터적 선택을 제공할 수 있다. 이 경우 결정 자체가 메카닉적인 의미를 갖지 않고 게임 안의 설정의 정보만 사용하여 결정을 내릴 수 있다. 이는 순전히 게임 내 설정의 수준에서만 작동한다. 하지만 선택이 능력치나 레벨 경로, 도구 업그레이드를 변경함으로써 게임 메카닉에 영향을 주기 시작하는 순간, 그것은 다른 유형의 결정이 되며 모호하지 않은 메카닉 정보에 의해 결정되어야 한다.

메타게임 정보 Metagame Information

플레이어는 게임 자체가 제공하는 것보다 더 많은 정보를 가지고 있다. 이러한 지식, 즉 메타게임 정보는 게임 외부에서 얻어진다.

메타게임 정보는 플레이어가 게임 외부의 실제 세계에서 수집하는 정보이다.

플레이어들은 게임을 시작하기 전에 이미 많은 것을 알고 있다. 플레이어는 장르 관례로부터 게임의 길이를 추측할 수 있다. 친구들의 이야기를 통해 게임이 얼마나 어려운지 알 수 있다. 클리셰를 찾거나 게임을 만든 스튜디오의 경향을 알기 때문에 NPC(Non-Player Character)의 행동과 줄거리의 반전을 예측할 수 있다. 컴퓨터 기술의 한계를 잘 알고 있기 때문에 게임에서 한 화면에 10,000명의 캐릭터가 화면에 나오지 않는 다는 것을 알고 있다. 예고 영상과 박스 아트를 봤기 때문에 주요 캐릭터, 테마, 줄거리를 알고 있을 수도 있다. 이 모든 것은 게임 메카닉이나 게임 내 설정 내부에 있지 않지만, 플레이어들은 여전히 이를 알고 있으며, 이는 게임 중 그들의 결정 과정에 영향을 미친다.

메타게임 정보는 기획자가 플레이어가 가지고 있지 않다고 가정하는 정보를 플레이어에게 제공함으로써 경험을 왜곡할 수 있다. 이는 종종 정보 과잉을 초래한다.

예를 들어, 많은 게임에서 플레이어는 탄약과 건강과 같은 자원을 수집하고 사용한다. 플레이어 캐릭터가 좀비로 가득 찬 성이나 외계인이 침입한 우주선에 갇혀 있다는 설정에서는 이러한 자원이 매우 제한적이어야 한다는 것을 암시하는 경우가 많다. 이런 곳에서는 구급상자나 탄약 없이 오랜 시간 동안 찾지 못할 것으로 예상할 것이다. 게임 안의 설정은 플레이어를 굶주리게 할 것이라고 주장하고 있다. 이는 플레이어에게 불공정하고 임의적인 죽음의 위협을 주어 두려움을 느끼게 한다.

하지만 이 게임이 게임 안의 설정에서 말하는 것처럼 정말 불공평할까? 대체로 그렇지 않다. 그리고 플레이어의 무의식은 이를 알고 있다. 플레이어는 자원을 전혀 찾을 수 없는 극단적으로 긴 시간이 결코 없을 것임을 알고 있다. 그러한 일이 발생하면 관례를 깨고 불공정하게 느껴질 것이기 때문이다. 게임이 그렇게 악의적으로 행동하지 않을 것임을 알고 있다. 왜냐하면 게임은 그의 오락을 위해 만들어졌기 때문이다.

이 메타게임 정보는 자원 관리에 대한 그의 사고 과정을 왜곡한다. 이제 그는 게임 내 설정에 정의된 내용으로 생각하는 대신 기획자의 습관과 장르의 관습에 대해 생각하게 된다. 그는 다음 자원이 언제 나타날지 추측할 수 있다. 왜냐하면 그는 무엇이 공정한지 알고 있으며, 게임이 공정하게 플레이할 것임을 알기 때문이다. 이것은 게임이기 때문이다. 이는 긴장감을 떨어뜨리고 몰입감을 약화시킨다.

메타게임 정보 문제는 그 영향이 대부분 게임 내부에서 발생하기 때문에 눈에 잘 띄지 않는다. 대부분의 정보 과잉 문제와 마찬가지로 게임을 완전히 망가뜨리는 것이 아니라 플레이어의 내부 사고 과정을 왜곡하여 게임을 약화시킨다.

플레이어마다 메타게임에 대한 정보는 다르다. 게임 기자는 방대한 양의 메타게임 정보를 보유하고 있다. 어린 아이는 그보다 훨씬 적다. 대부분의 플레이어는 그 사이 어딘가에 있다. 하지만 아무리 게임에 대해 모르는 플레이어라도 꽤 많은 것을 알고 있다. 그는 게임이 특정 인터페이스로, 특정 유형의 기계에서 플레이된다는 것을 안다. 이는 텔레비전 화면이나 게임 보드에 국한된다. 이는 특정 문화권의 사람들이 오락을 목적으로 기획한 것이다.

메타게임 정보를 다루는 두 가지 기본 방법이 있다. 하나는 기본적인 방법이다. 다른 하나는 조금 미친 방법이다.

기본적인 해결책은 메타게임 정보가 있다는 사실을 인정하고 메타게임 정보가 주어져도 원하는 경험을 제공하는 시스템을 설계하는 것이다. 이는 플레이어가 일어날 수 없는 것을 두려워하게 하거나, 불가능한 것을 희망하게 만들려고 하지 않는 것을 의미한다. 플레이어를 정당하고 공정하며 게임과 같은 위협으로 위협해야한다. 플레이어에게 밸런스가 잡히고 달성 가능한 목표를 명시적으로 제시해야 한다. 플레이어의 메타게임 정보 내에서 게임안의 설정이 작동하도록 유연하게 조정하라. 또 하나의 기획 제약으로 간주하라.

미친 해결책은 그에게 속임수를 쓰는 방법이다. 플레이어에게 당신이 평범한 기획자가 아니며, 규칙이 당신에게 적용되지 않는다는 것을 보여주어라. 불공평하게 하라. 맘대로 행동하라. 기존의 기술적 한계를 뛰어넘어라.

미친 방법은 위험하고 어렵다. 게임 규칙이 존재하는 데는 이유가 있다. 대부분의 경우 이를 깨는 것은 좋은 생각이 아니다. 동시에 다른 방법으로는 얻을수 없는, 불합리하고 불공정한 위협과 도전으로 인해 얻을 수 있는 경험도 존재한다. 예를 들어, <시스템 쇼크 2(System Shock 2)>는 플레이어에게 거짓말을 하지 않기 때문에 끔찍하다. 이 게임은 괴물이 가득한 거대한 우주선을 배경으로 한다. 자원은 극도로 제한되어 있고, 적의 수는 많으며, 플레이어가 생존할 수 있는 기회는 별로 없어야 한다는 가상의 설정이다. 그리고 이 모든 것이 현실이다. 이 게임은 실제로 불공평하다. 어설프고 부주의한 플레이어는 죽을 때까지 괴롭힘을 당하게 된다. 실패로부터 안전한 메카닉이 존재하지 않는다. 어떤 의미에서는 나쁜 게임 기획처럼 들린다. 하지만 메카닉이 게임 안의 설정을 반영하기 때문에 몰입감이 뛰어나다. 플레이어는 실제로 굶주리고 갇혀 있기 때문에 굶주리고 갇혔다고 느낀다.

결정과 플로우 Decisions and Flow

플로우의 목적은 플레이어의 의식을 게임으로 끌어들이는 것이다. 플로우에 빠져 있지 않으면 현실 세계의 조각들이 끊임없이 우리의 의식을 침범한다. 우리는 손가락으로 버튼을 누르는 것을 느낀다. 시계가 똑딱거리는 소리나 밖에서 개가 짖는 소리가 들린다. 화장실에 가거나 음료를 마시거나 친구와 이야기하기 위해 잠시 멈춘다. 이 모든 것이 경험적 혼란이다. 이는 게임이 만들고자 하는 경험을 끊임없이 방해한다.

하지만 플로우에 빠져들면 현실 세계는 사라진다. 머릿속과 게임은 방해받지 않고 행동, 반응, 결정, 결과의 춤을 추게 된다.

즉, 플로우는 좋은 게임 경험의 토대이다. 기획의 다른 영역에서 발생하는 것처럼 보이는 문제는 플로우의 단절에 지나지 않는 것으로 귀결되는 경우가 많다. 플로우가 없으면 플레이어는 모든 불편함을 느끼고 불만을 제기한다. 플로우가 있으면 플레이어는 이상한 게임 설정, 거친 그래픽, 불분명한 상호작용도 받아들인다. 플로우를 깨는 것들이 가장 중요한 기획 실수다. 왜냐하면 그것들은 플레이어의 머릿속과 게임 사이의 연결을 약화시키고, 경험의 모든 다른 부분을 방해하기 때문이다.

사람들은 게임을 도피의 한 형태로 이야기하며 실제로 그렇다. 하지만 우리는 종종 도피가 판타지에 대한 것이라고 가정한다. 우리는 마법사나 레이스카 드라이버가 되는 것처럼 지루한 삶에서 벗어나고 싶어한다. 하지만 누가 짧고 뚱뚱한 이탈리아 배관공이나 점프하는 고기 덩어리가 되고 싶어할까? 아니다. 하지만 그럼에도 불구하고 <슈퍼 마리오 브라더스(Super Mario Bros.)>와 <슈퍼 미트 보이(Super Meat Boy)>는 강력한 도피 경험을 생성한다. 이러한 형태의 도피는 게임안의 설정이 아닌 플로우에 관한 것이기 때문이다. 그리고 그것은 허구적 설정의 포장이 아니라 메카닉에 의해 주도된다.

앞서, 우리는 실력과 도전 사이의 밸런스에서 플로우가 어떻게 발생하는지 살펴보았다. 하지만 이는 플로우의 기본적이고 단순화된 개념이었다. 게임 기획자에게 실력과 도전의 밸런스를 맞추라고 말하는 것만으로는 충분하지 않다. 진정한 플로우는 이런 큰 규모의 수치로 전체 경험을 일률적으로 설명할 수 있는 것이 아니다. 그보다는 순간순간의 결정의 순간 마다 섬세하게 춤을 추는 것과 같다.

플레이어의 의식을 밑바닥에 구멍이 있는 작은 컵으로 상상해보자. 게임은 컵에 물을 담을 수 있다. 플로우를 유지한다는 것은 물이 항상 구멍을 통해 빠져나가고 있으며, 컵이 결코 넘치지 않도록 하는 것을 의미한다. 이는 너무 많이 넣지 않으면서도 지속적으로 빠져나가는 양보다 더 많은 양의 물을 넣어야 한다는 것을 의미한다.

그 물의 양은 결정이다. 결정이 머릿속에 떠오르면 바로 동작하기 시작한다. 대부분 마지막 순간 뿐이다. 머릿속의 플로우를 유지하려면 적절한 비율로 결정을 계속 공급해야 한다. 너무 적으면 몇 초 안에 고갈되고 지루함이 시작된다. 너무 많으면 넘쳐서 플로우가 끊어진다. 그러기 위해서는 의사 결정의 규모와 타이밍을 적절히 조절해야 한다.

결정 범위 Decision Scope

결정 범위는 결정을 내리는 데 걸리는 생각의 양이다.

결정 범위는 결정이 머릿속을 통과할 때의 '크기'이다. 물과 컵에 비유하자면, 이런 결정은 컵에 담기는 물의 양이다. 많은 변수를 고려해야 하는 복잡한 결정은 오랫동안 머릿속을 맴돌기 때문에 범위가 넓다. 변수가 한두 가지에 불과한 쉬운 결정은 그 반대이다.

결정의 범위를 다섯 가지 범주로 분류할 수 있다. 범위가 가장 작은 것부터 가장 큰 것까지, 결정이 아닌 것, 순간적인 결정, 전술적인 결정, 심오한 결정,

불가능한 결정 순이다.

결정이 *아닌* 것은 답이 너무 뻔해서 아예 결정이라고 할 수 없는 결정이다. 예를 들어, 아침식사 시리얼을 만들 때 우유를 붓는다. 시리얼에 우유를 붓는다는 결정은 가장 피상적인 방식으로만 머리를 쓰기 때문에 실제로는 결정이 아니다. 그것은 너무나 당연한 일이기 때문에 순수한 습관으로 할 수 있다. 어릴 때는 이것이 결정이었을 수 있다. 하지만 지금은 생각 없는 행동으로 남아버렸기 때문에 결정은 무의미해졌다. 이런 무의미한 결정은 플레이어의 손가락을 바쁘게 움직이게 할 수는 있지만, 생각을 하게 하지 않기 때문에 플로우에 도움이 되지 않는다.

순간적인 결정은 가장 작은 의미의 결정이다. 생각하는 데 1초도 걸리지 않으며, 단순한 의식적 추론만 필요하다. 펀치를 날릴 것인가, 킥을 날릴 것인가? 지금 재장전할 것인가, 아니면 1초만 더 기다릴 것인가? 왼쪽을 볼 것인가, 오른쪽을 볼 것인가? 점프할까, 피할까? 순간적인 결정은 만들기 쉽기 때문에 게임에서 플로우를 위한 일반적인 기반이 된다. 우리는 부분적으로 예측 가능한 흥미롭고 우아한 원인과 결과의 체계를 설정하고 플레이어가 그것들을 생각해보도록 할 필요가 없다. 간단한 선택지를 짧은 시간 공간에 압축하기만 하면 된다. 그렇기 때문에 액션 게임은 거의 전적으로 순간적인 결정에 기반하는 '순발력 게임'이라고 부른다.

전술적인 결정은 그 다음 단계의 결정이다. 1초에서 5초 정도 생각할 시간이 필요하며 플레이어의 의식을 크게 자극한다. 어떤 장비를 사야 할까? 어떤 유닛을 건설해야 할까? 이러한 종류의 결정에는 순간적인 결정보다 더 많은 정보가 필요하다. 플레이어는 여러 캐릭터의 위치, 능력, 조건, 도구 등을 고려할 수 있다. 심지어 이전에 있었던 비슷한 상황의 결과를 떠올릴 수도 있다.

심오한 결정은 10초 이상 걸리는 가장 큰 결정이다. 이렇게 큰 결정은 게임 자체를 넘어 감정, 문화, 인간성에 대한 플레이어의 폭넓은 지식에서 끌어낸 많은 정보를 사용한다. 플레이어가 자신의 내면을 들여다보고 생각, 기억, 감정을 긁어모아 모든 정보를 찾아내도록 유도한다. 체스 그랜드마스터 개리

카스파로프가 25분 동안 체스판을 응시할 때, 그는 심오한 결정을 내리고 있다. 그는 수년간의 연구를 통해 얻은 지식을 모두 쏟아붓고 있는 것이다. 그의 머릿속은 상대방의 습관, 수백 가지의 가능한 미래 게임 상태, 최근에 발견한 전술과 전략, 이전에 세운 계획, 순간순간 자신의 판단을 검토하는 지식에서 헤엄치고 있다. 심오한 결정은 가장 우아하고 미묘하며 매혹적인 게임 시스템에서만 발생한다. 대부분의 게임에는 그런 시스템이 존재하지 않는다.

불가능한 결정은 플레이어가 이해할 수 있는 능력을 넘어서는 것이다. 플레이어가 이해할 수 없을 정도로 미묘하거나 방대한 지식이 필요한 결정이거나 잠재적인 결과가 너무 많아 플레이어가 이해할 수 없는 결정이라면 그 결정은 잡음이 된다. 플레이어는 결정을 이해하고, 이해할 수 있는 이유로 하나의 길을 선택하며, 결과에 대한 일관된 기대를 가져야 한다. 그렇게 할 수 없다면, 그 결정은 불가능하며 플로우에 기여하지 않는다. 왜냐하면 플레이어는 무작위로 선택할 것이기 때문이다.

게임은 어떤 범위, 혹은 여러가지가 혼합된 범위를 제시할 수 있다. 이러한 혼합은 플레이의 완급과 느낌을 특징짓는 요소이다. 수많은 순간적인 결정으로 가득 찬 게임은 격렬한 액션 게임이다. 심오한 선택의 연속이라면 느린 전략 게임이다. 거의 불가능에 가까운 머릿속을 괴롭히는 게임은 퍼즐이다

실제 게임에서는 모든 범위 또는 여러 범위가 혼합된 결정을 내릴 수 있다. 이 혼합은 플레이의 속도와 느낌을 특징짓는 요소이다. 수많은 미세한 흔들리는 결정으로 가득 찬 게임은 열광적인 액션 게임이다. 심오한 선택의 연속이라면 느린 전략 게임이다. 선택이 거의 불가능에 가까워서 머릿속을 괴롭히는 게임은 퍼즐이다.

플레이어의 실력은 결정의 유효 범위가 바꾼다.

초보자에게는 심오한 결정이 전문가에게는 무의미한 결정일 수 있다. 플레이어가 학습함에 따라 이전에는 불가능했던 결정이 심오한 결정이 되었다가

전술적인 결정이 되었다가 순간적인 결정이 되었다가 마침내 결정이 아니게 될 수도 있다.

이를 통해 실력 범위에 대해 다른 방식으로 생각해 볼 수 있다. 게임의 실력 범위는 게임에서 순간적, 전술적 또는 심오한 결정이 자주 나타나는 실력 수준의 범위이다. 즉, 실력의 상한선은 가장 중요한 결정의 범위에 의해 정의된다. 플레이어가 게임에서 가장 큰 범위의 의사 결정이 비의사 결정이 될 정도로 충분히 학습하면 실력 상한선을 통과한 것이다. 컵에 아무것도 들어가지 않으므로 플로우가 불가능해지며 플레이어는 떠나버린다.

플로우가 끊어질 수 있는 두 가지 특징적인 방법은 컵이 말라버릴 때와 컵이 넘쳐흐를 때이다. 각각에 대해 살펴보겠다.

플로우 틈새 피하기 Avoiding Flow Gaps

플로우의 수명은 매우 짧다. 플로우를 유지하는 데 있어 가장 중요한 부분은 컵이 가득 차 있지만 넘치지 않도록 결정의 흐름을 생성하는 것이다. 결정의 완급에 아주 작은 틈만 있어도 플로우의 수준이 낮아질 수 있다. 플레이어들은 1초의 틈새조차 지루함을 느낄 수 있다. 이러한 틈새가 충분히 길어지면 매끄럽던 플로우의 경험은 좌절감 속에서 멈춰서야 하는 운동으로 전락한다. 나는 이런 종류의 지연을 플로우 틈새라고 부른다.

'플로우 틈새'는 1초든 1시간이든 플레이어의 머릿속에 생각할게 전혀 없는 시간을 말한다.

플로우 틈새는 수천 가지 방법으로 경험에 드러날 수 있다.

예를 들어, 기획자는 도구의 능력의 밸런스를 맞추기 위해 도구에 지연 시간을 추가할 수 있다. 판타지 게임에서 마법사의 지팡이가 2초에 한 번만 천둥 번개를 시전할 수 있도록 설정할 수 있다. 하지만 이렇게 하면 지팡이의 밸런스는 맞출 수 있지만, 플레이어가 발사 사이에 다른 할 일이 없는 경우 플로우에 틈새가 생길 수 있다.

다른 경우에는 게임안의 설정이나 미적인 기획 요소로 인해 흐름에 틈새가 생길 수 있다. 메뉴 전환, 이동 애니메이션, 대화 등이 플레이어의 행동 능력을 잠시 차단하여 결정의 플로우에 틈새를 만들 수 있다.

이것은 고전적인 메카닉과 게임의 설정 사이의 갈등 사례이다. 왜냐하면 이것은 아름답고 게임의 믿을수 있게 만드는 계층을 향상시키는 아트 요소에 의해 발생하지만 게임의 메카닉 결정 주도의 상호작용을 약화시키기 때문이다. 물론 가장 좋은 해결책은 보기 좋으면서도 플로우를 유지하는 디자인을 찾는 것이다. 하지만 어쩔 수 없이 선택해야 한다면, 대부분의 게임은 화려한 메뉴 전환이나 애니메이션보다 플로우를 지속하는 것이 더 유리하다. 그래픽은 처음에 보기 좋게 보이지만 플로우는 오래도록 좋게 느껴지기 때문이다.

지연을 제거할 수 없다면 그 틈새를을 메우기 위해 결정을 도입할 방법을 찾아야 한다. 때로는 다른 능력을 사용할 수 있게 하는 것처럼 간단한 방법도 존재한다. 마법사의 지팡이가 재충전 중이지만 플레이어는 여전히 이동하고 칼로 공격할 수 있다.

때로는 특이한 상황을 처리하기 위해 좀 더 독특한 디자인이 필요할 때도 있다. 예를 들어, 장르와 관계 없이 많은 게임에는 마비 공격이 포함되어 있다. 판타지 게임에는 마비 주문이 있고, 밀리터리 게임에는 비살상 용도의 기절 수류탄(스턴 그레네이드)이 있으며, 스파이더맨은 적에게 거미줄을 던질 수 있고, 권투 선수는 상대의 갈비뼈에 주먹을 날려 마비시킬 수 있다. 마비는 다른 후속 공격과 우아하게 결합되어 전투의 완급를 변화시키기 때문에 좋은 기획이다.

하지만 마비에는 문제가 있다. 피해자에게 잔인한 플로우의 틈새가 생긴다는 것이다.

마비의 가장 순진한 버전은 피해자를 얼리는 것이다. 하지만 이 방법은 게임 안의 설정으로 타당하고 공정할 수도 있지만, 플로우를 끊는 행위이다. 피해자는 기절 상태에서는 행동할 수 없으므로 어떤 결정도 내릴 수 없다. 이 문제를 어떻게 해결할 수 있을까?

다양한 게임들이 이러한 부작용 없이 마비의 본질을 유지하기 위해 다양한 방법을 사용했다. 예를 들어, 일부 게임에서는 피해자의 조작을 방해하는 방식으로 마비시키면서도 행동은 허용한다. <모던 워페어 2>의 기절 수류탄 (스턴 그레네이드)은 플레이어의 회전 속도를 늦추고 시야를 흔들리게 만든다. 이로 인해 조준력이 저하되고 측면에서 공격하기 쉬워지지만, 마비된 플레이어는 계속 상호작용하고 결정할 수 있다. 오래된 아케이드 판타지 게임에서는 플레이어의 모든 컨트롤을 뒤섞는 식으로 마비 주문을 구현했기 때문에, 위를 누르면 캐릭터가 아래로 이동하고 반대로 눌러도 마찬가지였다. 다시 말하지만, 피해자는 영향을 받지만 여전히 행동할 수 있다. <카운터 스트라이크(Counter-Strike)>의 섬광탄 수류탄은 피해자의 화면을 몇 초 동안 하얗게 만들지만 조종은 여전히 기능한다. 이는 눈이 안보이는 플레이어가 자신의 위치를 기억하고 발소리를 들음으로써 제한된 능력으로도 플레이할 수 있다는 것이다. 각각의 경우, 마비는 의미가 있지만 플로우는 유지된다.

과잉 플로우 상태 방지 Avoiding Overflow

과잉 플로우란 플레이어가 결정에 압도당하는 순간을 말한다.

과잉 플로우는 플로우 틈새보다 더 분명하다. 플로우 틈새는 지루한 순간을 조금씩 만들어내는 반면, 과잉 플로우는 불평하고 스트레스를 받는 플레이 테스터를 통해 그 존재를 알린다. 너무 명백하기 때문에 기획자는 결정의 부담을 덜어줌으로써 자연스럽게 수정하는 경향이 있다. 따라서 여기서는 과잉 플로우에 대해 더 이상 다루지 않겠다. 과잉 플로우를 주의 깊게 관찰하고 과잉 플로우가 발생하면 결정의 부담을 줄여라.

완성된 게임에서 과잉 플로우는 보통 실력이 낮은 플레이어에게 발생한다.

기획자가 테스트한 플레이어의 플로우는 괜찮았을지 모르지만, 실력이 부족한 플레이어는 실력 장벽 아래에서 허우적대며 끔찍한 시간을 보내게 된다. 이는 어느 정도는 피할 수 없는 현상이다. 실력이 너무 부족해서 게임을 할 수 없는 플레이어는 거의 항상 존재한다. 그렇기 때문에 모든 플레이어를 포함시키려 하지 말고 의도적으로 최소 실력 수준을 정하고 이를 중심으로 설계하는 것이 좋다.

턴 기반 결정 완급 Turn-based Decision Pacing

지금까지는 실시간 시스템의 관점에서 플로우에 대해 설명했다. 이는 턴제 게임에는 적용되지 않는데, 턴제 게임에서는 플레이어가 스스로 결정의 완급을 조절할 수 있기 때문이다. 플레이어는 큰 범위의 결정에 직면했을 때 단순히 턴에 긴 시간을 쓴다. 작은 결정을 내려야 할 때는 턴에 짧은 시간을 쓴다.

하지만 그렇다고 해서 턴제 게임 기획자가 결정 범위를 무시해도 된다는 뜻은 아니며, 잘못했을 때의 결과가 달라질 뿐이다. 실제로 턴제 게임 기획의 대표적인 고질적 문제 중 두 가지는 잘못된 결정 범위로 설명할 수 있다.

마이크로매니지먼트는 작은 범위의 결정이 너무 많을 때 발생한다. 플레이어는 성과를 최적화하기 위해 거의 의미가 없는 수십, 수백 개의 토큰을 끝없이 뒤섞어야 한다. 토큰을 움직이는 데 걸리는 시간이 무엇을 해야 할지 결정하는 데 걸리는 시간보다 더 길어지기 때문에 결국 플로우 틈새가 생기게 됩니다. 이 게임은 결정을 만드는 머릿속의 춤 대신 토큰을 이동하는 지루한 육체적 행위가 중심이 된다.

분석 마비는 결정 범위가 너무 넓을 때 발생한다. 플레이어는 지나치게 오랜 시간 동안 앉아서 생각하게 된다. 체스에서처럼 이것이 반드시 문제가 되지 않는 경우도 있다. 하지만 많은 플레이어가 참여하는 보드 게임이나 빠른 속도로 진행해야 하는 게임에서는 경험의 질을 떨어뜨리는 요인이 되기도 한다.

결정의 다양성 Decision Variation

같은 범위의 의사 결정이 같은 속도로 길게 이어진다면 게임의 플로우를 유지할 수 있지만, 이는 지루하고 반복적인 플로우다. 흥미를 유지하려면 다양한 결정의 밀도와 범위로 재미를 더해야 한다. 단순히 플레이어에게 한 시간 동안 4초마다 한번씩 전술적 결정을 주어야 하는 것이 아니다. 순간적인 결정을 순간들을 압축해서 던져준 후, 플레이어가 원하는 만큼 생각할 시간을 주고, 그다음에 5초짜리 전술적 결정이 따라오는 식으로 진행하라.

또한 취향이나 느낌에 따라 결정을 달리할 수도 있다. 비슷한 범위의 의사 결정이라도 주제가 다르면 질적으로 다른 느낌을 낼 수 있다. 예를 들어, 전략 게임에서 군대를 어떻게 움직일지에 대한 전술적 선택은 새로운 생산 건물을 어디에 건설할지에 대한 결정과 범위가 거의 비슷할 수 있다. 그러나 이러한 결정 중 하나를 끝없이 반복하는 것은 두 가지를 번갈아 가며 하는 것보다 덜 흥미롭다.

파트 1에서 언급한 고전적인 완급 곡선이 이를 위한 한 가지 지침이다. 느리게 시작해서 차분한 저점과 함께 여러 차례의 상승 주기를 거쳐 마침내 절정에 이르렀다가 하락으로 떨어지는 것이다.

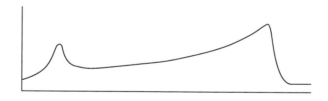

하지만 표준 감정 강도 곡선만이 결정의 완급을 변화시킬 수 있는 유일한 방법은 아니다. 풍부한 게임 시스템은 항상 표준 곡선을 따르기에는 너무 예측하기 어려운 경우가 많다. 종종 그들은 무작위 간격으로 여러 번 절정에 이르거나, 종이에 적혀 있는 것처럼 너무 길게 느껴지는 느린 부분들을 가질 수 있다. 결정을 미리 정의할 수 없기 때문에(시스템 기반이 되어야 예측이 가능하도록 메카닉이 즉석에서 결정할 것을 만들어내야하기 때문이다.) 매번 전통적인 완급 공식을 적용하기는 어렵다. 하지만 이는 문제가 되지 않는다.

플로우 완급의 유일한 규칙은 다양해야 한다는 것이다. 길고 느린 구간으로 플레이어를 지루하게 해서는 안 되고, 길고 빠른 구간으로 플레이어를 지치게 해서도 안 된다.

구현되지 않은 기획에 대해 대략적인 결정 속도 분석을 하는 것이 가능하다. 플레이어가 게임을 플레이한다고 상상해 보자. 여러분은 두뇌를 사용하여 매우 부정확한 방식으로 게임 시스템을 에뮬레이션하고 있다. 무슨 일이 일어나고 있는지, 무엇을 알고 있는지, 무엇을 모르는지, 제시되는 결정과 그 결정을 내리는 데 필요한 사고 과정에 대해 생각해 보자.

여기에는 요령이 있다. 사람의 머릿속은 상상하거나 기억하는 이야기에서 가장 흥미로운 부분으로 자연스럽게 건너뛴다. 이렇게 하면 플로우의 틈새를 숨길 수 있다. 결정 완급 조절에 대해 유용한 방식으로 생각하려면 머릿속에 떠오르는 경험의 모든 순간을 건너뛰지 않고 실시간으로 살펴봐야 한다. 이는 자연스럽지도 않고 쉽지 않다. 가만히 앉아서 지루한 애니메이션, 로딩 화면, 무의미한 버튼 누름을 모두 상상하는 것은 상당히 불편하다. 5분의 경험을 위해 5분을 생각한다는 것은 기분이 이상하다. 하지만 완급에 대한 유용한 지식을 얻으려면 시간을 절약하는 것이 필수적이다. 이 과정은 게임을 플레이 테스트하는 것만큼 좋지는 않지만, 아무것도 하지 않는 것보다는 낫고 훨씬 쉽다.

결정 사례 연구: <카운터 스트라이크(Counter-Strike)>

내가 <카운터 스트라이크(Counter-Strike)>를 처음 플레이한 것은 1999년에 두 사람이 <하프라이프(Half-Life)>의 MOD(모드)를 수정한 버전이었을 때였다. 게임 플레이는 간단했다. 특수 작전 병사들로 구성된 팀이 발라클라바를 쓴 테러리스트 무리와 전투를 벌이는 것이다. 한 팀이 탈락하거나 목표를 완료하면 모든 플레이어가 다시 등장해 다른 라운드를 진행한다. 플레이어는 적을 처치하거나 목표를 달성하면 돈을 모아서 다음 라운드에서 더 좋은 무기와 보호구를 구매할 수 있었다.

<카운터 스트라이크>는 좋은 게임이었다. 좋은 게임의 일반적인 패턴은 폭발적인 인기를 얻다가 몇 년이 지나면 서서히 인기가 시들해지는 것이다. 하지만 <카운터 스트라이크>는 그런 일이 일어나지 않았다.

나는 2001년에 게임을 그만뒀지만 커뮤니티는 계속 유지되었다. <언리얼 토너먼트 2003>과 같이 기술적으로 진보한 경쟁작이 등장하고 사라졌지만 사람들은 <카운터 스트라이크>를 계속 플레이했다. <하프라이프 2>가 나왔지만 사람들은 <카운터 스트라이크>를 여전히 계속 플레이했다. 게임에서는 그래픽 업데이트가 이루어지고 세월은 계속 흘러갔다. 2007년에는 대히트작인 <콜 오브 듀티 4>가 시장에 출시되었지만, 사람들은 <카운터 스트라이크>를 계속 플레이했다. 이 글을 쓰는 현재, 처음 출시된 지 13년이 넘은 <카운터 스트라이크>는 여전히 인기 있는 스팀(Steam) PC 게임 서비스에서 가장 많이 플레이한 게임 1위이다.

그 이유는 무엇일까?

그것은 허구가 아니기 때문이다. 시중에는 수많은 밀리터리 게임이 있지만 성공한 게임도 있고 그렇지 않은 게임도 있다. <카운터 스트라이크>의 성공은 게임 메카닉 덕분이다. 게임의 밸런스, 속도, 실력, 그리고 결정 때문이다. 일반적인 <카운터 스트라이크> 매치의 의사 결정을 살펴보자.

<카운터 스트라이크>는 다음과 같은 결정이 따라온다.

지금 재장전할 것인가, 아니면 나중에 할 것인가? 재장전하는 동안 적이 모퉁이를 돌면 어떻게 할 것인가? 전투 중에 탄약이 떨어지면 어떻게 해야 할까?

위치를 앞, 뒤, 옆으로 이동해야 하나, 아니면 멈춰있어야 하나. 엄폐물 사이에 이동하는 동안 총에 맞으면 어떻게 할까? 목표를 달성하지 못해 패배하면 어떻게 해야 할까? 팀원들 앞에서 너무 멀리 떨어져 있어서 죽으면 어떻게 할까? 다른 입구를 엄호하던 팀원이 죽고 내가 뒤에서 총을 맞으면 어떻게 할까?

지금 무기를 사야 할까? 나중에 필요할 때 돈이 떨어지면 어떻게 할까? 하지만 비무장 상태여서 이번 라운드에서 죽는다면?

모든 숙련된 흐름 유지 게임에서와 마찬가지로, 이러한 결정은 지속적으로 빠른 속도로 나타난다. 2분 라운드에 그러한 100번의 결정이 있을 수 있다. 밀도가 너무 높아서 이 게임에서는 몇 분간의 플레이를 분석하는 것조차 사실상 불가능하다. <카운터 스트라이크>의 플레이를 관찰하려면 초저속 모션으로 멈추고 플레이어의 생각을 초 단위로 살펴봐야 한다. 여기서는 일반적인 경기의 첫 20초를 살펴보겠다.

플레이어인 밥(Bob)이 경기에 참가한다. 밥은 바로 게임을 시작하지 않고 먼저 현재 라운드가 끝날 때까지 지켜봐야 한다. 이를 통해 몇 가지 기본 정보를 수집할 수 있다. : 맵은 아즈텍(de_aztec)이고, 밥은 테러리스트 팀에 속해 있으며, 각 팀에는 5명의 플레이어가 있다. 점수판에는 그의 팀이 지고 있다고 표시된다. 라운드가 끝나는 것을 지켜보던 밥은 상대 팀에 앨리스라는 전문 저격수가 있고, 그가 서쪽 가장자리에서 메인 코트야드 지역을 장악하고 있다는 것을 알 수 있다.

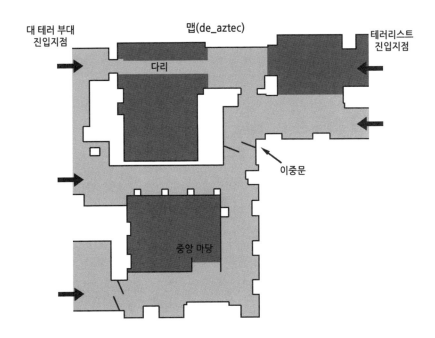

밥은 이 단계에서는 경기를 지켜볼 수 밖에 없지만 그렇다고 해서 플로우 상태가 아닌 것은 아니다. 손은 가만히 있지만 머릿속은 체스 판을 바라보는 체스 고수처럼 빠르게 돌고 있다. 그는 다음 라운드의 전략을 결정하고 있다. 이것은 심오한 결정이다. 그는 자신의 팀이 대 스나이퍼 실력이 부족하다는 점, 섬광탄이나 강력한 무기를 구비하지 못했다는 점, 앨리스가 앞으로 메인 마당을 차지할 가능성이 높다는 점, 자신의 근접전 실력이 특히 높다는 점 등 여러 가지 요소를 고려한다. 라운드가 시작될 무렵, 그는 결정을 내린다.

지금까지의 결정 완급을 그래프로 표시하면 다음과 같다. :

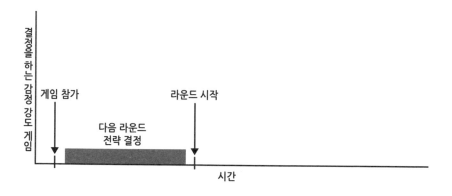

타임라인을 보면 전략 결정의 범위가 넓다는 것을 알 수 있다. 하지만 시간이 오래 걸리기 때문에 결정 속도는 느리다. 시간은 많았지만 결정의 범위가 너무 커서 비어있는 공간을 가득 채웠고 플로우의 틈새가 없었다.

다음 라운드가 시작된다. 밥이 팀원들과 함께 맵의 동쪽에 나타난다. 그는 값싼 단거리 MP5 기관단총밖에 없으므로 개방된 지역에서는 불리하다는 것을 알고 있다. 이미 결정한 대로 밥은 중앙 마당을 공격할 것으로 예상되는 앨리스를 피하기 위해 다리를 건너 북쪽 경로를 택한다. 밥은 앨리스의 측면으로 접근해 근접 전투 기술을 사용해 앨리스를 쓰러뜨리고 싶다. 살아서 다리를 건널 수만 있다면 근거리에서 앨리스를 공격할 수 있다고 생각한다. 나는 근거리 전투에 능숙하고, 앨리스의 저격 소총은 내가 앨리스와 정면으로 맞닥뜨리면 무용지물이 될 것이다.

이 시점에서 밥이 이용할 수 있는 정보를 생각해보자. 밥은 상대 팀이 벽 뒤에 있는 레벨의 반대편에 있기 때문에 아직 어떻게 움직이고 있는지 알지 못한다. 밥은 상대 팀이 흩어져서 각자의 길을 가고 있을 거라고 생각한다. 한 팀이 모두 같은 경로를 사용하는 것은 드문 일이다. 그는 또한 같은 팀원들의 의도를 확신하지 못한다. 그는 계획을 세우고 서로의 의도에 반응할 수 있는 친구들과 함께 플레이하는 것을 선호한다. 하지만 오늘 그는 프로 플레이어가 많은 공개 서버에서 플레이하고 있다. 그가 팀원들에 대해 아는 것은 실력이 뛰어나다는 것뿐이다. 이 메타게임 정보를 통해 그는 팀원들이 최적의 경로로 이동하여 샷을 할 것이라고 추측할 수 있지만, 그 외에는 별다른 정보가 없다. 마지막으로 밥은 장거리 소총을 든 팀원 몇 명을 확인했는데, 이는 그들이 뒤로 물러나 적을 매복하는 대신 다리나 중앙 마당에서 공격적으로 교전을 시도할 것이라는 것을 암시한다.

밥의 동료 중 세 명이 이중문을 통해 메인 안뜰로 이동하고 한 명이 밥과 함께 이동한다. 밥은 총소리를 듣는다. 밥은 사망자 전광판을 보며 새로운 정보를 얻는다. : 앨리스가 중앙마당에서 팀원 중 한 명을 죽였다는 사실이다. 이는 밥의 계획에 영향을 미치지 않는 예상했던 일이다. 그래서 그는 계속 측면으로 이동한다. 그러나 밥이 다리에 다다랐을 때, 밥에게 앨리스가 죽었다는 사망 신호가 울린다. 이제 밥의 머릿속 지도는 다음과 같이 보인다. :

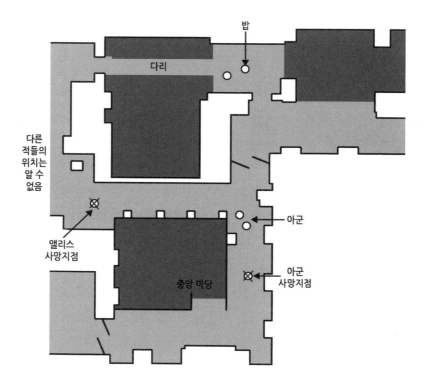

앨리스가 죽기 전까지 밥은 많은 것을 결정하지 않았다. 라운드가 시작되기도 전에 전략이 정해졌기 때문에 계획을 실행하는 동안에는 대부분 머릿속이 평온했다. 그는 그저 자신이 계획한 경로를 달리고 있었을 뿐이다.

하지만 이제 상황이 바뀌었고 밥의 머릿속은 다시 움직이기 시작했다. 생각의 속도가 빨라졌다. 그의 컵은 넘치지는 않지만 채워진다. 그는 자신의 상황을 받아들인다.

밥은 다리에서 측면 기동을 할 때 동행하는 팀원이 예상보다 적게 한 명뿐이어서 저항이 있을 경우 다리를 건너 자신이 선호하는 근접전 지역으로 이동하기가 더 어렵다는 것을 알게 된다. 또한 앨리스의 저격 기술이 사라져 위험한 측면 공격 계획이 무의미해졌다. 밥은 죽은 동료가 중앙 마당 어딘가에 자신보다 뛰어난 무기를 떨어뜨렸다는 것을 알고 있다. 그 총을 가져가면 좋을 것 같다고 생각한다.

밥은 0.5초 동안 생각한 끝에 다리 경로를 포기하고 팀원들과 함께 중앙 마당에 합류하기로 결심한다. 그는 다리에서 방향을 바꿔 커다란 이중문을 통과한다. 다음은 돌아가기로 결정한 직후 밥의 의사 결정 속도를 보여준다. :

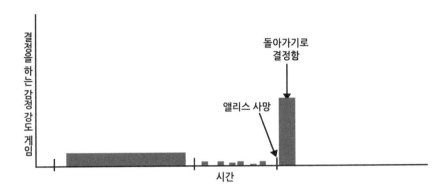

계획을 따랐을 때의 느린 결정 속도는 계획 변경에 대한 크고 압축적인 결정으로 이어졌다.

밥은 중앙 마당에 들어서면서 현장을 둘러본다. 그의 팀원 두 명은 20미터 떨어진 공터에 있었고, 죽은 팀원도 마찬가지였다. 실제로 죽은 아군은 밥의 MP5 보다 훨씬 더 좋은 무기인 AK-47을 떨어뜨렸다. 밥은 그것을 원한다.

하지만 밥이 문을 열고 들어온 지 얼마 지나지 않아 노출된 팀원들은 중앙 마당 서쪽 가장자리를 따라 남은 적들로부터 총격을 받는다.

밥은 다리에서 진로를 바꾼 후 4초 동안은 머릿속이 쉬고 있었다. 하지만 이제 그의 결정 속도가 다시 빨라진다.

공터에 놓여 있는 AK-47을 회수할지 여부를 결정해야 하는 순간이다. 그는 누가 무엇을 가지고 자신을 향해 총을 쏘는지 정확히 알고 싶지만 알아낼 시간이 없다. 적과 아군의 정확한 무기, 방향, 움직임을 관찰하려면 1초가 더 걸릴 것이다. 이 모든 정보가 눈앞에 있는데도 밥에게는 1초의 시간도 없다. 따라서 이 정보는 속도에 의해 가려진다.

밥은 순식간에 미래를 내다보고 각 잠재적 선택지를 따라 예상되는 결론에 도달하려고 한다. 결과는 모호한 원인과 영향 뒤에 숨겨져 있지만, 그는 자신의 지식과 실력을 사용하여 흐릿하고 불확실한 형태일지라도 결과를 볼 수 있다. 그는 자신의 정신이 잘 연마된 전술적 실력을 발휘할 때 쾌감을 느낀다.

이것이 밥이 보는 결과이다. :

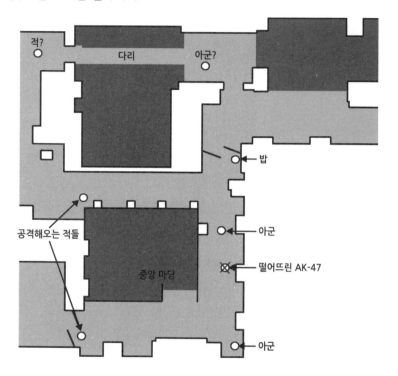

밥은 그자리에 머무르며 AK-47을 무시할 수 있다. 이렇게 하면 엄폐할 수 있지만 팀원들이 그의 지원이 없이 죽을 수 있으며, 이 경우 팀원 한 명과 약한 MP5 한 자루로 4명의 적과 싸워야 한다. 하지만 팀원들이 자신 없이 교전에서 승리하면 밥은 안전하게 AK-47을 챙길 수 있고, 남은 라운드와 다음 라운드에서 유리한 위치를 점할 수 있다.

또는 밥은 도망쳐서 AK-47을 잡으려고 할 수도 있다. 이렇게 하면 중앙 마당의 개방된 공간을 가로지르다가 총에 맞을 수 있다. 반면, 그의 등장으로 적의 주의를 분산시켜 아군에게 킬을 할 시간을 주거나 밥이 AK-47을 손에 넣고 전투에 합류할 수도 있다.

이 결정은 쉽지 않다. 어떤 선택을 하든 재앙이나 승리로 이어질 수 있다. 해결책을 찾는 퍼즐이 아니라 판단을 내려야 하는 문제이다. 이 결정은 다양한 결과가 얼마나 가능성이 있고 얼마나 바람직한지에 대한 밥의 평가에 따라 이루어진다. 이 의사 결정 과정은 의식과 무의식적 사고의 경계를 넘나든다. 인식과 본능이 합쳐져 의사 결정이 이루어진다. 밥은 생각할 시간이 없기 때문에 선택지에 대해 어떻게 생각하는지가 중요한 것이 아니다. 오랜 연습을 통해 단련된 그의 감정적인 무의식이 그 선택지에 대해 어떻게 느끼는지가 중요하다. 그리고 그 선택지 중 하나가 다른 선택지보다 더 좋게 느껴진다. 그래서 밥은 AK-47을 선택하기로 결정한다.

이 상황에 대한 구체적인 결과는 더 이상 언급하지 않겠다. 아마도 밥은 즉시 죽고, 다음 라운드가 시작될 때까지 느리게 전략을 결정하는 시간을 가지게 될 것이다. 이 경우에는 <카운터 스트라이크>의 기획 결함 중 하나인 라운드 사이에 사망한 플레이어는 다음 라운드의 전략을 결정하는 데 필요한 시간이 때때로 길어져 흐름이 길고 지루해지는 현상이 발생할 수 있다.

반대로 밥이 죽지 않는다면 10초 동안 격렬한 전투가 벌어질 수도 있다. 아군과 적군이 총을 쏘고, 쓰러지고, 도망치면서 1초에 한 번 이상 빠르고 격렬하게 의사 결정이 내려진다. 이러한 결정의 연속이 10초를 훨씬 넘기면 지치기 시작할 수 있다. 하지만 <카운터 스트라이크>는 무기의 위력이 크기 때문에 의사 결정이 필요한 시간이 항상 짧다.

전투가 계속된다고 가정했을 때 밥의 의사 결정 속도는 다음과 같다. :

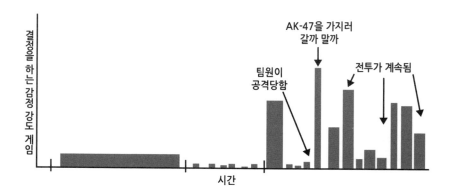

<카운터 스트라이크>의 의사 결정 속도는 급격하고 예측하기 어렵다. 긴장감 넘치는 사냥과 격렬한 총격전 사이를 오가며, 라운드 사이에는 강제 휴식 시간이 있다. 또한 빠른 사격과 전술적 움직임 및 팀 전략이 혼합되어 있기 때문에 결정의 범위와 느낌이 다양하다. 달성할 수 없는 실력 상한선과 함께, 이러한 다양한 결정이 적절히 배합되어 있기 때문에 <카운터 스트라이크>는 지속적으로 매력적인 경험이 될 수 있다.

6 | 밸런스 Balance

어린 소년은 쿠키를 원했다. 하지만 쿠키는 항상 부엌 카운터 테이블 위에 있어서 손이 닿지 않았다.

소년은 쿠키를 얻기 위해 모든 방법을 시도했다. 소년은 의자에 기어 올라갔지만, 의자가 넘어졌다. 소년은 장난감에 줄을 묶고 던져보기도 했다. 소년은 병에 걸린 척하며 동정심으로 쿠키 하나를 얻으려 했다. 소년은 형과 거래를 시도했다. 소년은 심지어 개가 쿠키를 가져다주도록 훈련시키려고도 했다. 아무 것도 효과가 없었다.

실패 후 매번, 소년의 머리는 새로운 해결책을 더 열심히 고민했다. 쿠키를 얻기 위한 소년의 탐구는 인생의 초점이 되었다. 모든 실패는 흥미진진한 새로운 문제가 되었다. 실패는 소년을 더 강하고, 똑똑하고, 영리하게 만들었다.

어느 날, 누군가 항아리를 넘어뜨렸고 쿠키 하나가 바닥으로 떨어졌다. 소년은 그것을 먹고 방으로 가서 아무것도 하지 않았다. 쿠키는 그를 채워주지 않았다. 그것은 소년을 공허하게 만들었다.

밸런싱은 게임 메커니즘을 조정하여 다양한 도구, 유닛, 전략, 팀 또는 캐릭터의 상대적인 능력을 변경하는 것을 의미한다.

때로는 밸런싱은 단순히 숫자를 변경하는 것을 의미한다. 기획자는 자동차의 타이어 마찰력을 감소시켜 코너링에서 더 나쁘게 만들거나, 화살의 속도를 증가시켜 더 효과적으로 만들 수 있다. 게임에는 이렇게 조정할 수 있는 수천 개의 수치가 있다―속도, 가격, 질량, 건강, 피해, 에너지 등등.

하지만 밸런싱은 단순한 수치 조절보다 더 근본적인 변경을 요구할 수도 있다. 기획자는 마법사의 방패 능력을 제거하여 궁수로 공격하기 쉽게 만들거나, 높은 엔진 출력을 상쇄하기 위해 특정 차량에서 니트로 부스터를 제거할 수 있다.

이 장은 우리가 왜 그것을 하는지, 왜 어려운지, 그리고 잘하는 방법들등 밸런싱에 대해 다룬다.

밸런스의 목표 Goals of Balance

'밸런스'라는 단어는 게임 기획에서 가장 남용되는 용어 중 하나이다. 사람들은 게임이 재미있다고 느껴지면 밸런스가 잡혔다고 하고, 불공평하다고 느껴지면 밸런스가 별로 라고 한다. 하지만 이 모든 아이디어를 하나의 단어로 묶는 것은 방법과 목표를 혼동하게 만든다.

밸런싱은 한가지 수단이다. 이는 다른 게임 메카닉의 상대적인 능력을 변경하는 것을 의미한다. 이 방법은 거의 모든 목표를 추구하는 데 사용될 수 있다. 게임 안의 가상 설정의 일관성, 명확성, 단순성, 그리고 우아함은 모두 밸런싱을 통해 개선될 수 있다. 하지만 밸런싱이 달성할 수 있는 다양한 목표 중에서 두 가지는 다른 것들보다 우선된다.

하지만 밸런싱이 달성할 수 있는 다양한 목표 중에서 두 가지는 다른 것들보다 우선된다. 그것은 공정함과 깊이이다.

이 목표들이 밸런싱과 밀접하게 연관되어 있는 이유는 밸런싱이 그것들을 달성하는 핵심 방법이기 때문이다. 다른 기획 목표들은 대부분 다른 방식으로 달성된다. 우리는 스토리를 아트나 글쓰기로 전달하고, 좋은 인터페이스 디자인으로 게임을 명확하게 만든다. 하지만 공정함과 깊이를 달성하기 위해서는 밸런싱이 필요하다.

공정함을 위한 밸런스 조정 Balancing for Fairness

게임이 공정할 때는 플레이 시작 시 어떤 플레이어도 이점을 가지고 있지 않다.

우리는 이긴 것과 진 것이 정당하다고 느끼게 하기 위해 공정함을 추구한다. 경쟁 게임에서 플레이어들은 자신들의 승리가 정말로 상대방보다 뛰어났기 때문이라는 것을 알고 싶어한다. 게임 자체가 불공정하면, 경쟁 의식은 의미가 없어진다. 그 이유는 그것은 관련된 사람들에 대해 아무것도 드러내지 않기 때문이다. 패자는 자신이 진 이유가 게임이 불공정함이라 불평할 수 있고, 승자는 반박의 여지가 없을 승리가 아니기 때문에 만족을 얻지 못한다.

어떤 종류의 게임은 플레이어들이 같은 상황에서 시작하기 때문에 저절로 공정하게 된다. 이러한 종류의 게임은 양측이 완전히 같기 때문에 대칭적이라고 불린다. 예를 들어, 하키는 양 팀이 같은 위치에서 시작하고 같은 규칙에 따라 플레이하기 때문에 대칭적이다. 하키는 팀 간의 유일한 차이점이 플레이어 자신 내부에 있기 때문에 저절로 공정하다. 대칭적인 게임을 디자인할 때, 공정성은 걱정거리가 아니다. 왜냐하면 그것은 저절로 이루어지기 때문이다.

하지만 진정으로 대칭적인 게임은 드물다. 대부분의 게임은 *비대칭적이다.* 이러한 게임에서 플레이어는 다른 상황에서 시작할 수 있다. 예를 들어, 격투 게임에서 플레이어는 다른 공격을 가진 다양한 캐릭터를 사용할 수 있다. 체스에서는 흰색말이 먼저 움직인다. 그리고 <스타크래프트>에서 플레이어는 각각 다른 종족의 군대를 지휘할 수 있다. 이러한 비대칭 게임들은 대칭적인 게임처럼 공정성이 보장되지 않는다. 이들을 공정하게 만들기 위해서 (또는 적어도 만족스러울 정도로 공정하게 만들기 위해서) 신중하게 밸런싱해야 한다.

단순히 게임을 대칭적으로 만드는 것이 밸런싱을 달성하는 쉬운 방법처럼 보일 수 있다. 하지만 비대칭성은 게임의 본질적인 부분인 경우가 많다. 체스에서는 누군가가 먼저 움직여야 한다. 보드게임 <리스크>의 플레이어들은 비대칭적인 세계 지도에서 다른 시작 영토를 가져야 한다. 제2차 세계대전 게임에서는 누군가는 추축국을, 다른 누군가는 연합국을 플레이해야 한다. 대칭성은 선택할 수 없는 경우가 많다.

대칭성과 밸런스가 맞는 비대칭성 이외에도 세 번째 옵션이 있다. 의도적으로 불공정한 비대칭 게임을 만들 수 있다. 이 접근법은 경쟁의 정당성을 잃지만, 공정한 게임에서는 얻을 수 없는 독특한 경험을 제공한다.

예를 들어, 많은 역사적 전쟁 게임은 플레이어들이 경쟁보다 역사 탐구에 더 관심이 있기 때문에 불공정한 시나리오를 가지고 있다. 그들은 벌지 전투의 불리한 위치에 있던 독일군이 승리할 수 있을 방법이나 일본이 이오지마를 지킬수 있는 방법을 찾고 싶어한다. 이러한 게임은 실제 역사의 전투가 불공정했기 때문에 불공정해야 한다.

다른 경우, 기획자들은 불공정함을 사용한다. 불공정함은 정직한 경쟁보다 예측할 수 없는 이야기와 재미있는 상호작용을 만들어내기 때문이다. 예를 들어, 고전 보드 게임 <코스믹 인카운터>는 플레이어들에게 재미있고 불공정한 능력을 제공하는데, 이는 게임이 유머를 만들어내기 위해 기획되었고, 기획자인 피터 올로카(Peter Olokta)는 "공정함은 재미없다!"라고 말했다. 그래서 경쟁적인 <코스믹 인카운터> 대회는 존재하지 않지만, 그 게임은 매우 유쾌하다.

깊이를 위한 밸런스 잡기 Balancing for Depth

나는 '깊이'를 고수준의 실력 단계에서 의미 있는 플레이를 제공하는 게임의 속성으로 설명했다. 밸런싱은 깊이에 필수적이다. 왜냐하면 게임이 깊어지기 위해서는, 숙련자조차도 정답을 확신할 수 없을 정도로 밸런스가 맞는 결정을 만들어내야 하기 때문이다.

예를 들어, 검과 마법 판타지 게임에서 영웅이 살인을 일삼는 오우거를 만난다고 상상해보자. 영웅에게는 두 가지 선택지가 있다. : 검으로 공격하거나, 오우거를 불태우는 주문을 사용하는 것이다. 검은 즉각적으로 큰 피해를 입힐 것이고, 주문은 오우거가 불에 타면서 시간이 지남에 따라 작은 피해를 반복해서 입힐 것이다. 어떤 것을 선택해야 할까?

만약 어느 한 옵션이 전반적으로 분명히 더 강력하다면 — 예를 들어, 검이 10분 동안 불꽃이 입힐 수 있는 피해보다 더 큰 피해를 입힌다면 — 그 답은 명확해지고, 결정은 의미 없는 선택이 된다. 이 결정에 의미가 있으려면 플레이어의 다양한 선택지의 밸런스가 맞아서 정답이 확실히 나오지 않아야 한다. 이러한 경우에는, 기획자는 만약 싸움이 30초 미만 지속된다면 검이 전체적으로 더 큰 피해를 입히고, 불꽃이 30초 이상 타오를 경우 더 큰 피해를 입힐 수 있게 할 수 있다. 이제 플레이어는 명백한 답을 단순히 선택하는 것이 아니다. 그는 싸움이 30초 이상 또는 이하로 지속될지 추측해야 한다. 이러한 미래 예측은 흥미롭고 감정적으로 의미 있는 사고 과정이다.

어떤 사람들은 이러한 밸런싱을 어떤 모호한 능력의 수치를 이용해 다른 도구들을 서로 맞추는 것으로 취급한다. 그런 사람들은 검, 불꽃, 그리고 다른 모든 도구들이 기본적으로 동등하도록 밸런싱을 시도한다. 하지만 이 접근법은 이러한 밸런싱의 목표를 잘못 이해하기 때문에 효과가 없다. 우리의 목표는 도구들을 밸런싱하는 것이 아니다. 그 목표를 이루는 것은 불가능하다, 왜냐하면 모든 도구는 다른 상황과 다른 도구들과의 조합에서 다른 수준의 유용성을 가지고 있기 때문이다. 불꽃은 오우거에게는 효과적일 수 있지만, 약한 고블린 무리에게는 쓸모없을 수 있다. 검은 고블린에게는 좋을 수 있지만, 오우거에게는 별로일 수 있다. 그렇다면 어느 것이 더 나을까? 맥락 없이는 이러한 비교는 의미가 없다.

우리의 진짜 목표는 플레이어가 주어진 상황에서 선택하는 전략들을 밸런싱하는 것이다.

'전략'은 플레이어가 목표를 추구하기 위해 취할 수 있는 특정한 행동 조합들이다. 최선의 전략을 찾기 위해 필요한 사고 과정이 더 미묘할 때 게임의 결정이 더 풍부해진다.

따라서, 판타지 속 오우거의 예에서, 우리는 사실 불 마법과 검을 밸런싱하는 것이 아니다. 우리는 이 특정한 상황에서 이 특정한 오우거에 대해 이 두 전략 사이의 선택을 밸런싱하고 있다.

간단한 전략은 하나의 도구로 하나의 문제를 해결하는 것을 의미할 수 있다. 예를 들어, 상대방이 기병으로 진격한다면, 군대 앞에 창병을 배치하는 것이 좋은 대응 전략이 될 것이다. 돌진하는 말들이 길고 뾰족한 창의 고정된 줄에 잘 대처하지 못하기 때문에, 이 전략은 효과적이다. 당신은 자신의 가진 도구 중 하나를 사용하여 그들의 가진 도구 중 하나에 대항해서 한 가지 목표를 달성했다.

하지만 전략은 놀랍도록 복잡할 수도 있다. 이러한 종류의 전략들은 하나의 행동이 아니다. 이 전략들은 미묘한 우발 상황들의 조합이다. 그것들은 특정 상황에서 여러 도구들 간의 시너지에 의존하며, 특정한 상대의 전략 조합에 대응해 맞추어져있다. 예를 들어, 숙련자는 오른쪽에 기병을, 왼쪽에 궁수를, 뒤에 창병을 두고 있는 적군을 보았다. 그는 적의 궁수들을 향해 기병을 가장하여 돌진하면서 중앙으로 창병을 급히 전진시킨다. 그는 여러 가지 상황을 고려한다. : 만약 적의 궁수들이 서서 그의 창병에게 화살을 쏜다면, 그의 기병은 그들을 공격할 수 있다. 하지만 적이 궁수들을 도망치게 하고 기병을 대응으로 보낸다면, 우리의 전문가는 그의 창병으로 그들을 전장에서 포위할 수도 있다.

우리가 전략을 서로 밸런싱할 때, 플레이어의 결정들이 더 많은 변수에 대해 더 세밀하게 생각하는 것을 포함하기 때문에 더 풍부한 플레이 경험을 만든다. 이러한 복잡한 사고 과정은 매우 숙련된 플레이어들에 의해서도 완벽하게 실행될 수 없기 때문에 게임은 더 깊어진다.

다른 이유들을 위한 밸런싱 Balancing for Other Reasons

밸런스의 핵심은 공정한 플레이와 미묘한 결정들을 만들어내는 것이다. 하지만 밸런스 변경이 많고 훌륭한 결정들과 완벽하게 공정한 플레이를 만들더라도, 그것이 서사 일관성, 플로우와 완급, 접근성 또는 명확성을 파괴한다면 그 밸런스 변경에는 가치가 없다.

예를 들어, 우리는 궁수가 가진 활의 사정거리를 3미터로 만들어 밸런싱을 맞출 수 없다. 이것은 공정할 수 있고 흥미로운 전략적 결정들을 만들 수 있지만, 게임안의 설정 안에서는 아무런 의미가 없다. 플레이어 캐릭터의 점프를 이 레벨에서만 더 낮게 만들어 점프 퍼즐을 밸런싱하면 안된다. 그러면 이는 플레이어의 기대를 어기고 좌절감을 만들기 때문이다. 운전 게임에서 자동차를 극도로 느리고 둔하게 만들어 밸런싱해서는 안된다. 그러면 운전이 공정한 일이라 할지라도 지루한 일이 되기 때문이다.

밸런싱 작업은 이러한 제약 안에서 이루어져야 한다. 또는 적어도, 밸런스 변경의 이득이 경험의 다른 부분에 대한 비용과 상쇄되어야 한다. 왜냐하면 밸런스는 모든 것에 영향을 미치기 때문이다.

전략의 퇴보 Degenerate Strategies

게임 기획의 역설 중 하나는 새로운 도구를 추가함으로써 게임이 흥미로운 결정을 얻기보다는 잃을 수 있다는 것이다. 이것은 새 도구가 퇴보된 전략을 만들어낼 때 발생한다.

'퇴보된 전략'은 주어진 결정에서 분명히 최선의 선택인 전략이다.

예를 들어, 전략 게임의 기획자들이 새로운 유닛, '척 노리스'를 추가한다고 상상해보자. 완벽한 인간인 척은 게임에서 분명히 가장 강력한 유닛이다. 그는 혼자서 군대 전체를 물리칠 수 있다.

처음에 척은 멋져 보일 수 있고, 플레이어들이 원하는 것을 제공한다. 하지만 척은 적을 파괴하는 것처럼 게임 자체를 사실상 거의 완전히 파괴한다.

게임에 척 노리스를 추가함으로써 깊이가 감소했다. 왜냐하면 어떤 유닛을 사용할지 결정하는 과정이 더 이상 없기 때문이다. 상황에 관계없이 답은 항상 같다. : 그냥 척을 보내라. 그는 퇴보된 전략이다.

척 노리스는 단순한 예이다. 실제 기획에서, 퇴보된 전략들은 이렇게 명백하지 않다. 그것들은 다양한 도구와 메카닉 간의 긴밀한 상호작용에서 숨어 있다.

예를 들어, 판타지 RPG <엘더 스크롤: 모로윈드(The Elder Scrolls: Morrowind)>에서는 플레이어 캐릭터의 지능 스탯을 향상시키는 물약을 만들어, 그 향상된 지능을 사용하여 더욱 강력한 지능 증가 물약을 만드는 것이 가능하다. 이는 지능의 기하급수적 상승을 일으켜 지능 특이점으로 이어진다. 플레이어의 지능이 적절한 값의 몇 백 배가 되면, 플레이어는 모든 다른 스탯을 영구적으로 대폭 향상시키는 물약을 조합할 수 있다. 따라서 게임을 시작한 지 몇 분 만에 플레이어는 산을 뛰어넘고 한 방에 드래곤을 죽일 수 있는 캐릭터를 만들 수 있다. 이 트릭은 간단하고 실행하기 쉽다. 이를 아는 사람이라면 게임의 신중하게 만들어진 도전들을 무효화할 수 있다. 그리고 게임 기획에서 이것이 가능하다는 것은 바로 알 수가 없다.

심지어 스포츠에서도 퇴보된 전략이 있을 수 있다. 농구를 생각해보자. 전통적인 스포츠에서 사람들이 비디오 게임의 밸런스가 안 맞는 부분을 악용하는 것처럼 퇴보된 전략을 악용하는 것은 상상하기 어렵지만, 그런 일이 발생했다. 1990년대 후반에 공격에서 뛰어나지만 자유투에서는 이상하게 부족한 특이한 선수들이 등장했다. 샤킬 "샤크" 오닐이 이 현상의 가장 유명한 예이다. 그를 상대하기 위해, 상대 팀들은 그의 팀이 공을 가질 때마다 의도적으로 샤크에게 파울을 시도하는 전략, '핵-어-샤크(Hack-a-Shaq)'를 개발했다. 농구에서는 한 선수가 다른 선수에게 신체적으로 방해할 때 심판이 파울을 선언하고, 파울당한 선수는 자유투를 얻는다. 상대 팀은 샤킬이 정상적인 플레이로 공을 빼앗길 확률보다 자유투를 놓칠 확률이 더 높다고 생각했다. 그래서 경기는 공이 근처에 없는데도 상대 선수들이 샤킬을 때리려고 빙빙 돌며 쫓아다니는 상황으로 변질되었다.

의외로 플레이어들은 항상 퇴보된 전략을 찾으려고 한다. 그들은 언제나 게임 기획에서 갑옷의 틈새를 찾아내고 쉽게 승리를 얻기 위한 깨진 밸런스를 악용하려고 한다. 아이러니하게도, 만약 그들이 이러한 틈새를 찾는다면, 그들은 자신들이 게임을 파괴하도록 허용한 기획자를 미워할 것이다. 그들은 퇴보된 전략을 찾으려고 하며, 동시에 그것을 찾지 않기를 원한다.

실현 가능한 전략 수 계산의 오류

확실히, 결정이 의미를 가지려면 좋은 결과로 이어질 수 있는 여러 실현 가능한 전략이 있어야 한다. 만약 실현 가능한 전략이 하나뿐이라면, 그 전략은 퇴보되고 결정은 의미 없는 선택이 된다.

오랫동안 나는 밸런스의 목표가 실현 가능한 전략의 수를 최대화하는 것이라고 생각했다. 그 아이디어는 더 많은 실현 가능한 전략들이 있다면, 결정들이 더 풍부해지고 게임이 더 잘 밸런스가 잡혔다는 것이었다. 나는 이 가정을 바탕으로 이 장 전체를 작성했고, 그것은 종이 위에서는 훌륭했다. 그런 다음 나는 반례를 찾아보았다. 그리고 두렵게도, 나는 두 사례를 발견했고, 그 두 가지 모두 내가 쓴 것을 완전히 파괴했다.

첫 번째는 '가위바위보-도마뱀-스팍(Spock)'이라는 유머 게임이었다.(* 역자 주) 전통적인 가위-바위-보는 세 가지 실행 가능한 전략을 가지고 있다. 하지만 가위-바위-보-도마뱀-스팍이라는 게임 버전도 있으며(내가 가장 좋아하는 결과는 "보(Paper=논문)가 스팍이 틀렸음을 입증한다."이다), 그 버전은 다섯 가지 전략을 가지고 있으며, 각각은 승리할 기회가 동등하기 때문에 모두 실행 가능하다. 우리는 이 게임에 더 많은 심볼들을 추가하여 임의로 많은 수의 실현 가능한 전략을 만들 수 있다. 하지만 우리는 게임의 밸런스를 개선하는가? 물론 아니다. 게임은 이전보다

*역자 주 - '가위바위보-도마뱀-스팍' : 미국 드라마 [빅뱅 이론]에 등장한 가위바위보의 룰 변형 게임으로 도마뱀과 [스타트렉]의 캐릭터 스팍이 추가된 버전의 게임이다.

더 깊지 않다. 그저 더 복잡할 뿐이다. 더 많은 실현 가능한 전략을 추가하는 것은 게임을 더 나아지게 하지 않았다.

두 번째 반례는 포커였다. 임의로 많은 전략을 가진 나쁜 게임과 달리, 포커는 매우 적은 전략을 가진 훌륭한 게임이다. 포커는 끝없이 매혹적이지만, 각 상황에서는 소수의 움직임만 있다. 많은 핸드에서, 플레이어들은 단 두 가지 실현 가능한 전략만 가지고 있다. 폴드하거나 콜하거나. 실현 가능한 전략의 수가 중요하다면, 포커는 어떻게 적은 수의 전략으로도 좋을까?

시간이 지나면서, 실현 가능한 전략의 수를 세는 것이 잘못된 접근임을 깨달았다. 내가 저지른 오류는 이런 것이었다. : 만약 하나보다 실현 가능한 두 개의 전략이 더 좋다면, 세 개의 전략이 두 개보다 더 좋다는 의미일까?

그렇지 않다. 실현 가능한 두 개의 전략이 있으면, 더 많은 전략을 추가하는 것 자체에는 본질적인 가치가 없다. 실현 가능한 더 많은 전략은 결정을 더 흥미롭게 만들 수 있다. 하지만 그렇지 않을 수도 있고, 그렇게 하는 것이 최선의 방법이 아닐 수도 있다. 우리는 더 많은 유용한 수를 가진 포커 버전을 만들 수 있지만, 그것이 반드시 더 좋은 것은 아니다.

깊이를 위한 밸런싱의 진짜 목표는 플레이어의 머릿속에 풍부한 사고 과정을 만들어 내는 것이다. 우리는 플레이어에게 깨달음, 의심, 딜레마를 주는 매혹적인 내적 논리의 연쇄를 촉발시키고 싶고, 플레이어가 매우 숙련되었을 때도 그렇게 하고 싶다. 이를 위해서는 실현 가능한 전략이 하나보다 많아야 한다. 하지만 실현 가능한 두 가지 전략이 있다면, 더 많은 전략을 추가하는 것이 자동적으로 경험을 개선하지는 않는다. 경험을 개선한다는 것은 결정 과정을 더 미묘하게 만드는 것을 의미한다.

이 아이디어는 기획자들에게 중요한 함의를 가진다. 게임을 깊게 만들기 위해 더 많은 선택을 추가하는 것이 잘못된 방법이라는 것을 의미한다. 더 많은 선택은 쉽게 만들고 측정하기 쉽지만, 그 자체로 가치가 있는 것은 아니다. 종종, 그들은 가치보다 더 많은 복잡성을 추가한다.

기획자의 진짜 목표는 플레이어의 내적 경험을 풍부하게 만드는 것이다. 그 목표는 달성하기 어렵고, 측정하기 매우 어렵다. 하지만 그 목표가 중요하다. 그리고 이 중요한 목표를 추구하는 것은 전략의 숫자를 세는 것보다 우리의 디자인을 더 작고, 단순하고, 집중적이며, 우아하게 만든다.

밸런스와 실력 Balance and Skill

어린 아이들은 '틱택토'를 즐긴다. 그들에게는 진짜 실력, 진짜 도전, 진짜 전략이 있는 진짜 게임이다. 이것은 성인들에게는 우스꽝스러워 보일 수 있다. 왜냐하면 게임이 너무 단순하고 완벽한 전략이 너무 명백하기 때문이다. 우리는 틱택토에 지루해한다. 그렇다면 어떻게 한 그룹에게는 매혹적인 게임이 다른 그룹에게는 의미 없을 수 있을까?

> **한 실력 수준에서 플레이어에게 밸런스가 잡힌 게임은 다른 실력 수준의 플레이어에게는 밸런스가 맞지 않을 수 있다. 왜냐하면 서로 다른 실력 수준의 플레이어들은 서로 다른 전략에 접근할 수 있기 때문이다.**

숙련자에게 퇴보된 전략인 것이 초보자에게는 여전히 매혹적으로 신비해보일 수 있다. 전문가는 퇴보된 전략을 알고 있으며 이를 실행할 실력을 가지고 있다. 그가 게임을 할 때, 성인이 틱택토를 하는 것처럼, 매번 생각 없이 같은 행동을 한다. 하지만 초보자는 퇴보된 전략을 발견하지 못했거나 실행할 실력이 부족하다. 초보자에게 게임은 여전히 신비하다. 아이들은 퇴보된 전략을 사용할 능력이 아직 없기 때문에 틱택토를 좋아한다. 그들에게는 마치 그 전략이 존재하지 않는 것처럼 느껴진다.

반대의 경우도 있다. : 플레이어들이 게임을 싫어하게 되는 것은 그들이 게임을 밸런스가 맞게 만드는 전략을 사용할 실력이 부족하기 때문이다. 예를 들어, <스타크래프트 II(StarCraft II)>는 역대 가장 밸런스가 잘 잡힌 게임 중 하나지만,

새로운 플레이어들에게는 그렇게 보이지 않는 경우가 많다. <스타크래프트 II>에는 러시라고 불리는 시작 전략들이 있다. 러시는 상대방이 아무런 군사 유닛도 건설하기 전에 아주 이른 시점에서 공격하는 것을 포함한다. 러시는 실행하기가 비교적 간단하기 때문에 초보자들에게도 가능하다. 하지만 막기는 꽤 어렵다. 중급 플레이어는 러시를 막을 수 있지만, 초보자는 그렇지 못하다. 러시를 사용하는 다른 초보자들에게 계속해서 패배하는 초보자에게 <스타크래프트 II>는 밸런스가 붕괴된 게임으로 보인다.

하지만 러시는 더 높은 실력 수준에서는 완벽하게 방어 가능하다. 프로 플레이어들은 러시를 막는 방법을 아는 사람들에게는 러시가 통하지 않기 때문에 서로 러시를 사용하지 않는다. 실력 범위의 상위 이용자들 사이에선 러시를 방어하는 플레이어가 유리하다. 하지만 게임의 낮은 실력 수준에서는 실행하기 쉽고 막기 어려운 러시를 사용하는 공격자가 유리하다.

이것은 러시가 퇴보된 전략이지만 오직 낮은 실력 수준에서만 그렇다는 이상한 상황을 만든다. 러시를 상쇄하는 전략들은 초보자에게는 사용할 수 없기 때문에, 그들에게는 게임이 퇴보된 것처럼 보인다.

누구를 위해 밸런싱할 것인가 Who to Balance For

틱택토와 <스타크래프트 II>는 동일한 문제의 변형을 보여준다. :

모든 실력 단계의 플레이어에게 밸런스가 잡혀있는 실력 주도 게임을 만드는 것은 거의 불가능하다는 것이다. 기획자는 어떤 실력 단계에서 밸런싱할 것인지를 목표로 삼아야 하며, 다른 실력 단계에서는 퇴보된 전략이 있을 수 있도록 허용해야 한다.

한 실력 단계에서 문제를 발견하면, 우리는 보통 그것을 해결할 수 있다. 하지만 여러 실력 단계에 대해 걱정하기 시작하면 고려해야 할 전략의 수가 엄청나게 늘어난다. 하나의 실력 지점에서 밸런스를 맞추는 것은 어렵고, 모든

실력 단계에서 동시에 밸런스를 맞추는 것은 거의 불가능하다. 유일한 대응 방법은 일부 실력 단계에서는 게임이 밸런스가 붕괴 되도록 놔두는 것이다. 이는 패배를 인정하는 것처럼 들리지만, 거의 모든 게임이 이렇게 한다.

심지어 완벽하게 제작된 <스타크래프트Ⅱ>의 밸런스 팀도 낮은 실력 단계에서의 밸런스를 희생하고 실력 범위 상위에서의 밸런스를 맞춘다고 밝혔다. <스타크래프트Ⅱ>의 리드 기획자인 더스틴 브라우더는 "목표는 항상 모든 사람에게 영향을 미치는 해결책을 찾는 것입니다…. 하지만 당신이 나에게 총을 겨누고 '결정을 내려야 한다'고 말한다면… 우리는 [가장 숙련된 플레이어들]을 따르는 경향이 있습니다." 라고 말했다. 브라우더는 실력 범위 전체에서 게임을 밸런스를 맞추는 것이 불가능함을 인정한다. 대신, 그의 팀은 숙련자 단계에서 게임의 밸런스를 유지하도록 집중하는 동시에, 실력 범위의 나머지 부분에서 어떻게든 가능한 것을 얻어내려고 노력한다. 그리고 <스타크래프트Ⅱ>의 경우, 이것은 올바른 선택이다. 왜냐하면 이 게임은 오랜기간동안 프로 플레이어들이 연구를 하도록 의도되었기 때문이다.

서사 중심의 게임들은 보통 반대의 접근 방식을 취한다. 그들은 실력 범위의 상단에서가 아닌 중간이나 하단에서 밸런스를 맞추는데, 그 이유는 <스타크래프트Ⅱ>와 같은 경쟁 게임처럼 강렬하게 플레이될 의도가 아니기 때문이다. 예를 들어, <바이오쇼크>에는 '빅 대디'라고 불리는 초강력한 적이 포함되어 있는데, 이들은 도발하지 않는 한 공격적이지 않다. 빅 대디 전투는 힘든 클라이맥스 싸움으로 의도되었지만, 실제로 전혀 싸우지 않고도 그들을 죽일 수 있는 다양한 퇴보된 방법이 있다. 플레이어는 폭발성 배럴에 근접 폭탄을 여러 개 부착하여 빅 대디를 한 방에 죽일 수 있는 거대한 슈퍼 폭탄을 만들 수 있다. 또는 빅 대디를 함정이 많은 곳으로 유인하여 즉시 죽일 수 있다. <바이오쇼크>는 이와 같은 퇴보된 전략으로 가득하지만, 게임은 10시간 미만으로 짧고, 플레이어들이 그렇게 짧은 시간에 이러한 전략을 파악하는 것은 드물기 때문에 별로 문제가 되지 않는다. 그리고 만약 그렇게 한다 해도, 게임은 여전히 흥미롭다. 왜냐하면 게임의 의미는 실력 최적화가 아닌 서사와 역할

놀이에서 비롯되기 때문이다.

이것이 <모로윈드>에서 지능 포션에 의한 퇴보된 전략이 게임을 망치지 않는 이유다. <모로윈드>는 이기는 것에 관한 게임이 아니라, 세계를 탐험하는 데에 관한 것이다. 플레이어는 지능 포션 트릭을 한 번 시도할 수 있지만, 게임의 서사를 경험하고 싶어서 빠르게 일반 게임으로 돌아갈 것이다.

밸런스가 맞는지 여부 Whether to Balance

어떤 게임에서든, 기획자는 높은 실력 단계에서의 밸런스 추구가 그 비용을 감당할 만한 가치가 있는지 결정해야 한다. 그 대답은 게임이 얼마나 실력 중심의 도전에 관한 것인지, 그리고 비주얼이나 스토리 같은 다른 종류의 경험에 얼마나 많이 관련되어 있는지에 달려있다.

높은 실력 범위에 대한 밸런싱은 비용이 많이 든다. 그것은 어떠한 아이디어라도 어떤 실력 단계에서든 퇴보된 전략으로 이어질 수 있다면 제거해야 함을 의미한다. 이러한 제약으로 다른 측면으로 가치 있는 많은 아이디어들이 배제된다. 게다가, 높은 실력 단계에서의 테스팅은 비용이 많이 든다. 왜냐하면 그것은 누군가가 몇 주 또는 몇 달 동안 게임을 연구하며 최적의 전략을 찾아내는 것을 의미하기 때문이다. 마지막으로, 플레이어들은 보통 게임이 출시된 후에 퇴보 전략을 찾아낸다. 이는 게임을 패치해야 함을 의미한다. 이는 때때로 수년동안 계속 된다.

낮은 실력 단계에 대한 밸런싱은 훨씬 비용이 싸다. 퇴보된 전략이 완전히 명백하지 않은 한, 목표는 달성된 것이다. 강한 서사적 또는 사회적 경험을 만들어내는 메카닉들은 퇴보된 전략을 일으키더라도 게임에 포함될 수 있다. 밸런스 테스트는 쉽다, 왜냐하면 오랜시간의 연구나 특별히 헌신적인 플레이어들을 필요로 하지 않기 때문이다. 그리고 만약 누군가가 출시 후에 새로운 퇴보 전략을 찾아낸다면 어떤가? 그 게임은 실력이 중요한 게임이 아니기 때문에 여전히 잘 플레이 된다.

끝없이 깊은 플레이를 지원하는 실력 게임에서 높은 실력의 밸런스는 타협할 수 없는 문제이다. 그러한 게임이 숙련된 플레이에 못 버틴다면, 그것은 가치가 없다. 이는 철저한 밸런스 테스팅과 분석에 기획 자원을 사용하는 것, 밸런스를 맞출 수 없는 많은 설정의 아이디어들을 거부하는 것, 심지어 낮은 실력 단계에서의 깨진 밸런스를 허용하는 것을 의미한다. 이것들은 숙련이 필요한 게임을 기획하는 데에 필요한 비용들이다. 하지만 <스타크래프트Ⅱ>, <카운터 스트라이크>, <스트리트 파이터Ⅱ> 같은 실력 게임들의 경우, 이러한 비용을 지불해야만 한다.

강렬한 실력 경쟁에 기반을 둔 게임이 아닌 게임들의 기획자들은 낮은 단계에서 중간 단계의 실력에 맞춰 밸런스를 잡아야 한다. 이러한 게임들의 의미는 사교, 서사, 또는 실력에 의존하지 않는 다른 감정적인 요소들로부터 온다. 그래서 높은 실력을 위한 밸런스에 드는 비용은 그만한 가치가 없다. <바이오쇼크>나 <모로윈드> 같은 스토리 게임들은 깊은 밸런싱으로 충분한 이득을 얻지 못하기 때문에 그 비용을 들일 가치가 없다. 이런 게임들은 다소 밸런스가 깨지게 남겨두는 것이 더 낫다. 그래서 그 기획 자원들을 게임의 세계와 스토리를 풍부하게 만드는 데에 사용할 수 있다.

밸런스의 도전과 해결책 Balance Challenges and Solutions

원래 예시로 돌아가 보자. 영웅이 오우거와 마주하는 상황이다. 영웅의 두 가지 도구는 즉각적으로 많은 피해를 주는 검과 시간이 지나면서 서서히 피해를 주는 불꽃 주문이다. 여기가 메카닉이 사용되는 유일한 곳이라면, 게임은 밸런싱하기 쉬울 것이다. 하지만 실제 게임에서, 특히 우아한 게임이라면 그 메카닉들은 수천 가지 다른 상황에서도 사용된다. 영웅은 검이나 불꽃 주문을 고블린, 오크, 혹은 인색한 상인들에게도 사용할 수 있다. 그 두 가지 도구를 조정하여 오우거에게만 잘 작동하게 만드는 것은 쉽다. 하지만 이 특정 상황을 해결하기 위해 한 변경사항은 그 도구들이 사용되는 다른 모든 곳에도 영향을 미친다.

이것이 밸런스의 근본적인 도전이다. 우리는 보통 하나의 문제를 해결하고 싶어 한다. 하지만 우리가 만드는 모든 변경사항은 게임의 많은 다른 곳에서 다양한 영향을 미칠 것이다.

메카닉을 조정하는 것은 우리가 의도한 것뿐만 아니라, 그것이 관련된 모든 전략들을 변경한다.

좋은 게임은 부담스러운 학술적 의미에서 시스템이 복잡한 계열이다. 그것은 기획 자체보다 훨씬 복잡한 비선형적이고 예측 불가능한 돌발적인 행동을 나타낸다. 복잡한 계열에서는 한 변수를 변경해도 해당 변수에만 영향을 미치지 않으며, 단순하고 예측 가능한 방식으로 다른 변수에 영향을 미치지도 않는다. 오히려, 그것들은 거의 예측할 수 없을 정도로 복잡한 인과 관계의 연쇄를 일으킬 수 있다. 이것은 게임의 가장 큰 힘 중 하나이다. 왜냐하면 그것은 단순한 기획으로부터 놀라운 다양성의 경험을 가능하게 하기 때문이다. 하지만 이것은 또한 게임 기획—특히 밸런싱—의 가장 큰 도전 중 하나이다.

심리학자 디트리히 되르너(Dietrich Dörner)는 복잡성을 다루는 과제를 다음과 같이 표현한다. :

> 복잡한 상황에서의 의사결정자를 평범한 수보다 훨씬 많은, 예를들어 수십개의 말을 가진 체스 플레이어에 비유할 수 있다. 더욱이, 이 체스 말들은 모두 고무줄로 서로 연결되어 있어서 플레이어는 단 하나의 말만을 움직일 수 없다. 또한, 그의 말과 상대의 말들은 스스로 움직이며, 플레이어가 완전히 이해하지 못하거나 잘못된 가정을 하고 있는 규칙에 따라 움직인다. 그리고 상황을 더욱 어렵게 만드는 것은, 그의 말 중 일부와 상대의 말 중 일부가 그들의 정체를 가려버리는 안개에 둘러싸여 있다는 것이다.

이것이 게임 밸런싱의 과제이다. 하나의 메카닉을 변경하는 것은 그 메카닉과 연결된 모든 전략을 변경시키고, 그 전략들과 연결된 모든 전략을 변경시키며, 이런 식으로 기하급수적으로 확장되는 영향의 네트워크에서 계속된다. 당신은 오우거와의 싸움을 해결하기 위해 검의 능력을 낮출 수도 있지만, 그 결과 고블린에게 너무 약해질 수 있다. 그 다음 고블린을 약하게 만들어 밸런스를 맞추려고 하다가, 마법사의 지팡이와 맨손 공격에 고블린이 너무 쉽게 패배한다는 것을 발견할 수 있다. 모든 것은 수천 개의 연결고리를 가진, 관계의 거미줄에 연결되어 있다.

이것이 밸런싱이 왜 그렇게 어려운지, 그리고 훌륭한 밸런스가 왜 그렇게 드문지의 이유이다. 이 문제를 무계획적으로 접근하면, 게임은 한 밸런스가 깨진 상태에서 밸런스가 깨진 다른 상태로 치닫으며, 각 해결책이 해결하는 것보다 더 많은 문제를 일으킨다. 진짜 진전을 이루는 유일한 방법은 문제를 해결하면서 새로운 문제를 일으키지 않는 신중하고 체계적이며 신중한 접근법을 사용하는 것이다. 그 중 일부를 살펴보자.

밸런싱 방법들 Balancing Methods

도구의 역할과 정체성에 필수적인 측면들을 파악하라. 다음 이 수치 다이얼을 가능한 한 멀리 돌리고 그 위치에 고정시켜라. 그런 다음, 다른 수치 다이얼을 장치를 돌려 밸런스 문제를 해결하라.

로켓 백팩은 착용자를 멀리고 빠르게 발사해야 한다. 왜냐하면 사람들을 발사하는 것이 로켓 백팩의 본질이기 때문이다. 갑옷은 보호기능이 있어야 한다. 대포는 사정거리가 긴 포탄을 발사해야 하며 그렇지 않으면 그것은 대포가 아니다. 작물은 먹이를 제공해야 하며 그렇지 않으면 그것은 작물이 아니다.

이러한 특성들은 이 도구들의 역할과 서사에 필수적이다. 그러니 가능한 한 멀리 밀어붙여라. 로켓 백팩은 사람들을 아주 아주 멀리, 빠르게 발사하게 만들어라. 갑옷을 놀랍도록 강하게 만들어라.

이러한 다이얼을 가능한 한 극한으로 밀어붙이면, 도구들은 독특해지고 그 역할들은 명확해진다. 게임의 경험 범위가 확장되고, 플레이어들이 더 넓은 가능성 공간을 탐험함에 따라 다양한 전략이 나타난다.

이 핵심 특성들은 너무 중요해서 우리는 그것들을 변경할 수 없다고 여겨야 한다. 왜냐하면 만약 우리가 이 핵심 특성들을 변경한다면, 우리는 도구 역할을 흐리게 하고 게임내 설정의 일관성을 깨뜨릴 것이기 때문이다. 각 특성이 기획자가 돌릴 수 있는 다이얼과 같다면, 우리는 이것들을 최대한으로 밀어붙여 그 위치에 고정시켜야 한다.

그러한 다이얼들이 고정되어 있기 때문에, 우리는 다른 다이얼을 돌려서 밸런스를 맞춰야 한다. 다행히도, 모든 도구는 그 정체성에 필수적이지 않은 많은 속성들을 가지고 있다. 로켓 백팩은 빨라야 하지만, 우리는 그 가격, 무게, 취약성 등에 대해 원하는 대로 조정할 수 있다. 그리고 그것으로도 밸런스를 맞추기에 충분하지 않다면, 우리는 그것을 강화하거나 약화시킬 새로운 메카닉을 만들 수 있다. 만약 로켓백팩이 너무 강력하다면, 우리는 그것이 손상될 때 폭발하게 하거나, 연속적으로 연료를 새게 하거나, 착용자의 체력을 서서히 갉아먹게 할 수 있다. 만약 로켓백팩이 너무 약하다면, 우리는 그것이 사용자의 등을 갑옷처럼 보호하게 하거나, 적이 그것이 내려오는 소리를 들을 수 없게 조용하게 만들 수 있다. 하지만 어떠한 상황에서도 그것을 느리게 할 수는 없다.

같은 방식으로, 갑옷은 비싸게, 눈에 띄게, 무겁게, 또는 방해가 되게 만들어질 수 있다. 갑옷은 플레이어가 두 번째 무기를 들고 다니는 것을 방지하거나, 적이 쉽게 들을 수 있을 만큼 많은 소음을 내게 할 수도 있다. 하지만 그것을 부서지기 쉽게 만들 수는 없다.

각 도구의 핵심 특성을 찾아 극단적인 지점에서 고정함으로써, 우리는 넓은 가능성의 공간을 아우르며 뚜렷이 구분되는 도구들을 확보할 수 있다.

문제를 해결하기 위해 필요한 만큼 깊게 잘라낸다.

가끔, 도구는 그 핵심 특성을 변경하지 않고서는 밸런스를 맞출 수 없는 경우가 있다. 이런 경우에는 종종 그것을 약화시키기보다는 그냥 제거하는 것이 최선이다. 만족스럽지 못하고 전략적으로 의미 없는 로켓 백팩을 가지는 것보다는 로켓 백팩이 없는 것이 종종 더 낫다.

<스타크래프트 II>, <디아블로>, <월드 오브 워크래프트>를 만든 블리자드 엔터테인먼트(Blizzard Entertainment)는 이러한 일을 하는 것으로 유명하다. 블리자드 기획자들이 다이얼을 돌려서 완벽하게 밸런스를 맞출 수 없다면, 그들은 문제를 해결하기 위해 필요한 만큼 깊게 잘라내는 것을 주저하지 않는다. 예를 들어, <스타크래프트 II>에서는 토르(Thor)라는 거대한 보행 탱크 유닛이 있다. 개발 초기에, 토르 유닛은 게임 내 다른 어떤 것보다 훨씬 거대했다. 그것은 너무 커서 공장에서 나올 수 없어 현장에서 건물처럼 건설되어야 했다. 파괴되면 부분적으로 무너진 건물처럼 부활할 수 있었다. 그것은 천천히 움직이고, 천천히 회전했으며, 파괴하는 것은 거의 불가능했다. 그것에 대한 모든 것은 초대형 2족보행 메크라는 개념을 표현했고, 그것은 멋졌다.

하지만 밸런스를 맞추기는 불가능했다. 맵에서 직접 건설한다는 것은 생산 시설의 느린 구축 없이도 너무 빨리 대량 생산될 수 있음을 의미했다. 부활은 그것을 물리치기에 너무 어렵게 만들었다. 초기 토르 유닛의 느린 회전 속도는 작고 빠른 유닛들이 그 주위를 돌면서 쉽게 죽일 수 있게 만들었고 이것은 전형적인 퇴보된 전략이었다. 이러한 문제들은 겉으로 보기에 분명하지 않았다. 숙련된 플레이어가 테스트한 후에만 그런 문제들이 드러났다.

색다른 메가-메크 컨셉은 멋졌다. 매력적이고 독특하게 들린다. 하지만 밸런스를 맞추지 못한다면 사용할 수 없다. 블리자드의 기획자들은 문제점들을 우아하지 못한 특별한 규칙들로 덮으려 하지 않았다. 블리자드의 기획자들은 아픔을 감내하고 더 깊게 잘라냈다. 토르를 다루기 쉬운 크기의 2족보행 메크로 축소시켰고, 이는 공장에서 다른 유닛처럼 만들어질 수 있으며 부활할 수 없다.

겉보기에는 지루하지만, 효과적이다. 결국, 게임은 기믹, 밸런스 붕괴, 특수한 경우의 수들로 가득 찬 것보다 더 나은 결과를 보였다.

기획자로서 이렇게 깊게 잘라내는 것은 지적으로, 사회적으로, 감정적으로 힘들다. 게임의 가능성 공간 어딘가에 숨겨진 한 전략 상호작용 때문에 많은 작업과 멋진 아이디어를 버리는 것은 엄청나게 낭비처럼 보일 수 있다. 그것을 하는 데에는 정말 감정으로 고통스럽다. 하지만 높은 수준의 실력 밸런스를 추구한다면 선택의 여지가 없다. 게임에 남겨진 퇴보된 전략은 언제나 발견될 것이며, 때때로 그것을 해결하는 유일한 방법은 재미있는 아이디어를 포기하는 것이다. 모든 창의적인 분야에서처럼, 때때로 게임 기획자는 자신의 애정을 죽여야 할 때가 있다.

반응하지 말아라.

플레이 테스트에서 잘못된 것처럼 보이는 일이 발생하면, 우리의 자주 본능적으로 바로 들어가서 그것이 다시 일어나지 않도록 다이얼을 돌려버린다, 그리고 이건 항상 쉽다. 하지만 하나하나의 문제를 해결하려는 시도는 벽지에서 기포를 밀어내는 것과 같다. 전략들이 서로 연결되어 있기 때문에, 한 문제의 해결책은 다른 문제의 원인이 된다. 게임은 밸런스가 맞는 지점들 사이를 맴돌지만, 실제로는 어디에도 도달하지 못한다. 최악의 경우에는 게임이 전혀 진전을 이루지 못한 채 영원히 밸런스를 맞추지 못할 수 있다.

여기서의 실수는 우리한테 벌어진 문제에만 초점을 맞추고, 벌어지지 않은 문제들을 무시하는 것이다. 디트리히 되르너가 말했듯이, :

> 우리는 하나의 목표를 추구해왔다고 믿을 수도 있지만, 그것에 도달하고 나서야 ―놀라움, 짜증, 공포와 함께― 우리가 문제 하나를 없애는 과정에서 아마도 다른 영역의 두 개의 다른 문제를 만들어냈다는 것을 깨닫게 될 수 있다. 다시 말해, 처음에는 전혀 고려하지 않았고 심지어 우리가 추구하고 있다는 것조차 모를 수 있는 "암묵적인" 목표들이 있다.

간단한 예를 들어, 건강한 사람에게 목표에 관해 물어보면 목표 중 하나로 "건강"을 꼽지는 않는다. 그럼에도 불구하고 암묵적으로 건강은 목표이긴 한데, 이 지점에 대해서 구체적으로 언급하면 그는 자신의 건강을 유지하는 것이 중요하다는 데 동의할 것이다. 하지만 일반적으로, 건강은 아프게 되었을 때에만 명시적인 목표가 될 것이다.

우리가 가지고 있지 않은 문제를 무시하는 것은 인간의 본성이다. 현재 있는 문제들은 강력한 감정적 충격을 주지만, 잠재적인 문제들은 추상적 가능성에 불과하다. 발생하고 있는 문제에 대해 생각하는 것은 인지적으로 쉽다. 우리의 해결책들이 야기할 수 있는 모든 다른 잠재적 문제들에 대해 생각하는 것은 훨씬 더 어렵다.

하지만 잠재적 문제들에 대해 생각해야만 한다. 밸런스 변경은 그것들이 해결하는 문제보다 적은 문제를 만드는 경우에만 게임을 개선한다. 한 문제를 해결하면서 두 개 이상의 예상하지 못한 새로운 문제를 만드는 변경방법을 찾는 것은 쉽다. 명시적이고 암묵적인 목표 모두를 다루는 해결책을 찾는 것은 훨씬, 훨씬 더 어렵다―문제를 해결하고 다른 문제를 일으키지 않는 그런 해결책들 말이다.

이것을 하려면 바로 반응하지 말아야 한다. 천천히 하고, 숨을 쉬고, 넓게 생각하라. 무언가 잘못될 때 서둘러서 변화를 주려는 욕구를 억제하라. 천천히 진행함으로써 감정이 가라앉을 시간을 갖고 변화의 더 넓은 함의에 대해 생각할 수 있다. 왜냐하면 가장 쉬운 해결책처럼 보이는 것들이 종종 숨겨져있던 끔찍한 부작용을 가져오기 때문이다. 진정한 해결책은 보통 그렇게 분명하지 않다.

가끔은 나이젤 튜프넬 순간을 가져라. 볼륨을 11로 올려라.

밸런스가 맞는 게임이라고 해서 모든 전략이 동등한 가치의 결과를 만들어내는 것은 아니다. 그러한 게임은 동전 던지기 게임이 의미 없는 것과 마찬가지로

의미가 없다. 그것은 밸런스가 잡혔지만, 또한 단조롭기도 하다. 실력에 대한 보상이 없으며 배울 것이 아무것도 없다.

게임이 가진 전략의 지형은 언덕과 계곡을 가져야 한다. 놀라운 효과의 꼭대기와 실패의 깊은 골짜기가 함께 있어야 한다. 이렇게 다양한 결과들이 여전히 밸런스를 이룰 수 있는 이유는 그들의 진입 비용이 다양하기 때문이다. 전략을 실행하는 데 필요한 실력은 그 효과와 비례한다. : 최고의 결과는 가장 높은 실력을 요구한다. 이러한 배치는 플레이어들이 전략의 지형을 둘러보며, 가장 수익성 높은 정상을 찾아 실력 지형에서 기어오르도록 동기를 부여한다. 그리고 큰 노력 끝에 정상에 도달하면, 그들은 그것에 대해 풍부하게 보상받는다.

우리가 원하는 결과다. 하지만 너무 합리적인 태도로는 그 곳에 도달할 수 없다. 기획자로서, 너무 좋거나 너무 나쁜 것들을 볼 때, 첫 번째로 일어나는 본능은 종종 그것들을 갈아내어 모든 것을 매끄럽고 고른 상태로 만드는 것이다. 이것은 게임의 밸런스를 잡아주지만, 동시에 단조롭게도 만든다. 예측할 수 없는 매력, 가치 있는 교훈의 약속, 극적인 변화의 긴장감을 잃게 된다.

해결책은 합리적인 진행에 가끔씩 미친 듯한 것을 가미하는 것이다. 나는 이것을 '나이젤 튜프넬 순간'이라고 부른다. 이는 [이것이 스파이널 탭이다(This is Spinal Tap)]라는 영화의 등장인물로 가상의 음악가인 나이젤을 따서 명명한 것이다. 나이젤의 앰프 세트에는 일반적으로 10까지 있는 다이얼이 아닌, 11까지 있는 다이얼이 있었다. 무대에서 더 강력한 사운드가 필요할 때, 그는 다이얼을 11까지 돌렸다. 그게 그가 평범함의 감옥에서 벗어나는 방법이었다.

우리도 이성을 고의적으로 내려놓음으로써 같은 일을 할 수 있다. 잠시 동안 자신의 실력을 잊고, 1992년의 순진한 18세 해커 기획자로 변신해야 한다. 레드불에 취해 있으면서, 대단한 것을 만들고 싶어 하는 그런 사람 말이다!

이 방패 능력이 단순히 일부 피해를 흡수하는 것이 아니라 완전 무적이 되게 하면 어떨까? 전체 팀을 보호하면 어떨까? 이 캐릭터가 게임에서 다른 누구보다 5배나 10배 빠르게 움직이면 어떨까? 무한히 빠르게 움직이거나 순간 이동을 할 수 있다면 어떨까? 30미터 높이로 점프할 수 있거나 돈을 무한히 가질 수 있다면 어떨까? 극단적이고 멋지며 놀라운 것이 아닐까?

레드불 효과가 사라진 후, 종종 다이얼을 11에서 다시 내려야 할 필요가 있다는 것을 알게 될 것이다. 이러한 실험들 대부분은 효과가 없고 이것이 전문 기획자들이 18세 해커들보다 장기적으로 더 나은 결과물을 내는 이유이다. 하지만 가끔은 나이젤 튜프널 순간이 우리에게 놓친 기회를 보여주거나, 우리가 평평하게 만들어버린 감정적 순간을 상기시켜준다. 이런 일이 발생하면, 단순히 변화를 되돌리는 대신, 그것들을 집어넣고 남겨보아라. 가끔 이렇게 해주면, 게임은 미친 듯한 매력을 가지게 될 것이다.

피드백을 제안을 수집하기 위해 사용하지 말라. 플레이어의 경험을 수집하기 위해 사용하라.

밸런스를 맞추려면 다른 사람들과 함께 플레이 테스트를 해야 한다. 기본적으로 대부분의 플레이 테스트는 많은 제안들을 반환시킨다. 한 플레이어는 말이 더 빨리 가기를 원하고, 다른 플레이어는 두 번째 레벨이 더 쉬워지기를 원하며, 세 번째 플레이어는 배터리가 더 저렴해지기를 원한다.

하지만 제안들은 플레이 테스트에서 밸런스 기획자들에게 가장 필요로 하는 것이 아니다. 게임을 어떻게 바꿀지에 대한 아이디어는 우리 스스로 생각해낼 수 있다. 하지만 우리가 할 수 없는 것은 다른 플레이어가 하는 방식대로 게임을 경험하는 것이다. 우리는 게임 기획에 너무 가까워서 다른 사람들의 관점을 갖지 못한다. 그래서 플레이 테스트의 진짜 목적은 제안을 모으는 것이 아니라, 다른 플레이어들이 게임과 어떤 경험을 하는지 이해하는 것이다.

기획자는 종종 사람이 플레이하는 것을 보면서 그 사람의 경험을 이해할 수 있다. 나는 테스터에게 질문을 할 필요가 없을 정도로 많은 플레이 테스트를 진행했다. 플레이어들이 성공하고 실패하는 것, 얼마나 빨리 진행하는지, 어떤 결정을 내리는지는 보는 것만으로도 분명하다. 그들의 내부 인식은 어디를 보고 무엇을 하는지 그들의 선택에서 드러난다. 그들의 얼굴을 보면서 그들이 어떻게 느끼고 있는지도 볼 수 있다.

하지만 때로는 단순히 플레이를 보는 것만으로는 부족하다. 이런 상황에서는 필요한 지식을 찾아내기 위해 신중하게 설계된 질문을 해야 한다. 예를 들어, 그들에게 어떤 것이 중요해 보였는지 이해하고 싶다면, 그들에게 일어난 일의 이야기를 들려달라고 요청하고, 그들은 자신의 기억에 가장 두드러졌던 부분을 보고할 것이다. 그들이 무언가를 인지했는지 궁금하다면, 그들의 지식을 테스트하는 질문을 하라. : "헬리콥터에 몇 명이 도착했나요?" 플레이어가 질문을 듣고 혼란스러워하면 그들은 헬리콥터를 모르고 있었던 것이다. 그들의 결정 중 하나를 이해하고 싶다면, 그들의 생각 과정을 설명해달라고 요청하라.

열린 마음을 가지고, 중립적이고 전문적으로 질문하라. 의심하는 방식이 아닌 호기심 있는 방식으로 질문하라. 테스터의 경험을 왜곡하거나 숨길 수 있는 개인적 상호작용이나 감정을 피하려고 노력하라. 긍정적이거나 "올바른" 대답을 장려하거나 보상하지 말라.

테스터가 제안을 하기 시작하면, 그 제안을 만들어낸 경험을 추측하려고 노력하라. 때로는 테스터에게 왜 그 제안을 하는지 물어봐야 한다. 다른 때에는 단순히 무슨 일이 일어났는지 추측할 수 있다. 총을 제거하라고 요청하면, 아마도 총과 관련된 나쁜 경험을 했기 때문일 것이다—하지만 그가 겪은 구체적인 나쁜 경험을 파악하기 위해 더 깊이 질문을 할 수도 있다. 그가 맞았다고 생각한 총알이 빗나간 적이 있는가? 조준 시스템에 문제가 있을 수 있다. 탄약이 너무 자주 떨어지는 것 같은 느낌이 들었나? 게임의 경제 시스템이 밸런스가 맞지 않을 수 있다. 총의 기능을 이해하지 못했나? 더 나은 튜토리얼이나 명확한 인터페이스가 필요할 수 있다.

이야기를 통해 생각하지 말아야 한다. 게임이 시스템으로서 작동하는 방식에 대한 심성 모형을 구축할 수 있을 정도로 충분히 테스트해야한다. 그때에야 밸런스 결정을 내릴 수 있는 정신적 맥락을 갖게 된다.

게임의 밸런스에 대한 진정한 이해는 한두 번의 테스트를 관찰하거나, 게임을 직접 플레이하는 것만으로는 결코 얻을 수 없다. 여러 다른 플레이어들의

경험을 흡수하고, 게임이 어떻게 작동하고 있는지에 대한 통합된 심성 모형으로 결합하는 데에서 비롯된다.

한 번의 플레이 테스트 후에는 단지 이야기가 있을 뿐이다. 세 번 진행했다면 세가지 이야기가 있다. 하지만 10번, 15번, 또는 20번의 플레이 테스트 후에는 게임에 대한 이해가 변화하기 시작할 것이다. 더 이상 이야기로만 생각하지 않게 된다. 시스템과 관계에 관한 측면에서 생각하기 시작할 것이다. 게임에 대한 당신의 심성 모형은 원인과 결과의 수백 가지 새로운 뉘앙스를 포함하여 성장하고 발전할 것이다. 한 가지 변화가 다른 게임 부분에 미치는 영향을 상상할 수 있게 된다. 당신은 이야기가 아니라 시스템이라는 게임 진실을 인식하게 될 것이다.

시스템을 염두에 두고 나면, 그때서야 밸런스에 대해 의미 있게 생각할 수 있다. 세 가지 이야기가 어떻게 영향을 받을지 고려할 필요가 없게 된다. 변화가 전체 시스템에 어떤 영향을 미치는지 인식하게 된다.

그러니 많이 테스트하라. 가능한 많은 다른 플레이어와 함께 테스트하라. 데이터에 잔뜩 모으고 머릿속으로 모델을 구축하라. 그 후에야 가장 분명하고 즉각적인 것들뿐만 아니라 변화의 모든 영향을 이해할 수 있는 정신적인 맥락을 갖게 된다. 그렇게 하고 나서야 무엇을 할지 결정해야 한다.

7 | 멀티플레이어 Multiplayer

살인청부업자, 범죄자, 그리고 보안관이 마을 광장에서 마주섰다. 회전초 하나가 굴러갔다. 그들은 자신의 6연발 권총을 꺼냈다.

청부살인자는 보안관을 쏠지 범죄자를 쏠지 아주 짧은 시간동안 고민했다. 그는 두사람이 어디를 겨냥하는지 기다릴 수 없었다—그때까지 기다리면 너무 늦을 테니까. 그는 총을 뽑으면서 바로 결정해야 했다. 하지만 누구를 선택해야 할까?

그는 보안관을 쏘라고 돈을 받았다. 그래서 그렇게 해야만 했다.

잠깐. 보안관은 살인청부업자가 자신을 죽이라고 돈을 받았다는 것을 알고 있었다. 그래서 보안관은 자기 방어 차원에서 살인청부업자를 쏘게 될 것이고, 이는 범죄자가 마음대로 누구든 쏠 수 있게 만들 것이다. 그리고 범죄자는 살인청부업자가 6개월 전에 자신의 말을 훔친 것에 대한 원한을 가지고 있었다. 그러므로 범죄자도 아마 살인청부업자를 쏘려고 할 것이다. 그리고 살인청부업자는 범죄자가 보안관보다 훨씬 더 나은 사격 실력을 가지고 있다는 것을 알고 있었다. 그래서 자신을 방어하기 위해 범죄자에게 먼저 총을 겨누고 보안관이 자신을 놓치기를 바랐다.

하지만 보안관도 이 모든 것을 알고 있었기 때문에, 총잡이가 먼저 살인청부업자를 저지하려고 할 것을 알았다. 이것은 보안관이 원하는 대로 누구든 쏘게 만들었다. 그래서 보안관은 자신의 직무상, 그리고 더 나은 사격 실력을 갖춘 범죄자와 함께 살인청부업자를 쏴서 팽팽한 싸움에 휘말리고 싶지 않기 때문에 범죄자를 쏘기로 결정했다.

하지만 범죄자는 이것을 알고 있었다. 그리고 살인청부업자는 그가 그것을 알고 있다는 것을 알고 있었다. 그리고 보안관은 그들 둘이 다른 것을 알고 있다는 것을 알고 있었다. 살인청부업자가 권총 손잡이를 움켜잡는 동안 머리 속에서 논리가 계속 돌고 있었다.

게임 이론 Game Theory

게임 이론은 플레이어가 여럿인 게임에서 수와 대응 수 간의 상호작용을 분석하는 수학의 한 분야이다. 이름이 게임 이론임에도 불구하고, 게임 기획자들은 이것이 현실 세계에 적용하기에는 너무 추상적이라고 여겨서 종종 이 이론을 무시한다. 하지만 우리가 수학자나 게임 이론 전문가처럼 정확한 숫자를 계산할 필요는 없지만, 게임 이론의 기본 원리는 멀티플레이어 게임 기획에서 중요한 개념들을 밝혀준다.

게임 이론은 플레이어들이 서로의 결정에 대응하고 예측해야 하는 상황을 분석하는 데 도움이 된다.

버려진 성을 무너뜨리는 것과, 점령된 성을 공격하는 것의 차이를 생각해보라.

버려진 성을 무너뜨리는 것은 물리학 퍼즐이다. 크레인을 어디에 놓을지, 잔해를 어떻게 치울지 생각해야할 수 있다. 하지만 이런 작업들이 복잡할 수는 있어도, 아무도 없는 성은 당신에 대해 생각하지 않는다—그저 물리 법칙을 따른다. 플레이어 한 명이 메카닉 시스템을 상대한다는 점에서 싱글플레이어 게임과 비슷하다.

방어자들로 가득한 성을 파괴하는 것은 매우 다르다. 이제는 서로를 이기려고 하는 두 개의 지능적인 두뇌가 있다. 방어하는 장군은 당신의 움직임을 예측하고 대응할 것이다. 그는 당신의 사다리를 되돌려 던지고, 당신의 공성 무기에 불을 떨어뜨리고, 당신의 장군을 죽이기 위해 암살자를 보낼 것이다. 그리고 그는 그가 한 대응에 대한 당신의 대응을 예측할 것이다. 그는 당신을 함정에 빠뜨리기 위해 거짓 신호를 보내거나, 성벽의 약점을 숨길 수도 있다. 게임이론은 당신의 머릿속과 그의 머릿속 사이의 상호작용을 설명한다.

공성전이 진행되는 어느 날 밤, 당신은 다음 날의 전략을 선택하고 있다. 당신은 공성 무기로 성문을 공격하거나 공병을 보내 성벽을 폭파하는 것을 선택 할 수 있다. 반면에 방어자는 성문에서 불에 탈 수 있는 타르를 준비하거나 당신의 공병을 쏘기 위한 궁수들을 준비하는 것 사이에서 선택할 수 있다. 당신과 그는 밤 동안 준비를 해야 하므로, 전투가 시작될 때까지 서로의 결정을 알 수 없다. 게임이론가들은 보상 행렬로 이 상황을 이러한 그래프로 나타낼 것이다. :

	방어자의 선택	
	벽에 궁수를 배치	문에 인화성 타르를 준비
공격자의 선택 — 공성추로 문을 공격	공격자 승리 (성문 파괴)	방어자 승리 (공성추 불태우기)
공격자의 선택 — 공병으로 성벽 공격	방어자 승리 (공병에게 사격)	공격자 승리 (성벽을 폭파)

보다시피 최선의 선택은 존재하지 않는다. 당신과 방어자는 서로의 결정에 따라 결과가 달라지는 결정을 내리고 있으며, 각자는 상대방이 무엇을 할지 예측함으로써 승리할 수 있다. 이것은 더 큰 공성 무기를 가지고 있는 것으로 승리하는 것이 아니라, 상대방이 성문을 공격할 것이라고 생각하게 만들면서 실제로는 공병을 준비하는 방법을 알아내는 것이다. 이제 이 게임은 벽과 화살에 관한 것이 아니다. 이 게임은 습관, 가정, 정보, 그리고 기만에 관한 것이 되었다. 이것이 바로 게임이론이 우리에게 이해를 돕는 상황의 종류다.

게임이론은 경쟁에 관한 것만은 아니다. 그것은 서로의 행동에 반응해야 하는 플레이어들 간의 상호작용을 다룬다. 단 한 명의 플레이어만이 승리할 수 있는 제로섬 경쟁 게임은 이 범주의 일부이지만, 협력 게임, 그리고 플레이어들의 목표가 부분적으로 일치하는 경쟁/협력이 혼재된 상황도 마찬가지다. 방어된 성을 공격하는 것도 완전한 제로섬 게임은 아니다, 왜냐하면 한 쪽이 항복하거나 평화를 청할 수 있기 때문이다.

게임 이론의 고전적인 비경쟁적 예시 중 하나는 선사시대 사냥꾼 타그와 블라그에 관한 것이다. 그들은 각각 다른 부족에 속해 있기 때문에, 그날 어디에서 사냥할지 결정할 때 서로 의사소통을 할 수 없다. 각각은 사슴 사냥터나 토끼 사냥터 중 하나를 선택해야 한다. 두 사람 모두 사슴을 사냥하려고 하면, 그들은 협력하여 하나를 잡을 수 있고 둘 다 잘 먹을 수 있다. 토끼는 혼자 잡을 수 있으므로, 토끼를 선택하는 사람은 작지만 확실한 식사를 얻을 수 있다. 하지만 한 사람이 토끼를 선택하고 다른 사람이 사슴을 시도한다면, 사슴을 선택한 사냥꾼은 굶게 된다.

		타그의 선택	
		사슴을 사냥한다	토끼를 사냥한다
블라그의 선택	사슴을 사냥한다	둘 다 잘 먹는다	타그는 조금 먹는다 블라그는 굶는다
	토끼를 사냥한다	타그는 굶는다 블라그는 조금 먹는다	둘 다 조금 먹는다

공성 전투와 마찬가지로, 타그와 블라그의 선택은 서로의 선택에 달려 있다. 한 원시인의 의사결정 과정은 사슴과 토끼에 관한 것보다는 다른 원시인의 의사결정 과정을 예측하는 것에 더 많이 달려 있다. 각자는 자신이 얼마나 배고픈지 뿐만 아니라, 상대방이 얼마나 배고픈지, 그리고 상대방이 자신이 얼마나 배고픈지 어떻게 생각하는지 등을 고려해야 한다.

실력 재발명의 심리적 층을 기억해라—포커 같은 심리 게임에서 각 플레이어는 상대방의 정신을 예측하고 조작하려고 시도한다. 이것이 게임이론적 사고다. 당신의 생각을 바탕으로 생각하는 누군가가 있을 때, 게임은 메카닉

이상의 존재가 된다. 그것은 두 정신이 서로 상호작용하는 렌즈가 되며, 각자는 상대방을 자신의 심성모형 안에 포함시키려고 시도한다. 그리고 경쟁적인 플레이어들에게는 그것보다 더 달콤한 승리는 없다.

게임과 전략 상호작용 Games and Strategy Interactions

계속하기 전에, 한 가지 정의를 명확히 하고 싶다.

게임 이론가들은 게임 기획자들과 '게임'이라는 단어를 다르게 사용한다. 그들에게 게임은 전략들 간의 특정 상호작용을 의미한다. 예를 들어, 가위바위보의 단일 라운드는 게임 이론에서 하나의 *게임*으로 간주된다. 하지만 게임 기획에서 게임은 단일 결정 지점이 아니라 전체 메카닉 시스템을 의미한다.

차이를 강조하기 위해, 나는 이제부터 게임 이론 게임을 전략 상호작용으로 부를 것이다. 우리가 기획하는 게임들은 플레이 과정에서 많은 전략 상호작용을 생성하며, 각각의 상호작용은 게임 이론을 사용하여 개별적으로 검토할 수 있다.

이 정의에 대한 간단한 문제가 게임 기획에서 게임 이론이 종종 무시되는 이유일 수 있겠다. 게임 이론은 <모탈 컴뱃>의 한 라운드 전체를 해결할 수는 없기 때문에, 많은 사람들은 바로 게임 분석에 게임 이론이 쓸모없다고 가정한다. 하지만 게임 이론은 공격, 방어, 던지기 사이의 특정, 순간적인 상호작용을 분석하는 데에는 최적의 방법이다. 게임 이론은 축구 경기 전체를 다룰 수는 없지만, 플레이어가 어떤 슛을 어디로 하고 골키퍼가 어디로 뛸지 예측할 수 있다. 게임 이론은 전략들 간의 상호작용 수준에 적용할때만 동작하며, 전체 기획에는 적용되지 않는다.

내시 균형 Nash Equilibria

게임 이론의 핵심 개념은 *내시 균형*이다.

내시 균형은 어떤 플레이어도 자신만 전략을 바꿔서는 자신의 결과를 개선할 수 없는 전략 구성이다.

이를 좀 더 자세히 살펴보자.

내시 균형의 첫 번째 부분은 그것이 전략의 구성이라는 사실이다. 전략의 구성은 모든 플레이어가 만들 수 있는 가능한 선택들의 집합이다. 보상 행렬의 각 구간은 전략의 구성이다. 예를 들어, 사슴 사냥 예시에서 블라그가 사슴을 사냥하고 타그가 토끼를 사냥하는 것은 전략의 구성이다. 모두가 토끼를 사냥하는 것도, 블라그가 토끼를 사냥하고 타그가 사슴을 사냥하는 것도, 그리고 모두가 사슴을 사냥하는 것도 마찬가지이다.

내시 균형은 특정한 종류의 전략 조합일 뿐이다. 구체적으로 말하자면, 다른 사람이 자신의 전략을 바꾸지 않는다고 가정할 때, 플레이어들 중 어느 누구도 전략을 바꿀 이유가 없는 경우이다. 이것은 자의적인 구분처럼 보일 수 있지만, 실제로는 매우 강력한 아이디어이다.

예를 들어, 사슴 사냥에서는 두 가지 내시 균형이 있다. 첫 번째는 모든 사냥꾼이 사슴을 선택하는 경우이다. 이 경우, 모두가 최상의 결과를 얻고 있으며, 토끼 사냥으로 전략을 바꾸면 얻는 음식의 양이 줄어든다. 두 번째는 모든 사냥꾼이 토끼를 선택하는 경우이다. 이 경우는 더 흥미롭다. 왜냐하면 내시 균형이 반드시 누구에게도 최적인 것은 아니기 때문이다. 두 사냥꾼이 토끼를 쫓고 있다면, 이론적으로는 모두가 함께 사슴으로 전환하여 더 많은 음식을 얻을 수 있다. 하지만 한 사람만 사슴으로 목표를 바꾼다면, 다른 사람이 토끼를 먹는 동안 그는 굶게 된다. 그러므로 둘 다 토끼를 사냥하는 것은 최상의 결과는 아니지만 내시 균형에 해당한다.

내시 균형은 실제 멀티플레이어 게임에서 중요하다. 왜냐하면 플레이는 그것들을 지향하는 경향을 보이기 때문이다. 내시 균형은 안정적이고 자기 강화적이다. 불균형 상태는 불안정하고 저절로 변화하며, 이는 누군가 혼자 전략을 바꿀 이유가 있기 때문이다. 게임은 백만 가지 전략 조합을 허용하더라도,

실제로 발생하는 것은 오직 내시 균형일 것이다. 그래서 플레이 경험은 내시 균형 상황으로 구성될 것이다 — 다른 상황은 존재하지 않는 것과 마찬가지다.

그렇기 때문에 전략 상호작용에 순수 내시 균형이 많거나 없도록 게임을 설정하는 것이 중요하다.

하나의 순수 내시 균형만 있는 전략 상호작용은 항상 같은 밸런스의 위치에 정착하게 되므로 망가진 게임 기획이다. 각 플레이어는 오직 하나의 실행 가능한 선택지만 가지므로, 전략적 결정이 사라진다.

단 하나만 밸런스가 맞는다면 모든 플레이어는 정확히 무엇을 해야 할지 알고 있으며, 서로의 움직임을 예측하거나 생각할 이유가 없다. 이것이 단조로움이다. 각 플레이어가 다른 사람의 결정을 예측하려고 하는 심리 게임은 사라진다.

여러 균형이 있는 상황, 예를 들어 앞의 사슴 사냥 같은 경우는 더 낫다. 각 플레이어는 다른 사람이 무엇을 할지 생각하고 있기 때문이다. 하지만 이것보다 더 나아갈 수 있다.

최상의 결과는 내시 균형을 완전히 없애는 것이다. 예를 들어, 성 전투에서는 순수 내시 균형이 없다. 전략의 구성이 어떻든, 한 쪽은 선택을 바꿈으로써 더 나은 결과를 얻을 수 있다. 이것이 좋은 게임 기획이다. 왜냐하면 다른 플레이어들이 무엇을 할지 알아내는 것에 항상 가치가 있으며, 이는 다른 사람을 예측하고 속이며 조종하는 인간적인 매력을 만들어낸다. 그러므로, 내시 균형이 있는 전략 상호작용이 있다면, 그것을 재설계하거나 재조정하여 없애는 것이 좋다

가위바위보와 동전 맞추기

내시 균형이 없는 상호작용은 흔히 가위바위보 메카닉으로 불린다. 왜냐하면 가위바위보는 내시 균형이 없는 가장 널리 알려진 게임이기 때문이다. 가위바위보 에서는 전략의 구성이 어떻든, 한 플레이어는 자신의 움직임을 바꾸고 싶어한다.

보수 행렬 형태로, 게임은 이렇게 보인다. :

		플레이어 1의 선택		
		바위	보	가위
플레이어 2의 선택	바위	무승부	플레이어 1 승리	플레이어 2 승리
	보	플레이어 2 승리	무승부	플레이어 1 승리
	가위	플레이어 1 승리	플레이어 2 승리	무승부

하지만 이렇게 생각하는 것이 보통 더 쉽다.

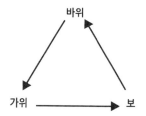

동일한 삼각형 패턴의 움직임과 대응은 수많은 게임에서 다양한 형태로 나타난다. 격투 게임에서는 방어가 공격을 이기고, 던지기가 방어를 이기며, 공격이 던지기를 이긴다. 전략 게임에서는 창병이 기병을 이기고, 궁수가 창병을 이기며, 기병이 궁수를 이긴다. 이 반응의 삼각형은 내시 균형이 없는 대칭적인 게임을 만드는 가장 간단한 방법으로 반복적으로 나타난다.

그러나 대중적인 믿음과 달리, 가위바위보의 삼각형 패턴은 내시 균형이 없는 기본 기획 구조의 유일한 형태가 아니다. 공성 전투를 생각해 보라. 움직임은 세 개가 아니라 네 개다. 그리고 각 플레이어는 두 가지 선택지가 있다. 이것은 가위바위보와 다르지만 여전히 내시 균형이 없다.

가위바위보 패턴은 각 플레이어가 동일한 수를 둘 수 있는 대칭적인 게임에서 내시 균형을 만들지 않는다. 하지만 성의 전투와 같은 비대칭적인 게임에서는 다른 오래된 게임, 예를 들자면 '동전 맞추기'(*역자 주)라고 부르는 다른 기획 패턴을 사용한다.

동전 맞추기에서 한 플레이어는 자신이 찾는 같은 짝을 찾을 것이라고 선언한다. 각 플레이어는 앞면이든 뒷면이든 동전을 숨겨서 올려놓는다. 그런 다음 함께 드러낸다. 만약 같다면 같은 짝을 선언한 플레이어가 이긴다. 그렇지 않으면, 그의 상대가 이긴다. 그림으론 이렇게 보인다. :

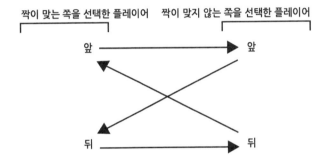

비록 이름으로 거의 언급되지 않지만, 동전 맞추기 패턴은 멀티플레이어 게임에서 지속적으로 나타난다. 성 전투는 동전 맞추기 게임인데, 왜냐하면 방어자는 자신의 방어수단을 당신의 공격수단에 맞추고 싶어하고, 당신은 일치하지 않기를 원하기 때문이다. 멀티플레이어 슈팅 게임에서, 문이 두개 있는 방에서 목표를 방어할 때, 당신은 동전 맞추기 게임을 하고 있는 것이다. : 당신은 상대가 공격할 문을 방어하고 싶어하고, 상대는 다른 문으로 들어와 당신의 뒤를 잡고 싶어한다. 제2차 세계대전 전략 게임에서, 방어자는 지뢰를 놓기 위해 자원을 사용할지 선택할 수 있고, 공격자는 지뢰제거기를 가져오기 위해 자원을 사용할지 선택할 수 있다. 그저 휩쓸려버릴 지뢰를 놓고 싶어하지는 않을 것이고 그곳에 존재하지 않는 지뢰를 쓸어내버리고 싶지도 않을 것이다.

실제 예시로 동전 맞추기 기획 패턴을 살펴보자. <스타크래프트 II>에서, 저그와 테란 플레이어 간의 충돌은 종종 네 가지 주요 유닛에 달려있다. : 테란의

*역자 주 - 동전 맞추기(Matching Pennies) : 이 동전 맞추기는 두 명이 각각 동전 두 개로 서로 동전의 짝이 맞는지 아닌지를 서로 정하고 각자의 동전을 꺼내는 게임으로, 한국에서 주로 하는 홀짝을 맞추는 동전 맞추기(짤짤이)와는 좀 다르다. https://www.oxfordreference.com/display/10.1093/oi/authority.20110803100139673 참조

공성 전차와 해병, 그리고 저그의 맹독충(baneling)과 뮤탈리스크. 이 유닛들은 이런 방식으로 상호작용한다. :

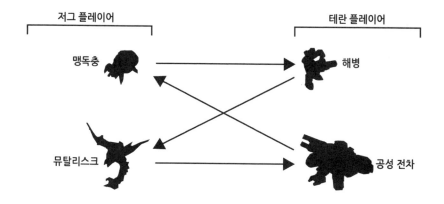

뮤탈리스크는 날아다니기 때문에 무조건 공성 전차를 이긴다. 왜냐하면 전차는 대공 공격 능력이 없기 때문이다. 해병의 높은 공격력은 순식간에 연약한 뮤탈리스크를 쓰러뜨린다. 맹독충은 산성 피해로 밀집된 해병 그룹을 녹여버린다. 하지만 공성 전차는 안전한 거리에서 연약한 맹독충 그룹을 폭발시켜버린다. 많은 <스타크래프트Ⅱ> 경기는 이 네 유닛 간의 반복적인 상호작용으로 귀결된다. 온라인에서, 이 패턴의 변형을 연속해서 100시간 동안 플레이할 수 있다. 하지만 놀랍게도 플레이는 결코 지루해지지 않는다. 왜냐하면 내시 균형이 없어서 각 플레이어는 항상 상대를 예측하거나 속임으로써 이득을 얻을 기회가 있기 때문이다. <스타크래프트Ⅱ>는 사실 해병과 뮤탈리스크를 조종하는 것이 아니다. 이 게임은 상대의 머릿속을 예측하는 것이다.

대칭적인 게임에서는 가위바위보가, 비대칭적인 게임에서는 동전 맞추기가 전략 상호작용을 위한 유일하게 우아한 기획 패턴이다. 대안은 더 많은 전략을 무의미하게 쌓아 올리는 것에 지나지 않는다. 예를 들어, '가위바위보-도마뱀-스팍(RPSLS)'에서는 각 상징이 다른 두 가지를 이긴다. 이렇게 말이다. :

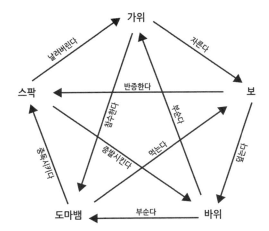

하지만 '가위바위보-도마뱀-스팍'은 기존 '가위바위보(RPS)'보다 결정의 이익 측면에서 아무런 이득이 없다. 내시 균형이 없다는 것은 그냥 그 뿐이다. 더 많은 기호를 추가하는 것은 예측과 속임수의 심리 게임을 풍부하게 하는 데 아무런 도움이 되지 않는다. 더 많은 선택지는 게임 안의 설정에 관심을 더할 수 있지만, 추가 학습 부담에 비해 그다지 가치가 있지 않을 수 있다.

통합 전략 Mixed Strategies

지금까지 나는 가위바위보와 같은 게임에 내시 균형이 존재하지 않는다고 설명했다. 이것은 완전히 사실은 아니다. 가위바위보는 순수 내시 균형이 존재하지 않는다. 하지만, 혼합 내시 균형은 있다.

혼합 내시 균형은 각 플레이어가 주어진 확률의 집합으로 전략을 무작위로 선택하는 내시 균형이다.

예를 들어, 가위바위보에서는 순수 내시 균형이 없지만, 하나의 혼합 내시 균형이 있다. 이것은 두 플레이어 모두 각 수를 33.3%의 확률로 던지도록 요구한다. 이것은 내시 균형이다. 왜냐하면 상대방이 완벽한 무작위성으로

던지고 있을 때, 당신이 무엇을 하든 상관없기 때문이다. 이렇게 하면 당신은 항상 절반의 게임을 이길 수 있다.

가위바위보에서 다른 전략 혼합은 균형 상태에 있지 않다. 예를 들어, 당신이 35%의 확률로 바위를 선택하고 32.5%의 확률로 가위와 보를 선택한다고 생각해보자. 이제 상대는 전략을 바꿔 100%의 확률로 보를 플레이함으로써 당신을 이길 수 있다. 한 플레이어가 자신의 전략을 바꿈으로써 이득을 얻을 수 있을 때, 그 구성은 내시 균형이 아니다.

가위바위보나 동전 맞추기 같은 간단한 게임에서 혼합 균형을 찾아내기는 쉽다. 이때 한 플레이어는 완전히 이기고 다른 플레이어는 지는 경우다. 하지만 이것은 특이한 경우다. 대부분의 실제 전략 상호작용에서는 다른 결과가 다른 보상을 가진다. 예를 들어, 격투 게임에서는 방어가 가벼운 공격을 막지만 피해를 주지 않고, 가벼운 공격은 잡기를 이기면서 조금의 피해를 주며, 잡기는 방어를 이기면서 많은 피해를 준다. 이것은 가위바위보의 한 버전과 유사하다. 여기서는 보나 가위로 이기면 1달러를 받지만, 바위로 이기면 5달러를 받는다. 보수 행렬은 이렇게 생겼다. :

플레이어 1의 선택		
바위	보	가위

		바위	보	가위
플레이어 2의 선택	바위	무승부	플레이어 1 1$ 승리	플레이어 2 5$ 승리
	보	플레이어 2 1$ 승리	무승부	플레이어 1 1$ 승리
	가위	플레이어 1 5$ 승리	플레이어 2 1$ 승리	무승부

단순한 전략은 모든 게임에서 바위를 내고 5달러를 얻기를 바라는 것이다. 문제는 이것이 예측 가능하다는 것이다. 상대는 보만 내며 대응할 수 있고, 당신은 아무 것도 얻지 못할 것이다. 이 게임을 잘 하려면, 바위, 보, 가위

사이에서 무작위로 선택하는 혼합 전략을 플레이해야 한다. 규칙에 손을 대지 않은 가위바위보처럼 고르게 플레이할 수는 없다. 왜냐하면 상대가 당신에게 반응하여 더 자주 바위를 낼 것이기 때문이다. 그렇다면 어떻게 각 수를 내서 수익을 극대화할까?

여기가 게임 이론의 수학적 측면이 작용하는 곳이다. 전략 상호작용과 보수 집합이 주어지면, 게임 이론가들은 내시 균형을 만드는 혼합 전략의 정확한 비율을 계산할 수 있다. 게임 기획자들은 이것을 숫자로 계산할 필요는 없지만, 비율이 어떻게 관련되는지 이해하는 것은 중요하므로, 실제 예를 들어 보여주겠다.

축구에서 페널티 킥은 공을 최대 200km/h의 속도로 날린다. 이 속도에서 공은 발에서 골까지 약 0.2초 만에 이동한다. 이것은 골키퍼가 공이 차인 후에 뛰어들어 막을 충분한 시간이 없음을 의미한다. 그의 유일한 선택은 킥 전에 뛰어드는 것이다. 동시에, 키커는 골키퍼가 어느 방향으로 갈지 모르는 상태에서 뛸 측면을 선택해야 한다.

이것은 동전 맞추기 게임이다. 골키퍼는 키커와 같은 측면으로 뛰고 싶어하고, 키커는 그와 반대되는 것을 원한다.

이 게임에서 키커의 보수는 그가 득점할 확률이다. 불평등한 보수는 모든 선수가 다른쪽 보다 더 잘치는 쪽이 있다는 사실에서 비롯된다. 막는 쪽이 올바른 방향을 선택했을 때 득점 확률은 공을 잘차는 쪽이 그렇지 않은 쪽 보다 높고, 막는 쪽이 올바른 방향을 선택하지 못했을 때도 공을 잘차는 방향으로 찬 것이 아닌 쪽보다 득점확률이 더 높다. (물론, 잘 차는 쪽으로 골키퍼가 뛰지 않았을 때의 보수는 나쁜 쪽에서 뛰지 않았을 때보다 여전히 더 좋다. ; 그렇지 않다면, 잘 차는 방향으로 차는 것은 순수 균형 전략이 될 것이고, 그는 항상 그렇게 할 것이다.)

키커의 최선의 전략은 잘 차는 방향과 나쁜 방향을 다른 비율로 무작위로 선택하는 것이며, 대부분 잘 차는 방향으로 차되 가끔씩 다른 방향으로 차서 골키퍼를 예측 못하도록 유지하는 것이다. 동시에, 골키퍼는 그를 거울처럼 따라가야 한다. 대부분의 찬스에는 잘 차는 방향을 막고 가끔 다른 방향으로 가야 한다.

키커가 네 가지 가능한 킥 방향/막기 방향 조합으로 득점할 확률에서 정확한 비율을 계산할 수 있다. 한 연구에서는 유럽 리그 게임의 수백 번의 킥을 데이터로 수집하여 다음과 같은 골 확률 퍼센트 테이블을 만들었다(이는 사실상 보수 행렬에 해당한다). :

	골키퍼가 잘 차는 방향으로 점프	골키퍼가 잘 차지 못하는 방향으로 점프
키커가 잘 차는 방향으로 슛	63.6% 득점 확률	94.4% 득점 확률
키커가 잘 차지 못하는 방향으로 슛	89.3% 득점 확률	43.7% 득점 확률

이 숫자들을 사용하면, 수학적 계산을 통해 키커가 잘 차는 방향으로 59.7%의 슛을 쏘고, 그렇지 않은 방향으로 40.3%의 슛을 쏘는 것이 최상의 전략임을 알 수 있다. 이 혼합 전략은 골키퍼가 어떻게 반응하던 전체적인 성공률을 74.0%로 만든다. 이 비율에서 벗어나는 모든 편차는 골키퍼가 한 쪽으로만 항상 점프하는 순수 전략으로 전환하여 그의 결과를 개선할 수 있게한다. 예를 들어, 키커가 자신이 잘 차는 방향을 59.7%가 아닌 65%로 선택했을 때, 골키퍼가 그의 전략을 이용하여 항상 잘 차는 쪽으로 뛰면 그의 골 성공률은 72.6%에 그칠 것이다.

혼합 내시 균형의 핵심은, 균형 상태에서 각 가능한 움직임이 동등한 보상을 가진다는 것이다.

균형 전략을 사용할 때, 키커는 어느 쪽으로 차더라도 74.0%의 골 확률을 기대한다. 만약 그가 한 쪽에서 더 나은 기회를 기대한다면, 골키퍼는 그 쪽으로 더 자주 반응하여 그곳의 성공률을 낮출 것이다. 이 동등한 보상 속성은 수학을 사용하지 않고도 균형 전략에 대해 직관적으로 생각하는 데 유용하다. 단순히 각 선택지가 동일한 평균 보상으로 이어지는 비율을 찾으면 된다.

선수들이 실제로 이러한 수치 분석을 할 수 있을까? 아니다. 하지만 많은 선수들을 평균 내어 보면, 사람들은 직관적으로 최적의 혼합 전략을 찾는 데 놀라울 정도로 뛰어나다. 실제 킥 성공률에 대한 연구는 키커들이 전체적으로 거의 정확한 빈도로 자신의 좋은 쪽으로 찬다는 것을 보여준다.

그래서 그게 전부인가? 우리는 단순히 보상을 계산하고, 혼합 전략의 비율을 계산하고, 선수들이 가중된 동전을 던지게 하면 되는가? 다행히도 아니다—실제 게임에서 게임 이론 상호작용은 오직 '요미'라고 불리는 더 모호하고, 더 심리적이며, 더 인간적인 상호작용의 기초일 뿐이다.

요미 Yomi(*역자 주)

'요미'는 게임 이론의 수학적 계산 바깥에서 상대를 예측하고 속여 교란함으로써 우위를 점하기 위한 심리 게임이다.

나는 이 용어를 격투 게임 기획자 데이비드 서린으로부터 빌려왔으며, 그는 이를 일본어 '읽기'(상대의 마음을 읽는 것)에서 가져왔다. 가중치가 있는 동전 던지기는 재미가 없지만, 사람의 머릿속을 읽는 시도는 흥미롭다. 그래서 가위 바위 보나 동전 맞추기 게임과 같은 기획 패턴은 게임의 틀에 불과하다. 게임의 감정적 가치는 '요미'의 실체에서 나온다. —즉, 상대방이 당신이 하나의 수를 사용할 것이라고 생각하게 만들어 다른 것으로 반격하거나, 상대방이 당신을 속였다고 생각하게 하거나, 상대방이 당신이 가지고 있지 않은 것으로 여기는 수를 사용하는 것에서 나온다. 이것들은 강렬하고 친밀한 정신적 갈등의 형태이다.

'요미'는 실제 세계가 수학보다 더 모호하기 때문에 동작한다. 건조한 수학적 분석에서는 모든 보상이 계산 가능하고 모든 전략이 다른 것들로부터 명확하게 구분된다. 하지만 실제 게임은 이런 식이 아니다. 결과는 정확하게 정량화될 수 없으며, 전략은 깔끔하게 배치할 수 없고, 플레이어들은 완전한 정보나 무작위

*역자 주 - 요미(読み)는 일본어로 '읽다'라는 뜻을 가지고 있지만, 한국어에서 '수를 읽다'처럼 '앞을 내다보다' 등의 뜻을 가지고 있기도 하다.

숫자 생성기에 접근할 수 없다.

예를 들어, 슈팅 게임에서 양 플레이어는 모퉁이를 돌진할지, 수류탄을 던질지, 문에 총을 겨누고 기다릴지 선택해야 하지만, 언제든지 결정을 바꿀 수 있고 심지어 두 가지를 동시에 할 수도 있다. 또는, 전략 게임에서 플레이어는 미묘한 방법으로 잘 혼합된 다양한 생산 목표를 가진 경제 전략을 선택한다. 각 경우에, 핵심 게임 이론 상호작용 주변에는 흐릿하고 정량화할 수 없는 경계가 있다. 슈팅 게임 플레이어는 모든 방향으로 확인하고 원활하게 움직일 수 있고, 전략 게임 플레이어는 생산을 수천 가지 다른 방식으로 지시할 수 있다. 이러한 흐릿한 가장자리는 '요미'가 자라나는 곳이다. 이것들은 플레이어가 수학적 계산의 가장자리를 우회하고, 모든 결정의 보수 행렬을 약간 변경하며, 게임에서 앞서기 위해 조금 더 많이 혹은 적게 상대방에 대해서 배우도록 한다.

따라서 '요미' 플레이는 순수한 내시 균형이 없는 전략 상호작용을 만드는 것뿐만 아니라, 이러한 핵심 상호작용 주변에 흥미로운 흐릿한 경계를 가진 시스템을 만드는 데에도 의존한다. 이제 이러한 '요미'를 강화하는 흐릿한 가장자리를 가진 전략 상호작용을 생성하기 위해 게임을 어떻게 설계할 수 있는지 살펴볼 것이다.

'요미'는 플레이어가 전략 사이를 부드럽게 혼합할 수 있을 때 자란다.

'요미' 플레이는 복잡한 방식으로 혼합 및 결합될 수 있는 미묘한 전략을 가진 게임을 필요로 한다. 예를 들어, <스타크래프트 II>에서 테란 플레이어는 공성 전차 절반과 해병 절반으로 구성된 혼합 부대를 보낼 수 있다. 뮤탈리스크만으로 구성된 부대나, 맹독충만으로 구성된 부대로는 이를 막을 수 없다. 이를 막기 위해서는 뮤탈리스크와 맹독충의 유사한 혼합 부대가 필요하다. 그리고 테란은 해병 한 명을 늘리거나 줄이거나 혹은 공성 전차 한 대를 늘리거나 줄이거나 해서 조합을 미세 조정할 수 있다. 이 두 플레이어는 각자 상자를 체크하고 다른 상자와 비교하여 결과를 찾는 실험실안의 게임을 하고 있지 않다. 그들은 단순히 왼쪽이나 오른쪽으로 슛을 차는 것이 아니다. 그들은 거의 무한한 중간 조합

전략을 선택할 수 있는 매끄러운 전략 공간에서 플레이하고 있다. 매끄럽게 정의된 전략은 그에 상응하는 부드럽게 정의된 반응을 요구한다.

부드럽게 정의된 전략은 플레이어가 전략적 지식의 미묘함에서 서로를 능가할 수 있게 함으로써 '요미'를 성장시킨다. 누구나 해병에 대한 대응은 맹독충이고 공성 전차에 대한 대응은 뮤탈리스크라는 것을 알 수 있다. 하지만 숙련자 만이 해병과 공성 전차의 임의적인 혼합을 이기려면 정확하게 무엇이 필요한지 알고 있다. 만약 그가 15명의 해병과 한 대의 공성 전차를 가지고 있다면? 만약 그가 8명의 해병과 다섯 대의 공성전차를 가지고 있다면? 이 부대를 파괴하기 위해 필요한 최소한의 전력은 무엇일까? 초보자는 모르지만, 숙련자는 안다. 이런 미세한 상호작용은 게임의 실력 상한선을 매우 높게 밀어 올린다.

'요미' 플레이는 복잡하고 정량화하기 어려운 보상에서 자란다.

전략에 따라 잠재적 보상이 달라진다. 가상의 예에서, 우리는 바위로 이기면 $5를, 종이나 가위로 이기면 $1을 받는 가위 바위 보 변형을 살펴보았다. 이 숫자들을 변경하면 플레이어들이 사용해야 할 전략의 비율이 바뀐다. 그리고 기억하겠지만, 올각각의 개별 전략이 같은 평균 보상을 가지는 것이 올바른 비율이다.

하지만 숫자가 우리에게 전달되지 않는다면 어떻게 될까? 전략들이 여러 목표에 연결되며, 다양한 확실성 수준을 끌어내는 질적으로 효과를 볼 수 있는 잠재적 보상을 가진다면 어떻게 될까? 이러한 보상들은 미리 알려져 있지 않으며, 하나의 수치로 설명될 수 없다. 좋은 혼합 전략을 찾는 것은 더 이상 다양한 전략의 보상을 평등하게 하는 문제만이 아니다. 먼저 우리는 보상이 무엇인지 파악해야 한다. 이 평가 과정은 플로우를 유지하고 실력 상한선을 높인다.

또한 보상이 불확실하다는 것은 우리가 상대방이 자신의 보상을 어떻게 평가하는지 추측해야 한다는 것을 의미한다. 상대를 잘 알고 있다면, 그가 특정 보상을 과대평가하거나 과소평가하는 곳을 찾아 예측하고 이길 수 있다. 더 높은 실력 수준에서는 상대방이 당신의 평가를 어떻게 추측할지 예측할 수도 있고, 이러한 예측은 계속된다.

<스타크래프트II>로 돌아가 보자. 뮤탈리스크와 공성 전차는 비싸지만, 해병과 맹독충은 싸다. 이는 테란 플레이어에게 뮤탈리스크를 해병으로 쏘아떨어뜨리는 것이 공성 전차로 맹독충을 쏘아떨어뜨리는 것보다 더 나은 보상을 의미한다. 왜냐하면 뮤탈리스크는 더 어렵게 변태되며 해병은 더 쉽게 뽑을수 입기 때문이다. 반대로도 마찬가지다. ㅡ저그는 해병을 맹독충으로 죽이는 것보다 공성전차를 뮤탈리스크로 죽이는 것을 더 원한다.

만약 이 상호작용이 그렇게 간단하다면, 각 유닛 종류의 정확한 가치를 계산에 넣음으로써 수학적으로 해결될 수 있다. 하지만 전투의 실제 보상은 유닛의 비용 뿐만 아니라 더 많은 것에 달려있다. 전투의 실제 보상은 그 전투가 다른 게임 시스템을 통해 어떻게 전개되는지, 그리고 더 큰 게임에서의 그 맥락에 따라 달라진다.

맥락을 고려해 보자. 테란의 공성 전차가 저그 기지로 천천히 이동하여 포격을 시작할 수 있는 거리에 거의 다다랐다면, 저그는 어떤 수단으로든 공격 부대를 파괴해야한다는 엄청난 압박을 받는다. 이를 파괴하지 않는 것의 비용은 전투가 지도 중간에서 일어날 때 보다 훨씬 커진다. 지도 어딘가에서 지면 유닛이 죽을 뿐이다. 여기서 지면 기지가 파괴된다. 따라서 보상은 달라진다.

위치에 따라 보상이 바뀔 수 있다. 넓게 퍼진 해병과 공성전차의 부대는 뮤탈리스크가 돌진하여 가장자리의 유닛들을 잡아내는 것에 취약하다. 하지만 집중된 부대는 맹독충의 산성분사에 취약하다. 보통 맹독충에 취약한 해병 그룹도, 넓은 지역에 퍼져 있으면 취약하지 않을 수 있다. 동시에, 이렇게 퍼져 있는 그룹은 뮤탈리스크에게 비정상적으로 취약하게 만들어 뮤탈리스크가 얻을 수 있는 보상을 높인다.

보상은 유닛의 비율에서도 변한다. 예를 들어, 보통이라면 맹독충이 해병을 이긴다는 사실을 우리는 알고 있다. 하지만 충분한 수의 해병이 있다면 가까이 오기 전에 사격해서 손실 없이 적은수의 맹독충을 물리칠 수 있다. 마찬가지로,

해병이 보통 뮤탈리스크를 잡아낼수 있다고 하더라도, 많은 수의 뮤탈리스크가 소수의 해병을 손실 없이 전멸시킬 수 있다. 이 경우들에서, 일방적인 유닛의 수가 기본 맞추기 동전 게임의 관계를 뒤집었다. 하지만 이러한 역전은 아무데나 일어나지 않는다. —아무리 많은 맹독충이라도 한 대의 공성 전차를 효율적으로 잡을 수 없다.

　실력 차이도 보상에 영향을 미친다. 어떤 플레이어는 뮤탈리스크를 사용하는 데 능숙할 수 있으며, 이로 인해 이 전략의 보상이 증가한다. 따라서 그는 맹독충보다 뮤탈리스크를 더 사용하려 할 것이고, 다른 플레이어는 공성 전차보다 해병을 더 사용하여 막으려 할 것이다. 이는 골키퍼가, 킥커가 강한 방향으로 더 자주 뛰는 것과 같다.

　더 간단한 게임들도 상황에 따라 변하는 보상을 제공한다, 비록 그 범위가 더 작을지라도. 예를 들어, 대전 격투 게임은 <스타크래프트Ⅱ>만큼 많은 변수를 가지고 있지 않다. 두 캐릭터가 있고, 각각 특정 상태에 있으며, 상황은 몇 가지 방식으로 해결될 것이다. 그럼에도 불구하고, 위치, 애니메이션 상태, 체력, 에너지, 그리고 다른 변수들의 조합이 충분히 많기 때문에 보상을 평가하는 것이 상당한 심리적인 도전이 된다. 이 결정은 <스타크래프트Ⅱ>의 그것보다는 범위가 작지만, 몇 분의 일초 안에 압축되기 때문에 작아도 괜찮다. 결정의 복잡성은 그것을 내리는 데 사용할 수 있는 시간에 비례하므로, 플로우가 유지된다.

　모든 상호작용에서, 플레이어들은 각각 변수와 추정 확률을 평가하여 일련의 추정 보상을 도출해야 한다. <스타크래프트Ⅱ>에서는 유닛 수, 위치, 실력 차이, 경제 상태, 경제적 영향, 그리고 수백 개의 정량화 가능하고 정량화 불가능한 변수들을 고려해야 한다. 이 문제는 놀랍도록 복잡하다. 하지만 이것이 인간 사고의 힘이다. 기계는 이런 종류의 계산을 할 수 없다. 오직 기하학적, 공간적, 감정적, 대인 관계적 직관을 모두 사용하여 총동원을 다한 인간의 의식 만이 이를 해결할 수 있다. 이것은 두뇌에 대한 전신 운동과 같다. 그리고 이 평가 과정은 단지 논리 퍼즐이 아니다. 또한 감정적 도전이기도 하다. 평범한 저그 플레이어들은 공성 전차가 중요하지 않은 기지를 포격하기 시작하자 패닉에 빠져 성급하게 공격한다. 초보 테란은 탐욕스럽게 뮤탈리스크를 추격하며 자신의 탱크를 방치한다. 각 경우에서, 이 플레이어들이 가진 감정은 보상 평가를 흐리게 한다. 저그는 손실에 대한 감정적 두려움에 의해 움직인다. ; 더 냉정한 플레이어들은 때때로 기지를 잃는 것이 군대를 위험에 빠뜨리며 구하려 하는 것보다 낫다는 것을 안다. 테란은 비싼 뮤탈리스크를 죽이려는 탐욕에 의해 움직인다. ; 더 나은 플레이어들은 그들을 놓아줄 때를 안다. 잘 평가하는 것을 배우는 것은 잘 아는 것과 논리적으로 생각하는 것뿐만이 아니다. 그것은 감정을 평가하고, 훈련하며, 제어하는 것을 의미한다.

이러한 심오한 논리적이고 감정적인 평가에 대한 도전은 플레이어들이 계속해서 게임으로 돌아오게 하고 실력 상한선을 상상할 수 없는 높이로 끌어올린다. 이러한 깊이는 얼마나 평가에 능숙하든, 항상 발견할수 있는 새로운 미묘함이 있다는 것을 의미한다.

'요미'는 무작위성의 심리에서 성장한다.

가위 바위 보 대회가 실제로 존재한다는 것을 알고 있는가? 사람들이 등록하고, 예선을 거치며, 관중 앞에서 경쟁한다. 상금은 최대 $50,000에 이른다. 그리고 이 모든 것이 완전히 무작위적인 전략만이 균형을 이루는 게임에서 펼쳐진다.

이것은 농담처럼 보일 수 있고, 어떤 정도는 사실이다. 하지만 웃긴 부분을 지나면, 인간 상대로 가위 바위 보를 하는 데에는 여전히 실력이 관여한다. 인간은 완전한 무작위 숫자를 만들어 낼 수 없기 때문이다.

게임 이론에서는 혼합 전략은 완벽하게 무작위로 동작해야한다. 그러나 인간은 무작위 숫자를 만들 수 없기 때문에, 우리는 진정한 혼합 전략을 실행할 수 없다. 우리의 머릿속은 잘 연구된 확률 편향으로 가득 차 있다. 0과 1의 무작위 문자열을 작성하라고 하면, 우리는 필요 이상으로 0과 1이 번갈아 나타날 것이다. 한 기호가 연속되어 길게 나오는 것은 실제보다 덜 가능하다고 느껴진다. 어떤 전략을 써서 방금 패배한 후라면 다음 플레이에서 그 전략의 가치에 대한 우리의 판단이 바뀐다. 이러한 편향은 이용될 수 있다.

이는 다른 플레이어들의 머릿속 난수생성기의 결함을 예측하는 게임이 존재한다는 것이다. 누군가를 이해하고 요미(yomi)에 능숙하다면, 그가 33.33%로 바위를 낼 것이라고 노력하고 있더라도 실제로는 35%의 확률로 바위를 낼 때를 알아낼 수 있을 것이다. 그리고 그 지식을 승리로 바꿀 수 있다. 다시 말해, 이는 실력상한선을 높이고 결정을 풍부하게 한다.

요미는 정보의 조작에서 비롯된다.

게임에 대한 정확하고 완전한 정보를 가지고 있어야 전략적 결정을 내릴 수 있다. 플레이어들은 현재 상황, 상대가 알고 있는 것, 상대가 자신이 알고 있다고 생각하는 것 등을 알아야 한다. 게임 기획에서 이러한 모든 정보를 양쪽에서 조작할 수 있게 허용한다면 요미의 기회를 창출할 수 있다.

플레이어들이 정보를 조작하는 세 가지 기본적인 방법이 있다.

첫째, 플레이어들은 자신의 결정을 개선하기 위해 정보를 찾을 수 있다. 전략 게임에서는 플레이어들이 정찰병을 보낸다. 사회적 상호작용 게임에서는 플레이어들이 친구에게 묻는다. 슈팅 게임에서는 발소리를 듣기 위해 멈춘다. <모던 워페어>의 심박 감지 센서나 <스타크래프트 II>의 스캔 능력과 같은 도구들이 이러한 행동을 지원한다.

둘째, 플레이어들은 서로에게 정보를 차단할 수 있다. 전략 게임에서는 정찰병을 죽인다. 사회적 상호작용 게임에서는 다른 사람들의 대화를 방해한다. 슈팅 게임에서는 연막 수류탄이나 레이더 교란기를 던진다. 플레이어들은 심지어 메타게임 정보도 숨길 수 있다. ─<스타크래프트>와 <스트리트 파이터>의 토너먼트 플레이어들은 초기 라운드에서 자신의 최고의 기술을 숨겨두었다가 결승전에서 그것을 펼쳤다.

마지막으로, 플레이어들은 서로를 속이기 위해 거짓 정보를 심을 수 있다. 다른 종류의 요미가 상대방의 마음을 아는 것에 관한 것이라면, 기만은 그것을 통제하는 것에 관한 것이다. 때로는 전략 게임에서의 환영 유닛이나 사회적 상호작용 게임에서의 거짓말처럼 기만 메카닉이 명시적일 수 있다. 다른 때에는 플레이어들이 일반적인 메카닉을 사용하여 속임수를 쓸 수도 있다. 예를 들어, 슈팅 게임에서 플레이어는 문을 열어 자신이 그것을 통과하고 있다는 거짓 믿음을 심은 다음 창문으로 들어갈 수 있다. 전략 게임에서, 어떤 플레이어는 공항을 건설하고 적에게 정찰하게 한 다음, 적이 쓸모없는 대공 무기에 투자하는 동안 전투기를 전혀 건설하지 않을 수 있다.

이러한 정보 조작 기획 요소들은 거짓 정보의 층을 발전시키기 위해 확장될 수 있다. 한 플레이어는 다른 플레이어가 자신이 모르는 것을 안다고 생각하게 만들 수 있다. 또는 다른 플레이어가 자신이 비밀리에 알고 있는 사실을 모르는 것으로 생각하게 만들 수 있다. 이러한 다층적 기만은 직접 기획하기 어렵지만, 기본적인 기만 도구의 상호작용에서 나타날 수 있는 가치있는 결과이다.

'요미'는 적은 수의 플레이어를 필요로 한다.

다른 한 명의 플레이어의 머릿속을 모델링하는 것은 어렵다. 두 명 또는 세 명의 의도와 습관을 추적하는 것은 가능성의 한계에 있다. 플레이어 수를 네 명 이상으로 늘리면 불가능해진다. 그래서 '요미'는 두세 명을 넘어서면 무너져버린다. 단순히 생각해야 할 머릿속이 너무 많기 때문이다. 이렇게 많은 플레이어 수를 가진 게임은 심리 게임 측면을 잃고 메카닉만 남는다.

이를 해결하는 명백한 방법은 플레이어 수를 매우 작게 유지하는 것이다. 하지만 그렇게 할 수 없을 때가 많다. 이런 경우에도 게임은 일시적으로 더 큰 숫자로부터 작은 그룹으로 격리함으로써 '요미'를 생성할 수 있다.

예를 들어, <월드 오브 워크래프트(World of Warcraft)>에는 수백만 명의 플레이어가 있지만, 그들이 상호작용할 때는 항상 제한된 소규모 그룹 내에서 이루어진다. 네 명의 플레이어가 던전을 공격하여 전리품을 모으거나, 두 명의 플레이어가 결투를 할 수 있다. 특별한 게임 메카닉이 서로 다른 그룹의 간섭을 못하도록 한다. 따라서 그룹이 격리되어 있는 한, '요미'는 그룹 내에서 성장할 수 있다.

격리는 더 부드럽고 즉각적인 메카닉을 통해서도 발생할 수 있다. 예를 들어, 많은 슈팅 게임에서 플레이어들은 16명 이상의 큰 팀에서 경쟁한다. 하지만 모든 플레이어가 항상 모든 다른 플레이어와 싸우는 것은 아니다. 오히려 그들은 많은 격리된 방들이 있는 넓은 지도에 퍼져 있다. 전투는 소수의 플레이어만 참여하는 단일 방에서 시작되고 끝난다. 이를 통해 플레이어들은 자신과 함께 있는 몇 명의 사람들에만 집중할 수 있으며, 이것은 32명의 플레이어가 필드에 있어도 '요미'를 가능하게 한다.

'요미' 사례 연구: <모던 워페어 2>

멀티플레이어 슈팅 게임 <모던 워페어 2>에서의 '요미' 플레이어를 예로 들어보자. 이 예는 팀 데스매치 게임에서 캐롤과 데이브 사이에 몇 초 동안의 플레이를 다룬다.

캐롤은 두 개의 출입구가 있는 작은 창고 안에 있을 때, 다가오는 데이브를 보았다. 캐롤은 더 안쪽으로 후퇴하여 두 플레이어가 서로를 볼 수 없게 되었다.

게임 이론적인 '요미'가 주도하는 사고 과정이 시작된다. 이 플레이어들은 각각 창고의 두 출입구 중 하나를 선택하면서 동전 맞추기 게임에 들어간다. 캐롤은 한 출입구를 지켜볼 수 있고, 데이브는 캐롤이 지켜보지 않는 출입구로 공격하여 그의 뒤를 잡고자 한다.

만약 이것이 전부라면, 플레이어들은 혼합 전략 비율을 계산하고, 가중치가 있는 동전을 던져서 게임을 계속할 수 있을 것이다. 다행히 <모던 워페어 2>는 핵심 게임 메카닉 주변에 흥미를 더하는 모호한 요미 형성의 여지를 많이 가지고 있다.

캐롤이 자신의 선택지를 생각하는 과정은 다음과 같다.

그녀는 창고 안에 머무르거나 어느 한쪽 문을 통해 돌격할 수 있다. 캐롤이 창고에 머무르기로 선택한다면 :

- 그녀는 한쪽 문을 지켜볼 수 있다. 데이브가 이 문을 통해 들어오면, 그는 바로 캐롤의 조준선 안으로 걸어들어와 캐롤은 즉시 사격하여 그를 사살할 것이다. 하지만 데이브가 다른 문을 통해 들어오면, 캐롤이 돌아서기 전에 그의 뒤를 쏠 것이다. 그러나 어느 문을 지켜봐야 할까?

  - 캐롤은 데이브를 목격했던 문을 지켜볼 수 있다. 데이브는 이를 예상하고 뒤쪽 문으로 들어올 수 있다. 캐롤은 그것을 예상할 수 있고, 그 이후에도 계속될 수 있다.

  - 캐롤은 어느 시간 동안 데이브와 가까운 문을 지켜본 후, 아직 그를 보지 못했다면 다른 문을 볼 수 있다. 이 경우, 그는 데이브가 아직 공격하지 않았다는 사실을 다른 길을 선택했을 수도 있다는 정보로 사용한다. 다시 말하지만, 데이브는 이러한 추론을 예상하고 이에 대응할 수 있다. 있다.

- 캐롤은 두 문 사이를 번갈아 볼 수 있다. 이것은 위험을 피하기 위한 대비책이다. 번갈아 보기는 데이브가 들어오자마자 그를 확인 할 수 있음을 의미한다. 단점은 캐롤이 계속해서 양쪽을 번갈아 보기 때문에 혼란스럽고 조준을 방해받고 있다는 것이다. 데이브가 문을 통해 들어올 때 그 문을 보고있더라도, 캐롤의 조준은 한 문에 계속 조준하고 있을 때처럼 완벽하게 설정되어 있지 않을 것이다.

- 캐롤은 창고 안에서 계속 움직일 수 있다. 이것 또한 대비책이다. 움직임은 캐롤을 더 조준하기 힘들게 만들어서 데이브가 캐롤이 지켜보지 않는 문을 통해 들어와도 캐롤을 즉시 죽이기 어렵게 만든다. 단점은 캐롤의 조준이 방해받고 발걸음 소리를 내어 데이브에게 캐롤의 존재, 위치, 활동에 대한 정보를 제공할 수 있다는 것이다.

- 캐롤은 언제든지 기다리는 것을 멈추고 창고 밖으로 돌격할 수 있다.

캐롤이 창고에서 나가기로 선택한다면, 그는 데이브를 만나거나 만나지 않을 수 있다. :

- 캐롤이 데이브를 만난다면, 요미 플레이는 끝나게 된다. 두 플레이어가 서로를 볼 수 있고 숨겨진 정보가 없기 때문이다. 게임은 사격과 회피 시험으로 변한다. 이 사격 도전에서 초기 이점은 데이브가 캐롤의 움직임을 얼마나 잘 예측했는지에 달려있다.

  - 데이브가 캐롤이 정확한 문을 통해 창고를 나올 것으로 예측했다면, 데이브는 그냥 문 앞에서 총을 들고 대기하면 된다. 이 경우, 캐롤은 그의 조준선 안으로 걸어 들어와 거의 확실히 사망한다.

  - 데이브가 캐롤이 창고를 나올 것으로 예측했지만 어느 문을 통해 나올지 확실하지 않다면, 데이브는 두 문을 모두 지키려고 하지만 한쪽에만 집중하지 못한다. 이 위기대비 전략은 어느 플레이어도 상대방에게 총을 겨누고 시작하지 않기 때문에 비교적 균등한 사격 대전으로 이어진다.

- 캐롤이 창고에서 나와 데이브를 만나지 못한다면, 그는 데이브가 무엇을 하고 있는지에 따라 여러 선택지를 가질 수 있다.

  - 캐롤은 창고 주위를 돌아 데이브가 다른 문에 접근하는 동안 그의 뒤를 잡으려고 할 수 있다. 데이브가 다른 문에 천천히 접근하고 있다면, 캐롤은 그의 뒤를 따라가 그를 등 뒤에서 쏠 수 있다. 반면에, 데이브가 다른 문에 빠르게 접근했다면, 그는 이미 그 문으로 들어가 캐롤이 첫 번째 문을 통해 나갔다는 것을 발견했을 수 있다. 그는 이제 창고 주위로 돌아가 캐롤을 기다리거나, 캐롤이 다른 문을 통해 도망쳤다고 생각해 창고를 통과해 다른 쪽으로 달릴 수도 있다.

캐롤은 이 지역에서 완전히 벗어 날 수도 있다. :

- 데이브가 창고 주위를 빠르게 돌았다면, 그는 창고 주위로 돌아가 도망치는

캐롤의 등을 쏠 것이다.

- 데이브가 캐롤이 도망칠 것으로 예상했다면, 그는 아예 창고에 접근하지 않고 멀리서 숨어 있었을 수 있으며, 이 경우 그는 캐롤을 쏠 것이다.

- 데이브가 다른 문에 천천히 접근했다면, 캐롤은 도망칠 수 있을 것이다.

겉보기에 <모던 워페어 2>는 사람들을 쏘는 게임처럼 보인다. 그래서 그것을 슈팅 게임이라고 부른다. 그리고 사격은 가장 본능친화적인 게임 동작 중 하나이다. 조준하고, 당기고, 쏘고, 쓰러뜨린다. 머리쓸 필요없이 재밌다. 아닌가?

하지만 그것이 전부라면 플레이어들은 금방 질려할 것이다. 사격 행위 자체는 단순한 볼거리에 불과하다. 그것만으로는 계속되지 않는다. 하지만 <모던 워페어 2>는 그렇지 않다. 사람들은 이 게임을 수백, 수천 시간 동안 플레이한다. 그들은 같은 게임을 반복해서 하기 위해 속편을 계속 구매한다. 왜일까?

왜냐하면 이 게임은 사격에 관한 것이 아니기 때문이다. 이 게임은 '요미' 에 관한 것이기 때문이다. —정신적 평가와 재평가의 복잡한 춤이다. 숙련된 플레이어들은 실제로 이러한 가능성 트리를 실시간으로 생각한다. 그들은 머릿속에서 반복적인 사격 그래픽이 아니라 이런 것들을 계속 즐기고 있다. 이 게임은 머리를 쓰지 않고 하는 것과 거리가 멀다. 이 게임은 완전한 두뇌 게임이다.

<모던 워페어2>가 '요미'를 잘 만드는 핵심 이유는 그것의 무기들이 매우 정확하고 치명적이기 때문이다. 플레이어들은 한두 발만 맞으면 사망한다. 누군가의 뒤를 잡으면, 그는 돌아서서 반격할 기회도 없이 죽는다. 이는 중요한 결정들이 플레이어들이 서로에게 사격하는 동안이 아니라, 플레이어들이 서로를 발견하기 전에 이루어진다는 것을 의미한다. 당신은 상대방의 뒤를 잡는 사람이 되고 싶어하지, 그 반대가 되길 원하지 않는다. 플레이어들이 서로를 볼 수 없을 때는, 발걸음 소리를 들으려 애쓰고, 심박 감지 센서를 지켜보고, 총성을 듣고, 적의 공격 경로를 추측하면서 '요미'가 자라난다. 시야에 들어오지 않는 정보가 완전하지 않기 때문에 속임수의 기회가 생겨난다.

무기가 위력이 약한 슈팅 게임에서는 이런 일이 일어나지 않는다. 적을 죽이는

데 25발이 필요할 때 첫 발은 큰 의미가 없다. 이러한 게임에서는 플레이어들이 서로의 시야에서 벗어난 상태에서 무얼 하는지는 그다지 중요하지 않다. 중요한 것은 전투가 시작된 후 얼마나 잘 조준하고 회피하는지이다. 그러나 조준과 회피는 가치 있는 메커닉 도전이지만, 숨겨진 정보가 없기 때문에 그 안에는 '요미'가 없다.

　<모던 워페어2>는 이전에 언급한 결정 트리보다 실제로 훨씬 더 미묘하고 다양한 '요미'를 만든다. 실제 게임에서 각 플레이어의 선택지과 정보는 여기서 설명한 것보다 훨씬 더 많고, 모호하며, 미묘하다. 플레이어들은 스턴 수류탄, 연막 수류탄, 조용한 걸음 능력, 심박 감지 센서 등과 같은 특별한 도구를 사용하여 정보를 수집하거나 숨길 수 있다. 어느 쪽 플레이어든 벽을 통해 총알을 난사하여 위치를 드러내면서도 맞추기를 바랄 수 있다. 어느 쪽 플레이어든 출입구를 통해 총격을 가해 거짓 신호를 보내려 할 수 있다. 플레이어들은 팀원과 소통하거나, 단순히 기다리며 근처 동료로부터 도움을 바랄 수 있다. 플레이어들은 다양한 무기 유형을 선택할 수 있어, 어느 플레이어든 상황에 따라 이점이나 불리함을 가질 수 있다. 캐롤은 근접전에서 자신의 기관단총을 선호할 수 있고, 데이브는 원거리에서 소총으로 싸우길 원할 수 있다. 목표 기반 게임에서, 플레이어 한 쪽 또는 양 쪽 모두 다른 플레이어와의 대결에서 단순히 승리하는 것 이상의 목표를 가질 수 있다. 시간이 촉박하다면, 지고 있는 플레이어는 귀중한 시간을 소비하는 전략을 피할 것이며 다른 플레이어는 이를 예상하고 대결을 길게 끌 수 있다. 플레이어들은 실력 수준이 다양할 수 있으며, 조준, 이동 또는 '요미' 자체와 같은 특정 기술에서도 숙련된 정도가 다를 수 있고 상대에 대해 아는 정보도 다를 수 있다. 플레이어들은 피로하거나 활기차거나 집중하지 못하거나 좌절할 수 있다. 이 모든 것을 종합하면, 이러한 '요미'로 가득 찬 결정의 복잡성은 경이롭다.

　그리고 그것은 단지 1~2초 지속되는 하나의 선택일 뿐이다. 게임은 계속해서 이러한 전술적인 퍼즐을 수천 개씩 만들어내며, 각각이 다음 것으로 이어지고, 반복되지 않으며, 지루해지지 않는다. 게임은 단순하고 세심하게 만들어진 메커닉을 통해 지속적인 속임수의 경쟁을 유지함으로써 플로우를 유지한다.

파괴적인 플레이어 행동 Destructive Player Behavior

대부분의 게임은 플레이어에게 목표를 제시한다. 최고 점수를 얻거나, 상대를 이기거나, 가능한 한 오래 살아남는 것이다. 지금까지 우리는 플레이어들이 우리가 그렇게 하라고 하기 때문에 이러한 목표를 신경 쓸 것이라고 가정했다. 하지만 때로는 그렇지 않다.

싱글 플레이어 게임에서, 플레이어가 기획자가 의도하지 않은 목표를 추구할 때, '책상 점프'가 발생한다. 싱글 플레이어의 '책상 점프'는 경험을 해칠 수 있지만, 보통 치명적이지는 않다. 그러나 멀티플레이어에서는, 플레이어가 스스로 만든 목표가 게임을 망가뜨릴 수 있다. 그 영향이 자신만의 목표를 추구하는 사람 뿐만 아니라 모두에게 끼치기 때문이다.

멀티플레이어 게임은 보통 각 플레이어가 정확한 역할을 수행하도록 엄격하게 구조화되고 세밀하게 밸런스가 잡혀 있다. 한 명의 플레이어가 이상한 선택을 하면 이 균형이 깨지고 모두를 위한 게임이 파괴된다, 제대로 플레이하고자 하는 이들을 포함하여. 예를 들어, 영웅들의 팀이 드래곤과 전투를 벌이고 있는데, 그 중 한 명이 간식을 먹으러 가거나 그냥 재미로 드래곤을 치유하기로 결정하면, 팀 전체가 망가진다.

파괴적인 플레이어 행동에는 다른 목표 추구와 실력 차이의 두 가지 기본 유형이 있다.

다른 목표 추구 Divergent Goals

'다른 목표 추구'는 멀티플레이어 게임에서 플레이어들이 다른 플레이어의 경험을 해치는 목표를 추구하기로 결정할 때 나타난다.

나는 <모던 워페어>의 장점에 대해 논의했다. 이제 그것의 결점 중 하나를 살펴볼 시간이다. 이 결점은 다른 목표를 가진 플레이어들을 가지고 있다. 모든 멀티플레이어 매치의 공식적인 목표는 승리하는 것이다. 각 게임 유형은 승리를 위한 다른 기준을 설정한다. 예를 들어, 깃발 뺏기에서는 시간이 다 되기 전에 적 팀보다 더 많은 깃발을 쟁탈하는 것이 목표다. 문제는 게임이 각 플레이어가 적을 몇 명 죽였는지 추적하고 이 정보를 영구적인 데이터베이스에 저장한다는 것이다. 그리고 적을 죽이는 것은 화면 구석의 점수 표시를 지켜보는 것보다 더 즉각적이고 본능적으로 만족스럽다. 결과적으로, 일부 플레이어들은 깃발 뺏기와 같은 공식 목표를 무시하고 오로지 적을 죽이는 데만 집중하기로 선택한다. 이것은 그들의 경험에 해를 끼치지 않지만, 다른 이들의 경험에는 해를 끼친다. 그들의 동료들은 깃발을 뺏지않는 않는 팀원과 함께 플레이해야 하고, 그들의 상대는 상대방과 동등한 게임을 할 수 없게 된다.

<모던 워페어>의 기획이 여전히 유지되는 유일한 이유는 적을 죽이는 것이 보통 팀 목표 달성에 여전히 도움이 되기 때문이다. 깃발을 뺏는 데 신경 쓰지 않는 팀원도 적을 죽이고 있다면 여전히 기여하고 있는 것이다. 다른 목표가 있지만, 그것이 공식 목표와 충분히 가깝게 맞춰져 있어 게임이 대체로 작동한다. 그래서 게임은 해를 입지만, 파괴되지는 않는다.

다른 목표가 플레이어들을 공식 목표에 완전히 반대되게 행동하도록 이끌었다면, 게임은 무너질 것이다. 예를 들어, <레프트 4 데드(Left 4 Dead)>는 네 명의 생존자가 좀비 창궐에서 서로 도와 살아남는 것에 관한 것이다. 게임은 팀이 함께 일할 때 가장 잘 작동하도록 설계되었다. 그러나 때때로, 한 플레이어는 혼자 얼마나 멀리 갈 수 있는지 도전해보기 위해 혼자 달려 나가기로 결정할 수 있다. 하지만 이것은 그의 동료들의 플레이 경험을 파괴한다. 그는 원했던 '이길 수 없지만 재미있는' 싸움을 얻지만, 그의 동료들은 그의 도움 없이 버려지고, 세밀하게 밸런스가 잡힌 게임은 무너진다.

멀티플레이어 게임에서 떠나는 것 같은 실제 행동도 다른 목표의 한 형태다. 게임을 떠나는 플레이어는 일어나서 다른 일을 하려는 목표를 가지고 있다.

남겨진 플레이어들은 게임을 계속하려는 목표를 가지고 있다.

하지만 가장 나쁜 종류의 이질적인 목표는 다른 사람을 짜증나게 하는 즐거움에 의해 주도되는 것들이다. 이것을 '그리핑(Griefing : *역자 주)'이라고 한다.

'그리핑'은 다른 사람의 플레이 경험을 고의로 파괴하여 자신의 즐거움을 얻는 행위다.

슈팅 게임 플레이어들은 팀이 시작 지역을 떠나지 못하도록 문에서 길막을 한다. 전략 게임 플레이어들은 동맹의 유닛을 공격하거나 그들의 기지를 봉쇄한다. 다른 플레이어들에게 해를 끼칠 명백한 방법이 없는 게임에서도 사람들을 그리핑하는 방법을 찾는 것 자체가 게임이 된다. <월드 오브 워크래프트> 플레이어들은 높은 곳에서 물웅덩이로 떨어지는 동료에게 수상 보행 주문을 사용했다. 불쌍한 희생자들은 갑자기 콘크리트처럼 단단해진 물에 부딪혀 산산조각 났다. <카운터 스트라이크> 플레이어들은 게임의 스프레이 태그 기능을 사용하여 레벨의 혼잡한 지역에 끔찍할 정도로 공격적인 이미지를 배치했다. 다른 플레이어들은 전술적 전투를 벌이려고 할 때 인터넷에서 가장 충격적인 사진들을 보게 되었다 (이것 대비는 경험을 풍부하게 하는 종류가 아니다).

보드 게임, 스포츠 또는 술집 당구와 같은 대면 게임에서 사람들은 친구 관계의 파괴나 술집 싸움의 위협 때문에 그리핑을 하지 않으므로, 이러한 게임의 기획자들은 플레이어가 다른 플레이어의 말을 움직이거나 큐 볼을 창밖으로 던지는 것에 대해 걱정할 필요가 없다. 그러나 이러한 사회적 강제 메카닉은 온라인에서는 존재하지 않으며, 여기에서는 모든 사람이 익명이며 언제든지 떠날 수 있다. 이러한 종류의 게임에서는 게임 자체의 기획에서 그리핑을 다루어야 한다.

모든 이질적인 목표에 대한 첫 번째 방어선은 '책상 점프'와 마찬가지로 플레이어가 의미 있는 목표를 가지도록 동기를 부여하는 것이다. 플레이어들은 무작위로 다른 목표를 설정하지 않는다. 그들은 게임을 처음 시작할 때 그들을

*역자 주 - 그리핑 : 직역하면 고통스럽게 만드는 행위로, 국내에서는 '트롤링'이라는 용어가 좀 더 일반적으로 사용되고 해외에서도 비슷한 의미로 사용되지만, 좀 더 온라인 게임에 한정되어 멀티플레이어에서 다른 플레이어를 괴롭히는 행동을 지칭한다.

이끈 같은 종류의 충동에 반응하여 그렇게 한다. 그들은 정복하고, 탐험하고, 소통하고, 사람들에게 영향을 미치고 싶어한다. 게임이 의도된 대로 플레이하는 것이 이러한 것들을 하는 가장 좋은 방법이라면, 그것이 그들이 할 일이다.

불행하게도, 모든 플레이어의 목표를 완벽한 일치를 달성하는 것은 거의 불가능하다. 보통 우리는 멀티플레이어 게임을 정상적으로 유지하기 위해 다른 조치들이 필요하다.

다수의 플레이어는 다른 목표에 대한 방어막 역할을 한다. 한 명이 장난치거나, 그만두거나, 그리핑을 하는 것은 2명이 있는 팀보다 12명이 있는 팀에서 훨씬 덜 중요하다.

때때로 특정한 문제에 대해 특정한 해결책을 적용할 수 있다. 예를 들어, <레프트 4 데드(Left 4 Dead)>는 플레이어 수를 네 명으로 제한하고, 캠페인은 45분간 진행된다. 모르는 사람 네 명이 각각 그 시간 동안 지속적으로 플레이할 확률은 낮다. 한 명의 플레이어가 떠나고 싶어 하고 다른 사람들이 계속하고 싶어 할 때 다른 목표가 발생한다. 하지만 플레이어가 떠나면 그 캐릭터는 AI에 의해 제어되어 다른 플레이어가 참여할 때까지 AI가 조종한다는 점에서 게임은 플레이 가능하게 유지된다. AI는 실제 사람만큼 좋지 않지만, 그런대로 쓸만한 임시방편이다.

그리핑 문제는 다른 '다른 목표'보다 더 극단적인 해결책이 필요하다. 그리핑이 발생했을 때 훨씬 더 큰 피해를 입히기 때문이다.

한가지 확실한 방법은 그리핑을 불가능하게 만드는 것이다. 슈팅 게임 플레이어가 문을 막고 있다면, 플레이어들이 서로를 통과할 수 있게 하라. MMO 플레이어들이 마을에서 다른 플레이어를 공격하도록 몬스터를 유인한다면, 몬스터가 들어가지 않는 안전 지역을 만들어라.

이런 엄격한 해결책은 최악의 경우를 해결하기 위해 필요하지만, 불행히도 가능한 모든 그리핑 전략을 금지할 수는 없다. 심지어 고의로 지거나 플레이를 거부하는 것까지도 포함해서 다른 플레이어들을 짜증나게 하는 방법은 항상 존재한다. 전략 게임 플레이어는 단순히 유닛을 구석에 숨기고 승리를 시도조차 하지 않을 수 있다. 팀 슈팅 게임 플레이어는 무작위로 무기를 발사하여 팀의 위치를 드러낼 수 있다. 이러한 가능성은 끝이 없다.

하지만 모든 경우를 해결할 필요는 없다. 그리핑 전략은 (그리핑을 하는) 그리퍼에게 주는 오락 가치와 다른 플레이어들에게 미치는 파괴적 효과에 따라 심각성의 정도가 다르다. 가장 심각한 전략들은 그리퍼에게 매우 재미있고 다른 플레이어들에게 게임을 파괴한다. 문제가 되지 않는 전략들은 그리퍼에게 전혀 재미가 없거나 다른 플레이어들에게 해를 끼치지 않는 것들이다. 게임이 온라인에서 작동하려면, 기획자들은 가장 심각한 그리핑 전략을 식별하고 해결해야 한다. 심각함이 일정한 수준보다 낮다면 그리핑을 금지하도록 핵심 게임을 왜곡시킬 이유가 없다. 예를 들어, 전략 게임은 그리퍼에게 그다지 재미가 없고 다른 플레이어에게 파괴적이지 않은 공짜(비록 지루하긴 하지만) 승리를 제공하기 때문에 플레이 가능하게 유지된다. 그리고 슈팅 게임 플레이어들은 자살함으로써 팀에 그리핑을 할 수 있지만, 죽는 것은 재미없기 때문에 하지 않는다. 이러한 그리핑 전략들은 걱정할 정도의 심각성 수준 아래에 있다. 가장 심각한 그리핑 전략만 금지한다면, 게임은 동작한다.

불행히도, 모든 게임을 내부적으로 그리핑으로부터 완전히 보호할 수는 없다. 이러한 게임들은 마지막 방어선으로 투표 시스템이나 게임 관리자 같은 감시 메카닉이 필요하다. 감시 시스템은 지저분하고 우아하지 않다—투표는 플레이어들이 자신의 경험을 신고하기 위해 게임 플레이에서 벗어나야 하며, 관리자에게 지불하는 것은 개발사에게 비용이 든다. 그러나 이것을 마지막 방어선으로 활용하면 게임이 막힌 문, 무시된 목표, 인터넷 충격 사진들의 수렁으로 전락하는 것으로 부터 구해낼 수 있다.

실력 격차 Skill Differentials

플레이어 간에 큰 실력 차이가 있을 때 나타나는 특별한 종류의 다른 목표가 있다. 한 플레이어가 숙련자이고 다른 플레이어가 초보자일 때, 나쁜 일이 발생할 수 있다.

숙련되지 않은 플레이어의 목표는 게임을 배우고 너무 압박받지 않는 것이다. 숙련된 플레이어의 목표는 깊이 있고 자신의 실력을 도전할 수 있는 게임을 플레이하고 승리하는 것이다. 이러한 목표의 차이는 양쪽 모두에게 불쾌한 갈등을 일으킬 수 있다. 숙련되지 않은 플레이어는 압박을 받고 모욕을 당한다. 숙련된 플레이어는 형편없는 상대와 플레이해서 지루해하거나, 쓸모없는 팀원 때문에 짜증난다.

이 문제는 플레이어 간에 상호 의존적이고 성공이 실력에 달려 있는 곳이라면 어디서나 매우 흔하게 발생한다. <레프트 4 데드>, <스타크래프트Ⅱ>의 팀 전투, <콜 오브 듀티: 블랙 옵스>의 나치 좀비 모드는 모두 훌륭한 기획의 게임이지만 실력 격차로 고통을 주는 게임이다.

실력 격차의 영향을 줄이는 방법은 여러 가지가 있다. 우선되는 몇 가지 방법은 실력 격차 자체를 줄이는 것에 관한 것이다.

명백히 단순하고 우아한 기획이 실력 격차를 줄이는 가장 좋은 기본 방법이다. 쉽게 배울 수 있는 게임은 플레이어들이 실력 장벽을 더 빨리 넘게 하여, 숙련자들의 짜증 유발과 게임에서 쫓겨나는 것을 덜 하게 한다.

실력 격차를 줄이는 또 다른 방법은 유사한 실력 수준을 가진 플레이어들을 매치하는 매치메이킹 알고리즘을 만드는 것이다. 이 시스템은 각 플레이어의 경험 수준과 승률을 추적한다. 플레이어가 게임을 찾을 때 비슷한 기록을 가진 다른 사람들과 함께 매치된다. 이 해결책은 개념적으로 단순하지만, 실제로 이러한 시스템을 잘 작동하게 설계하고 엔지니어링하는 것은 엄청난 도전이 될 수 있다.

구조적 해결책도 있다. <월드 오브 워크래프트>와 같은 대규모 멀티플레이어 게임은 플레이어들이 처음 몇 시간 동안 다른 사람들로부터의 압박 없이 혼자 플레이할 수 있도록 설정되어 있고, 그 후에 기본을 배운 후에 그룹을 결성할 수 있다. 이는 완전한 초보자가 어떤 그룹에서도 역할을 해야 할 필요가 없다는 것을 의미하며, 이는 그들이 실력 부족으로 그룹에 해를 끼치지 않을 수 있다는 것을 의미한다. 마찬가지로, 많은 게임들이 싱글 플레이어 모드와 멀티플레이어 모드를 모두 갖추고 있다. 플레이어들은 싱글 플레이어 모드에서 기본기를 갖추고, 자신들의 실패가 다른 사람들에게 영향을 미치지 않는 상태에서 멀티플레이어에 뛰어들기 전에 연습한다. 다시 말해, 온라인에서 대부분의 사람들은 숙련자는 아닐지라도 완전한 초보자는 아닐 것이다.

마지막으로, 게임들은 좋은 적응형 훈련을 통해 실력 격차를 줄일 수 있다. 예를 들어, <레프트 4 데드>는 적응형 훈련 시스템을 사용하여 초보 플레이어에게 모든 중요한 상황에서 정확히 무엇을 해야 하는지 알려준다. 헌터 좀비가 동료에게 뛰어들어 그를 무력화시킬 때, 화면에 메시지가 나타나 초보자에게 친구를 구해야 한다고 지시한다. 이것은 게임의 모든 중요한 행동—목표 달성, 동료 돕기, 자원 얻기—에 대해 발생한다. 따라서, 신입 플레이어는 목표나 전략이 미숙할 수 있지만, 적어도 완전한 혼란 속에서 헤매지는 않는다.

실력 격차를 줄일 수 없다면, 플레이어 간의 상호 의존성을 줄여 그 중요성을 낮출 수 있다. 많은 사람들은 플레이어 간의 상호 의존성을 순수한 장점으로 여기지만 그렇지 않다. 상호 의존성은 공동의 승리를 만들어내는 감각을 조성할 수 있지만, 다른 이의 실패로 인해 고통받아야 한다는 요구도 함께 한다.

최선의 결과는 공동의 실패를 없애면서 공동의 승리를 허용하는 시스템이다. 예를 들어, <헤일로: 리치>와 같은 슈팅 게임은 팀 전투 모드를 가지고 있는데, 여기서 플레이어들은 대부분 팀원들을 무시하며 팀으로 싸운다. 하지만 가끔 두세 명의 플레이어들이 임시 동맹을 맺어 적을 물리치고 흩어진다. 이것은 팀워크를 만들지만, 선택적이고 단기적인 기준에서만, 그래서 공동의 실패를 종종 강요하지 않으면서 공동의 승리를 가능하게 한다.

많은 나이브한 기획들은 플레이어들이 함께 작업할 것이라는 가정에 기반을 두고 있다. 그리고 그것을 가정하면, 멋진 것들이 쉽게 가능해 보인다. 하지만 진정으로 협력적이고 실력이 맞는 팀은 현실에서 드물다. 그러한 팀의 존재를 가정하는 게임은 무너질 것이다. 멀티플레이어 기획은 플레이어들이 나가거나,

그리핑을 하거나, 중요한 실력이 부족하거나, 잘못된 방식으로 플레이하기로 결정함으로써 야기되는 지속적인 낮은 수준의 혼란을 처리할 수 있을 정도로 견고해야 한다.

8 | 동기 및 성취
Motivation and Fulfillment

주드의 게이밍 의자가 그 위로 열리며, 자동으로 두개골에서 뇌-컴퓨터 인터페이스를 철수했다. 그는 일어났다. 방은 어두웠지만, 주드는 여전히 벽에 걸린 시계를 읽을 수 있었다. 그 때는 2151년 12월 31일이었다.

게임을 시작한 지 9년이 지났다. 그 기간 동안 주드는 컴퓨터라는 비현실적인 공간에서 제국을 정복하고, 가족을 키우고, 천국으로 통하는 탑을 건설했다. 그는 계속 시스템 안에 남아있을 수 있었지만 무언가 잘못되었다. 멀티플레이가 작동을 멈췄다. 자랑할 사람도, 함께 창조할 사람도 없었다. 그는 글로벌 게이밍 네트워크를 검색했지만 단 한 명의 다른 플레이어와도 연결되지 않았다. 컴퓨터 세계를 떠나는 것이 싫었지만, 이 문제를 해결해야만 했다.

방은 어둡고 먼지가 쌓여 있었다. 게임 카페를 둘러보니 양쪽으로 길게 늘어선 다른 의자들이 보였다. 가장 가까운 의자의 창문을 통해 안을 들여다보니, 그 안에 사람들이 보였다. 모두 늙고, 흰머리에 간 반점이 있었다. 모두 죽어 있었다.

주드는 잠시 생각하고 의자에 다시 누웠다. 의자는 그를 강철로 감싸며 부드럽게 의식을 잃게 했다.

도파민의 즐거움 Dopamine Pleasure

우리들 대부분은 무언가를 원하는 이유가 그것이 우리에게 기분 좋게 만들기 때문일 것이라고 가정한다. 처음에 이 관점은 사실처럼 보인다. 물론 우리는 쾌락을 원한다. 다른 원하는 것이 있을까?

과학자들이 쾌락을 연구하기 시작했을 때, 그들의 연구결과는 이를 확인하는 것 같았다. 1950년대, 당시 몬트리올 맥길 대학의 연구원이었던 제임스 올즈 (James Olds)는 뇌에 전기 충격이 행동에 어떤 영향을 미칠지 알고 싶어 했다. 알아보기 위해, 그는 쥐의 뇌에 얇은 전선을 넣고 그것을 우리 안의 스위치에 연결했다. 쥐가 스위치를 누르면, 전선을 통해 전기 펄스가 바로 대뇌로 전달되었다. 처음에 쥐는 무작위로 돌아다녔다. 하지만 우연히 처음으로 스위치를 누른 이후, 그것의 행동이 바뀌었다. 쥐는 점점 더 자주 스위치를 누르기 시작했다. 시간이 지나면서 쥐는 중독자가 되어 끊임없이 자기 자신을 자극하는 미친듯한 반복에 빠졌다.

올즈의 실험은 뇌의 보상 중추에 대한 개념을 확립했다. 보상 중추가 활성화되면, 보상 중추는 뇌 화학 물질인 도파민을 조금씩 분비한다. 통상적으로, 보상 중추는 맛있는 음식을 먹거나, 돈을 따거나, 매력적인 상대를 볼 때와 같은 일상적 자극에 반응하여 도파민을 생성한다. 올즈가 뇌에 심은 전선은 이 자연스러운 반응을 강제적으로 만들어냈다.

1960년대에, 연구자들은 인간을 대상으로 이 효과를 연구하기 시작했다. 첫 번째는 뉴올리언스 툴란 대학의 정신의학 및 신경의학의 학과장인 로버트 히스(Robert Heath)였다. 그의 가장 악명 높은 연구에서 히스는 뇌에 전극을 심어 동성애자를 "치료"하려고 시도했다. 코드명 B-19로 알려진 젊은 남성은 가정에서 학대를 받으며 자라고, 친구가 거의 없으며, 자살 직전의 삶을 살고 있었다. 히스는 그에게 전선을 연결하고 스위치를 건넸다. 히스의 말에 따르면,

"B-19은 자기 자신을 거의 압도적인 환희와 희열을 경험하게 하는 지점까지 자극하였고, 그의 강력한 항의에도 불구하고 연결을 끊어야 했다."

올즈와 히스의 실험은 동기의 도파민 이론을 확립했다. : 동기는 쾌락 추구에 의해 이끌리며, 쾌락의 전달자는 도파민이다. 이 모델은 상식이 되어 여러 해 동안 지속되었다.

하지만 그 후 문제점들이 드러나기 시작했다.

도파민 동기 Dopamine Motivation

첫 번째는 도파민 홍수의 타이밍이었다. 연구자들은 도파민이 보상을 받는 것과 동시에 나타나지 않으며, 보상을 받은 후에도 나타나지 않는다는 사실을 발견했다. 오히려, 도파민은 보상 전에 나타난다.

도파민이 쾌락이라면, 이것은 말이 되지 않는다. 당신이 스테이크를 사러 가게에 가는 것은 스테이크를 먹고 있을 때와 같은 경험이 아니다. 하지만 당신의 뇌는 여전히 도파민으로 가득 차 있다. 이것은 슈퍼마켓의 고기 구역을 둘러보고 있을 때조차도 그렇다.

이 이상한 결과는 도파민의 실제 역할을 이해하기 위한 후속 연구들을 위한 길을 열었다.

2009년, 61명의 대상자들은 전 세계 다양한 목적지에서 휴가를 보내고 싶은 욕구를 평가했다. 그 중 일부는 도파민의 작용을 증가시키는 L-도파 약물을 받았고, 다른 이들은 위약을 받았다. 도파민이 즐거움이라면, L-도파는 환자들의 뇌에 전선을 연결했던 것처럼 기분 좋게 만들 것이다. 하지만 그렇지 않았다. 대신, 도파민을 투여 받은 대상자들은 더 많은 목적지를 여행하고 싶어했고, 대조군보다 더 강렬하게 여행하고 싶어했다. 그들은 기분이 좋아진 것이 아니라, 동기가 부여된 것을 느꼈다.

1989년, 미시간 대학의 신경과학 교수인 켄트 베리지(Kent Berridge)는 쥐에게 신경독소를 주어 도파민 수용 세포를 모두 죽였다. 쥐들은 어떤 것도 하지 않게 되었다. 심지어 먹는 것 조차 하지 않았다. 쥐들은 모든 동기를 잃었고, 도움 없이는 굶어 죽었을 것이다. 하지만 베리지가 쥐들의 입에 달콤한 액체를 떨어뜨리자, 여전히 즐거움을 나타내는 쥐의 작은 표정을 지었다. 도파민 없이도, 쥐들은 음식을 즐길 수 있었다. 단지 그것을 추구하는 모든 동기를 잃어버린 것이다.

결국 기존의 상식이 된 견해는 틀렸던 것이다. 도파민은 쾌락의 증거가 아니었다. 동기부여의 증거였던 것이다. 그리고 이 두 가지는 항상 연결되어 있는 것은 아니다.

우리는 좋아하지 않는 것을 원하거나, 좋아하는 것을 원하지 않을 수 있다.

이상하게 들릴 수 있지만, 자세히 보면 이런 예는 어디에나 있다. 마약 중독자들은 마약을 점점 더 원하지만 점점 덜 좋아한다. 우리 모두는 가고 싶지 않던 파티에 끌고 가준 친구에게 고마워해야 했던 적이 있다. 그리고 많은 게임 플레이어들은 게임에 질려버린 후에도 플레이를 멈출 수 없는 자신을 발견한다.

이 책의 대부분은 플레이어들에게 충족감을 주는 감정적 체험을 불러일으키는 것에 대한 것이다. 이 장에서는 동기를 만드는 메카닉만 관심을 두고 있다. 우리는 그것들을 어떻게 사용하고, 충족감과 어떻게 결합하며, 그렇게 하지 않을 때의 윤리적 함의를 살펴볼 것이다.

보상 기대 Rewards Anticipation

모든 게임은 불만스러운 순간들을 만들기 때문에 도파민 동기를 사용해야 한다. 이러한 순간들은 종종 기획에 필수적이다. 도파민 없이는 플레이어들이 도전에 처음 실패하거나 자원을 잃었을 때 포기할 것이다. 도파민은 플레이어들이 장애물을 극복하고 그 반대편에 있는 승리, 사회적 연결, 또는 예술적 만족을 얻기 위해 계속 밀고 나가도록 동기를 부여한다.

우리가 도파민 동기를 만드는 주요 방법은 보상의 기대감을 만드는 것이다.

다양한 종류의 보상이 도파민 동기를 유발할 수 있다. 음식, 물, 섹스, 안전, 돈, 소유물, 권력, 그리고 사회적 지위는 모두 도파민을 자극하는 보상이다. 이러한 것들을 얻을 것이라고 기대할 때, 우리의 뇌는 도파민을 증가시키고, 목표를 추구하려는 우리의 동기는 증가한다.

하지만 잠깐 기다려보라. 이 정의에서 게임은 거의 무의미하다. 우리는 보통 플레이어에게 음식이나 섹스를 줄 수 없다(하지만 어떤 게임은 포르노 콘텐츠를 보상으로 쓰기도 한다). 우리는 보통 실제 물리적 안전을 제공할 수 없다(게임이 플레이어에게 상처를 줄 수 있는 <페인스테이션(PainStation)>은 제외한다). 우리는 보통 실제 돈이나 실제 사회적 지위를 줄 수 없다(플레이어가 게임에 베팅하거나, 관중 앞에서 게임을 할 경우를 제외한다). 대부분의 게임은 외부에서 아무 것도 제공하거나 위협하지 않고도 동기를 생성해야 한다. 그러나 게임이 실제 보상을 제공할 수 없다면 이것을 어떻게 할 수 있을까?

인간의 뇌가 현대의 게임이 없는 환경에서 진화하여서 실제 보상과 가상 보상을 구별하는 시스템이 없다는 사실 때문에 게임은 동기를 생성 할 수 있다. 가상의 보상은 보통 실제의 보상만큼의 강하게 동기를 부여하지는 않지만, 실제 보상이 가진 힘의 일부를 낼 수 있다. 우리는 실제 생활에서 게임에서보다 더 부자가 되고 싶어하지만, 게임에서도 부자가 되고 싶다.

일부 가상의 보상, 경험치, 게임 내 돈, 장비, 능력과 같은 것들은 플레이어의 캐릭터를 강화하는 것에 관한 것이다. 다른 것들, 컷신이나 오디오 로그와 같은 것들은 스토리 콘텐츠의 보상으로서 사용한다. 일부, 1980년대 아케이드 게임의 점수와 같은 것들은 달성의 기록에 불과하다—그것은 마치 아이가 자신의 동네에서 가장 높은 나무의 가장 높은 가지에 자신의 이름을 긁는 것의 디지털 버전이다. 이러한 보상들이 게임 밖에서는 모두 의미가 없다는 사실은 관련이 없다. 그것들은 여전히 보상 중추를 자극한다.

보상 강화 스케줄 Reinforcement Schedules

동기를 생성하는 데 있어는 종종 보상 자체는 방정식의 가장 중요한 부분이 아니다. 동기의 진정한 열쇠는 플레이어가 보상을 기대하고 받을 때의 정확한 타이밍에 있다. 보상의 이러한 측면은 보상 강화 스케줄에 의해 결정된다.

보상 강화 스케줄은 보상이 주어지는 시기를 정의하는 규칙의 체계다.

심리학자 B.F. 스키너(B.F. Skinner)는 1930년대와 40년대에 조작적 조건형성의 개념을 탐구하면서 보상강화 스케줄을 창조했다. 고전적 조건형성이 생명체의 비자발적 반응을 조작하는 것이라면(파블로프의 유명한 개 실험에서처럼), 조작적 조건형성은 보상과 처벌을 사용해 겉보기에 자발적인 행동을 조작하는 것이다. 개가 재주를 부린 후 간식을 줄 때, 그 재주를 다시 수행하게 만들기 위해 조작적 조건형성을 사용하는 것이다.

조작적 조건형성을 탐구하기 위해, 스키너는 소위 "스키너 상자(Skinner box)"를 발명했다. 스키너 상자(Skinner box)는 쥐나 비둘기를 넣을 수 있는 작은 공간이다. 상자 안에는 실험에 따라 스위치, 햄스터 휠, 센서, 조명, 스피커, 급식기기, 또는 전기 충격기 등이 포함될 수 있다. 이 장치들은 그들 사이의 관계를 생성하는 보이지 않는 메카닉에 의해 연결된다.

예를 들어, 하나의 설정에서는 스위치를 누를 때마다 급식기가 사료 팰릿을 내놓는다. 다른 설정에서는 10번 누를 때마다 사료를 내놓는다. 또 다른 설정에서는 누를 때마다 10%의 확률로 무작위로 사료 펠릿이 나온다. 이러한 각각의 설정은 다른 보상 강화 스케줄이다.

스키너는 다양한 보상강화 스케줄이 쥐의 행동에 어떤 영향을 미칠지 보고 싶었다. 스위치를 누를 때마다 쥐가 사료를 받는다면 쥐는 어떻게 반응할까? 사료를 무작위로, 또는 타이머에 따라, 또는 휠을 일정 거리 달린 후에 받는다면 어떨까? 스키너는 보상이 나타나는 시점에 따라 동물의 행동이 변하지만 항상 명확한 방식으로 변하는 것은 아니라는 것을 발견했다. 보상 강화 스케줄에서 약간의 변화만으로도 행동에서 극단적인 차이를 일으킬 수 있었다.

이러한 보상 강화 스케줄은 스키너 상자만을 위한 것이 아니다. 게임은 이것으로 가득하다. 오크를 물리치고 금화를 얻을 때, 게임 기획자가 만든 보상 강화 스케줄을 플레이하고 있는 것이다. 스키너의 쥐와 마찬가지로, 그 보상 강화 스케줄의 세부적인 내용들은 계속해서 플레이하려는 동기에 어떤 영향을 미칠 것이다. 게임 기획자에게 이러한 스케줄은 플레이어에게 동기를 부여하기 위해 사용할 수 있는 도구들이다.

가능한 스케줄들은 무한하지만, 가장 중요한 두 가지는 고정 비율과 변동 비율이다.

고정 비율 Fixed Ratio

고정 비율 보상 강화 스케줄은 행동에 대해 고정된 비율로 보상을 제공한다. 예를 들어, 스키너 상자에서 쥐가 레버를 누를 때마다 사료 펠릿을 받을 수 있다. 게임에서, 플레이어가 오크를 물리칠 때마다 금화를 얻을 수 있다. 이러한 두 가지는 모두 고정 비율 스케줄이다. 왜냐하면 행동과 보상 사이의 비율이 항상 같기 때문이다.

비율은 반드시 1 대 1일 필요는 없다. 예를 들어, 플레이어가 오크를 10마리 물리칠 때마다 10개의 금화를 받을 수 있다. 이 경우 대부분의 행동은 전혀 보상받지 않는다. 10번째 오크가 이전 아홉 오크에 대해 얻은 보상을 준다.

고정 비율 스케줄은 그 자체로 그다지 좋지 않은 동기부여 수단이다. 그것들은 긴 기간의 낮은 활동을 장려한 후, 플레이어가 다음 보상을 원하기로 결정했을 때 활동을 늘리도록 유발한다. 이러한 긴 활동의 공백은 플레이어가 떠나기 쉽게 만든다.

변동 비율 Variable Ratio

변동 비율 강화 스케줄은 고정 비율 스케줄과 비슷하지만, 보상이 주어질 때마다 비율이 변한다. 보통, 변동 비율 스케줄은 무작위 숫자의 행동 후에 보상을 준다. 예를 들어, 플레이어가 오크를 물리칠 때마다 10%의 확률로 10개의 금화를 받을 수 있다. 주사위를 굴린 결과에 따라, 그는 연속으로 세 번 보상을 받거나, 50마리의 오크를 물리치고 아무것도 얻지 못할 수 있다.

변동 비율 스케줄은 가장 강력한 단순 보상강화 스케줄이다. 고정 비율 스케줄과 같은 평균 수익을 준다고 해도, 그것들은 매우 다르게 동기를 부여한다. 변동 비율 스케줄에 직면한 플레이어는 다음 행동에서 큰 보상을 받을 기회가 항상 있으므로, 활동은 높고 일관되게 유지된다. 다음 오크가 큰 보상을 줄 것이라는 희망을 항상 갖게 된다.

변동 비율 스케줄은 게임 곳곳에 존재한다. 중요한 랜덤 요소가 있는 모든 게임은 어느 정도 이것을 가지고 있으며, 모든 도박 게임은 이것에 기반을 두고 있다. 일부 롤플레잉 게임은 각 몬스터와 퀘스트가 다른 확률로 다양한 메뉴의 무작위 보상을 제공함으로써 플레이에 집중할수 있는 주된 요소로 사용한다.

그리고 그것들은 삶 속에서도 나타난다. 어떤 날은 따뜻하고 친절한 반면, 다른 날은 차갑고 멀게 느끼게 하는 사람과 데이트해본 적이 있을 것이다. 그들은 모든 전화에 응답하지 않고, 무작위로 만나는 약속을 지키지 않을 때가 있다. 간단히 말해서, 그들은 얻기 힘든 게임을 하고 있다. 이런 것을 하는 사람들은 슬롯머신이 결과를 내는 같은 이유로 보상을 얻는다. 그냥 또 다른 변동 비율 강화 스케줄일 뿐이다.

다른 강화 스케줄 Other Reinforcement Schedules

고정 간격 보상 강화 스케줄은 획득한 후 일정 시간이 지난 후에 보상을 사용할 수 있게 한다. 스키너 박스에서, 쥐는 마지막으로 펠릿을 받은 후 최소 15초가 지난 후에 레버를 누를 경우에만 음식 펠릿을 얻을 수 있다. 고전 데스매치 게임에서, 체력 팩은 가져간 후 정확히 60초가 지나야 다시 나타나며, 그 시점에 다시 가져갈 수 있다.

플레이어들은 보상을 얻을 수 있을 때는 높은 동기를, 그렇지 않을 때는 낮은 동기를 가지고 고정 간격 스케줄에 반응한다. 예를 들어, 그들은 체력 팩이 거의 다시 나타날 때까지 무시한 다음, 나타날 때쯤엔 더 자주 확인하기 시작하고, 나타나면 그것을 가져간 후 다시 한동안 무시한다. 이러한 동기의 공백은 고정 간격 스케줄을 효과적인 동기부여 수단으로 만들지 못한다.

변동 간격 강화 스케줄은 보상을 가져간 후 무작위로 결정된 시간이 지난 후에 보상을 가능하게 한다. 이 스케줄은 연속적인 동기를 생성하지만, 변동 비율 스케줄보다는 낮은 강도로 한다. 두 경우 모두 플레이어는 보상을 수집하려는 모든 시도에서 이론적으로 무언가를 얻을 수 있다. 하지만 변동 간격 스케줄에서는 플레이어가 더 자주 확인할수록 총 확인 횟수 대 얻을 확률이 낮아지므로, 그는 행동을 빠르게 반복할 이유가 적다.

낮은 반응 비율의 차등 보상 강화 스케줄은 고정 간격 스케줄과 비슷하지만, 플레이어가 너무 일찍 보상을 받으려고 시도하면 간격이 재시작된다. 이는 낮고 일정한 활동 비율을 강화한다.

높은 반응률의 보상 강화 스케줄에서는 플레이어가 보상을 받기 위해 간격 내에 일정량의 활동을 해야 한다. 예를 들어, 보상을 받기 위해 1분 내에 적을 다섯 명 물리쳐야 한다.

그리고 동기부여의 고유한 패턴을 가진 수없이 많은 다른 강화 스케줄이 있다.

중첩된 강화 스케줄 Superimposed Reinforcement Schedules

대부분의 보상 스케줄은 특정 시점이 되면 동기가 감소한다. 이러한 시점은 플레이어가 게임을 그만두기로 결정할 수 있는 기회를 만들기 때문에 문제가 된다. 이러한 동기 공백을 없애기 위해, 게임은 동시에 여러 보상강화 스케줄을 운영할 수 있다.

보상 강화 스케줄의 힘은 어떤 한 스케줄에 있는 것이 아니라, 항상 적어도 하나가 높은 동기를 생성하도록 그것들을 중첩시키는 데 있다.

예를 들어, 고정 비율 스케줄은 플레이어가 보상을 받은 직후에 동기의 하락을 생성한다. 플레이어가 10번째로 물리친 오크마다 10개의 금화를 얻을 수 있다면, 그의 동기는 10번째 오크를 물리친 직후에 무너질 것이다. 왜냐하면 그는 다음 아홉 오크에 대해 기대할 것이 없다는 것을 알기 때문이다. 이것이 플레이어가 게임을 다시 선반에 꽂아놓는 순간이다—기획 용어로는 "선반 순간"이다.

우리는 여러 고정 비율 스케줄을 겹침으로써 이러한 선반 순간을 피할 수 있다. 플레이어가 10번째 상자마다 달러를, 10번째로 채굴한 바위마다 다이아몬드를, 10번째로 죽인 고블린마다 화살을 얻을 수 있다면 무슨 일이 발생하는지 고려해보자. 플레이어가 10번째 상자를 열 때, 그는 9번째 바위를 채굴 중이므로, 다음 다이아몬드를 얻기 위해 그것을 마무리하고 싶어한다. 그가 다이아몬드를 얻을 때, 그는 9번째 고블린을 죽였다. 그가 10번째 고블린을 죽여 화살을 얻을 때, 그는 17번째 상자를 열었다, 그리고 이런 식으로 계속된다. 하나의 스케줄이 동기의 공백에 도달할 때, 다른 스케줄들은 그 동기의 절정에 있다. 플레이어는 활동 사이를 왔다 갔다 하며 도파민을 유발하는 리듬을 결코 놓치지 않는다.

이른바 노가다 RPG는 이런 테크닉으로 유명하다. 플레이어는 다음 주요 전리품 드랍, 캐릭터 레벨, 또는 제작 기회로부터 몇 분 이상 떨어져 있지 않다. 그가 하나의 보상을 획득할 때마다, 그는 몇 분 안에 얻을 수 있는 다른 보상을 발견한다. 결국 플레이어가 게임을 내려놓을 수 없게 만든다.

<문명V>와 같은 턴 기반 전략 게임은 이것과 같은 메카닉때문에 중독적이다. "한 턴만 더" 증후군이 이러한 게임에서 나타나는 이유는 플레이어가 어떤 보상을 받기까지 한두 턴 이상 떨어져 있지 않을 만큼 많은 중첩된 보상 스케줄이 있기 때문이다. 다음 턴에는 그 기술이 드디어 연구 완료될 것이다. 그 다음 턴에는 새로운 군사 유닛이 나온다. 그 다음은 새로운 건설, 그 다음은 국경의 확장 등이 이어진다. 한 번에 실행되는 이러한 보상 강화 스케줄이 30개 이상 있을 수 있으며, 그 중 적어도 하나는 항상 동기를 높게 유지한다.

보상 스케줄을 중첩하는 핵심은 플레이어가 단 하나의 보상 스케줄에만 집중하는 것을 허용해서는 안 된다는 것이다. 플레이어가 하나의 스케줄을 제외한 모든 스케줄을 효과적으로 무시할 수 있다면, 그는 모든 스케줄을 하나씩 완료하고 모든 스케줄이 다음 보상까지 가장 긴 거리에 있는 상황에 빠질 수 있다. 그것은 엄청난 '선반 순간'이다. RPG는 플레이어가 다른 일을 하면서도 고블린을 죽이고, 상자를 열고, 바위를 캐는 기회를 지속적으로 제시하도록 세계를 구성함으로써 이를 피한다. 그리고 전략 게임에서, 플레이어가 다른 모든 것을 배제하고 단 하나의 연구나 생산 작업에만 합리적으로 집중할 수 없게 만든다. 이것은 스케줄을 일치되지 않도록 하며 동기부여를 일정하게 유지한다.

창발적 보상 강화 스케줄 Emergent Reinforcement Schedules

지금까지 우리는 명시적으로 설계된 보상 강화 스케줄을 살펴보았다. 기획자들은 스키너가 박스를 만든 것처럼, 플레이어가 각 행동 후에 정확히 무엇을 얻을지 정확한 수식으로 결정하여 이러한 스케줄을 구축한다. 그러나 이러한 명시적으로 정의된 보상 강화 스케줄은 반드시 지켜야하는 규칙이 아니라 예외이다.

대부분의 보상 강화 스케줄은 직접적으로 기획되지 않는다. 오히려, 그것들은 낮은 수준의 게임 시스템에서 자연스럽게 등장한다.

예를 들어, 체스에서 플레이어는 X분마다 말 하나를 잡는 경향이 있다.

이것은 기획자가 변수 X를 설정했기 때문이 아니라, 게임의 하위 단계 메카닉의 상호작용으로부터 간격 X가 자연스럽게 등장했다. 체스에서 잡는 상황이 일어나는 완급은 매우 불규칙하다―플레이어들은 많은 시간을 들여 서로 연결된 방어 위치를 구축하고, 그 다음에 공격의 폭풍으로 진형을 파괴한다. 그러한 교환이 어떤 턴에서든 발생할 수 있으므로, 체스는 자연스럽게 변동 비율 보상 스케줄을 제시한다. 그리고 규칙이 바뀌면, 이 스케줄도 바뀔 것이다.

플레이어는 명시적으로 정의된 스케줄에 반응하는 것과 같은 방식으로 창발적 보상 스케줄에 반응한다. 종종, 그것들은 플레이어를 사로잡는 게임과 그렇지 않은 게임 사이의 차이를 만든다.

예를 들어, 많은 슈팅 게임에는 멀티플레이어 데스매치 모드가 있다. 데스매치의 목표는 가능한 한 많은 다른 플레이어를 죽이는 것이다. 매치가 끝날 때, 플레이어들은 그들의 킬 수를 보게 된다. 이 킬 수는 보상이다, 왜냐하면 높은 킬 수를 얻는 것은 기분이 좋고 낮은 킬 수를 얻는 것은 기분이 나쁘기 때문이다. 보상의 언어로 말하자면, 각 매치는 돈 대신 킬을 뱉어내는 패배한 오크와 같다. 하지만 오크의 금 드롭이 알고리즘에 의해 결정되는 반면, 킬 수는 게임의 전투 기획에서 만들어진다. 다른 지도 레이아웃, 무기 조정, 매치메이킹 시스템은 다양한 킬 수 패턴을 생성한다.

일부 데스매치 게임에서는 킬 수가 매우 일관적이다. 좋은 플레이어는 항상 많은 킬을 얻고, 나쁜 플레이어는 항상 적은 킬을 얻는다. 이것은 고정 비율을 닮은 창발 보상강화 스케줄을 생성한다. 모든 고정 비율 스케줄과 마찬가지로, 그것은 보상을 얻은 후에 (즉, 매치가 끝난 직후에) 동기의 공백을 생성한다. 매치가 종료된 후 플레이어는 어떤 보상을 받을지 정확히 알고 있고, 보상을 받으려면 매치를 모두 완료해야 한다는 것을 알기 때문에 새로운 매치를 시작해야 한다는 강박을 느끼지 않는다. 이와 같은 데스매치 모드는 단조롭기 때문에 대체로 인기가 많지 않다. 대승이나 대패가 없다. 그저 한 경기가 끝나면 다음 경기가 이어지고, 각 경기는 같은 예측 가능한 보상을 제공한다.

다른 데스매치 게임들은 훨씬 더 무작위적이다. 플레이어는 한 경기에서는 꼴찌가 되었다가 다음 경기에서는 1등을 할 수 있다. 실력이 결과에 영향을 미치긴 하지만, 운 좋은 전술적 돌파나 몇 번의 좋은 샷이 패배를 영광스러운 승리로, 또는 그 반대로 바꿀 수 있다. 이것은 변동 비율 강화 스케줄을 닮았으며, 비슷한 동기부여 결과를 낳는다. 플레이어는 어떤 경기에서든 운 좋게 30킬 연속을 할 수 있다는 것을 알기 때문에, 항상 플레이하고자 하는 동기를 부여받는다.

주변을 둘러보면, 창발 강화 스케줄이 어디에나 있다. 많은 플레이어들은 싱글 플레이어 게임에서 이전 레벨을 마친 직후, 새로운 레벨의 시작에서 컨트롤러를 내려놓는다(고정 비율 동기 공백). 좋은 퍼즐 게임들은 플레이어가 여러 퍼즐을 동시에 진행할 수 있게 한다. 왜냐하면 언제든지 아무 퍼즐이나 풀 수 있기 때문이다(중첩된 변동 비율). 그리고 플레이어는 <슈퍼 미트 보이(Super Meat Boy)>의 같은 레벨을 300번 연속으로 시도할 것이다. 왜냐하면 모든 시도가 승리로 이어질 수 있기 때문이다(변동 비율).

외재적 및 내재적 동기 Extrinsic and Intrinsic Motivation

강화 스케줄은 너무나 쉬워 보인다. 몇 가지 중첩된 강화 스케줄을 설정하고, 훈장, 점수 또는 다른 저렴한 보상을 나눠주기만 하면, 짜잔~. 즉각적으로 기획자가 원하던 동기부여가 생겨난다.

이것은 어느 정도 사실이다. 이것이 무술 도장에서 색깔 띠를 나눠주고, 보이 스카우트와 걸 스카우트가 배지를 주며, 군대가 훈장을 수여하는 이유다. 이러한 종류의 보상 시스템은 효과적이다. 하지만 숨겨진 비용이 있다.

외재적 보상은 플레이의 내재적 만족을 대체하고 심지어 파괴할 수 있다.

외재적 보상은 활동 자체 외부에 있는 것들이다. 예를 들어, 오크를 물리친 대가로 주어진 골드는 오크와 싸우는 행동과 별개이기 때문에 외재적 동기부여

요소이다. 반면에, 내재적 보상은 활동과 분리할 수 없다. 오크를 물리치는 것 자체가 좋게 느껴진다면, 플레이어는 보상이 없더라도 오크를 물리치고자 내재적으로 동기부여될 것이다.

처음에는 이 두 가지 동기를 그냥 합쳐야 할 것 같다. 오크를 물리치는 것을 즐긴다면, 금을 던져주어 더 만족스러운 행동이 되게 할 것처럼 보인다. 그러나 실제로는 그렇지 않다. 연구들은 외재적 동기가 내재적 동기를 왜곡하고, 대체하며, 심지어 파괴할 수 있다는 것을 보여주었다. 오크가 금을 떨어뜨리게 하는 것은 플레이어들의 오크와 싸우고자 하는 자연스러운 욕구를 감소시킨다.

한 연구에서 심리학 연구자 에드워드 데시(Edward Deci)는 참가자들을 두 그룹으로 나누었다. 첫째 날, 두 그룹 모두 본질적으로 보람 있는 과제, 예를 들어 퍼즐이나 게임에 참여했다. 둘째 날, 한 그룹은 과제에 대한 보상, 예를 들어 돈이나 무료 음식을 받았고, 다른 그룹은 보상 없이 계속해서 게임을 했다. 셋째 날, 데시는 보상을 제거했다. 보상을 받지 않은 그룹은 계속해서 기쁘게 과제를 진행했다. 그러나 보상을 받았던 그룹은 보상이 사라지자 관심을 잃었다. 이 그룹은 작업에 대해 보상을 받았기 때문에, 그 과제 자체가 그만한 가치가 없다고 결정한 것 같았다. 외재적 보상이 그들의 내재적 관심을 대체한 것이다.

많은 다른 연구들이 이 주제의 변형을 탐구했다. 보상을 제공받을 때 아이들은 덜 흥미로운 예술 작품을 만든다. 체스 플레이어들은 다른 경우에 돈을 받고 체스 문제를 풀었을 때, 여가 시간보다 더 적은 체스 문제를 푼다. 학생 시인들은 작가가 돈을 벌 수 있다는 것을 상기시킬 때 덜 흥미로운 시를 쓴다.

내가 11살 때 부모님이 피아노 선생님을 구해주셨다. 5년 동안 나는 매일 반 시간씩 성실하게 연습했고, 배우라고 지시받은 곡들을 배웠다. 그런데 16살이 되었을 때, 선생님이 오지 않게 되었다. 그러나 내 예상과 달리, 나는 연습을 멈추지 않았다. 나는 훨씬 더 많이 연습했다. 어떤 날에는 한 번에 세 시간씩 연주했다. 그리고 내 연주의 성격이 바뀌었다. 내게 주어진 어떤 공연 목표를 향해 무덤덤하게 나아가는 대신, 자유롭게 악기를 탐색했다. 너무 어렵거나 너무 쉬운 노래들, 낯선 장르의 노래들을 연주했다. 나는 작곡하고 즉흥 연주했다. 나는 연주 하고 싶어서 그렇게 했고, 그 내부의 열정은 부모나 선생님이 줄 수 있는 어떤 외부의 강요보다 훨씬 강력했다.

보상이 과제에 대한 동기를 왜곡하는 효과는 과제가 얼마나 흥미로운지에 따라 달라진다. 외재적 동기부여자는 본질적으로 동기가 없는 지루한 과제에 잘 작동한다. 구멍을 파게 하는 대가로 돈을 지불하는 것은 당신이 원래부터 구멍 파기를 좋아하지 않았기 때문에, 구멍 파기를 싫어하게 만들지 않는다. 문제가 되는 것은 과제가 흥미로울 때다. 과제가 흥미로울수록 효과가 더 크다.

탐색적이거나 창의적인 작업에서 피해가 가장 크다. 보상이 제공될 때, 사람들은 시스템을 장난스럽게 탐색하는 것을 멈춘다. 그들은 보상을 얻기 위해 최소한의 일을 하는 것으로 전환한다. 그것은 자유나 창의성을 기반으로 한 게임에 치명적이다.

외재적 동기 감소 효과를 설명하기 위해 많은 심리학적 메카닉이 제안되었다. 어쩌면 사람들은 보상받는 활동은 일이어야 하며, 그 자체로 가치가 없다고 말하는 심리적 휴리스틱을 사용할 수도 있다. 어쩌면 사람들은 다른 사람들이 자신을 통제하려고 시도한다고 인식하는 것에 반발할 수 있다. 또는 보상이 우리로 하여금 관계를 자유롭고 자발적인 것이 아닌 거래 협상으로 심리적인 분류를 하도록 강요할 수도 있다.

어떤 메카닉이든, 이러한 발견들은 게임 기획자에게 중요하다. 그것들은 우리가 공짜 동기 부여를 기대하며 모든 게임 경험에 보상을 함부로 던져서는 안 된다는 것을 의미한다. 무분별하게 사용된 외재적 보상은 플레이의 핵심 경험을 저하시키고, 왜곡하며, 파괴한다. 플레이어는 동기를 가질 수 있지만, 그 동기는 느낌의 핵심 없이 행동의 껍질일 뿐이다.

보상 조정 Rewards Alignment

우리는 게임이 경험에서 문제를 겪는 동안 플레이어가 게임을 계속 하게 만들기 위해 도파민 동기가 필요하다는 것을 확인했다. 하지만 이제 우리는 외재적 동기가 플레이의 내재적 경험을 파괴한다는 것도 확인했다. 이는 상호모순처럼 보인다. 동기를 부여해야 하지만, 그렇게 하면 플레이가 공허해진다. 이 두 가지를 어떻게 조화시킬 수 있을까?

플레이의 경험을 파괴하지 않는 보상을 만드는 핵심은 보상 조정이다.

보상 조정은 보상 시스템이 장려하는 활동이, 그것 없이 플레이어가 참여했을 활동과 얼마나 밀접하게 일치하는지를 나타낸다.

보상 조정의 원칙은 기본적으로 플레이어가 이미 하고 싶어하는 것들만 보상해야 한다는 것이다. 우리가 보상 구조를 플레이어의 내재적 욕구와 가능한 한 가깝게 조정할수록, 그것은 핵심 경험에 덜 파괴적일 것이다. 가장 좋은 경우, 보상 시스템이 플레이어의 내재적 욕구와 정확히 일치하고, 두 종류의 동기가 실제로 합쳐지는 경우이다.

일부 게임은 플레이어가 그들의 목표를 달성했는지 감지하기 쉽기 때문에 보상 시스템을 자연스럽게 도입 할 수 있다. 예를 들어, 레이싱 게임은 더 빠른 시간의 기록을 달성한 플레이어에게 보상을 주어야 한다. 왜냐하면 그것이 레이싱의 전부이기 때문이다. 게임은 레이싱 시간을 정확하게 감지하기 쉽고, 레이싱 게임에서 타이머가 파괴할 수 있는 다른 동기가 거의 없기 때문에 이렇게 할 수 있다.

다른 게임에서는 보상 조정이 어렵거나 불가능하다. <심 시티>에서 우리는 플레이어가 자신의 고향처럼 보이는 도시를 만들었을 때 어떻게 보상해야 할까? 협동 게임에서 우리는 플레이어가 새로운 친구를 만들 때 어떻게 보상할 수 있을까? 우리는 <드워프 포트리스>에서 독특한 물 함정을 발명한 플레이어에게 어떤 점수, 배지 또는 상을 줄 수 있을까? 이러한 플레이어의 동기는 그것이 달성되었는지 게임이 감지할 수 없기 때문에 문제가 된다. 우리가 그것을 감지할 수 없다면, 우리는 그것을 보상할 수 없다. 그래서 이러한 창의적이고 탐험적이며 사회적인 게임 시스템과 보상 시스템을 조화시키는 것은 불가능하다. 이러한 종류의 게임에서는 보상 시스템을 사용하지 않는 것이 유일한 해결책이다.

왜냐하면 보상 시스템은 만들어내는 동기보다 파괴하는 동기가 더 많을 가능성이 높다.

그러나 대부분의 게임은 이 두 극단 사이에 위치한다. 그 게임들을 위한 공간을 가지고 있지만, 플레이어의 내재적 욕구를 정확히 반영하는 보상 시스템을 설계하는 것은 어렵다. 이러한 경우에는 보상 기획이 기술의 문제가 된다.

보상 기획의 목표는 플레이어가 이미 하고 싶어하는 모든 것을 감지하고 적절하게 보상할 수 있는 시스템을 구축하는 것이다. 모든 게임이 다르기 때문에, 모든 게임은 고유하게 만들어진 보상 시스템이 필요하다.

예를 들어, 스케이트보드 게임 <스케이트 3(Skate 3)>는 플레이어가 묘기를 부리면 점수 시스템으로 보상한다. 이것은 각 묘기 기술에 점수를 할당하는 것만큼 간단하지 않다. <스케이트 3>는 플레이어가 점프, 플립, 그라인드 등의 매우 복잡한 연속 동작을 수행할 수 있도록 한다. 이 우아한 기획은 다양한 조합을 허용한다. 도전적인 부분은 이러한 동작에 대한 점수를 사람이 보기에 인상적으로 보일 수 있도록 생성하는 것이다.

<스케이트 3>의 기획자들은 이 도전에 직면했다. 그들은 모든 회전, 플립, 그라인드, 점프를 감지하고, 공중에 머무는 모든 밀리초와 그라인드 거리의 모든 센티미터를 계산하는 점수 시스템을 만들었다. 묘기 라인의 길이를 고려하는 다양한 배수를 사용하여, 어떤 묘기 시퀀스가 얼마만큼 인상적인지 정확하게 판단한다.

이 시스템은 밸런스가 잘 맞고 세밀하게 조정되어 있기 때문에, 보상 시스템이 없더라도 플레이어가 원했을 행동과 보상받는 행동이 거의 정확히 일치한다. 그리고 그것은 아름답게 동작한다. <스케이트 3>는 플레이하기에 즐겁고, 높은 묘기 점수를 추구하는 것은 바람직하고 즐겁다.

게임의 보상 조정이 더 나빴다면—예를 들어, 시스템이 플레이어에게 특수한 떠있는 고리를 통과하도록 보상했다면—보상 시스템은 창의적인 플레이에 방해되었을 것이다. 플레이어는 고리를 통과하는 데 도움이 되는 게임 시스템을 제외한 모든 것을 무시할 것이다. 우아한 묘기 시스템은 남아 있을 수 있지만, 잘못 조정된 외재적 보상 시스템에 의해 그 생명력이 빨려 나갈 것이다.

잠깐 기다려보자. —묘기를 하는 것만이 <스케이트 3>에서 플레이어가 자연스럽게 하고 싶어하는 유일한 것은 아니다. 그들이 경주하고 싶다면 어떻게 될까? 그들이 스케이터를 최대한 다치게 하거나, 특정한 단일 묘기 시퀀스를 완성하고 싶어한다면 어떨까? 게임을 탐색하는 플레이어는 이러한 것들 중 어떤 것이든 하고 싶어하도록 자연스럽게 결정할 수 있지만, 점수 시스템만으로는 그것들을 감지할 수 없다.

이러한 표준이 아닌 목표를 처리하기 위해, <스케이트 3>는 비정상적인 승리 조건을 설정하는 여러 특별 모드를 포함하고 있다. 일부는 경주다. 다른 것들에서는 다른 스케이터의 정확한 묘기 시퀀스를 복사하라는 임무가 주어진다. 그리고 [홀 오브 미트(Hall of Meat)](*역자 주) 도전에서는 한 번의 끔찍한 사고로 가능한 많은 뼈를 부러뜨려야한다. 이 모드들은 이러한 표준이 아닌 목표 주변에서 보상 조정을 달성한다.

플레이어의 후회 Player's Remorse

보상 조정을 시도조차 하지 않는 게임들도 있다. 그들의 전체 기획은 핵심 경험을 희생하더라도 강력하고 지속적인 동기를 생성하는 데 기반을 두고 있다. 이것은 플레이어를 계속 플레이하게 할 수 있지만, 또한 플레이어의 후회로 이어질 수 있다.

> **플레이어의 후회는 플레이어가 자신을 충족시키지 못하는 게임에 시간을 소비한 후에 나타난다.**

*역자 주 - 홀 오브 미트 : 미국의 스케이트 보드 잡지 '트레셔(Thrasher)'에서 판매하는 상품인 '스케이트 보드를 타다 다치는 사고 영상 비디오' 부문을 말한다.

게임을 만들기 시작했을 때, 나는 나의 직업에서 윤리적인 질문에 직면해야 할 것이라고는 생각지도 못했다. 그러나 그때는 보상 강화의 힘을 몰랐다.

선사시대 인간의 뇌는 세심하게 조정된 보상 강화 스케줄에 대한 진화된 방어장치를 가지고 있지 않다. 우리의 도파민 트리거는 슬롯머신을 위한 것이 아니라 사냥과 채집을 다루기 위해 진화했다. 그래서 도파민을 자극하는 게임은 사람들이 비합리적이고 자기 파괴적인 것처럼 보이는 행동을 하도록 밀어붙일 수 있다.

수세기 동안, 도박 게임은 선사시대의 도파민 트리거를 이용해 사람들을 사로잡아 왔다. 이제 도박이 아닌 게임들도 그렇게 할 수 있다. 우리는 카지노처럼 플레이어에게서 돈을 직접 받지는 않지만, 시간을 가져간다. 그리고 우리가 누군가의 시간을 가져간다면, 우리는 무언가를 돌려줘야 한다는 주장이 설득력을 얻고 있다.

플레이어의 후회는 몇 시간의 낭비이상의 의미를 가질 수 있다. 게임을 그만두지 못하는 바람에 일자리와 배우자를 잃는 사람들도 있다. 이러한 게임을 만드는 것이 윤리적으로 받아들여질 수 있는가? 그렇지 않다면, 우리는 어디에 선을 그어야 할까? 우리는 자기 조절의 모든 책임을 플레이어에게만 둘 것인가, 아니면 기획자에게도 일부 책임이 있다고 해야할까? 그리고 플레이어 중 일부가 아이라면 어떨까?

여기에는 심각성의 넓은 범위가 있다. 의미 있는 핵심 경험에 잘 조화된 보상 구조를 붙이는 것에 대해 반대할 여지는 거의 없다고 생각한다. 그것은 그냥 좋은 게임 기획이다. 플레이어는 플레이하고 싶어 하고, 플레이하는 것을 즐긴다.

그 중간에, 우리는 강박과 성취감을 주는 플레이가 번갈아 나타나는 게임들을 발견한다. 사람들은 게임에 몇 시간을 소비하는 바람에 친구를 잃지만, 동시에 같은 게임을 통해 친구를 만든다. 그들은 지루한 노가다의 몇 시간을 겪은 다음, 흥미진진한 보스 전투에서 승리한다. 이러한 복합적인 경험은 종종 단순한 기획 기술의 실수로 인해 발생한다. 게임의 보상이 더 잘 조정되었다면, 핵심 경험이 더 잘 빛났을 것이다.

이 범위의 먼 끝에서, 우리는 플레이어를 진지하게 충족시키려는 시도조차 하지 않는 게임들을 발견한다. 이러한 게임들은 모든 기획 결정에서 게임을 할 동기를 극대화하는 데 초점을 맞춘다. 이러한 게임들은 경험의 엔진이 아니라 강박 기계다. 플레이어는 게임을 플레이하고 돈을 쓰며, 결국에는 낭비된 시간과 돈에 대한 후회만 느낀다.

이러한 게임은 이를 패러디한 게임을 통해 가장 잘 예시된다. 예를 들어, 이안 보고스트의 <카우 클리커(Cow Clicker)>는 소를 보여주는 페이스북(Facebook) 게임이다. 소를 클릭할 수 있지만, 6시간마다 한 번만 가능하며, 더 일찍 클릭하려면 게임 내 "무니(Mooney)"를 지불하거나 친구들에게 자신의 소와 함께 참여하도록 스팸 메세지를 보내야 한다. 게임은 단지 고정 간격 강화 스케줄에 불과하다. 보고스트는 실제 게임에서 이러한 기획 패턴의 남용을 강조하기 위해 일부러 이렇게 만들었다.

그러나 사람들은 여전히 <카우 클리커>를 플레이했다. 심지어 수천 명이었다. 보고스트는 결국 자신의 게임에 너무 혐오감을 느껴 모든 소를 사라지게 만들었고, 오직 빈 땅만 남겼다. 그럼에도 불구하고 사람들은 멈추지 않았다. 그들은 그저 땅을 계속 클릭했다. 도파민은 정말 강력한 뇌 화학물질이다.

B.F. 스키너는 사람을 포함한 모든 생물체가 순전히 외부 힘에 의해 움직이는 "행동의 레퍼토리"에 불과하다고 믿었다. 그리고 그는 이 아이디어를, 자아라는 유용한 개념은 전혀 없다는 논리적 결론까지 끌고 갔다. 그의 회고록에서 그는 이렇게 썼다.

> 나는 가끔 "당신은 당신이 연구하는 생물체를 생각하는 것처럼 자신을 생각하나요?"라는 질문을 받는다. 내 대답은 '그렇습니다'. 내가 아는 한, 어떤 주어진 순간의 내 행동은 내 유전적 자질, 개인적 역사, 그리고 현재 상황의 산물에 지나지 않았다…. 내가 인간 행동에 대해 연구한 것이 옳다면, 나는 비인격의 자서전을 쓴 것이다.

스키너의 후기 추종자들은 이 점에서 그 보다 덜 극단적이었다. 그러나 그의 유산은 현대 게임기획의 일부 이론에서 살아남아 있다. 이 기획적 관점은 감정이나 충족을 창조하는 작업이 아니라, 행동을 유발하는 작업으로 본다. 그것은 플레이의 현상학적 경험을 전적으로 무시하고, 게임 기획을 플레이어로부터 원하는 행동의 최대 강도를 추출하는 가상의 스키너 박스를 구축하는 것으로 취급한다. 그리고 보통 그 행동은 퍼블리셔에게 돈을 주는 것이다.

이것은 윤리에 관한 책이 아니라, 기술에 관한 책이다. 그리고 이러한 질문들은 언급했던 간단한 요약보다 훨씬 중요하다. 나는 플레이어의 책임, 다른 미디어와의 비교, 거의 모든 게임의 혼합된 긍정적 및 부정적 결과를 논의하지 않았다. 그러므로 나는 이 딜레마에 대한 어떤 최종적인 해답을 제시하려고 시도하지 않을 것이다.

그러나 나는 기획자 한 명의 관점을 제공할 수 있다. 나는 제작기술을 마스터하기 위해 충분히 신경 쓰는 기획자라면 스키너 박스 이상의 것을 만들고 싶어한다고 생각한다. 장기적으로 이것이 유일하게 지속 가능한 길일 수 있다. 보상 주도형 노가다 게임은 쉽게 시작할 수 있기 때문에 순진한 플레이어 사이에서 빠르게 퍼진다. 그러나 시간이 지남에 따라, 이러한 플레이어들은 플레이어의 후회를 피하는 법을 배운다. 그리고 그들의 무의미한 전리품에 대한 욕망이 소진되고, 우리의 모든 속임수을 눈치챈 후에도, 플레이어들은 게임에서 항상 원했던 것을 여전히 원할 것이다. 새로운 아이디어, 새로운 친구들, 그리고 새로운 경험들같은 것들 말이다.

9 | 인터페이스 Interface

스나르고드 사령관은 플라스틱으로 된 이상한 인간 모양 조각을 집어 들고 그의 네
개의 눈촉수를 모두 그것에 집중했다. "이것이 그들이 기계와 대화하는 방법이라고
추측하겠다." 그는 떨었다.

"그렇습니다." 엔지니어인 씨즈바즈(xyzvaz)가 대답했다. "우리는 그들이 그것을
다섯 갈래의 골격 촉수로 조작하는 것을 관찰했습니다."

"우리도 그것을 우리 용도로 적용시킬 수 있다." 스나르고드가 떨었다. "우리 몸
형태에 맞는 버전을 만들라."

"맞습니다." 씨즈바즈가 대답했다. "문제는 그 장치가 아닙니다. 알고리즘을
실행할 때 시각적 사각형에 무언가 나타납니다. 우리 중 아무도 무슨 일이 일어나고
있는지 이해할 수 없습니다. 보시죠."

씨즈바즈는 조종장치를 조작하고 벽이 생동감 있게 변했다. 그 위에서 여러
인간들이 형편없이 렌더링된 지구 환경을 배경으로 움직이고 있었다. 그들은 천,
금속, 아무것도 입지 않은 등 다양한 옷차림을 하고 있었다. 몇몇은 가만히 앉아
있고, 다른 이들은 신나서 뛰어다녔다. 몇몇은 비인간처럼 보였지만 여전히 인간적인
방식으로 움직이고 상호작용했다. 다양한 인간이 만든 기술이 이미지 전반에 흩어져
있었다. "우리는 시도했습니다." 씨즈바즈가 떨었다. "하지만 우리 중 아무도 이 모든
것이 무엇을 의미하는지 알 수 없었습니다."

"씨즈바즈." 스나르고드가 떨었다, "우리는 이 게임을 인간을 이해하는데 도움을
받으려고 훔친 것이지, 우리를 혼란스럽게 하려고 그런 것이 아니다. 불행히도,
우리가 게임을 이해하기 전에 인간을 이해해야 할 것 같군."

숲속에서 나무가 쓰러지고 주변에 아무도 없었다면, 소리가 났다고 할 수 있을까? 게임 기획에서, 대답은 '아니오'다. 플레이어가 인식하고 이해하지 않는 한, 이벤트는 감정적 가치를 가지지 않는다.

전달되지 않은 것은 전혀 일어나지 않은 것과 마찬가지다.

우리가 이를 위해 사용하는 도구는 화면, 스피커, 그리고 몇 가지 다른 출력 장치들이다. 하지만 일반적으로 게임에서는 이런 좁은 채널을 통해 한 번에 전달될 수 있는 것보다 훨씬 더 많은 일이 일어난다. 게임에서 일어나는 일을 플레이어에게 전달하기 위해서, 정보가 제시될 때 그것을 신중하게 구조화하고 순서를 정하는 시스템을 설계해야 한다.

이 커뮤니케이션은 양방향으로 이루어진다. 플레이어도 게임에 자신의 의도를 전달할 수 있어야 한다. 이를 위해 우리는 버튼, 스틱, 게임패드, 터치스크린, 그리고 모션 센서를 활용한다. 그러나 이들 중 어느 것도 완벽한 해결책은 아니다. 조이스틱과 버튼은 3D 환경에서 인간을 제어하거나, 성을 건축하거나, 군대를 지휘하는 것에 자연스럽게 어울리지는 않는다. 입력을 쉽게하기 위해, 우리는 플레이어를 돕기 위한 제약, 관습, 그리고 지원 시스템을 복잡하게 조합하여 설계해야 한다.

이러한 도전에 성공하면, 인터페이스는 사라진다. 플레이어는 더 이상 버튼, 화면, 조이스틱을 인식하지 않게 되어서 게임 자체에만 신경 쓸 수 있게 된다. 그러나 실패한다면, 게임은 인터페이스 뒤에 묻혀버린다. 게임이 내부적으로 매혹적이라 할지라도, 의미 있는 것을 전달하지 않기 때문에 플레이어에게는 의미가 없다. 그리고 게임은 단지 게임이 전달하는 내용일 뿐이게 된다.

다행히도, 게임 기획자들은 이러한 도전을 처음으로 다루는 것이 아니다. 소프트웨어 UI 기획자와 영화 제작자들은 복잡한 정보를 전달하기 위한 다양한 방법을 개발했으며, 게임개발자들은 그것들을 기꺼이 차용했다. 이것이 게임이 마우스 인터페이스, 단축키, 도구 설명과 같은 UI 요소를 사용하는 이유이다.

그리고 영화 제작 기술에서 많이 훔쳐왔기 때문에, 이러한 요소들이 게임의 것이 아니라는 것을 잊기 쉽다. 슬로우 모션, 비네트(자막으로 나오는 짧은 안내 텍스트), 줌인, 설정 텍스트, 그리고 보이스오버는 모두 영화 제작자들의 방법이다.

이런 빌려온 방법들은 유용하지만, 우리의 필요한 부분은 영화제작자가 필요한 부분과 다르기 때문에 우리의 문제를 완전히 해결할 수는 없다. UI 기획자들은 명확성과 상호작용에 관심이 있다. 영화 제작자들은 허구적 설정, 완급, 감정, 그리고 의미에 관심이 있다. 게임 기획자는 이 모든 요구 사항을 동시에 만족시키는 해결책을 찾아야 한다.

메타포 Metaphor

우리가 메카닉을 허구적인 설정으로 감싸는 가장 중요한 이유 중 하나는 더 빠르게 전달하기 위해서다. 이것을 메타포라고 한다.

메타포는 무언가 새로운 것을 이해하기 쉽게 하기 위해 친숙한 무언가의 모습을 부여하는 것이다.

컴퓨터 폴더는 메타포의 고전적인 예제다. 컴퓨터 하드 드라이브는 다른 데이터 구조 내부에 있는 데이터 구조의 계층으로 구성된다. 이러한 구조들은 거북이, 자동차, 데이터덩어리등 어떤 것으로든 불릴 수 있었다. 그러나 우리는 그것들을 폴더라고 부른다. 왜냐하면 이 단어는 우리에게 그것에 대해 알아야 할 대부분의 것을 즉시 가르쳐 주기 때문이다. 컴퓨터 폴더는 분명 서류 캐비닛에 들어가는 접힌 판지 조각이 아니다. 그러나 실제 폴더와 개념적 유사성이 충분히 있어 비교가 유용하게 만든다. 왜냐하면 그것은 비슷한 방식으로 정보를 조직하기 때문이다.

어떤 의미에서, 게임의 전체 허구 배경 설정 계층은 거대한 메타포다. 우리는 처음부터 배우기에는 미치도록 어려울 수 있는 게임 메카닉의 복잡한 모음을 만들었다. 복잡한 비디오 게임을 추상적인 도형만으로 배우게 되는 것을 상상해 보라. 그러나 우리는 그것들을 성장하는 도시나 고대 전쟁의 모습으로 감싼다. 그리고 모든 관계와 시스템이 명확해진다. 게임에서 허구 설정 층은 많은 감정적인 목적을 제공하지만, 그것이 존재하는 가장 간단하고 기본적인 이유는 플레이어가 메타포를 통해 시스템을 이해하도록 돕는 것이다.

메타포 출처 Metaphor Sources

메타포는 우리가 이미 가지고 있는 방대한 공통 사전 지식을 활용함으로써 작동한다. 이 지식은 많은 출처에서 올 수 있다.

메타포는 실제 객체를 모방할 수 있다.

UI 기획자는 폴더와 물리적인 탭과 버튼을 사용한다. 우리는 자동차, 사람, 비행기, 책, 배낭—플레이어에게 인식 가능한 어떤 객체라도 사용할 수 있다.

메타포는 문화적 원형과 관습을 모방할 수 있다.

뾰족한 수염을 기른 남자가 반드시 악해야 한다는 자연 법칙은 없다. 그러나 우리 모두는 수염을 쓰다듬는 흑막이 악하다는 것을 알고 있다. 왜냐하면 염소수염은 우리 문화에서 악의 원형 상징이기 때문이다. 문화는 이와 같은 상징적 연관성으로 가득 차 있다. 서양 사회에서는 사각 턱을 가진 남자는 강하고 용감하다. 기업의 대주주들은 부자이며, 허영심이 강하고 사악하다. 검정색은 죽음을, 파란색은 추위를, 분홍색은 여성을 의미한다. 이러한 모든 원형과 관습은 메타포를 통해 모방될 수 있다.

메타포는 게임의 클리셰와 관습을 모방할 수 있다.

경험 많은 모든 게임 플레이어는 음식을 먹으면 총에 맞은 상처가 즉시 치유되고, 황금 갑옷이 강철 갑옷보다 강하며, 용암에 닿지 않는 한 용암에 접근하는 것이 안전하다는 것을 안다. 이러한 관습은 말이 되지 않지만, 세대를 거쳐 게임에 의해 확립되고 강화되었다. 이러한 말도 안되는 관습은 실제 생활이나 문화적 대응물이 명확하지 않은 시스템을 전달하는 데 유용하다.

우리는 UI나 영화에서 관습을 빌려올 수도 있다. 예를 들어, 창 상단 모서리의 작은 X 버튼이 그것을 닫을 것이라는 것을 모두가 알고 있다. 대부분의 운영 체제가 이렇게 작동하기 때문이다. 그리고 게임 화면이 천천히 검게 변하면 그 장면이 끝나고 새로운 장면이 시작하려 한다는 것을 알고 있다.

이 클리셰의 문제점은 적절한 문화적 배경지식이 없는 사람이라면 해석할 수 없다는 것이다. 게임 클리셰는 특히 이런 면에서 위험하다. 예를 들어, 나는 한 번 <젤다의 전설(Legend of Zelda)> 1탄에서 한 플레이어가 한 방에서 막히는 것을 지켜봤다. 그는 출구를 찾아 방안을 빙빙 돌았다. 너무 고통스러워서 결국 나는 그에게 폭탄을 사용하여 금이 간 벽을 폭파할 수 있다고 말해주었다. 내가 거기에 없었다면, 그는 그 불분명한 메타포 때문에 그냥 게임을 그만두고 떠났을지도 모른다. 벽에 금이 갔다는 것이 반드시 폭탄으로 열린다는 것을 의미하는 것은 아니기 때문에, 그것은 임의적의 관습이다.

메타포는 논리적인 시스템을 모방할 수 있다.

메타포는 물리적 객체나 문화적 상징에 국한되지 않는다. 우리는 사람들이 이해할 수 있다면 추상적인 시스템과 관계도 모방할 수 있다.

예를 들어, 뉴턴 물리학, 전기, 불과 같은 시스템은 게임에서 흔하다. 그러나 이 시스템들이 우리가 기획할 수 있는 다른 것보다 어떤 것들 보다 우월하기 때문은 아니다. 우리는 중력이 끌어당기는 대신 밀어내거나, 물리학이 다섯 개의 꼬인 차원을 통해 작동하는 게임을 쉽게 만들 수 있다. 그리고 그렇게 함으로써 흥미로운 새로운 플레이 유형을 발견할 수 있다. 그러나 그러한 게임은 이해하기 매우 어려울 것이다. 실제 물리학은 매우 복잡한 시스템이지만, 누구나 이미 그것을 알고 있다. 그것을 모방하는 것은 거의 학습 부담 없이 게임에 강력한 시스템적 기반을 만드는 우아한 방법이다.

메타포는 현대 세계의 높은 수준의 개념들도 모방할 수 있다. 플레이어가 이해할 수 있는 한, 경제, 정치, 생물학, 또는 심리학의 시스템을 참조할 수 있다. 수요와 공급(<윙커맨더: 프라이버티어>), 선거 정치를 여러 이슈로 나누는 것(<폴리티컬 머신>), 사람들이 관계를 형성하고 끊는 방식(<심즈>) 등의 시스템을 모방한 게임들이 존재한다. 어느 경우에도 메타포는 실제 시스템의 완벽한 시뮬레이션이 아니다. 그러나 폴더와 마찬가지로, 충분히 의미가 전달되기에 가깝다.

그러나 가장 일반적인 시스템 메타포 형태는 수, 시간, 공간과 같은 수학적 시스템의 사용하는 가장 추상적인 형태이다. 예를 들어, 체스에서는 64개의 칸과 그 사이에 2,016개의 관계가 있다. 이 2,016개의 관계는 여러 가지 방식으로 표현될 수 있었다. 모든 관계의 긴 목록을 작성할 수 있었다. : a1은 b1의 왼쪽에 있다, a1은 c1의 두 칸 왼쪽에 있다, 등등. 또는 각 칸을 탁구공으로 표현하고, 2,016개의 색깔 있는 실로 관계를 표시할 수 있었다. 또는 다른 표현을 선택할 수도 있었다. 각 경우에, 체스의 기본 시스템은 그대로지만, 게임은 이해할 수 없게 된다. 64개의 사각형을 2D 평면에 놓았을 때만 게임이 플레이 가능해진다. 실제 공간 자체를 모방함으로써 체스는 인간 뇌의 복잡한 공간 관계에 대해 생각하는 타고난 능력을 활용한다. 이와 같은 시스템적 메타포는 그 놀랍도록 우아해서 거의 보편적으로 사용된다.

메타포 어휘 Metaphor Vocabulary

비디오 게임의 자동차는 보통 바퀴 위에서 앞으로 움직인다. 가끔 연료가 필요하다. 그러나 그것들이 오일 교환을 필요로 하거나, 등록 번호를 가지거나, 주차 위반 딱지를 받는 일은 꽤 드물다. 마찬가지로, 게임 속 사람들은 거의 화장실에 가지 않고, 게임 속 개들은 벼룩을 절대 갖지 않으며, 게임 속 음식은 거의 상하지 않는다.

실제 물체의 기능중 작은 일부만이 게임 메카닉에서 실제로 구현된다.

플레이어와 기획자 사이의 암묵적 계약은 기획자가 플레이어가 배우도록 돕기 위해 메타포를 사용할 것이고, 플레이어는 메카닉이 모방하는 물건의 모든 속성을 표현하지 않아도 불평하지 않을 것으로 되어있다. 그러나 이것은 플레이어에게 문제를 만든다. 이제 플레이어는 게임의 어떤 측면이 실제 게임 메카닉이고 어떤 것이 단지 허구적 설정의 장식인지를 파악해야 한다. 이것을 가능한 한 쉽게 만드는 것은 기획자의 몫이다.

<젤다의 전설>에서 벽에 난 균열을 폭탄으로 열었던 내 이야기를 생각해보자. 허구적 설정에서 벽에 난 균열을 폭탄으로 여는 것은 어떤 의미에서는 말이 된다. 폭탄은 약해진 벽에 문 크기의 구멍을 낼 수 있을지도 모른다. 문제는 플레이어가 처음으로 균열이 간 벽을 보았을 때, 실제 벽의 이 특정한 측면이 게임 메카닉으로 표현된다는 것을 알 방법이 없다는 것이다. 게임은 사용할 수 있어 보이지만 실제로 동작하지 않는 것들로 가득하다. 느슨한 벽돌은 무기로 뽑아 사용될 수 있지만, 이는 시뮬레이션되지 않는다. 죽은 몬스터의 피를 마실 수도 있지만, 이 또한 시뮬레이션되지 않는다. 플레이어는 가상의 설정의 모든 것이 메카닉에도 포함되어 있다고 가정할 수 없다. 왜냐하면 거의 항상 틀릴 것이기 때문이다. 플레이어는 이 벽의 균열이 단순한 설정의 장식이 아니라 실제 메카닉임을 나타내는 어떤 신호가 필요하다.

이를 위한 한 가지 방법은 명시적인 알림 표시를 사용하여 상호작용 요소를 부각시키는 것이다. 그러나 이것은 금방 지루해진다. 모든 가능한 행동을 가리키며 계속 떠 있는 화면 오버레이는 게임 안의 설정을 가려버린다. 장기적으로 더 나은 해결책은 플레이어에게 허구적 배경 설정의 단서를 해석하는 방법을 가르치는 것이다.

게임은 어떤 요소들이 메카닉적으로 시뮬레이션되는지를 나타내는 메타포 어휘를 설정해야 한다. 그 다음 이 어휘는 일관되게 유지해야 한다.

모든 게임은 자신 만의 메타포 어휘를 설정해야 한다. 예를 들어, 아크로바틱 액션 게임인 <페르시아의 왕자: 잊혀진 모래>에서는 배경환경의 어떤 부분을 올라갈 수 있는지 정확히 알기 어려웠을 수 있다. 개발자들은 어디에서 어떤 행동을 할 수 있는지를 나타내는 배경환경에 단서의 어휘를 만들어 문제를 해결했다. 벽을 따라 긴 줄무늬가 있다면, 캐릭터가 벽을 달릴 수 있다는 것을 나타낸다. 특이한 종류의 돌출된 벽돌은 올라탈 수 있다. 이러한 요소들은 매우 간단한 퍼즐에서 초반에 설정된다. 예를 들어, 독특하게 생긴 올라갈 수 있는 벽돌은 진행할 다른 방법이 명백히 없는 곳에서 처음 나타난다. 플레이어는 다른 선택지가 없기 때문에 벽돌을 타고 올라가려고 시도할 수밖에 없다. 그리고 플레이어가 올라갈 수 있는 벽돌이 어떻게 생겼는지 알게 되면, 그것들이 절대 변하지 않기 때문에 게임 내내 그것들을 인식할 수 있다. 그는 궁전, 하수도, 그리고 사원을 여행한다. 그러나 어디를 가든 그 올라갈 수 있는 벽돌은 항상 정확히 같은 모습이다.

신호 및 잡음 Signal and Noise

플레이어가 받는 모든 정보는 신호의 일부이다. 신호는 화면에서 오는 시각 정보, 스피커에서 오는 오디오 정보, 아마도 촉각이나 다른 피드백등 여러 다른 채널로 나뉜다. 플레이어는 인간의 타고난 능력을 사용하여 정보를 필터링하고, 우선순위를 정하며, 해석해 신호가 무엇을 의미하는지 이해하려고 시도한다. 그러나 이 과정이 실패하면, 신호의 일부는 잡음으로 전락한다.

잡음은 의미 있는 정보를 전달하지 못하는 신호이다.

잡음은 전화선의 잡음과 같은 무의미한 신호만을 의미하는 것이 아니다. 플레이어의 게임 안의 정신 모델에 의미 있는 정보를 추가하지 않는 모든 신호들이 잡음에 포함된다. 신호가 미학적 아름다움이 여러 층으로 겹쳐 혼란스럽게 되었든, 해석하기에 너무 많은 실력을 요구하든, 단순히 다른 신호들과 너무 밀접하게 뭉쳐서 오든 상관없다. 결과는 동일하다. : 플레이어는 게임 이벤트를 이해하지 못하고, 따라서 그것에 대해 생각하거나 반응할 수 없다.

잡음의 두 가지 주요 원인은 복잡한 아트와 과다한 신호이다.

잡음과 아트의 복잡성 Noise and Art Complexity

아마 지금쯤이라면 눈치챘겠지만 나의 기획 경험은 주로 1인칭 슈팅 게임에서 비롯된다. 레벨 기획 과정에서 여러 번 겪은 이야기가 있다.

새로운 레벨을 기획하기 시작한다. 처음에는 그레이박스에서 작업한다. 그레이박스는 그 이름 그대로 평평한 회색 상자로 구성된 공간이다. 나무는 위에 큰 공이 달린 막대기처럼 표현될 수 있고, 자동차는 위에 작은 상자가 있는 넓고 낮은 상자이다. 이런 식으로 작업하면 매우 빠르게 작업할 수 있다. 내가 최선을 다하면 문제를 찾아 해결하고 게임을 다시 테스트하는 데 10분도 채 걸리지 않는다. 그리고 그레이박스는 많은 것을 표현할 수 있다—전투 시작, 서사 표시공간, 레벨 지형 모두 아트를 추가하지 않고도 거의 완성할 수 있다. 그레이박스 과정이 끝나면, 플레이 테스터가 즐기는 기능적이고 균형 잡힌 레벨이 완성된다.

그러나 결국 레벨은 무언가로 보여야 한다. 그래서 나는 아티스트와 협력하여 거대한 회색 사탕 사과를 나무로 교체하고, 거리의 상자들을 폭스바겐과 포드처럼 보이도록 다시 그려넣는다. 그리고 그렇게 하자 모든것이 지옥으로 변했다.

직관적이었던 퍼즐들이 갑자기 알수 없어진다. 플레이어는 예전에 쉽게 찾았던 길을 놓친다. 이전에 쉽게 발견했던 적들을 볼 수 없게 된다. 단지 회색 표면을 아트 리소스로 교체한 것만으로도, 메카닉 기획이 전혀 변하지 않았음에도 게임을 플레이할 수 없게 만들었다. 이런 일이 여러 게임과 여러 플랫폼에서 반복되는 것을 봐왔다. 문제는 아트 리소스가 시각적 잡음을 도입한다는 것이다.

복잡한 아트 리소스는 잡음을 만든다.

회색 모양의 세계에서는 모든 적, 목표, 도구, 그리고 길이 쉽게 보인다. 화면에 있는 각 모양이 어떤 메카닉의 의미를 가지고 있기 때문에, 플레이어는 무엇이 중요한지 알기 위해 정신적인 노력을 할 필요가 없다. 그러나 우리가 아트 리소스를 추가하면, 세계는 게임 메카닉과 아무 상관 없는 선과 색깔로 가득 찬다. 이제 뇌는 어떤 모양이 실제로 의미 있는지를 골라내기 위해 노력해야 한다. 때때로 그 노력이 너무 버거워서 신호가 잡음으로 전락한다.

이 효과는 환경적인 시각물에만 국한되지 않는다. 모든 복잡한 아트 리소스는 잡음을 만든다. 복잡한 사운드 효과는 단순한 것보다 해석하기 어렵다. 더 상세한 캐릭터는 더 아름다울 수 있지만 모든 추가적인 모양은 그가 전달해야 하는 그가 어디를 향하고 있는지, 어떻게 움직이고 있는지, 무엇을 들고 있는지 게임 안의 메카닉 정보를 가린다. 미묘한 애니메이션은 단순한 것보다 해석하기 어렵다.

이것은 개발 분야 간의 경계를 넘는 고질적인 문제다. 혼자 남겨진 아티스트는 당연히 자신이 할 수 있는 가장 아름다운 작품을 만들기 위해 노력할 것이다. 그는 마치 그가 취업에 도움이 된 포트폴리오 작품들처럼 고해상도 렌더링에서 멋지게 보이는 디테일을 추가할 것이다, 그러나 그 굉장히 상세한 캐릭터가 수백 개 다른 오브젝트들과 함께 게임 화면에 넣어지는 순간, 픽셀의 흐릿한 덩어리로 전락할 것이다. 그 모든 아름다운 디테일은 빠르게 움직이는 게임 상황에서 렌더링될 때 잡음이 된다.

게임의 외모를 예술적으로 매력적이면서도 메카닉적으로 명확하게 만들려면 기획자와 아티스트 간의 긴밀한 협력이 필요하다. 이것은 때때로 아트 리소스의 디테일한 정도를 조절하거나, 이미지가 가진 게임의 메카닉 관련 부분을 부각시키기 위해 특별한 표식을 사용하는 것을 의미할 수 있다. 또다른 경우, 개발자는 여기서 더 나아가 잡음을 자연스럽게 줄이면서 아름답고 독특한 아트 스타일을 만들기도 한다. 예를 들어, 밸브의 <팀 포트리스 2>와 <포탈>, 그리고 다이스의 <미러스 엣지>는 모두 단순하고 이해하기 쉬운 이미지를 생성하기 위해 특별히 설계된 가상 설정을 사용한다. <팀 포트리스 2>의 캐릭터들은 과장된 실루엣 안에 단순한 텍스처를 사용한 카툰 스타일로 렌더링된다. <포탈>은 전적으로 (그레이박스 레벨처럼) 흰 벽으로 된 실험실로 설정된다. 그리고 <미러스 엣지>는 (이 게임 또한 그레이박스 레벨처럼) 주로 드러난 흰 콘크리트로 구성된 도시에서 설정된다. 이러한 아트 스타일은 한 번에 여러 문제를 해결하고, 여러 분야에 걸쳐 각 게임에 고유한 외관을 부여한다.

시각적 계층구조 Visual Hierarchy

모든 개발 과정에는 플레이어가 주목하기를 기획자가 기대했던 어떤 신호를 플레이 테스터가 눈치채지 못하는 순간이 온다. 그는 화면의 단어를 주목하지 못한다. 그는 캐릭터를 보지 못한다. 그는 대화의 한 부분을 놓친다.

　여기에는 신호를 더 크게 만든다는 분명한 해결책이 있다. 더 많은 시각적 표시기, 더 큰 소리 효과, 더 활기찬 애니메이션을 추가한다. 하지만, 마크 트웨인이 말했듯이, "모든 문제에는 항상 단순하고, 명백하며, 잘못된 해결책이 있다." 가시성을 더하는 것은 이 문제에 대한 명백하고 잘못된 해결책일 때가 종종 있다.

　플레이어가 신호를 놓치는 이유가 충분히 보이지 않아서인 경우가 적다는 것이 문제이다. 플레이어는 다른 신호들에 의해 감각이 압도당하기 때문에 목표를 놓친다. 놓친 신호가 너무 조용해서가 아니라, 모든 신호의 전체적인 크기가 너무 커서 플레이어가 압도당한다. 신호의 한 부분의 크기를 키우는 것은 플레이어를 더욱 과부하시킨다.

플레이어는 한 번에 일정 수의 신호 만을 흡수할 수 있다. 이런 한계를 넘어서 추가된 신호는 플레이어가 처리될 수 없으며 실질적으로 잡음이 된다.

우리는 플레이어가 흡수할 수 있는 능력에 맞추어 전체적인 신호의 밀도를 조절해야 한다. 그러나 실력 수준이 다른 플레이어들은 각자 매우 다른 양의 정보를 흡수할 수 있기 때문에, 이 방법이 모든 플레이어에게 완벽한 해결책은 아니다. 이 단어들을 한 글자씩 읽어가며 소리 내는 아이와 비교했을 때, 당신이 이 페이지의 신호를 얼마나 빠르게 읽을 수 있는지 생각해 보라. 당신은 그 아이보다 이 페이지의 신호를 훨씬 빠르게 흡수할 수 있다. 마찬가지로, 숙련된 플레이어는 완전히 초보인 플레이어보다 게임을 훨씬 빠르게 파악할 수 있다. 그래서 초보자에게 적합한 신호 밀도는 숙련자에게는 지루한 플로우의 틈새를 남기고, 숙련자에게 적합한 신호 밀도는 초보자를 압도한다. 그것은 모순적으로 보인다.

다행히도 우리가 이 난관을 해결할 수 있는 그래픽 디자이너들이 사용하는 기술이 있다. 그것은 시각적 계층구조라고 불린다.

시각적 계층구조에서는 모든 것이 한꺼번에 표시되지만, 더 중요한 정보 요소들이 더 눈에 띄게 만들어져 사람들이 먼저 주목하게 된다.

과부하된 신호에 직면했을 때, 사람들은 무의식적으로 가장 눈에 띄지 않는 부분을 무시한다. 이것은 키울 수 있는 능력이 아니라 인간이 누구나 가지고 있는 무의식적인 지각 능력이다. 더 크고, 가깝고, 밝고, 빠른 것들이 먼저 주목받는다. 광고가 밝은 색을 사용하고 신용카드 회사들이 작은 글씨를 사용하는 이유다.

이것은 기획자들에게 유용하다. 왜냐하면 우리는 플레이어들이 정보를 인지하는 순서를 제어할 수 있다는 것을 의미하기 때문이다. 우리가 해야 할 일은 각 데이터 요소에 다른 가시성을 할당하는 것이다―더 밝게 하거나 더 어둡게, 더 크게 하거나 더 조용하게 만드는 것이다. 각 요소의 절대적인 가시성은 중요하지 않다. 중요한 것은 그들의 상대적인 가시성이다. 각 정보 요소의 가시성이 그 중요성과 일치한다면, 다양한 실력 수준의 플레이어들은 각각 그들에게 유용한 정보만을 인지하고 나머지는 자동으로 무시할 것이다.

예를 들어, 초보 플레이어는 게임을 잘 모를 수 있지만, 자신의 캐릭터를 때리는 거인이 있다면 미니맵, 체력 바, 인벤토리, 음악, 배경 캐릭터 등 덜 눈에 띄는 요소들을 자동으로 무시할 것이다. 이것은 좋은 일이다. 왜냐하면 그의 낮은 실력으로는 그 정보를 어차피 사용할 수 없기 때문이다. 그의 실력에서는 단순한 거인과의 신호에만 상호작용할 수 있으며, 나머지를 무시하는 것은 좋은 일이다.

그의 실력이 증가함에 따라, 그의 지각 능력도 올라간다. 그는 두 번째로 눈에 띄는 요소를 보기 시작하고, 그 다음 세 번째를 보기 시작한다. 그는 자신의 낮은 체력 바를 주목하고 적절할 때 거인으로부터 도망친다. 또는 미니맵에서 다가오는 동료를 보고 싸움을 계속한다. 이러한 요소들의 상대적인 가시성을 배열함으로써, 기획자들은 그가 언제 무엇을 인지할지 결정했다. 그리고 기획자가 잘 작업해놓았다면, 플레이어는 실력 곡선이 올라가면서 항상 그 다음으로 중요한 요소를 볼 것이다.

모든 게임은 시각적 계층구조를 가질 수 있다. 인터페이스를 살펴보고 물어보라. 다른 부분보다 먼저 배워야 하지만 덜 눈에 띄는 부분이 있는가? 그렇다면, 그것들의 가시성을 적절한 학습 순서와 일치하도록 바꿔라.

일반적인 슈팅 게임의 시각적 계층구조를 살펴보자.

플레이어 앞에 있는 적들은 매우 중요하므로, 화면 중앙에 크고 눈에 띄며 식별 가능한 캐릭터로 표현된다.

더 먼 적들은 덜 중요하고 화면 위에서 더 작게 표시된다. 3D 공간의 속성 중 하나인 거리, 관련성, 그리고 가시성 사이의 이 자연스러운 관계는 비디오 게임의 우아한 기반을 제공하게 만드는 것임을 주목하라.

체력은 흥미로운 경우다. 현대 슈팅 게임의 혁신 중 하나는 체력의 수치

가치가 변함에 따라 체력의 가시성을 변경한다는 것이다. 위급한 체력에서는 전체 화면에 붉은 오버레이를 덮고 고통의 사운드 효과를 재생하여 신호를 매우 눈에 띄게 만든다. 캐릭터가 건강할 때 이 효과들은 사라지고 신호가 조용해진다. 필요할 때만 플레이어의 의식 속으로 체력 정보를 밀어넣는 똑똑한 방법이다.

탄약 수는 화면 구석에 표시된다. 무시할 수 있지만, 한눈에 찾을 수 있다. 체력처럼, 탄약 역시 적을 때 더 중요한 상황이므로, 일부 게임들은 무기가 거의 비었을 때 특별한 사운드를 재생하거나 화면 하단 중앙에 텍스트를 표시해 더 눈에 띄게 만든다.

이러한 각 정보 요소는 그 중요성에 맞게 가시성이 조정되었다. 모든 실력 수준에서 게임을 이해할 수 있게 만드는 시각적 계층구조가 최종적인 결과이다.

이를 달성하기 위해, 기획자들은 다른 요소들의 상대적 중요성을 결정하고 그 가시성을 조정해야 한다. 피드백 요소의 가시성을 변경하는 방법은 천 가지가 넘는다. 예를 들어, 탄약 수의 가시성을 조정하는 몇 가지 방법을 살펴보자.

매우 은근하게 보여주는 탄약 수는 화면 구석의 작은 글씨로 표시된다. 플레이어는 이 정보를 받기 위해 의도적으로 찾아봐야 한다. 훈련 없이는 그것이 있다는 것을 모를 수도 있다.

더 눈에 띄는 버전은 각 총알의 그래픽 UI 요소를 화면 중앙에 가깝게 보여준다. 이제 플레이어는 시야 구석에서 탄약 수를 볼 수 있다.

더 많은 가시성을 원한다면, 화면 중앙의 조준점 주위에 탄약 표시를 감싸놓을 수 있다. 이제 플레이어는 구석을 힐끗 볼 필요도 없이 자신의 탄약 수를 볼 것이다. 실제 게임에서 필요한 것만큼이면 충분하다.

하지만 가시성을 더 높이고 싶다면, 그렇게 할 수 있다. 탄약 카운터는 화면의 절반을 차지할 수 있게 크기를 키울 수 있다. 총알 아이콘이 깜빡일 수 있다. 자동 음성이 매번 총을 쏠 때마다 당신의 탄약 수를 큰 소리로 알릴 수 있다(실제로 이런 시도가 있었다).

우리는 더 은근하게 할 수도 있다. 플레이어가 10초 동안 발사나 재장전을 하지 않으면 탄약 수 표시가 사라질 수 있다. 아니라면 메뉴에 숨겨놓을 수 있다. 탄약수 표시는 여러 하위 메뉴의 깊숙한 곳이나 개발자의 웹사이트, 혹은 설정 파일에 숨겨질 수 있다. 어떤 게임도 이런 방식으로 탄약 수를 표시하지 않지만, 어떤 게임은 이와 같 매우 낮은 가시성으로 데이터를 표시한다.

시각적 계층구조의 강점은 실력 범위에 걸친 플레이어에게 필요한 정보를 자동적이고 즉각적으로 전달한다는 것이다. 학습 중인 플레이어는 그의 실력 수준이 허락하는 순간 다음 데이터 요소의 처리를 시작할 수 있다. 플레이어를 압도하지 않음으로써, 시각적 계층구조는 그들이 배우는 동안 그들을 이탈하지 않도록 한다. 그들에게 정보를 거부하지 않고, 그들을 어르고 달래지 않음으로써, 그것은 그들의 학습을 늦추지 않는다.

반복 Redundancy

모든 기획자들은 이런 고통스러운 경험을 한 적이 있다. : 중요한 정보를 전달하기 위해 새로운 그래픽, 시퀀스 또는 사운드를 만들어야 한다. 이를 위해 새로운 기술을 도입하면 멋진 아트가 완성된다. 중요한 사람들에게 데모를 보여주면 모두가 멋지다고 동의한다.

그런 다음 플레이 테스트를 하면 대부분의 플레이어가 이 정보를 완전히 놓친다. 그들은 엉뚱한 곳을 보고 있거나, 관련 없는 도전에 의식이 사로잡혀 있거나, 휴대폰을 보고 있거나, 게임이 파티에서 플레이되고 있기 때문에 친구에게 술에 취해서 소리 지르느라 바쁘다.

영화에서는 중요한 모든 것이 화면에 나온다. 영화를 1분간 건너뛰고 돌아와서 줄거리를 이해하지 못했다고 그것을 영화 제작자의 탓으로 돌리지 않는다. 소설의 10페이지를 넘겨버린 독자는 책의 나머지 부분이 혼란스럽다고 그것을 저자의 탓으로 돌리지 않는다. 그러나 게임에서는 플레이어가 어디를 보고 있든, 게임 안팎에서 무엇을 하든 상관없다. 중요한 이벤트에서 눈을 돌릴 수 있고, 주의가 산만해질 수 있다. 그리고 플레이어는 무언가를 놓친다면 우리를 탓할 것이다.

확실한 해결책은 사람들이 중요한 내용을 주목하게 만드는 것이다. 카메라를 특정한 방향을 보도록 강제하거나, 대화 상자로 플레이를 중단시키거나, 기타 강제 관찰 메카닉은 플로우와 몰입을 깨뜨린다. 우리는 한 문제를 해결하는 대신 많은 다른 문제를 일으켰다.

더 나은 해결책은 플레이어가 중요한 신호를 놓칠 것이라고 그냥 인정하는 것이다. 그런 다음 우리가 가진 신호를 한 번에 흡수하도록 강제하기보다는, 그 신호를 여러 번 보낸다. 반복은 플레이어가 게임 내용의 절반을 놓친다 해도 (상당히 받아들일수 있는 비율이다.), 그가 중요한 부분을 이해하기에 충분한 정보를 얻는다는 것을 의미한다.

반복의 가장 단순한 형태는 단일 반복이다.

단일 반복은 같은 메시지를 같은 방식으로 여러 번 반복하는 것이다.

때로 우리는 플레이어가 눈치채지 못하게 이것을 교묘하게 수행할 수 있다. 예를 들어, 같은 오디오 로그를 다섯 곳에 배치하지만, 플레이어가 그 중 하나를 듣는 순간, 다른 것들을 조용히 사라지게 한다.

다른 경우에는, 플레이어가 실제로 메시지를 받았는지 알 방법이 없다. 예를 들어, 플레이어는 확성기를 통해 메시지를 듣겠지만, 그가 그것을 들었다는 보장은 없다. 이러한 경우에는, 우리는 그저 반복할 수밖에 없다. 그러나 단순한 반복은 짜증나게 할 수 있으므로, 다양한 반복을 사용하는 것이 종종 더 낫다.

다양한 반복은 같은 정보를 여러 번 다른 방식으로 전달하는 것이다.

슈팅 게임에서, 우리는 동료 캐릭터가 창문 밖으로 뛰어내리라고 소리치게 할 수 있다(대화). 캐릭터가 시각적으로 창문을 향해 손짓하게 할 수 있다(애니메이션). 창문으로 이어지는 시각적으로 강조된 나무 판자의 길을 배치할 수 있다(레벨

비주얼). 화면 상의 목표 마커를 배치해 플레이어에게 창문 밖으로 뛰어내리라고 지시할 수 있다(HUD). 네 배의 반복은 메세지 압력이 큰 상황에서도 메시지가 통할 가능성이 높다는 것을 의미한다.

다른 때에는, 1차 메시지가 실패했을 때만 2차 및 3차 메시지를 보여주는 것이 적절하다. 이것을 수동적 반복이라고 한다.

수동적 반복은 1차 메시지가 실패했을 때만 2차 메시지를 사용하는 것이다.

창문 뛰어넘기 예시에서, 동료 캐릭터가 플레이어가 충분히 빠르게 창문을 통과하지 않을 때만 사용하는 두 번째 또는 세 번째 대사를 가지고 있는 경우라면 이것은 수동적 반복을 사용하는 것이다. 이것의 위험성은 플레이어가 첫 번째 메시지를 놓쳤는지, 아니면 고의로 무시하고 있는지 종종 판단하기 어렵다는 것이다. 플레이어가 첫 번째 메시지를 고의로 무시하는 경우, 수동적 반복 메시지는 짜증나게 할 수 있다.

간접 통제 Indirect Control

플레이어가 특정 행동을 취하도록 유도하고 싶지만 정확히 무엇을 해야 하는지 알려주고 싶지 않을 때가 있다. 이러한 경우에는 간접 제어 방법을 사용한다.

간접 제어 방법은 플레이어가 안내받고 있다는 것을 깨닫지 못하게 하면서 플레이어의 행동을 유도할 수 있다.

이것은 서브리미널 메세지나 신경언어 프로그래밍과 같은 것만큼 이색적이거나 바보같은 것이 아니다. 간접 제어는 플레이어의 행동이 의도한 방향으로 자연스럽게 흐르도록 정보를 배열하는 단순한 방법을 활용하는

것이다. UI와 산업 디자이너들이 수십 년 동안 이것을 해왔다.

넛지, 점화, 그리고 사회적 모방이 간접 제어의 세 가지 기본 방법이다.

넛지 Nudging

넛지는 선택지 자체를 변경하지 않고 선택지가 표시되는 방식을 변경하여 플레이어의 행동을 변화시키는 것이다.

플레이어는 어떤 상황에서든 저항이 가장 적은 길을 따르는 경향이 있다. 플레이어들은 기본 선택지를 선택하고 가장 확실히 보이는 경로를 따른다. 이는 우리가 선택지를 재배열하고 기본값을 변경함으로써 원하는 방향으로 그들을 넛지 할 수 있다는 것을 의미한다. 예를 들어, 대화 시스템을 가장 흥미로운 결과로 이끄는 선택이 항상 기본 선택이 되도록 설정할 수 있다.

우리는 또한 시각적 디자인을 통해 넛지를 적용 할 수 있다. 빛이 비추는 문은 어두운 문보다 플레이어를 더 잘 끌어들인다. 바닥에 그려진 선은 플레이어에게 경로를 제안한다. 깜박이는 버튼은 누르도록 유도한다. 각각의 경우 플레이어는 일반적으로 강제되지 않으면서도 기획자가 의도한 경험으로 이어지는 선택을 할 것이다.

넛지는 비용이 저렴하기 때문에 유용하다. 실행하는 데 거의 비용이 들지 않으며, 선택지를 제한하거나 보상을 변경하지 않는다. 단순히 선택지를 배열하여 의도된 답변을 틀린 것보다 더 자연스럽게 만든다. 모든 기회에서 넛지를 사용하지 않을 이유가 거의 없다.

점화 Priming

점화는 플레이어의 의식 속에 개념을 활성화시켜 그들의 미래 행동에 영향을 미치는 것이다.

사람은 항상 머릿속에 무언가를 가지고 있다. 전쟁 영화 광고를 볼 때, 당신의 머릿속은 전쟁으로 가득 찬다. 아기 고양이 사진을 본다면, 전쟁은 솜털덩어리로 대체된다. 당신은 이러한 개념으로 몇 분 동안 점화된 상태로 남아 있으며, 그 동안 당신의 행동은 변한다. 전쟁으로 점화되면 더 전투적이고 공격적이 된다. 아기 고양이로 점화되면 더 돌보려고 하고 양육하려고 한다.

한 실험에서, 참가자들은 필기 언어 시험을 끝냈다. 연구자들은 시험의 결과가 아니라 시험에 사용된 단어가 사람들의 행동에 어떤 영향을 미칠지만 관심이 있었다. 한 그룹은 무례함과 관련된 단어들이 포함된 시험을 보았다. 다른 그룹은 예의와 관련된 단어들이 포함된 시험을 보았다. 이후, 참가자들은 방을 떠나 복도를 따라 관리자에게 이야기하러 가라는 지시를 받았다. 그러나 그곳에 도착했을 때, 참가자들은 관리자가 다른 사람과 대화 중인 것을 발견했다. 연구자들이 알고 싶었던 것은 참가자들이 이 대화를 방해할지 여부였다.

무례함과 관련된 단어에 노출된 대상의 63%가 대화를 방해했으며, 예의로 점화된 대상의 17%만이 대화를 방해했다. 분명히, 무례함에 대한 단어를 읽는 것만으로도 적어도 몇 분 동안 무례하게 행동하기에 충분하다.

또 다른 실험에서, 피험자들은 주름, 빙고, 플로리다와 같은 단어로 발화되었다. 이후, 연구자들은 건물을 떠나 복도를 얼마나 빠르게 걸어가는지 관찰했다. 늙음에 대한 단어로 점화된 대상은 중립적인 단어로 점화된 사람들보다 더 느리게 걸었다. 왜냐하면 늙음으로 점화되면 관련된 개념인 느림도 활성화되기 때문이다.

점화는 심지어 우연히, 자기모순적인 방식으로도 항상 일어난다. 누군가가 당신에게 분홍 코끼리를 생각하지 말라고 지시할 때, 당신은 분홍 코끼리로 점화된다. 단어 완성 작업에서 성차별적인 문장을 구성하지 않도록 지시받은 참가자들은 특별한 지시를 받지 않은 사람들보다 더 많은 성차별적인 문장을 생성했다. 성차별이나 분홍 코끼리라는 생각을 의식 속에 가지고 있음으로써—그것들을 피하기 위해—이러한 이미지와 반응을 더 사용할 수 있게 만든다.

게임에서, 기획자들은 플레이어를 점화하여 그들의 미래 행동에 간접적으로 영향을 줄 수 있다.

점화는 게임 플레이가 시작되기도 전에 시작된다. 그리고 게임을 플레이하는 동안, 플레이어는 지속적으로 다양한 아이디어로 점화된다. 그들은 의사를 보고 치유를 기대하게 점화된다. 사람들이 대화하는 것을 보고 상호작용을 위한 점화가 된다. 해골을 보고 죽음에 대한 점화가 된다. 모든 인상은 이후 몇 분 동안 플레이어가 내리는 선택에 영향을 준다.

슈팅 게임에서 플레이어가 정보원을 만나러 가는 상황을 상상해보자. 그 지점까지 게임이 전투만으로 이루어졌다면, 많은 플레이어들은 폭력에 점화되어 정보원을 보자마자 쏠 것이다. 이를 방지하기 위해, 기획자들은 쏘지 말라는 직접적인 지시를 주거나 그냥 총격을 막을 수 있지만, 이러한 해결책은 어색하고 우아하지 않다. 플레이어를 비폭력으로 점화하는 것이 더 낫다. 이는 여러 방법으로 달성될 수 있다. 플레이어 캐릭터가 총을 내리게 하되 사용 가능하게 유지할 수 있다. 플레이어가 다른 캐릭터들이 대화하는 것을 관찰하게 할 수 있다. 동료가 "말하는 건 내게 맡겨"라고 말할 수 있다. 이러한 조합은 플레이어를 폭력 대신 사회적 상호작용을 위해 점화할 것이다.

점화는 강력하지만 마법은 아니다. 점화는 아무것도 아닌 곳에서 동기를 만들어내지 않는다. 점화가 하는 일은 이미 가능한 선택지들 사이의 선호도를 바꾸는 것뿐이다. "예를 들어, 실험 2의 참가자들이 우리 건물을 떠나 플로리다에서 콘도를 사러 갔을 것이라고 생각하는 것은 의심스럽다." 라고 연구자들이 그들의 오래된 점화 연구에 대해 썼듯이 말이다.

사회적 모방 Social Imitation

사회적 모방은 플레이어가 자연스럽게 다른 사람들의 행동을 모방하는 것이다.

어떤 인간의 지식 대부분은 간접적으로 획득된다. 예를 들어, 당신은 아마도 자신만의 신발 끈을 묶는 방법을 발명하지 않았을 것이다. 당신은 아마도 당신이 한 번도 독에 중독된 적이 없음에도 불구하고 검은 과부 거미(블랙 위도우)가 독성이 있다는 것을 알고 있을 것이다. 그리고 당신은 아마도 총격전과 우주 여행에 대해 많은 것을 알고 있을 것이지만, 이러한 주제들과 관련된 경험이 거의 또는 전혀 없을 것이다. 이러한 간접적 학습에 대한 의존은 인간의 결함이 아니라 필요한 적응이다. 모든 지식을 스스로 발명해야 하는 사람은 독이 든 처음 본 과일이나 얼어붙은 강을 만났을 때 죽을 것이다. 우리는 모방을 통해 배우는 강력한 본능을 개발했다.

이 사회적 모방 본능은 게임에서 다른 어느 곳과 마찬가지로 강하며, 플레이어의 선택에 큰 영향을 미친다. 간단히 말해서, 플레이어는 다른 사람들이 하는 것을 따라 할 것이다. 멀티플레이어에서는 서로의 전략을 모방할 것이고, 싱글 플레이어에서는 NPC를 모방할 것이다. 이것이 사회적 모방이 간접 제어의 도구가 되는 방법이다. 우리가 해야 할 일은 플레이어도 해야 할 일을 NPC가 하게 만드는 것이며, 플레이어는 대체로 따라할 것이다.

예를 들어, 레이싱 게임에서, 우리가 컴퓨터가 조종하는 차량이 커브 전에 속도를 줄이게 만든다면, 플레이어는 같은 행동을 배울 것이다. 또는 경제 시뮬레이션에서는 경쟁자의 상품 보유량을 표시할 수 있다. 플레이어의 보유량이 경쟁자와 크게 다르면, 그는 자신이 실수를 하고 있거나, 그(또는 그의 상대)가 의도적으로 이색적인 전략을 추구하고 있음을 깨닫게 될 것이다.

사회적 모방은 많은 게임에 동료 캐릭터가 존재하는 주된 이유이다. 동료들은 여러 서사적 목적을 제공하지만, 간접 제어를 위한 소중한 도구이기도 하다. 우리는 그들이 다음 목표로 달리게 하거나, 퍼즐과 상호작용하게 하거나,

위험으로부터 숨게 하거나, 특정 능력을 사용하게 만들 수 있으며, 플레이어는 이를 깨닫지 못한 채 모방할 것이다. 이 캐릭터들은 감정을 전달하거나 이야기를 전개하는 것만큼이나 플레이어를 A에서 B로 안내하기 위해 존재한다.

입력 Input

우리는 게임의 출력에 대해 논의했다. 이제 입력에 대해 살펴보자.

입력 기획의 목표는 플레이어의 의도와 게임 내 행동 간의 동기화를 달성하는 것이다.

좋은 입력을 가진 게임은 플레이어가 그것을 만지는 순간 그들을 사로잡는다. 그것과 상호작용하는 것 자체가 즐거움이다. 그리고 그 장점은 언제나 존재한다. 그것은 게임의 수명 동안 지속되며, 수십 시간, 심지어 수백 시간 동안 이어진다.

나쁜 입력은 가장 간단한 상호작용마저도 고된 일로 만든다. 아무것도 예상대로 작동하지 않으며, 조작은 손을 시럽에 담가놓은 것 처럼 물컹거린다. 그것은 전체 경험을 답답함의 얇은 막으로 감싼다. 이런 일이 발생하는 것은 안타까운 일이다. 나쁜 입력은 훌륭한 게임을 가리기 때문이다. 훌륭한 영화더라도 지직거리는 오래된 텔레비전을 통해서는 볼 수 없게 되는 것 처럼, 지연되고 직관적이지 않은 조작으로 인해 환상적인 게임이 망가질 수 있다.

조작 배치 Control Arrangement

다양한 물리적 인터페이스가 있다. : 버튼, 조이스틱, 모션 센서, 터치 패드 등등. 각 경우에 우리는 어떤 조작이 무엇을 하는지 결정해야 한다. A 버튼으로 점프하고 B로 웅크리는 것이나, 왼쪽 팔을 흔들면 화염구 주문을 외우고 왼쪽 팔을 가리키면 불줄기 주문을 외우는 것을 결정해야 한다.

게임 내 행동에 해당하는 조작을 배열하는 데 있어 우리를 안내해야 할 두 가지 핵심 원칙이 있다. 매핑과 조작의 배타성이다.

매핑은 물리적 인터페이스 요소와 그것이 제어하는 행동 사이의 관계이다.

매핑의 목표는 물리적 조작과 그것의 게임 내 효과 사이의 유사성을 만드는 것이다. 잘 수행되면, 이 유사성은 플레이어가 조작 사용 방법을 기억하는 데 도움이 되는 내장된 기억 장치로 작용한다. 매핑의 고전적 예는 다음과 같이 생긴 가스레인지이다. :

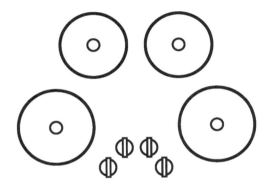

이 가스레인지에는 라벨이 필요 없다. 다이얼과 요소 사이의 공간적 매핑은 사람들이 직관적으로 그들이 서로 어떻게 대응하는지 알 수 있게 한다.

게임도 마찬가지이다. 예를 들어, <바이오쇼크>에서 플레이어 캐릭터는 왼손으로 마법 같은 플라스미드 효과를 발사하고 오른손으로 무기를 발사할 수 있다. 이것들은 각각 왼쪽과 오른쪽 트리거로 제어된다. 이것은 플레이어의 물리적 손과 화면 위 캐릭터의 손 사이에 매핑을 생성한다.

매핑은 물리적 위치에만 국한되지 않는다. 우리는 모양, 색상, 움직임 또는 다른 수백 가지의 신호를 통해 매핑할 수 있다. 예를 들어, <바이오쇼크>에서 화면상의 체력 지시기는 빨간색이며, 치유를 위해 사용되는 버튼도 빨간색이다.

이것은 체력 지시기에서 빨간 버튼으로의 매핑을 생성한다. 건강과 빨간색을 연결짓는 문화적 관습이 있기 때문에 이것 또한 일종의 메타포이다.

매핑은 학습 부담을 줄인다. 이는 플레이어가 버튼 기호와 게임 내 행동 사이의 추상적 관계를 기억해야 하는 수고를 덜어준다. 이것은 특히 경험이 적은 플레이어에게 중요하므로, 신규 플레이어를 대상으로 하는 게임들은 새로운 매핑을 탐색하기 위해 극단적인 노력을 기울이기도 한다. Wii의 모션 컨트롤러, 키넥트 신체 감지 시스템, 그리고 <락 밴드>의 거대한 기타 모양의 컨트롤러는 모두 캐주얼 플레이어를 끌어들이기 위해 매우 밀접한 매핑을 창조하는 비싼 물리적 인터페이스의 예시들이다.

조작의 배타성은 다른 조작들과의 물리적 관계와 그것들이 조합에서 어떻게 사용될 수 있는지에 대한 것이다.

조작과 플레이어의 신체 사이의 물리적 관계에 따라, 일부 조작 묶음은 동시에 사용할 수 없다. 게임패드에서는 왼쪽 검지 손가락으로만 도달할 수 있는 두 개의 버튼이 있을 수 있다. 모션 컨트롤러에서는 플레이어가 팔을 독립적으로 움직일 수 있지만, 동시에 두 가지 다른 기능을 신호하기 위해 한 팔을 움직일 수는 없다.

게임은 그 안에 존재하는 배타적인 행동에 배타적인 조작을 매핑해야 한다. 예를 들어, Xbox 360 컨트롤러는 각 검지 손가락 옆에 범퍼 버튼과 트리거 버튼을 두어 한 번에 둘 다 누를 수 없게 했다. <바이오쇼크>에서는 범퍼는 무기를 선택하는 데 사용되고 트리거가 그것을 발사하는 데 사용된다. 이것은 게임 안의 설정과 메카닉에서 동시에 무기를 변경하고 발사하는 것이 불가능하기 때문에 의미가 있다. 물리적 조작은 배타적이며, 그것들은 게임 내에서 배타적인 행동에 매핑되므로 충돌이 없다. 더 좋은 것은, 물리적 조작의 배타성이 게임 내 메카닉의 배타성을 강조하고 자연스럽게 가르친다는 것이다.

배타적인 조작이 배타적이지 않은 행동에 매핑 되면, 플레이어의 좌절과 어색함이 생겨난다. Xbox 360 컨트롤러의 D-Pad(십자버튼)에 도구 선택을 두고 왼쪽 스틱에 이동을 두는 모든 게임을 생각해 보라. 이 두 가지는 모두 왼쪽

엄지손가락으로 제어되므로, 플레이어는 도구를 변경하기 위해 이동을 멈춰야 한다. 더 나은 기획은 도구 변경을 처리할 다른 조작을 찾거나, 물리적 조작에 암시된 제약을 게임에 추가하는 것이다.

조작감 Control Feel

조작감은 인터페이스를 통해 의도를 투영하는 순간순간의 경험이다.

1985년에 미야모토 시게루가 만든 모든 플랫폼 게임의 원조, <슈퍼 마리오 브라더스>를 생각해보자. 마리오는 키가 작고 콧수염이 있는 이탈리아 배관공으로, 공주를 구하고 파이프를 통해 이동하고 버섯을 먹는다. 그리고 그는 점프한다… 매우 많이 점프한다. 게임 내내 수천 번을 끊임없이 점프한다. 사실, 그가 처음 등장한 1981년 아케이드 게임에서 마리오는 실제로 점프맨이라고 불렸다.

표면적으로 마리오의 점프에는 별다른 것이 없다. A 버튼을 누르면 마리오가 공중으로 튀어 오르고 중력이 그를 다시 끌어내린다. 단순한 물리학처럼 보이지만 그렇지 않다.

버튼을 누르는 길이가 중요하다. 짧게 누르면 마리오는 짧게 튀어 오른다. 버튼을 길게 누르고 있으면 마리오는 공중에서 높고 느리게 호를 그리며 이동한다. 이는 마리오가 점프를 시작할 는 순간 가속력을 얻는 것이 아니라서 일어난다. A 버튼을 누르고 있는 한, 그의 최대 및 최소 점프 높이의 한계 내에서 계속 위로 힘을 받는다.

점프의 후반부도 마찬가지로 비현실적이다. 실제로, 공중에 던져진 물체는 중력으로 인해 일정한 비율로 아래로 가속되어 포물선을 그린다. 하지만 마리오는 이렇게 하지 않는다. 왜냐하면 그의 중력은 일정하지 않기 때문이다. 마리오가 올라가는 동안, 마리오에 미치는 중력은 최소가 된다. 점프의 정점을 지난 후, 마리오의 중력은 세 배가 되어 땅으로 내리 꽂아진다. 하지만 그가 받는 엄청난 중력에도 불구하고, 그는 일정한 최대 속도로만 떨어질 수 있기 때문에 위험한 속도에 도달하지 않는다. 마리오가 이 최종 속도에 도달하면, 그의 중력은 사실상 제로가 된다.

더 많은 것이 있다. 마리오의 최대 점프 높이는 일정하지 않다—달리기에서 점프하면 제자리에서 점프할 때보다 더 높이 도달할 수 있다. 마리오는 공중에서 수평 이동을 제어할 수 있지만, 땅에서 달릴 때만큼은 아니다. 그리고 플레이어가 마리오가 착지할 때 바로 점프하고 싶다면 점프 버튼을 몇 프레임 일찍 누르면 마리오가 땅에 닿는 순간 자동으로 점프한다.

이 모든 것은 1985년에 출시된 게임에서 하나의 버튼으로 제어되는 점프를 위한 것이다. 처음에는 이러한 복잡성 수준이 거의 터무니 없어 보인다. 하지만 훌륭한 조작감을 만들기 위한 유일한 방법이었다. 미야모토는 각 규칙을 특정한 방식으로 경험을 풍부하게 하기 위해 설계하고 조정했다. 규칙 중 일부는 달리기로 얻을 수 있는 추가 높이와 같이 게임의 실력 상한선을 높인다. 다른 것들은 착지하기 직전에 발생하는 누른 버튼을 게임이 기억하는 것과 같이, 버튼을 눌렀을 때 결과가 나오지 않으면 나타나는 좌절의 작은 순간을 제거한다. 각각으로는 큰 차이를 만들지 못한다. 하지만 수천 번의 점프를 수행하는 플레이어들에게 이 규칙들은 다 같이 곱해져 마리오 게임의 경험을 당시 경쟁작들을 넘어서는 수준으로 끌어올렸다. 마리오가 콧수염이나 파이프를 통해 이동하는 능력 때문에 세계를 아우르는 거대 프랜차이즈가 된 것이 아니다. 마리오가 수십억을 벌어들인 것은 그를 조작하는 것 자체가 즐거움이기 때문이다.

조작감을 향상시키는 이러한 방법들은 플랫폼 게임에만 국한되지 않는다. 이러한 방법들은 장르에 걸쳐 다양하게 적용된다. 레이싱, 대전 격투, 3인칭 액션, 슈팅 등 수없이 많은 게임들이 수천 가지의 다른 방법으로 같은 일을 하고 있다. 조작에 미세한 데드 존을 주거나 몇 프레임 동안 부드럽게 처리하여 잡음이 많은 입력을 제거한다. 입력이 조금 일찍 도착하면 잠시 기억되지만, 실행되기 전에 다른 키 입력이 감지되면 폐기된다. 결합된 조작은 단일 조작과 미묘하게 다른 방식으로 해석된다. 조작을 최대로 밀면 입력이 평소 범위를 넘어가는 특별 가속 모드로 바뀐다. 가능성은 무궁무진하다.

처음 보면 이러한 방법들은 끔찍한 게임 기획처럼 보인다. 이 책에서 나는 우아함과 단순성을 강조했다. 학교에서 프로그래머들은 깨끗하고 단순한 코드를 작성하도록 가르친다. 이러한 방대하고 보이지 않는 복잡성이 나쁘다는 직관적인 느낌이 있다.

하지만 이러한 방법들은 우아함의 원칙에 대한 예외이다. 기획하는 데는 큰 비용이 들지만, 플레이어에게는 그것들이 있다는 것을 전혀 느끼지 못하기 때문에 아무런 비용이 들지 않는다. 사실, 플레이어는 전혀 아무것도 느끼지 못한다. 왜냐하면 우리가 일을 제대로 하면, 인터페이스는 사라지기 때문이다.

입력 보조 Input Assistance

마리오의 조작은 복잡하지만 여전히 단순하다. 게임은 플레이어가 무엇을 하려고 하는지 이해하려고 시도하지 않고, 단지 경험을 향상시키는 몇 가지 단순한 규칙을 적용할 뿐이다. 어떤 게임에서는 이것만으로는 충분하지 않고, 우리는 더 지능적으로 플레이어를 보조해야 한다.

입력 보조는 플레이어의 순수한 입력에 대해 수행되는 사전처리이다.

입력 보조의 아이디어는 플레이어의 의도를 지능적으로 추측하고 그의 입력을 조용히 그것에 맞추는 것이다. 이상적으로, 플레이어는 자신이 보조받고 있다는 것을 전혀 깨닫지 못한다.

조준 보조를 예로 들어보자. 콘솔게임기용 슈팅 게임에서, 플레이어는 엄지손가락으로 작은 조이스틱을 조작하여 조준한다. 이 방법은 너무 까다롭고, 부정확하며, 실망스러워서 몇 년 동안 사람들은 콘솔게임기용 슈팅 게임이 PC에서 마우스로 조작하는 슈팅 게임에 비해 항상 열등할 것이라고 생각했다. 그러나 2001년, <헤일로>는 조준 보조를 사용하여 콘솔에서 슈팅 게임이 어떻게 작동하는지 모두에게 보여주었다. 그 이후로, 슈팅게임은 콘솔 게임의 가장 큰 장르 중 하나가 되었다. 조준 보조 없이는 콘솔게임기용 슈팅게임이 오늘날과 같은 성공을 거두지 못했을 것이다. 그렇다면 정확히 조준 보조는 어떻게 작동하는가?

　　조준 보조는 플레이어가 목표를 따라가는데 도움을 준다. 비결은 플레이어가 무언가가 일어나고 있다는 것을 눈치채지 못하게 도와주는 데 있다. 십자조준선을 목표물 쪽으로 당기는 것은 너무 눈에 띈다. 눈에 띄지 않고 효과적인 조준 보조를 만드는 유일한 방법은 플레이어를 다양한 방식으로 도와주는 여러 겹의 보조 시스템을 만드는 것이다. 한 보조 시스템은 플레이어의 스틱 입력의 일부를 화면상의 목표물의 움직임과 정확히 일치하는 입력으로 대체함으로써 플레이어가 움직이는 목표물을 추적하는 데 도움을 준다. 이것은 조준선를 목표물 위에 강제로 놓는 것이 아니라 목표물의 움직임을 따라가는 데만 도움을 준다. 다른 서브시스템은 플레이어가 목표물 위에 크로스헤어를 멈추는 데 도움을 준다. 스틱이 놓여졌을 때를 감지하고, 근처의 목표물을 찾아 조준선을 그 중 하나에 가깝게 은밀히 옮겨놓는다. 이것은 충격적으로 들릴 수 있지만, 조준선의 속도가 떨어질때만 에만 발생하기 때문에 플레이어는 느낄 수 없다. 세 번째 서브시스템은 플레이어가 목표물을 간신히 스쳐 지나갈 뻔한 경우를 감시하고, 조준선의 움직임 방향을 약간 변경하여 목표물 위에 떨어지도록 한다. 조준선의 움직임 속도가 아닌 방향만을 약간 조정하기 때문에, 플레이어는 이 효과를 느낄 수 없다. 이러한 효과의 강도는 플레이어로부터 목표물의 거리, 조준선으로부터의 각 거리, 다른 목표물의 존재, 난이도 수준, 사용 중인 무기 및 여러 가지 다른 요인에 따라 달라진다. 그리고 이 세 가지는 단지 예시일 뿐이며, 다양한 게임에서 사용되는 많은 다른 서브시스템이 있다.

　　플레이어가 눈치채지 못하게 하는 이 방법이 작동하는 핵심은 플레이어가 자연스럽게 감지할 수 없는 것들에만 영향을 미친다는 것이다. 사람들은 조준선이 스스로 움직였다면 알아차렸겠지만, 몇 픽셀 일찍 멈추거나, 약간 더 빠르게 가속하거나, 방향을 조정하는 이벤트는 주변의 움직임에 의해 가려져서 알아차리지 못한다. 그래서 조준 보조는 입력 흐름의 이러한 틈새에서만 작동한다.

기획자들은 때때로 조준 보조를 게임의 밸런스를 맞추는 요소로 사용하기도 한다. 예를 들어, <헤일로>의 저격총은 강력하고 정확하다. 의도된 대로, 이는 장거리에서 효과적이다. 하지만 그 강력함과 정확성은 근접 전투에서도 치명적이며, 이는 다른 무기의 역할과 겹친다. <헤일로>의 기획자들이 저격총을 단거리에서 약화시킨 방법 중 하나는 확대 하지 않은 상태에서는 조준 보조를 제공하지 않는 것이었다. 겉보기에는 여전히 완벽하게 정확한 총이다. 하지만 의도치 않게 사용할 때 조준 보조가 전혀 없기 때문에 숨겨진 어려움이 있다. 이는 이러한 상황에서의 성공률에 영향을 주며, 플레이어들이 의도된 대로 사용하게 만든다. 누구도 눈치채지 못하는 사이에 말이다.

조준 보조는 여러 가지 도움 중 하나에 불과하다. 점프 보조는 플레이어가 캐릭터를 안전한 착지를 하도록 조준하게 돕는다. 공격 보조는 플레이어가 깔끔하게 타격을 성공시키게 돕는다. 운전 보조는 플레이어가 자동차가 스핀에 빠지는 것을 피하게 돕는다. 움직임 보조는 플레이어가 난간을 잡고 장애물을 피하게 돕는다. 각 경우에, 기획자들은 플레이어의 의도를 잘못 판단하거나 눈치챌만한 것을 하지 않고 플레이어를 돕기 위한 방법들을 개발했다.

조작 지연 Control Latency

버튼을 누르거나 조이스틱을 움직일 때, 게임은 입력을 처리하고 가시적인 반응을 생성하기까지 몇 밀리초가 필요하다. 이 지연을 조작 지연이라고 한다.

> **조작 지연은 게임이 입력을 받고 그 입력으로 인한 가시적인 피드백을 표시할 때까지의 시간 지연이다.**

조작 지연은 하드웨어로 부터 비롯되기 때문에 피할 수 없다. 대부분의 현대 컴퓨터 시스템은 여러 단계의 렌더링 파이프라인을 사용한다. 어떤 주어진

시간에, 시스템은 처리의 다양한 단계에 있는 여러 프레임을 가지고 있다. 이 진행 과정은 다음과 같다. :

- **프레임 0 (입력 받음)** 이 입력—아마 버튼 누름—은 이 프레임 동안 어느 시점에 받아 진다. 하지만 게임이 이미 프레임 처리를 시작했기 때문에 즉시 사용할 수는 없다. 대신 다음 프레임의 시작 때까지 값을 가지고 있는다.
- **프레임 1 (게임 로직)** CPU는 마지막 프레임에 저장된 입력을 읽고, 이를 기반으로 게임 세계를 업데이트한다.
- **프레임 2 (그래픽 렌더링)** 그래픽 렌더러는 이전 프레임의 계산으로 설정된 게임 세계의 상태를 가져와서 시각적 이미지를 렌더링 한다.
- **프레임 3 (프레임 표시)** 렌더링된 이미지가 표시된다.

모든 단계가 항상 실행 중이다. 그림으로 나타낸다면 이와 같다. :

프레임 0	눌린 버튼들을 보관	게임 로직에 적용	화면 렌더링	화면 표시
프레임 1	눌린 버튼들을 보관	게임 로직에 적용	화면 렌더링	화면 표시
프레임 2	눌린 버튼들을 보관	게임 로직에 적용	화면 렌더링	화면 표시
프레임 3	눌린 버튼들을 보관	게임 로직에 적용	화면 렌더링	화면 표시

이러한 처리방식은 CPU와 GPU를 항상 실행 상태로 유지하기 때문에

처리량이 매우 높다는 이점이 있다. 이 시스템이 없다면, 그래픽 유닛은 CPU 가 게임 시스템을 업데이트하는 각 프레임의 첫 번째 전반부는 기다리고 있어야 한다.

불행하게도, 이 시스템은 입력과 반응 사이에 3에서 4 프레임 길이의 지연이 생긴다. 이는 프레임 동안 언제 입력이 받아졌는지에 따라 다르다. (대부분의 텔레비전은 자체 신호 처리를 수행하기 위해 추가로 한 두 프레임을 더 추가하지만, 우리는 그 지연에 대해 통제할 수 없으므로 여기서는 무시하겠다.)

잘못 작성된 코드는 지연을 더욱 길게 만들어, 5, 6, 7 혹은 그 이상의 프레임까지도 늘릴 수 있다. 게임에 추가적인 프레임의 지연이 기어 들어가지 않도록 보장하는 것은 프로그래머의 책임이다. 하지만 일단 프로그래머들이 실수를 하지 않고 추가 지연이 발생하지 않더라도 하드웨어의문제로 지연이 3 프레임 미만으로 내려가는 것은 불가능하다. 게임의 전체 프레임률을 변경함으로써 각 프레임의 길이를 변경하는 것이 유일한 선택이다.

어떤 프레임률을 선택해야 할까? 일부는 영화나 TV를 참고로 한다. 영화는 초당 24fps(초당 프레임), 텔레비전은 30fps에서 실행된다. 이러한 프레임률은 이미지 간에 인지되는 깜빡임이나 끊김을 피하기 위한 최소한의 한계로 선택되었다. 하지만 우리는 이 기준들을 게임에 무턱대고 적용할 수 없다. TV 에서 중요한 지연은 한 프레임에서 다음 프레임까지이다. 게임에서 중요한 지연은 입력과 반응 사이로, 우리가 본 것처럼 세 배에서 네 배 더 길다.

다른 사람들은 인간의 반응 시간을 참고로 한다. 하지만 이것도 효과가 없다. 우리가 답하려는 질문은 플레이어가 게임에 반응하는 속도와는 무관하다. 게임이 플레이어에게 반응하는 속도와 그것이 매끄럽게 동기화되는 느낌을 줄 만큼 빠른지와 관련이 있다.

사실, 게임 느낌이 좋아지는 표준 프레임률은 없다. 오히려 그래픽과 반응성 사이에는 매끄러운 절충이 있다. 추가된 지연의 매 밀리초는 게임을 약간 더 느리게 느끼게 하면서 복잡한 그래픽을 렌더링할 더 많은 시간을 허용한다.

플레이어는 조작 지연을 보정하기 위해 약간 일찍 입력을 배우게 된다. 게임의 조작 지연 길이는 플레이어가 얼마나 앞서 예측해야 하는지를 결정한다.

예를 들어, 슈팅 게임의 플레이어가 일정한 속도로 목표물을 향해 조준선을 움직이고 있다고 상상해 보자. 플레이어는 0.5초 후에 목표물이 조준선 아래에 들어올 것을 예측할 수 있다. 게임이 30fps에서 실행되고 TV가 자체 지연으로 50밀리초를 추가한다고 가정해 보자. 이는 총 입력 지연이 183밀리초(1/30초에 한 프레임씩 4 프레임, TV에서 추가로 50밀리초)임을 의미한다. 플레이어가 목표물 위에 조준선이 있는 것을 보고 발사하면, 그의 입력이 화면에 피드백되기까지 거의 0.2초 걸리기 때문에 놓칠 것이다. 그 시간엔 그의 조준선은 목표를 지나쳤을 것이다(조준 보조를 무시한다면 말이다). 그러므로 목표를 맞추려면, 몇 프레임 일찍 방아쇠를 당겨야 한다. 더 긴 지연은 플레이어가 더 먼 미래를 예측해야 함을 의미하며, 이는 더 많은 실력을 요구하고 화면 동기가 덜 맞는 느낌을 준다.

게임 기획의 요구에 따라 적합한 프레임률이 달라진다. 일부 오래된 텍스트 어드벤처 게임들은 화면에 설명을 표시하는데 시간이 걸렸기 때문에 1fps 미만으로 실행될 수 있다. <퀘이크 3(Quake 3)> 같은 슈팅 게임은 200fps 이상으로 실행될 수 있다. 1fps에서 실행되는 게임들은 턴 기반으로 키 입력을 통해 제어될 경우에는 플레이 할 수 있다. 200fps 비율은 사람과 대전하는 PC 슈팅 플레이어들이 추구하는 프레임률의 상위 수준이다. 이러한 플레이어들은 얻을 수 있는 모든 경쟁 우위를 원하기 때문에 게임 출시 시점에서 쓸수 있었던 최고의 하드웨어보다 30배 더 강력한 하드웨어에서 10년 된 게임을 실행시킨다.

그러나 대다수의 게임은 30fps 또는 60fps에서 실행된다. 60fps 이상의 개선을 느낄 수 있는 플레이어는 많지 않으며, 30fps 미만의 프레임률은 시각적으로 끊기는 것처럼 낮아서 사용하기 어렵다. 그래서 보통 이 두 가지 대안 사이에서 선택해야 한다. 30fps에서 최적인 4프레임의 지연은 100에서 133ms 의 지연과 화면 지연이 발생한다. 60fps에서는 지연이 50에서 67ms 지연과 화면 지연으로 줄어든다.

계산 능력에 한계가 없는 세상에서는 항상 60fps를 선택할 것이다. 실제로는, 60fps는 심각한 비용을 수반한다. 게임 <둠>과 <퀘이크>의 전설적인 프로그래머인 존 카맥은 60fps 게임이 30fps 게임보다 프레임당 사용 가능한 처리 능력이 약 1/3 밖에 되지 않는다고 말했다. 그것은 그래픽과 복잡한 처리 사이의 비싼 절충이다.

30fps와 60fps 사이의 선택은 플레이어의 예상 실력, 제어 인터페이스의 유형, 그리고 게임의 특정 감정 트리거에 따라 달라진다. 아트 리소스나 서사에 기반한 게임은 더 풍부한 시각적 효과를 사용할 수 있는 30fps에서 두는 것이 최선인 경우가 종종 있다. 신속한 입력에 의존하지 않는 실력 기반 게임, 예를 들어 턴 기반 전략 게임도 마찬가지다. 60fps가 필수적인 경우는 높은 실력을 가진 플레이어들이 신속한 반응 입력을 요구하는 시스템과 상호 작용할 때이다. 60fps의 가장 일반적인 후보들은 슈터, 레이싱 게임, 그리고 격투 게임이다.

60프레임이 올바른 선택임에도 불구하고 다른 개발 관계자들이 60프레임 표준에서 물러서라는 압력을 가하는 경우가 종종 있다. 이는 60fps의 비용이 개발 과정에서 많은 개별 이해관계자들에게 직접적인 영향을 미치는 반면 혜택은 보기 어렵기 때문에 발생한다. 아티스트들은 아트 리소스의 규모, 디테일, 그리고 아름다움의 한계를 넓히고자 한다. 프로그래머들은 AI와 물리 시스템에 더 많은 복잡성을 추가하기 위해 더 많은 CPU 사이클을 원한다. 마케터와 퍼블리셔는 가장 인상적인 스크린샷과 기술 설명을 원한다. 이 그룹들은 종종 프레임당 처리 능력의 2/3을 보이지 않는 이점을 위해 희생하는 것이 아닌지 의심스러워한다. 그래서 60fps에 대한 자연스러운 정치적 편견이 존재한다. 그렇기 때문에 기획자들은 60fps가 필요한 게임에서 그것이 게임에서 항상 동작하도록 게임에 관계된 사람들을 열심히 설득해야한다.

입력 기획 Designing Input

입력은 인지하기 힘들기 때문에 기획하기 힘들다. 나는 기획 팀이 게임을 검토하면서 컨트롤러를 돌려가며 눈앞에서 게임이 실제로 어떤 동작을 하고 있는지에 대해 의견이 일치하지 않는 것을 본 적이 있다. 연습을 통해 좋은 조작감과 나쁜 조작감을 구별하는 것이 가능하다. 하지만 의도적으로 숨겨져 있기 때문에 표면 아래에서 무슨 일이 일어나고 있는지 정확히 알 수는 없다.

그리고 입력 시스템이 더 좋을수록 이해하기는 더 어렵다. 쉬워 보일수록 달성하기는 더 어렵다라는 오래된 격언을 기억하라. 게임에서만큼 입력 기획만큼 이 격언이 들어맞는 곳은 없다. 플레이어에게는 마리오의 점프 조작과 <헤일로>의 조준 시스템이 순수하게 단순하다. 하지만 매끄러운 겉모습 이면에는 복잡한 우발 상황, 예외 상황, 보조 시스템이 복잡하게 배치되어 있다.

대부분의 플레이어는 게임이 왜 그렇게 느껴지는지 결코 이해하지 못할 것이다. 그들은 실제로 실제로는 입력 시스템에서 이루어진 성공을 그래픽이나 밸런스의 공으로 돌릴 것이다. 게임 개발자들 사이에서도 입력의 중요성을 잊기 쉽다. 그래서 입력은 종종 무시된다. 돈이 부족하고 마감일이 다가올 때, 아무도 볼 수 없는 것에 부족한 자원을 사용하는 것은 어렵다.

하지만 입력은 거의 항상 투자할 가치가 있다. 비록 결코 눈에 띄지 않고 드물게 주목받지만, 플레이어는 플레이하는 모든 순간 그것을 느끼기 때문이다.

10 | 시장 The Market

테크람은 세상에서 가장 이상한 짐승이었다. 테크람은 집채만한 형태 없는 덩어리였고, 털, 비늘, 그리고 키틴질로 미친듯이 섞여 덮여 있었다. 비틀린 팔다리들이 그 덩어리에서 아무렇게나 튀어나왔다. 그리고 다음 날 돌아오면, 그것은 다르게 보였다.

마을 사람들은 곧 그것이 가진 능력을 알게 되었다. 올바른 것을 먹였을 때, 그것은 왕이 내리는 것 같은 음식, 고급 천, 그리고 금을 내놓았다. 문제는 그것이 무엇을 원하는지 아무도 알아낼 수 없었다는 것이었다. 어떤 날은 그것이 베이컨을 좋아해 올바른 입에 던져진 매 조각마다 다이아몬드를 배출했다. 다음 날은 풀로 된 음식만 원했다. 때로는 그것이 덜 익힌것, 너무 익힌 것, 양념을 한 것이나 심심한 것, 복잡한 것, 단순한 것, 건강에 좋은 것과 기름진 것을 좋아했다. 때로는 심지어 음식이 아닌 것들을 먹고 싶어했다.

수 세기 동안, 상인들과 현자들은 테크람을 이해하고 그것의 욕망을 예측하려고 시도했다. 그들은 무작위로 음식을 테크람의 입에 던지는 시행착오 없이 그것의 풍요로움에 접근하고 싶었다. 모두 실패했다. 천 년 후, 마을 사람들은 그것을 단지 이해할 수 없는 존재로 숭배했다.

기획 목적 Design Purpose

모든 게임은 목적을 가지고 만들어진다. 일부 게임들은 판매, 구독, 게임 내 구매 또는 오락실에서 사람들이 동전을 넣게 함으로써 수익을 창출하기 위해 만들어진다. 다른 게임들은 비상업적인 목적을 위해 만들어진다. 예술 게임, 취미 프로젝트, 학문적인 실험, 기획 테스트는 유명세, 정년 보장, 또는 자기 만족을 위해 만들어진다.

모든 기획 결정은 게임이 제공하려고 만들어진 목적에 의해 영향을 받는다.

일부 일반적인 비즈니스 모델에 대한 조사는 목적이 기획에 얼마나 많은 영향을 미치는지 보여준다.

아케이드 게임은 플레이어가 기계에 돈을 넣도록 설계되었다. 지나가는 플레이어를 끌어들이기 위해, 그들은 빠르게 움직이고 시각적으로 표현력 있는 메카닉을 사용한다. 플레이 시간이 길면 수익이 줄어들 수 있으므로, 아케이드 게임은 몇 분 만에 플레이되도록 설계되었다. 지나가는 사람들을 위한 실력 장벽을 줄이기 위해, 조작과 메카닉은 극도로 단순하다. 플레이어가 돌아와 더 많은 동전을 넣게 하기 위해, 아케이드 게임은 매우 탄력적인 성공 조건과 매우 높은 실력 상한선을 가지고 있다. 많은 아케이드 게임은 승리할 수 없게 되어있으며, 플레이어는 요금을 계속 지불하면서 더 높고 높은 점수를 추구한다.

대규모 멀티플레이어 온라인(MMO) 게임은 일반적으로 접속을 위한 월간 요금을 부과함으로써 돈을 번다. 그러므로 그 목적은 플레이어가 가능한 많은 달 동안 게임을 플레이하도록 유지하는 것이다. 이를 위해 MMO는 대량의 콘텐츠와 매우 깊은 캐릭터 성장 시스템을 포함한다. 사회적 상호작용과 커뮤니티 구축 시스템은 플레이어들이 주변 사람들과 함께 있도록 해 그들이 머무르도록 독려한다.

전통적인 패키지 게임은 개당 판매로 돈을 벌기 때문에, 좋은 리뷰와 입소문이 주요 목표다. 어떤 의미에서, 이 비즈니스 모델은 좋은 리뷰를 생성하는 가장 좋은 방법이 단순히 훌륭한 경험을 만드는 것이기 때문에 가장 순수한 게임 기획을 장려한다.

비상업적 게임은 매우 다른 목표를 가진다. 많은 예술 게임은 경험을 창조하는 것보다 아이디어를 표현하는 것에 더 초점을 맞춘다. 그것들은 현실 세계의 문제, 학술 기관에 관련된 것, 또는 추상적 개념에 집중할 수 있다.

때로는 기획자가 그냥 재미로 게임을 만들기도 한다. 내가 취미로 게임 만들기를 처음 시작했을 때는 우리는 무엇을 하는지, 심지어 왜 그렇게 하는지조차 몰랐다. 우리는 그냥 하고 싶어서 했다.

수많은 다른 모델이 있으며, 새로운 것들이 정기적으로 등장한다. 게임 내 광고, 셰어웨어, 광고 게임, 교육용 게임, 시리어스 게임, 광고 지원, 사용자 생성 콘텐츠, 에피소드별 콘텐츠, 소액결제, 부분 유료화 플레이, 팬 사전 판매는 천 가지 다른 비즈니스 모델로 재구성될 수 있는 몇 가지 조각일 뿐이다.

각 모델은 다른 기획 도전이다. 그리고 각각에서, 만들 수 있는 엄청난 여지가 있다. 상업적으로 성공적인 1인용 대서사시를 만드는 것은, 작은 학계 청중을 위한 독창적이고 감동적인 예술 작품을 창조하는 것과 마찬가지로 어려운 일이다. 하지만 각 경우에, 도전, 제약, 그리고 기회는 다르다.

이것이 좋은 게임이 반드시 성공적인 게임은 아닌 이유다. 성공은 우아함, 깊이, 밸런스 같은 기획 원칙을 적용하는 것 이상의 것에 달려 있다. 또한 게임의 목적, 시장에서의 어느 위치에 맞는지, 그리고 그것의 시장 포지셔닝이 그것의 기획에 어떻게 영향을 미쳐야 하는지 이해하는 것에도 달려 있다.

게임 시장의 토너먼트 The Tournament Market

시장에서 게임을 포지셔닝 하는 방법을 이해하기 위해서는 먼저 시장 구조 자체를 이해해야 한다.

경제학에서는 한 사람이 소비할 때 다른 사람이 소비할 수 없는 제품을 *경쟁재*라고 한다. 예를 들어, 음식은 완벽한 경쟁재이다. 한 사람이 먹은 사과는 다른 사람이 먹을 수 없다. 반면에 게임 기획은 소설, 영화에서의 배우의 연기, 그리고 녹음된 음악처럼 비경쟁재다. 이러한 제품들이 한 번 만들어지면, 추가 소비자에게 전달하는 비용은 거의 들지 않는다.

예를 들어, 배관은 경쟁재다. 왜냐하면 배관공은 한 번에 한 고객만을 위해 일할 수 있기 때문이다. 이는 평범한 배관공이 다른 한명의 뛰어난 배관공이 마을에 이사 온다 해도 걱정할 게 별로 없다는 것을 의미한다. 뛰어난 배관공은 한정된 수의 고객만을 서비스할 수 있으므로, 언제나 평범한 배관공을 위한 고객이 남아 있을 것이다.

하지만 비경쟁재의 생산자는 이러한 제한이 없다. 좋은 게임은 거의 비용 없이 무한정 복제되어 어떤 수의 고객에게도 배포될 수 있다. 이는 중간 수준의 서사 기획자가, 한 명의 새로운 천재 서사 기획자가 훨씬 더 나은 게임을 만들어 모든 지구상의 고객을 빼앗을 수 있다는 걱정을 정말로 해야 한다는 것을 의미한다.

이 비경쟁성은 게임 시장이 승자 독식 토너먼트와 유사하게 만든다. 최고의 게임이 모든 고객을 차지한다. 다른 게임들은—그것들이 아주 좋다 하더라도— 아무도 얻지 못한다. 왜냐하면 모든 사람이 여전히 가장 좋은 게임을 하고 있기 때문이다.

토너먼트의 승자에게 이는 환상적이다. 전체 시장을 자신만의 것으로 만들 수 있다. 이를 달성하면, 부끄러울 정도의 돈을 벌 수 있다. 예를 들어, <콜 오브 듀티: 블랙 옵스(Call of Duty: Black Ops)>는 1인칭 슈팅 게임 시장을 독점함으로써 라이베리아(370만 명의 인구를 가진 나라)의 연간 GDP보다 더 많은 돈을 벌었다.

하지만 토너먼트에는 패자도 있다. 사실, 대부분이 패자다. 패자들이 숨겨져 있기 때문에 이 사실을 잊기 쉽다. 우리는 리뷰와 시상식에서 화려한 승자에 대해 듣지만, 패자들은 어둠 속에서 죽어간다. 보다 균형 잡힌 시각을 적극적으로 추구해야만 실패의 수가 분명히 보인다. 특정 기간 동안 출시된 게임의 전체 목록을 보면 그 숫자가 얼마나 많은지에 놀랄 것이다. 그리고 이 결과조차도 결국 출시되지 않은 게임을 무시함으로써 생존 편향을 겪는다. 게임 토너먼트는 가혹하고, 대부분의 게임이 진다.

마태 효과 The Matthew Effect

게임 기획 토너먼트는 과학 사회학자 로버트 K. 머튼이 성경 구절 마태복음 25:29에서 따온 이름인 '마태 효과'에 의해 더욱 한쪽으로 치우치게 된다: "누구든지 가진 자에게는 더 주어져 풍부하게 될 것이며, 가지지 않은 자에게는 그가 가진 것마저 빼앗길 것이다." 인기 있는 게임이나 프랜차이즈는 더욱 인기를 얻는 데 유리한 위치에 있다. 부자는 더 부유해진다.

게임에서 마태 효과는 여러 가지 이유로 나타난다. 첫째, 게임은 단순히 비경쟁재가 아니다. 그 이상이다. 게임은 더 많은 사람들이 그것을 플레이할수록 더 좋아지기 때문에 반경쟁재다. 더 많은 플레이어는 더 강한 커뮤니티, 더 많은 잠재적인 같이 할 수 있는 사람, 더 많은 사용자 제작 콘텐츠와 문화, 그리고 더 많은 입소문을 의미한다. 둘째, 성공한 게임의 개발자들은 돈, 신뢰도, 그리고 지위에서의 이점을 가지고 있어, 그들이 다음 게임을 만드는 데 도움이 된다. 그들은 원하는 인재에게 돈을 지불할 수 있다. 그들은 퍼블리셔로부터 창의적으로 콘텐츠를 만드는 통제권을 얻을 수 있다. 그들은 플랫폼 소유자들에게 영향력을 가진다. 셋째, 소비자들은 친숙한 것을 선호하는 강한 편향을 가지고 있고, 이는 그런 상황이 아니라면 경쟁이 될수 있더라도 이미 유명한 타이틀이 알려지지 않은 것들로부터 이긴다는 것을 의미한다.

마태 효과는 마치 죠지 오웰의 1984처럼, 가진 자와 가지지 않은 자의 자리가 영구히 고정된 세계를 의미한다. 하지만 실제로, 지배적인 프랜차이즈는 정기적으로 신생 기업들에 의해 전복된다. 그것들에게 불리한 것처럼 보이지만, 신생 기업들은 큰 회사들이 따라올 수 없는 이점을 가지고 있다.

혁신가의 딜레마 The Innovator's Dilemma

새로 시작한 스튜디오의 기획자를 상상해 보라. 그에게는 위험한 아이디어가 통하지 않을 것이라고 말하는 주주, 상사, 또는 방해꾼이 거의 없다. 그의 이름은 어떤 확립된 기획에도 묶여있지 않으며, 아무도 그에게서 무엇인가를 기대하지 않는다. 잃을 것이 없기 때문에, 그의 발명과 혁신 능력은 전혀 구속받지 않는다. 그를 밀어붙이는 것은 오로지 그 자신의 창의적인 열정뿐이지만, 그를 묶어두는 것도 없다.

그래서 그는 무언가 특별한 것을 시도한다. 그는 위험을 감수하고, 그것에 온 마음을 담아 넣는다. 그리고 그것은 히트를 친다. 그는 엄청난 돈을 벌고, 그의 스튜디오는 성장하며, 그는 유명해진다. 이제 성공의 어두운 면이 드러난다.

혁신에 반대하는 세력이 그의 주변과 내부에서 성장하기 시작한다. 주주들이 분기별 수익에 대해 물어보기 시작한다. 성장하는 직원들은 기대, 권력의 인수, 그리고 전문적인 기술들을 쌓아간다. 습관이 형성되고 고착된다. 처음에는 위험을 감수하던 스타트업에서 임시방편의 스튜디오 문화가 무거운 서류 작업 기계로 대체된다. 더 나쁜 것은, 성공한 기획자는 자기 자신을 의심하기를 멈춘다는 것이다. 아마도 그는 자신의 아이디어를 너무 높게 평가하기 시작할 수도 있다. 아마도 그는 이제 많은 것을 잃을 수 있기 때문에 변화를 두려워하기 시작할 수도 있다. 아마도 그는 혁신을 위해 고생하는 정신적인 노동을 하는 것이 너무 귀찮아질 수도 있다.

결국, 성공한 기획자와 그의 스튜디오는 발명할 능력을 잃는다. 그의 잃을 것 없는 창의적인 열정과 야생의 아이디어를 시도할 의지는 사라진다. 그는 초기 성공을 영원히 이어가려고 시도하면서 방어적으로 캐시카우로부터 돈을 짜내기로만 하기로 한다. 그리고 그는 어떤 새로운 젊은이가 그가 이전 사람을 무너뜨린 것과 같은 방식이었던 미친 아이디어로 그를 무너뜨리는 것을 보고 놀란다.

이 상황을 '혁신가의 딜레마'라고 한다.

혁신가의 딜레마는 분야의 현직 리더들이 직면하는 어려운 선택을 말한다. 주력 제품을 버리고 혁신을 계속하거나, 그렇지 않고 다른 누군가가 대신 혁신하기를 기다리거나.

혁신가의 딜레마는 마태 효과를 상쇄한다. 작은 스튜디오의 관점에서 볼 때, 이미 자리잡은 경쟁자의 크기와 자원은 압도적으로 보일 수 있다. 그러나 대부분의 큰 회사들은 혁신가의 딜레마에 의해 방해받는다. 그들은 오래된 승리에 의존해 살아가며, 무너뜨려질 것을 기다리는 멈춰있는 표적일 뿐이다.

시장 구역 Market Segments

게임 기획 토너먼트는 여러 부분에서 진행되며, 각 부분마다 다른 상금이 있다. 큰 상품을 노리고 큰 부분에서 승리하려고 시도할 수 있지만, 거대한 투자가 필요하고 치열한 경쟁에 직면하게 될 것이다. 또는 더 작은 상품이 걸린 더 작은 부분을 목표로 할 수 있다. 작은 상품은 경쟁이 덜하지만, 보통 보상도 적다.

물론, 이 부분들은 시장 구역이다.

시장 구역은 관심사, 이미 존재하는 실력 수준, 가격 범위, 문화, 이용 가능한 기술, 그리고 지리적 위치에 의해 따른 플레이어들의 집단이다.

미국 시장의 한 구역은 군인으로 플레이하며 다른 군인들을 쏘는 높은 실력기반의 경쟁을 원한다. 일본 시장의 한 구역은 디지털 조랑말의 귀여움을

즐기며 같이 놀기를 원한다. 레이싱을 좋아하는 구역, 스팀펑크에 빠진 구역, 훌륭한 플랫포머 실력을 가진 구역 그리고 프로 농구에 대한 깊은 지식을 가진 구역이 있다.

일부 시장 구역은 다른 시장 구역보다 더 크고 수익성이 높기 때문에 게임이 목표로 하는 시장 구역의 규모는 잠재적 수익에 영향을 미친다.

예를 들어, <시스템 쇼크 2>와 <하프라이프>를 생각해보자. 이 게임들은 각각 1년 사이에 출시되었다. 두 게임 모두 1인칭 관점에서 플레이되며, 거대하고 몬스터가 가득한 시설에 갇힌 고독한 남성으로 플레이하는 것을 포함한다. 두 게임 모두 플레이한 사람들에 의해 걸작으로 여겨졌으며, 평론가들에게도 넓은 범위의 호평을 받았다. 그러나 이러한 유사성에도 불구하고, <하프라이프>는 <시스템쇼크 2>보다 10배 이상 팔렸다. 차이점은 목표로 하는 시장이었다. <시스템 쇼크 2>는 더 복잡하고 어려워서, 핵심적이고 복잡성을 추구하는 작은 구역에 어필했다. <하프라이프>는 더 단순하고 쉬우며, 더 액션 지향적이어서 훨씬 더 큰 그룹에 어필했다. 각 게임은 자신의 토너먼트에서 손쉽게 승리했지만 <하프라이프>는 훨씬 더 큰 리그에서 경쟁하여 더 많은 돈을 벌었다.

더 큰 시장 구역을 목표로 하는 단점은, 그것이 매우 수익성이 높기 때문에 더 많은 경쟁을 갖게 될 것이라는 것이다.

이래이셔널 게임즈가 <시스템 쇼크 2>를 <하프라이프>와 더 비슷하게 만들었다면, <시스템 쇼크 2>의 판매는 실제로 감소했을 수 있다. 스튜디오는 더 큰 구역을 목표로 했겠지만, 당시 액션 슈터 시장에 들어와있던 밸브, 에픽 게임즈, 그리고 이드 소프트웨어와 직접 경쟁하게 되었을 것이다. 이 구역의 플레이어들은 차라리 <하프라이프>, <언리얼(Unreal)>, 또는 <퀘이크II(QuakeII)>를 플레이하기를 원했을 수 있다. 그래서 이래이셔널 게임즈는 위험을 감수하지 않기로 결정하고 덜 경쟁적이고 좀 더 마니아층이 좋아할 생존 공포 RPG 부분에 머무르기로 했다.

이 두 힘—큰 시장 구역의 수익성과 그것들이 끌어들이는 경쟁—은 보통 균형을 이룬다. 크고 수익성 높은 시장 구역은 개발자들을 끌어들이며, 그 시장 구역에서의 경쟁을 증가시키고, 그것들의 수익성을 떨어뜨린다. 시간이 지남에 따라, 게임 시장은 어떤 구역도 다른 것보다 더 수익성이 높지 않은 평형 상태로 기울어지게 된다.

소외된 시장 구역 Underserved Market Segments

모든 사람이 모든 시장 구역을 완전히 이해한다면, 다른 구역보다 더 수익성이 좋은 어떤 구역은 더 이상 최선의 선택이 아니게 때까지 개발자들을 끌어들일 것이다. 최종 결과는 모든 시장 구역에서 정확히 같은 수익률을 내는 완벽한 평형의 시장이 될 것이며, 평균 이상의 결과를 얻을 방법이 없을 것이다.

이것이 모델이 무너지는 지점이다. 현실에서는 시장의 형태를 완벽하게 이해하는 사람은 아무도 없다. 어떤 주어진 시장 구역에 몇 명의 사람들이 있는지 알기 어렵다(당장, 말을 소재로 하는 게임을 좋아하는 사람이 몇 명인지 말해보라). 시장 구역은 지저분하게 겹친다. 문화와 기술은 지속적으로 변화하므로, 평형상태는 불가능하다. 결과적으로, 항상 이를 찾아낸 사람에게 비정상적인 이익을 제공하는 아직 게임이 서비스되지 않는 시장 구역이 존재한다. 문제는 이런 틈새시장을 찾는 것이다.

1993년, 1989년에 히트한 <심시티(SimCity)>의 기획자인 윌 라이트는 아이디어를 떠올렸다. 그는 플레이어 집을 짓고, 직장을 얻고, 아이들을 키우는 시뮬레이트 된 가족을 관리하는 게임을 만들고 싶었다. 1985년에 출시된 <리틀 컴퓨터 피플(Little Computer People)>과 같은 비슷한 노력이 몇 차례 있었지만, 기존에 존재하던 가족 관리 게임에 대한 시장은 없었다.

아무도 그것을 만들고 싶어하지 않았다. "처음 몇 년 동안 맥시스 내부에서 싸워야 했다." 라이트는 나중에 인터뷰에서 말했다. 스튜디오 내부의 사람들은 심지어 그것을 "화장실 게임"이라고 불렀다. 왜냐하면 플레이어가 가족이 화장실을 청소하도록 지시했기 때문이다. 그리고 게임을 반대하는 사람들은 그들의 의심을 뒷받침하는 시장 조사를 가지고 있었다. "1993년에 포커스 그룹 테스트를 했어요" 라이트가 말했다. "그리고 매우 나빴어요. 아무도 전혀 좋아하지 않았고, 그날 밤 우리가 발표한 네 가지 아이디어 중 최악이었어요."

누가 옳았을까? 양쪽 모두 각자 주장이 있었다. 한편으로, 그 게임은 라이트의 히트작 <심시티>가 그랬던 것처럼 창의적이고 전투를 덜 좋아하는 플레이어에게 호소할 수 있다. 다른 한편으로, 누가 컴퓨터 게임에서 화장실을 청소하고 싶어할까? 우주 해병과 판타지 전사들의 시대에, 가족을 관리하는 것은 너무 평범해 보였다. 그리고 그리 오래되지 않아 스튜디오 상사들은 화장실 게임 개발을 중단시켰다.

하지만 라이트는 포기하지 않았다. 그는 어디서든 도움을 받으며 프로젝트를 살려서 계속 진행했다. 그는 일이 없는 프로그래머를 찾아 프로젝트에 끌어 들였다. "회사에서는 그를 해고하려고 생각했어요." 그가 말했다. "말하자면 저는, 그를 제 블랙 박스로 끌어들여, 작은 비밀 프로젝트를 진행했어요." 그렇게 몇년이 흘렀다. (이제 '인형의 집(<Doll House>)'으로 알려진) 이 가족 게임은 <심시티 2000>, 그리고 <심콥터>가 개발되는 동안 바깥에서 조금씩 진행되었다.

그러다 마침내, 바람의 방향이 바뀌었고 라이트는 전체 팀과 함께 개발을 시작할 수 있는 청신호를 받았다. '인형의 집'이 출시될 때까지 윌 라이트는 중간에 멈췄다 진행했다 하면서 작업을 계속 해왔다. 그리고, 그것은 <심즈> 라는 새로운 이름을 받았다.

하지만 그 당시조차도 그 게임이 시장을 얼마나 가지고 있는지 아무도 몰랐다. 가족 관리 게임을 원하는 사람이 얼마나 될까? 그 게임은 이전에 있었던 어떤 것과도 달랐다. 이런 종류의 게임에 대한 확립된 시장 구역이 없었기 때문에, 모두가 추측할 수밖에 없었다. 심지어 라이트 자신도 알지 못했다. "저는 그 게임이 1백만 카피 정도 아니면…, 50 카피 정도 팔 거라고 생각했어요." 그가 말했다.

라이트는 틀렸다. 그 게임은 50 카피만 팔리지도 않았고, 1백만 카피만큼 팔리지도 않았다. <심즈>는 1억 카피 이상 팔린 프랜차이즈를 낳았다. 이 글을 쓰는 시점에서, 그것은 역사상 가장 많이 팔린 PC 프랜차이즈다.

가족 관리 게임에 대한 시장 구분은 전통적인 카테고리를 넘어서 거대하다는 것이 밝혀졌다. <심즈>는 창의적이고 압박이 적은 경험을 제공하기 때문에 게임을 한 번도 해본 적이 없는 사람들에게 어필한다. 또한 스스로 재산을 얻는 도전을 정하거나 외계인을 쏘는 것에서 벗어나고 싶어하는 하드코어 게이머들에게도 어필한다. 이 시장 구역은 거대했고, 경쟁은 전혀 없었다. 그래서 <심즈>는 엄청나게 수익성이 좋았다.

지금 생각해 보면, 당연하게 보인다. 물론, 이런 게임은 게이머부터 할머니까지 모두에게 어필할 것이다. 물론, 사람들은 압박적인 경쟁에서 벗어나고 싶어한다. 그것은 모방 제품이 난무하는 곳에서 돋보이는 제품이다.

하지만 기억하라. 이 모든 것이 사실이 일어나기 전에는 분명하지 않았다. 포커스 테스터들은 '인형의 집'을 싫어했다. 경영진도 싫어했다. 라이트의 동료 개발자들도 마찬가지였다. 심지어 라이트 자신도 그것이 실패할 수 있다고 생각했다. 다행히, 그것은 성공적이었다. 하지만 그렇지 않을 수도 있었다.

최고의 시장 전략은 소외된 구역을 찾는 것이다. 하지만 탐지되지 않은 시장 구역을 찾아내는 좋은 방법은 없기 때문에 이 전략은 어렵고 위험하다.

서비스되지 않는 시장 구역을 찾을 수 있는 사람에게는 엄청난 수익이 기다리고 있다. 최고의 경우, 게임은 자신 만의 거대한 시장 구역에서 모든 이익을 독차지할 수 있다.

하지만 그런 빈 구역을 찾는 것은 어렵고 위험하다. 확립된 장르에서 일하는 기획자는 고객이 누구인지, 그리고 그 고객들이 과거에 어떤 것에 반응했는지 알고 있다. 기본은 기획자 안에 이미 정의되어 있고; 기본 기획 결정들은 이미 내려져 있다. 새로운 시장 구역을 창조하려는 시도는 다르다. 정해진 기존 플레이어가 없다. 참고할 만한 것이나 따를 관례가 없다. 가장 중요한 것은, 극도로 독창적인 게임에 관심을 가질 사람이 몇 명인지 알 수 없다.

<심즈>는 기획 기술의 멋진 예지만, 기술만으로 그것의 대단한 성공을

보장하지는 않았다. 모든 <심즈>마다, 고객을 찾지 못한 그만큼 잘 만들어진 많은 다른 게임들이 있었다. 왜냐하면 그런 종류의 성공은 기술 이상을 필요로 하기 때문이다. 그것은 또한 큰 베팅을 할 의지를 필요로 하며, 많은 운을 요구한다.

가치 곡선 Value Curves

시장 구역이라는 개념은 우리가 시장을 완벽하게 별개의 덩어리로 나눌 수 있고, 각각에 작은 라벨을 붙일 수 있다는 것처럼 들린다. 물론 현실은 그렇게 깔끔하지 않다. 시장 구역은 복잡하게 겹치고, 한 게임이 여러 다른 시장 구역에 어필할 수 있다.

다른 게임들이 다른 사람들에게 어떻게 어필하는지에 대해 더 정확하게 생각하는 방법을 살펴보자. 그것은 게임이 제공하는 모든 것을 시장 가치의 집합으로 나누는 것에서 시작된다.

게임 기획에서의 시장 가치는 특정한 방식으로 어떤 사람들 그룹에게 어필하는 게임 경험의 측면이다.

예를 들어, <심즈>를 단지 집을 짓기 위해 플레이하는 사람들이 있다. 그들은 시뮬레이션된 가족을 조작하는 데 관심이 없다. 그들은 단지 다른 방 모양, 벽지, 그리고 가구들을 실험하고 싶어한다. <심즈>는 창의적인 집 짓기라고 부를 수 있는 시장 가치를 제공함으로써 이 사람들에게 어필한다.

하지만 <심즈>는 집을 짓는 데 관심이 없는 사람들에게도 어필한다. 자신의 모습으로 역할놀이를 하고 싶어 하는 다른 플레이어를 생각해 보자. 그는 자신의 캐릭터를 만들고 게임에 포함된 미리 만들어진 집 중 하나에서 드라마, 사랑, 그리고 비극으로 가득 찬 드라마틱한 대안적인 삶을 탐험하기 시작한다. 이 플레이어는 인생 역할놀이라고 부를 수 있는 다른 종류의 가치에 반응한다.

<심즈>는 창의적인 집 짓기, 인생 역할놀이, 그리고 많은 다른 종류의

시장 가치를 한 묶음으로 제공한다. 그것은 하나의 관심사를 가진 한 부류의 사람들에게만 어필하지 않는다. 그것은 그것의 시장 가치를 원하는 누구에게나 어필한다. 그리고 거의 모든 플레이어는 한 번에 여러 가치에 관심을 가진다. <심즈>를 역할놀이로 즐긴 거의 모든 사람이 창의적인 집 짓기과 인생 역할 놀이 양쪽에서 적어도 어느 정도의 즐거움을 얻었을 것이다.

우리는 서비스되지 않던 시장 구역을 목표로 한다는 것을 알고 있다. 하지만 모든 구역은 서로 겹치기 때문에 빈 구역을 찾는 것만으로는 충분히 정확하지 않다. 시장 구역을 더 정확하게 이해하기 위해, 우리는 가치 곡선을 사용할 수 있다.

가치 곡선은 게임을 플레이어에게 제공하는 다양한 종류의 시장 가치에 대해 평가함으로써 게임을 비교하는 그래프다.

가치 곡선은 어떻게 경쟁을 피하고 경쟁할 여지가 없는 시장 공간을 만들어 내는지 보여준다. 그것은 두 게임이 같은 가치를 제공하는 곳과 다른 가치를 제공하는 곳을 분석함으로써 이를 달성한다.

한가지 예를 살펴보자. 이것은 1999년 사이버펑크 액션-RPG <데이어스 엑스>의 가치 곡선이다. :

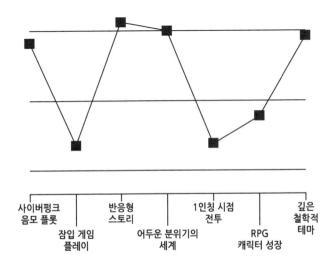

<데이어스 엑스>는 다양한 종류의 가치를 제공한다. 사이버펑크 음모 줄거리, 반응형 스토리, 어두운 분위기의 세계, 또는 깊은 철학적 테마를 찾는 플레이어는 이 게임이 잘 맞을 것이다. 이 게임은 또한 잠입 게임플레이, 1인칭 전투, RPG 캐릭터 성장도 제공하지만 그 수준은 높지 않다.

하지만 단 하나의 게임의 가치 곡선은 그다지 유용하지 않다. 가치 곡선은 비교를 위한 도구다. 이는 여러 게임을 같은 곡선 위에 표시해야 하는 것을 의미한다. 여기 <바이오쇼크>가 추가된 그래프가 있다. :

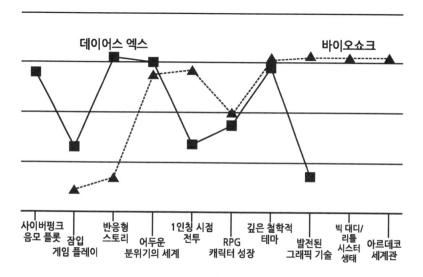

이제 우리는 각 게임에 고유한 가치, 겹치는 가치, 각 제품이 가장 잘 서비스하는 가치가 정확히 무엇인지 볼 수 있다. 두 게임 모두 잠입 게임플레이를 제공하지만, 잠입 시스템이 더 깊고 더 잘 균형을 이룬 <데이어스 엑스>에서 잠입게임 팬이 더 많은 것을 얻을 수 있다. 그러나 <데이어스 엑스>의 1인칭 전투는 <바이오쇼크>의 그것보다 약하므로, 슈팅에 전념하는 플레이어는 <바이오쇼크>을 선호할 것이다.

또한 한 게임이나 다른 게임에서는 완전히 없는 가치를 찾을 수 있다. <바이오쇼크>에는 사이버펑크 음모 줄거리가 전혀 없다. 그리고 <데이어스 엑스>에는 빅 대디/리틀 시스터 생태와 아르데코 세계가 없다.

새 게임에 대한 더 넓은 시장을 분석하기 위해, 우리는 시장에 있는 모든 비슷한 게임과 이 작업을 수행할 것이다. 최종 그래프에는 각각 일부 가치에서 두드러지고 다른 가치는 없는 다섯 또는 여섯 게임이 있을 수 있다. 이런 분석은 우리 게임에서 실제로 중요한 가치를 보여주며 명확성을 제공한다.

게임에서 중요한 가치는 시장에 출시된 다른 어떤 게임보다 우수해야 한다. 다른 모든 가치는 다른 제품이 더 잘 충족시킬 수 있다.

새로운 게임이 제공하는 가치가 기존 게임보다 낮다면 그 것은 그다지 가치가 없다. 이러한 가치를 원하는 플레이어들은 다른 곳에서 더 나은 선택지를 가지고 있다. 새로운 게임이 제공하는 모든 경쟁자보다 더 나은 가치가 중요한 것이다. 이 가치를 원하는 사람들은 다른 곳에서 이 가치를 이 이상 얻을 수 없기 때문에 이 게임을 할 것이다.

하지만 가장 큰 승리는 전혀 경쟁이 없는 가치에서 온다. 예를 들어서, <바이오쇼크>의 독특한 시장 포지셔닝을 고려해 보라. 많은 게임들이 1인칭 전투, 잠입 게임플레이, 반응형 스토리, 어두운 분위기의 세계를 제공한다. 시장이 너무 붐비기 때문에 이러한 가치에서 경쟁하는 것은 어렵다. 그래서 <바이오쇼크>는 다른 모두가 경쟁하는 가치에서 경쟁하는 대신, 아무도 제공하지 않던 완전히 독창적인 가치를 창조했다. 그 아르데코 세계와 매력적인 빅 대디/리틀 시스터 생태는 모두 매혹적이며 시장에서 다른 게임 과도 다르다. 이것들을 원하는 플레이어들(많은 사람들이 원했다.)은 <바이오쇼크>로 가야 했다. 왜냐하면 다른 선택지가 없었기 때문이다. 그래서 게임은 큰 성공을 거두었다.

가치 곡선 비교는 게임의 어떤 부분이 중요하고 어떤 부분이 그렇지 않은지 명확하게 한다. 정말로 중요한 것은 우수하고 독특한 가치들이다. 다른 곳에서 더 잘 찾을 수 있는 가치들은 세일즈 포인트가 아니다. 이것은 기획자가 개발에 대한 노력을 어디에 집중해야 하는지 보여줌으로 도움을 준다.

가치 집중 Value Focus

모든 가치는 자원을 소모한다. 그래서 <바이오쇼크>는 <데이어스 엑스>만큼 깊은 반응형 스토리를 만들려고 시도하지 않았다. 그렇게 하면 게임 제작 비용이 너무 많이 들었을 것이다. 또한, 새로운 가치는 경험의 순수한 감정을 줄인다. 너무 많은 가치는 게임이 탁하고 복잡하게 얽힌 구정물로 변해버릴 위험을 증가시킨다. 마지막으로, 어떤 가치들은 단순하게 함께 할수 없다. <바이오쇼크>는 1960년의 수중 도시로 설정되어 있기 때문에, 사이버펑크 음모 줄거리를 포함시키고 서사의 일관성을 유지할 수 없었다.

그래서 시장에서 가치 우위를 달성하는 것은 단순히 게임을 더 좋게 만들거나 더 열심히 일하는 것만이 아니다. 그것은 자원과 집중을 가장 좋은 효과를 낼 수 있는 곳으로 옮기는 것에 관한 것이다. 위대한 게임들은 모든 것을 시도하지 않는다. ; 그들은 몇 가지를 매우 잘 한다.

기획자가 가진 자원이 적을수록, 그는 더 적은 수의 가치에 노력을 집중해야 한다. 적은 수의 가치에 경쟁함으로써, 그는 그 중 하나에서 승리할 확률을 높인다. 두 사람이 만든 인디 게임은 한두 가지 가치만 제공할 수 있지만, 그것을 다른 누구보다도 잘한다면 여전히 플레이어를 끌어들이고 수익을 낼 수 있다.

예를 들어, <게리 모드(Garry's Mod)>는 플레이어를 물리 샌드박스에 넣고 무제한의 기발하고 엉뚱한 도구 세트를 제공하는 간단한 1인칭 게임이다. 플레이어는 <게리 모드>에서 무엇이든 만들 수 있다. 그들은 어떤 물체나 캐릭터를 생성하고, 밧줄이나 접착제 같은 물리 제약으로 그것들을 붙이고, 로켓 엔진, 풍선, 또는 폭발물을 작동시키 수 있는 트리거를 설정할 수 있다. 플레이어는 다이너마이트로 구동되는 날아가는 버기같은 기상 천외한 장치나 철판과 폭탄으로 구성된 이상한 상상의 세계를 만든다. 그들은 캐릭터를 재미있는 상황에 배치하고, 스크린샷을 찍고, 인터넷에 만화를 만들어 올린다.

여기 <데이어스 엑스>, <바이오쇼크>, 그리고 <게리 모드>를 함께 나타낸 그래프가 있다. :

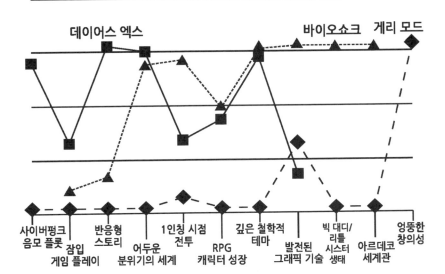

<게리 모드>는 1인칭 게임이지만, <바이오쇼크>이나 <데이어스 엑스>의 어떤 핵심 가치와도 경쟁하지 않는다. 대신, <게리 모드>는 그들이 제공하지 않는 엉뚱한 창의성을 제공함으로써 그들을 피한다. <게리 모드>가 제공하는 것은 <데이어스 엑스>, <바이오쇼크>, 또는 다른 주요 게임에서는 불가능하다. 만약 그것이 개발 예산이 백 배나 되는 게임들과 직접 경쟁하려 했다면, <게리 모드>는 분명히 실패했을 것이다. 대신, 그것은 하나의 독특한 가치를 극대화함으로써 자신만의 작은 시장 공간을 창출했다. 그리고 거의 도전받지 않고 자신의 시장 구역을 소유한 지 5년 후, <게리 모드>는 1백만 카피 이상 팔렸다. 1 카피에 5달러에서 10달러씩이라도, 한 사람이 만든 게임치고는 나쁘지 않다.

성공적인 소규모 게임 목록을 보면, 거의 모든 게임이 더 큰 게임들이 제공하지 않는 한두 가지 가치에 끊임없이 집중하는 것을 알 수 있다. 그들의 가치 곡선은 높고 좁은 못처럼 보인다. 여기 몇 가지가 있다. :

게임	주요 시장 가치	보조 시장 가치
〈슈퍼 미트 보이〉	초고속 플랫포머	매력적인 캐릭터와 레트로 게임 레퍼런스
〈드워프 포트리스〉	매우 깊이 있는 창발 서사	창의적인 요새 건설
〈카운터 스트라이크〉	하드코어 전술 FPS 전투	대테러부대 설정 소재
〈마인 크래프트〉	창의적인 세계 건설	제약 없는 탐험
〈림보〉	우울한 분위기	퍼즐 해결 플랫포머
〈캐슬 크래셔〉	거친 난투 게임 플레이	재미있는 카툰풍 아트 스타일
〈브레이드〉	시간 기반 퍼즐	시적, 은유적 서사

실패한 게임을 보면 반대의 경우를 발견할 수 있다. 경쟁에서 돋보이는 단일 가치 없이 나무 그루터기와 같은 짧고 넓은 가치 곡선을 가지고 있다. 이러한 게임들은 단지 평범한 버전의 대규모 예산 게임의 뿐이다. 이러한 게임은 존재할 이유가 없으며, 플레이어는 다른 곳에서 더 나은 경험을 할 수 있기 때문에 그것을 플레이할 이유가 없다.

보통, 그루터기 모양의 가치 곡선은 낙관적으로 욕심 부린 결과다. 기획자는 자신이 좋아하는 다른 게임을 보고, 같은 것을 하되 더 잘 하고 싶다고 결심한다. 하지만 우월한 개발 자원이 없으면, 그는 거의 확실히 실패할 것이다. 그는 자신을 너무 얇게 분산시켜서 결국에는 독특한 가치를 전혀 생산하지 못한다.

나 자신도 이런 실수를 저질렀다. 취미로 게임 기획을 하던 시절, 나는 '엘리멘탈 컨플릭트(Elemental Conflict)'라는 모드(MOD)를 만들었다. 나의 계획은 엄청나게 인기 있는 〈카운터 스트라이크〉의 향상된 미래 버전을 만드는 것이었다. 그래서 나는 〈카운터 스트라이크〉와 같은 라운드와 팀 구조, 경제, 하드코어 무기 밸런스를 유지했다. 나는 부스터 로켓 팩과 접착 그레네이드와 같은 독특한 미래 전투 도구를 사용하여 게임을 차별화하려고 시도했다. 하지만 나는 아무것도 제거하지 않았다. 성공적인 게임을 복사하려는 전형적인 실수를 저질렀고, 그 위에 반짝이는 새로운 장식들을 추가했다. 결과는 가장 예측 가능한 시장 실패였다. 6명의 팀이 14개월 동안 작업하며 여러 버전을 출시했지만 게임은 정확히 한 개의 공개 서버를 가지고 있었고, 아무도 그 곳에서 플레이하지 않았다. 핵심 게임 플레이는 충분히 잘 작동했지만, <카운터 스트라이크>의 수년간 반복해 다듬어진 것만큼 동작하지는 않았다. 우리는 마태 효과를 극복할 만큼 충분히 독특한 것이 없었다.

당신의 야망을 당신의 자원에 맞추어라. 큰 개발 팀을 이끌 때, 당신은 하나의 독특한 가치, 두 개의 우수한 가치, 그리고 경험을 부드럽게 만들기 위한 몇 가지 부족한 가치를 시도할 수 있다. 더 작은 팀에서는, 모든 것을 제외하고 단 하나의 가치에만 집중해야 할 수도 있다. 왜냐하면 10가지 일에 평범한 것보다 한 가지 일에서 최고가 되는 것이 더 낫기 때문이다.

아무도 모른다! Nobody Knows Anything!

우리는 시장 구역과 가치 곡선과 같은 모델을 사용하여 시장을 이해하려고 한다. 하지만 이 모델들은 현실이 아니다. 그저 우리가 차트에 그릴 수 있는 것으로 삶의 어지러운 복잡성을 포장하려는 시도일 뿐이다. 이러한 모델들은 우리가 시장에 대해 생각하는 것을 돕지만, 시장의 진정한 복잡성을 포착할만큼 충분히 가까이 가지는 못한다. 이러한 분석을 하면서 지나치게 자신감을 느끼기 쉽다. 하지만 사실은 그것들은 엄청나게 이해할 수 없는 복잡성의 무언가를 이해하려는 초라한 시도일 뿐이다.

시장은 모든 것이다. 시장은 수십억 명의 사람들, 그들의 모든 관계, 습관, 문화, 기술, 그리고 그들을 둘러싼 물리적 세계이다. 시장은 생겨나며, 또한 자연재해, 인터넷 밈, 패션, 정치적 경향, 비즈니스 모델, 기술, 개인의 선택, 그리고 우연한 기회에 의해 생겨난다.

시장에서 일어나는 대부분의 일은 우리가 적용할 수 있는 모델 밖에 있다. 게임을 플레이하며 좋아하는 유명인, 특정 주제에 관심을 끄는 뉴스 스토리, 문제를 찾는 정치인은 모두 게임의 시장 성과를 극적으로 바꿀 수 있다. 이러한 원인들은 우리가 계산할 수 있는 단순한 선형적인 수치가 아니다. 그것들은 사회학적 눈덩이 효과에 의해 세상를 바꾸는 사건으로 커질 수 있는 비선형적 원인들이다.

예를 들어, 블리자드의 1998년 RTS(실시간 전략 : Real-time strategy) 히트작 <스타크래프트(Starcraft)>를 보자. <스타크래프트>는 매우 좋은 게임이며, 널리 성공했다. 하지만 대한민국에서는 단순한 성공을 넘어섰다. 10년 동안 <스타크래프트>는 한국에서만 500만 카피가 팔렸다. 그것은 그 나라의 남녀노소 모두 10명 중 1명에 해당하는 판매량이며—해당 게임의 전 세계 총 판매량의 거의 절반에 해당한다. 그리고 심지어 그 숫자조차도 한국에서의 게임의 인기를 과소평가한 결과가 되는데, 많은 아시아 플레이어들이 넷 카페에서 플레이하고 게임을 직접 소유하지 않기 때문이다. 한국에서 <스타크래프트>의 인기가 절정일 때는, 두 개의 텔레비전 채널이 프로 <스타크래프트> 게임을 방송하는 데 전념했고, 상위 프로 플레이어들은 작은 유명인사가 되었다.

아무도 그것을 예측하지 못했고, 누구도 할 수 없었다. 게임의 서사는 우주를 여행하는 미국 촌뜨기 스타일의 인간이 살덩어리인 저그와 사이오닉 외계인 프로토스 종족과 전쟁을 벌이는 것에 관한 것이다. 이 매우 미국적인 설정은 한국 문화에서 잘 통할 것 같지 않아 보였다. 개발자들은 한국 시장을 위해 아무것도 하지 않았다. 게임은 출시 후 7년이 지나서야 한국어 번역을 제공하기 시작했다.

<스타크래프트>의 한국적 기적은 인기의 눈덩이를 형성하기 위해 결합된 여러 특이한 조건들 때문에 발생했다. 첫 번째는 PC방 현상이었다. 방(Bang)은 한국어로 '방(Room)'을 의미하며, PC방은 고급 게이밍 넷 카페이다. 대한민국 정부는 1990년대 중반부터 후반까지 인터넷 인프라를 현대화하기 위해 강력히 밀어붙였고, 국가의 좁은 국토와 높은 밀도로 인해 진행이 빨랐다. 동시에, 많은 오래된 정부 사회 및 연금 프로그램이 단계적으로 폐지되어, 대규모의 노년층

시민들이 일자리 없이 은퇴하기에는 충분한 소득 없이 방치되었다. 이런 50대 은퇴자 수천 명이 찾을 수 있는 최선의 기회를 잡으려고 PC방을 열었다. PC방은 일단 개장하면 운영하기에 상대적으로 노력이나 기술 능력이 거의 필요 없고, 신뢰할 수 있는 수입원이기 때문에, 그들에게 잘 맞았다.

PC방 사업은 국가 간의 물리적, 문화적 차이 때문에 서양보다 한국에서 훨씬 더 매력적이었다. 한국은 인구 밀도가 높고 대부분의 사람들의 집이 작기 때문에, 젊은 한국인들은 서양인들보다 집 밖에서 훨씬 더 많은 시간을 보낸다. 이제, 1시간에 1달러 미만으로, 이 젊은이들은 집에 PC를 설치하고, 유지하고, 공간을 찾는 데 드는 비용 없이 원하는 게임에 즉시 접근할 수 있었다.

이러한 요인들의 합류는 인기의 눈덩이 효과가 시작될 조건을 만들었다. 더 많은 PC방이 문을 열수록 PC방에서 더 많은 플레이어가 생겨나 PC방 게임이 더 사회적으로 받아들여졌다. PC방 플레이가 공공연하고 사회적이라는 사실은 게임이 서양에서는 불가능한 방식으로 사람들간의 실제 접촉을 통해 퍼지고 공공의 존재감을 가질 수 있음을 의미했다. 결국 이 문화는 전환점에 도달하여 젊은이들이 친구들과 함께 PC방에서 몇 시간 동안 어울리는 것이 일반적인 사회 활동이 되었다.

PC방의 '눈덩이' 만으로도 게임이 인기를 얻었겠지만, 그것만으로는 게임을 소규모 국가 스포츠로 만들지는 못했을 것이다. <스타크래프트>를 정상으로 밀어올린 최종 요소는 게임을 중심으로 생겨난 게임전문 텔레비전 채널이었다. 하지만 이 게임 채널들이 아무것도 없는 상태에서 나타난 것은 아니다. 전통적인 아시아의 보드 게임인 '바둑'은 이미 한국에서 거대한 팬들을 가지고 있었고, 여러 채널이 그것에 전념하고 있었다. 바둑 채널들은 비디오 게임 전문 채널을 만드는 것이 큰 도전이 아니었음을 의미했다. 바둑 채널이 없었다면, <스타크래프트> 채널들은 결코 나타나지 않았을 수도 있다.

눈덩이 효과는 가속화되었다—PC방 문화, 새로운 광대역 인터넷 인프라, 저렴한 엔터테인먼트를 매력적으로 만든 소규모 경제 침체, 그리고 텔레비전 채널이 모두 서로를 상호 강화하여 지속적인 문화 현상으로 만들었다. 이러한 요소들 중 어느 것도 예측되지 않았으며, 예측할 수도 없었다. 모두 전형적인 시장 모델 밖의 것들이다. 하지만 그것들이 함께 모여 게임을 메가히트로 만들었다.

그리고 이 멋지게 포장된 이야기조차도 엄청나게 단순화되어 있을 수 있으며, 오해의 소지가 있다. 지금도 <스타크래프트>의 한국에서의 급격한 상승에 이러한 다양한 요소들이 얼마나 중요한지에 대해 아무도 확실하게 알지 못한다. 만약 그 때 한국이 불황기에 있지 않았더라면 어땠을까? 만약 정부가 1990년대 중반에 광대역 인터넷을 도입하지 않았더라면 어땠을까? 만약 <스타크래프트>가 판타지 게임이거나 현실을 무대로 한 게임이었다면 어땠을까? 우리는 사후에 추측을 할 수밖에 없다. 이 이야기는 그럴싸하지만, 한국의 <스타크래프트> 기적을 형성한 수십억 개의 개별적인 경제적인 결정과 실제로 얼마나 잘 일치하는지는 누군가의 추측일 뿐이다.

게임이 1년 일찍 또는 늦게 출시되었다면, 그것은 단지 또 다른 인기 있는 <블리자드> 게임이었을 수도 있다. 사람들은 그것을 플레이하고, 사랑하고, 계속했을 수도 있다. 그것은 이익을 낼 것이고, 대성공이라고 불릴 것이며, 아무도 그것이 작은 아시아의 공화국에서 게임 이상의 존재가 될 뻔했을지 알지 못했을 것이다.

이러한 전혀 예측 불가능한 문화 현상에 대해, 시나리오 작가 윌리엄 골드먼은 한때 "아무도 모른다!"고 외쳤다. 골드먼은 자신의 일생동안 경영진, 작가, 감독들이 영화의 박스 오피스 성과를 예측하려다 실패하는 것을 관찰해왔다. 게임도 마찬가지다. 우리가 모델을 사용하여 아무것도 하지 않는 것보다 나은 성과를 낼 수는 있지만, 세상은 어떠한 시장 조사 연구보다도 더 복잡하다는 것을 잊어서는 안 된다.

확증 편향 Corfitmation Bias

마케팅에 대해 살펴보자. 이 책은 만드는 것에 관한 것이지 판매에 관한 것이 아니므로, 여기서 일반적인 마케팅에 대해서는 다루지 않겠다. 그러나 모든 기획자가 고민해야할 플레이 경험 자체에 깊이 영향을 미치는 마케팅의 한 측면이 존재한다. 그것은 마케팅이 기대를 설정하는 방식과 이러한 기대가 플레이 경험에 어떤 영향을 미치는지에 관한 것이다.

좋은 맥주를 다르게 설명함으로써 맛이 나빠질 수 있다는 것을 알고 있는가? 심리학자 댄 애리얼리(Dan Ariely)는 보스턴의 한 술집에서 실시한 실험에서 이를 발견했다. 그는 술집 손님들에게 두 가지 겉보기에 같은 음료를 제공했다. 첫 번째는 사무엘 아담스(Samuel Adams) 맥주로, 잘 알려져 있지만 비교적 전형적인 보스턴 지역 맥주다. 두 번째는 몇 방울의 발사믹 식초가 추가된 비밀의 "MIT 브루"였다. 블라인드 테스트에서는 MIT Brew가 명백한 승자였다. 그러나 댄 애리얼리가 무얼 마시는지 사람들에게 미리 알렸을 때는, 그것을 싫어했다. 맥주에 식초가 들어간다는 것은 끔찍할 것 같으므로 사람들은 그것이 끔찍할 것으로 기대했고, 따라서 그것이 더 좋은데도 불구하고 그것을 끔찍하게 인지했다.

확증 편향은 사람들이 자신의 기존 신념을 확인하는 방식으로 사물을 인지하는 경향이다.

기대는 인지와 별개가 아니다. 오히려 우리는 우리의 기존 신념을 확인하는 편향을 가지고 있다. 이 효과는 어디에서나 볼수 있고, 수많은 연구에서 다양한 모습으로 재발견되었다. 비싸 보이는 용기에 담긴 음식은 더 맛있다고 인지되고, 높은 가격표가 붙은 제품은 더 나은 것으로 인지된다. 라벨이 숨겨져 있을 때는, 펩시는 펩시 챌린지에서 코카콜라한테 승리한다. 세계 최고의 바이올리니스트 중 한 명인 조슈아 벨은 어느 날 뉴욕 지하철에서 버스킹을 했지만 거의 완전히 무시당한적이 있다. 마법적인 치유 사기꾼, 개와 대화하는 사람, 점쟁이, 그리고

다른 현혹술사들 모두 기대 편향에 의지해서 효과를 낸다. 위약(placebo:플라시보) 효과는 거의 기대 편향 효과 자체다.

그리고 게임에서 확증 편향은 어디에나 있다. 모든 리뷰, 모든 추천, 그리고 모든 플레이어의 모든 게임 경험에서 그렇다. 플레이어들은 게임에 대해 듣기 시작하는 순간 의견을 형성하기 시작한다. 플레이어가 플레이를 시작하기 전까지 형성된 의견과 기대는 이미 그들의 경험에 영향을 미치고 있다. 당신이 들었을 때 게임이 예술적이라고, 당신은 의미 있는 세부 사항을 찾아보고 확인할 것이다. 모두가 게임이 무섭다고 말할 때, 당신은 등골을 타고 내려가는 모든 오한을 주목하고 기억하게 될 것이다. 리뷰에서 게임이 나쁘다고 말하면, 당신은 모든 불만족스러운 순간에 집중할 것이다. 당신의 게임을 그 자체로만 플레이하는 사람은 없다. 사람들은 자신이 이미 알고 있는 것을 통해 그것을 플레이한다. 이는 기획자가 마케팅을 무시할 수 없음을 의미한다.

확증 편향은 심지어 우리가 게임 내의 사건을 해석하는 방식을 뒤집을 수도 있다. 예를 들어, 리뷰에서 게임이 만족스럽게 도전적이라고 말한다고 상상해보자. 당신은 그 게임을 구매한다. 플레이하는 동안, 당신은 좌절감을 느끼고 불공평함이 분명한 패배를 겪는다. 하지만 당신은 이미 그것을 예상하고 있었기 때문에, 당신의 실패를 게임의 탓으로 돌리지 않는다. 당신은 그 실패를 의도적으로 만들어진 경험의 일부로 해석할 준비가 되어 있었지, 개발자의 실수로 보지 않았다. 리뷰가 당신이 플레이하기 시작하기 전에 게임이 바보같고 불공평하다고 묘사했다면, 당신은 아마도 당신의 패배를 매우 다르게 해석했을 것이다.

기대치 설정 Setting Expectations

기획자들에게, 확증 편향은 기대를 설정하는 것이 중요하다는 것을 의미한다. 기대치는 여러가지 방법으로 설정되며, 우리는 그중 일부만 통제할 수 있다.

게임의 제목은 일반적으로 플레이어가 마주치는 첫 번째 기대 설정 요소이다.

이러한 제목들을 고려해보라. : <둠>, <심시티>, <다크 소울>, <결혼>, <림보>, <페이블>, <컨뎀드>, <두뇌 챌린지>, <모탈 컴뱃>, <롤러코스터 타이쿤>. 어떤 것들은 사악하고 폭력적으로 들리고, 다른 것들은 가볍고 친근하게 들린다. 어떤것들은 예술적으로 들리는 반면, 다른 것들은 상업적으로 들린다. 모든 제목은 다른 연상의 연쇄를 일으키며 다른 기대를 설정한다.

다음은 마케팅 메시지이다. 광고, 인터뷰, 기사 모두 기대치를 설정한다. 광고는 캐릭터나 액션에 초점을 맞출 수 있다. 광고는 밝거나, 어둡거나, 빠르거나, 느릴 수 있다. 개발자가 인터뷰에서 자신의 게임이 정원과 아이들에 대한 그의 사랑에서 영감을 받았다고 설명하면, 플레이어는 그가 고어-포르노 공포 영화에서 영감을 받았다고 언급했을 때와는 다른 기대치를 만든다. 개발자가 게임에서 플레이어를 울게 만들 순간이 있다고 말하면, 그들은 플레이하는 동안 그 순간을 찾을 것이다.

마지막으로, 플레이어는 입소문을 통해 기대를 만들어낸다. 입소문은 사회적 압력에 의해 증폭되기 때문에 가장 강력한 종류의 기대치 설정이다. 인간은 사회적 동물이다. 우리는 자연스럽게 주변의 사람들과 우리의 의견을 일치시킨다. 우리가 다른 사람들과 게임에 대해 토론할 때, 우리는 단순히 생각하는 것을 말하지 않는다. 우리는 다른 사람들, 특히 자신보다 지위가 높은 사람들이 무엇을 생각하는지를 주시하고 우리 자신의 의견을 그에 맞추기 위해 바꾼다. 이런 과정에서 거짓말을 하는 것은 아니다. 우리의 의견이 실제로 변한다. 우리는 기억을 합의에 맞추어 조정한다. 이 효과는 친구들 사이부터 전체 게임 플레이 커뮤니티까지 작은 규모에서 큰 규모까지 가리지 않고 발생한다. 플레이어는 리뷰어로부터 영향을 받고, 리뷰어는 서로로부터 영향을 받는다. 게임의 첫 리뷰에서 던져진 화두는 복사되고 다시 복사되어 게임의 문화적 서사의 일부가 될 수 있다. 그 리뷰가 첫번째 자리에 임의로 선택되었을 뿐이라도 말이다.

우리는 입소문을 통제할 수 없지만, 제목과 마케팅 메시지에 영향을 줄 수 있다. 그러므로 플레이어에게 가능한 최상의 게임 경험을 준비시키기 위해 어떤 기대를 설정해야 하는지 생각하고, 그것에 맞는 제목과 마케팅 메시지를 만들어야 한다. 만약 당신이 전담 마케팅 인력을 가지고 있다면, 그들을 무시하지 마라. 마케터 혼자서는 게임의 어떤 부분이 특정한 방식으로 신중하게 소개되어야 하는지, 그리고 어떤 부분이 그렇지 않은지 알 방법이 없다. 기획자들은 마케팅 인력을 핵심 경험 제작 개발 팀의 일부로 여겨야 하며, 그들이 결정하는 것은 우리의 결정과 마찬가지로 플레이 경험에 영향을 미친다는 것을 인식해야 한다.

Part Three

프로세스

지금까지 우리는 게임 기획의 기술에 대해 살펴보았다. 우리는 기획이 어떻게 작동하는지, 그리고 어떻게 변경해서 더 나아지게 할 수 있는지 이해하는데 도움이 되는 정신 모델을 살펴보았다. 하지만 제작 기술만으로는 좋은 게임을 만들기에 충분하지 않다.

게임 기획자는 매일, 매시간 무엇을 해야 할까? 언제 아이디어를 내고, 프로그래밍을 하고, 토론을 하고, 쉬어야 할까? 우리는 무엇을 계획해야 하며, 얼마나 길게 계획 해야하며, 그 계획을 어떻게 기록해야 하는가? 우리는 무엇을, 누구와, 어떻게 소통해야 할까? 그리고 한 명에서 1백 명 이상의 팀으로 성장함에 따라 팀을 어떻게 조정해야 할까?

이 질문들에 잘 대답할 수 없다면, 모든 기술이 무가치해질 것이다. 왜냐하면 잘못된 문제에 초점을 맞추게 될 것이기 때문이다. 존재하지 않는 문제를 해결하려고 하고, 꿈을 근거로 망상인 계획을 세우고, 필요 없는 기술을 개발하며, 치명적인 소통 붕괴를 겪게 될 것이다. 결국, 게임은 관료주의, 분노, 그리고 오해로 인해 죽어갈 것이다. 우리는 엉뚱한 곳에서 열심히 일하는 바쁜 멍청이가 될 것이다.

바쁜 멍청이가 되지 않는 것은 놀랄 만큼 어렵다. 나는 수천 번 그랬다. 게임 경험에 거의 영향을 미치지 않는 기능에 집착하여 며칠을 보낸 적이 있다. 나중에 삭제될 것이 거의 확실한 것에 대해 아트 리소스를 만들었다. 테스트해야 할 때는 만들고, 만들어야 할 때는 테스트했다. 그리고 바쁜 멍청이짓은 단체 활동이기도 하다. 내 의도를 분명히 하지 않고 작업을 요청하여 누군가가 잘못된 문제에 시간을 낭비하게 만들었다. 불필요한 회의를 소집하고 꼭 필요한 회의를 놓쳤다. 양보해야 할 때는 주장하고, 주장해야 할 때는 양보했다. 지나친 소통, 부족한 소통, 그리고 잘못된 소통을 했다.

바쁜 멍청이짓을 피하기 어려운 이유는 저절로 자정이 되지 않기 때문이다. 개발자가 문제를 해결하는 데 실패하면 결과는 명백하다. 코드가 사양대로 실행되지 않거나, 아트 리소스가 못생기거나, 기획이 불분명하면 모두가 알 수 있다. 이러한 종류의 실패는 즉각적인 감정적 피드백을 생성하므로, 이런 일이 생긴다면 때 우리는 문제 해결 기술이 자연스럽게 개선하게 된다. 하지만 바쁜 멍청이짓은 이와 같지 않다. 단기적으로 바쁜 멍청이짓은 격렬한 천재처럼 느껴진다. 문제를 해결할 때 우리는 기분이 좋지만, 감정적 무의식은 해결한 문제가 중요하지 않았다는 신호를 우리에게 보내지 않는다. 그래서 우리는 잘못된 문제를 선택했다는 사실을 깨닫지 못하고 기쁘게, 바쁘게, 바보같이 문제를 계속 푼다. 이런 종류의 실수의 결과는 원래의 오류에서 멀리서 훨씬 늦게 나타나며, 그 연관성을 전혀 알아차리지 못하는 경우가 많다. 우리가 같은 바쁜 멍청이 실수를 수년이나 수십 년 동안 반복할 수 있게 하고, 그 프로세스 전체를 좋게 느끼게 하는 이유는 피드백이 없기 때문이다.

어떤 이들은 게임 개발을 우리가 목적지를 향해 따라가는 길로 상상한다. 나는 이런 이미지에 동의하지 않는다. 나는 그것을 가시 당신에게 마취독을 쏘려고 기다리는 괴물이 가득한 어두운 숲처럼 생각한다. 당신이 그 중 하나에 부딪힐 때마다, 괴물은 당신에게 독을 쏘고 그 독은 당신에게 따뜻하고 만족스러운 느낌을 준다. 하지만 피부 아래에서, 독은 활력을 훔치고, 내부에서 당신을 녹이고 있다. 힘이 쇠하고 달이 구름에 가려질 때쯤, 이 모든 시간 동안 느꼈던 즐거운 기분이 진전이 아니었다는 것을 깨달을 수도 있다. 그것은 죽음이었다.

이 장은 어둠을 헤쳐나가는 방법에 대한 것이다.

일반화의 문제 The Problem of Assumptions

여러분에게 어떻게 일이 이루어지는지 그저 설명해주고 싶다. 모든 스튜디오가 게임을 만들기 위해 거치는 단계의 순서를 나열하겠다. 그것은 글로 쓰기 쉬울 것이고, 잘 참조될 것이며, 모두가 그것에 동의할 것이다.

하지만 아직 아무도 게임 개발 프로세스를 해결하지 못했기 때문에 그렇게 할 수 없다. 일이 이루어지게 만드는 방법은 하나만이 아니다. 오히려, 방법들이 늘어나고 있다.

이 방법들 중 대부분은 자주 실패한다. 때로는 거의 모든 게임이 마감일을 지키지 못하고 예산을 초과하는 것처럼 보인다. 정치나 오해로 인해 작업이 폐기되거나, 공포 때문에 보류되기도 한다. 문제를 해결하기 위해 필사적으로 돈을 투입하지만, 그것은 더 많은 문제를 야기한다. 게임 업계는 공포에 의해 주도되는 "크런치 타임(crunch time)"의 이야기로 넘쳐난다―매주 매일 10시간 혹은 12시간의 죽음의 행진이 몇 달이나 심지어 몇 년간 지속된다. 사람들은 살이 찌고, 아이들이 자라나는 모습을 지켜보지 못하며, 번아웃되어 업계를 완전히 떠난다. 이러한 반복되는 대참사는 성격을 침식하고 창의적 에너지를 소멸시킨다.

그리고 왜 모든 것이 이렇게 잘못되는지 의문스러울 수 있다. 왜냐하면 모든 것을 바르게 하는 것처럼 보이기 때문이다. 우리는 똑똑한 개발자를 고용한다. 우리는 잘 설계된 인센티브로 그들을 동기 부여한다. 우리는 그들에게 적절한 자원, 적절한 시장 데이터, 적절한 기술을 제공한다. 우리는 제품의 모든 부분에 대해서 몇 달이나 몇 년 빠르게 세심하게 세부 사항까지 계획하고 일정을 잡는다. 하지만 모든 것이 번번이 무너진다. 왜일까?

문제는 일반화이다.

게임 기획 프로세스의 실패는 우리가 자각하지 못하는 깊이 뿌리박힌 일반화에서 주로 발생한다.

모두가 일반화에 의심을 해야한다고 입버릇처럼 말한다. 그것을 실제로 하는 것은 훨씬 더 어렵다. 실제로 치명적인 6개월동안 크런치를 하게 만들며, 아이의 돌잔치를 놓치게만드는 그런 일반화들은 거의 손댈 수 없을 정도로 깊숙이 박혀있다. 그것들은 문화의 동력, 습관, 이해관계의 층으로 보호받고 있다. 그것들은 자기 강화적인 사고 체계로 서로 맞물려있다. 그것들은 당신이 옛 기술과 도구로만 전부 사용하게 하고, 새로운 것을 배울 필요가 없게 한다. 일반화를 의심하는 것이 쉬웠다면, 모두가 그렇게 할 것이다.

일반화가 반드시 틀린 것은 아니다. 일반화에 대해 질문한다는 것은 우리의 모든 믿음을 뒤집는 것을 의미하는 것이 아니라, 그것들을 식별하고 습관이 아닌 진실에 근거하도록 확인하는 것을 의미한다.

게임에서, 우리의 일반화는 두 가지 주요 출처에서 나온다. 첫째, 우리가 다른 분야에서 개념을 빌릴 때마다, 숨겨진 일반화가 따라온다. 둘째, 인간의 머릿속은 일반화가 생물학적으로 강하게 연결되어있다. 이것들을 각각 살펴보자.

빌려온 일반화 Borrowed Assumptions

우리는 왜 게임이 사전제작중이라고 말할까? 왜 베타 버전인가? 왜 개발은 디렉터가 주도하는가? 왜 게임에는 물류 담당자나 할당 담당자가 아닌 프로듀서가 있는가? 왜 게임 팀에는 주니어 기획자만 있고 연구 보조원, 기획자 견습생, 이등병은 없는가? 왜 캡틴, 치프 편집장, 코치, 또는 수석 주방장이 아니라 디렉터일까? 왜 우리는 게임에 초안이 있다고 말하지 않는가?

이러한 각각의 단어는 다른 분야에서 개발된 프로세스 구조를 나타낸다. 문제는 그러한 구조들이 게임 개발에서 의미가 있는지 여부이다. 대부분의 경우 대답은 '아니오'다.

　이 구조들이 문제가 되는 이유는 그것들이 우리와 다른 문제를 해결하기 위해 개발되었기 때문이다. 그 안에 내재된 일반화들은 원래 분야에서는 보통 참일 수 있지만, 게임에서는 그렇지 않다.

　프리프로덕션, 프로덕션, 포스트프로덕션의 개념을 살펴보자. 이 용어들은 영화 분야에서 가져온 것이다. 영화 제작은 극도로 비용이 많이 드는 짧은 기간의 실사 촬영을 중심으로 이루어지기 때문에 이 용어들은 영화를 위해 개발되었다. 영화 세트를 운영하는 데 분당 수천 달러의 비용이 들 수 있으므로, 영화 제작자들은 비싼 제작 기간을 몇 주 안에 압축하기 위해 전체 프로세스를 조직하는 방법을 배웠다. 영화제작자들이 프로세스를 세 부분으로 나누는 것은 생산 기간에 명확한 시작과 끝이 있기 때문에 의미가 있다. 그들에게는 중간 프로세스를 최소화하는 것이 모든 것이다. 그렇게 함으로 필요한 것보다 한 시간이라도 백명의 조명담당, 카메라담당, 식사담당들에게 돈을 지불하지 않도록 할 수 있다.

　게임에서는 같은 상황이 적용되지 않는다. 게임에서도 종종 스튜디오가 프리프로덕션에서 프로덕션으로 넘어가지만…, 아무 것도 변하지 않는다. 아무도 고용되거나 해고되지 않고, 중요한 자원이 이동하지 않으며, 매주 같은 시간에 같은 회의가 계속된다. 게임 개발에는 엄청나게 비싼 중간 부분이 없기 때문에 아무것도 변하지 않는다. 그래서 우리가 프리프로덕션, 프로덕션, 포스트프로덕션을 말할 때, 우리는 정말로 무엇을 의미하는가? 영화 제작자들은 그들이 무엇을 의미하는지 안다. 그들의 매체에서는 그것이 명확하다. 게임 개발의 경우, 이 단어들은 부가적인 설명 없이는 거의 의미가 없다.

　그저 단어일 뿐이라고 말할 수 있다. 사람들이 소통하는 데 도움이 되는데 무엇이 문제일까? 문제는 이 단어들이 그 안에 숨겨진 일반화를 담고 있다는 것이다. 예를 들어, 제작이 시작되기 전에 어떤 식으로든 제품이 기획되거나 스크립트가 작성되어야 한다고 일반화한다. 제작 전에 작성된 스크립트가 끝까지 생존할 수 있다고 일반화한다. 다른 단계에서 다른 사람들을 고용해야 한다고 일반화한다. 이러한 사실들이 영화에서는 사실이다. 그러나 게임 기획에서도 그런가? 그럴 수도 있고 아닐 수도 있다. 이러한 내재된 일반화들은 밖으로 끌어내어 질문되어야 한다. 그리고 단어가 올바른 일반화보다 잘못된 일반화를 더 많이 담고 있다면, 아마도 우리는 그것을 전혀 사용하지 않는 것이 좋을 것이다.

게임 개발에서 흔히 사용되는 프로세스들이 설계된 적이 없기 때문에 차용으로 가져온 단어와 개념이 확산되었다. 그것들은 수십 년에 걸친 습관이 쌓여가면서 표준이 되었다. 초기의 게임은 한 사람이 만들었다. 오늘날의 게임은 수백 명이 만들 수 있다. 초기에서 지금에 이르르기까지, 게임 팀은 점점 더 커졌고, 프로세스는 점점 더 복잡해졌다. 팀이 성장할 때마다, 거기에 있던 사람들은 시스템이 계속 작동하도록 무언가를 조금 조정하기만 했다. 그들은 가장 많은 사람들이 쉽게 이해할 수 있는 가장 쉬운, 가장 명백한 해결책을 찾았다. 거의 모든 경우, 이는 영화, 소프트웨어, 또는 산업에서 개념을 빌리는 것을 의미했다.

이러한 임시방편 프로세스 개발의 증거는 여러 회사에서 사용되는 엄청나게 다양한 프로세스에서 볼 수 있다. 모든 게임 스튜디오는 다르게 운영된다. 표준화된 프로세스가 없는 이유는 아직 아무도 정말 좋은 프로세스를 정리하지 못했기 때문이다. 흔히 사용되는 방법들은 민간 지식이다. 그것들은 여러 임시방편인 변화가 쌓여서 많든 적든 어느정도 자의적으로 나타난 사회적 규범들이다. 그리고 모든 사회적 규범과 마찬가지로, 그것들은 장소에 따라 자의적으로 다르다.

다행히, 가져온 방법들의 폐해가 줄어들고 있다는 신호가 있다. 최고의 스튜디오들은 게임 개발의 고유한 도전과 맞서기 위해 다른 업계에서 가져온 방법을 내부에서 개발한 새로운 프로세스로 대체하고 있다. 하지만 이것은 느린 전환 과정이며, 많은 가져온 일반화들이 여전히 남아 있다.

타고난 일반화 Inborn Assumptions

인간의 두뇌는 원시인의 문제를 해결하기 위해 최적화되어 있다. 이러한 최적화는 세계에 대한 일반화를 통해 작동하며, 이는 우리가 호랑이를 피하고 부족 정치를 능숙하게 탐색하는 데 도움을 준다. 그리고 원시인에게는 이것이 잘 작동한다.

불행히도, 게임 기획자는 우리의 부족 조상들과 매우 다른 도전에 직면해 있지만, 우리 뇌 속의 가정은 변하지 않았다. 현대 세계에서, 이 일반화들은 인지 편향으로 행동에서 나타난다—인간이 지각이나 판단에서 일관되고 예측 가능한 오류를 범하는 곳이다. 예를 들어보자.

후광 효과는 우리가 한 가지의 다른 속성을 따로 판단할 수 없게 한다. 한 남자가 잘생겼다면, 우리는 그를 더 신뢰한다. 게임 캐릭터의 아트가 좋다면, 우리는 그것이 더 정확하게 조종된다고 생각한다. 인간의 두뇌는 사물을 완전히 좋거나 나쁜 것으로 분류하는 경향이 있다. 이것은 게임 기획자에게 치명적이다. 왜냐하면 우리가 하는 일은 모든 게임 시스템을 각각의 요소로 해체하고, 그것들이 어떻게 맞물리는지, 그리고 마지막 경험에 어떻게 기여하는지 이해해야 하기 때문이다. 모든 기획 요소를 전체적으로 사랑하거나 싫어하는 것은 게으르고 오해하게 되는 정신의 지름길이다. 모든 기획요소에는 항상 어떤 가치가 있고, 항상 어떤 절충이 있다.

손실 회피는 우리가 이득을 원하는 것보다 손실을 더 두려워하게 만든다. 이것은 게임 개발자들이 새로운 기획 아이디어를 탐색하는 것 대신 깨진 아이디어에 매달리도록 한다. 시간이 지남에 따라 이것은 개발자들이 수년 동안 좋은 돈을 나쁜 데에 쓰면서 아이디어가 실패했다는 것을 받아들이지 못하고 계속 나아가도록 헌신만 계속하게 만들수 있다. .

가용성 휴리스틱은 우리가 인지하거나 상상할 수 있는 것들과 가능성에만 반응하게 하고, 우리가 상상할 수 없는 것들은 마치 존재하지 않는 것처럼 무시하게 만든다. 노벨상을 수상한 심리학자 다니엘 카너먼은 이를 WYSIATI(What You See Is All There is), 즉 '보이는 것이 전부'라고 부른다. 이것이 사람들이 생활의 다른 모든 위험 대신 지난 테러 공격이 다시 일어났을 때 살아남는 것에 대해 항상 걱정하는 이유다. 그 공격은 발생했으며 매우 기억에 남고 극적이었기 때문에, 머릿속에서 매우 쉽게 처리에 접근할 수 있다. 테러는 상상되고, 두려워하며, 대응될 수 있다. 한편, 다른 잠재적 위험들은 머릿속에 떠오르지 않는다. 비록 그것들이 마찬가지로 가능성이 있다 하더라도. 그래서 그것들은 마치 존재하지 않는 것처럼 취급된다.

가용성 휴리스틱은 게임 기획에서 지속적으로 자신을 드러낸다. 왜냐하면 게임 시스템과 플레이어들은 보통 미리 상상할 수 없는 일들을 하기 때문이다. 우리는 게임을 우리가 본 것만으로 이루어진 것처럼 다루게 되지만, 실제로는 우리가 본 것보다 더 많은 것을 할 수 있는 시스템으로 다루어야 한다. 예를 들어, 이것이 밸런스 기획자들이 종종 직전의 실패한 밸런스에 대해 과잉 수정하는 실수를 하는 이유다. 직전의 실패한 밸런스는 게임에서 일어날 수 있는 수백 가지 중 한 가지일 수 있지만, 그것이 머릿속에서 접근할 수 있고 다른 것들은 그렇지 않기 때문에, 그 실패 만이 유일하게 존재하는 것처럼 다루어진다. 보이는 것이 전부다.

그리고 이와 같은 편향이 수백 가지 더 있다. 나는 이 이상 이야기하지 않겠지만, 이 책의 끝에 추천한 작업들을 통해 편향에 대한 훌륭한 지식을 읽어 낼 수 있을 것이다.

어느 정도까지 우리는 우리의 합리적인 정신을 사용하여 우리의 감정적 뇌가 우리에게 말하는 것을 무시함으로써 우리의 편향을 상쇄할 수 있다. 하지만 이에는 한계가 있다—우리는 항상 인간이기 때문에 우리의 편향을 완전히 없앨 수 없다.

우리가 할 수 있는 것은 인지 편향의 영향을 최소화하는 프로세스를 사용하는 것을 선택하는 것이다. 우리는 견제와 균형이 있는 조직 구조를 설정하고 개인의 편향을 피하는 절차를 따를 수 있다. 법적 시스템과 과학적 방법은 게임 기획 바깥에 있는 이러한 종류의 편향을 막는 프로세스의 예시다. 우리는 우리의 진화적으로 깊이 뿌리박힌 일반화를 극복하기 위해 게임 기획에서도 유사하게 편향을 막을 방법이 필요하다.

우리의 편향은 원시인의 일반화에서 비롯된 거짓 자신감으로 우리를 채운다. 그러나 실제로는 우리가 느끼는 것보다 훨씬 더 적은 것을 안다. 그래서 최고의 게임 기획 프로세스의 핵심은 프로세스가 기획자들에게 더 적은 것을 요구한다는 것이다. 예지력과, 커뮤니케이션과, 머릿속 시뮬레이션을 적게 요구해야 한다. 기존 프로세스는 기획자가 종이 위에 전체 작동하는 게임 기획을 계획하거나, 수십 명의 부하 직원의 정확한 활동을 지시하고 이해하는 것과 같은 초인적인 업적을 달성하도록 요구한다. 아무도 이러한 일들을 할 수 없다. 우리의 도구가 기이한 인간의 머릿속이고, 우리의 임무가 경험 생성 기계를 만드는 것만큼 복잡하다면, 우리는 작은 단계로, 겸손함을 가지고 일해야 한다.

11 | 계획과 반복
Planning and Iteration

건축업자 한스 그로테가 관찰한것처럼 축구 코치는 팀의 공격수 중 한 명에게 경기 시작 6분째에 오른쪽에서 22도 각도로 상대방의 골대를 향해 접근하고, 골대 앞 17미터에서 10도 상승 각도로 공을 차면 확실히 득점할 수 있다고 말하지는 않을 것입니다… 코치가 각 선수가 슛을 쏘아야 할 위치를 결정하려면, 축구화에 젖은 흙이 달라붙을 수 있다는 점을 염두에 두어야 합니다. 그리고 신발과 공 사이에 흙덩어리는 계획된 슛의 각도를 크게 흐트러뜨릴 수 있습니다. 따라서 흙덩어리의 평균 크기와 발생 빈도, 그리고 축구화에서 가장 달라붙기 쉬운 부위를 연구하는 것이 현명할 것입니다. 하지만 우리가 일관적으로 축구장의 북쪽은 모래가 많고 남쪽은 더 진흙 같다는 것을 고려하면… 아무도 그렇게 터무니없는 정도까지 가지 않을 것이라고 말하시겠어요? 오, 그렇게 할 사람들이 분명히 있습니다!

—디트리히 되르너

과도한 계획자 The Overplanner

여러번 있었던 일을 이야기해보겠다.

기획자가 게임에 대한 아이디어를 가지고 있다. 그는 제대로 만들고 싶어서 게으름 피우지 않도록 결정한다. 그는 자신이 아는 가장 체계적이고 성실한 방법으로 일하기로 한다. 바로 기획 문서를 작성하는 것이다. 문서는 모든 것을 설명한다. : 메카닉, 이야기, 대화 스크립트, 아트 스타일, 기술, 타겟 시장. 기획자는 그것을 반복해서 다시 쓰며, 모든 부분을 분석하고, 다시 생각하고, 게임이 펼쳐지는 것을 상상한다.

몇 달이 지난다. 드디어 그는 문서를 완성했다. 문서는 메카닉 사양, 샘플 게임 흐름, 캐릭터 배경 이야기, 인터페이스 설명 등 200페이지에 달한다. 그는 이제 그것을 인쇄할 수도 있으며, 그것을 들어 그 무게를 느끼는 만족감을 얻을 수도 있다. '엘리멘탈 컨플릭트(Elemental Conflict)'를 위한 내 문서를 작성했을 때 이것과 완전히 같은 일을 했기 때문에 잘 알고 있다.

그런 다음 그는 제작을 시작한다. 그는 기획 문서에 정의된 대로, 미리 정해진 자리에 맞춰질 각 퍼즐 조각처럼 게임을 조립한다. 몇 달이 지난다. 진행은 느리지만, 기획자는 자신의 문서를 믿는다. 마침내, 기획자는 처음으로 누군가에게 게임을 플레이하게 한다. 그리고 그때 모든 것이 엉망이 된다.

아무것도 예상대로 진행되지 않는다. 가장 어려운 적이 단순하고 퇴보된 회피 전략에 무너진다. 플레이어는 책상 위를 뛰어다니느라 바빠서 눈물을 자아내는 이야기의 울림을 놓친다. 그는 가장 간단한 메카닉을 이해하지 못하고, 가장 복잡한 메카닉을 쉽게 마스터한다. 중요한 통로를 놓치고 20분 동안 같은 방을 헤맨다. 동료 캐릭터를 싫어하고, 10개의 도구 중 3개만 사용한다.

그리고 좋은 일도 일어난다. 플레이어는 퍼즐에 대한 새롭고 더 통찰이 있는 해결책을 찾는다. 그는 조연 캐릭터에게 반한다. 그리고 이제 게임이 움직이기 시작하면서, 기획자는 수백 개의 쉬운 기획 기회를 볼 수 있다. 이 캐릭터를 조정하면, 매력적인 새 전략이 나타날 것이다. 그 스토리 비트(*역자 주)들을 결합하면, 각본이 더 순수하고 강력해질 것이다. 그 자원 비용을 제거하면, 완급이 분명히 개선될 것이다. 이제 모든 것이 너무 명확해 보인다.

기획자는 곤경에 처한다. 한편으로는, 그가 많은 사랑과 시간을 쏟아부은 문서가 있다. 다른 한편으로는, 그의 앞에는 예상치 못한 실패와 우연한 발견이 있는 게임의 현실이 있다. 그리고 이 두 신호는 매우 다른 방향을 가리킨다. 여기서부터 좋은 방법은 없다. 그는 자신의 문서를 폐기하거나 발견을 무시해야 한다.

이 기획자의 근본적인 실수는 과도하게 계획한 것이다.

부족한 계획자 The Underplanner

여러 번 발생했던 또 다른 이야기가 있다.

팀이 게임 개발을 시작한다. 그들은 아이디어를 검토하기 위해 간단한 회의를 갖고 바로 작업에 뛰어든다. 아티스트들은 캐릭터 모델, 환경, 컨셉 아트를 차례로 만들어낸다. 코더들은 인공 지능, 월드 생성 알고리즘, 물리 엔진을 조립하기 시작한다. 기획자들은 레벨을 구축하고, 인터페이스를 만들며, 점점 더 흥미로워지는 자유롭고 창의적인 회의에서 열정적으로 회의를 한다. 진행은 빨라 보인다.

그러나 시간이 지나면서 상황은 서서히 악화된다. 여러 프로그래머가 각자 게임의 전체 성능 자원을 사용하면서 게임은 10프레임으로 끊기는, 플레이하기 불편한 속도로 진행된다. 분명한 게임의 아이디어가 없기 때문에 투자자를 찾기가 어렵다. 한 아티스트가 단 한 번만 등장하는 캐릭터의 바리에이션 작업에

---

*역자 주 - 스토리 비트 : 스토리비트는 시나리오쪽에서 사용되는 단어로 이야기의 가장 작은 단위이며 내러티브에서 변화가 일어나는 순간을 지칭합니다. https://screencraft.org/blog/what-is-a-story-beat/#:~:text=A%20story%20beat%20is%20a,made%20up%20of%20many%20beats. 또는, https://en.wikipedia.org/wiki/Beat_(filmmaking) 등을 참조.

몇 주를 낭비한 것으로 밝혀진다. 그리고 기획은 너무 많은 사람들이 자신만의 게임이 되어야 한다고 생각하는 다양한 인상을 가지고 각자 작업하기 때문에 일관성이 없다. 한 부분은 깊은 스토리의 RPG와 같다. 다른 부분은 과도하게 스토리가 짜여진 액션 슈터와 같다. 세 번째 부분은 전략 게임과 같다. 기획은 결국 나쁘게 꿰맨 프랑켄슈타인의 괴물 같은 게임이 되어 조각들이 절대 전체적으로 우아하게 합쳐지지 않는다.

출시 날짜가 다가오면서 뭔가를 양보해야 한다. 게임은 통합된 시스템으로 작동하지 않는다. 남은 작업은 팀의 능력과 일치하지 않으며 측정할 수도 없다. 한 하위 시스템에는 엄청난 양의 아트 리소스가 누락되었고, 다른 하나는 한 번도 테스트되지 않았으며, 세 번째는 성능 요구 사항을 충족시키지 못한다. 결국, 게임이 무엇이 될지 아무도 모르기 때문에 게임을 광고할 방법이 없다.

결국, 팀은 6개월 동안 크런치를 하고, 게임의 큰 부분을 잘라내며, 가지고 있는 핵심을 강화하려고 시도하고, 무언가를 출시한다. 게임은 호의적이지 않은 반응을 받고 모두가 무엇이 잘못되었는지 궁금해한다.

이 개발자들의 근본적인 실수는 계획이 부족했다는 것이다.

계획 부족과 계획 과잉 Underplanning and Overplanning

계획이 없으면 팀과 게임의 다른 부분이 서로 반대로 작동하면서 프로세스가 붕괴된다. 이것이 계획 부족이다. 그러나 우리가 신중하고 자세한 계획을 세우면, 현실과 접촉했을 때 그 계획은 무너진다. 이것이 계획 과잉이다. 이것은 마치 소설 [캐치-22]에서 나온 딜레마 상황 같다.

다행히, 해결책이 있다. 하지만 그것을 살펴보기 전에, 우리는 계획 부족과 계획 과잉의 문제점을 좀 더 자세히 이해해야 한다.

계획 부족의 비용 The Costs of Underplanning

계획 부족은 몇 가지 특징적인 문제를 만든다.

우리가 계획을 부족하게 하면, 거의 항상 버려져야 하는 작업을 한다. 그 작업은 불필요하거나 나중의 진행에 의해 쓸모없어 진다. 계획은 이 문제를 방지한다. 계획을 통해 우리는 목표에 도달하기 위해 필요한 최소한의 단계를 결정할 수 있다. 우리가 어떤 작업이 필요하지 않다는 것을 발견하면, 우리는 계획 단계에서 그것을 계획에서 제거할 수 있다. 이것은 그것을 만든 다음 버리는 것보다 더 효율적이다.

계획 부족은 또한 팀 조정을 해친다. 계획은 팀을 조정하는 데 필요한 부분이다. 두 명의 개발자로 구성된 팀조차도 다음 시간에 무엇을 할 것인지에 대해 이야기해야 한다. 이것을 수백 명의 팀으로 확장하면, 조정은 엄청난 과제가 된다. 다음 달이나 내년에 모두가 무엇을 해야 할지 설명하는 계획은 이 과제를 해결하는 한 방법이다. 계획이 수립되면, 모두에게 배포될 수 있고, 각자는 프로젝트의 자신의 부분을 수행한다. 계획 부족은 이것을 불가능하게 한다. 계획이 부족한 프로젝트에서, 사람들은 자신의 작업이 전체에 어떻게 맞는지 명확한 생각 없이 작업한다. 다른 사람들의 작업 사이에 호환성 문제가 발생한다. 일부 호환성 문제는 기술적인 것이다. 예를 들어, 표준을 따르지 않는 캐릭터 모델이나 너무 많은 메모리를 사용하는 하위 시스템 같은 것이다. 다른 것들은 창의적인 것이다. 서로 어울리지 않는 이야기 세부사항, 기획 요소, 또는 아트 스타일 같은 것이다. 이러한 창의적인 통일성의 부재는 게임을 핵심 없는 프랑켄슈타인의 괴물로 만든다.

마지막으로, 게임이 무엇이 될지 알아야 하는 것은 개발자만이 아니다. 계획 부족은 이러한 외부 이해관계자들에게 그들의 작업을 기반으로 할 정보를 공급하지 못한다. 예를 들어, TV에 광고를 게시하려면, 먼저 광고를 제작하고 송출 시간대를 예약해야 하는데 이러한 모든 과정은 몇 달이 걸린다. 그래서, 12월 출시를 광고 캠페인과 맞추고 싶다면, 마케터들은 이전 여름이나 그 이전에 그 광고를 제작하기 시작해야 한다. 마찬가지로, 투자자들은 자신들이 돈을 투자하는 것이 무엇인지 알고 싶어하며, 종종 출시될 제품의 자세한 설명을 요구한다. 채용 담당자는 그 사람들이 필요하기 훨씬 이전에 누구를 고용해야 하는지 알아야 한다. 소매 유통 채널은 게임이 얼마나 판매될지, 누구에게, 어디에서 판매될지에 대한 사전 추정이 필요하여, 디스크의 물리적 유통을 계획할 수 있다. 세상은 게임이 무엇이 될지, 언제 출시될지 알고 싶어하며, 계획 부족은 이것을 불가능하게 한다.

계획 과잉의 비용 The Costs of Overplanning

조금 과한 계획이 나쁘지 않다는 흔한 일반화가 있다. 그러나 이것은 잘못된 것이다. 계획 과잉은 여러 가지 방식으로 프로젝트를 망친다.

계획을 작성하는 데 시간이 걸린다. 계획을 수립하고, 토론하고, 기록하고, 편집하고, 전파해야 한다. 계획이 수백 페이지로 성장하면, 이것은 엄청난 부담이 될 수 있다. 계획 과잉은 실제 개발에서 해야할 노력을 계획 작업으로 돌리게 된다.

또한, 불가피하게 실패할 때 계획을 취소하는 것도 비용이 든다. 합의된 아이디어를 취소하는 것은 토론, 논쟁, 그리고 정치적 자산을 필요로 한다. 그리고 창의적인 사람이 자신을 아이디어에 투자한 다음 다시 이 투자를 철회하는 것은 심리적으로 고통스러운 일이다. 계획 과잉은 나중에 취소해야 할 많은 계획을 만들어내므로, 이러한 취소 비용을 반복해서 지불해야 한다.

그러나 이것들은 계획 과잉의 비용 중 가장 큰 것이 아니다. 계획 과잉의 진짜 비용은 미래에 대한 거짓된 확실성을 만들어내는 방식에 있다. 문서로 작성된 계획은 종종 무슨 일이 일어날 것이라는 보장된 예언으로 취급된다. 하지만 그렇지 않다—그것들은 가정으로 가득 차 있다. 그 가정에 의존하는 작업은 나중에 그 가정이 거짓으로 밝혀졌을 때 무너진다.

예를 들어, 초기 기획 문서가 플레이어 캐릭터가 공중으로 3미터를 점프할 수 있다고 적혀있었다고 상상해보자. 그 계획에 기반하여, 레벨 아티스트는

3.3미터 높이의 벽으로 둘러싸인 레벨을 만든다. 계획이 맞다면, 모든 것이 잘 작동해야 한다. 왜냐하면 플레이어 캐릭터는 3미터 점프로 3.3미터 높이의 벽을 넘을 수 없기 때문이다. 그러나 기획자가 캐릭터가 3미터 대신에 4.5미터 높이로 점프하는 것이 게임을 훨씬 더 좋게 만든다는 것을 발견한다면 어떨까? 이제 문제가 생겼다. 레벨을 4.5미터 높이 점프를 처리할 수 있도록 재작업해야 하거나, 4.5미터가 더 좋을 것임에도 불구하고 점프 높이를 3미터로 유지해야 한다. 한 선택은 좋은 작업을 버리게 된다. 다른 선택은 게임을 약화시킨다.

그리고 이 문제는 결코 이렇게 간단하지 않다. 실제 게임 기획은 서로 연결이 되어 있는 그물망이며, 한 곳에서의 변경은 거의 항상 다른 곳에서 많은 변경을 의미한다. 점프 높이의 단순한 변경은 레벨 경계, 적의 움직임(높이 점프하는 플레이어를 잡을 수 있도록), 점프 퍼즐, 점프에 적용되는 시청각 효과 등에 영향을 미칠 수 있다. 그리고 이러한 변경 각각은 추가 변경을 의미할 수 있다. 적의 움직임을 변경하는 것은 적의 아트와 애니메이션 조정을 필요로 할 수 있다. 점프 퍼즐을 재작업하는 것은 그 퍼즐이 이야기와 얽혀 있었다면 레벨의 줄거리를 변경해야 할 수도 있다. 실패한 계획의 영향은 기획을 통해 파문처럼 퍼져나가며, 아트, 코드, 메카닉, 그리고 게임 안의 설정을 비틀어버린다.

현대 창조적 노력 중에서 게임 기획은 모든 계획에 내재된 불확실성의 양으로 볼 때 이례적이다.

<시드 마이어의 문명 IV>의 리드 기획자인 소렌 존슨이 쓴 바와 같이, "게임 기획자가 되는 것은 틀릴 수 있다는 것이다." 기획자는 시스템이나 레벨이 어떻게 플레이될지 추측할 수 있지만, 결코 알 수는 없다. 보통, 구축되었을 때, 게임 시스템은 예상과 매우 다르게 플레이된다. 그래서 위대한 게임들은 개발 동안 많이 변경되는 경향이 있다.

예를 들어, <헤일로>는 가장 인기 있는 1인칭 슈팅 게임 프랜차이즈 중 하나를 탄생시켰다. 하지만 원래 형태에서 <헤일로>는 슈터가 아니었고 1인칭도 아니었다. 그것은 탑다운 전략 게임이었다. 우주 해병의 눈을 통해 총을

쏘는 대신, 플레이어는 전장을 위에서 내려다보며 포인트 앤 클릭 인터페이스를 사용해 병력을 지시했다. 그러나 개발 과정에서 기획자들은 카메라가 액션에 더 가까워질수록 게임이 더 개선된다는 것을 발견했다. 그들은 이것을 점점 더 밀어붙여, 결국에는 카메라를 주인공의 눈 안에 넣었다. 이런 이상한 개발 과정은 실수가 아니었다—그것은 게임의 성공에 필수적이었다. <헤일로>는 대규모 다인(多人) 전투, 차량 전투, 그리고 개방된 야외 환경에서의 혁신으로 알려져 있었는데, 이 모든 것이 전략 게임으로서 게임의 뿌리에서 이어져 왔다. 아무도 그 결과를 계획할 수 없었고, 실제로도 그랬다.

<바이오쇼크>는 아르데코 스타일로 지어진 수중 도시를 탐험하는 게임이다. 랩처(Rapture)라고 불리는 이 도시는 아인 랜드(Ayn Rand)의 객관주의 철학에 기반한 유토피아를 창조하려는 시도였다. 1960년 플레이어 캐릭터가 랩처에 도착했을 때, 유토피아는 실패했고 도시는 내전으로 치닫고 있었다. 게임은 이러한 풍부하고 독특한 세계 서사로 유명했다. 그러나 처음에 <바이오쇼크>는 물 속에 있지 않았고 아인 랜드와는 아무런 관련이 없었다. 그것은 우주선 안에서 벌어지는 SF 게임이었다. 나중에 무대는 돌연변이로 가득 찬 버려진 나치 벙커로 옮겨졌다. 개발이 진행되는 몇 년 후에 게임은 아르데코 스타일의 수중 도시로 전환되었고 실패한 객관주의 유토피아 테마를 얻었다. <바이오쇼크>의 기획자들은 그 세계를 종이 위에서 계획하지 않았다. 그들은 게임 자체에 대한 수년간의 작업을 통해 그것을 개발했다.

<심즈>는 처음에 건축 게임으로 개발되었다. 원래 월 라이트는 집에 가족을 넣을 계획이 없었다. 게임은 집을 짓는 것이 전부였다. 플레이어는 완전한 무균상태의 환경에서 다양한 집 모양, 색상, 가구를 실험했다. 라이트가 간단한 캐릭터를 공간에 넣었을 때, 플레이어들이 그것을 얼마나 흥미를 느끼는지 발견한 것은 그 때였다. 라이트는 발견한 기회를 놓치지 않고 게임이 인간 캐릭터에 대해 점점 더 많이 다루게 되었으며, 결국 그들이 게임의 핵심이 되었다. 라이트는 이 결과를 계획하지 않았다. 그는 그것을 발견했다.

전체 기획은 <헤일로>, <바이오쇼크>, <심즈>에 일어난 것처럼 변경된다.

그러나 게임의 가장 작은 부분조차도 놀라움을 줄 수 있다. 예를 들어, 나는 <바이오쇼크>의 다운로드 가능한 콘텐츠에서 퍼즐 레벨을 작업할 때, 내 레벨에 한 벽에 로켓 발사 포대가 줄지어 있는 방이 있었다. 나는 플레이어가 그 포대에 의해 죽지 않으면서도 그것에 대해 인식하게 하고 싶었다. 그래서 나는 플레이어에게 위험을 전달하는 오래된 트릭을 사용했다. : 플레이어가 방에 들어서면, 적을 하나 생성시킨 후 그 적이 플레이어를 향해 달려가게 함으로 그 적이 로켓 포대에 의해 산산조각 나도록 했다. 내가 그것을 플레이해보니 완벽하게 작동했다. 적은 비명을 지르며 폭발했고, 줄지어 있는 포탑들이 확실하게 드러났다. 문제는 해결된 것 같았다. 그런 다음 다른 사람이 그것을 플레이하는 것을 지켜보았다. 그는 방 안으로 걸어 들어갔다. 적은 비명을 지르며 그에게 달려들었다. 이것이 퍼즐 레벨이었기 때문에, 플레이어는 무기가 없었다. 그래서 그는 적으로부터 도망치기 위해 방을 빠져나갔다. 나는 플레이어 주변에 부숴지지 않는 유리를 설치해서 플레이어가 안전하다고 느끼게 만든 후에야 그는 서서 현장에서 일어나는 일을 지켜보았다.

　게임 기획은 항상 불확실하다. 경험이 많은 기획자라면 예상치 못한 방식으로 게임 시스템이 작동하거나 실패하는 수많은 이야기를 가지고 있다. 기획을 종이 위에서 읽었을 때 그것이 어떻게 작동할지, 혹은 작동할지를 안할지는 알 는 것은 불가능하다. 예상된 현실과 실제 현실 사이의 그 간극이 어겨진 마감일, 깨진 예산, 그리고 크런치를 야기한다. 계획이 실제로는 매우 불확실한 상황에서 돌처럼 견고하다고 가정하면, 과도한 계획과 그로 인한 나쁜 일들이 발생한다.

반복 Iteration

우리는 전부 계획할 수 없고 프로젝트의 끝까지 모든 세부 사항을 계획할 수도 없다. 우리에게는 중간 지점이 필요하다. 우리는 반복해야 한다.

반복은 단기 계획을 세우고, 그것들을 구현하고, 테스트하고, 반복하는 방법이다.

전통적인 창조의 방법은 선형이다. 계획을 세우고, 그 다음 만들고, 품질을 확인하기 위해 테스트하고, 제품이 완성된다.

반복은 다르다. 순서대로 진행하는 대신, 반복적으로 실행된다.

이는 먼 미래에 일어날 일을 예측할 필요가 없음을 의미한다. 현재 반복의 끝까지만 계획하면 된다. 게임을 테스트할 때마다 우리는 가정을 현실과 비교해 본다. 이렇게 진행한 현실 검증으로부터 다음 반복을 위한 계획에 참고로 할 수 있는 신뢰할 수 있는 지식을 얻을 수 있다.

이 반복은 프로젝트에 따라 몇 번이나 수천 번 반복될 수 있다. 때때로 개발자들은 출시 전에 돌릴 반복의 수를 계획할 것이다. 아니라면 게임이 목표 품질 수준에 도달하거나 돈이 다 떨어질 때까지 이런 반복을 계속하기도 한다.

우리는 게임 전체만 반복하는 것이 아니다. 우리는 레벨, 도구, 또는 인터페이스에 관해서도 반복할 수 있다. 더 큰 팀에서는 동시에 많은 반복 루프가 실행되어야 한다.

반복 예시 Iteration Example

모든 기획 과제가 다르기 때문에, 각 반복 프로세스는 당면한 과제에 맞게 재단되어야 한다. 다음은 내가 1인칭 슈터에서 전투 시나리오를 개발하기 위해 사용한 간단한 반복 프로세스의 예이다. 이 프로세스는 다른 과제나 개발자에게 적합하지 않을 수도 있다―이것은 한가지 가능한 반복 사례일 뿐이다.

나는 가능한 한 빠르게 기본적인 전투를 대충 설정하기 시작한다. 생각나는 대로 요소들을 넣되, 분석하는 데 시간을 낭비하지 않는다. 어디로 가고 있는지 대략적인 아이디어가 있을 수도 있지만, 반드시 필요한 것은 아니다. 나의 유일한 목표는 가능한 한 빨리 전투를 플레이하는 것이다.

한 시간 안에, 나는 돌아가는 전투를 만들었다. 그리고 언제나 그렇듯이, 그것은 끔찍하다. 특히 의욕이 없는 처음 기획을 한 기획자가 만든 아마추어 모드(MOD)같이 돌아간다. 엄폐에 쓸 회색 블럭들이 무질서하게 흩어져 있고, 월드 지형에는 규모가 제대로 조정되지 않은 몇 개의 상자로 구성되어 있으며, 적들은 거대한 덩어리로 나타난다. 그리고 보통 플레이어에게 무기를 주는 것을 깜박하기 때문에, 플레이어는 항상 진다.

그러나 그것의 조악한 품질에도 불구하고, 이 첫 번째 버전은 그 목적을 달성한다. 그것은 반복 루프를 마무리했다. 전투는 더 이상 머릿속의 영화가 아니다. 그것은 실제다. 실제로 플레이하는 전투, 컨트롤러를 손에 쥐고 실제 시간이 흐르는 동안, 그 어떤 방식으로도 복제할 수 없는 사고 과정을 일으킨다. 이 첫번째 시도는 결코 최종 제품과 같은 것을 만들 의도가 아니었다. 이 시도의 유일한 목적은 덜 끔찍한 것으로 넘어갈 수 있는 정거장으로서의 역할이다.

그리고 이 점에서 이 시도는 성공적이다. 내가 그것을 플레이하면서, 아이디어들이 떠오르고, 내가 냉정하게 생각할 수 있는 것보다 더 구체적이고 더 실질적이다. 이 아이디어들에 대해 흥분하고, 기다리거나 분석하거나 문서화할 필요가 없다. 영감은 사라질 틈이 없다. 한 번의 테스트 후, 편집기로 돌아가서 작동하지 않았던 부분을 없애고, 엄폐물을 재배치하며, 얻을 수 있는 무기와 적을 재편집한다. 아마도 이번에는 플레이어에게 무기를 주는 것을 기억할 수도 있다.

이러한 사이클을 여러 번 반복하면서, 레벨을 변경하고 다시 테스트하게 된다. 빠르게 반복할 수 있기 때문에, 분석에 시간을 들이지 않아도 된다. 그냥 레벨에 요소들을 넣고 몇 분 내에 시도해보면 된다. 모든 것이 여전히 간단한 회색 블럭들로 렌더링되기 때문에, 작업은 물흐르듯 유지된다. 이것은 좋다. 왜냐하면 내가 만드는 변경 사항은 탑을 다리로 바꾸거나, 중심되는 위협을 다른 종류의 적으로 대체하는 것 같은 커다란 개념적 도약이기 때문이다. 아직 세부적인 부분에 대해서는 걱정하지 않는다.

몇 시간 만에 여러 번의 반복 루프를 거쳤으며, 전체 개념을 몇 번이나 변경했을 수 있다. 아마 처음에는 적이 있는 탑(실제로는 저격수가 위에 있는 높은 블록)이 있었을 것이다. 하지만 그것이 동작하지 않는다는 것을 알아냈다. 다리(바닥에 있는 길다란 구멍 위에 있는 길고 넓은 블록)를 시도해볼 수도 있다. 지뢰밭, 저격수, 참호, 포대 등 떠올릴 수 있는 모든 넓은 개념을 시도해봤을 수 있다. 이 중 어떤 것이든 극도로 거칠게 만든 버전은 몇 분 내에 실행할 수 있다.

다양한 개념을 시도해본 후 3번에서 8번 사이의 반복을 거쳐 효과적인 것을 찾아낸다. 여기서 프로세스가 변하기 시작한다. 루프 길이가 길어지고, 시도하는 변경 사항은 줄어든다. 매 시간마다 테스트하는 대신, 2~3시간마다 테스트합니다. 건물 전체를 뜯어내고 교체하는 대신, 벽과 기둥의 위치를 조정한다. 항상 그렇듯이, 변경 사항은 머릿속에서 생각해 낸 문제에 대한 반응이 아니라, 테스트에서 관찰한 실제 문제에 대한 반응으로 만들어진다. 모든 테스트는 변경해야 할 새롭고 명백한 사항들을 보여준다.

이때 레벨 아티스트를 참여시킨다. 그는 아마도 이 공간에서 직접 작업하지 않을 것이다. 그러기엔 아직 너무 이르다. 하지만 아트의 실현 가능성에 대해 이야기해 준다. 전체 개념이 아트적으로 무의미하다면, 처음부터 다시 시작할 수도 있다. 그것 보다는 게임 안의 공간을 아트 리소스 친화적으로 만들기 위해 조정하는 방법에 대해 논의할 가능성이 높다. 예를 들어, 레벨은 회색으로 남아 있지만, 탑이나 다리에 스타일, 테마, 세계 스토리, 분위기를 보여주는 구체적인 형태를 부여할 수 있다. 그는 아트에 대한 아이디어를 탐색하기 위한 무언가를 목업(Mockup)으로 만들거나 아트 테스트 레벨을 만들 수 있다.

반복 루프는 계속된다. 전투는 더 세련되고 밸런스가 맞게 된다. 공간은 아트 또는 서사에 대한 우려에 의해 변경될 때도 있지만 내가 자체테스트했을때 관찰했던 대부분의 변경 사항은 여전히 밸런스, 완급, 명확성, 깊이에 대한 우려로부터 나온다.

그러나 결국, 나는 벽에 부딪혔다. 자신의 작업을 테스트하는 것에서 더 이상 새로운 것을 찾아내지 못하는 지점이 있다. 이 시점에서는 내가 플레이했을 때 잘 작동하는 전투를 만들었다. 하지만 이 게임은 나를 위해 만들어진 것이 아니다. 모든 플레이어에게 잘 작동해야 한다. 그리고 게임이 실제 플레이어와 잘 작동하는지, 플레이어가 게임을 얼마나 잘 이해하고 있는지 알 수 있는 유일한 방법은 그들이 플레이하는 것을 관찰하는 것이다.

나는 내 자리에 다른 플레이 테스트 참가자들을 앉힌다. 이상적으로는 게임의 목표 시장을 대표하는 대중들의 샘플에서 무작위로 뽑힌 실제 플레이어들을 얻고 싶다. 하지만 이 것이 불가능하더라도 다른 대안들이 있다. 나는 보통 동료들을 사용한다. 프로그래머, 테스터, 아티스트, 오디오 엔지니어들을 끌어다 내 컴퓨터 앞에 앉히고, 그들이 플레이하는 것을 관찰한다. 아무 것도 말하지 않고, 그들의 시야에서 멀리 떨어져 서서, 기획이 실패하기를 기다린다.

항상 그렇듯 실패한다. 일부 플레이어들은 내가 생각하지 못한 전략으로 전투를 망가뜨린다. 그들은 진행을 거부하고 모든 적을 멀리서 저격한다. 또는 한 발의 총알도 발사하지 않고 적진을 돌파한다. 다른 이들은 전투에 대해 내가 아는 것만큼 모르거나, 중요한 요소를 눈치채지 못해 실패하여 좌절한다. 그들은 바닥에 뚫린 구멍을 놓치고 그 안에 떨어져 죽는다. 내가 측면으로 보낸 적이 쏜 총에 등을 맞는다. 뻔히 보였다고 생각했던 깜빡이는 지뢰를 밟는다. 빌 코스비의 말을 빌리자면, 플레이 테스터는 가장 터무니없는 일을 한다.

한 번의 플레이 테스트 후, 해결해야 할 문제 목록이 생겨난다. 일부는 간단한 수정이다(적에게 조명을 주어 사람들이 볼 수 있게 하는 것 같은). 다른 것들은 더 복잡하다(플레이어와 적 모두가 사용할 수 있도록 왼쪽 측면 공격 경로를 다시 구축하는 것 같은). 작업에 착수한다. 반나절 후, 변경 사항을 적용하고 다음 플레이 테스트를 준비한다. 아직 그 전투를 해보지 않은 사람을 찾아 그를 관찰한다.

이런 식으로 10에서 20번 더 반복된다. 결국 2주에서 3주가 지난다. 전투는 완급과 밸런스가 잘 잡혀있고, 다양한 실력 수준과 플레이 습관을 가진 플레이어들을 받아들인다. 실제 플레이어에게 넘겨졌을 때 어떻게 될지 추측할 필요가 없다. 왜냐하면 플레이 테스트 참가자들이 보여주어서 이미 알고 있기 때문이다.

하지만 여전히 테마를 암시하는 밋밋한 회색 큐브들로 보이고 아직 완성된 게임처럼 보이지는 않는다. 이제 아티스트들이 진짜로 관여하기 시작한다.

레벨 아티스트들이 처음으로 공간위의 회색 조형들을 실제 아트 자산으로 교체하여 전달한다. 다시 테스트한다. 전투의 메카닉 형태가 변하지 않더라도, 아트 변경은 플레이어가 전투를 인식하는 방식에 영향을 미친다. 그렇기 때문에 이 것이 플레이 테스트에 어떤 영향을 미치는지 관찰해야 한다. 문제를 발견하면 해결책을 찾기 위해 논의한다. 때로는 캐릭터나 도구를 추가하거나 제거하는 것처럼 스크립트 세부사항을 변경해야 할 수도 있다. 다른 경우, 아티스트가 공간을 밝게 하기 위해 빛을 추가하거나, 아트가 발생시키는 잡음을 줄이기 위해 무언가를 단순화해야 할 수도 있다. 이제 반복 루프는 며칠이 걸린다. 아트를 만드는 것은 느린 작업이기 때문이다.

운이 좋다면, 아트는 큰 문제를 일으키지 않는다. 회색 상자를 사용하여 철저히 플레이 테스트했기 때문에, 기본 레벨은 이전처럼 계속 동작해야 한다. 몇 번의 루프를 더 거친 후, 레벨은 메카닉적으로도 아트 적으로도 작동하기 시작한다.

이제 다른 개발 분야를 포함하도록 루프를 더 확장한다. 텍스트 상자는 실제 대화로 교체된다. 오디오 엔지니어들은 배경음과 사운드 스크립트를 만들어 전달한다. 우리는 공간을 통해 세계의 서사를 표현하는 방법을 찾는다. 라이터들은 대사를 다시 쓴다. 마지막으로, 테스터들이 한동안 테스트하고,

우리는 기술적인 버그를 수정하고, 게임을 출시한다.

이것은 슈팅 게임의 전투를 개발하는 한 가지 방법이다. 프로젝트와 추구하는 목표에 따라 다른 반복 루프는 이것과 매우 다를 수 있다. 이 특수한 프로세스는 메카닉 중심이었기 때문에, 전투 기획자가 밸런싱과 완급조절에 대해 작업하는 것으로 시작했다. 다른 게임은 서사 중심의 프로세스를 요구할 수 있으며, 이야기의 울림을 먼저 반복해서 개발하고, 그 다음에 메카닉을 이어서 작업할 수 있다. 그리고 전혀 다른 종류의 기획 문제들이 있다 캐릭터 기획, 인터페이스 기획, 시스템 기획은 각각 다른 방법을 요구한다. 어떤 문제는 한 사람이 타이트하게 루프를 수행해야 한다. 다른 문제는 10명이 참여하는 몇 주간 이어지는 큰 루프다. 어떤 개발자들은 혼자 테스트하고, 다른 개발자는 어깨너머에서 지켜보며, 또 다른 일부는 자동화된 데이터 통계를 사용하고, 몇몇은 목적에 맞게 만들어진 실험실에서 테스트한다.

하지만 어떤 종류의 루프를 사용하든, 반복은 같은 기본 원칙에 의해 운영된다. 그 원칙은 심층적으로 계획하는 대신 현실을 점검해야 한다는 것이다. 그 원칙은 세부적인 폴리싱에 투자하기 전에 넓은 범위의 구조를 테스트한다. 그리고 그 원칙은 기획자들이 미래의 계획에 너무 투자하지 말고 그 대신 예측할 수 없는 테스트 결과에 지속적으로 적응해야 할 것을 요구한다.

계획 지평 Planning Horizon

우리의 반복 루프는 얼마나 길어야 하는가? 매일 테스트해야 하는가? 매주? 매달?

루프가 너무 길다면, 계획을 과도하게 하고 있는 것이다. 개발자들은 존재하지 않는 문제에 대해 걱정하거나, 그들의 일반화에 의해 숨겨진 문제들을 놓친다. 루프가 너무 짧다면, 계획이 부족한 것이다. 불필요한 작업에 시간을 소비하고, 개발자 그룹이 함께 일할 수 없다. 우리는 올바른 계획 지평을 선택함으로써 이들 사이의 균형을 찾아야 한다.

계획 지평은 기획자가 미래에 대해 계획하는 시간의 길이이다.

긴 계획 지평은 다음 테스트를 실행하기 전에 다음 달의 작업을 계획하고 실행하는 것을 의미한다. 짧은 계획 지평은 게임에 무엇인가를 넣고 분 단위로 테스트하여 무슨 일이 일어나는지 보는 것이다.

계획 지평을 선택하는 기본 원칙은 계획의 불확실성을 고려하는 것이다. 계획이 예상대로 잘 작동할 가능성이 높다면, 계획 지평은 길어야 한다. 이것이 건축가들이 건물을 개별 너트와 볼트까지 설계하는 방식이다. 건축가들은 건물이 어떻게 잘 맞춰질지 매우 확실하게 알고 있다. 계획이 불확실할 때, 계획 지평은 짧아야 한다. 이것은 축구 경기와 같다, 모든 것이 예측할 수 없는 요소들로 인해 순간마다 변한다. 어떤 게임 개발 프로세스라도 이 두 극단 사이의 어느 지점에 위치한다.

계획 지평에 영향을 미치는 좀 더 구체적인 상황적 요인들을 살펴보자.

독창적이지 않은 아류 게임들은 이미 지식이 이미 확립되어 있기 때문에 상대적으로 멀리까지 계획할 수 있다.

게임이 창의적이지 않을 수록 더 깊게 계획할 수 있다. <심즈>는 개발 도중 완전히 변경되었지만, <심즈 2>는 첫 번째 게임에 의해 기획의 핵심이 이미 잘 확립되었기 때문에 그렇지 않았다. 마찬가지로, 오늘날 1인칭 슈팅 게임을 만드는 사람은 다른 게임들로부터 이 장르에 대한 모든 것을 이미 배운 것을 사용하여 자신의 게임이 어떻게 작동할지 예측할 수 있다.

이것의 극단적인 예는 기존 게임의 클론이나 포팅을 만드는 것이다. 전체 기획이 이미 확립되고 실제 플레이어들에게 테스트되었기 때문에, 건축가가 건물을 설계하는 것처럼 모든 세부 사항을 미리 계획할 수도 있다.

이것이 오리지널을 만드는 것과 속편을 만드는 것이 매우 다른 이유다. 일부 게임 프랜차이즈는 기본 메카닉에서 거의 바뀐것 없이 5개 이상의 속편을 내기도 한다. 이것은 개발 과정을 원활하게 만든다, 왜냐하면 다섯 번째 속편의 기획은 이전 게임들에서 확립된 방대한 지식에 의존할 수 있기 때문이다.

오리지널 게임은 아직 발견되지 않은 것들에 필요하기 때문에 단기 지평까지만 계획할 수 있다.

오리지널 게임을 계획하기는 매우 어렵다. 기획자는 이미 잘 테스트된 기획의 기반 위에 서 있지 않기 때문이다. 오리지널 인터페이스를 통해 제어되는 오리지널 메카닉의 컬렉션으로 구성되고 오리지널 세계에 설정된 오리지널 게임은 서로 연결된 불확실성의 거대한 그물이다. 이런 종류의 상황에서 올바른 계획 지평은 하루 혹은 그보다 적을 수 있다. 미래의 일주일에 대해 계획한 모든 것은 다음 날 무엇이 작동하고 작동하지 않는지에 대한 돌발상황에 의해 소용 없어질 것이다.

적절한 계획 지평은 프로젝트 진행 과정에서 점차 길어지는 경향이 있다.

프로젝트가 시작했을 때는, 우리는 가정이 계속 바뀌는 모래 위에 서 있다. 마지막에는 확립된 구조 내의 미세한 세부 사항에 대해 고민한다. 프로젝트는 야생의 아이디어를 시도해보는 소규모 개발자 그룹이 하루 미만의 계획 지평으로 시작할 수 있다. 마지막 몇 달은 출시 전에 완료해야 할 모든 아트 에셋과 프로그래밍 작업을 나열한 스프레드시트로 미리 계획할 수 있다.

테스트 비용이 낮을 때, 우리는 더 짧은 지평으로 계획해야 한다.

내가 전투 기획 프로세스를 시작할 때는 전투 아이디어를 매우 빠르게 구축하고 테스트할 수 있었다. 15분 안에 그것을 구축하고 테스트하여 훨씬 더 많은 정보를 얻을 수 있다면 한 시간 동안 아이디어를 분석하는데 시간을 소비할 이유가 있을까? 말 그대로 고민하는 데 드는 비용이 아깝다. 그래서 나는 생각하지 않았다. 그냥 무언가를 넣어보았다.

이것이 좋은 도구의 이점이다. 도구는 단지 게임을 더 빨리 만들게 해주는 것만은 아니다. 그것들은 계획과 제작 사이의 교환 비율을 변경하고 실패의 비용을 줄여 더 실험적인 개발 접근법을 가능하게 한다. 좋은 도구는 위험을 감수하게 해준다. 작업이 너무 느려서 처음부터 모든 것을 계획하고 제대로 작업해야할 때에는 눈치채지 못할 기획을 발견하게 해준다.

개념적 도약이 목표라면 더 깊이 계획하라.

반복은 소위 말하는 언덕 오르기 알고리즘으로 알려져 있다. 가능한 모든 게임을 지형 위의 점들로 상상해보라. 높은 위치의 점들은 더 나은 게임이다. 반복은 게임을 앞이 안보이는 등산가가 서 있는 경사면을 오르는 것 처럼 만든다. 짧은 걸음을 내디뎌보고 그것들로 인해 좋아졌는지 테스트하고, 그렇다면 그쪽으로 이동한다. 게임은 시간이 지남에 따라 점진적으로 나아진다.

언덕 오르기의 문제점은 산을 오르는 사람이 앞을 볼 수 없기 때문에, 자신이 산을 오르고 있는지 언덕을 오르고 있는지 알 수 없다는 것이다. 낮은 언덕의 경사에서 시작했다면 그 정상에 도달할 수 있지만, 멀지 않은 곳에 있는 더 높은 산의 존재를 모를 것이다. 우리는 더 높은 산으로 이동하고 싶지만, 작은 걸음만 내딛을 수 있다면, 현재 있는 언덕의 정상에서 더 높은 산까지 갈 방법이 없다. 반복은 기획을 최적화하지만, 혁명적으로 변화시키지는 않는다.

지형에서 크게 도약하기 위해서는 한동안 지면과 붙어있지 말아야 한다. 이는 테스트 없이 큰 기획 변경을 하는 것을 의미한다. 이는 위험하다. 도착할 때까지 어디에 떨어질지는 알 수 없지만, 근본적으로 새로운 아이디어를 발견하고 기획의 정체를 탈출하는 유일한 방법이다. 깊은 계획을 세운다면 멀리 있는 산들을 보려고 시도할 수 있다. 비록 도착해서 보니 그것들이 단지 낮은 언덕일 수도 있지만 말이다. 그것이 심도있는 계획의 위험이다.

왜 우리는 과도하게 계획하는가 Why We Overplan

계획 과잉과 계획 부족 모두 위험하다. 하지만 게임 기획에서는 계획 과잉이 더 큰 파괴력을 드러내는 경향이 있다. 개발자들은 계획을 부족하게 하기 보다 과도하게 하며, 계획 과잉으로 인한 손실이 더 많다.

왜 사람들은 게임 기획에서 과도하게 계획하는가? 우리가 반복적으로 과도하게 계획하도록 밀어붙이는 일관된 편향들이 있다. 이러한 편향들을 대응하기 위해서는 우선 그것들을 인식해야 한다.

문화적 습관 Cultural Habit

우리는 어린 나이부터 계획하는 습관을 교육받는다. 선생님들과 부모님들은 우리에게 미리 계획하고 미래를 생각하라고 반복해서 지시한다.

그리고 일반적으로 이것은 좋은 생각이다. 신중한 계획이 현대 세계를 구축했다. 엔지니어와 노동자들이 후버 댐을 건설할 때, 그들은 시작하기 전에 정확히 무엇을 할지 결정했다. 그들은 필요한 콘크리트의 양을 정확히 알고 있었고, 그것이 어디에 갈지 정확히 알고 있었다. 그들은 노동자와 자재 배송을 최대한 효율적으로 일정을 조절할 수 있었다. 그리고 최종 제품은 설계 단계에서 결정된 것과 거의 정확히 일치했다.

하지만 게임 기획은 이러한 다른 작업들과 다르다. 왜냐하면 더 불확실하기 때문이다. 후버 댐의 건축가들은 건설 도중에 댐이 고층건물이 되어야 한다는 것을 발견할 일이 결코 없다. 하지만 <헤일로>의 개발자들은 그들이 만들던 탑다운 시점 전략 게임이 1인칭 슈팅 게임이 되어야 한다는 것을 발견했다. 그리고 우리가 보았듯이 이러한 종류의 극단적인 기획 변화는 드문 일이 아니다.

타고난 지나친 자신감 Inborn Overconfidence

확실성에 관한 게임을 해보자. 나는 숫자를 묻는 10개의 질문으로 구성된 퀴즈를 내 볼 것이다. 당신의 임무는 각 질문에 대해 정답이 범위 내에 있을 것이라고 90% 확신할 수 있는 높은 추정치와 낮은 추정치의 답들을 작성하는 것이다.

범위는 원하는 만큼 크거나 작게 할 수 있다는 것을 기억하라. 이것을 수행하기 위해 답을 알 필요는 없다. 정답이 상한과 하한 사이에 있을 것이라고 90% 확신할 수 있을 만큼 너무 크지 않게 충분한 범위만을 설정하라. 만약 당신이 매우 확신이 없다면, 범위는 크게 될 것이다. 그렇지 않다면, 작게 될 것이다.

연필을 들고 답을 적어 내려가는 것을 강력하게 권하겠다. 이 연습은 단순히 읽는 것만으로는 거의 효과가 없다.

질문	낮은 추정	높은 추정
아르키메데스의 출생년도		
분류된 개미 종의 수		
1900년의 세계 인구		
태양의 지름		
토성의 명명된 위성 수		
철이 녹는 온도점		
제1차 세계대전의 총 군사 사망자 수		
남극 대륙의 육지 면적		
칠레 산티아고의 위도		
인류 역사상 채굴된 모든 금의 총 무게		

이제 책 뒷부분에서 당신의 답을 확인해보라. 결과는 어떤가?

이 테스트에서의 성적은 지리나 역사에 대한 지식과는 아무런 관련이 없어야 한다는 것을 주목하라. 당신은 90% 확신 수준을 달성하기 위해 원하는 만큼 범위를 넓힐 수 있었다. 그리고 만약 당신이 그렇게 했다면, 당신은 거의 확실히 당신의 범위 내에 8, 9, 혹은 10개의 답을 얻었어야 한다.

대부분의 사람들처럼, 당신은 아마도 퀴즈의 답을 2개에서 4개 정도 맞췄을 것이다. 그보다 좀 더 적은 수의 사람들은 자신의 확신 범위 내에서 5개나 6개의 답을 맞출 수 있다. 테스트를 이해하고 이전에 수행한 적이 있더라도, 그 이상을 맞추는 사람은 매우 드물다.

나는 스티브 맥코넬(마이크로소프트 프레스:Microsoft Press)의 "Software Estimation - 소프트웨어 추정 : 그 마법을 파헤치다!(Software Estimation: Demystifying the Black Art)"라는 책에서 비슷한 테스트를 했을 때 4개만 맞췄다. 맥코넬은 수백 명의 추정 전문가들에게 비슷한 테스트를 실시했다. 이들은 소프트웨어 프로젝트의 완료 시간과 비용을 추정하는 데 수년 간의 경험을 가지고 있었다. 맥코넬은 이 엘리트 그룹에서도 실제로 테스트를 본 사람들 중 1% 미만만이 편견 없는 추정 전문가만이 얻을 수 있는 9개의 답을 얻었다는 것을 발견했다. 그들 중 5개 이하의 답만 맞춘 사람은 90% 이상이었다. 왜일까?

인간은 본능적으로 과신하는 경향이 있다.

심리학자들은 이를 낙관적 편향이라고 부른다. 인간 심리의 어떤 부분이 90% 확신하는 추정을 30% 확신하는 추정으로 만든다. 이러한 과신은 퀴즈에서 숫자를 추정하는 것에만 국한되지 않는다. 사람들은 소프트웨어 개발 예산, 경제 예측, 사업 계획, 군사 전략에서 일관되게 과신하는 것으로 나타났다.

이 편향은 게임 기획 계획에서 엄청난 영향을 가진다. 이는 수정 없이는 기획자는 실제로 작동할 확률이 30%밖에 되지 않는 기획에 대해 90% 확신을 가질 것임을 의미한다. 이는 기대와 현실 사이의 엄청난 격차다. 이러한 과신은 우리가 실제로 계획할 수 없는 것들을 계획할 수 있다고 생각하게 한다. 우리는 기획 문서를 읽고 그것이 아마도 작동할 것이라고 추측하지만, 실제로는 예상대로 작동할 가능성이 거의 없다. 이것은 과도한 계획을 하게 만든다.

치료를 위한 계획 Therapeutic Planning

'불확실하다는 느낌'이라는 표현에 대해 생각해보자. 엄밀히 말하면 불확실하다는 것은 특정 정보를 가지고 있지 않다는 것을 의미한다. 하지만 '불확실하다는 느낌'이라는 문구는 부정적인 감정적 의미를 가득 담고 있다. 우리는 확신이 없는 사람을 무능하고 비효율적이라고 판단한다. 우리가 확신이 없을 때, 우리는 스스로를 불안하고 압도당한다고 상상한다. 불확실성은 감정적으로 불쾌하다. 이에 대한 반응은 종종 *치료를 위한 계획*을 통해 불확실성을 숨기는 것이다.

치료를 위한 계획은 일을 조율하기 위해 수행되는 것이 아니라, 어쩔 수 없이 불확실한 미래에 대해 우리가 더 좋게 느끼게 하기 위해서 수행된다.

계획은 불확실함에 대한 불안을 없애고 미래에 대한 거짓된 확신감을 만들어 줄 수 있다. 하지만 철학자 나심 탈레브(Nassim Taleb)가 말했듯이, 편안함을 원한다면 술을 마시고, 예측을 하지 않는 것이 좋다. 무모한 예측은 훨씬 더 위험하다.

과도한 계획을 하지 않는 것은 불확실성의 인지적 스트레스를 받아들이는 것을 의미한다. 그것은 결정들을 편안하게 잊어버릴 수 있는 곳에 숨겨놓지 않고 상황을 지속적으로 재평가하는 것을 의미한다. 이러한 정신적 노력을 피하려는 욕구는 종종 치료를 위한 계획 과잉으로 이어진다.

집단 계획 편향 Group Planning Bias

사람들의 집단은 본능적으로 합리적인 불확실성보다 과신하는 사람에게 보상을 준다.

날씨를 예측하려는 집단에서 자신감 있는 밥과 합리적인 앨리스 두 사람을

상상해보자. 합리적인 앨리스는 하늘을 보고 자신이 이런 날씨 조건을 본 모든 경우에 대해 정확하게 기억하여, 비가 내린 것은 대략 절반 정도라고 판단한다.

그는 "비가 올지 안올지 정말 모르겠어요."라고 말한다. "어느 쪽인지 정말 알 수 없어요."

이제 자신감 있는 밥이 나선다. 그는 잠시 하늘을 쳐다보고, 사적인 농담을 할 때 처럼 미소 짓는다. 그는 집단에게 돌아서 눈을 강하게 맞추며 결정적인 손짓으로 선언한다. "비가 오지 않을 거야. 걱정하지 마."

집단은 자연스럽게 밥을 선택한다. 밥은 추종자, 인정, 그리고 사회적 지위를 얻는다. 앨리스는 그의 대답이 더 정확했음에도 불구하고 약한 사람, 멍청한 사람, 우유부단한 사람, 혹은 게으른 사람으로 불리게 된다.

이것이 집단 계획 편향이다. 사람들은 미래를 큰 확신으로 볼 수 있는 리더에게 자연스럽게 끌린다. 비록 그 미래에 대한 시각이 망상적일지라도 그렇다.

이 효과에 대한 안전장치는 실제로 비가 와서 밥이 틀렸음이 증명될 경우다. 이런 일이 몇 번 발생하면, 사람들은 그의 말을 듣지 않을 것이다. 하지만 게임 기획에서 이러한 종류의 결과는 날씨 예측만큼 분명하지 않다. 게임 기획에서는 원인과 결과를 보기 어렵고, 결과가 명확해지는 데 수년이 걸리며, 그 사이에 너무 많은 일이 일어나 예측의 기억이 혼란스럽게 되거나 바뀌거나 잊혀진다. 피드백이 분명한 단순한 환경이라면, 우리의 본능은 결국 자신감 있는 밥을 불신하도록 이끈다. 하지만 현대의 기획 과제에서는 피드백이 없다. 안전 장치가 고장난 것이다. 따라서 확실한 사람에 대한 사회적 편향은 남아 있지만, 결과를 검증할 수 있는 안전 장치는 없다. 편향으로 밸런스가 깨졌다.

이 효과를 상대하려는 노력이 없다면 자신감 있는 리더가 올바른 리더보다 더 많은 추종자를 얻게 된다. 불확실성은 허세에 의해 숨겨지고, 과도한 계획이 시작된다.

사후 확신 편향 Hindsight Bias

지금까지 다룬 모든 편향에도 불구하고, 우리는 결국 실수로부터 배울 수 있을 것이라고 생각할 수 있다. 10번이나 과도하게 계획된 프로젝트를 경험하고, 매번 같은 고통스러운 기능 축소, 크런치 타임, 프로세스 혼란을 겪은 개발자들이 있다. 우리는 왜 이러한 경험들로부터 교훈을 얻지 못할까? 그것은 사후 확신 편향 때문이다.

사후 확신 편향은 과거의 사건들이 실제로는 그랬던 것보다 더 예측 가능했던 것처럼 조용히 기억을 재배열하는 인지적 편향이다.

1972년, 연구자 바루크 피쇼프(Baruch Fischoff)는 닉슨 대통령의 중국 외교 순방 동안 무슨 일이 일어날 수 있는지 사람들에게 물었다. 닉슨이 마오쩌둥 주석과 만날 것인가? 외교적인 주요 진전이 있을 까? 그는 이와 같은 13개의 다른 결과들에 대한 가능성을 물었다.

닉슨의 중국 방문이 끝난 후, 피쇼프는 같은 사람들에게 그들이 생각했던 다양한 결과들이 얼마나 이루어졌는지 다시 기억해내도록 물어보았다. 사후 확신 편향이 명확했다. 누군가의 예측이 맞았다면, 그는 자신이 실제로 이야기한 것보다 더 확신했다고 말했다. 그의 예측이 틀렸다면, 자신이 그렇게 확신하지 않았다고 말했다. 그들은 미래를 예측하는 능력이 실제보다 더 나아보이도록 자신들의 기억을 수정했다.

사실상, 게임 개발은 항상 뒤돌아볼 때 실제보다 더 매끄럽고 통제된 것처럼 보인다. 우리의 뇌는 개발의 혼란을 깔끔한 원인과 결과가 순서대로인 이야기로 자동적으로 편집한다. 우리가 다른 사람들에게 이야기를 할 때는 그것을 더 단순화한다. 잘못된 길로 가는 시간 낭비, 경솔한 실수, 추악한 오해, 그리고 일상적인 고된 작업의 날들은 모두 사라지고 단순한 원인과 결과의 어린이 동화로 이야기가 변한다. 사실, 나도 이 책에서 이런 식으로 이야기를 썼다.

문제는 게임 기획 프로세스의 교훈이 우리가 나중에 이야기 하는 깔끔하게 편집된 이야기에 있는 것이 아니라, 그것들은 훈제 청어들(역주 : 주의를 돌리기 위한 말을 뜻하는 영어 은어)처럼 이야기에서 제거된 혼란스럽고 관련없을 것 같은 단서와 잘못된 예측에 있다는 것이다. 사후 확신 편향은 우리가 겪었던 사건들을 더 예측 가능했었다고 생각하게 함으로써 우리가 실수로부터 배우는 것을 방해한다. 돌이켜보면, 사후 확신 편향은 항상 심도 있는 계획이 가능했었다고 느끼게 한다. 그래서 미래에 그것이 가능할 것이라고 생각해서 실수로부터 배우지 못하고 계속해서 과도하게 계획하게 된다.

무엇을 찾아야 하는지 알게 된다면, 개발에서 이러한 계획 과잉 편향을 찾기 시작 할 수 있을 것이다. 그리고 이를 보완할 수 있을 것이다.

테스트 프로토콜 Test Protocol

반복적 프로세스는 계획, 제작, 그리고 테스트 사이의 순환 과정이다. 모두가 계획과 제작에 집중하고, 테스트는 종종 무시된다. 하지만 테스트 단계는 중요하다. 테스트 단계에서 실제 세계로부터 교훈을 배우며 반복을 통해 얻는 주요 이점을 취할 수 있는 메카닉이기 때문이다.

플레이 테스트의 목적은 기술적인 문제를 찾거나 마케팅 데이터를 수집하는 것이 아니다. 그것은 게임 기획이 실제로 실행될 때 어떻게 작동하는지 이해하는 것이다. 이는 실제 사람들이 게임을 플레이하게 하고, 기획이 어디에서 작동하고 어디에서 실패하는지 관찰하는 것을 의미한다. 플레이어들이 어디에서 혼란스러워하는가? 너무 쉽거나 어려운 곳은 어디인가? 균형이 잡혀 있는가? 퇴보된 전략이 있는가? 플레이어들이 서사를 이해하는가?

플레이 테스트를 실행하는 것은 기술이다. 그냥 하는 것이 아니라 계획이나 제작만큼 열심히 해야한다. 잘 수행된 플레이 테스트에서는 기획자들이 필요한 정보를 많은 비용이나 노력 없이 얻을 수 있다. 잘못 수행된다면 중요한 기획 결함을 놓치고, 시간을 낭비하며, 심지어 기획자들이 오해할 수도 있다.

좋은 데이터를 얻기 위한 핵심은 올바른 테스트 프로토콜을 사용하는 것이다.

테스트 프로토콜은 플레이 테스트를 수행하기 위한 일련의 규칙 및 절차의 모음이다.

좋은 테스트 프로토콜을 만드는 것은 어렵다. 그 것이 잘못될 때 얻을 수 있는 피드백이 없기 때문이다. 손상되거나 오해의 소지가 있는 테스트 결과는 종종 매우 합리적으로 보인다. 더 안좋은 것은, 나쁜 테스트 프로토콜은 테스트를 잘 진행되지 않는 게 아니라 더 원활하게 진행시키는 경향이 있다는 것이다. 그리고 잘못 실행된 테스트는 쓸모없는 것보다 더 나쁜 결과를 낸다. 잘못된 테스트 전에는 기획자가 게임이 작동하는지 여부를 모른다는 것을 알고 있었다. 그러나 테스트 후에는 게임이 작동한다고 생각하지만 실제로는 그렇지 않다. 기획자가 단지 지식을 얻지 못한 것이 아니라 사실이 아닌 지식을 얻고 말았다.

나는 한 번 실패한 멀티플레이어 슈팅 게임의 수석 기획자를 인터뷰한 적이 있다. 그의 테스트 프로토콜은 플레이어 그룹이 음식이 있는 방에 앉아 게임을 오랫동안 플레이하는 것이었다. 이 환경에서 게임은 잘 작동하는 것처럼 보였다. 그들은 반복하고, 문제를 찾고, 테스트하고, 줄타기 하는 철학자처럼 게임을 깊고 밸런스가 잡히도록 다듬었다. 하지만 그 성공은 기만이었다. 그들의 테스트 프로토콜은 인터넷을 통해 낯선 사람들이 플레이할 때 발생하는 기획 실패를 찾지 못했기 때문이다. 잘 조율되고 의사소통이 잘되는 팀들이 플레이 할때는 게임이 빛을 발했다. 하지만 온라인에서는 무너져버렸다. 그 게임은 복잡한 팀 전술이 너무 필요해서 게으르고 무능한 낯선 사람들이 플레이할 때는 잘 동작하지 않았다. 기획자들은 플레이 테스트를 했지만, 잘못된 테스트 프로토콜은 기획의 결정적인 결함을 숨겼고, 그래서 게임은 시장과 대부분의 플레이어들에게 통하는데 실패했다.

테스트 프로토콜이 실패하는 경우의 수는 무수히 많다. 블라인드 테스트를 하지 않으면 플레이 테스터들에게 기대 편향을 도입한다. 그룹 테스트는 플레이어들 사이에 사회적 경쟁과 의견 모방을 만든다. 플레이어들에게 생각을 말하도록 하면 기획자들이 플레이어의 행동을 해석하는 데 도움이 되지만, 동시에 그 플레이어들의 행동을 바꾼다. 테스터 선별은 특정 연령, 성별, 문화 또는 실력 수준을 가진 사람들이 게임을 플레이할 때만 나타나는 문제를 숨기는 편향을 가져온다. 테스터 수가 적으면 우리의 데이터는 놀랍도록 큰 무작위 통계 분산에 의해 왜곡된다.

결국, 우리는 이러한 결함들을 완전히 피할 수 없다. 테스트 프로토콜은 옳고 그름의 문제가 아니다. 그것은 기획자가 주어진 자원으로 가능한 가장 유용한 지식을 얻으려고 시도하는 제작 작업이다.

기본적인 테스트 프로토콜 몇 가지를 살펴보자.

자가 테스트 Self-Testing

가장 비용이 싼 테스트 프로토콜은 혼자 플레이하는 것이다. 게임에 대한 기획자의 지식에 의해 편향되어 있을지라도, 단순히 게임 시스템이 작동하는 것을 관찰하는 것만으로도 엄청난 이해를 얻을 수 있다. 이는 플로우, 완급, 그리고 밸런스의 많은 문제를 드러낸다. 물론, 기술에 관한 버그도 자가 테스트에서 가장 잘 발견된다. 반복적 과정의 초기 루프는 자가 테스트로 마무리되어야 한다.

어깨너머 플레이 테스트 Over-the-Shoulder Playtesting

어깨너머 플레이 테스트에서는 기획자가 다른 플레이어들을 관찰한다. 이 방법은 동료를 끌어다 컴퓨터 앞에 앉히는 것과 같이 비공식적일 수도 있다. 또는 외부인을 가짜 거실에 데려다가 음료수, 게임기, 그리고 숨겨진 카메라를 설치할 수도 있다.

어깨너머 플레이 테스트는 자가 테스트보다 낫다. 왜냐하면 플레이어들이 다양할 수 있고, 기획자처럼 게임에 대해 완전한 지식을 가지고 있지 않기 때문이다. 남녀노소, 공격적인 사람, 방어적인 사람, 그리고 그 사이의 모든 사람들로 플레이 테스트를 할 수 있다. 그들 중 어느 누구도 여러분만큼 게임에 대해 모든 것을 알지 못하므로, 여러분보다 더 실제 플레이어처럼 반응할 것이다.

어깨너머 플레이 테스트에서 가장 큰 위험은 플레이어에게 그들이 가지고 있지 않아야 할 정보를 제공함으로써 테스트를 오염시키는 것이다. 이 때문에 거의 모든 상황에서 기획자는 테스트 동안 완전히 침묵을 지켜야 한다. 말하지 마라. 웃지 마라. 한숨 쉬지 마라. 어떤 방식으로도 당신의 생각을 드러내지 마라. 플레이 테스터가 무엇인가 물으면, 중립적인 어조로 "죄송하지만, 그것에 대해 대답할 수 없습니다."라고 말하라.

이 규칙은 사회적으로 불편하다. 플레이어가 혼란스러워하거나 좌절을 겪고 있을 때 보고만 있는 것은 정말 고통 스럽다. 경험 많은 기획자라면 플레이어가 15분 동안 문이나 버튼을 찾아 헤매는 것을 지켜본 적이 있을 것이다. 여러분은 절실히 플레이어에게 "거기 있어! 파란 버튼만 누르면 돼!"라고 말하고 싶을 것이다. 하지만 플레이 테스터에게 놓친 것을 알려주는 것은 실제 플레이어들에게 없을 정보를 제공함으로써 전체 테스트를 오염시킨다. 더 이상 게임을 테스트하는 것이 아니라, 기획자가 상자 안에 들어가 팁을 주는 이상한 버전의 게임을 테스트하게 된다. 테스트는 더 원활하게 진행될 수 있지만, 그것은 결함이 숨겨지고 있기 때문이다.

가끔 플레이어에게 게임의 누락된 부분을 채워줄 정보를 제공해야 하는 경우가 있다. 이런 경우에는 추가 정보가 테스트 프로토콜의 일부로 미리 계획되어야 한다.

플레이 테스터 선택 Choosing Playtesters

플레이 테스터를 선택하는 것은 얻을 수 있는 데이터의 종류에 영향을 미친다. 플레이 테스터 간의 주요한 차이점은 게임에 대해 알고 있는 지식의 정도이다.

일명 크리넥스 테스팅에서는 기획자가 게임을 한 번도 플레이하지 않은 플레이 테스터를 데려온다. 이런 종류의 테스트는 플레이어들이 플레이 첫 몇 순간 동안 어떻게 반응할지를 드러낸다. 하지만 이런 테스터들은 한 번만 사용할 수 있으므로 (일회용 화장지인) 크리넥스 테스터라는 이름이 붙었다.

다른 경우 게임의 높은 실력이 필요한 기술의 밸런스를 테스트하고 싶을 수 있다. 이를 위해서는 장시간 집중적으로 플레이할 수 있는 플레이어들이 필요하다. 보통 이는 매일 실력을 쌓는 전담 플레이 테스터 팀을 의미한다.

이 두 가지 극단 사이에는 다양한 차이가 있다. 예를 들어, 나의 전투 기획 프로세스에서 게임에 대해서는 알고 있지만 현재 작업중인 전투에 대해서는 구체적으로 모르는 동료로 테스트를 했다. 그래서 그들이 가진 초기 지식은 게임을 몇 시간 플레이한 후에 실제 플레이어가 전투를 처음 만나는 것과 유사했다. 그들은 게임을 알고 있지만 내가 만들고 있는 특정한 전투는 모른다.

게임에 대한 지식 외에도 플레이 테스터를 나눌 수 있는 다른 방법들이 있다. 아이들이나 노인, 다른 문화, 사회경제적 배경 또는 관심사를 가진 사람들과 테스트를 할 수 있다. 일반적으로, 최종 게임을 플레이할 사람들과 유사하게 혼합된 테스터들을 선택하라.

샘플 크기 Sample Size

한번의 플레이 테스트 결과에 집착하기 쉽다. 여러분의 뇌는 본 것이 전부라고 믿도록 본능적으로 속여(WYSIATI), 여러분이 경험한 그 한 가지가 전체 게임이라고 생각하게 만든다. 하지만 종종 첫 번째 테스트 수행은 가능한 경험의 크고 다양한 세트 중 중요하지 않은 실마리에 불과했다는 것이 밝혀진다. 이것이 플레이 테스트를 잘하는 것이 많이 테스트하는 것을 의미하는 이유이다.

좋은 기획 결정은 기획자가 게임이 생성할 수 있는 모든 다양한 경험에 대한 이해를 쌓았을 때만 내릴 수 있다. 이는 많은 플레이 테스트를 수행해야 한다는 뜻이다.

이런 폭 넓은 정신적 맥락이 없으면, 기획자들은 자신이 본 경험의 문제를 해결하려 하면서 보지 못한 경험의 문제를 일으키는 경향이 있다. 게임은 계속 변하겠지만, 모든 해결책이 더 많은 문제를 일으키기 때문에 개선되지 않는다.

실제 진전을 이루려면, 한 경험의 문제를 해결하면서 다른 곳에서 문제를 일으키지 않아야 한다. 플레이어들이 게임을 통해 따라갈 수 있는 한두 가지 실마리만 본 경우에는 이것이 불가능하다. 모든 플레이어가 게임에서 어떤 반응을 보이는지에 대한 경향을 파악해야한다. 그러면 모든 문제를 한 번에 해결하는 기획 솔루션을 선택할 수 있다.

그 맥락을 얻는 프로세스는 간단하다. 많은 플레이 테스트를관찰하라. 각 플레이 테스터는 게임의 가능성 공간을 통한 새로운 실마리를 보여준다. 이를 충분히 많이 흡수하면, 하나의 줄로만 이루어진 이야기로 생각하는 대신 게임이 만들 수 있는 모든 다양한 경험에 대해 보다 더 완전한 모델을 개발할 수 있다. 모든 상황에서 발생할 수 있는 모든 다른 분기점과 가능성, 그리고 그 것들이 어떻게 상호 연관되는지 알게 될 것이다. 기획 변경이 미칠 모든 다른 영향을 예측할 수 있을 것이다. 왜냐하면 당신은 게임을 시스템으로 이해할 것이기 때문이다, 이야기로서가 아니라.

이를 위해 필요한 플레이 테스트의 정확한 수는 정해져있지 않다. 게임들은 저마다 다른 폭의 경험을 만들어내므로, 어떤 게임들은 기획자가 이해하기 위해 더 많은 플레이 테스트가 필요하다. 매우 단순하고 제한적인 게임에서는 이것이 2~3번의 플레이 테스트 후에 이해할 수 있다. 슈터 전투 개발에서는 이해에 보통 6 ~ 12번의 플레이 테스트가 필요하다. 제한이 없고 시스템 중심의 게임이라면 필요한 플레이 테스트 수가 매우 많을 수 있다.

경험상 좋은 규칙은 플레이 테스터들이 종종 같은 경험을 반복하기 시작하면 플레이 테스트를 중단하는 것이다. 그렇게 되면 게임에 대한 올바른 기획 결정을 내릴 수 있을 정도로 게임의 기능을 충분히 이해했다고 확신할 수 있다.

질문 기법 Questioning Technique

우리는 플레이 테스트를 관찰함으로써 필요한 대부분의 것을 배울 수 있다. 테스터는 실패함으로써 게임이 너무 어렵다는 것을 보여준다. 테스터가 즉시 이기는 것은 게임이 너무 쉽다는 것을 보여준다. 테스터는 지시사항이나 기회를 놓침으로써 게임이 불분명함을 보여준다.

하지만 때때로 관찰만으로는 부족하다. 때때로 우리는 플레이 테스터의 머릿속에서 무슨 일이 일어났는지 이해해야 한다. 이는 우리가 그들에게 물어봐야 함을 의미한다.

문제는 말로 하는 답변은 믿을 수 없다는 것이다. 기억은 편집되거나 전체적으로 만들어진다. 경험에 대한 보고는 기획에 대한 제안과 섞인다. 테스터가 가지고 있는 기획자나 스튜디오에 대한 감정이 그들의 판단을 흐린다. 테스터가 일부러 이렇게 하려고 하는 것은 아니다. 이것은 인간 본성이다. 그러므로 플레이 테스터와 대화를 통해 무언가를 배우려면, 우리는 질문을 매우 신중하게 구성해야 한다.

내가 가장 좋아하는 테스트 후 질문은 "게임에서 방금 무슨 일이 일어났는지 이야기해 주세요"이다. 이 질문은 기억에 대한 탐사이다. 게임의 어떤 측면이 인식되고 유지되며 언급할 만큼 중요하다고 여겨졌는지를 발견한다. 이야기에서 언급되지 않은 것들은 기획에서 불필요한 부분일 수 있다. 종종 나는 플레이어들이 기억하는 이야기가 내가 의도했던 이야기나 실제로 일어난 이야기와 매우 다르다는 것을 발견했다.

기획자는 또한 플레이어가 특정한 것을 인식했는지를 확인하기 위해 질문을 맞춤형으로 조정할 수 있다. "왼쪽에 있는 문을 눈치챘나요?"라고 묻는 것은 그 질문 자체가 플레이어에게 정보를 제공하여 그들의 대답을 오염시킬 수 있기 때문에 적절하지 않다. 그들은 종종 똑똑해 보이거나 인터뷰어를 기쁘게 하기 위해 그렇다고 대답할 것이다. 더 나은 질문은 "그 길을 선택한 이유에 대해 말해주세요"일 수 있다. 플레이 테스터는 왼쪽의 문을 언급하고 왜 그것을 택하지 않았는지 말하거나, 아예 언급하지 않을 것이다. 하나는 그것이 인지되고 거부되었음을 나타내고, 다른 하나는 그것이 전혀 인식되지 않았을 수 있음을 나타낸다.

전문적이고 개방적인 어조를 유지하라. 플레이 테스터를 관찰하거나 그들의 피드백을 듣는 일은 좌절하기 쉽다. 특히 그들이 의도된 대로 게임을 이해하지 못할 때 그렇다. 하지만 이런 감정이 겉으로 드러나면 플레이 테스터는 위축되어 솔직한 답변을 하지 않을 것이다. 플레이 테스터는 여러분에게 호의를 베푸는 것이므로 감사하는 마음으로 대하라.

그레이박스 작업 Grayboxing

기획에 대해 완전한 오디오와 아트를 만든 후 플레이 테스트를 통해 작동하지 않는다는 것을 발견하는 것은 낭비이다. 이를 방지하기 위해, 우리는 그레이박스에서 반복할 수 있다.

그레이박스는 게임 메카닉, 시스템 또는 레벨의 낮은 해상도의 대체 버전이다.

나는 전투 기획 프로세스에서 광범위하게 그레이박스 작업을 했지만, 그레이박싱은 레벨에만 국한되지 않는다—거의 모든 것이 그레이박싱 될 수 있다. 컷 신은 정지 이미지나 바뀌지 않는 텍스트 팝업으로 대체될 수 있다. 복잡한 인터페이스는 이름이 붙은 버튼으로 대체될 수 있다. 효과음 소리는 저렴한 합성 신호음과 잡음으로 렌더링될 수 있다. 대화는 텍스트 음성 변환 프로그램으로 소리내주거나 화면상의 텍스트로 렌더링 될 수 있다.

바이오웨어(BioWare)가 <매스 이펙트 3(Mass Effect 3)>를 개발할 때에는, 기획자들은 생물체를 그레이박스로 작업했다. 개발 초기에 거대한 전투 로봇은 아래에 두 개의 긴 직육면체와 양쪽에 두 개의 정육면체가 달린 큰 정육면체로 보여졌다. 또 다른 적—이번에는 높은 노란 블록—은 옆에 달린 긴 노란 블록으로 영웅을 붙잡았다. 이상하게 보이지만, 무슨 일이 일어나고 있는지는 명확하므로 게임은 완벽하게 플레이 할 수 있었다. 이러한 그레이박스 적들은 바이오웨어의 기획자들이 입증되지 않은 기획에 대한 아트 리소스 투자 없이 적 생물체를 테스트하고 반복할 수 있게 했다.

　그레이박스 작업은 반복 속도를 높인다. 그레이박스는 완성된 게임처럼 테스트될 수 있지만, 그보다 만드는 노력은 100배는 적다. 대부분의 아이디어가 동작하지 않을 것이므로, 처음부터 모든 것을 완전한 아트 리소스로 구현하는 것은 낭비이다. 하지만 우리가 모든 것을 먼저 그레이박스로 구축하면, 메카닉을 정확하게 맞출 때까지 몇 번 실패할 여유가 생긴다. 기획이 입증된 후에야 우리는 완성된 품질의 오디오와 비주얼을 제작하기 위한 자원을 투자한다.

　일부 사람들은 그레이박스 작업이 아티스트, 오디오 엔지니어 및 기타 콘텐츠 제작자에게 어떤 영향을 미치는지 걱정한다. 처음에는 그들이 단순히 회색 형태를 "아트 업"하라고 요청받는 것에 실망할 것처럼 보인다. 실제로는, 아티스트들은 그들의 아트 리소스가 버려지는 경우가 훨씬 덜 하기 때문에 그레이박스 작업을 좋아한다. 그레이박스 작업이 없이는 아티스트들이 입증되지 않은 기획으로 작업해야 하기 때문에 아티스트들의 작업 중 많은 부분이 결과물 자체와 관련 없는 이유로 버려진다. 하지만 잘 검증된 그레이박스 위에서 작업할 때는 아티스트는 만드는 것이 사용될 것이라는 신뢰를 가지고 작업에 전념한다. 더 좋은 것은 아티스트들이 그레이박스 단계에서 기획자와 협력하여 박스가 무엇이 될 수 있는 지에 대한 의견을 제공하는 것이다. 이런 방식으로, 그들은 이미 미화해야 할 모든 그레이박스에 참여하고 있으므로, 그것을 이미 이해하고 믿고 있다.

그레이박스를 사용하지 말아야 할 것 What Not to Graybox

그레이박스는 게임 경험의 대부분을 테스트할 수 있게 해주며, 메카닉과 게임내 설정의 의미를 포함한다. 하지만 그것은 전체 경험이 아니다. 그레이박스 작업은 분명히 아트와 음악 리소스에 주도되는 감정을 만들지 못한다.

따라서 그레이박스 작업은 시청각 중심의 경험일수록 그 유용성이 떨어진다. <림보(LIMBO)>와 <플라워(Flower)> 같은 게임들은 시청각 중심의 중심의 감정 트리거에 매우 의존하기 때문에 그레이박스에서 크게 손해를 볼 것이다. 반면, <카운터 스트라이크>, <스타크래프트Ⅱ>는 메카닉에 항상 중점을 두었기 때문에 그레이박스에서도 상당히 잘 작동할 것이다.

이른 제작 Premature Production

언제나 그레이박스를 벗어나 이른 시기에 잘 마무리된 애셋을 사용하고 싶은 유혹이 있다. 나는 이것을 '이른 제작'이라고 부른다.

이른 제작은 기획자가 다음 라운드의 테스트 데이터를 얻기 위해 그레이박스 기획에 필요한 것보다 일찍 아트 리소스와 오디오 리소스를 추가하는 것이다.

단기적으로 보면, 완성되지 않은 기획에 청각 요소와 시각 요소를 추가하면 좋아 보인다. 그래픽과 사운드는 마음을 설레게 하며, 리뷰 회의에서 웃음을 가져온다. 문제는 이 감정적 이득이 단기적인 반면, 그 아트 리소스에 쓴 비용은 프로세스의 나머지 기간 동안 계속해서 써야 한다는 것이다. 이제부터 모든 반복 루프는 변경되는 메카닉에 맞춰 아트를 재작업하는 과정으로 인해 느려진다. 결국, 아트의 비용은 초기에 만들기 위해 들인 노력보다 훨씬 커지며, 초기의 감정적 영향이 사라진 후에도 계속 써야한다.

더 나쁜 것은, 이른 제작은 게임의 최종 품질을 제한한다는 것이다. 결국에는 시청각 요소 리소스를 추가할 곳이 부족해지고, 그 것이 게임 품질에 대한 메카닉의 한계가 된다. 하지만 우리가 메카닉 핵심이 약한 것을 아트 리소스로 숨겼다면, 아트 리소스를 뜯어내지 않고서는 그 것을 고칠 수 없다. 변경할 수 없는 결함 있는 메카닉으로 마무리 해버렸고, 그 주변에 만들어진 아트 때문에 메카닉을 바꿀 수 없다.

그레이박스에 머무르는 것은 자제력이 필요하다. 실패한 플레이 테스트 후에는 기획 결함을 아트로 빠르게 가리고 싶어진다. 하지만 다음 플레이 테스트에서 아트 리소스가 유용한 데이터를 가져오지 않는 다면 이는 실수이다. 아트 리소스는 유용한 테스트 데이터를 얻기 위해 가능한 한 늦게 추가되어야 한다.

그레이박스 평가 기술 Graybox Evaluation Skill

좋은 그레이박스를 플레이하는 것은 좋은 게임을 플레이하는 것과 같은 느낌이 아니다. 이는 그레이박스를 평가 하는 것은 연습을 통해 배워야 하는 기술임을 의미한다. 좋은 그레이박스가 어떤 느낌인지, 나쁜 그레이박스가 어떤 느낌인지 알기 위해서는 많은 그레이박스를 평가해본 경험이 있어야 한다. 이 기술이 없다면 아트 리소스가 부족하기 때문에 훌륭한 그레이박스조차 받아들이지 못할 가능성이 크다.

이는 그레이박스를 평가하는 기술이 없는 사람들이 몇명 섞여있는 집단이 결정해야하는 상황에서 문제를 일으킨다. 그들은 기획을 보고 그것이 못생겼기 때문에 나쁜 느낌을 받을 것이다. 이는 후광효과가 작용하는 것으로 비주얼에 대한 품질의 부족이 감정적 인상을 만들어 기획 전체에 대한 의견이 되어버린다. 그래서 그레이박스 평가 기술이 없는 사람들은 기획이 잘 작동하더라도 그 기획을 거부할 것이다.

실제 기획 프로세스에서 이것은 보통 그레이박스 작업에서 일어나는 가장 큰 문제이다. 그러므로 그레이박스 기획에 대한 결정을 내리는 사람을 신중히 선택하라. 그레이박스 평가에 대한 경험이 없는 사람은 그것을 하지 말아야 한다. 그들은 후광 효과 때문에 잘못된 결정을 내릴 가능성이 매우 높기 때문이다. 그런 사람들이 반드시 기획에 대해 결정을 내려야 한다면, 비용에도 불구하고 이른 제작을 해야 할 필요가 있을 수 있다.

시나리오 메타포 The Screenplay Metaphor

많은 사람들이 영화가 만들어지는 방식 때문에 게임은 큰 기획 문서로 시작해야 한다고 생각한다. 하지만 그 메타포는 잘못되었다.

게임기획에서 영화 대본과 가장 가까운 것은 기획 문서가 아니다. 작동하는 그레이박스 프로토타입이다.

영화 대본에는 영화 중 발생하는 모든 이벤트를 포함한다. 모든 대화, 모든 이미지, 모든 줄거리 반전이 존재한다. 우리가 영화 대본을 읽을 때는 머릿속에서 빠진 오디오와 비주얼의 세부 사항을 채워야 하지만, 우리가 가진 활동적인 시각적 상상력으로 쉽게 이루어진다. 그래서 영화 대본을 읽는 것만으로 머릿속에 그림을 상상함으로써 영화 관객의 경험에 대한 유용한 근사치를 얻을 수 있다.

게임 기획 문서로는 같은 일을 할 수 없다. 왜냐하면 기획 문서는 게임에서 일어나는 이벤트를 설명하는 것이 아니라 게임 메카닉을 설명하는 것이기 때문이다. 기획 문서를 읽고 최종 경험을 이해하기 위해서는 단순히 시각적인 결과물을 상상하는 것뿐만 아니라 모든 게임 메카닉과 플레이어의 선택을 머릿속에서 시뮬레이션하여 그 경험을 이끄는 이벤트를 만들어내야 한다. 이러한 종류의 머릿속 시뮬레이션은 인간의 능력을 넘어서는 일이다.

하지만 그레이박스에서는 게임이 메카닉 시뮬레이션을 처리한다. 플레이어의 머릿속은 영화 대본을 읽을 때처럼 빠져있는 오디오와 비주얼만 채우면 된다. 그래서 영화 대본과 가장 일치하는 것은 실제로 작동하는 그레이박스 프로토타입이다. 작동하는 그레이박스는 최종 제품에 대해 영화 대본만큼의 정보를 제공한다. 기획 문서는 그보다 훨씬 적은 정보를 제공한다.

품질의 역설 The Paradox of Quality

전통적인 작업 현장의 격언 중 "두번 측정하고 한번 잘라라."라는 말이 있다. 그리고 이 격언은 부두나 댐을 건설할 때는 의미 있다. 이러한 작업에서 실수를 되돌리는 것은 매우 비싸기 때문에, 실수를 피하는 것이 최우선 순위이다. 하지만 게임 기획에서는 실수에 대해 극도로 혐오하는 것이 실제로는 품질이 떨어지는 제품으로 이어질 수 있다.

게임 기획에서는 일시적으로 낮은 품질의 결과물을 받아들이는 것이 결국 더 나은 품질의 결과물로 이어진다. 이것이 바로 품질의 역설이다.

전통적인 조언에 따르면, 천천히, 애정을 가지고, 모든 세부 사항에 주의를 기울이며 작업하면 품질 좋은 제품이 나온다. 빠르게 조각들을 끼워 맞추면 쓰레기같은 제품이 나온다. 이 관점에서, 품질 좋은 제품을 완성한다는 것은 프로세스의 모든 단계에서 좋은 품질의 작업물이 나와야 하는 것을 의미한다.

게임은 다르다. 게임의 퀄리티를 결정짓는 가장 중요한 요소는 게임이 거치는 반복 루프의 수이다. 모든 단계에서 품질에 집착하면 반복 작업을 늦추어 결국 더 나쁜 게임으로 이끈다.

이것이 초기 반복에서 불완전한 작업을 거부하는 것이 자주하는 실수인 이유이다. 불완전한 작업물을 거부하는 기획자는 완벽하지 못해서 한 단어도 적지 못하는 소설가와 같다. 그래서 모든 반복 루프가 과도한 분석으로 인해 길이가 늘어나면서 그는 두 번 재고 완벽하게 자르는 것을 시도한다. 결국 실수에 대한 두려움 때문에 반복 주기를 몇번 밖에 관리 못하고 이것은 나쁜 작업물로 이어진다.

　　게임 기획에서는 최종 품질에 도달하기 전에 모든 것이 여러 번 수정되고 다시 만들어진다. 초기 반복 주기에서 하는 작업은 최종 게임을 구축하는 것이 아니다. 최종 게임으로 뛰어넘을 수 있는 정거장을 만드는 것이다.

비전의 오류 The Fallacy of Vision

어느 젊은 항공우주 공학자가 첫 출근을 했다. 그는 눈을 반짝이며 상사의 방에 들어가며 선언한다. "저한테 새로운 종류의 비행기에 대한 최고의 아이디어가 있습니다."

　　상사는 흥미를 느낀다. "설명해봐." 그가 말한다.

　　젊은 공학자는 비전을 가진 표정을 지으며 먼 곳을 응시한다. "승객들은 번거로움 없이 5분 만에 탑승합니다. 그리고 비행기는 조용히, 거의 흔들림 없이 이륙하면서, 승객들은 개인 공간에서 마티니를 즐깁니다. 대서양을 날아가는 동안, 젊은 커플은 비행기의 여러 버블 캐노피 중 하나에서 전망을 즐기고, 귀여운 아이는 조종석을 둘러보는 견학을 합니다. 아이가 왜 달까지 날아가지 못하는지 물어보자 기장은 웃음을 터뜨립니다. 착륙할 때까지, 사랑이 찾아오고, 교훈이 얻어지며, 모두가 목적지에서 기다리는 것에 대한 준비가 되어 있습니다."

　　상사는 의자에 기대며 시가를 길게 한 모금 빨아들였다. 그가 말한다. "자넨 해고야."

　　이 젊은 항공우주 공학자는 비전을 가졌다. 하지만 그의 비전은 비행기의 비행에 관한 것이었지, 비행기 자체에 관한 것은 아니었다. 그는 멋진 경험을 묘사했지만, 그 경험을 만들어낼 메카닉 시스템에 대해서는 언급하지 않았다. 그는 비전의 오류에 빠졌다.

비전의 오류란 경험의 머릿속의 영화가 그 경험을 생성하는 시스템의 설계와 동일하다는 생각이다.

사람들은 본능적으로 머릿속의 영화를 사용하여 결정을 내린다. 우리는 이야기를 상상하고, 그 이미지가 어떻게 느끼게 하는지 평가하고, 그 감정적 반응에 따라 결정한다. 심리학자 다니엘 길버트(Daniel Gilbert)는 이 기술을 '미리 느껴보기(prefeeling=프리필링)'라고 부른다.

많은 경우에, 미리 느껴보기는 의미가 있다. 미리 느껴보기는 우리의 감정적 무의식이 복잡한 아이디어에 대해 미묘한 의견을 빠르게 생성하는 능력을 활용한다. 영화를 보러 가고 싶은가? 미리 느껴보아라. 그 음식 먹고 싶은가? 다시 한 번 미리 느껴보아라. 미리 느껴보기는 미래에 대한 결정을 내리는 데 있어 쉽고, 빠르며, 보통은 효과적인 방법이다.

우리는 게임 기획에서도 그것을 플레이하는 것을 상상하며 게임의 잠재력을 평가할 때 같은 방식으로 작업한다. 특히 강력한 머릿속의 영화는 종종 비전이라고 불린다. 그리고 비전은 영감의 원천이 될 수 있다. 이는 오직 이야기만이 할 수 있는 방식으로 동기를 부여한다.

하지만 비전 또한 오해 될 수 있다. 비전은 경험을 정의한다. 하지만 게임은 경험이 아니라, 경험을 생성하는 시스템이다. 완벽한 비행을 완벽한 비행기와 혼동하는 것처럼, 멋진 게임 경험의 비전을 훌륭한 게임의 기획과 혼동하는 것은 어리석은 일이다.

비전은 그 경험 뒤에 있는 시스템이 얻고 포기하는 것과 비용에 대해 아무것도 말해주지 않는다. 이 게임이 생성할 다른 모든 경험들에 대해서도 알려주지 않는다. 이것이 중요한 이유는 플레이어들이 게임의 최고의 경험 뿐만 아니라 다른 모든 상태일 때도 경험하기 때문이다. 또한 우리는 만든 게임에서 최고의 경험만을 자연스럽게 상상하기 때문에 비전은 항상 기획의 결함을 숨긴다. 우리는 흥미진진한 전투를 상상하지만, 기지에서부터의 5분 동안은 상상하지 못한다. 결정적인 구출을 상상하지만, 10번의 무작위스러운 실패는 생각하지 못한다. 우리는 타협의 좋은 면을 보지만, 머릿속에서 나쁜 면을 편집해버린다. 이 패턴은 기획 계획에 대한 과신을 만들어내고 계획 과잉을 유도한다. 그러므로 기획자들은 비전에서 동기를 얻어야 하지만, 그것이 정확한지에 대해서도 의문을 가져야 한다.

　비전의 오류에 대한 해독제를 시도해보아라. 게임에 의해 생성된 최고의 경험을 상상하려 하기보다는 최악의 것을 상상하라. 모든 답답한 실패, 지루한 반복, 그리고 불분명한 상호작용을 세심하게 상상해보아라. 이것은 멋진 영화를 머릿속에 그리는 것보다 더 많은 인지적 노력이 필요하다. 하지만 이것은 최고의 결과만을 골라내는 대신 게임의 균형 잡힌 그림을 보여주기 때문에 훨씬 많은 정보를 보여준다.

우연한 발견 Serendipity

> 이미 알려진 아는 것들이 있습니다. 우리가 안다는 사실을 알 고 있는 것이죠. 우리는 또한 알려진 모르는 것들이 있다는 것을 압니다. 즉, 우리가 모르는 것들이 있다는 것을 알고 있다는 것입니다. 하지만 우리가 모르는 모르는 것들이 있습니다. 우리가 모른다는 것을 모르는 것들이죠.
>
> —도널드 럼즈펠드

게임 기획에서, 우리는 많은 미지의 것들에 직면한다. 플레이어가 이 도구를 이해할까? 이 도전이 너무 어려울까? 이 레벨을 만드는 데 시간이 얼마나 걸릴까? 이러한 질문들은 답하기 어려울 수 있지만, 우리가 다루어야 할 가장 중요한 무지의 종류는 아니다.

　왜냐하면 우리는 모른다는 것을 모르는 것과도 마주하고 있기 때문이다. 우리는 가능성조차 인식하지 못한 채 실수를 한다. 우리는 결코 본 적이 없는 기회를 지나친다. 우리는 자신이 가정하고 있다는 것을 모른다는 가정 위에서, 그 가정을 기반으로 전체 기획을 쌓는다.

게임 개발에서 일어나는 정말 중요한 일들의 대부분은 알려지지 않은 미지의 것들에서 비롯된다.

일부 알려지지 않은 미지의 것들은 재앙으로 이어지기도 한다. 테스터가 전체 게임 시스템을 망가뜨리는, 수정하기 어려운 퇴보된 전략을 찾을 수도 있다. 당연해 보이는 인터페이스가 새로운 사용자에게는 이해하기 어려울 수 있다. 우리는 퍼블리셔로부터 험한 새로운 지시를 받거나, 핵심 프로그래머가 아플 수도 있다.

계획된 방법과 달리, 반복적인 프로세스는 이러한 벌어진 일들에 강하다. 반복할 때, 우리는 먼 미래에 대한 가정을 하지 않는다. 이는 상황이 변함에 따라 빠르게 방향을 바꿀 수 있음을 의미한다. 더 좋은 점은, 반복의 지속적인 현실 검증으로 인해 재앙적인 발견들을 대개 일찍 찾을 수 있다는 것이다. 이것만으로도 반복하는 것에 대한 주요한 이유가 된다.

하지만 또 다른 일반적으로 그 존재를 모르는, 더 중요한 모르던 것이 있다. 바로 우연한 발견이다. 플레이어들은 주변 캐릭터에게 마음을 빼앗길 것이다. 그들은 흥미로운 새 전술을 고안해낼 것이다. 그들은 게임의 보잘것없어 보이는 부분에서 감정을 찾아낼 것이다. 이것들은 기획자들이 예상치 못한 긍정적인 결과들이다. 그리고 보통 이러한 우연한 발견들은 기획 과정에서 일어나는 가장 가치 있는 일들이다. 이러한 우연한 발견은 혁신적인 기획을 창조하는 데 필수적이다. 대부분의 혁명적인 게임 기획들은 만들어지는 것이 아니라 우연히 발견되기 때문이다.

예를 들어, 비디오 게임 RPG의 원조는 [던전 앤 드래곤(Dungeons & Dragons : D&D로 줄임.)]이다. D&D는 대부분의 의미를 역할 놀이 요소에서 창출했고 그래서 플레이어들이 상상할 수 있는 어떤 판타지 이야기도 말로 연기할 수 있게 해주었다. 컴퓨터가 이를 수행할 수 있게 되자마자, D&D는 <로그(Rogue)>라는 형태로 비디오 게임으로 옮겨졌다. 로그는 텍스트 문자로 위에서 바라본 던전을 보여준다. 플레이어는 영웅을 조종하여 넓게 펼쳐진 무작위 생성된 던전을 탐험하며 몬스터를 죽이고, 경험을 얻으며, 고대의 보물을 얻는다. 겉보기에 <로그>는 D&D를 꽤 가깝게 컴퓨터로 만든 비슷한 물건인것 같다. 하지만 매우 다른 방식으로 경험을 만들어낸다. D&D는 주로 역할 놀이와 사회활동을 통해 동작하는 반면, <로그>는 창발된 스토리와 일정 기반의 보상 획득이 중심이 된다. 당시에 이것들은 게임 기획에서 혁명적인 발전이었다. 하지만 로그의 기획자들은 이것을 계획하지 않았다. 로그의 기획자들은 D&D의 경험을 복제하려고 시도하다가 보상 일정 설정과 아포페니아 기반의 창발적 서사의 힘에 우연히 빠졌다. 이 게임은 창조자들이 예측할 수 없었던 이유로 인해 굉장히 잘 동작했다.

이러한 우연한 발견은 드문 일이 아니다. <바이오쇼크>의 유명한 캐릭터 '빅 대디(Big Daddy)'는 원래 다이빙 슈트를 입은 일반적인 돌연변이였지만, 여린 리틀 시스터들을 추가하자 거대한 골렘과 작은 소녀 사이의 매력적인 부녀 관계를 만들어냈다. <포탈(Portal)>의 GLaDOS의 목소리는, 에릭 월포가 사람들이 음성 합성기로 수행된 임시 그레이박스 대사를 웃기게 여겼다는 것을 발견했을 때 로봇같이 변했다. <브레이드(Braid)>의 마지막 레벨은 게임이 거의 완성되었을 때 조나단 블로우가 시간을 되돌리는 메카닉을 사용하여 시간뿐만 아니라 캐릭터도 되돌릴 수 있음을 깨달았을 때 발견되었다. <테트리스(Tetris)>는 전통적인 러시아 퍼즐 게임 펜토미노의 컴퓨터 버전에서 탄생했다. <심즈(The Sims)>는 윌 라이트가 플레이어들이 집을 짓는 것보다 캐릭터와 놀기를 더 좋아한다는 것을 알아차렸을때 건축 시뮬레이션으로부터 발전했다. 심지어 윌 라이트의 원래 히트작 <심시티(SimCity)>도 그가 헬리콥터 전투 게임을 위한 맵을 만드는 것을 맵을 부수는 것보다 더 즐겼다는 것을 알아차릴 때 개발되었다.

우연한 발견은 반복의 가장 큰 이점 중 하나이다. 깊게 계획하는 사람들에게 우연한 발견을 잡아내는 것은 사랑했고 비용이 많이 든 계획을 버리는 것을 의미한다. 자주, 그들은 계획을 버리는 대신 우연한 발견을 버린다. 반복을 하면 이렇게 할 필요가 없다. 왜냐하면 미래는 열려 있고 그 미래를 나타나는 새로운 발견들로 채울 수 있기 때문이다.

> **우연한 기획 발견은 단순히 운으로만 나타나는 것이 아니다. 이를 포착하려면 관찰력이 있고 적응력이 있어야 한다.**

우연한 발견은 그냥 일어나는 것이 아니다. 우연한 발견이 벌어지려면 이를 준비해야만 한다. 우연한 발견을 포착하는 열쇠는 관찰력을 갖추고 새로운 발견을 탐색할 의지를 갖추는 것이다. 이러한 기회들은 거창한 나팔소리나 명확한 설명으로 자신을 드러내지 않는다. 그 기회들은 잘 이해된 시스템에서 이상한 행동이나 무의미한 결과로 나타난다. 이를 활용하려면, 우리는 그 가능성의 힌트를 발견하고 그것에 몰두해야 한다.

폐쇄적인 마인드의 사람은 이를 할 수 없다. 그의 머릿속 모델이 새로운 아이디어를 흡수할 만큼 유연하지 않기 때문이다. 그는 힌트를 보더라도 무시하거나 자신의 세계관을 강화하기 위해 숨길 것이다. 우연한 발견을 활용하려면, 기획자는 세계관을 중심으로 관찰을 재구성하는 것이 아니라 관찰을 중심으로 생각을 재구성할 수 있어야 한다.

> **게임 기획은 단지 창작 프로세스가 아니다. 그것은 또한 관찰과 발견의 프로세스이다.**

창의적인 사람들로서, 우리는 우리의 비전을 세상에 투영하고 싶어한다. 하지만 우연한 발견을 포착하려면 창작의 통제를 느슨하게 해야 한다. 훌륭한 게임 기획자들은 게임에 대한 완벽한 비전을 가지고 있고 그것을 단순히 현실로 옮기는 것이 아니다. 그들은 가능성의 공간을 뒤지며 게임의 가치에 대한 힌트를 찾고, 그것이 나타날 때 붙잡는다.

반복에 대한 믿음 Believing in Iteration

계획하는 습관을 극복하는 것은 어렵다. 내가 몇 년 전에 이 장을 읽었다면 어땠을지 상상해보려 했다. 나는 동의하며 이해한다고 생각했을 것이다. 하지만 정말로 그랬을지는 의심스럽다. 머릿속으로 이해하는 것과 감정적으로 믿는 것은 다르다.

반복을 이해하는 대부분의 기획자들은 깊게 한 계획으로 인한 재앙을 몇 년 동안 경험한 후에야 그것을 믿게 되었다. 그들은 야근을 하고, 마감일을 어기고, 계획이 계속 무너지는 것을 지켜보았다. 나도 마찬가지였다. 아마도 계획의 문제점을 감정적으로 믿게 되는 유일한 방법은 그것들을 직접 경험하는 고통을 겪는 것일지도 모른다.

그것은 쉽게 얻을 수 있는 경험이 아니다. 그것은 게임을 완성까지 가져가는 것을 의미한다. 프로토타입만으로는 충분하지 않다. 이런 경험을 하려면 게임의 규모가 커야한다. 수업에서 만든 작은 게임들은 이런 방식으로 계획에 저항하기에는 너무 간단하다. 그리고 게임은 기획자에게 친절할 이유가 없는 실제 플레이어들에게 출시되어야 한다. 왜냐하면 게임은 야생에서만 그 진정한 가치를 드러내기 때문이다. 그리고 그 때에만 기획자는 감정적 믿음을 바꾸는 명백하고 고통스러운 피드백을 받게 된다.

12 | 지식 창출
Knowledge Creation

게임은 우리가 제조하는 물건이 아니다. 그것은 지식의 시스템이다. 체스말과 체스판이 아니다. 체스 그 자체다.

게임 기획의 어려운 부분은 게임을 물리적으로 구현하는 것이 아니다. 그것은 기획에 대한 지식을 발명하고 정제하는 것이다.

소설 쓰기 작업을 생각해 보라. 소설가의 작업에서 어려운 부분은 단어를 타이핑하는 것이 아니다. 어려운 부분은 상호 연관된 캐릭터, 설정, 주제, 줄거리 전환을 구축하는 고된 머릿속의 작업이다.

마찬가지로, 게임 기획자가 직면한 주요 도전은 게임을 구현하는 것이 아니다. 그것은 메카닉, 게임 안의 설정, 아트 리소스, 기술을 발명하고, 그것들을 강력한 경험의 엔진으로 연결하는 것이다. 그것은 우리가 구현할 기획의 지식을 만들어 내는 과정이다. 이것은 단순히 아이디어를 생각해내는 것 이상으로 의미가 있다. 그것은 그 아이디어들을 발명하고, 정제하고, 테스트하고, 토론하고, 그것들을 함께 작동하도록 연결하는 것을 의미한다. 이를 수행하기 위해서는 많은 질문에 답하고 많은 불확실성을 제거해야 한다. 이것은 우리가 지식을 만들어내야 함을 의미한다.

지식 창출 방법 Knowledge Creation Methods

그 지식을 만들어내기 위해, 우리는 다양한 지식 창출 방법을 활용한다. 플레이 테스트, 브레인스토밍, 토론, 논쟁, 공상은 모두 *지식 창출 방법*이다.

각 방법을 우리가 사용할 수 있는 카드로 생각해 보라. 다른 카드들은 다른 효과를 가지고 다른 자원을 소비한다. 예를 들어, 브레인스토밍은 여러 개발자를 사용하여 빠르게 많은 증명되지 않은 아이디어들을 종이위에 만들어내는 반면, 높은 실력의 플레이 테스트는 밸런스 테스터를 사용하여 기존 디자인의 미묘함을 천천히 탐색한다.

기획 프로세스를 마스터하는 것은 어떤 카드를 언제 사용할지 아는 것을 의미한다. 반복 루프는 우리에게 좋은 기본적 접근법을 보여준다, 하지만 그 자체로는 충분하지 않다. 실제로, 지식 창출을 위한 간단한 공식은 없다. 이를 잘하기 위해서, 우리는 프로젝트가 변화하는 조건에 지속적으로 반응해야 한다. 그렇게 하기 위해서는, 우리는 우리가 가진 모든 카드를 매우 잘 알아야 한다. 그러니 우리의 카드 덱을 살펴보자.

반추 Rumination

반추는 장기간에 걸쳐 문제에 대해 생각하는 것을 의미한다. 아이디어에 대해 몇 시간, 며칠 또는 몇 년 동안 고민하면 결국 그것의 비밀을 밝힐 수 있다.

샤워, 걷기, 운전과 같은 간단한 작업을 할 때에도 머릿속은 자동으로 반추를 한다. 때로는 반추가 비자발적일 수 있다. 모두가 멈출 수 없는 생각때문에 잠을 설치는 경험이 있다. 불쾌한 만큼이나 이러한 반추는 생산적일 수 있다(이 책의 많은 아이디어들이 새벽 2시에 적힌 종이 메모로 탄생했다).

반추는 무의식적으로도 일어난다. 우리의 의식은 문제를 잊어버릴 수 있지만 무의식은 그렇지 않다. 포기한 지 시간이 길게 지난 후에도 계속 동작한다. 어려운 질문에 대한 해답을 찾지 못하다가 다음 날 갑자기 해답을 깨닫는 경우가 있다면, 그것은 무의식적 반추가 수확을 거둔 것이다.

무의식적 반추가 결과를 내놓을 때가 언제인지 예측할 수 있는 방법은 없다. 이것이 일부 사상가들이 아무때나 아이디어를 적어두기 위해 노트를 들고 다니는 이유이다. 그들은 언제든 도착하는 무의식적 반추의 열매를 포착하고 싶어한다.

무의식적 반추를 활용하는 한 가지 전략은 다른 문제들에 대한 작업을 번갈아 하는 것이다. 하나의 과제에 작업하는 동안, 우리의 무의식은 다른 것에 대해 반추하고 있다. 이것이 에디슨, 다윈, 레오나르도 다 빈치, 미켈란젤로, 반 고흐가 모두 동시에 여러 프로젝트를 진행한 이유이다.

좋은 반추에는 두 가지 핵심 요소가 필요하다.

첫 번째는 지식이다. 반추는 오래된 아이디어들 사이에 새로운 연결을 형성함으로써 작동한다. 오래된 아이디어의 저장고가 많을수록 더 많은 연결 고리가 생길 수 있다. 게임 관련 지식은 게임 기획자에게 분명히 필수적이며, 이것이 기획자들이 넓게 플레이해야 하는 이유이다. 하지만 문제와 관련이 없어 보이는 지식조차도 반추에 도움이 될 수 있다. 경제학, 역사, 네팔 문화, 낚시 기술에 대한 지식은 모두 기획 문제에 대한 창의적 해결책의 일부가 될 수 있다. 인간은 비유를 통해 생각하므로, 우리가 비유할 수 있는 지식이 더 많을수록 우리의 생각은 풍부해진다.

반추의 두 번째 요소는 릴렉스이다. 이것이 사람들이 샤워를 하거나, 사과 과수원이나 버스에서 새로운 아이디어가 종종 떠오르는 이유이다. 분노, 두려움, 집중과 같은 감정들은 신경학적 수준에서 창의성을 억제한다. MRI 영상은 번뜩이는 통찰이 떠오르기 직전에 뇌의 우뇌 앞쪽 상위 측두 이랑(aSTG: anterior

Superior Temporal Gyrus)으로 피가 몰리는 것을 보여준다. 두려움, 분노, 문제에 대한 강한 집중은 aSTG로의 혈류를 억제하며, 그 결과 자유 연상과 창의성을 억제한다. 사자로부터 도망치려는 원시인이라면 이것은 완벽한 의미가 있는 작용이다. 사자가 목을 노리는 상황에서 사자 그림에 대해 생각하는 시간을 낭비하고 싶지 않을 것이다. 하지만 이것은 또한 집중력이 창의력을 죽인다는 것을 의미한다. 그러므로 반추하고 싶다면, 먼저 릴렉스해야 한다.

연구 Research

때때로 우리는 특정 질문에 답하기 위해 연구를 한다. 레벨 기획자는 십자군 전쟁을 배경으로 하는 게임을 위해 중세 건축을 연구할 수 있다. 전략 게임에 대해 일하는 시스템 기획자는 어떤 메카닉이 동작하는지, 어떻게 동작하는지 알아보기 위해 다른 전략 게임을 플레이할 수 있다. 이런 종류의 연구는 우리 모두가 학교에서 배웠던 것이다.

두 번째 종류의 연구는 훨씬 목표가 덜 분명하다. 이것은 우리가 우리의 학습이 프로젝트에 어떻게 적용될지 반드시 알지 못하는 상태에서 학습하는 부분적 무작위 연구이다. 여기서의 목표는 질문에 답하는 것이 아니다. 그것은 우리의 지식 저장소를 확장하여 반추에 도움을 주는 것이다.

우리는 매일 텔레비전, 영화, 게임, 인터넷, 우리의 일상생활에서 부분적 무작위 연구를 한다. 우리는 아이디어, 밈, 문화적 표식을 어디에서나 수집한다. 하지만 방향성이 없다면 우리는 다른 게임 기획자들과 같은 지식을 얻는 경향이 있다. 내가 일했던 모든 게임 팀의 모든 사람들이 [스타워즈]와 [터미네이터 2]를 알고 있었다. 많은 게임들이 서로 너무 비슷하게 보이는 이유중 일부는 이러한 문화적 동질성이다. 우리는 서로의 아이디어만 소비하기 때문에 용을 무찌르는 영웅과 투박한 우주 해병들의 세계에 갇혀 있다.

문화적 반향실을 탈출하려면 기획자는 남다른 관심사를 기르는 데 주력해야 한다. 전략 게임 기획자는 <심즈>를 플레이하고 경제 시스템에 대한 새로운 아이디어를 얻을 수 있다. 미생물학 책을 읽고 새로운 생물학적 유닛 생산 시스템을 생각해 낼 수도 있다. 이러한 부분적 무작위 연구는 장기적인 투자다. 심지어 프로젝트별로 국한 된 것도 아니며, 실제로는 다양한 독특한 아이디어, 자료, 경험을 포함하는 풍부한 지적 생활을 하는 것을 의미한다. 이것은 개인적인 이유뿐만 아니라 전문적인 이유로도 길러야 할 것이다.

게임 기획에서는 풍부한 지적 생활이 우리가 창조할 수 있는 독특한 작업에서 보상을 준다. 예를 들어, <바이오쇼크>의 기획자들은 이전에 아르데코와 객관주의에 대한 연구를 한 덕분에 랩처의 독특한 세계를 창조할 수 있었다. 방대한 무작위 연구 없이는 <바이오쇼크>가 결코 존재할 수 없었다.

예술적 방법 Artistic Methods

종이에 그림을 그린 마지막 시간을 생각해보라. 아마 고등학교 미술 수업이나 비즈니스 회의에서 낙서를 했을 것이다. 어쨌든, 모양을 그리다가, 그 중 일부가 전혀 다른 것을 연상시킨다는 것을 알게 되는 경험을 거의 확실히 해보았을 것이다. 새로운 아이디어를 확장하다 실수를 저지를 수 있다. 이를 감추기 위해 그 위에 새로운 개체를 만들어낸다. 그 새로운 객체가 주변의 모양을 바꾸게 만든다. 이 과정은 이렇게 계속되어, 한 변경이 다음 변경을 일으킨다. 완성될 때쯤이면, 원래 의도했던 것과 전혀 다른 것을 그렸다. 예술 창작 과정을 사용하여 새로운 아이디어를 만들어낸 것이다.

예술의 힘은 손을 계속 움직이면서 동시에 우리의 아이디어를 기록하는 데 있다. 플로우에 빠져들게 함으로써 그것은 방해 요소를 줄인다. 종이를 앞에 두고 있음으로써, 그것은 우리가 단어로 표현할 수 없는 생각을 접근하고 기록할 수 있게 한다. 실수와 물리적 한계를 도입함으로써, 그것은 우리를 새로운 아이디어로 향하게 한다.

다양한 종류의 예술적 과정은 서로 다른 방식으로 이러한 힘에 접근한다. 컨셉 아트는 특색, 분위기 또는 공간을 탐구할 수 있다. 스토리보드는 이미지의 구성,

색채, 순서에 대한 모호성을 없앤다. 사전 시각화는 아이디어를 전달하는 다양한 방법을 모색한다. 픽사가 [인크레더블]을 작업할 때, 픽사는 색상만으로 시각과 정서의 진행을 이해하기 위해 모든 장면에서 형태 없는 색상 표를 만들었다. 일부 아티스트들은 심지어 생물이나 캐릭터를 조각으로 만든다.

[엔더의 게임]의 저자 오슨 스콧 카드(Orson Scott Card)는 판타지 우주를 발명하기 위한 그의 과정을 이렇게 설명했다. 거대한 빈 종이 한 장을 얻고 지도를 그리기 시작한다. 도시, 랜드마크, 지형 특징들을 배치하고, 각각의 이름을 붙인다. 그는 계획하지 않는다. 지도를 그리는 동안 세계를 발명한다. 각각의 사물에 이름을 붙이고 관계를 맺는 과정은 그에게 그곳의 역사, 그곳을 만든 사회, 그곳에 존재하는 이유에 대해 생각하게 만든다. 모든 실수와 수정은 새로운 접근과 아이디어를 강제한다. 결과적으로 나온 지도는 새로운 판타지 세계에 대한 자세한 설명이다.

이 방법은 비시각 예술에도 적용된다. 때때로, 게임 설정에 대한 아이디어를 찾을 때, 나는 창의적인 영감을 찾기 위해 단편 소설을 사용했다. 이렇게 만든 단편들은 형편없지만, 게임안의 설정 속 세계에서 살아가는 캐릭터의 이야기를 따르는 과정은 항상 세계 이야기에 대한 아이디어를 만들어낸다. 연기 지향적인 사람들은 캐릭터를 탐구하기 위해 즉흥극을 할 수 있다. 오디오에 능숙한 사람들은 사운드스케이프를 만들 수 있다. 가능성은 무궁무진하다.

브레인스토밍 Brainstorming

브레인스토밍은 다양한 아이디어를 빠르게 도출하기 위한 반정형화된 프로세스이다. 사람들과 조직마다 각자의 프로세스에는 특징이 있다. 어떤 것은 거의 구조가 없고, 다른 것은 대화의 흐름과 아이디어를 기록하기 위해 지정된 리더를 이용하기도 한다. 브레인스토밍은 꽤 잘 알려져 있으므로 여기서 더 자세히 설명하지 않겠다.

브레인스토밍은 아이디어를 대량으로 만들어내는 데 좋다. 그러나 아이디어를 다듬는 데는 매우 좋지 않으며, 브레인 스토밍이 만들어내는 아이디어는 질적인 수준이 매우 다양하다.

문서작성 분석 Written Analysis

문서작성 분석은 구조화된 생각의 한 형태다. 나는 이 책에서 게임 기획 문서에 대해 약간 비판적이었지만, 문서는 문서만이 가지고 있는 가치가 있고 필요한 자리가 있다. 문서를 작성할 때는 머리만으로 생각할 때와 다르게 생각한다. 문서에는 다이어그램, 참조 자료, 잘 정리된 논리적 사고의 연쇄가 있을 수 있다. 문서작성 분석은 현장에서 생각하거나 동료들과 아이디어를 논의할 때와는 다르게 세부 사항에 대해 생각하도록 한다.

복잡한 기획에 대한 심층적인 분석은 완성하는 데 몇 주가 걸리며 광범위한 연구와 형식적인 통계적 또는 수학적 방법의 사용을 포함할 수 있다. 그것은 때때로 비용을 지불할 만한 가치가 있으며, 막연한 추측으로 얻을 수 없는 지식을 만들수 있다.

논쟁 Debate

논쟁은 특정한 목적이 있다. 아이디어의 결함을 찾는 것이다. 논쟁은 법정, 민주주의, 과학과 같은 공식적인 의사 결정 시스템에서 큰 부분을 차지한다. 왜냐하면, 그것은 숨겨진 가정과 논리적 오류를 찾는 데 뛰어나기 때문이다. 하지만 논쟁은 쉽지 않다. 생산적인 논쟁은 매우 특별한 기술과 사회적 조건의 조합을 요구한다.

양쪽 참여자 모두 숙련되어야 한다. 참여자들은 빠르고 효과적으로 주장을 공격하고 방어하는 방법을 알아야 한다. 나쁜 논쟁 참여자는 강력한 주장을 공격하는 데 시간을 낭비하거나 상대방이 저지른 논리적 오류를 놓칠 수 있으며, 이는 전체 진행을 느리게 만들고 생산성이 떨어지게 만든다.

논쟁 참여자들은 다양한 생각을 가지고 있어야 한다. 이것은 참가자들이 다른 지식, 의견, 경험, 추정을 가지고 있다는 것을 의미한다. 이를 통해 참가자들은 자신의 아이디어에서는 찾을 수 없는 타인의 아이디어의 약점을 찾을 수 있다. 슬프게도, 생각의 다양성은 조직에서 찾아보기 힘들다. 사람들은 자신과 같은 생각을 하는 다른 사람들을 고용하는 경향이 있기 때문이다. 다양성을 장려하기 위해서는 특별한 노력이 필요하다.

양쪽 논쟁 참여자 모두 서로 존중해야 한다. 참여자들은 개인적인 감정을 논쟁의 논리적 과정에서 분리할 수 있어야 한다. 그렇지 않으면, 그 논쟁 과정은 참여자들의 관계를 파괴하고 역효과를 낼 수 있다.

마지막으로, 참여자들은 서로를 두려워해서는 안 된다. 논쟁은 권력 불균형에 의해 쉽게 변질 된다. 권력이 덜한 사람은 보복에 대한 두려움으로 정직하게 논쟁에 참여하지 않을 것이다. 이것이 바로 논쟁이 서로에 대한 권력이 전혀 없는 사람들 사이에서 가장 잘 진행되는 이유다. 상사가 부하 직원과 논쟁을 하려면, 먼저 자신이 공정함을 증명해야 한다. 일부 상사들은 이를 하지 않는다. 사람들이 의견의 불일치에 대해 처벌받는다, 심지어 화가 난 듯 한숨을 쉬거나 눈을 굴리는 식으로 무의식적으로 표현해도 처벌 받는 경우가 있다. 이렇게 되면 사람들이 상사의 나쁜 아이디어에 너그러워지게 만들고, 논쟁을 덜 유용하게 만든다.

테스트 Testing

우리는 이미 플레이 테스트에 대해 살펴보았다. 플레이 테스트는 게임에서 테스트의 종류중 가장 중요하지만 유일한 테스트는 아니다. 다양한 종류의 테스트가 있으며 각각 다른 종류의 지식을 얻을 수 있다.

사용성 테스트는 소프트웨어 기획에서 가져온 방법으로 인터페이스와 조작에 중점을 둔다. 그것은 현실적인 사용자를 인터페이스 앞에 두고 그가 어떻게 사용하려고 시도하는지 보는 것에서 플레이 테스트와 유사하다.

QA 테스트는 전문 테스터가 수행하며 기술적 버그를 찾는 데 중점을 둔다.

이는 모든 비디오 게임 제작 과정에서 필수적이다.

포커스 테스트라는 용어는 종종 플레이 테스트와 같은 의미의 단어로 잘못 사용된다. 이는 잘못되었다. 포커스 테스트는 참가자들이 그룹으로 다양한 제품 아이디어에 대해 논의하는 시장 조사의 한 형태이다. 작동하는 게임이 필요하지 않다.

지표 Metrics

게임 기획에서 지표라는 용어는 플레이 세션에서 자동으로 수집되는 데이터를 의미한다. 게임은 약탈한 물건, 실패한 도전, 완료 시간, 처치한 적, 탐험한 영역 또는 기타 수백 가지 이벤트를 기록할 수 있다. 지표는 수백 명의 내부 테스터 또는 오픈 베타의 수백만 명의 플레이어로부터 수집될 수 있다. 컴퓨터는 이 모든 숫자를 통계 보고서와 그래프로 처리하여 기획자가 기획 결정을 내리는 데 사용할 수 있다.

지표는 플레이 테스트에서 알아차리기 어려운 패턴과 불균형을 기획자들에게 보여준다. 예를 들어, 격투 게임에서 지표는 한 캐릭터가 다른 캐릭터를 55%의 확률로 이긴다는 것을 보여줄 수 있다. 왜냐하면 수천 번의 경기를 샘플링할 수 있기 때문이다. 플레이 테스트는 샘플 크기가 너무 작아서 이러한 데이터를 정확하게 밝혀낼 수 없다. 이것이 지표가 미세 조정에 있어서 매우 귀중한 이유이다. 작은 개선을 볼 수 없다면, 결과의 큰 변동만 보이게 되고, 진행이 멈추고 불규해진다. 미세한 난이도나 완급의 변화를 드러내주는 지표는 우리가 작고 측정된 단계로 성취의 언덕을 오르는데 도움을 준다.

켄 버드웰(Ken Birdwell)은 <하프라이프>를 미세 조정하기 위해 지표를 사용한 자신의 경험에 대해 다음과 같이 썼다. :

> 프로젝트 중반에 접어들면서 주요 요소들이 제자리를 잡고 게임을 거의
> 다 플레이할 수 있게 되자 미세 조정이 필요해졌다. 이를 위해 게임에

기본적인 측정 기능을 추가하여 플레이어의 위치, 체력, 무기, 시간, 게임 저장, 사망, 부상, 퍼즐 풀기, 몬스터와의 전투 등 모든 주요 활동을 자동으로 기록했다. 그런 다음 여러 세션의 결과를 취합하고 그래프를 만들어 문제가 있는 영역을 찾았다. 이러한 문제에는 플레이어가 어디에서 너무 오랫동안 적과 만나지 않는지(지루함), 너무 오랫동안 너무 많은 체력을 가지고 있는지(너무 쉬움), 너무 오랫동안 너무 적은 체력을 가지고 있는지(너무 어려움) 등이 포함되었으며, 이로부터 어디에서 죽을 가능성이 가장 높고 어디에 보상을 추가하는 것이 가장 좋을지에 대한 좋은 아이디어를 얻을 수 있었다.

1998년 <하프라이프>가 개발될 때, 다른 스튜디오들은 이러한 밸런스 조정을 위해 추측과 자체 테스트에 의존했다. 이러한 방법들은 기획 과정 초기에 유용하지만, 완벽한 난이도 밸런스를 위해 필요한 세밀한 데이터를 찾아내지는 못한다. 지표는 밸브의 기획자들에게 그들의 기획 결정의 품질에 있어서 엄청난 이점을 가져다주었다. 그리고 밸브의 기획자들은 다른 사람보다 더 똑똑할 필요가 없었다, 그들은 다른 이들이 어둠 속에서 일하는 동안 빛 속에서 일했기 때문이다.

미세 조정 외에도, 지표는 기획자들이 드문 예외 상황을 찾는 데 도움을 준다. 20명의 내부 플레이 테스터들은 퇴보된 전략을 찾지 못할 수도 있지만, 공개 베타의 1백만 명의 플레이어 중 한 명이 그것을 찾는다면, 데이터에서 튀어보이는 것으로 나타날 것이다.

때로는 영리하게 설계된 지표를 사용하여 얻기 어려워 보이는 데이터를 수집할 수 있다. 예를 들어, <헤일로: 리치> 개발 중에 번지의 기획자들은 인터넷 지연이 경험에 미치는 영향에 대해 더 많이 알고 싶어 했다. 게임은 모든 시간에 동안 지연(랙)을 포함한 모든 변수를 영상 파일로 기록해서 계측할 수 있었다. 하지만 이것만으로는 충분하지 않았다. 기획자들은 플레이어가 지연을 *어떻게 인식하는지* 알고 싶어 했고 이는 데이터에서는 쉽게 확인할 수 없는 것이었다.

플레이테스팅은 이를 해결할 수 없었다. 대부분의 지연 문제는 너무 드물게 발생했기 때문에 기획자들이 충분한 플레이 테스트를 관찰하여 그것들을 포착하기 위해서는 엄청난 시간이 필요했기 때문이다. 더 나쁜 것은, 실제 네트워크 테스팅은 플레이어들이 물리적으로 멀리 퍼져 있어야 하므로 전통적인 플레이 테스트 프로토콜을 따르기 거의 불가능 하다는 것이었다.

이들은 "방금 지연을 경험했다."라고 보고하는 특별 버튼을 추가하는 방법으로 문제를 해결했다. 이 버튼을 누르면 게임의 나머지 부분과 함께 기록되었다. 데이터가 들어오기 시작하자, 기획자들은 영상를 보고 플레이어가 지연을 인식한 지점으로 건너뛰어 화면에 정확히 무엇이 있는지 확인 할 수 있었다. 이 기발한 방법은 상대적으로 적은 개발자의 노력으로 지연 인식에 대한 신뢰할 수 있는 많은 지식을 가져다주었다. 이 방법으로 많은 미묘한 지연 인식 문제를 해결했고 <헤일로: 리치>는 훌륭한 온라인 플레이를 가지게 되었다. 번지는 훌륭한 네트워크 코드를 가졌지만, 그 것은 그들이 네트워크 코딩 천재들이었기 때문이 아니다. 밸브처럼, 그들은 더 많은 지식을 바탕으로 작업했다.

발명된 방법들 Invented Methods

기존의 방법으로는 답할 수 없는 질문들이 있다. 이러한 경우에는, 우리는 첫번째 원칙으로 돌아가 필요한 지식을 얻기 위해 새로운 방법을 발명해야 한다.

노인을 위한 게임을 만드는 기획자는 특별한 플레이 테스트 프로토콜을 발명해야 할 수도 있다. 평범하지 않은 게임 내 경제를 가진 게임은 데이터를 분석하고 해석하는 새로운 방법이 필요할 수 있다. 여러 대륙에 걸쳐 흩어져 있는 기획 팀은 한 곳에 모여있는 팀과는 다르게 토론하고 브레인스토밍해야 할 수도 있다. 지식 창출 도구를 발명하고 개선하는 것은 게임 기획의 중요한 부분이다.

유기적인 프로세스 The Organic Process

지식 창출 프로세스의 고전적인 예를 살펴보자. 이 예는 게임 기획에서 나온 것이 아니다. 발명에서 나온 것이다.

20세기가 시작되면서, 여러 팀이 하늘을 나는 무거운 기계를 발명하려고 시도했다.

일부는 능력보다는 용기만으로 행동했다. 그들은 자신의 몸에 지느러미나 날개를 달고, 다리나 언덕에서 미친 발명품을 시험 조종했으며 많은 사람이 죽었다.

다른 이들은 더 심각했다. 이러한 유럽의 귀족 발명가들과 유명한 미국 과학자들은 모든 이점을 가진 것처럼 보였다. 당시 가장 부유한 사람 중 하나인 사무엘 랭글리(Samuel Langley)는 스미소니언 협회의 협회장으로서 그의 인맥을 사용해 미국 정부로부터 7만 달러의 자금을 확보했다.

하지만 랭글리의 장치는 결코 작동하지 않았고, 그의 부유한 동료들의 장치도 마찬가지였다. 대신, 오하이오주의 두 자전거 수리공인 오빌과 윌버 라이트 형제에 의해 동력을 사용한 인간의 비행이 실현되었다. 그들은 1,000달러도 채 쓰지 않았다.

어떻게 했을까? 특별한 연줄도 없는 두 사람이 어떻게 2%도 안 되는 예산으로 세계 최대 규모의 정부 프로젝트에 승리할 수 있었을까?

그들은 지식 창출을 완전히 터득함으로 그것을 해냈다. 라이트 형제는 단순히 종이에 설계도를 그려서 제작하고 비행기를 띄운 것이 아니다. 그들은 수년에 걸쳐 어지러울 정도로 다양한 지식 창출 방법을 적용했다. 그들은 수백 건의 테스트를 수행했으며, 그 중 상당수는 새로운 테스트 방법과 장치의 발명을 필요로 했었다. 그들은 특정 질문에 답하기 위해 각각의 글라이더, 에어포일, 조종면을 설계하고 제작했다. 수학적 계산, 현장 테스트, 실험실 테스트, 반추, 논쟁과 토론, 조사, 연구를 사용했다. 모든 지점에서 그들은 다음 미지의 문제를 해결하고 다음 장애물을 넘기 위해 최선의 방법을 선택했다. 각 글라이더의 비행, 재설계, 재계산은 그들에게 비행하는 방법에 대해 조금씩 더 가르쳐 주었다.

그들은 끈질겼다. 라이트 형제는 1902년형 글라이더로 1,000번의 시험 비행을 하며 반복적으로 수정하고, 매번 새로운 것을 배웠다. 각각의 비행은 조금밖에 가르쳐주지 않았지만, 데이터가 쌓이면서 라이트 형제는 하늘을 정복하기 시작했다.

얻은 지식은 그 출처만큼이나 다양한 성격을 가졌다. 풍동(wind tunnel)에서 에어포일(airfoil)을 테스트하면서, 그들은 기존의 양력 방정식이 틀렸다는 것을 알게 되었다. 현장에서 글라이더를 테스트하면서, 그들은 전면에 설치된 수평 안정 장치를 통해 기체가 급강하하는 대신 팬케이크처럼 부드럽게 착륙하게 한다는 것을 알게 되었다. 그리고 그들은 무의식적인 반추에서 태어난 "유레카"의 순간을 가졌다. 날개가 달린 비행기의 회전을 조절하는 방법에 찾던 중 윌버는 작업장에서 긴 상자를 멋대로 비틀다가, 이것이 비행기의 회전을 조절하기 위해 날개의 형태를 바꾸는 방법이 될 수 있다는 것을 깨달았다. 이 관찰은 조종사의 조종 장치가 날개를 비틀어 작동하는 날개 비틀기 조종 장치로 이어졌다.

동시에 랭글리와 다른 이들도 자원을 투입했지만, 잘못된 방법으로 진행하고 있었다. 그들 대부분은 더 강력한 엔진을 만드는 데 집중했다. 당시 엔진 설계는 잘 확립된 분야였으므로 더 나은 엔진을 만드는 데 예산을 투자하는 것은 쉬웠다. 하지만 라이트 형제는 놓치고 있는 부분이 엔진 출력이 아니라는 것을 깨달았다. 그것은 정확한 제어였다. 엔진에 대해서는 많은 것이 알려져 있었지만, 공기역학에 대해서는 거의 알려진 것이 없었고 공기역학 관련 산업도 존재하지 않았다. 더 나은 공기역학 제어 시스템을 구매하고 싶은 사람이 있어도 비용을 지불할 대상이 없었다. 말 그대로 연구할 준비가 되어있는 사람이 아무도 없었다. 그래서 라이트 형제는 자신들의 지식 창출 방법을 사용하여 직접 연구를 수행 했다.

그리고 라이트 형제는 시험 설계와 제작의 달인이 되었다. 그들은 세계에서 가장 정확한 풍동을 만들어서 200가지 다른 날개 형태를 테스트하는 데 사용했다. 실제 크기의 글라이더로 시행착오를 하는 것이 비용이 많이 들었기 때문에, 그들은 공기역학 부품을 부착할 수 있는 자전거와 같은 장치를 만들었다. 자전거를 타면 날개 조각이 공기를 통과하면서 그 특성을 측정할 수 있게 되어, 글라이더와 같은 결과를 훨씬 적은 비용으로 달성했다. 그들은 단순히 비행기를 발명하는 것이 아니었다. 그들은 비행기를 발명하는 데 필요한 모든 도구를 발명했다.

형제는 많은 역경에 직면했다. 글라이더는 이륙에 실패하거나, 회전에 실패하거나, 잘못된 방향으로 회전하거나, 땅에 처박혔다. 양력 계수와 이전 연구자들의 날개 형태 테스트 데이터 값은 잘못되어서 다시 도출해야 했다. 그들이 조선업자로부터 빌리려고 했던 프로펠러 설계는 작동하지 않아서, 그들은 스스로 발명해야 했다. 가벼우면서 충분한 동력원을 가진 엔진을 만드는 곳이 없었기 때문에, 그들은 자신들의 작업장에서 엔진을 만들었다. 부품은 자주 고장났고, 테스트를 지연시키고 비싼 교체부품이 필요했다. 하지만 그들은 끈질기게 버텼다.

비행기는 하루아침에 완성되지 않았다. 비행기의 성능은 여러 번의 반복을 통해 조금씩 개선되었다. 1899년에 그들은 1.5미터 너비의 연을 날렸다. 1900년에 그들은 사람을 태울 수 있는 크기의 글라이더를 끌고 있었다. 1902년 글라이더에 조종사가 제어된 좌우 회전을 할 수 있도록 새로운 방향타와 조종 시스템을 도입했다. 1903년에, 그들은 엔진을 추가해서 동력으로 조종하며 비행했지만, 몇 미터 높이에서 몇 초 동안만 비행했다. 라이트 형제는 계속해서 작업을 하며 설계의 가장 약한 부분을 개선하고 실패에서 배우고 성공을 늘려갔다. 1905년에 윌버는 32km 거리에서 40분간 비행을 했다. 그들은 6년 동안 작업했다.

게임 기획자의 업무는 라이트 형제의 그것과 많은 공통점을 가지고 있다. 비행기와 마찬가지로 게임은 시스템이다. 용도는 다르지만 발명하는 과정은 근본적으로 같다.게임 기획자들은 경험을 생성하는 기계의 발명가들이다.

라이트 형제의 과정은 반복과 많이 닮았다. 하지만 그들이 한 일을 세 부분의 반복 루프로 단순화하는 것은 용납 못할 정도로 지나친 과소평가다. 라이트 형제는 자주 테스트했지만, 어떤 정해진 일정에 따라서는 아니었다. 그들의 프로세스는 유기적이었으며, 여러 다양한 작업들이 상호작용하고 중첩되었다. 그들의 접근 방식은 필요에 따라 매일 변했다. 게임 기획자들에게도 마찬가지다. 어떤 날은 계획을 세워야 한다. 다른 날은 반추하거나, 계산하거나, 그림을 그리거나, 새로운 지식 창출 방법을 발명해야 한다. 발명은 반복 가능한 공장 조립라인 프로세스가 아니다. 그것은 끊임없이 변화하는 미개척의 지적 영역이다.

그래서 내가 이전에 보여준 반복의 다이어그램은 틀렸다. 실제 게임 기획은 더 유기적이며, 이와 같다. :

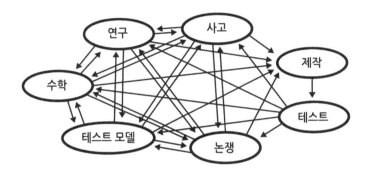

그리고 팀이 소수의 인원을 넘어서 성장할 때, 과정은 수천 배 더 복잡해진다. 지식 창출은 미친듯이 유동적이고 세분화되어 있다. 지식은 모든 개발자에게서 매일 매 순간 솟아난다. 기획자의 모든 생각은 지식을 만든다. 아티스트가 장면을 다른 시각에서 보기 위해 뒤로 기대며 눈을 가늘게 뜨고 바라볼 때마다 그는 지식을 만든다. 프로그래머가 인터페이스 위젯의 느낌을 확인하기 위해 게임을 5초 동안 실행할 때마다, 그는 지식을 만든다. 반복 루프로는 이를 지시할 수 없으며, 아무도 이를 일정에 따라 배치할 수 없다. 그것은 이해할 수 없다.

그래서 기획자로서 우리가 실행하는 프로세스의 광범위한 틀만 지시할 수 있다는 것을 기억해야 한다. 현실은 항상 우리가 생각하는 것보다 더 유기적이고 복잡하다.

13 | 의존성 Dependencies

야생동물 보호구역이 만들어진 후, 새로 교육받은 공원 레인저는 몇 가지 변화를 시도하기로 결정했다. 그들은 엘크의 숫자가 충분하지 않다고 생각했기 때문에 엘크에게 먹이를 주는 프로그램을 시작했다.

엘크 개체 수는 폭발적으로 증가했다. 거대한 엘크 무리는 곧 자작나무와 버드나무를 죽이기 시작했다. 이것은 비버가 사라지게 만들었는데, 비버들이 더 이상 댐을 만들 만큼의 나무가 없었기 때문이다. 비버의 댐이 물을 가두어 두지 않자, 공원은 매 여름마다 말라갔다. 이로 인해 물고기들에게 번식에 필요한 물을 제공하지 못하게 되어, 얼마 지나지 않아 호수는 물고기가 거의 없어졌다. 물고기가 사라지자, 회색곰의 개체 수가 감소했다. 회색곰은 강에서 잡아먹는 물고기에 의존하여 생존했기 때문이다. 회색곰과 먹이를 경쟁하지 않게 되고 먹잇감인 엘크가 너무 많아지자, 늑대 개체 수는 폭발적으로 증가했다. 엘크가 초원을 지나치게 훼손하고 늑대가 너무 많아져서 곧 사슴 개체 수는 붕괴되었다.

그리고 변화는 생태계를 통해 파문처럼 퍼져 나갔다…

게임 기획은 수백 가지의 메카닉, 설정 요소, 서브 시스템을 포함할 수 있다. 게임 아이디어를 구상한 직후에도, 기획자는 도전과제, 시스템, 인터페이스에 추가할 20가지 다른 아이디어를 떠올릴 수 있다. 이렇게 많은 아이디어들이 있는데, 무엇을 먼저 작업해야 할까? 가장 독특한 부분부터 시작해야 할까? 가장 기본적인 부분부터? 가장 쉬운 부분부터? 가장 기술적으로 진보된 부분부터? 가장 위험한 부분부터?

이 질문에 답하는 열쇠는 *의존성*을 이해하는 데 있다.

의존성이란 기획의 두 부분 간의 관계로서, 한 부분의 변화가 다른 부분의 변화를 강제하는 것을 의미한다.

누군가 당신에게 10채의 집을 칠하라고 요청한다고 상상해 보자. 이 작업에는 의존성이 없다. 어떤 순서로 집을 칠하는지는 중요하지 않다. 왜냐하면 한 집을 칠하는 방법이 다른 집을 칠하는 방법에 영향을 미치지 않기 때문이다.

게임 기획은 이렇지 않다. 기획의 여러 다양한 부분들은 보통 상호의존적이다. 레벨의 아트 외관은 그 레벨의 레이아웃에 달려있다. 레이아웃은 플레이어의 도구에 달려있다. 플레이어의 도구는 기본 인터페이스에 달려있다. 어떤 요소가 변하면, 그것에 의존하는 모든 요소도 변해야 한다.

의존성을 이해하는 것은, 의존된 것이 변경됨으로 인해 완성된 작업이 변경되어야 하는 위험을 줄이는 데 도움이 된다. 예를 들어, 모든 방향으로 시속 5km로 달리는 캐릭터의 애니메이션을 완전히 제작하는 데 시간을 보냈다고 상상해보자. 나중에 그가 시속 7km로 움직여야 한다고 결정하면, 모든 애니메이션을 다시 작업해야 한다. 애니메이션 아트는 캐릭터의 움직임 시스템 기획에 의존했으며, 움직임 시스템의 변화는 애니메이션 콘텐츠로 파급을 일으켜 좋은 작업물을 없애버렸다. 의존성을 더 잘 이해했다면, 우리는 움직임 메카닉을 먼저 확립하고(그레이박스에서) 애니메이션을 나중에 했을 것이다.

의존성 탑 The Dependency Stack

기획에서 의존성을 이해하기 위해, 기획자들은 의존성을 쌓아놓은 형태를 그릴 수 있다.

> **의존성 탑은 기획 요소 간의 주요 의존성을 식별하는 간단한 분석 방법이다. 그것은 우리에게 지금 무엇을 작업해야 하고 무엇을 나중에 남겨둘지 알 수 있게 도와준다.**

의존성 탑을 만들려면 게임 기획부터 시작한다. 기획은 개발 시작 시 종이문서 계획일 수도 있고, 부분적으로 구현되고 테스트되었을 수도 있다. 우리는 게임을 개별 요소들로 분해한다 — 메카닉, 컨트롤, 인터페이스, 서브시스템. 그런 다음 이러한 요소들 간의 주요 의존성을 파악한다. 마지막으로, 모든 의존성 관계를 보여주는 도형들을 그린다. 이것이 의존성 탑이다.

예를 들어보자. 우리가 판타지 세계에서 성을 짓는 가벼운 건설 게임인 '판타지 캐슬'을 만든다고 가정해보자. 판타지 캐슬은 개발이 막 시작되어서 기획 팀은 아이디어는 많지만 검증되고 입증된 기획은 부족하다. 그들은 긴 기획 문서를 작성했다. 22개의 서브시스템을 종이 위에 각각 기획을 구체화 하였다. 다음은 특별한 순서 없이 그 내용을 요약한 것이다. :

- **캐릭터** : 캐릭터들은 환경에서 존재하고 움직일 수 있다.
- **가족** : 캐릭터들은 가족관계를 가질 수 있다.
- **종족** : 성을 인간, 엘프, 드워프 및 기타 판타지 종족의 대가족으로 채울 수 있다.
- **종족 간 혼인** : 다른 종은 서로 결합하여 부모의 공유된 특성을 가진 혼혈을 만들 수 있다.
- **고블린 습격**: 주기적인 고블린 습격이 성의 방어력을 시험한다.
- **농사** : 농업 및 식량 시스템은 인구에게 식량을 공급한다.

- **무역** : 이웃 성들과 거래하여 특별하거나 희귀한 상품을 얻을 수 있다.

- **교육** : 캐릭터를 교육할 수 있다.

- **발명** : 교육 받은 캐릭터는 성을 위한 새로운 기계를 발명할 수 있다.

- **종교** : 캐릭터는 종교 사원을 건설하여 그곳에서 예배를 해서, 특정 신과 관계를 발전시키고 이 신들로부터 특징적인 혜택을 받을 수 있다.

- **신의 분노** : 다른 신들을 무시하거나 그들의 적을 숭배한다면, 화를 내고 당신에게 재앙을 가져올 것이다.

- **친구** : 캐릭터들은 플라토닉한 관계를 가질 수 있다.

- **로맨스** : 캐릭터들은 연애 관계를 가질 수 있으며, 가족을 꾸릴 수도 있다.

- **건설** : 캐릭터들은 건설을 할 수 있다.

- **벽** : 캐릭터들은 적을 막거나 통과시키기 위해 벽을 쌓을 수 있다.

- **요새화** : 벽을 요새화하고 두껍게 만들어 고블린을 막는데 도움을 줄 수 있다.

- **함정** : 캐릭터들은 함정이나 자동 방어 시설을 설치할 수 있다.

- **전투** : 전투를 할 줄 아는 캐릭터들은 성을 방어하기 위해 싸울 수 있다.

- **원정대** : 근처 던전을 탐험하고 전리품을 가져오기 위해 원정대를 보낼 수 있다.

- **모험가들** : 고대 무덤에서 훔친 전리품을 여관과 상점 주인에게 제공하여 지나가는 모험가에게 서비스를 제공할 수 있다.

- **계절** : 전체 계절 주기는 농사, 건설 및 기타 활동에 영향을 미친다.

- **아침 드라마** : 성 주민들 사이에서 불륜과 기타 로맨틱 드라마가 전개된다.

게임에 이러한 모든 요소들이 들어갈 수 있지만, 어떤 것에 먼저 집중할지는 어떻게 선택할까? 세계의 기초 요소로 시작해서 계절부터 만들어야 할까? 캐릭터, 친구, 가족부터 시작할까? 아니면 전쟁으로 시작해서 성 주민과 고블린 습격대 사이와의 전투를 위한 전투 시스템 부터 만들어야 할까? 게임의 모험가와 같은 독특한 요소들 부터 시작해야할까 아니면 장벽이나 전투 같은 다른 게임에서 이미 구현된 요소부터 제작해야할까? 의존성 탑은 우리가 결정하는 데 도움을 준다.

이것이 내가 만든 '판타지 캐슬'을 위해 쌓아놓은 의존성 탑의 모습이다. :

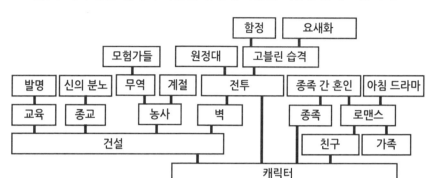

고블린 습격대 기능이 없으면 함정과 요새화 시스템을 만드는 것은 의미가 없다. 고블린 습격대는 전투 없이는 동작하지 않는다. 전투는 벽이 없으면 의미가 없고 캐릭터 없이는 작동할 수 없다. 벽은 건설 시스템을 필요로 하며, 건설 시스템은 일을 할 캐릭터들을 필요로 한다. 기획의 각 요소는 그 아래 요소에 의존한다.

진행하기 전에, 의존성이라는 개념을 명확히 하겠다.

의존성은 그 기본이 되는 요소가 실패해야 의존 요소에 영향을 미친다는 것을 의미하지 않는다. 기본이 되는 요소의 기획에서 변화가 있으면 의존하는 요소의 변화가 강제된다는 것만을 의미한다.

쌓아놓은 상자들은 단순히 보이는 그 이름의 단어가 아니라, 여러 페이지의 자세한 기획을 나타낸다는 것을 기억하라. 이러한 기획의 세부 사항들은 서로 맞물려 있다. 예를 들어, 건설 기능 기획은 플레이어들이 건설 하는데 사용하는 인터페이스의 각 버튼, 하이라이트, 옵션을 설명한다. 마찬가지로, 농사 기능 기획은 농장이 어떻게 배치되고 관리되며 제거되는지 자세히 설명한다. 하지만 농사 기능 기획은 건설 기능 기획이 정확하고 사실이라고 가정한다. 건설 인터페이스의 세부 사항이 변경된다면—버튼이 재배열되거나 마우스 제스처 인터페이스로 변경된다면—어떻게 될까? 건설 기능은 여전히 게임에 존재하지만

변경되었고, 이제 농사의 모든 세부 사항은 맞추기 위해 다시 기획되어야 한다. 이것이 농사 기능이 건설 기능에 의존하는 이유다.

이러한 유형의 의존성은 쌓아놓은 상자들에 쓰여져 있는 것보다 훨씬 더 많다. 예를 들어 나는 벽 기획을 건설 기능 기획 위에 두었다. 하지만 개발 중에 기획자들이 벽을 더 쉽게 배치하기 위해 건설 인터페이스를 변경해야 한다는 것을 알게 될 수도 있다. 따라서 벽은 건설에 의존하고, 건설은 벽에 의존한다—순환 의존성이다. 그리고 이러한 의존성 줄기는 '판타지 캐슬' 전체에 걸쳐 있다. 벽을 농장 주변에 더 쉽게 배치되도록 변경해야 할 수도 있다. 친구들이 다른 친구를 발명이나 혹은 발명하기 싫은 분위기로 만든다면 발명 시스템은 우정 시스템에 영향을 받는다. 어떤 의미에서는 모든 것이 모든 것에 영향을 미칠 수 있으므로, 모든 것은 모든 것에 의존한다.

하지만 이러한 의존성 중 일부는 다른 것들보다 강하다. 벽에 대한 중대한 변경이 어떤 경우에는 건설에 영향을 미칠 수도 있지만, 건설에 대한 변경은 거의 확실히 벽에 영향을 미칠 것이다. 의존성 탑은 의도적으로 가장 약한 의존성을 무시하여 우리가 가장 중요하고 잠재적으로 위험한 것들에 집중할 수 있게 한다. 이러한 집중을 찾는 것이 탑의 목적이다.

의존성 탑은 축소적이다. 개발의 중요한 부분들을 생략한다. 하지만 인간으로서, 서로 의존하는 수백 개의 기획 요소가 수십만 가지 관계를 공유하는 복잡한 문제에 직면했을 때는 지능적인 축소만이 진전을 이룰 수 있는 유일한 방법이다. 우리는 분석 마비에 빠지지 않기 위해 일부 의존성을 무시해야 한다. 의존성 탑은 학술적인 연습이 아니라, 의사 결정을 위한 도구이다. 그리고 그러한 결정은 가장 강한 의존성에 초점을 맞추는 것이 가장 좋다.

기획의 세부 사항에 따라 의존성 탑을 구성하는 방법은 하나 이상일 수 있다. 예를 들어, 건설은 있지만 캐릭터가 없는 성 건설 게임을 상상할 수 있다. 또는 벽이 없어도 고블린 습격이 있는 게임을 상상할 수 있다. 나는 여기에 쓸 공간이 없는 판타지 캐슬의 상상된 세부 사항을 기반으로 이 쌓아놓은 형태를 구성했다. 기획 문서가 다르게 작성되었다면, 모든 제목이 같더라도 쌓아놓은 탑은 다르게 보일 것이다.

불확실성의 연쇄 Cascading Uncertainty

우리는 이미 기획이 우리가 생각하는 대로 작동하지 않는다는 것을 보았다. 기획자들은 고블린 습격이 어떻게 작동할지에 대한 문서를 작성할 수 있지만, 그것을 제작하고 플레이 테스트하기 전까지는 예상대로 작동할 것인지 확신할 수 없다.

이러한 불확실성이 의존성에 주의를 기울여야 하는 이유이다. 불확실성이 없다고 가정한다면, 작업 순서는 중요하지 않을 것이다. 그렇다면 우리는 아이디어를 가지고, 그것을 문서를 만들고, 어떤 순서로든 그것을 제작하고, 개발의 마지막 날에 기획이 퍼즐처럼 완벽하게 맞춰질 것이다. 그리고 입증된 아이디어를 기반으로 한 매우 비슷한 기획의 경우, 기획의 모든 요소가 너무 확실해서 거의 작동할 수 있다.

하지만 어느 정도 독창성을 가진 게임에서는 종이에 쓴 기획이 현실로 옮겨지지 않는 경우가 많다. 개발 중에 기획 요소를 변경해야 할 가능성이 어느 정도 있다. 이러한 불확실성 때문에 의존성이 중요하다.

불확실성은 의존성을 통해 증폭된다.

예를 들어, 고블린 습격 시스템은 기획 묶음 어딘가에 두 페이지 요약으로 설명되어 있다. 그것은 고블린이 어떻게 그리고 언제 생성되는지, 그들이 사용하는 전술, 그들의 능력, 그리고 그들을 물리치기위한 전략을 다룬다.

모든 계획처럼, 이 기획에는 그 기획과 연관된 불확실성 수준을 가지고 있다. 이 불확실성 수준은 기획이 예상대로 작동하지 않을 가능성을 반영한다. 매우 창의적이지 않은 기획이라고 가정하면, 확실성은 80%이다. 기획자들은 이 상황에서 10번 중 8번은 이 시스템이 주요 변경 없이 작성된 대로 작동할 것으로 예상한다. 그것은 꽤 탄탄하다.

그러나 이것이 기획 프로세스를 시작할 때부터 고블린 습격이 기획서에 작성된 대로 완성되어 게임에 들어갈 것이라고 80% 확신할 수 있다는 것을 의미할까?

불행히도 아니다. 그 80% 수치는 고블린 습격 기획 자체의 불확실성만을 다룬다. 하지만 고블린 습격은 그 자체 기획의 실패로 인한 변경에만 취약한 것이 아니다. 그것은 또한 그것이 의존하는 기획의 실패로 인한 변경에도 취약하다.

고블린 습격을 계획대로 구현하려면, 우리는 먼저 캐릭터, 건설, 벽 건설, 그리고 전투 시스템을 구현해야 한다. 이 시스템들 중 하나라도 크게 변하면, 변경사항이 의존성 탑을 통해 상위로 전파되어 고블린 습격에 변화를 강제할 것이다. 각 기초 요소가 80%라는 매우 높은 확실성을 가진다 해도, 고블린 습격이 예상대로 작동할 확률은 오직 0.8을 다섯 번 곱한 0.33(33%)에 불과하다. 왜냐하면 다섯 가지 기초 요소 중 하나라도 실패하면 고블린 습격이 변경되어야 하기 때문이다.

그리고 대부분의 기획은 80%에 가까운 확실성을 갖고 있지 않다. 위험하고 잠재적으로 혁신적인 게임에 대한 기획 작업에서는 대부분의 기획이 실패한다. 시스템별 확실성은 종종 30% 미만이다. 이러한 상황에서는 의존성 탑의 다섯 번째 계층에 있는 기획이 변경되지 않고 유지될 확률은 0.2%에 불과하다. 그러니까, 사실상 절대로 변경된다.

불확실성의 연쇄는 의존성 탑의 상위 요소들이 거의 항상 큰 재설계가 필요하다는 것을 의미한다.

이것은 '판타지 캐슬'의 대부분의 문서 기획이 헛소리라는 것을 의미한다. 기초 시스템들이 구현되거나 테스트될 때 거의 확실히 변경되고, 그러한 변경사항은 기획을 통해 전파되어 어디에나 변화를 강제할 것이다. 개념은 유지될 수 있지만, 모든 구체적인 사항들은 계속해서 변할 것이다. 개발이 끝날 때쯤에는 탑의 윗부분 대부분이 여러 번 잘려나가거나 재설계되었을

것이다.

간단한 수학처럼 보이지만 여기에는 강력한 진실이 있다. 모든 실무 기획자는 특히 창의적인 게임들이 개발 과정에서 얼마나 변화하는지를 보았다. 하지만 왜 이런 일이 발생하는지 정확히 설명하기는 어렵다. 기획의 개별 요소에 대한 단순한 불확실성만으로는 이를 설명하기에 충분하지 않다. 진짜 문제는 모든 변경사항이 의존성을 통해 기획에 파문을 일으키는 추가 변경사항의 충격파를 만들어내는 방식이다. 이것이 많은 기획 프로세스에서 엄청난 혼란을 야기하는 진짜 원인이다. 그리고 이것이 바로 우리가 반복을 해야 하는 핵심 이유이다.

하지만 어떤 반복이나 해도 되는 것은 아니다. 의존성 탑을 사용하여 파악한 의존성에 의해 정보를 얻어서 특정한 방식으로 반복해야 한다. 일반적인 전략은 간단하다.

의존성 탑의 하단에서 시작하여 각 반복 루프를 통해 상단으로 작업해 나간다.

우리는 아무것에도 의존하지 않는 기획의 조각들로, 바닥부터 시작한다. 그 기초가 몇 번 반복되고 플레이 테스트된 후에, 그것은 더 확실해진다. 문서만으로는 40%만 확실할 수도 있지만, 몇 번의 플레이 테스트를 통해 재설계한 후에는 90%의 확실성에 도달할 수 있다. 그 다음에는 그 기초에 의존하는 요소들을 제작할 수 있고, 아래에서부터 올라오는 후속 변경으로 인해 무너지지 않을 것이라는 확신을 가질 수 있다. 그 다음에는 그 기초에 의존하는 요소들을 제작할 수 있고, 아래에서부터 올라오는 후속 변경으로 인해 무너지지 않을 것이라는 확신을 가질 수 있다. 우리는 이런 식으로 탑을 따라 올라가면서 작업을 한다. 여전히 예상치 못한 기획 결과는 나타나 전체 구조가 흔들릴 수도 있겠지만, 올바른 순서로 작업함으로써 그 빈도와 영향을 줄일 수 있다.

예를 들어, '판타지 캐슬'을 개발할 때, 기본 캐릭터, 건설, 벽만으로 시작할 수 있다. 처음에는 사람들이 벽을 짓는 게임일 뿐이다. 그것들이 몇 번 반복되고 잘 작동하면, 우리는 농사를 추가할 수 있다. 그런 과정이 몇 번 반복된 후, 우리는 무역과 계절을 넣을 수 있다. 우리는 이렇게 기초에서부터 의존성의 탑을 쌓아 올린다. 그리고 기획은 개발 도중에 변경될 가능성이 있다. 농사를 플레이 테스트한 후에 계절이 필요 없다고 느꼈지만 새로운 작물 질병 요소가 더 많은 재미요소를 더할 수도 있다. 그래서 탑의 윗부분은 바닥이 공고해짐에 따라 다시 만들어질 수 있다.

기획 백로그(*역자 주) The Design Backlog

탑 윗부분의 기획이 매우 불확실하다고 해서 그것들이 가치가 없는 것은 아니다. 우리는 항상 생각, 아이디어, 관찰을 하며, 그 영감은 기록되어야 한다. 왜냐하면 그것은 가치가 있기 때문이다. 하지만 그것들을 상호 연결되고 상세한 기획으로 작성하는 것은 많은 작업을 필요로 하며, 불확실성의 연쇄로 인해 무효화될 가능성이 높다.

해결책은 아이디어를 기획 백로그에 기록함으로써 유동적이고 상호 연결되지 않은 형태로 유지하는 것이다.

기획 백로그는 현재 작업 중이거나 곧 작업할 아이디어, 콘셉트, 인상이 담긴 순서가 정해지지 않은 유동적인 저장소이다. 대부분의 아이디어는 기획 백로그에 들어가야 한다.

기획 백로그는 인기 있는 소프트웨어 개발 방법론인 스크럼이 가지고 있는 유사한 개념인 제품 백로그에서 이름을 따왔다. 그러나 스크럼과 달리, 기획 백로그는 공식화된 개발 프로세스의 일부가 아니다. 기획 백로그는 영감을 유지하기 위한 비공식적인 도구이다.

그래서 '판타지 캐슬' 기획의 대부분이 불확실성의 연쇄로 인해 헛소리가 될 것이라고 해도 그것이 가치가 없다는 것은 아니다. 오히려, 그것은 재구성해야 한다. 그것의 대부분은 미래에 대한 가설적인 아이디어 이상으로 간주되면

*역자 주 - 백로그는 칸반이나 스크럼같은 애자일 개발 방법론에서 일감을 관리할때 쓰는 개념이나, 이 책에서는 기획 아이디어를 정리할 목적으로 사용함.

안된다. 이러한 요소들은 고정된 계획과 서로 연결되서는 안된다. 그 요소들은 우리가 가지지 않은 확실성을 의미하는 구성이기 때문이다. 대신, 그것들은 유동적으로 만들어진 순서 없는 풀에 넣어져야 하며, 미래에 사용될 수 있다. 곧 작업될 기획의 부분들만이 서로 연결하여 공식 계획에 포함되어야 한다. 이렇게 재정리하면 '판타지 캐슬'은 다음과 같이 보일 것이다. :

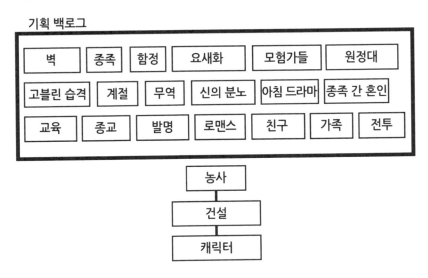

여기서 내 선택은 판단의 문제였다. 나는 커뮤니티를 구축하는 기획 요소에 먼저 집중하고 다른 모든 요소는 기획 백로그로 옮겼다. 다른 기획자는 전투나 종교에 집중했을 수도 있다. 그러나 선택이 무엇이든, 우리는 어딘가에서 시작해야 하고 그 기반 위에서 반복해야 한다는 것을 인정하는 것이 중요하다. 그렇지 않으면 모래 위에 집을 짓는 것과 같다.

탑에서 그 세 가지 기본 요소보다 위에 있는 것은 과도한 불확실성의 연쇄에 노출되므로 구현할 가치가 없다. 문서 기획 단계에서는 확실성을 50% 이하로 떨어길 가능성이 높다. 하지만 우리가 그 세 요소를 구현하고, 연구하고, 조사하고, 테스트함에 따라 그들의 확실성은 증가할 것이다. 예를 들어, 농사 시스템은 문서에 쓰인 기획에서는 60%의 확실성을 가질 수 있지만, 기능이 플레이 테스트된 기획으로는 90% 이상의 확실성에 도달할 수 있다. 해당 기획이나 그 기반의 기획의 반복중에 변경될 수 있지만, 아직 그 기획을 의존하는 것은 아무것도 없기 때문에 문제가 되지 않는다.

이 기반이 견고하고 확실해진 후에만 다른 것을 탑에 추가할 필요가 있다. 이제 기획 백로그를 열고, 적절해 보이는 것을 선택하여 탑의 상단의 기획에 추가할 때이다. 우리는 무엇을 기반으로 두고 있는지 확실히 알기 때문에 이 선택에 잘 대비할 수 있다.

그 후에는 반복 루프를 통해 프로세스를 반복하기만 하면 된다. 기획이 확고해질 때마다, 우리는 백로그를 살펴보고, 다른 부분을 꺼내어 탑 위에 올려놓는다. 새로운 아이디어가 생길 때마다, 우리는 그것을 백로그에 적고 나중에 다시 생각한다. 백로그의 대부분은 결코 구현되지 않을 것이다. 그래도 괜찮다. 그것은 우리가 사용하는 부분들이 아마도 매우 훌륭하다는 것을 의미할 것이다. 그리고 기획은 한 번에 하나씩 견고하게 쌓여 올라간다.

핵심 게임플레이 Core Gameplay

'판타지 캐슬' 기획의 22개 요소 중에서 나는 3개를 제외한 모든 것을 기획 백로그에 넣었다. 하지만 우리는 캐릭터, 건설, 그리고 농사만으로도 감정적으로 의미 있는 게임을 만들 수 있다는 것을 주목해야 한다. 이 세 가지 부분만으로도 매우 기본적이지만 플레이 가능한 게임을 형성할 것이다. 왜냐하면 이 세 가지 하위 시스템이 '판타지 캐슬'의 핵심 게임플레이를 구성하기 때문이다.

핵심 게임플레이는 게임의 의존성 탑 바닥에 있는 줄일 수 없는 메카닉에서 나오는 것이다. 게임을 감정적으로 가치 없게 만들지 않고 제거할 수 있는 모든 것을 제거하면 남는 것이 핵심 게임플레이이다.

이 연습을 해보자. 잘 알고 있는 게임을 생각해보자. 이제 그 기획에서 무언가를 제거해보자. 그리고 또 다른 것, 그리고 또 다른 것을 제거하자. 잘라내는 것을 계속 하면서 게임이 더 이상 의미 있는 경험을 만들지 못할 때까지, 그저

사소하고 흥미롭지 않은 소프트웨어가 될 때까지 계속하자. 마지막으로 제거한 것을 되짚어 보자. 그렇게 하면 게임의 핵심 게임플레이가 나온다 이는 게임을 작동하게 만드는 최소한의 메카닉 집합이다.

현대 비디오 게임을 선택했다면, 거의 모든 콘텐츠, 대부분의 인터페이스, 그리고 대부분의 컨트롤을 포함하여 95% 이상을 잘라낼 수 있을 것이다. 고전 게임이나 보드 게임을 선택했다면, 아마도 그보다는 훨씬 적게 잘라냈을 것이다. 체커 게임을 축소하면서도 기능적으로 유지되게 하는 것이 어떻게 가능할지 이해하기 어렵다. 하지만 심지어 체스도 줄일 수 있다. 체스는 폰만 남기고 모든 것을 제거해도 여전히 작동한다.

핵심 게임플레이의 몇 가지 예는 다음과 같다:

- **〈문명 V〉** : 맵, 도시, 개척자, 전사
- **〈언리얼 토너먼트〉** : 맵, 1인칭 컨트롤을 사용하는 플레이어, 총
- **〈스타크래프트 II〉** : 맵, 사령부, 일꾼, 해병대

이러한 복잡한 게임들은 각각 자체적으로 가치 있는 경험을 만드는 간단한 상호 작용 루프를 핵심으로 가지고 있다. 일꾼과 해병대 만으로도 〈스타크래프트 II〉는 흥미로운 결정과 전략을 탐색할 수 있다. 〈언리얼 토너먼트〉에서 가장 인기 있는 방식 중 하나는 모든 것을 제거하고 매우 간단한 즉살 무기만 남긴 인스타깁(InstaGib) 모드였다. 좋든 나쁘든 핵심은 게임이다. 그 외의 모든 것은 변형과 폴리싱 뿐이다.

많은 경우 핵심 게임플레이는 장르를 정의한다. 예를 들어, :

- **타워 디펜스** : 맵, 방어해야 할 무언가, 타워, 접근하는 적들.
- **던전 크롤러** : 캐릭터, 던전, 영웅, 몬스터, 레벨 업
- **대전 격투 게임** : 이동, 공격, 방어, 던지기

핵심 게임플레이는 의존성 탑의 적절한 기초이며, 기획의 다른 모든 것은 그 기본 메카닉에 의존한다. 핵심을 찾아냄으로써, 테스트 가능한 반복 플랫폼을 위한 가장 짧은 길을 찾을 수 있다. 가능한 한 빨리 핵심을 완성하는 것은 가능한 한 빨리 게임을 테스트 가능한 상태로 만든다. 그때부터 테스트 중심 반복의 이점이 시작된다. 그러므로 기획자로서 핵심을 식별하고 먼저 그것을 구축하라. 그리고 그 핵심이 구축되면, 기획 백로그에서 무언가를 끌어내어 기획에 추가하고 바깥쪽으로 반복하라.

핵심을 찾을 수 없거나 만들었는데 끔찍하다면, 다른 것으로 다시 시작하는 것을 고려해보라. 강력한 핵심이 없는 게임은 매우 그럴만한 이유가 있어야 한다. 그리고 때로는 그럴 만한 이유가 있을 수도 있다. 예를 들어, 포인트 앤 클릭 어드벤처 게임은 실제 핵심 게임플레이가 없다. 가리키고 클릭하는 것만으로는 동작하는 게임이 되지 않는다. 이러한 게임들은 예외이며, 그들의 경험이 메카닉이 아닌 콘텐츠에 의해 주도되기 때문에 작동한다.

일부 게임들은 여러 가능한 핵심을 가지고 있다. 예를 들어, 오픈월드 RPG <폴아웃 3>을 고려해보자. <폴아웃 3>의 핵심 중 하나는 플레이어 캐릭터, 총, 몬스터일 수 있다. 또 다른 핵심은 플레이어 캐릭터, 대화, 퀘스트일 수 있다. 세 번째 핵심은 플레이어 캐릭터, 오픈 월드, 월드 아트일 수 있다. 세 가지 핵심은 각각 게임을 단순한 순수 슈팅 게임, 대화 중심의 스토리 게임, 세계 규모의 아트 전시관으로 만든다. 하지만 각각은 여전히 기능적인 게임이다. 기획자들은 이 중 어느 것으로든 프로세스를 시작하고 다른 것들로 확장할 수 있었다.

소규모 의존성 탑 Small-Scale Dependency Stacks

지금까지 우리는 전체 게임을 한 번에 분석하기 위해 의존성 탑을 사용했다. 그러나 의존성 탑은 개별 시스템의 기획을 분석하는 데에도 사용될 수 있다. 만약 의존성 탑을 그렇게 사용해보면 대부분 그런 방식으로 사용하게 될 것이다. 항상 전체 기획을 한 번에 분석하는 것은 다루기 어렵기 때문이다.

예를 들어, 분대 전투 게임에서 '캡(Capp)'이라는 캐릭터의 개발을 고려해보자. 캡은 빠르게 움직이고, 쉽게 넘어지며, 곡예적인 카포에라 격투 기술로 공격하는 의도로 기획되었다. 기획된 바에 따르면, 캡의 능력과 시스템은 다음과 같다.

- **빠름** : 캡은 특수한 물리 기반의 뱅킹(중심 잡기를 위한 몸 기울임)으로 특별히 빨리 달린다.
- **회전차기** : 캡은 주변의 모든 사람을 때리는 회전 카포에라 킥을 한다.
- **쓰러짐** : 캡은 공격하는 중에 피해를 입으면 바닥에 넘어지는 특수한 약점을 가진다.
- **벽 점프** : 캡은 벽을 점프하여 특별한 지역에 도달하거나 적을 넘어갈 수 있다.
- **핸드스프링 차기** : 벽 점프로 전환 중 공격을 가하는 핸드스프링 차기를 할 수 있다.
- **쓸며 회피** : 캡은 약점인 쓰러짐을 보완하기 위해, 적의 공격을 피하는 동시에 반격하는 낮은 회전 공격을 한다.

대부분의 좋은 게임이 여전히 작동하면서 핵심 게임플레이로 축소될 수 있듯이, 대부분의 좋은 게임 시스템도 여전히 그 역할을 수행하면서 축소될 수 있다. 특정 기능에 대한 의존성 탑은 이를 수행하는 데 도움을 준다. 나는 캡의 기획을 다음과 같이 해석했다. :

쓰러짐은 공격(이 경우에는 회전차기이다.)을 하려다 맞을 때만 의미가 있다. 쓸며 회피는 넘어짐 약점을 보완하기 위한 능력이므로 쓰러지기 전에는 의미가 없다. 마지막으로, 벽 점프는 기본 능력인 빠름의 확장이며, 핸드스프링 킥은 벽 점프의 특별한 공격 버전이다.

항상 그렇듯이, 다른 기획 세부사항이 주어진다면 이 탑은 달라질 수 있다.

예를 들어 **빠름**과 **벽 점프**는 쉽게 위치를 바꿀 수 있다. 이 탑은 내가 상상한 문서 기획을 반영한다.

기획의 모든 부분은 어느 정도의 불확실성 태그를 가지고 있다. :

- **회전차기** : 회전차기는 다른 게임에서 본 공격들을 조금 변형한 것이어서 약간의 불확실성이 있다. 주된 불확실성은 그 반경과 타이밍 조정에 있다. 회전차기가 기획자가 예상한 3초보다 0.5초 동안 지속되는 것이 더 나을 경우, 다른 능력들에 영향을 미칠 변경 사항이 발생할 수 있다.

- **쓰러짐** : 이것은 매우 불확실하다. 기획자의 직감에 따르면, 기절하는 것이 너무 답답할 수 있어 완전히 대체해야 할 수도 있다.

- **빠름** : 빠른 이동에는 실력에 대한 불확실성이 있다. 표준적이지 않은 물리 기반의 이동은 잘 구현하기 항상 어렵다. 인공지능은 이를 예측하거나 탐색하는 데 어려움을 겪을 수 있고, 플레이어는 조종하기 어려울 수 있다. 이것은 재설계나 제거가 필요할 수 있다.

- **벽 점프** : 이것은 빠름과 유사한 위험을 가지고 있으며, 인공지능이 평소 접근할 수 없는 경로를 따라 이동하는 데 추가 문제가 있다. 벽 점프의 조작 시스템도 몇 번의 재설계가 필요할 것 같다.

- **핸드스프링 차기** : 이것 자체로는 그리 불확실하지 않지만, 핸드스프링 차기의 밑에 있는 시스템들은 많은 연쇄 불확실성에 취약하다.

- **쓸며 회피** : 이것은 자체적으로는 간단하지만, 아래에서 연쇄 불확실성에 취약하다.

우리는 마치 확실히 작동할 것처럼 전체 기획을 그냥 밀고 나가서는 안 된다. 아마도 그렇게 되지 않을 것이다. '판타지 캐슬'과 마찬가지로, 우리는 핵심을 찾아야 하고 다른 모든 것을 기획 백로그에 녹여야 한다.

캡의 핵심 게임 플레이는 아마도 회전차기, 빠름일 것이다. 이 두 가지를 통해 그는 다른 캐릭터들과 구별되는 유용하고 독특한 날쌘돌이 역할을 수행할 수 있다.

이것은 다음과 같다. :

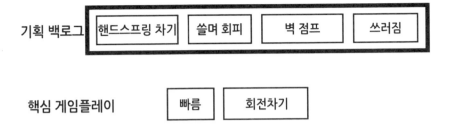

핵심 플레이 제작을 몇 번 반복되면, 그 위에서 콘텐츠를 만들기에 충분히 확실해질 것이다. 그때까지는 백로그에서 무언가를 가져와서는 안 된다. 왜냐하면 회전차기과 빠름 기능이 그 전에 변경될 가능성이 크거나, 그 위에 구축할 더 나은 아이디어가 생길 수 있기 때문이다.

의존성 및 외부 기획 필요성

의존성 탑에는 주의사항이 있다. 마케팅 및 비즈니스 관계자는 게임이 필요로 하는 것보다 훨씬 먼저 기획 결정이 필요할 수 있다.

이런 경우에는 기획자가 기획 결정이 필요한 사람과 협상을 통해 중간 지점을 찾아야 한다. 결정이 탑에서 높은 지점에 있고 매우 상세해야 하는 경우, 이런 매우 빠른 시기의 결정이 제공하는 비즈니스 또는 마케팅의 이점이 너무 이른 시점에 결정을 내리는 비용보다 크지 않을 수 있다. 예를 들어, 쓸며 회피 동작을 반복해서 개발하기 전까지는 캡의 쓸며 회피 동작을 광고하는 것이 그다지 가치가 없을 수 있다. 왜냐하면 쓸며 회피 기능이 연쇄적인 기획 변경에 의해 바뀔 가능성이 높기 때문이다.

마케팅과 비즈니스는 중요하다. 그러나 동시에, 우리는 게임 기획을 변경할 수 없는 결정된 기획의 감옥에 가두어서는 안 된다. 유연하게 남아 있어야 하며, 미래를 가정해서는 안 되며, 의존성에 따른 위험에 주의해야 한다. 이렇게 하려면 매일 노력이 필요하며, 처음에는 모든 사람이 이해하지 못할 것이다. 낭비처럼 느껴질 수도 있고, 심지어 무책임하다고 느낄 수도 있다. 그러나 결국에는 게임 기획과 같이 어려운 작업을 인간의 작은 두뇌로 수행하는 유일한 방법이다.

14 | 권한 Authority

현장 감독인 존은 작업자들이 매번 사소한 일마다 실수하는 것에 지쳐 있었다. 그래서 그는 관리 기술의 최신 트렌드인 '퍼펫트론(Puppetron)'을 구매했다. 더 이상 명령을 내리고 그것이 제대로 수행되기를 바라며 기다릴 필요가 없어졌다. 이제 그는 퍼펫트론 헬멧을 쓰고 자신의 머릿속에서 직접 작업자들의 모든 행동을 조종할 수 있었다. 그는 마치 천 개의 실을 당기는 인형 조종자처럼, 모든 작업자의 모든 행동을 직접 조율했다. 그것은 기적 같았다.

현장 감독 존과 그의 팀은 다리 건설 작업을 맡았다. 공사 도중, 다리가 무너져 모두가 사망했다.

조사관들은 다리가 수백 개의 잘못된 용접, 꼬인 케이블, 어긋난 지지대, 빠진 볼트로 가득했다는 것을 발견했다. 마치 작업자들이 온전히 집중을 하지 않은 것처럼 보였다.

위대한 게임을 만드는 데는 헌신이 필요하다. 우리는 문화와 허구의 배경 설정을 탐구하고, 어려운 지적 문제를 해결하며, 무서운 위험을 감수해야 한다. 우리는 모든 이점을 활용하고 모든 자원을 동원해야 한다. 우리는 월급을 넘어서 우리가 하는 일에 대해 관심을 가져야 한다. 우리는 의식을 일에 투자해야 한다.

하지만 의식을 투자하는 것은 섬세한 과정이다. 이것은 작업 관행, 문화, 내재적 동기, 그리고 조직 구조의 특별한 조합이 필요하다. 사람들은 적절한 권한을 적절한 위치에 가져야 하며, 지식은 필요한 곳으로 원활하게 흘러가야 하고, 우리는 서로를 신뢰해야 한다. 이 장에서는 팀이 전체 창의적 능력으로 운영될 수 있도록 이러한 조건들을 만드는 것에 대해 다룬다.

악의 평범성 The Banality of Evil

조직의 성격은 그 구성원들의 성격의 평균이 아니다. 그 구성원들이 어떻게 구성되어 있는지가 중요하다. 구성은 지식, 권력, 자원이 팀 내에서 어떻게 흐르는지 결정한다. 잘못된 방향으로 흐르게 되면, 각각은 천재들이 모인 집단이 집단적으로 미친 바보같은 짓을 할 수 있다.

이것의 가장 극단적인 예는 20세기의 역사적인 대량 학살들이다. 나치 독일, 소비에트 러시아, 캄보디아 크메르의 치명적인 관료조조직은 대부분 완벽하게 정상적인 개인들로 구성되어 있었으며, 다른 시간과 장소에서라면 아마도 좋은 손님일 것이다. 그러나 특정한 조직에서, 특정한 문화 속에서, 특정한 위계 질서에서는 그들은 죽음의 기계의 톱니바퀴가 되었다. 정치 이론가 한나 아렌트(Hannah Arendt)는 이를 "악의 평범성"이라고 불렀다. 그녀는 관료적 공포가 깔깔대는 미친사람들에 의해 저질러지는 것이 아니라, 현지 인센티브를 충실히 따르는 문서 작성자들에 의해 저질러진다는 것을 이해했다.

물론 게임 개발에서는 누구도 죽지 않는다. 나는 이 예시들을 사용하여 그 안에 있는 사람들이 훌륭하다 해도 구조가 나쁘면 조직의 결과물이 오염되는데는 한계가 없다는 것을 보여주려고 한다. 좋은 인재를 확보하는 것은 필수적이지만, 그들은 나쁜 구조와 역기능적인 문화에서는 완전히 낭비될 것이다. 우리는 그 구조를 바르게 잡아야만 한다. 그렇다면 문제는 게임 개발에서 좋은 사람들을 어떻게 구조화하여 일을 잘 하게 할 것인가이다.

테일러주의 Taylorism

> 각 작업자의 행위의 기반이 되는 과학은 너무나 거대하고 방대하여,
> 실제로 그 일을 하는 데 가장 적합한 작업자는 교육 부족이나 지적 능력
> 부족으로 이 과학을 이해할 수 없다.
>
> - F.W. 테일러 (*역자 주)

19세기 말, 대부분의 작업자들은 각각 자신만의 작업 방식을 결정했다. 벽돌공, 금속 절단공 또는 쇳물 취급공은 관리자에게서 할당된 작업을 받고, 그들이 경험과 견습 과정을 통해 배운 방법으로 자신의 시간에 따라 작업을 완료했다.

1900년경 프레더릭 테일러라는 사람이 업무에 대해 연구하기 시작했고, 전통적인 방법에서 엄청난 낭비를 발견했다. 그래서 그는 나중에 테일러주의(Taylorism:과학적 경영관리법)라고 알려질 경영 스타일을 창출하기 시작했다.

테일러는 벽돌공이 일하는 것을 지켜보며 초시계를 사용해 그의 몸의 각 움직임이 얼마나 시간이 걸리는지 정확히 측정했다. 그는 벽돌을 집어 들고 올바른 위치에 놓고, 다독이고, 그 위에 시멘트를 바르고, 남는 것을 긁어내는 시간을 기록했다. 그 숫자들을 손에 들고 그는 벽돌을 놓는 가장 좋은 방법을 찾기 위해 칠판으로 갔다. 그는 가장 효율적인 순서를 찾기 위해 움직임을 재배열하고 제거했다. 그는 많은 벽돌공들이 벽돌 더미와 벽 사이에서 취하는 낭비적인 단계를 줄였다. 그는 도구를 재설계하여 벽돌을 딱 맞는 위치에 두는 특별한 썰매를 만들어서 작업이 빨리 진행되게 하였다. 그런 다음 그는 작업자들에게 그들이 조립라인의 로봇 처럼 움직일 때까지 정확히 어떤 동작을 수행할지 지시했다. 이러한 "과학적 관리" 프로세스는 그의 주요 상품이 되었고, 그는 금속 절단에서부터 쇳물 처리에 이르기까지 다양한 분야에 이를 적용했다.

테일러는 작업자들에게 자신들이 무엇을 하고 있는지 이해시키려 하지

*역자 주 - 프레더릭 윈즐로 테일러 : 미국의 경영학자 겸 공학자로 과학적 경영 관리법의 창안자.

않았다. 그에게 작업자들은 서투른 바보들이었고, 그들의 이해는 필요 없었다. 테일러는 이렇게 서술했다. "그 일을 하는 데 실제로 가장 적합한 작업자는 교육 부족이나 지능 부족으로 그와 같이 혹은 위에서 일하는 사람들의 지도와 도움 없이는 그 과학을 완전히 이해할 수 없다."

테일러주의는 모든 결정을 매우 똑똑한 소수의 사람들의 손에 집중시키는 것이다. 하나의 생각하는 "머리"가 많은 멍청한 "손"의 행동을 지시한다. 지식을 가장 뛰어난 머리에 집중함으로써 그 머리에 가장 동기가 부여되고, 가장 숙련되고, 가장 유능하며, 멍청한 사람들이 선철을 운반하는 행동을 지능적으로 조율할 수 있기 때문에 테일러주의는 결정의 질을 향상시킨다.

테일러의 아이디어가 현대의 효율성 연구의 토대가 된 것은 그 아이디어가 효과가 있었기 때문이다. 지난 세기 동안, 이로부터 발전된 방법들은 우리에게 더 나은 품질과 저렴한 가격의 자동차, 감자칩, 컴퓨터를 제공해왔다. 결정을 소수의 똑똑한 사람들의 머릿속에 집중시키고 반복되는 과정에서 낭비를 줄이는 이 방법은 매우 성공적이어서 이제는 산업 문화의 당연한 부분으로 여겨진다.

그러나 테일러주의는 다룰 수 있는 업무의 종류에 한계가 있다. 핵심은 업무에 가지고 있어야 하는 지식의 양이다. 일에 필요한 지식이 별로 없다면 테일러주의는 잘 작동한다. 공장의 업무가 단순하고 반복적이기 때문에 공장 감독은 부하 직원들이 하는 모든 것을 알 수 있다. 공장 감독은 부하직원들이 내리는 결정들이 그렇게 많지 않기 때문에 그들의 모든 결정을 대신 내릴 수 있다. 업무 프로세스의 모든 지식을 그의 머리 속에 담을 수 있다.

그러나 작업이 복잡하고 반복적이지 않으면 어떻게 될까? 하나의 두뇌로 처리할 수 있는 것보다 더 많은 지식이 있다면 어떻게 될까? 이제 중앙의 머리는 데이터에 압도된다. 세부 사항을 무시하기 시작하거나, 지나치게 단순화하거나, 중요한 신호를 놓치기 시작한다. 의사 결정이 나빠지고 낭비가 나타나기 시작한다.

게임 개발은 테일러주의가 실패하는 종류의 업무 중 하나이다. 왜냐하면 게임 개발은 정말 방대한 양의 지식을 포함하기 때문이다. 팀 개발 과정에서의 모든 지식을 목록으로 만드려고 시도해보라. 아티스트가 붓질을 하고, 판단하고,

실행 취소 버튼을 클릭할 때마다, 그는 이 아이디어가 이런 이유로 좋아 보이지 않았다는 작은 지식 조각을 만든다. 기획자의 10초 자가 테스트, 프로그래머가 발명한 알고리즘 변형, 동료와의 즉흥적인 대화나 샤워 중에 떠오르는 아이디어 모두가 잠재적으로 유용한 지식이다. 그리고 그 지식의 양은 분단위, 초단위로 증가한다. 어떤 한사람의 머릿속이나 작은 그룹의 지배적인 두뇌가 그 모든 것을 흡수하고 이용할 수는 없다.

또한 지식의 양만이 문제가 아니다. 과정의 많은 지식은 전달하기 어렵거나 불가능하다. 이것을 암묵지라고 한다. 예를 들어, 기술은 암묵지이다. 훈련된 아티스트는 결함이 있는 구성을 보고 어떻게 고칠지 알 수 있다. 프로그래머는 알고리즘을 어떻게 최적화할지 알고, 기획자는 인터페이스를 어떻게 더 좋게 만들지 알 수 있다. 하지만 이러한 직관은 훈련된 무의식에서 나오기 때문에 누구도 설명할 수 없다. 이 지식은 리더에게 전달될 수 없다. 그것은 기술이며 배우는 데 몇 년이 걸렸다.

그래서 게임 개발에서 우리의 신뢰할 수 있는 기본 방법론인 테일러주의는 실패한다. 하지만 해결책이 있다.

분산된 두뇌 The Distributed Mind

게임을 만드는 방법을 이해하려면, 1912년의 공장 감독들로부터 배워서는 안 된다. 우리는 개미들로부터 배워야 한다.

개미들이 어떻게 음식을 수집하는지 생각해보자. 처음에는 몇 마리의 개미가 둥지에서 무작위로 돌아다닌다. 음식을 찾은 개미가 음식물을 찾으면, 페로몬 흔적을 남기며 돌아온다. 다른 개미들은 그 흔적을 따라 본능적으로 음식물을 찾아간다. 음식을 찾은 개미마다 자신의 페로몬 실을 끌고 돌아와 흔적을 강화한다. 흔적이 풍부한 음식원으로 이어지면, 반복적으로 강화되고, 매번 더욱 직선에 가깝게 튼튼해진다. 흔적이 강해지면서 다른 과정들이 시작된다. 더 강한 일꾼 개미들이 나타나 흔적의 장애물을 제거한다. 병정 개미들이 순찰을 시작하며 위협을 감시한다. 일부 일꾼 개미들은 자신을 희생하여 흔적의 틈을 메우는 다리를 만든다. 개미들은 함께 매우 효율적으로 최고의 음식원으로 향하는 길을 만들고, 최적화하고, 방어한다. 이 모든 놀라운 복잡성은 중앙 계획 없이도, 단순한 지역 규칙을 따르는 단순한 개미들의 결합된 행동으로 발생한다. 개미들 중 어느 누구도 그들이 하는 일의 전체 전략을 이해하지 못하지만, 모두가 어떻게든 행동을 조율하여 문제를 해결하는 통합된 접근 방식을 만들어낸다. 마치 개미군락이 개별 개미들보다 훨씬 강력한 집단적, 분산된 두뇌를 형성하는 것 같다. 개미는 멍청하지만 개미군락은 똑똑하다.

게임 개발도 마찬가지로 작동해야 한다. 왜냐하면 개발 과정에서 일어나는 모든 것을 한 사람이 이해할 수는 없기 때문이다. 한 인간의 두뇌에 그 모든 것을 담기에는 너무 많은 일이 일어난다. 그러므로 우리는 개미처럼 각자가 분산된 두뇌의 일부 역할을 해야 하며, 지역적 상황에 맞춘 개별 행동에서 더 큰 집단 지능이 나타나도록 해야 한다.

우리는 테일러주의적 접근법으로는 이것을 할 수 없다. 작업자로부터 결정을 빼앗아 몇몇 지배적인 두뇌의 통제에 넘길 수 없다. 분산된 지능이 작동하려면, 팀 전체에 권한을 퍼뜨려야 한다.

분산된 권한 Distributed Authority

개미들은 페로몬 흔적에서 어느 방향으로 돌아야 할지 말해주는 상사가 없다. 각각의 개미들은 주변 상황에 따라 자신의 결정을 내린다. 이것은 두 가지 주요 장점이 있다.

첫째, 모든 개미의 두뇌 능력을 사용한다. 테일러주의에서는 모든 결정이 빼앗기기 때문에 작업자의 두뇌 능력이 방치된다. 특히 게임 기획에서 그렇게 가치 있는 자원을 사용하지 않는 것은 실수다. 개발 팀과 함께 일하는 중요한 지점은 그들의 몸이 아니라 그들의 머리를 활용하는 것이다.

둘째, 권한을 분산함으로써 각 개미가 가지고 있는 지역 지식을 최대한 활용한다. 모든 개미는 가까이 있기 때문에 자신의 주변 환경을 매우 잘 안다. 여왕개미가 항상 모든 일꾼개미에게 무엇을 해야 할지 말해야 한다면, 그는 나쁜 결정을 내릴 것이다. 왜냐하면 그는 한 곳에만 있을 수 있기 때문이다. 그녀는 1314번 일개미 주변에서 일어나는 일을 1314번 일개미가 이해하는 방식으로 절대 이해하지 못할 것이다. 게임 기획에서도 마찬가지다. 모든 개발자는 다른 사람들과는 다른 방식으로 작업의 일부에 가까이 있다. 모든 개발자는 자신이 작업하는 레벨, 기술, 또는 메카닉에 대해 다른 사람들이 모르는 것을 이해한다.

게임 개발자들은 팀 전체에 결정을 분산시킴으로써 개미들과 같은 일을 할 수 있다. 각 개발자는 자신이 가장 가까이 있는 작업에 대한 선택을 한다. 시스템의 프로그래머는 그 시스템의 설계에 대한 내부 결정을 내려야 한다. 레벨의 기획자는 레벨의 세부 레이아웃을 결정해야 한다. 각자는 프로젝트에서 자신이 가장 잘 이해하는 부분을 포함하는 *자연스러운 권한*의 영역을 가진다.

개발자의 자연스러운 권한은 팀의 다른 누구보다 그가 더 잘 결정할 수 있는 모든 결정에 확장된다.

이것이 모든 사람이 자기 마음대로 하는 것을 의미하는 것은 아니다. 게임 개발은 소통이 항상 매우 중요하기 때문에, 종종 결정은 여러 다른 사람들로부터의 지식을 필요로 한다. 예를 들어, 아티스트가 캐릭터 서사의 목적을 모르고서 그 캐릭터의 외모를 결정할 수는 없다. 마지막 플레이 테스트 이후에 전투 순서가 어떻게 변했는지 전혀 모르는 시나리오 작가가, 그 전투 순서에 맞는한 좋은 대화를 쓸 수는 없다. 그 지식을 모으기 위해서는 소통해야 한다.

예를 들어, 회의는 결정을 내리기 위해 지식을 모으는 방법이다. 크리에이티브 디렉터, 프로그래머, 기획자, 아티스트가 두 가지 잠재적인 그레이박스 기획 중 어떤 것을 진행할지 결정하기 위해 회의하는 경우를 생각해보자. 각자는 결정과 관련된 독특한 지식을 가지고 있기 때문에 만난다.

기획자는 각 그레이박스에서 다섯 번의 플레이 테스트를 진행했으므로, 레벨의 균형과 명확성 문제를 알고 있다. 또한 기획자는 오랫동안 그 레벨에서 작업했기 때문에, 아이디어와 실패한 실험 경험을 많이 가지고 있다.

프로그래머는 게임 엔진에서 작동할 수 있는 레벨의 크기와 복잡성, 시스템의 여러 기술적 한계를 알고 있다.

아티스트는 게임의 아트의 진행에서 이전과 이후 레벨 사이에서 어떻게 레벨이 맞는지, 어떤 아트 애셋을 사용할 수 있는지 가장 잘 안다.

크리에이티브 디렉터는 게임의 전체 구조와 레벨이 어디에 맞는지, 그것의 감정적 목표, 시장 포지셔닝 전략, 더 깊은 테마, 그리고 투자자의 요구사항을 알고 있다.

이 사람들 중 어느 누구도 혼자서 결정을 내릴 수 없다. 그들은 지식을 공유하고 함께 결정에 적용하기 위해 만난다. 그리고 이 회의는 필요한 지식을 가진 사람들이 모두 참석하고, 그 외의 인원은 없기 때문에 잘 조직되어 있다. 그들 중 누구라도 빼면 결정에 필요한 지식이 부족해진다. 다른 사람을 추가하는 것은 의미가 없다.

지식이 적용되지 않을 때에는 나쁜 결정이 일어난다. 예를 들어, 레벨 기획자가 컴퓨터에서 실행할 수 없는 너무 큰 레벨을 그레이박스로 만들 수 있다. 프로그래머는 기획자가 작업을 시작하기 전에 기획자에게 말할 수 있었다. 그러나 그들이 결코 대화를 나누지 않았기 때문에, 기획자는 레벨 크기 결정이 어려움을 겪었고, 작업은 다시 해야 할 것이다. 여기서의 인간의 본능은 레벨 기획자를 비난하는 것이지만, 그것은 보통 잘못되었다. 그에게 필요한 지식을 제공하지 못한 조직 구조를 비난해야 한다.

그러나 훌륭한 소통에도 불구하고, 관련된 많은 지식은 여전히 암묵적이거나 전달하기에 너무 방대하다. 이것이 자연스러운 권한을 가진 사람이 최종 결정을 내리는 것이 여전히 보통 가장 좋은 이유이다. 레벨 기획자는 자신의 레벨에서, 시나리오 작가는 대화 대사에서, 디렉터는 전체 구조에서 결정을 내린다.

월권과 신뢰 Arrogation and Trust

월권이란 타인이 가진 권한에 속하는 결정을 주장하는 것을 말한다.

월권(arrogant)이라는 단어는 프랑스어 's'arroger'에서 유래했으며, "당신의 것이 아닌 특권을 취하는 것"을 의미한다. 사람들이 권한을 가진 사람으로부터 결정 권한을 빼앗는 것이 월권이다.

월권은 종종 마이크로매니지먼트 형태를 취한다. 마이크로매니지먼트란 리더들이 부하 직원보다 그들이 더 잘 이해하지 못하는 낮은 단계의 구체적인 지식에 관한 명령을 내리는 것이다. 이는 부하 직원의 특별한 작업 지식을 무시하기 때문에 보통 나쁜 결정을 초래한다.

예를 들어, 리더는 진화하는 게임 시스템에 관해 1시간 정도 검토를 거친 후 현장에 있는 사람들에게는 매우 어리석어 보이는 변경사항 목록을 요구할 수 있다. 이 행위는 애정을 담아 '기습 똥싸기'로 알려져 있으며, 매우 파괴적일 수 있다. 그러나 리더들이 이렇게 하는 것은 그들이 어리석어서가 아니다. 리더들에게는 참호에 있는 사람들이 가지고 있는 수백 시간의 반복 및 테스트 경험이 없기 때문이다. 리더들은 모든 테스트, 모든 실험, 그동안 있었던 모든 토론의 내막을 모른다. 리더는 풍부한 경험을 가질 수 있지만, 직접 작업하면서 더 많은 시간을 보낸 사람들의 지식 우위를 극복하기에는 일반적인 경험이 충분하지 않다.

이것은 뿌리깊은 인지 편향에서 비롯된 흔한 문제이다. 게임 기획은 숨겨진 가능성으로 가득하다. 한 레벨이나 시스템은 수백, 수천 가지의 다른 방식으로 플레이될 수 있으므로, 게임을 검토하는 것만으로는 게임을 이해하기에 충분하지 않다. 하지만 뇌의 깊숙한 WYSIATI(보이는 것이 전부) 가정 때문에 충분하다고 느껴진다. 리더는 자신이 모르는 것들을 본 적이 없기 때문에 자신이 모르는 것이 얼마나 많은지 모른다. 자신의 지식 부족을 인식하지 못하므로, 리더는 자신의 이해가 완벽하다고 생각한다. 그래서 리더는 자신이 더 잘 결정할 수 있다고 생각하여 부하직원의 권리를 뛰어넘어 결정을 내리고, 부하 직원들은 분노하며 떠난다.

월권의 근본 원인은 리더들이 부하 직원들을 신뢰하지 않는 데 있다. 리더들은 자신을 따르는 사람들보다 더 경험이 많다는 것을 알고 있으며, 다른 사람들이 중요한 결정을 망치게 하고 싶지 않다. 그래서 그들은 그러한 결정권을 빼앗는다. 하지만 이것은 효과가 없다. 리더는 프로세스의 모든 것을 알 수 없기 때문이다. 결국 결정은 더 나빠진다.

게임에서 함께 일하기 위해서는 반드시 서로를 신뢰해야 한다. 이것은 팀워크를 독려하는 구호나 동기부여 슬로건이 아니다. 이것은 사실에 대한 냉정한 서술이며, 나는 '반드시'라는 단어를 가장 중요한 문자 그대로의 의미로 사용했다. 신뢰는 선택 사항이 아니다. 우리는 서로의 일을 이해할 수 없기 때문에 서로의 실수를 메꿀 수 없다. 그러므로 바보들을 지휘하는 게임 기획 리더는 실패할 수밖에 없다. 리더는 스튜디오 곳곳에서 일어나는 수많은 결정을 모두 이해하고 영향을 줄 수 없기 때문에, 그들의 어리석음으로부터 자신을 방어할 방법이 없다. 그가 자신을 자신보다 멍청하다고 생각하는 사람들로부터 보호하기 위해 하는 모든 노력은 팀에 장애만 될 뿐이다. 유일한 선택은 신뢰할 수 있는 사람들을 구하고, 그들을 신뢰하는 것이다.

의도 전달 Communicating Intent

우리는 결정을 분산시키고자 하지만, 이것이 팀을 방 안에 피자와 컴퓨터와 함께 두고 2년 후 돌아오면 게임이 나오길 기대할 수 있다는 뜻은 아니다. 권한이 분산되더라도 리더에게는 여전히 필요한 역할이 있다.

리더들은 게임의 거시적 구조를 안다. 그들은 게임의 감정적 목표, 시장 전략, 비즈니스 전략, 서사적 테마, 분위기, 기획 스타일, 기획 초점, 전체적인 메카닉 구조를 누구보다 잘 안다. 이러한 주제들이 리더가 자연스러운 권한을 가지고 결정을 내리는 곳이다.

이러한 결정이 효과를 내기 위해서는 리더가 여전히 부하 직원들을 지시할 수 있어야 한다. 핵심은 그들이 수행할 구체적인 행동이 아니라 달성해야 할 목표를 제시해야 한다는 것이다. 리더는 캐릭터의 부츠 색상을 바꾸라고 말해서는 안 된다. 리더는 부츠가 왜 다르게 보여야 하는지 뒤에 있는 의도를 전달하고, 작업 중인 아티스트가 그 의도를 어떻게 표현할지 결정하게 해야 한다.

리더는 부하 직원들에게 모든 작은 일을 지시할 수 없다. 대신, 그들은 작업의 더 높은 단계의 의도를 전달해야 한다.

의도는 작업의 목적이다. 이 캐릭터의 외모는 어떤 목표를 달성하기 위한 것인가? 이 레벨의 목적은 무엇인가? 해당 기술적 요소가 전체 기획에서 어떤 역할을 하는가? 리더는 부하 직원이 모르는 것에 대해 무엇을 이해하는가?

의도는 군사적 리더십에서 가져온 개념이다. 대장은 고지를 점령하면서 모든 병사를 정확히 어디로 보내야 하는지 부사관에게 지시하지 않는다. 그는 어떤 고지를 점령해야 하고 언제 해야 하는지에만 신경 쓴다. 부사관은 자신의 고지 외에 다른 고지의 세부 사항에 대해 걱정하지 않는다. 부사관은 자신이 점령해야 할 고지를 어떻게 병사들에게 지시하여 점령할지만 걱정한다. 마찬가지로, 각 병사는 부사관이 지시하는 곳으로 가기 위해 무기를 어디로 향하고 몸을 어떻게 움직일지 독립적으로 결정한다.

의도를 전달함으로써, 리더는 기획의 더 넓은 구조에 대한 자신의 독특한 지식을 사용하여 부하 직원에게 다른 방법으로는 얻을 수 없었을 정보를 제공한다. 동시에, 일반적인 것들에만 집중하고 낮은 단계의 결정을 독단적으로 내리지 않음으로써, 리더는 부하 직원의 세부 사항에 대한 숙련도를 무시하지 않는다. 리더는 피할 수 없는 문제와 기회가 나타날 때 거기에 있을 수 없다. 그는 기획 곳곳에서 자세히 일어나는 일을 이해할 머릿속의 여유를 가지고 있지 않다. 그러나 부하 직원이 의도를 이해하고 있다면 부하직원은 자기 작업의 더 넓은 목적에 가장 잘 부합하는 방식으로 문제를 해결하고 기회를 잡을 수 있다. 부하 직원은 리더가 예상한 것과 매우 다른 식으로 작업할 수도 있지만, 의도가 충족되는 한 게임은 더 좋아진다.

예를 들어 공포 게임의 레벨을 감독하는 독단적인 테일러주의자 리더는 다음과 같이 말할 수 있다. : "플레이어는 피가 가득한 욕조에서 깨어난다. 거울에는 '넌 절대 탈출 못해'라고 새겨진 메시지가 있다. 플레이어는 집을 탐험하고 여자친구의 시체를 발견한다. 곧이어 그는 마체테를 든 적과 만나고, 무기가 없기 때문에 집을 탈출해야 한다." 그것은 해야 할 일의 목록이다. 그리고 모든 명령이 예상대로 작동한다면 문제가 없을 수도 있다. 그러나 플레이 테스터들이 마체테를 든 남자를 피하지 않거나 거울 속의 진부한 메시지를 비웃는다면 어떻게 될까? 부하 직원들은 스스로 이러한 문제를 해결할 수 없다. 왜냐하면 그들은 실제로 자신들이 하는 일을 이해하지 못하고, 변경을 할 권한이 없기 때문이다. 그래서 그들은 리더에게 돌아가야 한다. 리더는 해당 레벨에 대한 새부적인 지식이 부족하고 실패한 플레이 테스트에 실제로 참석하지 않았기 때문에 문제에 대한 나쁜 해결책을 제시할 것이다. 부하 직원들의 구체적인 지식이 무시되고 프로세스는 허우적거린다.

대신, 리더는 의도를 전달해야 한다. : "이 레벨은 플레이어에게 무기를 제외한 모든 기본 컨트롤을 가르쳐야 하며 무기의 사용법은 다음 레벨까지 남겨두어야 합니다. 나중에 활용할 수 있도록 사망한 여자친구의 배경 이야기를 소개해야 합니다. 마체테를 든 남자도 소개해야 합니다. 다음 레벨은 버려진 집 밖에서 시작하므로, 이 레벨은 집의 정문 밖으로 나오면서 끝나야 합니다. 첫 레벨이므로 플레이어를 당신이 원하는 곳 어디에서 시작하게 하든 상관없습니다. 마지막으로 나는 이 단계에서 그가 여전히 수수께끼로 남아 있길 원하므로 주인공의 특성을 부여하지 마세요." 이제 참호의 사람들이 일할 수 있다. 그들은 리더가 원래 제안한 것과 같은 기획으로 시작할 수도 있다. 하지만 반복하는 동안, 그들은 동일한 목표를 달성하기 위한 더 나은 방법을 찾을 것이다. 플레이 테스트와 브레인스토밍을 통해 리더 혼자서는 결코 발견할 수 없었던 새로운 문제와 해결책의 층이 드러날 것이다. 해야 할 일의 목록에서 벗어나 개발자들은 새로 발생한 기회를 놓치지 않고 문제를 해결할 수 있다. 기획은 변경되겠지만 작업자들이 큰 구조에서의 역할을 이해하고 있기 때문에 새로운 기획은 전체 구조에 잘 맞도록 다음 레벨을 제대로 설정할 수 있다. 그리고 리더는 세부 사항의 부담에서 해방된다.

리더가 의도를 설명하기 위해서는 의도가 무엇인지 먼저 알아야 한다. 이것은 게임의 구조와 각 개발자의 작업 목적을 이해하는 것을 의미한다. 이것은 어려운 사고의 유연성을 필요로 하기 때문에, 나쁜 리더들은 자주 마이크로매니징적인 트집잡기 모드로 되돌아간다. 그들은 모호한 의도를 제시한 다음, 부하 직원들이 가지고 돌아온 것의 세부 사항을 비판한다. 이러한 '높은 곳에서의 판단'은 게임에 별로 도움이 되지 않는다. 리더는 게임의 넓은 구조를 완성하는 유일한 힘을 가지고 있다. 그는 매일 그것에 대해 생각하고, 분석하고, 반복해야 한다. 그가 그 일을 잘하고 있다면, 다른 사람들의 낮은 단계의 작업을 트집잡을 시간이 없을 것이다. 리더가 품질 기준을 유지하기 위해 다른 사람들의 작업을 판단해야 한다면, 리더는 구체적으로 행동을 지시하는 것이 아니라 부족한 부분에 대해서 일반적 언급을 하고 도움을 제안함으로 평가를 제한해야 한다.

일단 의도가 알려진다면 명확하게 전달되어야 한다. 불행히도, "그건 내가 원한 것이 아니야."라는 말은 게임 개발에서 너무 자주 듣는다. 벌어진 일은 작업자가 의도를 이해하지 못해서 그것을 충족시킬 수 없었다는 것이다. 마이크로매니징 없이 의도를 전달하는 것은 주의와 연습이 필요한 기술이다. 사람들에게 정확히 무엇을 하라고 이야기하는 대신 요청 뒤의 의도를 이해하고 표현하는 것에는 노력이 필요하다.

부하 직원들은 새롭게 얻은 지식을 요약해서 리더에게 위로 전달해야 한다.

리더들도 반복한다. 리더들은 레벨 하나나 메카닉에 대해 반복하지 않지만, 레벨 진행, 줄거리 구조, 시장 포지셔닝에 대해 반복한다. 그리고 다른 모든 단계의 사람처럼 반복하기 위해서는 자신의 결정 결과를 알아야 한다. 리더들은 정확한 각 순간의 완급이나 개별 게임플레이 결정의 세부 사항을 알 필요가 없다. 오히려 게임의 넓은 구조에 피드백 될 수 있는 높은 단계의 교훈들을 요약한 내용이 필요하다. 만약 핵심 게임 시스템이 제대로 작동하지 않는다면 리더는

그것을 알아야 한다. 만약 플레이 테스터들이 어느 레벨의 조연 캐릭터에 애착을 가진다면 리더는 그것을 알아야 한다. 이러한 결과들은 게임의 넓은 구조에 변화를 줄 수 있는 동기가 될 수 있기 때문이다.

　명확하고 요약된 의도가 아래 단계로 내려가고, 얻은 지식의 요약이 윗 단계로 올라가는 것이 이루어지는 팀에서는 모두가 자신이 알아야 할 것만을 알고 가장 관련된 지식을 가진 사람들에 의해 결정이 내려지고 자연스럽게 그들에 대한 권한이 주어진다. 리더가 모든 곳에 있고 모든 문제를 해결할 필요는 없지만, 개발은 여전히 목적이 있고 구조화되어 있다. 모두가 자신의 부분에 대해 반복 작업을 한다. 리더는 큰 그림에 대해, 작업자들은 그 안의 세부 사항에 대해서, 인 것이다. 모든 사람의 지식이 효율적으로 적용되므로 탁월한 게임을 만들기 위해 천재 개발자가 필요하지 않다.

15 | 동기 Motivation

열정! 인생의 궁극적인 목표!
하지만 그 것은 사랑하는 사람들 사이라면 찾을수 없네.
그것은 훨씬 더 인적드문 곳의 꼭대기에 있네.
홀로있는 방에서의 화룡정점.

게임 기획자의 동기는 강해야 한다. 동시에 동기는 신중하게 다루어져야 한다. 강해야 하는 이유는 게임 개발의 큰 도전을 극복하기 위한 강력한 추진력이 필요하기 때문이다. 신중하게 다루어야 하는 이유는 그 추진력이 잘못된 방향으로 가서 게임에 도움이 되지 않거나 심지어 해를 끼칠 수도 있기 때문이다. 이 장은 동기가 어디에서 오는지, 동기를 어떻게 성장시키는지, 그리고 우리 스스로와 다른 사람들 안에서 그것을 어떻게 다룰지에 대한 내용이다.

외적 보상 Extrinsic Rewards

사람들이 더 잘 일하도록 만드는 방법은 그들에게 더 나은 보상을 제공하는 것이라고 하는 것은 직관적으로 보인다. 더 일 잘하는 개발자들은 더 많은 돈, 스톡 옵션, 주차 공간, 의료 보험, 더 큰 사무실 또는 다른 다양한 혜택을 받아야 한다. 이것은 공장 주인이 선철 1톤을 광차에 실을 때마다 노동자에게 1달러를 지불하는 것과 유사하다. 이러한 종류의 보상을 외적 보상이라고 한다.

외적 보상은 업무 자체와는 별개인 보상으로, 일반적으로 직무에서의 측정 가능한 성과와 교환하여 제공된다.

외적 보상은 금융에서 정부, 산업에 이르기까지 다양한 비즈니스에서 흔히 찾아 볼 수 있다. 하지만 게임 기획에서는 실패할수 밖에 없다. 이에는 네 가지 주요 이유가 있다.

첫째, 외적 보상은 작업을 외부에서 판단하기가 너무 어렵기 때문에 게임에서 실패한다. 누군가가 잘했을 때 금전적 당근을 주려면, 그 사람이 언제 일을 잘하고, 언제 일을 못했는지 알아야 한다. 선철 나르는 것에서는 처리하기 쉽다. 광차에 실린 쇳덩어리를 새기만 하면 된다. 그러나 게임에서는 누군가의 노력의 수준을 보기가 매우 어렵다. 다양한 개발자들의 기여가 복잡하게 섞여 있으며 게임 개발은 실로 불확실해서 좋은 작업도 심지어 단 하나의 불운 때문에 재앙으로 이어질 수 있기도 하다. 위험을 감수하는 우수한 기획자의 시도 중 일부는 필연적으로 실패할 것이기 때문에, 위험을 기피하는 게으른 사람들보다 더 나쁘게 보일 수도 있다. 따라서 성과를 보상하는 방법이 없다. 왜냐하면 성과를 측정하는 좋은 방법이 없기 때문이다.

두 번째 이유는 게임 개발자들에게는 작업에 대한 내재적 사랑이 외적 보상을 대체하기 때문에 외적 보상이 효과가 없기 때문이다. 훌륭한 개발자들은 돈이 필요하지만, 그들 중 많은 사람들에게 돈은 일하는 이유의 절반도 되지 않는다. 그들의 동기의 대부분은 훨씬 더 인간적이다. 위대한 것을 창조하고, 세상에 선보이고, 아마도 그것에 대해 인정받고 싶어한다. 어려운 문제에서 진전을 이루고 싶어한다. 존중, 권한, 그리고 자율성을 원한다. 그들은 일상적인 작업에서 동료들을 실망하게 만들지 않겠다는 것보다 더 높은 목표를 생각하지 않을 수도 있다. 돈은 가족을 부양하기 위해 있는 것뿐이다. 어떤 성과 측정에 따라 급여를 조건부로 제공하는 것은 일 자체의 가치 때문에 일하는 내재적 동기를 쉽게 파괴할 수 있다. 이렇게 하는 것은 사람들이 사랑 때문에 일하고 있다는 것을 잊게 만들고, 돈을 위해 일하고 있다고 믿게 만든다. 이것은 게임 내에서 보상이 게임 플레이의 내재적 즐거움을 대체하는 것과 유사하다. 높은 비용의 변호사가 은퇴자들에게 시간당 30달러의 서비스를 제공하지는 않더라도 무료로는 제공할 것이며, 낯선 사람들이 트럭에서 소파를 내리는 데는 무료로 도와주지만, 1달러에는 절대 도와주지 않는 이유와 같다. 폴 매카트니가 맞았다—사랑은 돈으로 살 수 없다.

외적 보상의 부정적인 효과는 창의적인 작업일 때 가장 강력하다. 하버드 비즈니스 스쿨의 테레사 애머빌 교수는 수년간 실제 직장에서의 창의성에 대한 연구를 진행했다. 그녀는 7개 회사의 238명의 창의적인 업무를 하는 직원들로부터 12,000개의 업무 일지를 수집하고 감정, 사건, 창의적 산출물 사이의 상관관계를 찾았다. 직원 대부분은 일지에서 외적 보상이 전혀 동기부여가 되지 않았다고 보고했으며, 돈에 가장 관심이 많은 사람들은 창의적으로 일하는 데 그다지 효과적이지 않았다. 응답자들은 압도적으로 도전, 공동체, 동료들과의 동지애, 주인의식과 같은 것들에 의해 가장 많이 원동력을 느꼈는데, 이 모든 것들은 금전적 보상에 의해 가려진다.

세 번째 문제는 외적 보상이 종종 프로젝트에 해를 끼치는 왜곡된 보상을 만든다는 것이다. 모두가 자신의 개인적인 보상을 극대화하는 데 집중할 때, 게임 개발은 정치적인 게임이 된다. 정치와 가십은 개발자들 사이의 파괴적인 경쟁으로 이어진다. 처벌에 대한 두려움은 사람들이 작업을 숨기고 위험을 피하게 만든다.

개발자들은 안정을 유지하거나 존경을 얻기 위해 정보를 외부인에게 거부하는 파벌을 형성할 수 있다. 이 패턴은 연구에서 입증되었다. 애머빌은 경쟁이 아이디어의 흐름을 억제하고 사람들이 서로 돕는 것을 방해함으로써 창의성을 저해한다는 것을 발견했다. 댄 애리얼리(Dan Ariely)는 뒤섞인 문장 테스트에 참여한 사람들이 돈에 관한 단어를 찾아낼 때 다른 사람들을 도울 가능성이 훨씬 덜하다는 것을 발견했다. 금전 기호로 머릿속을 자극하면 위험 회피와 이기적인 태도가 생기는데, 이는 집단 창의성에 있어 최악의 행동이다.

외적 보상이 게임 개발에 해를 끼치는 마지막 이유는 그것들이 산만하게 만드는 것이다. 외적 보상은 사람들의 머릿속을 일로부터 멀어지게 하고 그들의 머릿속을 게임을 돕는 방법 대신에 보상을 극대화하는 방법을 계산하는 것으로 채운다. 외적 보상 시스템을 이용하는 방법에 대해 생각하는 모든 순간, 심지어 무해한 방식으로 이용할 방법이더라도 그 순간은 개발 문제를 해결하는 데 집중되지 않는 순간이다.

더 나쁜 것은 외적 보상이 위협적인 처벌일 때이다. 상사는 누군가를 해고하겠다고 위협하거나, 급여를 삭감하거나, 소리를 지르거나, 미묘한 눈빛이나 비웃음으로 무례함을 표시할 수 있다. 이러한 위협들은 즉각적인 활동을 만들어낼 수 있지만, 활동만으로는 훌륭한 게임을 만들기에 충분하지 않다. 게임 기획은 열린 토론과 깊은 사고를 요구하지만 위협이 있는 상황 아래에서는 이것이 불가능하다. 공포와 분노가 뇌의 창의성 중심인 aSTG(우뇌 앞쪽 상위 측두 이랑: : anterior Superior Temporal Gyrus)을 억제한다는 것을 기억하는가? 프랭크 허버트가 [듄(Dune)] 에서 쓴 것처럼, 두려움은 정신을 삼킨다. 우리가 두려워할 때, 우리는 창의적으로 신경적으로 최고의 상태에서 일할 수 있는 능력이 없다. 그런 이유로 애머빌은 사람들이 전날 행복했을 때 가장 혁신적인 돌파구를 찾을 가능성이 가장 높다는 것을 발견했다. 행복한 업무는 퇴근 후 긴장을 풀어서 머릿속을 강력한 반추 과정으로 보낸다. 외부의 위협에 의한 공포는 동기를 부여할 수 있지만, 사고하는 능력을 쓰게 함으로써 우리가 일을 수행하는 능력을 떨어뜨린다.

이러한 모든 영향은 한 번에 발생할 수 있다. 예를 들어, 개발자들이 팀의 '쇼 앤 텔(Show and Tell)' 회의에서 멋진 것을 발표할 때마다 온라인 쇼핑 상품권을 받는 시스템을 생각해보자. 이 시스템은 거의 완전한 악이다. 사람들은 일 대신 상품권을 위해 일하고 있다고 느끼기 시작하며 자신들이 만드는 것에 대한 관심을 잃는다. 시각적으로 매력적인 작업을 하여 좋은 프레젠테이션을 하는 사람들은 뒤에서 절대 보여지지 않는 기술적인 작업을 하는 사람들에 의해 시기를 받는다. 사람들은 실제로 게임에 도움이 되는 작업 대신에 자신의 '쇼 앤 텔' 프레젠테이션을 완성하는 데 시간을 보낸다. 그들은 이 바보 같은 상품권에 대해 생각하고, 자신이 받을 수 있을지에 대해 생각해야 한다. 그리고 결국, 그들은 간식을 위해 재롱부리는 강아지처럼 대우받는 시스템을 미워하게 될 것이다.

의미있는 일 Meaningful Work

그렇다면 기획자에게 어떻게 동기를 부여 할 수 있을까? 게임기획자에게 메카닉이나 아이디어당 돈을 지불하는 것은 가치 없는 메카닉이나 아이디어의 남발로 이어진다. 실패한 아이디어, 프로토타입, 또는 테스트에 대한 처벌은 위험을 감수하지 않게 하며 혁신을 파괴한다. 일한 시간에 대한 보상은 많은 사람들이 의자에 앉아 있는 것처럼 보이게 하지만 실제 생산성은 믿을 수 없을 정도로 떨어진다. 어떤 것에 대한 개인적 보상은 질투와 팀 간 경쟁을 만든다. 집단에 대한 보상은 팀을 게으른 사람들과 무임승차자들과 비공식적인 폭군상사로 나눈다. 어디를 돌아보든 모든 선택은 끔찍한 왜곡된 보상을 만든다.

그럼에도 불구하고 게임은 만들어지고, 일부는 매우 훌륭하다. 동기에 대한 문제는 구조적으로 매우 어렵지만, 개발자들에 대한 하나의 특별한 사실이 이것을 해결하게 한다.

개발자들은 의미 있는 일을 하고 싶어한다.

창의적인 사람들은 무엇보다도 세상에 의미 있는 차이를 만들 수 있는

작업에 참여하고 싶어한다. 개발자들은 게임을 개선하는 최선의 방법을 찾기 위해 스스로를 밀어붙일 것이다. 아무도 그가 구체적으로 무엇을 하는지 이해할 필요가 없다. 왜냐하면 이 동기는 완전히 그의 안에 존재하기 때문이다. 개발자가 스스로가 잘했다고 생각하면 기분이 좋을 것이다. 그렇지 않다면 좋지 않을 것이다.

그러나 특히 대규모 조직에서 이러한 종류의 의미 있는 일을 제공하는 것은 언제나 쉬운 일이 아니다. 의미 있는 일을 만드는 데는 섬세한 레시피가 필요하다. 업무는 차이를 만들어야 하지만, 의미 있는 일에는 중요한 다른 측면도 존재한다. 이상적으로, 그것은 창의적인 발산의 장, 균형 잡힌 도전, 자부심, 인정, 소유권, 소속감, 책임감, 그리고 자유를 제공해야 한다. 팀 관리의 도전 과제는 이러한 특성을 가진 작업을 일관되게 제공하는 환경을 만드는 것이다. 픽사의 존 라세터는 이렇게 말했다. :

창의적인 사람들은 쉽게 지루해하고 변덕스러워하며 다루기 어렵다. 그들에게 재미있게 해주고, 그들을 보살펴야 한다. 창의적인 사람들은 창의적으로 도전받을 때만 정말 좋은 작업을 한다. 그들은 자신들이 하는 일을 좋아해야 한다. 그들은 자신이 특정 프로젝트의 일부라는 사실에 대해 자랑스러워해야 한다. 이것이 바로 관리자의 역할이다. 매번 창의적인 도전을 제공해야 한다. 그일은 어렵지만, 창의적인 사람들을 이끄는 것이 쉽다고는 누구도 말하지 않았다.

창의적인 개발자를 만족시키는 데는 금전적 당근이 필요하지 않다. 책임감, 인정, 도전, 그리고 프로젝트에 대한 믿음이 섬세하게 어우러져야한다. 그리고 라세터가 지적한 것처럼, 뛰어난 사람들일수록 동기를 부여하기가 더 어렵다. 흥미가 없는 평범한 개발자들은 흥미롭지 않은 작업을 하면서도 불만을 느끼지 못한다. 왜냐하면 무관심이 그들의 기본 상태이기 때문이다. 그들은 선철

운반자와 같아서 오직 돈을 위해 일한다. 반면, 훌륭한 기획자는 머릿속에 통제할 수 없는 아이디어와 야망의 샘물이 흐른다. 그들은 이러한 충동을 표현해야 하며, 그렇지 않으면 불행해진다. 그들의 성격의 이러한 측면은 그들의 능력의 원천이자 그들이 "쉽게 지루해하고, 기분이 변덕스럽고, 다루기 조금 어렵다."는 이유이기도 하다.

게임 개발 보상의 성배는 자기 주도적 헌신이다.

자기 주도적 헌신은 개발자가 단순히 자신이 일을 하는 것이 아니라 자신이 일 그 자체라고 믿을 때 발생한다. 이 수준까지 동기가 부여된 기획자는 샤워, 차 안, 잠자는 동안에도 프로젝트에 대해 생각한다. 그는 모든 여가 시간을 아이디어와 기회, 해결책을 찾기 위해 머릿속을 굴리며 보낸다. 항상 일만 생각하기 때문에 주변 사람들은 일에 정신이 팔려 다른데 신경을 못쓰는 상황에 짜증을 낼 것이다. 그는 아무 때나 식당 냅킨에 메모를 하거나 수첩을 가지고 다닐 것이다. 그는 문제를 해결하는 데 도움이 되는 연구를 찾아내고, 아무 때나 일하러 오거나, 꿈에서 떠오른 아이디어를 적기 위해 밤중에 일어날 것이다. 일은 더 이상 단순한 직업이 아니다. 그것은 그의 자부심과 목적이다.

자기 주도된 헌신은 거대한 에너지이다. 그것은 거대 기업을 이기는 신생 팀들의 무기이고, 라이트 형제가 부유했던 사무엘 랭글리보다 혁신을 이루는 방법이다. 대부분의 조직은 금전적 당근이나 딜버트스러운 업무 환경으로 그것을 태어나지도 못하게 하기 때문에 이를 보지 못한다. 그것을 키우면 마법을 만들 수 있다.

분위기 Climate

분위기는 사람들이 일에 대해 느끼는 일상적인 감정을 말한다.

생산적인 분위기에서 사람들은 활력을 느끼고 안전하다고 느낀다. 사람들은 위험을 감수하고 질문을 할 만큼 충분히 안정감을 느끼며, 그들의 뇌는 일에 집중한다. 나쁜 분위기에서 사람들은 화가 나있고 두려워한다. 두려움은 신경학적으로 사람들의 창의력을 무력화시키며, 사람들은 모든 에너지를 비난을 피하는 데 사용한다.

분위기는 사람들이 자신들이 어떻게 대우받을 것이라는 기대에서 자라난다. 사람들이 위험을 감수하고 실패했을 때, 자신들이 비난을 받을 것으로 예상하는가, 아니면 위로를 받을 것으로 예상하는가? 그들이 리더에게 질문할 때, 그들은 사려 깊은 대응을 기대하는가, 아니면 말로 한 대 맞을 것으로 기대하는가? 개발자들이 주변에 위험만 느낀다면, 그들은 두려움 속에서 일하고, 그들의 능력 이하로 일할 것이다. 그들이 어디서나 기회와 지지를 느낀다면, 그들은 이점을 취하고 위험을 감수할 것이다.

흥미롭지만 위험한 아이디어를 가진 개발자를 생각해보자. 그는 그 아이디어를 제안할지 말지 고민하고 있다. 그는 게임을 좋게 만들고 싶지만, 자신의 사회적 지위와 정서적 안정감도 고려하고 있다. 그래서 그는 선택에 대해 고민하며 본능적으로 장단점의 머릿속의 대차대조표를 만든다. 좋은 창의적 분위기에서 대차대조표는 다음과 같다. :

장점	단점
▶ 아이디어가 성공하면, 그 성공에 대한 공로를 인정받고 게임에도 이점이 될 것이다. ▶ 내 생각을 표현할 수 있다. ▶ 다른 사람들의 지적인 반응으로부터 내 아이디어에 대해 더 배우며 내 아이디어와 다른 아이디어 사이에서 어떻게 관계를 만들지 생각할 것이다. ▶ 나는 기획자 친구들과 새로운 아이디어에 대해 이야기하는 재미를 느낄 것이다.	▶ 적어도 1분간 아이디어에 대해 설명하고 논의해야 하며, 이것이 아무 결과도 가져오지 않을 수 있다.

당연히 기획자는 아이디어를 제안할 것이다. 이것이 게임과 스튜디오에 최선의 결과를 가져올 것이다. 아이디어가 실패할 수도 있지만, 그걸 꺼내기로 한 결정은 좋은 것이었다. 이 아이디어가 게임을 히트작으로 만들 가능성도 있다.

비난 전파, 두려움, 월권이 만연한 스튜디오의 대차대조표를 보자. :

장점	단점
▶ 아이디어가 성공하면, 성공에 대한 공로를 인정받을 수도 있다 (누군가가 훔치지 않고, 사람들이 그 출처를 잊지 않는다면).	▶ 적어도 1분간 아이디어에 대해 설명하고 논의해야 하며, 이것이 아무 결과도 가져오지 않을 수 있다. ▶ 잘못 이해되거나 아이디어를 표현하기도 전에 비판을 받을 수 있다. 이것은 침묵하는 것보다 더 나쁠 수 있다. ▶ 내 아이디어에 내가 생각하지 못한 허점이 있으면 비판을 받을 수 있다. 이것은 기분이 좋지 않고 사회적 위치에도 좋지 않다. ▶ 내 아이디어가 좋고 실행되더라도, 권력을 가진 누군가가 그 주제에 관심을 갖게 되면 다음에 '기습 똥싸기'에 의해 짓밟힐 수 있다.

이런 분위기에서는 아이디어가 묻힌다. 그리고 이 패턴이 수천 번 반복되면서, 아무도 위험을 감수하지 않기 때문에 게임은 성공하지 못한다. 1~2년이 지나면 모두가 왜 게임이 그렇게 밋밋하고, 독창성이 없으며, 안전한지 궁금해한다. 리뷰어들은 하품을 하고, 시장에서 조용히 죽어간다.

보통 아무도 무슨 일이 일어났는지 모른다. 왜냐하면 나쁜 분위기는 침묵의 살인자이기 때문이다. 분위기가 개발 재난을 일으키는 것이 아니라, 좋은 일이 일어나지 않게 만든다. 사람들이 위험한 아이디어를 제시하지 않고 필요한 토론을 하지 않게 만든다. 그리고 이러한 일들이 일어나지 않는 것을 아무도 알아차리지 못하지만, 아이디어와 토론이 발생하지 않는 것은 매일 게임에 해를 끼친다.

분위기는 모든 것을 영향을 미치기 때문에 게임의 품질을 결정하는 가장 강력한 요소 중 하나이다. 분위기는 사람들이 관계를 맺는 방식, 생각하는 방식, 행동하는 방식을 어디에서나, 매일 매순간 변화시킨다.

두려움과 사랑 Fear and Love

분노를 이용해 동기를 부여하는 리더 유형이 있다. 이런 리더들은 종종 고함, 은근한 모욕, 실망스러운 한숨 등을 섞어 사용하여 사람들을 압박한다. 정서적 고통의 위협이 사람들이 게으름을 부리지 않게 만들 것이라는 생각에서이다.

다른 직종에서는 이 방법이 잘 통할 수 있다. 나는 유명 셰프 고든 램지(Gordon Ramsay)가 초기에 자신의 주방을 어떻게 운영했는지에 대한 몰래카메라 다큐멘터리를 한번 본 적이 있다. 그는 모든 것을 검사했다. 요리에서 가장 작은 잘못된 점이나 요리과정에서 실수는 그의 분노를 불러일으켰다. 그는 작은 실수에도 요리사와 웨이터에게 고함을 질렀다. 그는 매주 한 명의 직원을 해고했다. 그리고 그것은 잘 통했다. 램지는 젊은 나이에 셰프 업계의 최고 영예를 받았다. 그러나 그의 일의 특성을 고려해보자. 램지의 방식은 모두 기본을 유지하는 것에 관한 것뿐이었다. 그의 레스토랑이 훌륭했던 이유는 팀의 창의성 때문이 아니라, 잘 정의된 요리 및 서빙 절차를 완벽하게 실행할 수 있는 능력이었다. 램지의 검사는 요리에서의 실수를 훈련된 셰프가 명백하게 찾아낼 수 있기 때문에 효과가 있었다. 저녁 식사를 제공하는 중에 주방 스태프가 창의적이거나 위험을 감수할 가치가 없다.

그러나 게임 개발은 요리와 전혀 다르다. 기획에서는 개발의 모든 수준에서 위험 감수, 실패, 창의성을 요구한다. 분노와 두려움은 사람들이 위험을 감수하는 의지와 창의력을 파괴한다. 자기 주도된 헌신은 누군가가 발 밑에서 총을 쏘며 강제로 춤추게 할 때는 불가능해진다.

분노는 단기적으로 효과적으로 보이기 때문에 유혹적이다. 리더는 고함을 지르고 게으른 개발자가 분주해지는 것을 본다. 그러나 그는 30명의 사람들이 그 분위기 변화를 지켜보며 위험 대차대조표가 변화하는 것을 인지하지 못한다. 그는 부하 직원이 위험하지만 흥미로운 아이디어를 두려워서 제안하지 못할 것을 인지하지 못한다.

위대한 인형사 짐 헨슨은 결코 부하 직원들에게 소리를 지르거나 기분 나쁘게 하려고 하지 않았다. 짐은 말했다, "자네는 달에 가려고 하고 있네. 목성을 목표로 해야지. 목성을 목표로 하면 분명 달에 도달할 수 있어." 그는 영감, 협력, 인정으로 리더십을 발휘했다. 그는 자신을 똑똑하게 보이게 하는 것이 아니라 다른 사람을 똑똑하게 보이게 하는 데 집중했다. 그의 권력이 정점에 달해 수백만 달러를 가지고 여러 대륙에 집을 소유하고 있을 때도 친절하고 접근하기 쉬운 사람이었다. 사람들은 그를 위해 사랑으로 일했다. 그들은 두려워할 필요가 없기 때문에 그를 위해 위험을 감수했다. 그들은 고통을 피하는 데 에너지를 쓰지 않아도 되기 때문에 그에게 헌신했다. 그들의 자기 주도적 헌신이 통했고, 짐의 팀은 수십 년 동안 그들의 분야에서 최고의 위치를 유지했다.

짐은 즉각적인 보상에 집중하지 않았다. 그는 다른 사람들 위에 군림하려는 욕구에 빠지지 않았다. 그는 자신의 업무가 다른 사람들이 성공하도록 돕는 것이지, 그들을 도구로 사용하는 것이 아니라는 것을 이해했다. 그의 팀이 자신보다 훨씬 더 중요하다는 것을 알았다.

사랑의 결실을 얻기 위해서는 인내가 필요하다. 두려움은 쉽고, 빠르며,

명백하지만, 결국에는 창의성을 위한 미미한 연료이다. 사랑은 느리고, 간접적이며, 조용하지만, 일단 성장하고 키워지면, 그것은 대단히 강력하다. 오직 사랑 만이 모든 개발자가 자신의 존재의 핵심에서 창의적인 힘을 끌어내는 자기 주도적 헌신을 가능하게 한다.

그래서 짐 헨슨의 스튜디오 전면에는 (추리소설가) G.K. 체스터턴의 오래된 인용구가 있는 커다란 표지판을 설치했다. : "예술적 기질은 아마추어에게 영향을 미치는 질병이다."

사회적 동기 부여 Social Motivation

우리는 외적 보상이 게임 개발에 대한 동기에 해로울 수 있으며, 의미 있는 일에 대한 내부적인 추진력만이 우리가 최선을 다해 일할 수 있게 만든다는 것을 살펴보았다. 그러나 때때로 특정한 행동을 장려하기 위해 구체적인 목표를 가진 동기가 필요할 수도 있다. 여기서 핵심은 경제적 보상이나 처벌을 사용하는 것이 아니라 더 미묘한 사회적 신호를 사용하는 것이다. 게임 개발자를 특정한 방식으로 이끄는 몇 가지 사회적 동기를 살펴보자.

플레이 테스트를 통한 동기 Playtests-Driven Motivation

플레이 테스트는 우리의 개발 결정에 대한 자연스럽고, 무제한으로 신뢰할 수 있는 결과를 만들어내어 동기를 잘 부여한다.

우리는 당연히 플레이 테스터들이 우리의 작업물을 좋아하기를 원한다. 그들이 다시 플레이하고 싶어 할 때 우리는 기쁘다. 반면, 플레이 테스터가 지루함을 겪거나, 난이도 급상승에 좌절하거나, 게임을 망치는 버그에 부딪히는 것을 보는 것은 끔찍하게 느껴진다. 플레이 테스트의 성공이 주는 즐거움과 실패의 고통은 강력한 동기부여 요소이다.

이것은 일종의 당근과 채찍의 조합처럼 들릴 수 있다. 그러나 이것은 상사가 주는 보상과는 다르다.

첫째, 플레이 테스트 결과는 직접적으로 전달되는 자연스러운 결과이다. 그것들은 한 사람이 다른 사람을 조종하기 위해 설정한 보상 시스템이 아니다. 그것들은 진짜 삶에서 나온 진짜 결과들이다. 이것은 인위적인 당근과 채찍처럼 통제적으로 느껴지지 않는다는 것을 의미한다.

둘째, 플레이 테스트에 의해 동기를 부여받으면, 우리는 상사의 기대나 이해에 얽매일 필요가 없다. 상사의 긍정적인 판단을 추구하면 그 성과의 한계는 상사의 이해에 의해 한계가 정해진다. A+보다 더 나은 성적을 받을 수 없다. 당신을 평가하는 사람의 이해도를 넘어서는 정답을 얻을 수는 없다. 하지만 당신이 누군가의 판단이 아닌 현실에 기반하여 일할 때는 성과에는 한계가 없으므로 창의적인 잠재력을 온전히 발휘할 수 있다. 플레이 테스터는 이미 좋아하는 것보다 게임을 더 좋아할 수 있다.

마지막으로, 플레이 테스터들은 신뢰할 수 있다. 그들은 사람들이 상사와 같은 의견을 가지고 있거나 같은 추정을 한다고 보상을 주지 않는다. 그들은 객관적으로 좋은 결과물에 대해 보상한다. 그래서 개발자들은 리더가 조작하는 의견에 대해 의심하거나 반발하는 것처럼 플레이 테스터의 반응에 의심하거나 반발하지 않는다.

기대를 통한 동기부여 Expectations-driven Motivation

사람들에게 좋은 일을 할 것처럼 대하는 것은, 사람들이 좋은 일을 하도록 만든다.

모두가 당신을 바보처럼 대한다면, 당신은 그 정말 바보처럼 굴던가 심지어 그것을 스스로 믿기 시작할지도 모른다. 모두가 당신을 존경하는 눈으로 바라본다면, 당신은 자신의 아이디어에 몰두하고, 자신감 있게 말하며, 더 열심히 생각하고 더 나은 생각을 할 수 있는 능력의 깊이를 탐구하게 될 것이다. 그 이미지에 부합하고 싶어하기 때문이다.

이 효과는 모든 곳에서 나타난다. 예를 들어, 연구자들은 어려운 수학 시험에서 여성과 남성이 동등한 성적을 낸다고 말해주지 않으면, 여성이 남성보다 성적이 더 나쁘게 나온다는 것을 발견했다. 자신에 대한 기대치는 자신이 할 수 있는 일에 대한 믿음을 바꾸고, 이는 행동에 변화를 가져온다. 또 다른 연구에 따르면, 교사들이 특정 집단이 천재일 가능성이 있다고 말했을 때, 해당 학생들은 무작위로 선정되었을 때에도 다른 학생들보다 더 나은 성적을 거둔 것으로 나타났다. 교사가 아이들을 똑똑한 아이처럼 대했기 때문에 아이들도 똑똑하게 행동한 것이다.

어떤 사람들은 반대로 행동 하려고 한다. 그들은 다른 사람들이 일을 더 잘 하게 만들겠다고 나쁘게 대한다. 이 뒤에 숨겨져있는 믿음은 그들이 반발하고 모두가 틀렸다는 것을 증명하기 위해 뛰어난 모습을 보이려고 시도한다는 것이다. 그러나 이 방법은 효과가 없다. 무능력한 사람처럼 대우받는 것만큼 동기를 꺾는 것은 없다. 그것은 창의적 능력을 파괴하는 분노를 만든다. 더 나쁜 것은 무력감도 만든다는 것이다. 당신이 좋은 일을 한 후에 바보처럼 대우받는다면, 왜 계속해서 감정적인 에너지를 투자해야 할까?

그래서 최고의 게임 팀들은 엘리트 의식을 조성하는 경향이 있다. 그들은 그들을 다른 사람들과 구분되는 어떤 상징이나 아이디어 중심으로 동지애를 발전시킨다. 그들은 평범한 개발자들일 수도 있지만, 그 그룹의 특별함에 대한 믿음이 그들로 하여금 평균 이상의 성과를 내도록 밀어붙인다. 이것이 월트 디즈니가 놀이공원 기획자를 고용한 것이 아니라 이매지니어(Imagineer : *역자 주)를 고용했던 이유이다. 이것이 군대가 각 부대의 고유한 역사를 지속적으로 강조하는 이유이다. 엘리트 의식은 따라야할 선례와 소속감을 만든다. 회색, 칸막이가 있는, 전형적인 조직에서 특별하지 않은 사람으로 대우받는 개발자들은

*역자 주 - 이매지니어 : 상상력(Imagine)과 공학자(Engneer)의 합성어로 디즈니가 자사의 창작자들을 가리키는 조어.

뛰어나야 할 이유가 없다. 그 사람들을 세상과 분리하고, 그들이 독특한 정체성을 만들 수 있게 하면, 그들은 그에 부응 할 것이다.

닭뻑뻑이 동기 부여기 Chicken Motivators

진지하지 않고 공식적이지 않으며 가끔씩 주어지는 사회적 보상과 처벌은 창의적인 분위기를 파괴하지 않으면서도 메시지를 전달할 수 있다.

예를 들어, 빌드가 깨지는 문제를 해결하는 방법을 생각해보자. 비디오 게임 개발에서 한 줄의 코드 버그, 잘못 구성된 콘텐츠, 형식이 잘못된 스크립트는 중앙 데이터베이스에 제출되면 게임을 플레이할 수 없게 만들어 "빌드가 깨지게" 할 수 있다. 이는 빌드가 수정될 때까지 모든 사람의 작업을 방해함으로써 팀에 막대한 비용을 치르게한다.

빌드가 깨지는 것을 피하기 위한 자연스러운 동기가 충분하지 않다. 빌드가 깨졌을 때의 비용은 대부분 팀이 지게 되며, 빌드를 깨뜨린 사람에게는 그렇지 않다. 이는 최적의 상황보다 빌드를 더 자주 깨트리는 것을 선호하는 체계적인 동기부여 편향을 만든다. 그렇다면 빌드가 깨지는 것을 어떻게 막을 수 있을까?

빌드를 깨뜨린 사람에게 벌금을 부과할 수 있지만, 이는 사람들이 자신의 작업이 안전한지 너무 확실히 하려는 불필요한 편집증과 분노로 이어질 수 있다. 빌드를 깨뜨린 사람에게 직접적으로 말하는 것도 효과가 없다—이는 쉽게 관계를 손상시키고 분위기를 저하시킬 수 있다. 더 나은 방법은 닭뻑뻑이를 사용하는 것이다.

닭뻑뻑이 동기부여기는 이렇게 작동한다. : 빌드를 깨뜨리면, 실수를 고치고, (작은) 수치의 상징으로 책상 위에 닭뻑뻑이를 받는다. 닭뻑뻑이는 다른 사람이 빌드를 깨뜨릴 때까지 그곳에 남겨둔다. 토론이나 직접적인 대면은 없다. 그냥 책상으로 돌아와 키보드 위에서 조롱하는 듯한 작은 고무 눈으로 자신을 바라보는 닭뻑뻑이를 발견한다.

닭삑삑이를 가진 사람(나도 여러 번 그랬다)은 친근한 농담의 대상이 되지만, 심각하게 멸시받지는 않는다. 모두가 닭삑삑이를 피하려 하지만, 받아도 화나거나 우울해하지 않는다. 닭삑삑이는 사람들이 빌드를 깨뜨리는 것에 대해 과도하게 걱정하게 만들지 않지만, 사람들이 빌드를 깨뜨리는 것에 대해 생각 없이 행동하지는 않게 한다. 닭삑삑이는 우스꽝스럽지만, 동시에 완벽하게 균형 잡힌 대립적이지 않은 동기부여 도구이다.

나폴레옹은 이렇게 말한 적이 있다. "병사는 색깔 있는 리본 조각을 위해 오랫동안 열심히 싸울 것이다." 닭삑삑이는 상징적인 사회적 동기부여 도구의 한 변형이다. 다른 용도로 다른 것들을 사용할 수 있다. 동료가 기획 문제를 해결할 방법을 생각못할 거라고 한잔 내기를 해보라. (어느 쪽이든, 함께 술을 마실 것이다.) 게임 파일을 뒤져서 멋진 새로운 것들을 찾아 누구나 볼 수 있도록 사무실의 모니터에 전시한다. 우리가 취하거나 시스템으로 만들수 있는 수백 가지 작은 행동이 있고, 이를 통해 눈에 띄지 않고 관료적이지 않은 방식으로 강력한 긍정적 효과를 가진 사회적 신호를 만들고 전달할 수 있다.

전진의 법칙 The Progress Principle

테레사 애머빌은 수백 명의 창의적인 근로자들에 의해 작성된 12,000개의 일지를 연구한 후, 그들의 창의적인 능력에 동기를 부여하는 패턴을 찾기 위해 데이터를 살펴보았다. 당신도 이미 알고 있겠지만, 그것은 돈이나 공포가 아니었다. 하지만 놀랍게도 애머빌은 사회적 인정이나 좋은 제품을 만드는 것도 아니었다는 것을 발견했다. 대신 애머빌은, 동기는 주로 매일 작업이 진행 되는 것에서 비롯된다는 것을 발견했다. 그녀는 이를 전진의 법칙이라고 불렀다.

전진의 법칙은 좋은 업무 생활 내부의 가장 강력한 기여 요소가 규칙적이고 명확한 매일매일의 전진이라는 것을 알아낸 것이다.

애머빌은 진행한 양의 크기보다 그 빈도가 더 중요하다는 것을 발견했다. 동기는 작은 승리로 가장 잘 유지된다. 알고리즘을 해결하거나, 애니메이션을 완성하거나, 전날에는 이해하지 못했던 세부 사항을 플레이 테스터가 이해하는 것을 보는 것과 같은 것들 말이다. 게임 전체가 여전히 끔찍하더라도(그리고 개발 초기에는 항상 그렇다), 이 작은 승리들은 매일매일의 참여를 만들어낸다.

전진의 법칙을 적용하는 것은 모든 사람이 규칙적이고 명확한 작은 승리를 얻도록 프로세스를 체계화하는 것을 의미한다. 좋은 프로세스의 모든 기본 요소는 이를 돕는다. 반복은 빈번한 플레이 테스트에서 지속적인 진행을 보여주며, 사람들에게 그들의 자연스러운 권한을 허용하면 사람들이 상사에게서 나오는 것이 아닌 스스로의 승리를 즐길 수 있다. 그러나 우리는 이러한 기본사항에 더 나아가서 진행을 자주 명확하게 만들기 위해 작업을 특별히 정리하고 추적할 수도 있다. 벽에 작업 목록을 나열하고 빨간색으로 그것들을 표시하는 것만큼 간단한 것도 진행을 시각적 나타낼 수 있다. 각 완료된 작업은 모두에게 작은 감정적인 활력을 준다. 매일 두세 개가 완료될 정도로 충분히 작은 작업들이라면 팀은 지속적인 추진력을 느낄 것이다.

이것은 게임 플레이어에게 보상 피드백을 설계하는 것과 유사하다. 우리가 플레이어가 매 시간마다 눈에 잘 띄는 방식으로 레벨을 올릴 수 있도록 하는 이유는 이러한 규칙적인 진행이 매력적이라는 것을 알기 때문이다. 게임 개발자들 자신에게도 동일한 심리가 적용된다. 가장 작은 승리라도 빈번하고 명확하다면 우리를 계속 나아가게 할 수 있다.

사람들이 외부 도움 없이 자신의 진행 상황에 대한 직접적인 피드백을 얻을 수 있도록 작업을 정리하는 것이 도움이 된다. 기획자는 시스템에서 진전을 이룰 수 있지만, 그 전진을 리뷰나 플레이 테스트에서 다른 사람에 의해 인정받는 경우에만 확인할 수 있다면, 기획자는 그것을 직접 보지 못하고 따라서 전진했다는 사실을 느끼지 못한다. 기획자는 자신의 플레이 테스트를 확인 할 수 있어야 하며, 프로그래머는 자신의 코드가 자동 테스트를 통과하는 것을 확인할 수 있어야 하고, 아티스트는 캐릭터가 게임 세계에 어울릴 때까지 스스로 결정할 수 있어야 한다. 이렇게 하면 그들은 스스로 전진을 만들어낸다.

전진의 법칙은 대규모 프로젝트보다 작은 프로젝트에 더 적용된다. 대규모 팀에서는 그룹의 추진력으로 개인은 하루하루를 버틸 수 있다. 그러나 한두 명의 팀에서는 동기를 부여할 다른 동력원이 필요하다. 이것이 상세한 할 일 목록이 아주 작은 팀에 유익한 이유이다. 그것은 단지 작업을 체계적으로 정리하는 것만이 아니다. 완료된 각 작업은 기분 조금 더 좋아진다.

이런 식으로, 소규모 팀 개발은 책을 쓰는 것과 별 다르지 않다. 수년 동안 워드 프로세서로 혼자 작업하면서 나는 페이지 수에 따라 생사가 갈린다는 것을 배웠다. 나는 몇 년 후에 책을 출판하고 싶어서, 추가로 4시간 동안 앉아서 퇴고하는 것이 아니다. 영장류인 나의 뇌가 감정적으로 반응하기에는 너무 먼 미래의 일이다. 그러나 밤이 끝나고 페이지 수가 올라갈 때, 나는 기쁨의 순간을 느낀다.

16 | 복잡한 결정
Complex Desicions

고대의 현자는 산꼭대기의 수도원을 떠나 뉴욕으로 떠났다.
뉴욕에서 그는 깨달은 지혜를 활용했다.
그는 곧 알코올 중독에 빠진 식당 알바가 되었고 홀로 죽었다.

결정의 효과 Decision Effects

기획 결정을 내릴 때, 우리는 그 결정이 게임 자체에 미치는 영향을 넘어서
생각해야 할 때가 많다. 예를 들어, 주인공의 성별이나 인종을 바꾸는 것은 게임의
스토리에는 도움이 될 수 있지만, 마케팅 기회를 없앨 수 있다. 다른 개발자의
나쁜 기획 아이디어를 거부하는 것은 단기적으로 업무 부담을 줄일 수 있지만,
스튜디오 분위기를 악화시키고 개발자가 스튜디오에 남아있기 어렵게 만들 수
있다. 어떤 기능은 구현하기는 저렴할 수 있지만 장기적으로 유지 관리하는
데 비용이 많이 들 수 있다. 다른 기능은 전반적으로 저렴할 수 있지만, 나중에
기획에서 중대한 실패의 위험을 만들 수 있다. 좋은 결정을 내리기 위해서는,

우리는 종종 이러한 복잡한 효과들을 프로세스, 사람들, 비즈니스, 시장에 대해 고려해야 한다. 이러한 효과들을 살펴보자.

기획 효과는 결정이 게임 자체에 미치는 효과이다.

기획 효과는 결정이 플레이어에게 어떻게 영향을 미치는지에 대한 모든 것을 포함한다. 이 책의 대부분은 기획 효과를 평가하고 예측하는 것에 관한 것이었다.

구현 비용은 결정을 실행하는 데 필요한 자원이다.

코드를 작성하고, 애니메이션을 만들고, 대화를 녹음하고, 기획을 작동시키는 데 필요한 무수한 다른 작업들은 시간이 걸린다.

이 범주에는 일상적인 소프트웨어 버그 수정, 예상되는 범위 내에서 시스템 조정 및 기타 예측하기 쉬운 유형의 작업에 드는 비용도 포함된다. 구현 비용은 매우 직관적이기 때문에 거의 항상 계획되지만, 종종 과소평가된다.

불완전성 부담은 게임의 불완전한 부분에 의존하는 작업을 수행해야 하는 사람들에게 부과되는 비용이다.

대부분의 게임 개발자들은 안정적이고 성숙한 소프트웨어와 게임 시스템으로 작업할 수 있는 여유가 없다. 보통 개발툴들은 버그가 많고 문서화가 부족하며, 게임 메카닉은 반쯤 만들어져 있고, 스토리는 매일 변한다. 이러한 불완전한 요소들은 그것들을 다루면서 일해야 하는 모든 사람에게 비용을 치르게 한다. 치명적이지 않지만 성가신 소프트웨어 버그들은 작업을 늦춘다. 미완성된 스토리는 레벨 기획 결정에 불확실성을 주입함으로써 레벨 기획을 늦춘다. 밸런스가 잡히지 않은 게임 메카닉은 레벨 기획자들이 도전과제를 다듬고 균형을 맞추는 것을 어렵게 만든다.

의존성 탑은 우리가 불완전한 기획에 의존하는 것을 피하도록 돕는다. 그러나 명확한 의존성 탑이 있더라도 불완전성 부담을 완전히 없앨 수는 없다.

중대 실패 위험은 불완전한 시스템의 중대한 실패로 인해 발생하는 비용이다.

불완전한 시스템은 부적절한 시기에 치명적인 결함을 드러낼 수 있다. 치명적이고 어려운 소프트웨어 버그는 테스트를 혼란에 빠뜨릴 수 있다. 예상치 못한 우세 전략은 몇 달간의 밸런스 작업을 파괴할 수 있다. 서사의 허점은 몇 달 동안 눈에 띄지 않을 수 있다. 이러한 문제들은 게임 내에서 시한폭탄처럼 숨어 있다가 어느 순간 치명적인 실패를 일으킨다.

이 문제들의 비용은 그것들을 고치는 실제 작업보다는 다른 과정에 미치는 영향이다. 툴 개발자의 간단한 실수로 다른 건물에 있는 아티스트가 에셋을 불러오는 버그를 추적하는 데 이틀을 보낼 수 있다. 한 줄의 코드만 수정하면 되는 버그일지라도, 아티스트는 이미 작업이 지연되었고, 그에 의존하는 모든 사람들도 지연되었으므로 피해는 이미 일어났다.

이러한 중대 실패의 시한폭탄이, 시간에 민감한 상황에서 터질 때의 피해는 최악이다. 가령 작업이 막힌 아티스트는 다음 날 예정된 새로운 게임 모드 테스트를 위한 중요한 아트 작업을 하고 있었을 수 있다. 빠진 아트는 테스트의 취소를 불러오고 이는 기획자들이 플레이 테스트 데이터를 얻지 못하게 하며, 이는 다음 프로그래밍 반복에 대한 결정을 방해하고, 게임플레이 프로그래머들에게 명확한 방향을 제공하지 못하게 한다. 이러한 연쇄 반응은 크고 복잡한 과정에서는 드문 일이 아니다.

프로세스 부담은 작업 추적 및 일정 관리 비용이다.

모든 기획 프로세스에는 모든 이들이 조정할 수 있는 몇 가지 조직 단계가 있다. 개발자 한 명이라면 자신만의 메모로 기획 프로세스를 유지할 수 있다. 세 명의 팀이라면 작업을 조정하기 위해 매일 대화를 나눌 수 있다. 팀 규모가 커짐에 따라 조정의 비용과 복잡성이 증가한다. 대규모의 팀은 전담 프로덕션 직원, 버그 추적 시스템, 기획 위키를 사용한다. 이 모든 것에 소요되는 노력이 프로세스 부담이다.

프로세스 부담이 적은 것은 소규모의 팀이 큰 팀에 비해 가질 수 있는 가장 큰 장점 중 하나이다. 내가 재미로 언리얼 토너먼트 레벨을 혼자 작업하던 시절에는, 작업시간이 4시간 있다면 메모를 처리하는 데 10분, 레벨 에디터에서 3시간 50분을 쓸 수 있었다. 나는 기획에 대해 모든 것을 알고 있었고 다른 누구에게도 의존하지 않았다. 대규모 스튜디오 프로젝트에서 일할 때, 4시간의 작업 시간은 주로 기획 작성에 1시간, 논의에 또 다른 1시간, 그리고 에디터에서 2시간을 의미한다. 첫 번째 경우에 프로세스 부담은 내 시간의 4%이다. 두 번째 경우에는 50%이다.

정치적 영향은 개발자들 간의 관계에 영향을 미친다.

어떤 의미에서, 그룹 기획 프로세스는 항상 호의와 부탁이 오가는 거래 연습이다. 모든 사람은 게임을 개선하기 위한 일에 사용하고 거래할 수 있는 일정량의 영향력을 가지고 있다. 이것은 기획 결정에 영향을 미친다.

예를 들어, 어떤 스튜디오는 15년 전에 회사를 설립한 매우 경력이 높은 베테랑 프로그래머가 있을 수 있으며, 그는 스토리에는 관심이 없지만 새로운 그래픽 기술 작업에 열정을 가지고 있다. 이 스튜디오에서 그래픽 기술의 한계를 뛰어넘지 못하는 기획이라면 큰 이점을 가지더라도, 베테랑 프로그래머가 이에 반발할 가능성이 있다는 정치적 비용이 있다.

정치적 영향을 다루는 것은 종종 체스에서 몇 수를 앞서 생각하는 것을 의미한다. 기획자는 시도해보고 싶은 기능을 가지고 있어도 그것이 효과가 없는 경우라도 다른 사람들의 리소스가 이미 너무 투입되어버려서 결코 제거할 수 없다는 것을 깨닫게 될 수 있다. 아이디어가 잘릴 가능성이 너무 크다면, 기획자는 아이디어를 밀어붙이지 않을 것이다. 이것은 조직이 가지고 있는 결함으로 생기는 불편한 결과이지만, 기획자의 관점에서는 프로세스와 게임에 가장 좋은 것이다.

문화적 영향은 개발자들의 습관과 개발 분위기를 바꾼다.

스튜디오의 문화는 팀이 공유하는 기대, 추정, 그리고 습관의 집합이다. 지금 내리는 결정은 문화에 장기적인 영향을 미치며, 따라서 미래의 작업에도 영향을 미친다. 어떤 결정은 문화를 풍요롭게하고 개선시킬 수 있지만, 다른 결정은 그것을 저하시키고 파괴할 수도 있다.

예를 들어, 사소한 이유로 스토리의 세부 사항과 핵심 기획 아이디어를 자주 바꾸는 것은 더 많은 변경이 생길것이라고 짐작하게 만든다. 개발자들은 아무것도 그대로 유지되리라 생각하지 않기 때문에, 아이디어에 너무 많이 투자하는 것을 피하기 시작한다. 그들은 스토리 변경으로 인해 자신이 사랑하는 작업이 여러 번 폐기되는 것을 보며 감정적인 고통을 겪어야 했다. 팀의 개인적인 투자와 창의적 활력이 서서히 저하된다. 스튜디오는 사회적으로도 금전적으로도 소중한 것을 잃었지만, 재무제표에는 나타나지 않는다. 그들은 문화를 잃었다.

장기적으로 문화는 스튜디오의 운명을 결정하는 요소이다. 그것은 모든 사람이 항상 하는 모든 행동을 이끈다. 자문화를 건강하게 유지하기 위해 단기적 이익을 희생하는 것은 가치가 있다.

결정 비용은 좋은 결정을 내리는 데 드는 비용이다.

생각하는 시간, 자료 수집, 그리고 문서 분석은 무료가 아니다. 좋은 결정을 내리는 데는 비용이 들며, 때로는 결정을 내리는데 너무 많은 노력을 들이지 않는 것이 최선의 결정일 수 있다.

중요하지 않은 결정은 한 명의 기획자가 즉흥적으로 내려야 한다. 왜냐하면 그 결정은 결정을 내리는 데 드는 노력만큼의 가치가 없기 때문이다. 중요한 영향을 미치지 않을 작은 결정을 분석하는 데 30분이나 사용하는 것은 어리석은 일이다. 이런 경우는 게으름처럼 보이는 것이 실제로는 합리적으로 무관심한 것이다.

나의 전투 설계 반복 과정에서 초기 반복 단계에서 분석을 피하는 것을 보았을 것이다.

반면에, 중요한 결정은 신중하게 고려되어야 한다. 이해관계자들이 모여야 하고, 여러 차례의 논의가 진행될 수 있으며, 보고서 문서, 연구, 분석이 완료되어야 한다. 중요한 결정에서 올바른 결정을 내리는 것의 이점은 최고의 결정을 내리는 데 드는 비용을 가치 있게 만든다.

결정 효과 사례 연구 Decision Effects Case Study

당신이 판타지 RPG 요소가 있는 슈팅 게임을 개발하는 기획자라고 상상해 보자. 당신의 스튜디오인 드래곤 브레인 게임즈는 2년 전에 사업가와 유명한 판타지 작가인 앨런 맥레이에 의해 설립되었다. 그는 자신의 이름을 사용하여 당신의 프로젝트인 '탈미리안 갓즈: 시대의 여정'을 위한 자금을 확보했다.

프로젝트가 거의 끝나가고 있다. 콘텐츠 마감은 한 달 후이고, 그 이후에는 버그 수정만 허용되고 의미 있는 기획 작업을 할 수 없게 된다. 작가 출신인 맥레이는 게임에 작가로서 접근했었기 때문에, 최근까지 플레이 테스트를 하지 않았다. 당신은 맥레이가 게임 시나리오에서 훌륭한 작업을 했다고 생각한다. 반복 작업 시간이 많지 않아 전투 메카닉이 완전히 만족스럽지는 않지만, 서사에 집중한 프로세스를 고려하면 잘했다고 생각한다.

게임에는 왈로그(Walrog)라는 핵심 적이 있다. 이 거대한 짐승은 여러 전투에서 중심적인 역할을 한다. 당신은 가능한 자주 다른 적들과 결합하여 우아하게 전투에 변화를 주려고 노력했고, 왈로그에 대한 퇴보 전략이 없도록 스스로 테스트해 보았다.

그러나 실패했다. 프로젝트 초기에 체계적인 플레이 테스트가 없었기 때문에, 혼자서 전투를 테스트해야만 했다. 하지만 전체 게임의 플레이 테스트를 시작하자, 한 플레이 테스터가 금방 퇴보된 전략을 발견했다. 게임에서 처음으로 얻을 수 있는 업그레이드 중 하나인 '신속의 엘릭서'는 캐릭터의 이동 속도를 조금 올려준다. 이 업그레이드를 사용하면 왈로그 주변을 끊임없이 돌면서 맞지 않고 전투를 할 수 있다. 전투는 플레이어가 왈로그 주위를 빙글빙글 돌며 천천히 쪼아대는 서커스로 변한다. 테스터들은 무시무시한 왈로그가 힘없이 빙글빙글 도는 것을 보고 크게 웃는다. 그리고 테스터들은 반복적으로 같은 전술을 계속 실행하며 지루함을 느낀다.

플레이 테스터의 4분의 1이 신속의 엘릭서를 선택하고, 그 중 대부분이 자연스럽게 퇴보된 전략을 찾아낸다. 당신은 무엇을 할까?

분명한 선택은 왈로그를 더 민첩하게 만드는 것이다. 당신은 더 빠른 회전 속도가 문제를 해결할 것이라고 최선의 추측을 해볼 수 있다. 그러나 이것은 위험요소이다. 게임의 완성되지 않은 몬스터 애니메이션 코드는 현재의 애니메이션 세트를 임의로 늘리고 줄일 수 없다. 왈로그의 회전 방식을 바꾸려면 새로운 애니메이션이 필요하다. 이것이 문제를 정말로 해결할지, 얼마나 조정이 필요한지, 이 변경이 신속의 엘릭서를 가지지 않은 플레이어들의 왈로그와의 전투의 밸런스에 어떤 영향을 미칠지 확신할 수 없다. 왈로그는 많은 전투의 핵심 요소이며, 그 모든 것을 재조정하는 것은 도전이 될 것이다. 게다가, 게임이 기반을 둔 책과 게임 아트를 일치시키기 위해 필요한 긴급 수정으로 인해 애니메이션 팀은 이미 과중한 작업을 하고 있으며, 아트 리더는 일주일간 휴가 중이다. 더 빠른 회전 애니메이션은 문제를 해결할 수도 있지만, 다른 곳에서 밸런스 문제를 일으킬 수 있는 중대한 실패 위험이 존재한다. 또한 애니메이션 변경이 원래의 퇴보된 전략을 완전히 해결하지 못할 수도 있지만, 테스트를 해보기 전까진 알 수 없다.

다른 선택지로는 '신속의 엘릭서'를 제거하는 것이 있다. 이 간단한 해결책은 엘릭서가 홍보쇼에서 기자들에게 소개되어서 이를 기다리는 팬들이 상당수 있기 때문에 상황을 복잡하게 만든다. 또한 신속의 엘릭서는 연계로 출판되는 책에서도 작은 역할을 하며, 맥레이가 밸런스 문제에 대한 대책으로 서사를 바꾸는 것을 수용할지 확신할 수 없다. 과거에 그는 항상 그런 변경을 잘 받아들이려 하지 않았다. '신속의 엘릭서'를 기반으로 한 작은 게임플레이 시퀀스도 있으며, 별도의 퀘스트 보상으로 사용된다. 그 퀘스트의 기획자는 당신의 친구이며 당신을 돕기 위해 시퀀스를 잘라내는 데 동의하지만, 퀘스트에는 여전히 새로운 보상이 필요하다. 엘릭서는 골드로 대체될 수 있지만, 이것은 플레이어에게 너무 많은 골드를 주어 경제 밸런스를 무너뜨릴 수 있다.

다른 선택지는 아무것도 하지 않는 것이다. 게임은 멀티플레이어 경쟁 게임이 아니라 싱글 플레이어 액션 RPG이므로, 완벽한 밸런스를 이룰 필요는 없다. 왈로그를 퇴보적인 전략으로 이길 수 있다 해도, 게임이 완전히 망가지지는 않을 것이다. 통상적으로, 아무것도 하지 않는 것은 매력적인 옵션이다. 그러나 맥레이는 자신의 가장 강렬한 장면에서 사람들이 웃는 테스트 결과에 충격을 받았다. 아무것도 하지 않는 해결책을 제시하는 것은 정치적 도전이 될 것이다.

당신은 당장은 아무것도 하지 않고, 분석에 시간을 더 써서 더 많은 선택지를 생각해볼 수도 있다. 브레인스토밍 회의를 하고, 연구를 하고, 큐 카드에 아이디어를 적어 섞어보거나, 다른 것을 하면서 무의식적 사고가 따라잡을 때까지 기다릴 수 있다.

이 복잡한 상황은 결정이 가질 수 있는 거의 모든 프로세스 영향을 가지고 있다.

다양한 해결책은 게임 내 다양한 균형과 경제에 어떻게 영향을 미치는지에 따라 다른 기획 영향을 가진다.

각각은 다른 구현 비용을 가진다. 새로운 애니메이션은 비용이 많이 든다. 엘릭서를 제거하는 것은 저렴하다.

게임의 애니메이션 시스템이 조정 불가능해서 가져오는 불완전성 부담은 왈로그의 회전 속도 변경이 미칠 효과에 대한 필요한 지식을 알수 없게 하며, 이는 콘텐츠 마감이 가까워진 시점에서 새로운 만들 애니메이션이 다른 곳에서 문제를 일으킬 경우 중대한 실패를 할 위험을 의미한다.

엘릭서를 골드로 대체하는 것은 게임 경제를 무너뜨릴 위험이 있으며, 이 또한 잠재적인 기획 효과이다.

애니메이터, 맥레이, 프로그래머, 그리고 다른 기획자들과의 관계도 각 선택에 다른 정치적 영향을 부여한다. 엘릭서를 제거하는 것은 그것을 중심으로 퀘스트를 만든 기획자가 친구이기 때문에 훨씬 매력적으로 보인다. 맥레이와 친구가 아닌 만큼 스토리를 변경하는 것은 훨씬 덜 매력적이다.

마지막으로, 맥레이의 과거 행동은 서사 변경에 대한 그의 반응에 대한 불확실성의 분위기를 조성했다. 이렇게 추가된 불확실성은 맥레이에게는 보이지 않는 방식으로 결정을 더 어렵게 만든다. 이 모든 것은 불확실성의 층위 속에 묶여 있다. 팬들과 기자가 엘릭서에 대한 변경에 어떻게 반응할지, 맥레이가 엘릭서에 대해 어떻게 느끼는지, 왈로그를 제대로 작동하게 만들기 위한 정확한 애니메이션 변경이 무엇인지, 그리고 이러한 각 선택의 다른 기획 영향에 대해 확실하지 않다.

이 상황은 터무니없이 복잡해 보일 수 있다. 하지만 각자의 기술, 관계, 욕구를 다른 여러 사람이 팀을 이루어 세분화된 시장을 겨냥한 복잡한 제품을 만드는 과정에서 이 정도의 의사 결정 복잡성은 드물지 않다. 대형 스튜디오의 실제 기획자들은 매일 이러한 카프카적인 문제를 해결하며, 이는 업무의 주요 부분이다. 그리고 명백한 정답은 없다.

여기에서의 나의 대답은 불확실성이 너무 많다는 것이다. 최선의 방법은 위험도가 낮은 몇 가지 질문으로 지식을 얻는 것이다. 맥레이와 만나서 개인적으로 엘릭서를 없애는 아이디어를 제시하여 그 반응을 살펴보라. 일반적으로 실제로 실행에 옮기지 않고도 어떤 일에 대한 다른 사람의 의견을 얻을 수 있다. 당신을 가장 좋아하는 애니메이터와 왈로그 사양 변경의 가능성에 대해 이야기하고 이것이 얼마나 현실적인지 파악하라. 생각보다 쉬울 수도 있고, 아예 불가능할 수도 있다. 어느 쪽이든, 지식을 얻게 된다. 마지막으로, 문제에 대해 진지하게 생각하고 반추가 일어나게 하며, 다른 기획자 몇몇에게 아이디어를 요청하는 e메일을 보내라. 이 세 가지 지식 획득 행동은 하루 이틀 안에 완료될 수 있으며, 그 후에는 더 큰 확실한 입장에서 상황을 다시 접근할 수 있다. 하루를 잃었지만 결정이 훨씬 나아질 가능성이 높으므로 이러한 비용 지출은 가치가 있다고 생각한다.

17 | 가치 Values

이 조각상은 완벽했다—인간 형태를 동상의 완벽함으로 재현한 우아한 곡선미를 조각으로 표현했다. 그들의 감사를 표하기 위해 마을 사람들은 조각가에게 그가 원하는 것이라면 무엇이든 주기로 했다. 그는 소 떼, 화려한 황금 무기를 받거나 시장의 딸과 결혼할 수 있었다.

하지만 이 모든 풍요로움이 그의 앞에 펼쳐져 있음에도 불구하고, 조각가는 다음이 다른 데에 머무른 것처럼 보였다. 조각가는 재물을 지나쳐 마을 대장간의 작업장에 들어갔다. 거기서 그는 선반을 뒤져 새로운 조각 도구들을 골랐다.

이 책에선 게임 기획자가 되기 위한 많은 지식을 다루었다. 이 지식을 연습과 합치면 기술을 개발할 수 있을 것이다. 하지만 나는 지식과 기술만이 탁월한 게임 기획에 필요한 것은 아니라고 생각한다. 이 일을 정말 잘 하려면 가치를 가지고 있어야 한다고 생각한다.

가치는 우리가 되고자 하는 사람에 대한 감정 중심의 선택이다. 그것은 지향해야 할 인간의 품성이다. 아무도 자신의 가치를 완전히 구현할 수는 없지만, 우리는 노력함으로써 자신과 우리의 작업을 개선한다.

다른 직업들은 각자의 가치를 가지고 있다. 군인들은 충성, 명예, 개인적인 용기와 같은 군인으로서의 가치를 가진다. 과학자들은 엄격함, 공정함, 정직함을 가치로 삼는다. 주류 산업 문화는 열심히 일하는 것, 미래를 생각하는 것, 자신의 역할을 하는 것을 가치로 여긴다. 하지만 이러한 가치들은 게임 기획에 완벽하게 적용되지 않는다. 우리의 업무가 다르기 때문이다. 군사적 가치를 과학적 작업에 적용하는 것이 어리석은 것처럼, 이들의 가치를 우리의 작업에 적용하는 것도 어리석다. 우리에게는 다른 가치 세트가 필요하다. 하지만 그것들은 무엇이어야 할까?

누구도 모든 기획자에게 최고의 가치를 규정할 수는 없다고 생각한다. 하지만, 모든 기획자가 자신이 믿는 가치에 대해 생각하는 것이 유익하다고 생각한다. 가치는 우리를 안정적으로 유지해주기 때문이다. 그것들은 매일의 기획 작업에서 정치적, 감정적 혼란에 대항해 우리를 안정시키는 불변의 기준이다.

내가 믿는 기획자의 가치들이 있다. 여러분의 가치는 무엇인가?

개방성 Openness

개방성은 자신이 동의하지 않는 아이디어를 존중하며 받아들이는 것을 의미한다. 개방성이 없다면, 기획 스튜디오에서는 모든 사람의 의견이 같아지거나, 사람의 입을 막음으로써 토론을 중단시키거나, 쓴 불화의 폭풍 속에서 자멸하게 된다.

개방성은 사람들이 말하게 하는 것뿐만 아니라, 열린 몸짓과 진정어린 토론으로 그들의 기여를 존중하는 것을 의미한다. 모든 아이디어를 받아들이는 것은 아니지만, 모든 아이디어를 의미 있는 방식으로 생각하는 것을 의미한다.

이것은 항상 쉬운 일은 아니다. 아리스토텔레스가 말했듯이, "어떤 생각을 받아들이지 않고도 즐길 수 있는 것은 교양있는 정신의 증거이다."

개방성은 자신의 아이디어에 대한 불확실성을 믿는 데에서 자란다. 내가 알고 있는 최고의 기획자들은 거의 모든 문장의 시작에 "제 직감에 따르면", "제가 본 것으로는", "확실하지는 않지만", "제가 보기에는"이라고 말할 것이다. 이것들은 단순한 말버릇이 아니다. 이 기획자들은 확신이 없는 것이 정직한 진실임을 이해했다. 우리는 항상 불확실하다. 불확실성을 끊임없이 말함으로써 그들은 토론의 문을 열어 놓는다. 그들은 자신의 생각에 다른 사람들의 더 나은 아이디어가 들어올 여지를 남겨 두기에, 결국에는 더 현명해진다.

정직 Candor

의견의 흐름을 따라가는 것은 쉬운 유혹이다. 그것은 생각을 적게 해도 되고 사회적 지위를 위협하지도 않는다. 모두가 행복한 퇴근이다. 하지만 장기적으로 보면 지나친 동의는 게임을 죽인다. 누구도 지적하지 않으면 기획에 모순이 서서히 생겨나고 암세포처럼 번식한다. 기획 팀은 계속 동의하고, 구멍이 숭숭 뚫린 게임을 출시한다. 지속적인 동의는 겉보기로는 팀 결속력처럼 보인다. 실제로는 만연한 정신적 게으름이나 공포의 분위기를 나타낸다.

열린 마음은 아이디어를 받아들이는 것에 관한 것이지만, 솔직함은 자신의 아이디어를 가지고 그것을 제시하려고 하는 것이다. 그것은 침묵하는 것이 더 쉬울 때라도 반대 의견을 목소리 내는 도덕적 용기를 의미한다. 솔직한 기획자는 상사의 아이디어에 결함을 지적하거나, 회의실에 가득 찬 사람들과 의견을 달리한다. 솔직한 기획자들은 사려 깊고 신실하며 직설적이지, 어설프거나 구차하지 않다. 그들은 머릿속으로 아이디어를 가지는 데 노력하고, 감정적으로 그것들을 표현하려는 노력을 기울인다.

결국, 가치 있는 사람들은 아이디어 자체에 동의하지 않더라도 아이디어를 말하는 사람들을 존중하고 감사한다. 우리 모두는 독립적인 의견을 형성하고 그것을 말하는 힘을 가진 사람이 되고 싶어 한다.

겸손 Humility

게임 기획은 매우, 매우 어렵다. 게임은 10억 개의 트랜지스터를 가지고 있고 각기 수천 개의 알고리즘을 구현하는 열 가지 다른 기초 기술을 실행하는 컴퓨터에서 상호 작용하는 백 개의 게임 메카닉이 문화와 시장의 세계적 광기 속에서 살아가며 모든 인간 본성의 복잡성과 변동성을 표현하는 인간 플레이어와 상호작용한다. 이러한 시스템은 이해하기 어렵다. 우리의 머리는 이런 종류의 복잡성을 이해하기 위해 진화하지 않았다.

　게임 기획의 많은 실수들은 우리가 이해할 수 없는 것들을 이해한다고 생각하는 데서 비롯된다. 오만함은 우리로 하여금 과도하게 계획하게 만든다. 그것은 우리가 다른 사람들의 작업을 너무 빠르고 자신 있게 판단하게 만든다. 그것은 우리가 필요한 만큼 플레이 테스트를 하지 않고, 큰 기획적 결함을 놓치게 만든다. 나는 게임 기획자가 되기 위해 우리가 할 수 있는 가장 중요한 기본적인 것 중 하나는 더 많은 것을 배우는 것이 아니라, 우리가 하는 일의 진정한 이해가 얼마나 부족한지를 이해하는 것이라고 생각한다. 이것은 우리가 시도하는 과제 앞에서 겸손해야 한다는 것을 의미한다.

　겸손은 우리가 아는 것이 얼마나 적은지를 받아들이는 데 도움이 된다. 그것은 우리가 이해하는 작은 섬뿐만 아니라 그 해안 너머 무지의 바다도 인식할 수 있도록 도와준다. 그것은 세상이 우리에게 무언가를 가르치려 할 우연한 기회를 포착하는 데 도움이 된다. 그것은 우리의 자연스러운 WYSIATI(What You See is All There is=보이는 것이 전부다) 편견에 대항하여 우리를 더 관찰력 있고, 더 사려 깊고, 아마도 조금 더 현명하게 만든다. 왜냐하면 모든 것을 안다고 믿는 사람만큼 적게 생각하는 사람은 없기 때문이다.

갈망 Hunger

당신이 훌륭한 것을 창조했다고 상상해보라—훌륭한 레벨, 아름다운 노래, 완벽한 쿠키 한 묶음. 모두가 당신의 성공을 칭찬한다. 경쟁자는 패배했다. 당신은 최고다. 그럼 이제 무엇을 할 것인가?

이 시점에서, 대부분의 사람들은 멈춘다. 모든 기준을 뛰어넘고 모든 경쟁자를 물리치면 그들은 다 한 것이다. 인간의 본성은 목표를 달성하기 위해 필요한 것만을 한다. 그 목표가 인정받거나 경쟁자를 이기거나 금전적 보상인 경우, 최고가 되면 계속할 이유가 없다. 이것이 일반적인 사람들의 행동 방식이다.

하지만 다른 유형의 사람도 있다. 이 유형의 사람들은 기준이나 경쟁자에 신경 쓰지 않는다. 그들은 외부의 보상이나 인정을 위해 일하는 것이 아니다. 그들은 일 그 자체를 위해 하는 것이다. 그들은 이전보다 더 잘하는 것이라는 대체 불가능한 즐거움을 원한다. 그들은 갈망한다.

갈망은 우리가 무엇을 이루었든, 그보다 더 잘 할 수 있다는 믿음이다. 그것은 외부의 기대와 상관없이 항상 최대한으로 위로 향하려는 욕망이다. 갈망은 재능이 아니다. 갈망하는 기획자는 만족을 더 쉽게 느끼는 동료들보다 더 능력이 있을 수도, 없을 수도 있다. 하지만 그는 주변 세상의 기준에 얽매이지 않는다. 작업이 얼마나 훌륭하든, 그는 그것을 개선하려 할 것이다.

이것은 어려운 일이다. 이전에 해왔던 것을 넘어서는 것은 어렵다. 과거의 기준을 넘어서는 것이 가능한지조차 분명하지 않은 경우가 많다. 하지만 항상 가능하다. 제프 콜빈은 그의 저서인 "재능은 어떻게 단련되는가?"에서 다음과 같이 썼다. :

> 1백년전의 올림픽 기록들은, 당시 지구상의 어떤 인간도 도달하지 못한
> 최고의 영역을 대표하지만, 많은 경우 현대 고등학생들의 평범한 성과와

동등하다. 1908년 올림픽 남자 200미터 달리기 경주에서 우승한 사람의 기록은 22.6초이지만 오늘날 고등학생 기록은 2초 이상 빠르며 이는 엄청난 차이다. 오늘날 마라톤 고등학교 최고 기록은 1908년 올림픽 금메달리스트보다 20분 이상 빠르다.

체조, 음악, 체스 등 많은 분야에서 수십 년 전에는 비범했던 것이 지금은 평범하다. 이것은 1908년에는 건강한 고등학생이라면 충분한 노력을 들여서 올림픽 출전자를 이길 수 있었다는 것을 의미한다. 하지만 그들은 통념에 얽매여 있었기 때문에 그렇게 하지 않았다.

갈망은 작업 뿐만 아니라 우리 자신에 대해서도 절대 만족하지 않는 것을 의미한다. 세상에는 배워야 할 아이디어의 세계가 있고, 창조해야 할 지식의 세계가 있다. 갈망하는 기획자는 항상 더 많은 기술, 더 많은 지식, 더 넓은 감정 범위, 더 많은 작업 규칙을 가진 미래의 자신에 대한 비전을 가지고 있다. 그는 매일 그것을 향해 나아가며, 항상 위로 향한다. 단기적으로는 이러한 노력이 별다른 성과로 이어지지 않는 것처럼 보인다. 하지만 수년이나 수십 년이 지나면, 그것들은 쌓인다. 우리 모두가 누군가의 예상을 뛰어넘을 수 있는 능력을 갖추고 있으며, 만약 우리가 그 끝없는 향상에 대한 갈망을 찾을 수 있다면, 예상 따위는 아랑곳하지 않고 발전할 수 있다.

마치며 Endgame

이 책은 현실과 진실이 아닌 모델과 가설에 관한 책이다.

게임의 현실은 책이나 머릿속에 있는 것보다 크다. 게임은 플레이어의 정신과 문화를 통해 인과적인 실마리를 연결하고, 그들의 민족과 종족의 역사로 거슬러 올라가며, 그들이 영향을 미치게 될 모든 삶과 그들을 평가할 미래의 문화로 나아간다. 문서로 된 모델은 이를 담아낼 수 없다. 나는 시도조차 하지 않았다. 오히려, 가능한 가장 유용한 방식으로 게임을 설명하는 기술에 대한 안내서를 만들려고 했다. 그러나 안내서는 진실이 아니다. 그것은 놀라울 정도로 풍부하고 다양한 영역에 대한 간단한 지도에 불과하다. 우리가 얼마나 많이 배우던 현실이 훨씬 더 크다는 사실을 잊어서는 안 된다.

게임은 인생의 일부분을 위한 정신적 모델이다.

게임은 이야기처럼 사건의 연속이 아니다. 그것은 시스템이다. 게임은 세계의 일부분을 메카닉의 집합으로 구체화하여 우리가 가지고 놀 수 있도록 포장한다. 이야기가 사건의 하나의 실마리를 보여주는 것과 달리 게임은 우리로 하여금 그 세계의 일부를 수백 가지 변형으로 반복해서 경험하게 한다. 그리고 그 탐색적인 상호작용은 이야기가 할 수 없는 방식으로 가르쳐준다.

　실패를 통해 자신감이 떨어지면 포커를 떠올린다. 포커에는 메시지가 있다. 글로 옮기자면 포커의 메시지는 '누구도 모든 판에서 이기지 못한다'는 것이다. 하지만 여기서 이 문구를 읽는 것과 게임을 하는 것은 같지 않다. '누구도 모든 판을 이기지 못한다'는 문구는 기억 속에 묻어둔 글귀에 불과하다. 게임을 플레이해야만 그 패턴을 수천 가지 변형으로 반복해서 머릿속에 떠올릴 수 있다. 그 반복적인 상호작용은 단지 기억을 만들어내는 것에 그치지 않는다. 우리가 생각하는 방식을 재구성한다. 우리는 단지 누구도 모든 패에서 이기지 못한다는 것을 알게 되는 것이 아니라, 그것을 이해하고, 믿고, 느끼게 된다. 우리는 그것을 너무 많이 경험했기 때문이다.

　나는 내가 했던 게임들이다. 내가 위험을 감수할 때는 체스를 생각하며, 앞으로 두세 수 후에 어떤일이 벌어질지 생각하던 것을 떠올린다. 게으른 기분이 들 때 나는 축구를 생각하고, 목표를 향해 몇 센치라도 움직이는 것이 중요하다는 것을 생각한다. 문제에 대해 동굴처럼 좁은 시야를 가질 때 나는 <스타크래프트>를 생각하고, 항상 큰 그림을 주시해야 한다는 것을 생각한다. 생각 못한 위협이 항상 당신에게 닥쳐오기 때문이다. 이런 생각들은 추억이 아니다. 몇 년 동안 이 게임들과 함께하면서 이들은 내 성격의 일부가 되었다.

　완벽한 게임 기획은 아름답지만, 눈에 보이거나 만질 수 없다. 그 아름다움은 그것을 만들어내는 가능성의 공간에 있다. 우리는 사건들을 순차적으로 보는 것이 아니라, 그 가능성들을 탐구함으로써 그 아름다움을 인지한다. 그렇게 함으로써 게임의 시스템은 우리 의식의 일부를 자신의 모습으로 재구성한다. 이것이 우리가 게임의 메시지를 흡수하고, 게임의 독특한 변증법적인 힘을 얻는 방법이다. 공자(孔子)가 말했듯이, "듣고 나면 잊는다. 보고 나면 기억한다. 실행하고 나면 이해한다."

역대 최고의 게임들은 아직 기획되기를 기다리고 있다.

<심즈>는 자신만의 장르를 창조하고 1억 장이 넘게 팔렸다. <하프라이프>와 <카운터 스트라이크>는 일인칭 스토리텔링과 전투를 혁신했다. <드워프 포트리스>는 정치, 경제, 역사가 있는 판타지 세계를 절차적으로 구축한다. <브레이드>는 게임 메카닉에 시를 녹여냈다. <마인크래프트>는 수백만 명의 즐거운 창의력을 해방시켰다. 그리고 여러분이 이 책을 읽는 동안, 어딘가에서 누군가는 아이디어를 적어내고, 프로토타입을 만들거나, 세상을 변화시킬 게임에 대해 생각하고 있다.

게임 작업에는 특별한 자유가 있다. 그 경계가 너무나 불확실해서, 때로는 그 특별한 자유가 실제로 존재하는지 의문이 들 때가 있다. 우리는 종이 위의 잉크나 필름의 릴에 국한되지 않는다. 게임은 어린이의 블록처럼 단순할 수도 있고, 수백만 명이 참여하는 가상 세계처럼 복잡할 수도 있다. 게임은 탐험되고, 관찰되고, 공유되고, 정복될 수 있다. 게임은 분 단위로 지속될 수도 있고 평생 지속될 수도 있다.

이러한 미개척지에는 정해진 길도, 이정표도, 벽도 없다. 당신을 도와줄 사람도, 당신을 막을 사람도 없다. 아인슈타인이 말했듯이, "상상력은 지식보다 낫다." 그리고 상상할 것이 너무나 많아서… 숨이 막힐 정도다.

추천 서적 Recommended Books

나는 아이디어를 빌린 모든 뛰어난 사상가들에게 큰 빚을 지고 있다. 그들이 없었다면 이 책은 존재하지 않았을 것이다. 제가 차용한 범위가 너무 넓어 영향을 받은 모든 출처를 나열할 수는 없다. 하지만 어렵게나마, 나에게 게임 기획과 관련된 아이디어의 가장 풍부한 광맥 10곳을 추려내는 데 성공했다. 이 책들은 이 책의 많은 개념을 확장하고 명확히 해준다.

(역자 주 : 국내에 출간된 책의 경우 국내 출간명과 출판사를 추가하였다.)

- **생각에 관한 생각 (대니얼 카너먼, 김영사)** : 게임 기획의 대부분은 인간의 머릿속, 즉 플레이어와 팀, 그리고 우리 자신의 머릿속을 이해하는 데 달려 있다. 카너먼의 책은 머릿속을 위한 사용 설명서이다. 직관적인 사고와 체계적인 사고가 어떻게 상호작용하여 인간의 고유한 능력과 어리석음을 만들어내는지에 대해 내가 찾아낸 최고의 설명이다.

- **Story : 시나리오 어떻게 쓸 것인가 (로버트 맥키, 민음인)** : 스토리는 내가 찾은 기본적인 이야기 기술에 관한 최고의 안내서이다. 표면적으로는 시나리오 작법에 관한 책이지만, 스토리 구조에 대한 이 책의 교훈은 광범위하게 적용 가능하다.

- **The Art of Game Design (제시 셸, 홍릉과학출판사)** : 셸은 게임에 관심이 많은 숙련된 게임 기획자이며 이 책은 그러한 것을 보여준다. 그는 내가 다루지 않는 많은 주제를 다루고 있으며, 그의 결론과 모델은 나와 다른 경우도 많다. 그 차이점은 생각할 거리를 줄 것이다.

- **블랙스완 (나심 니콜라스 탈레브, 동녘사이언스)** : 탈레브는 위험과 기회에 관해 다른사람과 다르게 생각한다. 그는 특유의 거침없는 문체로 검은 백조 사건, 즉 모든 것을 움직이는 믿을 수 없을 정도로 중요하고 완전히 예측할 수 없는 사건에 대한 아이디어를 개괄적으로 설명한다. 이 책은 미래를 예측하는 당신의 능력에 의문을 품게 만들 것이다.

- **선택의 논리학 (디트리히 되르너, 프로네시스 ※절판)** : 실패는 하늘에서 벼락이

치는 것과 같은 갑작스런 사건이 아니다. 실패는 그 자체의 음울한 논리에 따라 천천히 성장한다. 디트리히 되르너는 아프리카 마을이나 생태 보호구역과 같은 복잡한 상황을 시뮬레이션하는 게임을 통해 인간이 어떻게 복잡한 문제를 지속적으로 잘못 처리하는지 살펴보고, 우리의 뿌리 깊은 나쁜 습관을 보완하는 방법에 대한 힌트를 제공한다. 게임 개발 과정의 문제를 이해하는 데 좋은 시금석이 될 것이다.

- **마음은 어떻게 작동하는가 (스티븐 핑커, 동녘사이언스)** : 700페이지에 달하는 이 책에서 하버드의 스타 심리학자 스티븐 핑커는 계산과 진화에 기반한 관점에서 마음을 매우 상세하게 다룬다. 그의 결론 중 일부는 학계 내에서 논란의 여지가 있지만, 모두 생각을 자극하는 내용이다.

- **YES를 이끌어내는 협상법 (윌리엄 유리, 로저 피셔, 장락)** : 실제 게임 기획의 대부분은 협상에 관한 것이다. 여러분의 분석이 아무리 훌륭해도 이를 구현하기 위해 다른 사람과 건설적으로 타협하지 못한다면 아무도 신경 쓰지 않는다.

- **전략의 탄생 (배리 J. 네일버프, 애비너시 딕시트, 쌤앤파커스)** : 모든 게임 기획자는 지배 전략과 내쉬 평형과 같은 수학적 게임 이론 개념을 기본적으로 이해하고 있어야 한다. 이 책은 이러한 개념에 대한 읽기 쉽고 자세한 설명을 다룬다.

- **재능은 어떻게 단련되는가? (재프 콜빈, 부키)** : 제프콜빈이 쓴 이 책은 학습에 관한 책이다. 골프, 바이올린, 프로그래밍, 게임 기획 등 어떤 분야든 상관없다. 콜빈은 세계적 수준의 연주를 위한 열쇠가 재능이나 시간이 아니라 의도적인 연습에 있음을 보여준다. 의도적인 연습은 단순히 작업을 하는 것이 아니라 매우 구체적인 방식으로 작업을 더 잘하기 위해 노력하는 것이다. 게임 기획 기술을 향상시키고자 하는 모든 사람에게 이러한 높은 수준의 아이디어와 사례는 유용할 것이다.

- **둠의 창조자들 (데이비드 쿠쉬너, 스타비즈)** : 데이비드 쿠쉬너의 「둠의 창조자들」은 1990년대 초 <둠>의 탄생에 관한 책이다. 하지만 이 책은 머리에 관한 책이 아니라 가슴에 관한 책이다. 쿠쉬너는 전설적인 수준의 추진력과 갈망을 가진 기획 팀에 대해 이야기한다. 정말 특별한 사람을 만나는 일이 드문 세상에서 이런 이야기는 무엇이 가능한지 보여주는 본보기가 된다.

퀴즈 해답 Quiz Answers

11장의 370페이지 90% 확실성 퀴즈에 대한 정답:

질문	해답
아르키메데스의 출생 연도	기원전 287년
분류된 개미 종의 수	12,500종
1900년의 세계 인구	16억
태양의 지름	1,392,684km 또는 865,374마일
토성의 명명된 위성 수	53개
철의 녹는 온도점	1538°C or 2800°F
제1차 세계대전 총 군사 사망자 수	9,911,000명
남극 대륙의 면적	14,000,000km² 또는 5,400,000 평방마일
칠레 산티아고의 위도	33°27′ S
인류 역사상 채굴된 모든 금의 총 무게	165,000미터톤 또는 165,000,000kg 또는 363,825,000파운드

출처 Sources

역주 : 번역서가 있는 경우, 번역서 제목과 영서 제목을 병기하였습니다. 학술지 이름과 저자명은 원문 그대로 넣었습니다.

Chapter 1: 경험의 엔진 Engines of Experience

감정 오인—다리 연구 : Dutton, D.G., and Aron, A.P. 1974년 "불안이 높은 상황에서 성적 매력이 높아진다는 몇 가지 증거" *Journal of Personality and Social Psychology* 30(4): 510–517.

나일론 스타킹 선호도 : Nisbett, Miller, and Wilson, Timothy. 1977년 "우리가 알 수있는 것보다 더 많은 것을 말하기 : 정신 과정에 대한 질적 연구" *Psychological Review* 84(3): 231–259.

미국 어린이의 사바나 선호도 : 스티븐 핑커 "마음은 어떻게 작동하는가" *How the Mind Works* (New York: W.W. Norton & Company, 2009). 킨들 에디션, 위치 7785.

두 요인 이론 아드레날린 주입 실험 : Schachter, Stanley, and Singer, Jerome. 1962년 "감정 상태의 인지적, 사회적, 생리적 결정 요인." *Psychological Review* 69(5): 379–399.

Chapter 5: 결정 Decisions

결정을 이끄는 감정 Emotions driving decisions : Lehrer, Jonah. "뇌는 어떻게 결정하는가(How We Decide)" *How We Decide* (보스턴 : Mariner Books, 2010), page 47.

카운터 스트라이크 인기 : Steam 및 게임 통계. http://store.steampowered.com/stats/. *Counter-Strike* popularity: *Steam and Game Stats. http://store.steampowered.com/stats/.* 2012년 5월 3일 액세스.

Chapter 6: 밸런스 Balance

코스믹 인카운터는 공정하지 않다 : Olokta, Peter (*Cosmic Encounter* isn't fair: Olokta, Peter.) "공정함은 재미없다!" In *Tabletop and Analog Game Design*, Costikyan, Greg, and Davidson, Drew (Eds.) (피츠버그: ETC Press, 2011). 킨들 에디션, 위치 1856.

스타크래프트 2 밸런스에 관한 더스틴 브라우더의 의견 : "The Game Design of StarCraft II:

Designing an E-Sport." 2011년 샌프란시스코 게임 개발자 컨퍼런스 강연. http://gdcvault. com/play/1014488/The-Game-Design-of-STARCRAFT 를 통해 접속 가능.

복잡한 체스 선수 : Dörner, Dietrich. "선택의 논리학" *The Logic of Failure* (뉴욕: Basic Books, 1997). 킨들 에디션, 위치 451.

암묵적 목표 : 위와 같음.

Chapter 7: 멀티 플레이어 Multiplayer

격투게임 프로 선수는 자신의 실력을 감춘다 : Sirlin, David. *Playing to Win*. 114페이지. http://www.sirlin.net/ptw 를 통해 접속가능.

진화적으로 안정적인 전략 : Dawkins, Richard. "확장된 표현형" *The Extended Phenotype* (영국 옥스포드: Oxford University Press, 1999).

게임이론 페널티킥 : Chiappori, Pierre, Levitt, Steven, and Groseclose, Tim. 2002년 9월. "Testing Mixed-Strategy Equilibria When Players Are Heterogeneous: The Case of Penalty Kicks in Soccer." *American Economic Review* 92(4): 1138–51.

Chapter 8: 동기 및 성취 Motivation and Fulfillment

쥐 뇌 전극 연구 : Heath, R.G. 1963년. "Electrical self-stimulation of the brain in man." *American Journal of Psychiatry* 120(6): 571–577.

B-19 연구 : Moan, C.E., and Heath, R.G. 1972년. "Septal stimulation for the initiation of heterosexual activity in a homosexual male." *Journal of Behavior Therapy and Experimental Psychiatry* 3(1): 23–30.

휴가 동기 연구 : Sharot, Tali, Shiner, Tamara, Brown, Annemarie C., Fan, Judy, and Dolan, Raymond J. 2009년 11월. "Dopamine enhances expectation of pleasure in humans." *Current Biology* 19(24): 2077–80.

보상은 내적 동기를 없앤다 : Deci, Edward, and Flaste, Richard. "마음의 작동법" *Why We Do What We Do: Understanding Self-Motivation* (뉴욕 : Penguin, 1996).

체스 플레이어는 돈을 받으면 덜 플레이한다: Pritchard, Robert D., Campbell, Kathleen M., and Campbell, Donald J. 1977년. "Effects of extrinsic financial rewards on intrinsic motivation." *Journal of Applied Psychology* 62(1): 9–15.

학생들은 돈을 받으면 더 나쁜 시를 쓴다: Amabile, Teresa. 1985년. "Motivation and Creativity : Effects of Motivational Orientation on Creative Writers." *Journal of Personality and*

Social Psychology 48(2): 393–399.

B.F. 스키너의 정보 와 인용구 : Kohn, Alfie. *Punished by Rewards: The Trouble with Gold Stars, Incentive Plans, A's, Praise, and Other Bribes* (보스턴 : Mariner Books, 1999).

Chapter 9: 인터페이스 Interface

점화: Bargh, John, Chen, Mark, and Burrows, Lara. 1996년. "Automaticity of Social Behavior : Direct Effects of Trait Construct and Stereotype Activation on Action." *Journal of Personality and Social Psychology* 71(2): 230–244.

Chapter 10: 시장 The Market

혁신가의 딜레마 : Christiensen, Clayton M. "혁신기업의 딜레마" *The Innovator's Dilemma: The Revolutionary Book That Will Change the Way You Do Business* (뉴욕 : Harper Paperbacks, 2003).

심즈의 윌 라이트 : 길렌 키어런 Will Wright on *The Sims*: Gillen, Kieron. "메이킹 오브 심즈." *Rock Paper Shotgun*. 2008년 1월 18일. *http://www.rockpapershotgun.com/2008/01/18/ making-of-the-sims/*.

가치곡선에 대한 영감을 받음 : Kim, W. Chan, and Mauborgne, Renee. "블루 오션 전략" *Blue Ocean Strategy: How to Create Uncontested Market Space and Make Competitors Irrelevant* (보스턴 : Harvard Business Press, 2005).

한국의 스타크래프트 : 익명 *StarCraft* in Korea: Anonymous. "스타크래프트가 한국에서 인기 있는 이유는?" 한국인에게 물어보세요(블로그) "Why is StarCraft Popular in Korea?" *Ask a Korean!* (blog). 2010년 2월 19일. *http://askakorean.blogspot.com/2010/02/why-is-starcraft-popular-in-korea.html*.

기대 편향 : Ariely, Dan. "상식 밖의 경제학" *Predictably Irrational: The Hidden Forces That Shape Our Decisions* (보스턴 : HarperCollins, 2009).

AI 디렉터 기획 : Booth, Michael. "From Counter-Strike to Left 4 Dead: Creating Replayable Cooperative Experiences." 2009년 샌프란시스코, 게임 개발자 컨퍼런스에서 발표. (*http:// www.gdcvault.com/play/1422/From-COUNTER-STRIKE-to-LEFT*. 에서 접속 가능.)

Chapter 11: 계획과 반복 Planning and Iteration

예상 능력 퀴즈 : McConnell, Steve. Estimation performance quiz: McConnell, Steve. "소프트웨어 추정 : 검은 예술의 이해" *Software Estimation: Demystifying the Black Art* (레드먼드, WA: Microsoft Press, 2006).

계획에 대한 축구 코치의 인용: Dörner, Dietrich. "선택의 논리학" *The Logic of Failure* (뉴욕 : Basic Books, 1997). 킨들 에디션, 위치 1659.

소렌 존슨 인용: Johnson, Soren. "Design success means knowing what to do with feedback." 게임디벨로퍼(舊가마수트라) 2012년 2월 6일. *https://www.gamedeveloper.com/design/design-success-means-knowing-what-to-do-with-feedback* 에서 접속 가능.

하프라이프는 한 번 완성한후 다시 만들어졌다 : Birdwell, Ken. "The Cabal: Valve's Design Process for Creating *Half-Life*." 게임디벨로퍼(舊가마수트라) 1999 년 12 월 10 일. *https://www.gamedeveloper.com/design/the-cabal-valve-s-design-process-for-creating-i-half-life-i-* 에서 접속 가능

인간 과신 편향 : Kahneman, Daniel. "생각에 관한 생각" *Thinking, Fast and Slow* (뉴욕 : Farrar, Straus and Giroux, 2011).

바루크 피쇼프의 사후확신편향에 대한 연구 : 위와 같음.

대니얼 카너먼의 과거에 한 예측에 대한 환상 : 위와 같음

<테트리스>와 <브레이드>의 기획에서 생겨난 우연 : Thirion, Steph. "Game Design by Accidents." 2011년 샌프란시스코 게임 개발자 컨퍼런스에서 발표. (*http://gdcvault.com/play/1014442/Game-Design-by*. 에서 접속 가능.)

Chapter 12: 지식 창출 Knowledge Creation

다윈, 레오나르도 다빈치의 동시 프로젝트 진행 : Berkun, Scott. "이노베이션 신화의 진실과 오해" *The Myths of Innovation* (캘리포니아 세바스토폴 : O'Reilly, 2010).

aSTG(우뇌 앞쪽 상위 측두 이랑)에 관한 MRI 연구 : Rosen, William. "역사를 만든 위대한 아이디어" *The Most Powerful Idea in the World: A Story of Steam, Industry, and Invention* (뉴욕 : Random House, 2010). 킨들 에디션, 위치 2232.

인크레더블 아트가 바뀌는 과정: Vaz, Mark Cotta, Bird, Brad, and Lasseter, John. *The Art of The Incredibles* (샌프란시스코 : Chronicle Books, 2004).

올슨 스콧 카드의 지도 기반 세계 구축 : Card, Orson Scott. "당신도 해리 포터를 쓸 수 있다" *How to Write Science Fiction and Fantasy* (신시내티 : Writer's Digest Books, 2001).

하프라이프의 데이터 수집 방법: Birdwell, Ken. "The Cabal: Valve's Design Process for Creating *Half-Life*." 게임디벨로퍼(舊가마수트라) 1999년 12월 10일. *https://www.gamedeveloper.com/design/the-cabal-valve-s-design-process-for-creating-i-half-life-i-* 에서 접속 가능.

헤일로:리치에서 네트워킹 테스트를 한 방법 : Aldridge, David. "I Shot You First! Gameplay Networking in Halo: Reach." 2011년 샌프란시스코, 게임 개발자 컨퍼런스에서 발표. *http://www.gdcvault.com/play/1014345/I-Shot-You-First-Networking* 에서 접속 가능.

라이트 형제의 이야기 : Tobin, James. Wright brothers' stories: Tobin, James. "To Conquer the Air: The Wright Brothers and the Great Race for Flight" (뉴욕 : Simon & Schuster, 2004).

Chapter 14: 권한 Authority

테일러주의 : Taylor, Frederick W. *The Principles of Scientific Management*. 1911년 초판 발행. 무료 킨들 에디션, 위치 199.

퇴직자 무료 법률상담, 낯선이의 소파나르기 : Ariely, Dan. "상식 밖의 경제학" *Predictably Irrational: Revised and Expanded Edition* (뉴욕 : HarperCollins, 2009), 79페이지.

애머빌의 창의성에 관한 연구 : Breen, Bill. "The 6 Myths of Creativity." Fast Company. Fastcompany.com, 2004년 12월. *http://www.fastcompany.com/magazine/89/creativity.html*.

고든 램지에 관하여 : 램지의 작업방식을 다룬 다큐멘터리는 1998년 영국의 채널4에서 방영한 다큐멘터리 미니시리즈 *Boiling Point*임.

짐 핸슨에 대해: Stevenson, John. "Monsters, Muppets, and Movies." 2011 DICE 컨퍼런스에서 발표. *http://www.g4tv.com/videos/51285/dice-2011-monsters-muppets-and-movies-presentation/*. 에서 접속 가능.

Chapter 17: 가치 Values

현대 고교 스포츠 와 초기 올림픽선수 비교 : Colvin, Geoff. "재능은 어떻게 단련되는가?" *Talent Is Overrated: What Really Separates World Class Performers From Everyone Else* (뉴욕 : Portfolio, 2008), 8페이지.

색인 Index

역자 후기

　게임 기획은 어렵습니다. 코드는 실행 여부를 판단할 수 있고 아트는 적어도 눈에 보입니다. 지금은 게임 기획에 대해 많은 커리큘럼이 있고 교재도 많이 나온 편이지만 여전히 '게임 기획'이 무엇이다 라는 모두의 합의는 찾기 어려운 것 같습니다. 대부분의 게임 기획 지식은 현장에서 도제식으로 어깨너머로 전수되는 것이 대부분이며 조직마다 조금씩 다른 경우도 있어서 어떤 조직에서 유용했던 것이 다른 조직에서는 안맞는 경우도 있습니다. 그럼에도 불구하고 일종의 바이블처럼 여겨지는 책들이 있습니다. 라프 코스터의 '재미이론', 제시 셸의 '아트 오브 게임 디자인', 에릭 짐머만, 케이티 세일런의 '룰즈 오브 플레이'(게임 디자인 원론)나 , 크리스 크로포드의 '더 아트 오브 게임 디자인' 같은 책들은 게임 기획에 대한 고전으로 불립니다. 많은 게임 기획에 관한 서적들이 언급된 책들을 인용하며 일종의 게임 기획 철학 이라고 부를 수 있는 것의 계보 밑으로 들어가고는 합니다.

　이 책 역시 게임 기획에 대한 접근 방식을 제시합니다. 만약 게임 기획에 학파가 있다면 저는 타이난 실베스터의 '디자이닝 게임즈'가 그 자신의 학파의 첫번째 자리를 차지할 수 있지 않을까 싶기도 합니다. 감정과 경험, 선택에 집중한 그의 게임 기획에 대한 생각들은 저의 기획에 대한 생각들을 정리하는데도 큰 도움을 준 것 같습니다. 시드 마이어는 게임을 흥미로운 선택의 연속이라고 했죠. 타이난 실베스터는 게임을 경험을 만드는 엔진으로 규정짓고 이 경험이 인간의 감정을 다루기 위해 어떻게 해야할지를 그의 경험으로 부터 얻은 통찰로 설명합니다. 책이 출간된지 10년이 지나서 이제서야 소개되는 부분이 아쉽긴 하고 분명히 책이 다루지 못하는 부분도 있습니다. 이 책은 기획서를 쓰는 법에 대한 내용은 아니며 비지니스 모델에 대한 내용도 없습니다. 하지만 10년이 지나도 바뀌지 않는 게임에 대한 철학을 다루고 있습니다. 책 제목을 '게임 기획의 정석'으로 바꾼 이유는 '디자이닝 게임즈'라는 원제가 한국어로는 잘 안옮겨지는 탓도 있지만 이 책이 가지고 있는 게임 기획에 대한 철학이 기획의 기초를 잡는데 도움이 될 거라는 생각을 했기 때문입니다.

책을 번역하면서 계속 든 생각은 이 책을 좀 더 일찍 봤어야 했는데 라는 아쉬움 뿐이었지만, 사실 책이 학습에 좋은 수단이냐 하면 그렇지는 않은 것 같습니다. 학습에 좋은 방법은 연습과 실천 그리고 좋은 피드백입니다. 책의 중간에도 언급되는 매우 중요한 내용중에 하나지만 좋은 피드백을 하는데도 연습이 필요합니다. 그리고 적어도 이 책의 내용은 우리가 다른 사람에게 피드백을 하거나 자신의 작업에 피드백을 할 때 그 것이 왜 그랬는지 분석을 하는데는 도움이 될 것입니다. 이미 많은 경험을 가진 개발자라면 "아하, 그때 그렇게 이런 거였구나!"라는 깨달음의 순간을 얻을 수 있을 지도 모르겠습니다.

이 책을 번역하는데 가장 도움이 되었던 것은 지금까지 동료들과 함께 게임 개발을 해온 순간일 것입니다. 다 언급할 수 없지만 함께 게임을 개발해주신 동료분들과 계속 이야기를 나누며 통찰을 준 게임 업계의 동료분들에게 이자리를 빌어 감사인사를 드립니다. 좋은 책이 국내에 소개될수 있도록 힘써준 출판사와 바쁘다고 자주 자리를 비워도 이해해준 사랑하는 가족들 덕분에 무사히 책이 나오게 되었습니다. 독자분들에게 부디 이 책의 내용이 잘 전달되어 도움이 되었으면 좋겠습니다.

- 오영욱

저자에 관하여

타이난 실베스터는 2000년부터 게임을 디자인해 왔다. 그 이후로 1인 인디 프로젝트부터 AAA 스튜디오 블록버스터까지 다양한 작업을 해왔다. 그의 웹사이트 (*tynansylvester.com*)에 의견을 남기거나 e메일(*tynan.sylvester@gmail.com*)로 문의하라.